I0094801

Otto Bähr

Gegenentwurf zu dem Entwurfe eines bürgerlichen Gesetzbuches

für das Deutsche Reich

Otto Bähr

Gegenentwurf zu dem Entwurfe eines bürgerlichen Gesetzbuches
für das Deutsche Reich

ISBN/EAN: 9783743652835

Hergestellt in Europa, USA, Kanada, Australien, Japan

Cover: Foto ©Suzi / pixelio.de

Weitere Bücher finden Sie auf **www.hansebooks.com**

Gegenentwurf

zu dem

Entwurfe eines bürgerlichen Gesetzbuches

für das Deutsche Reich.

Bearbeitet

von

Dr. G. Bähr.

* * *

Kassel.

Verlag von Max Brunnemann.

1892.

Vorwort.

Indem ich diesen ursprünglich in Heften herausgegebenen Gegenentwurf mit dem fünften Hefte zum Abschluß bringe, fühle ich mich gedrungen, das nun vollendete Werk noch mit einem kurzen Vorwort, das freilich richtiger Nachwort hieße, zu begleiten. Zuvörderst erfülle ich eine Pflicht der Dankbarkeit, indem ich bezeuge, daß auch bei Bearbeitung der beiden letzten Hefte die Herren Geheime Justizrath Bierhaus und Gerichtsassessor Fritze mir die werthvollste Hülfe geleistet haben.

Bereits in dem Vorwort zum ersten Hefte ist gesagt, daß die Grundlage für den Gegenentwurf der amtliche Entwurf geblieben sei. Ich muß hierauf nochmals zurückkommen zur Erläuterung von manchem, was aus dem amtlichen Entwurfe in den Gegenentwurf herüber genommen ist. Ich bitte diese Uebernahme nicht durchweg in der Bedeutung einer positiven Billigung aufzufassen. Bei einem Werke dieser Art, zumal wenn seine Bearbeitung in verhältnißmäßig kurzer Zeit durchgeführt wird, ist es für den Bearbeiter ganz unmöglich, aller dabei auftauchenden Fragen dergestalt Herr zu werden, daß er sich in jeder einzelnen ein völlig sicheres Urtheil zutrauen könnte. Wo ich eine solche Unsicherheit fühlte, bin ich meistens bei dem amtlichen Entwurfe stehen geblieben; überlasse aber auch diesem die Verantwortung für seine Aufstellung.

Ob dieser Gegenentwurf sein Ziel, auf die sich vollendende Gestaltung des Gesetzbuches einigen Einfluß zu üben, erreichen wird, steht dahin. Immerhin glaube ich, daß er doch eine gewisse Bedeutung sich bewahren wird zunächst für das Verständniß des ursprünglichen Entwurfs, auf den man doch auch später noch öfters wird zurückgreifen müssen: und sodann für die Wissenschaft des gemeinen Rechtes, soweit es auf diese überhaupt in Zukunft noch ankommen sollte. Zum größten Theile sind die Bestimmungen des Gegenentwurfs nichts anderes, als gemeines Recht; freilich nicht immer dasjenige gemeine Recht, das in den Lehrbüchern gelehrt wird; wohl aber das Recht, das bei richtigem Verständniß des römischen Rechtes und bei praktischer Durchbildung dieses Verständnisses als gemeines Recht angewendet werden müßte und vielfach auch wirklich von der bessern Praxis angewendet wird. Erkennt man, in wie hohem Grade das gemeine Recht, namentlich in seinen allgemeinen Lehren, auch noch heute den Bedürfnissen des Lebens entspricht, so wird man immer wieder darauf zurückgeführt, wie viel besser es gewesen wäre, wenn man zur Herstellung der deutschen Rechtseinheit, statt eine große Kodifikation zu unternehmen, mit mehr oder minder umfassenden Gesetzen über einzelne Rechtsmaterien vorgeschritten wäre, die in Anschluß an das gemeine Recht die Rechtseinheit nach und nach verwirklicht hätten. Wir hätten dann als Grundlage unseres Rechtes eine Wissenschaft behalten, an der zwei Jahrtausende aufgebaut haben: während jetzt dieses geistige Gut voraussichtlich für immer verloren geht und statt dessen an das neu formulirte Recht des Gesetzbuches eine neue Wissenschaft sich knüpfen wird, deren Werth sehr zweifelhaft ist. Wir würden auch bei dem allmäligen Fortschreiten der Gesetzgebung Herr des Stoffes derselben haben bleiben können, während jetzt dieser Vortheil uns entgeht. Denn das ist eben der Fluch aller Kodifikationen, daß man Gesetze machen soll und muß auch über Dinge, die man nicht beherrscht und die auch eine Kommission mit ihren Mehrheitsbeschlüssen schwerlich zu beherrschen im Stande ist.

Cassel, im Januar 1892.

Vorwort zum ersten Buch.

Zu dem Entwurfe eines bürgerlichen Gesetzbuches hatte ich bereits mehrere kritische Arbeiten in der Form von Gegenentwürfen zu einzelnen Titeln geliefert und im „Archiv für bürgerliches Recht" veröffentlicht, als mir gegen Anfang dieses Jahres durch die Güte des Reichsjustizamts die dort gefertigte und als Manuskript gedruckte „Zusammenstellung der gutachtlichen Aeußerungen zu dem Entwurfe" zu Theil wurde. Mit diesem sehr werthvollen Hülfsmittel ausgestattet, konnte ich den Versuch wagen, den Entwurf von Anfang an in gleicher Weise zu bearbeiten. Das Ergebniß dieser Arbeit zu den beiden ersten Büchern des Werkes lege ich hier vor.

Grundlage meiner Arbeit ist der amtliche Entwurf geblieben, sowohl in seiner ganzen Anordnung, als in vielen Einzelnheiten, die keinen Anlaß zu Aenderungen boten. Manche der gegen den Entwurf erhobenen Einwendungen allgemeiner Art habe ich mir bei meiner Arbeit nicht anzueignen vermocht. Ich kann kein Gewicht darauf legen, ob ein Rechtssatz deutschen oder römischen Ursprungs ist; für mich ist nur entscheidend, ob er gerecht und praktisch zuträglich ist. Auch den Tadel, daß der Entwurf viele Bestimmungen in sich auf- genommen habe, die dem Prozeßrecht angehören, weise ich ab. Ich halte im Gegentheil zur Klarstellung der Sache es für förderlicher, wenn Bestimmungen des materiellen Prozeßrechtes, die mit einzelnen Lehren des Civilrechtes in unmittelbarem Zusammenhange stehen, auch in Verbindung mit diesen Lehren durch das Gesetz geordnet werden. Für unbegründet halte ich ferner den Vorwurf, daß der Entwurf nicht unternommen habe, manche Fragen socialer oder wirthschaftlicher Natur, die in neuerer Zeit angeregt, aber doch noch mehr oder minder umstritten sind, zu lösen. Zu seiner an sich schon so schweren Aufgabe konnte der Entwurf nicht auch noch solche Aufgaben hinzunehmen. Vielmehr müssen Fragen dieser Art Gegenstand besonderer Gesetz- gebung sein. Schwerer wiegt der Vorwurf, daß der Entwurf auch manche dem bestehenden Recht angehörige Lehren ohne jeden Grund von sich ausgeschlossen habe. Aber auch in dieser Beziehung ist in dem Gegenentwurfe nur versucht worden, einige besonders fühlbare Lücken des Entwurfs auszufüllen.

Wenn nun aber von anderer Seite die Sache so dargestellt wird, als ob die begründeten Vorwürfe gegen den Entwurf nur Einzelnheiten beträfen, die leicht verbessert werden könnten (wobei dann immer wieder auf den Satz „Kauf bricht Miethe" hingewiesen wird), so kann ich auch diese Ansicht nicht theilen. Die Fehler des Ent- wurfs liegen weit tiefer.

Das, was in meinen Augen dem Entwurfe entgegensteht und was dessen Einführung als Gesetz, wenn sie ohne sehr wesentliche Aenderungen erfolgen sollte, zu einem verhängnißvollen Ereigniß für Deutschlands Recht machen würde, das ist der ganze Geist, der in dem Entwurf lebt. Es ist der Geist einer juristischen Richtung, die bisher schon in ihrer öfteren praktischen Bethätigung vielfach in unserem Volke den Glauben erweckt hat, daß die Jurisprudenz eine dem Leben völlig abgewandte Wissenschaft sei.

Dieser Geist des Entwurfs zeigt sich zunächst in der Sprache desselben. Der Entwurf will nicht zu dem deutschen Volke, sondern nur zu den Juristen reden. Er will auch diesen nicht sowohl lebendige Gedanken, als vielmehr Formeln geben, die sie zu einer Art mechanischer Anwendung des Rechtes in den Stand setzen sollen. Darauf zielt auch die Art und Weise, wie der Entwurf von der überaus häufigen Verweisung von einem Paragraphen auf den andern Gebrauch macht. Eine solche mechanische Rechtsanwendung vernichtet aber das juristische Denken: auch ganz abgesehen davon, daß die künstlich aufgebauten Formeln oft erst recht unverständlich werden.

Der dem Leben abgewandte Geist des Entwurfs giebt sich aber auch in seinem Inhalte kund. Nicht selten läßt sich deutlich erkennen, daß für die im Entwurf getroffenen Entscheidungen nicht praktische Lebensanschauungen, sondern nur doktrinäre Sätze maßgebend gewesen sind. Dadurch gewinnt der ganze Entwurf einen lehrbuchmäßigen Charakter. Während öfters Dinge darin ausgesprochen werden, die sich für jeden denkenden Juristen von selbst verstehen, fehlen darin wichtige praktische Sätze, weil sie nicht zu dem hergebrachten Bestande des Inhalts der Lehrbücher gehören. Auch die Theorien, auf die der Entwurf seine Sätze gründet, erregen nicht selten die ernstesten wissenschaftlichen Bedenken. Es handelt sich dabei nicht blos um Dinge, die zwischen den Juristen streitig sind. Vielmehr ist deutlich erkennbar, wie manches gradezu unrichtig gedacht ist. Diese verfehlten Theorien würden aber um so mehr Herrschaft in der Praxis gewinnen, als sie in den Motiven des Entwurfs, die ohne Zweifel als „Geist der Rechtsordnung" (§ 1 des Entwurfs) den Anspruch auf volle Geltung hätten, die breiteste Grundlage gefunden haben.

Als ein besonderer Charakterzug des Entwurfs muß noch hervorgehoben werden, daß er eine Richtung verfolgt, die ich nur als eine manchesterliche bezeichnen kann. Der Gedanke, daß auch den Schwächen des Lebens ein gewisser Schutz zu gewähren sei, findet bei ihm wenig Beachtung. Fast alle hierauf abzielenden Vorschriften des bisherigen Rechtes werden hinweggeräumt. Wo der Staat schützend und helfend eintreten könnte und sollte, werden die Betheiligten auf sich selbst verwiesen. Statt Prozesse möglichst zu verhüten, trifft der Entwurf mitunter Bestimmungen, die auf eine ganz nutzlose Vermehrung von solchen hinwirkten. Wo eine Sache in einem Verfahren abgethan werden könnte, werden die Betheiligten auf mehrere Verfahren, vielleicht auf eine ganze Reihe von Prozessen verwiesen. Statt bei der Zweifelhaftigkeit alles Rechtes die Rechtsansprüche maßvoll zu gestalten, begünstigt der Entwurf vielfach die weitest gehenden Ansprüche und reizt dadurch noch mehr zu dem Hazardspiel des Prozesses. Nur in einzelnen Beziehungen befolgt er die entgegengesetzte Richtung; so z. B. indem er der Verführten jeden Anspruch wider den Verführer versagt.

Nach dem Allen halte ich es nicht für zu hart geurtheilt, wenn ein hervorragender Rechtslehrer (der nicht Germanist, sondern Romanist und dazu noch ein genauer Kenner des preußischen Rechtes ist) von dem Entwurfe sagt, daß ihm der gesunde praktische Sinn fehle. Und nicht minder für richtig halte ich den Ausspruch eines anderen Rechtslehrers, daß, wenn der Entwurf Gesetz werden sollte, bei der alsdann hereinbrechenden Hochfluth von Prozessen dem deutschen Volke sein Recht fremder als je gegenüberstehen würde. Der Entwurf steht nach Form und Inhalt nicht auf der Höhe der gesammten geistigen Bildung der Nation.

Die hervorgehobenen Eigenschaften des Entwurfs bezeichnen in ihrem Gegensatze die Richtung, in der ich meinen Gegenentwurf zu gestalten bemüht gewesen bin. Sicherlich ist auch dieser kein vollkommenes Werk. Die Aufstellung eines bürgerlichen Gesetzbuches bildet eine der schwierigsten Aufgaben für den menschlichen Geist. Niemand kann sich rühmen, den vielgestaltigen Stoff des Civilrechts vollständig zu beherrschen. Auch bei richtigen Gedanken ist die Formulirung der entsprechenden Rechtssätze so überaus schwierig, daß Irrungen kaum zu vermeiden sind. Bereitwillig erkenne ich aber auch an, daß unter den von mir aufgestellten Gedanken manches ist, worüber sich streiten läßt und ich nehme dabei keine Unfehlbarkeit für mich in Anspruch. Nur insofern vertrete ich den Gegenentwurf mit voller Ueberzeugung, als ich glaube, daß er in seiner ganzen Richtung und wohl auch in vielen Einzelnheiten wohlthätiger für das Leben wirken würde, als der amtliche Entwurf.

Eine sehr werthvolle Hülfe bei meiner Arbeit hat mir Herr Oberlandesgerichtsrath Vierhaus geleistet. Bei einzelnen Theilen haben auch andere juristische Freunde und Autoritäten mich mit ihrem Rathe unterstützt. Allen diesen Männern sage ich meinen aufrichtigen Dank. Gerne hätte ich noch weitere Hülfe in Anspruch genommen, wenn mir solche zu Gebote gestanden hätte.

Urſprünglich war dieſe Arbeit, die ſchon vor einigen Monaten beendet wurde, nicht dazu beſtimmt, an die Oeffentlichkeit zu treten. Veränderte Umſtände haben mich veranlaßt, ſie jetzt zu veröffentlichen, ſei es auch nur, um als ein weiteres Zeugniß in der Geſchichte dafür zu dienen, wie man in Deutſchland geſtrebt und gerungen hat, eine Angelegenheit, bei der die ganze Zukunft der deutſchen Rechtſprechung in Frage ſteht, zum Beſten zu wenden.

Noch einige Worte zum Verſtändniß der Arbeit. Den fortlaufenden Ziffern der Paragraphen ſind in Parentheſe die Ziffern der parallel gehenden Paragraphen des amtlichen Entwurfs zugefügt. Dem Gegenentwurfe ſind am Fuße der Seite erläuternde Bemerkungen beigegeben. Wo in dieſen auf die „Zuſammenſtellung" (ZSt.) Bezug genommen wird, iſt die oben gedachte „Zuſammſtellung der gutachtlichen Aeußerungen", wo auf meine Beurtheilung verwieſen wird, mein in der kritiſchen Vierteljahrsſchrift Bd. 31 erſchienener größerer Aufſatz über das bürgerliche Geſetzbuch gemeint.

Caſſel, im Oktober 1890.

─── ·─ ───

Vorwort zum dritten Buch.

Die beiden erſten Hefte dieſes Gegenentwurfs haben ſo viel Theilnahme gefunden, daß ich mich entſchloſſen habe, meine Arbeit fortzuſetzen, und dieſes dritte Heft mit dem Sachenrechte der Oeffentlichkeit übergebe.

Es kann auffallen, daß in dieſem Gegenentwurfe die zur Erläuterung und Begründung beigefügten Bemerkungen nur ſparſam gegeben und ſehr kurz gehalten ſind. Nach den Verhältniſſen, unter denen ich arbeite, kann ich aber nicht mit der Ausführlichkeit der amtlichen Motive und ähnlicher Schriften wetteifern wollen. Die Arbeit würde dadurch einen zu großen Umfang annehmen. Unter den in dieſem Heft berührten Gegenſtänden ſind jedoch zwei von ſolcher Bedeutung, daß ich mich veranlaßt geſehen habe, ihnen eine ausführlichere Beſprechung zu widmen. Es ſind das die Buchhypothek und die Eigenthümerhypothek des Entwurfs. Da dieſe Beſprechung in den Grenzen der Bemerkungen keinen Raum fand, iſt ſie in einem Anhange dieſem Hefte beigefügt worden.

Neben Herrn Geheimen Justizrath Bierhaus, der mir mit
seiner Hülfe treu geblieben ist, hat auch Herr Professor Dr. Cosack
in Gießen (der schon früher eine Schrift über das Sachenrecht des
Entwurfs veröffentlicht hatte) die Güte gehabt, meine Entwürfe zum
größten Theile durchzusehen und mich durch werthvolle Bemerkungen
zu unterstützen. Bei der letzten Revision der Arbeit hat auch noch
Herr Gerichtsassessor Fritze mir eine sehr wesentliche Hülfe geleistet.
Allen diesen Herren, sowie auch denen, welche mir bei einzelnen
Gegenständen meiner Arbeit mit ihrem Rathe zur Seite gestanden
haben, sage ich meinen herzlichen Dank.

Cassel, im April 1891.

Inhaltsübersicht.

Erstes Buch. — Allgemeiner Theil.

Viertes Buch. — Familienrecht.

Berichtigungen.

In § 466 Z. 1 ist statt „Erbe" zu lesen: „Käufer".

In § 638 Z. 2 ist „auch" zu streichen.

In § 783 ist statt 781 zu lesen: 782.

In § 861 ist statt „aufzunehmen" zu lesen: „anzurechnen".

Durch ein Versehen sind auf S. 218 die §§ 993 und 994 doppelt aufgeführt. Es wird gebeten, der zweiten Ziffer den Buchstaben a zuzufügen.

In § 1004 Z. 4 ist statt § 993 zu lesen: § 993 a.

In § 1251 ist in der Reihe der aufgezählten Paragraphen § 1220 a hinzuzufügen.

Erstes Buch.

Allgemeiner Theil.

Erster Abschnitt. Personen.

Titel 1. Leben und Tod eines Menschen. Altersstufen.

§ 1 (4).

Das Leben oder der Tod eines Menschen ist von demjenigen zu beweisen, der aus der Thatsache, daß der Mensch noch lebe oder todt sei oder daß er zu einer bestimmten Zeit gelebt oder nicht mehr gelebt habe, ein Recht ableitet.

Sind jedoch seit der Geburt eines Menschen hundert Jahre verflossen, so ist er im Zweifelsfalle ohne Weiteres als todt anzunehmen.

§ 2 (25).

Das Kindesalter dauert bis zum zurückgelegten siebenten, die Minderjährigkeit von da an bis zum zurückgelegten einundzwanzigsten Lebensjahre.

Der im Eingang des amtlichen Entwurfs stehende Abschnitt „Rechts-normen" ist hier weggeblieben. Wie man die betreffenden Vorschriften zu gestalten habe, läßt sich erst entscheiden, wenn man einen Ueberblick über das ganze Gesetz-buch, über alles was es enthält und nicht enthält, gewonnen hat. Danach würden diese Vorschriften am besten erst im Einführungsgesetz ihren Platz finden.

Abschnitt 1, Titel 1. Die Umstellung der ersten drei Titel ist nur deshalb geschehen, um das Gesetzbuch, das doch für die Lebenden bestimmt ist, nicht gleich mit der „Todeserklärung" anfangen zu lassen. Der § 3 d. E. ist weggeblieben, weil der Satz, so weit er richtig ist, keines Ausspruches bedarf. (Nicht ganz richtig ist er wegen der Rechte des Embryo.)

§ 1. Abs. 1 entspricht dem Abs. 1 in § 4 d. E. Abs. 2 des § 4 ist beseitigt. Dieser unnatürliche Satz wird für den Entwurf nur deshalb zu einer gewissen Nothwendigkeit, weil sonst an den Grundsatz von dem ipso jure Erbwerden allzu mißliche Folgen sich knüpfen würden. (Gibt man, wie meines Erachtens geboten ist, diesen Grundsatz auf, so bedarf es nicht jenes Nothbehelfes. Der obige Absatz 2 ist nach dem Vorschlage Hölders aufgenommen.

1

Titel 2. Volljährigkeitserklärung. Entmündigung.

§ 3 (26).

Ein Minderjähriger erlangt durch Volljährigkeitserklärung die rechtliche Stellung eines Volljährigen.

§ 4 (27).

Die Volljährigkeitserklärung ist nur zulässig, wenn der Minderjährige das achtzehnte Lebensjahr zurückgelegt und seine Einwilligung ertheilt hat. Bei einem Minderjährigen, der unter elterlicher Gewalt steht, bedarf es zugleich der Zustimmung seines Gewalthabers. Nicht erforderlich ist diese Zustimmung, wenn der Gewalthaber auf die elterliche Nutznießung beschränkt ist.

(Abs. 2 und 3 — Ausführung der Volljährigkeitserklärung — wie Abs. 2 und 3 § 27 d. E.)

§ 5 (28).

Wer des Vernunftgebrauchs beraubt ist, kann wegen Geisteskrankheit entmündigt werden.

Nach eingetretener Genesung ist die Entmündigung aufzuheben.

§ 6.

Wer durch Verschwendungssucht sich oder seine Familie der Gefahr des Nothstandes oder der Verarmung aussetzt, kann wegen Verschwendung entmündigt werden.

Nach eingetretener Besserung ist die Entmündigung aufzuheben.

Titel 3. Todeserklärung.

§ 7.

Ein Abwesender, über dessen Leben oder Tod keine Gewißheit besteht, gilt bis auf Weiteres für fortlebend, so weit es sich um Schutz der ihm zustehenden Rechte handelt.

---

§§ 5 u. 6 sind nach den Vorschlägen Zitelmanns formulirt. In § 6 ist die „Gefahr der Verarmung" hinzugefügt. Der Gedanke ist in der Zusammenstellung von mehreren Seiten vertreten.

Die Frage, ob auch wegen Trunksucht eine Entmündigung eintreten solle, ist mehr eine sociale als juristische; deshalb ist sie hier offen gelassen.

Titel 3. Todeserklärung. Auch bei dieser Lehre greift der Grundsatz d. E., daß der Erbe die Erbschaft ipso jure erwerbe und damit auch auf seine Erben übertrage, tief ein. Es wird dadurch die Frage, ob bei Eintritt eines Erbfalles ein zur Erbschaft Berufener noch gelebt habe oder schon gestorben sei, zu einer brennenden. Soweit man nun bei einem Verschollenen dieses Fortleben an Fiktionen knüpft, kann auf diese Weise ein längst Verstorbener, der in Wahrheit niemals eine Erbschaft erworben hat, diese doch auf seine Erben übertragen, was für unser natürliches Gefühl zu großen Unbilligkeiten führt. Beispiele hierfür hat schon Hölder (Zusammenstellung S. 42, 43) aufgeführt. Sie lassen sich noch vermehren, wenn man zugleich die Vorschriften des Entwurfs über Todeserklärung in Betracht zieht. Wird z. B. für zwei kinderlose Eheleute, die auf einem verschollenen Schiff sich befunden haben, nach § 8 d. E. die Todeserklärung gleichzeitig beantragt, so hängt nach den §§ 21, 2025 und 1971 die Frage, ob die Verwandten des Mannes oder die Verwandten der Frau das beiderseitige Vermögen

§ 8 (5).

Ein Abwesender, der zur Zeit der letzten von ihm vorhandenen
Nachrichten dem deutschen Reiche angehörte oder dem in Deutschland Ver=

---

erben, lediglich davon ab, ob der Amtsrichter die Todeserklärung der Frau oder
die des Mannes zuerst publizirt. Giebt man den Grundsatz von dem ipso jure
Erbwerden auf, so muß der Berufene durch die nothwendige Antretung sich noch
als lebend erweisen; und damit schon hören die an die Fiktion seines Fortlebens
geknüpften Mißstände auf.

Aber auch wenn man den gedachten Grundsatz verläßt, hat doch die Frage,
wa n n jemand als verstorben anzusehen sei, die größte Bedeutung. Der Entwurf
hat diese Bedeutung nicht genügend gewürdigt, und zwar in doppelter Beziehung.
Einmal durch Aufstellung der „konstitutiven Bedeutung" der Todeserklärung. Dadurch wird dem Zufall, dem Intriguenspiel der Betheiligten und — was das
schlimmste ist — der richterlichen Willkür ein bedenklicher Spielraum eröffnet,
während der einzige Vortheil, der sich daran knüpft, die richterliche Bequemlichkeit
ist. Sodann entspricht auch die ganze Ordnung des für die Todeserklärung bestimmten Verfahrens keineswegs der tiefgreifenden Bedeutung derselben. Allerdings
mag ja in vielen Fällen die Todeserklärung nur eine Formalität sein; aber sie
kann doch auch sehr entscheidend in die Verhältnisse eingreifen und deshalb einen
starken Anreiz zum Mißbrauch in sich schließen. Man denke nur daran, daß z. B.
eine Todeserklärung das Mittel bieten kann, um eine Erbschaft zu erschleichen, die,
wenn der Tod erst später erklärt würde, einem Andern zufiele. Von dem gewöhnlichen Aufgebotsverfahren, wie es die C.-P.-O. regelt, ist die Vorladung eines
Verschollenen zwecks Todeserklärung darin wesentlich verschieden, daß sie nicht als
ein einfaches Kontumazialverfahren behandelt werden kann, sondern materielle
Voraussetzungen hat, die der Richter von Amtswegen prüfen soll (vergl. § 13 d. E.).
Ferner aber auch dadurch, daß sie nicht bloß zwischen dem Antragsteller und dem
Verschollenen, sondern, wie die Motive (S. 50) ausdrücklich sagen, „ihrem Zwecke
gemäß für und gegen Jedermann wirkt". Gleichwohl sagen die Motive
an anderer Stelle (S. 43): „Dem Antragsteller steht kein Gegner gegenüber. Es
findet weder eine Mitwirkung des Staatsanwaltes, noch eine Vertretung des Ab-
wesenden statt." Alle Sicherheit, sowohl des Abwesenden, dem die Todeserklärung
droht, als auch Dritter, die an der Frage betheiligt sind, ist also an die offiziöse
Thätigkeit eines Einzelrichters gestellt. Sein Ausspruch soll nur aus formalen
Gründen, noch dazu in der Form eines besonderen Prozesses, anfechtbar sein.
Damit sind die wichtigsten Interessen schutzlos hingestellt. Das Verfahren bei der
Todeserklärung hat seiner inneren Natur nach eine nahe Verwandtschaft mit dem
Ehescheidungsprozeß. Und wer dies bezweifeln wollte, den darf man wohl daran
erinnern, daß die Todeserklärung unter Umständen geradezu als Ehescheidung wirkt.
Denn der Ehegatte des Todterklärten darf sich wieder verheirathen, und hat er dies
gethan, so bleibt er dabei, auch wenn der Verschollene zurückkehrt (§ 1464).

Wer diese tiefgehende Bedeutung der Todeserklärung würdigt, der muß
dahin gelangen, für das Verfahren eine andere Ordnung als die des Entwurfs
zu begehren. Zunächst erscheint es nicht angemessen, das Verfahren dem Amtsgerichte, also einem Einzelrichter, zu überlassen. Vielmehr muß das Landgericht
dafür zuständig sein, da dieses in seiner Kollegialität weit größere Gewähr für
eine objektive Sachbehandlung giebt. Es muß ferner denjenigen, die ein Interesse
daran haben, die Möglichkeit gewährt sein, die Todeserklärung zu bestreiten; ja es
muß, analog dem Ehescheidungsverfahren, auch dem Staatsanwalt die Möglichkeit
gewährt werden. Wird dann vom Gericht auf zweiseitige Verhandlung darüber
erkannt, so ist das nicht blos ein formales Urtheil, das nur durch eine Anfechtungsklage
beseitigt werden dürfte, sondern es ist ein materielles Erkenntniß, das über Rechte
entscheidet und das deshalb den ordentlichen Rechtsmitteln unterliegen muß. Man
hält vielleicht die ganze Lehre, weil sie so selten Anwendung finde, für gleichgültig.

1*

mögen gehört oder Rechte angefallen sind, über die hier zu verfügen ist, kann im Falle der Verschollenheit durch Urtheil für todt erklärt werden.

§ 9 (6).

Die Todeserklärung ist zulässig, wenn seit zehn Jahren keine Nachrichten über das Leben des Abwesenden vorhanden sind. Die Zeit seiner Minderjährigkeit wird dabei nicht mitgerechnet. Erfolgt die Todes= erklärung erst nach vollendetem siebzigsten Lebensjahre des Abwesenden, so genügt es, wenn von diesem Zeitpunkt an fünf Jahre ohne Nachrichten von seinem Leben verstrichen sind.

§ 10 (9).

Zuständig für die Todeserklärung ist das Landgericht, in dessen Bezirk der Verschollene seinen letzten inländischen Wohnsitz gehabt hat oder wo über das Vermögen oder über Rechte des Verschollenen Verfügung zu treffen ist.

§ 11.

(— Berechtigung zu dem Antrag auf Todeserklärung — wie § 11 d. E.)

§ 12 (11. 13).

Der Antrag muß zugleich die Beweismittel für die ihn begrün= denden Thatsachen enthalten.

Ist der Antrag unbegründet, so kann er ohne Weiteres zurück= gewiesen werden.

Andernfalls hat das Gericht unter Benutzung der angegebenen Beweismittel von Amtswegen die erforderlichen Ermittelungen zu bewirken und die geeigneten Beweise zu erheben. Es kann auch anordnen, daß der Antragsteller die Wahrheit einer Behauptung eidlich versichere.

Soweit die Beweise nicht zur Erhebung im Verhandlungstermine sich eignen, hat das Gericht schon vorher sie erheben und über das Er= gebniß im Termine durch ein Mitglied Vortrag erstatten zu lassen.

§ 13 (14).

Die Anberaumung des Verhandlungstermins erfolgt in der Form eines öffentlichen Aufgebotes. Es finden darauf die Vorschriften in den §§. 825, 826, 828, 831, 832 der C.-P.-O. Anwendung.

Aber wer kann sagen, wie die Anwendungsfälle zunehmen werden, wenn erst unsere Kolonien von Teutschland aus sich bevölkern? Aus diesen Gesichtspunkten ist der obige Titel geordnet worden.

§ 8. Das Bedürfniß, durch eine Todeserklärung den Tod eines Menschen festzustellen, kann auch bei einem nicht dem Teutschen Reiche Angehörigen obwalten, wenn in Teutschland über Vermögen oder über Rechte desselben zu verfügen ist. Beschränkt man die Todeserklärung auf einen „Teutschen", so würde, streng ge= nommen, sie niemals erfolgen können, da ja niemand wissen kann, ob nicht der seit langer Zeit Abwesende seine deutsche Staatsangehörigkeit inzwischen ver= loren hat.

§ 10. Hiermit wird das Verfahren eingeleitet, das bereits in den Vorbe= merkungen gerechtfertigt ist, und dessen Grundcharakter darin besteht, daß es von vornherein die Möglichkeit, ein streitiges Verfahren zu werden, in Aussicht nimmt.

Die Ladung hat zu enthalten:

1. die Aufforderung an den Abwesenden, spätestens in dem Termine sich zu melden, widrigenfalls er nach Befinden für todt werde erklärt werden;

2. die Aufforderung an diejenigen, welche den Antrag bestreiten wollen, zu diesem Zweck im Termine zu erscheinen;

3. die Aufforderung an Alle, welche über Leben oder Tod des Abwesenden Auskunft geben können, spätestens im Termine dies anzuzeigen.

§§ 14 u. 15.

(— Anberaumung des Aufgebotstermins und Eintritt anderer Berechtigten in das Verfahren — wie §§ 15 und 16 d. E.)

§ 16.

Jeder, der ein rechtliches Interesse dabei hat, daß die Todeserklärung nicht erfolge, kann in dem Termine den Antrag bestreiten.

Auch der Staatsanwalt kann in dieser Richtung den Streit aufnehmen. Er ist deshalb von allen Terminen und Entscheidungen von Amtswegen in Kenntniß zu setzen.

§ 17 (13).

Auch wenn der Antrag auf Todeserklärung nicht bestritten wird, hat das Gericht diese nur auszusprechen, wenn es deren Voraussetzungen für zureichend erwiesen erachtet.

———————————

§ 16. Zu denjenigen, die ein rechtliches Interesse dabei haben, daß die Todeserklärung nicht erfolge, gehört natürlich auch der Verschollene selbst; und wenn er sich meldet und anerkannt wird, so erledigt sich damit das Verfahren auf die einfachste Art. Es kann aber auch (wie ein in England vorgekommenes Beispiel beweist) der Fall eintreten, daß der sich Meldende nicht anerkannt wird. Diesen Fall faßt § 17 d. E. ins Auge und sagt darüber, es solle dann das Verfahren ausgesetzt werden. Wie soll denn aber die Sache nun weiter gehen? Soll etwa der sich Meldende eine Klage anstellen, daß er wirklich der sei, für den er sich ausgiebt? Ist eine solche Klage überhaupt gegeben? Und gegen wen wäre sie zu richten? Schon die Möglichkeit eines derartigen Falles beweist, daß das rein formell gedachte Verfahren des Entwurfs unzureichend ist.

Indessen wird ein solcher Fall nur äußerst selten vorkommen. Wichtiger ist es, daß auch Andere ein großes Interesse dabei haben können, daß eine Todeserklärung nicht erfolge. Denken wir, der Abwesende hat eine alte Mutter hinterlassen, die jeden Tag sterben kann. Wird in diesem Augenblicke der Abwesende für todt erklärt, so erbt die Mutter allein und nach ihrem Tode geht das Vermögen auf ihre Verwandten über. Stirbt sie vorher, so erben die Verwandten, die von den väterlichen Großeltern abstammen. Nun betreibt die Mutter, vielleicht von ihren Verwandten angestiftet, die Todeserklärung und verschweigt dabei, daß erst vor wenigen Jahren noch eine Nachricht von dem Abwesenden eingegangen. Muß es da nicht den anderen Verwandten zustehen, die Rechtmäßigkeit dieses Antrags zu bestreiten, und müssen sie darüber nicht in einem förmlichen Rechtsverfahren gehört werden? Es wäre unerträglich, wenn in einem solchen Falle alles auf die Ansicht des Amtsrichters gestellt wäre, die dieser von Amtswegen sich bilden wollte.

Gegen die auf einseitigen Antrag ergangene Entscheidung steht, wenn das Gericht die Todeserklärung versagt, dem Antragsteller, wenn es dieselbe ausspricht, dem Staatsanwalt die sofortige Beschwerde zu.

§ 18.

Wird in dem Termine der Antrag auf Todeserklärung bestritten, so hat nach ordnungsmäßiger Verhandlung das Gericht darüber zu erkennen. Gegen das Urtheil finden die ordentlichen Rechtsmittel statt.

Der Staatsanwalt kann ein solches erheben, auch wenn er in der Vorinstanz an dem Streite nicht theilgenommen hat.

§ 19 (18).

Im Falle der Todeserklärung sind die zweckentsprechend aufgewandten Kosten des Verfahrens, soweit sie nicht von einem den Streit aufnehmenden Gegner zu ersetzen sind, dem Antragsteller aus dem Nachlasse des Verschollenen als Masseschuld zu ersetzen.

§ 20 (21).

Die Todeserklärung begründet die Annahme, daß der Verschollene an dem Tage verstorben sei, wo die in § 9 gedachte Frist abgelaufen ist. Dieser Tag ist in dem Urtheil festzustellen. Auch gegen diese Feststellung können die in den §§ 17 und 18 bezeichneten Rechtsmittel gerichtet werden.

§ 21 (7 u. 8).

Wer auf einem untergegangenen Schiffe sich befunden hat, an einem Kriege betheiligt war, oder sonst unter Umständen, die eine hohe Wahrscheinlichkeit seines Todes begründen, in Verschollenheit gerathen ist, kann nach Ablauf von drei Jahren seit dem Untergange des Schiffes, dem Ende des Krieges oder der Vollendung des Ereignisses, das seinen Tod wahrscheinlich macht, für todt erklärt werden.

Ein Schiff gilt als untergegangen, wenn seit einem Jahr keine Nachricht mehr von ihm eingegangen ist.

---

§ 20. Hier wird das andere Prinzip ausgesprochen, das ich dem Entwurfe gegenüber vertrete: daß nämlich die Annahme des Todes nicht an den Ausspruch der Todeserklärung, sondern an den Zeitpunkt geknüpft werde, dessen Eintritt für die Annahme des Todes maßgebend ist. Daß auch dieser Zeitpunkt eine gewisse Willkür in sich trägt, ist ja nicht zu bestreiten. Aber es ist doch eine Willkür, die sich an etwas objektiv Gegebenes knüpft, und diese läßt sich ertragen. Ganz anders, wenn eine Willkür an die Stelle tritt, die von dem Betriebe der betheiligten Menschen abhängt; und vor allem unerträglich ist es, wenn dabei die Willkür des Richters hineinspielt. Jenachdem der Richter (und zwar soll es ein Einzelrichter sein) das Urtheil, das die Todeserklärung ausspricht, alsbald im Termin ertheilt oder noch acht Tage aussetzt, kann eine ganz andere Beerbung eintreten. Zu welchem Kuriosum nach dem Entwurfe die Sache sich gestaltet, wenn gleichzeitig die Todeserklärung zweier Eheleute betrieben wird, ist bereits in der Einleitung dargelegt. Selbstverständlich wird es nöthig, daß, wenn man die Zeit des Todes so, wie es hier befürwortet ist, bestimmt, dieser Tag zur Vermeidung weiterer Streitigkeiten im Urtheil festgestellt werden muß. Dies ist in Absatz 2 vorgeschrieben.

§ 21 ist im Wesentlichen nach den Vorschlägen Hölder's gebildet.

§ 22 (20).

In den Fällen des § 21 bedarf es für das erstinstanzliche Verfahren keiner Mitwirkung eines Rechtsanwaltes. Es bedarf keines öffentlichen Aufgebots. Die nach Vorschrift des § 13 Abs. 2 zu erlassende Ladung ist durch Anheftung an die Gerichtstafel bekannt zu machen. Es genügt, wenn zwischen deren Veröffentlichung und dem Termine ein Zeitraum von 6 Wochen liegt.

§ 23.

In den Fällen des §. 21 begründet die Todeserklärung die Annahme, daß der Verschollene an dem Tage verstorben sei, wo das Ereigniß, das muthmaßlich seinen Tod verursachte, stattgehabt hat. Läßt sich die Zeit dieses Ereignisses nicht mit zureichender Gewißheit bestimmen, so ist der letzte Tag, wo den obwaltenden Umständen nach dasselbe eingetreten sein kann, als der Todestag anzusehen.

Der Abs. 2 des § 20 findet auch hier Anwendung.

§ 24.

Erweist sich nach der Todeserklärung der Verschollene noch als lebend, so tritt er in seine Rechte wieder ein, soweit nicht das Gesetz ein Anderes bestimmt.

Titel 4. Wohnsitz.

§ 25.

Der Wohnsitz eines Menschen wird durch den Ort bestimmt, wo er seinen regelmäßigen Aufenthalt hat.

Jemand kann gleichzeitig an mehreren Orten den Wohnsitz haben.

Es verliert jemand seinen bisherigen Wohnsitz, wenn er den Ort verläßt und an einem anderen Orte den Wohnsitz nimmt.

---

§ 23. Die Fälle der fraglichen Art können in doppelter Weise liegen. Entweder die Umstände weisen darauf hin, daß der Verschollene an einem bestimmten Tage gestorben sei. Z. B. es ist ein Soldat nach einer Schlacht, die er mitgemacht hat, vermißt worden, ohne daß man seine Leiche gefunden hat. Es hat jemand sich auf einem Schiffe befunden, das einen heftigen Sturm erlitten hat, und wenige Tage nachher sind Trümmer des Schiffes gefunden worden. Dann ist das natürlichste, anzunehmen, daß der Soldat in der fraglichen Schlacht, das Schiff mit seinen Insassen in dem Sturme zu Grunde gegangen ist. Und dann ist es angezeigt, diesen Tag als den Todestag festzustellen. Verschwindet aber ein Soldat im Laufe des Krieges, man weiß nicht genau, von welchem Zeitpunkte an; kommt ein abgefahrenes Schiff nicht wieder zum Vorschein, man weiß aber nicht, welches Schicksal es betroffen hat, dann ist es angezeigt, den Tod des Soldaten an das Ende der Feindseligkeiten, der Untergang des Schiffes an den Ablauf eines Jahres (§ 16 Abs. 2) geknüpft sich zu denken. Natürlich liegt hierin eine gewisse Willkür. Aber ohne eine solche ist nun einmal nicht auszukommen. Und jedenfalls ist dieselbe gar nicht zu vergleichen mit der Willkür, die darin liegt, den Tod als mit dem gerichtlichen Ausspruch erfolgt anzunehmen.

Titel 4 d. E. „Verwandtschaft und Schwägerschaft" ist weggeblieben, weil diese Begriffsbestimmungen nicht in ein Gesetz, sondern in ein Lehrbuch gehören. Die einzige positive Vorschrift, die in § 33 d. E. enthalten ist, wird besser an der Stelle, wo sie zur Anwendung kommt, gebracht werden.

§ 25. Abs. 3 enthält die wesentliche Abweichung von dem Entwurfe, daß der einmal begründete Wohnsitz durch Verlassen desselben nur aufhören soll, wenn

§ 26 (36).

Ein in der Handlungsfähigkeit Beschränkter kann nicht ohne Einwilligung seines gesetzlichen Vertreters seinen Wohnsitz aufgeben oder einen neuen erwerben.

§ 27 (39).

Die Ehefrau theilt den Wohnsitz ihres Mannes.

Sie behält jedoch selbständig ihren Wohnsitz im Inlande, wenn der Mann seinen Wohnsitz in das Ausland verlegt hat, die Frau aber ihm dorthin nicht gefolgt ist.

Auch kann die Frau selbständig einen Wohnsitz haben, wenn der Mann keinen Wohnsitz hat oder wenn die Frau dem Manne an seinen zeitigen Wohnsitz zu folgen nicht verpflichtet ist.

§ 28 (40).

Ein eheliches Kind theilt den Wohnsitz des Vaters, ein uneheliches den der Mutter, ein angenommenes den des Annehmenden. Sie behalten diesen Wohnsitz bei, bis sie selbständig einen andern Wohnsitz erworben haben.

Kinder, die erst nach erreichter Volljährigkeit legitimirt oder angenommen werden, können ihren selbständigen Wohnsitz beibehalten.

§§. 29 u. 30.

(— Wohnsitz der Militärpersonen und der Exterritorialen — wie §§ 37 und 38 b. E.)

§ 31.

Volljährige Personen, die im Dienste Anderer stehen und bei diesen Wohnung haben, erwerben einen Wohnsitz an dem Orte ihres Dienstverhältnisses, wenn dieses gleich anfangs auf länger als drei Monate eingegangen ist oder wenn es bereits über drei Monate bestanden hat.

die Person einen neuen Wohnsitz erwirbt. Ausweislich der Motive ist dies der Standpunkt sowohl des französischen, als des englischen Rechts, und ich halte ihn für den weitaus verständigeren. Die Motive sagen: es sei das eine Fiktion. Jawohl! aber eine Fiktion, die die öffentliche Ordnung dringend erheischt. Wer einmal einen festen Wohnsitz genommen hat, der darf nicht zum Vagabundenthum zurückkehren. Die staatliche Ordnung sowohl in öffentlichrechtlicher als in privatrechtlicher Beziehung erfordert, daß er an dem einmal erworbenen Wohnsitz rechtlich so lange festgehalten werde, bis er einen anderen erwirbt. Daß man für den Mangel eines Wohnsitzes allerhand Auskunftsmittel erdenken kann, indem man „den Aufenthaltsort" oder „den letzten Wohnsitz" für maßgebend erklärt, mag sein. Aber gründlich geholfen wird doch nur, wenn man allgemein „den letzten Wohnsitz" für den wirklichen Wohnsitz erklärt, so lange jemand nicht einen anderen Wohnsitz erworben hat. Den Abscheu gegen diese „Fiktion" halte ich für eine Pedanterie.

§ 27. Die Sätze in § 39 b. E. scheinen mir im Verhältniß zu einander nicht klar zu sein. Abs. 3 sagt: die Frau kann einen selbständigen Wohnsitz begründen, „wenn der Ehemann keinen von ihr getheilten Wohnsitz hat". Was heißt das? Nach den Motiven soll es sich auf den Fall beziehen, wenn die Frau nach § 1273 Abs. 2 dem Manne nicht in seinen Wohnsitz zu folgen braucht. In den Worten des Abs. 3 aber liegt das nicht. Wäre es aber darin zu finden, dann wäre wieder der Abs. 2 überflüssig. Denn dieser sagt dasselbe für den besonderen Fall, wo der Mann ins Ausland verzieht.

§ 31. Ich halte es für ein Armuthszeugniß, das man sich ausstellt, wenn man darauf verzichtet, den Wohnsitz der im häuslichen Dienste bei Anderen befind-

§ 32 (35).

Der Aufenthalt in einem Gefängniß oder einer ähnlichen Anstalt, in der jemand zwangsweise untergebracht ist, begründet keine Aufhebung des bisherigen Wohnsitzes.

Zweiter Abschnitt. Juristische Personen und Vereine.

§ 33 (41).

Personenverbände und Veranstaltungen für bestimmte Zwecke können berechtigt sein, selbständig Vermögensrechte und Vermögenspflichten zu haben (juristische Persönlichkeit).

§ 34.

Unberührt bleiben die bestehenden Gesetze über die juristische Persönlichkeit und das an diese sich knüpfende Recht des Staates (Fiskus), der Gemeinden, der öffentlichen Körperschaften und Anstalten; desgleichen die bestehenden Gesetze, durch welche das Recht besonderer Arten von Vereinen, Gesellschaften oder Genossenschaften geordnet wird.

---

lichen Personen festzustellen. Freilich ist die Sache schwierig. Aber für die Praxis ist sie eben so schwierig, wenn der Gesetzgeber schweigt. Ob der obige Versuch gelungen ist, mag dahin gestellt bleiben.

Titel 5. Dieser Abschnitt des Entwurfs ist wohl nicht mit Unrecht von vielen Seiten getadelt worden. Wer einen Blick in das Leben wirft und dort sieht, welche ungeheure Ausdehnung das Vereinswesen hat, kann nicht bezweifeln, daß, wenn man überhaupt einmal unser Recht ordnet, es ein dringendes Bedürfniß ist, gerade für dieses Wesen Normen aufzustellen. Der Entwurf hat dies in den wichtigsten Beziehungen unterlassen. Er knüpft seine Vorschriften lediglich an den Begriff der „Körperschaft", mit welchen Namen er alle mit juristischer Persönlichkeit verschenen Vereine bezeichnet. Die wichtigste Frage aber, unter welchen Bedingungen eine solche „Körperschaft" entstehe, überläßt er den Landesgesetzen. Das ist offenbar sehr wenig befriedigend.

Was nun die Lösung der Aufgabe betrifft, so kann diese m. E. nicht darin gesucht werden, für das innere Leben aller bereits bestehenden Personenverbände — vom Staatsverbande bis zur geringsten Genossenschaft herab — und aller bereits bestehenden Anstalten Normen neu aufzustellen. Wenn auch in manchen Beziehungen die privatrechtliche Regelung dieses inneren Lebens recht wünschenswerth wäre, so würde man dadurch doch eine kaum zu lösende Aufgabe übernehmen. Wohl aber kann man verlangen, daß das Gesetzbuch für die im Privatwege geschaffenen Vereine und Stiftungen ein zureichendes Recht aufstelle. Auch schon diese Aufgabe ist schwierig. Sie muß aber zu lösen versucht werden.

Die obige Aufstellung fällt theilweise mit Bestimmungen, die der Entwurf für die „Körperschaften" trifft, zusammen. Sie ist jedoch bemüht, statt einer Menge unwesentlicher Dinge, die der Entwurf aufstellt, das Wesentliche des Vereinslebens mit ihren Normen zu erfassen.

§ 34. Hier werden, entsprechend dem in der Einleitung Bemerkten, zunächst alle öffentlichen Personenverbände und Anstalten von der Regelung ausgeschieden; desgleichen aber auch die Verbände, für welche bereits besondere Gesetze bestehen (Aktiengesellschaften, wirthschaftliche Genossenschaften zc.). Nach der vom Entwurf angenommenen Ordnung würde der Paragraph vielleicht besser in das Einführungsgesetz passen.

§ 35.

Im Wege der Privatvereinbarung geschaffene Vereine, die eine zum einheitlichen Handeln sie befähigende Organisation sich gegeben haben, erlangen juristische Persönlichkeit durch Eintragung in ein bei Gericht geführtes Vereinsregister.

Der Verein hat bei dem Gerichte sich eintragen zu lassen, in dessen Bezirk er seinen Sitz hat. Die Anmeldung zur Eintragung muß zugleich die Satzungen des Vereins, die Namhaftmachung seines Vorstandes und ein Verzeichniß seiner Mitglieder enthalten.

§ 36.

Vereinen, die für einen rechtswidrigen oder unsittlichen Zweck vereinbart werden, ist der Eintrag zu versagen.

Für Vereine, die politische oder religiöse Zwecke verfolgen, können die Landesgesetze den Eintrag von der Genehmigung der Verwaltungsbehörde abhängig erklären.

§ 37.

Aenderungen in den Satzungen des Vereins, sowie in den Personen des Vorstandes, desgleichen eine Auflösung des Vereins sind bei Ordnungsstrafe von dem Vorstande binnen 14 Tagen, nachdem sie eingetreten sind, Aenderungen in dem Bestande der Mitglieder innerhalb der ersten 14 Tage eines jeden Jahres zum Register anzuzeigen.

§ 38.

Von dem Register und dessen Anlagen hat das Gericht jedermann Einsicht zu gewähren, auch gegen die Gebühr Abschriften zu ertheilen.

§ 39.

Das innere Recht des Vereins wird durch dessen Satzungen und durch das Herkommen bestimmt.

---

§ 35. Statt „Normativbedingungen" für die Schaffung eines der juristischen Persönlichkeit fähigen Vereines aufzustellen, ist in diesem Paragraphen alles das, was zu einem Verein nöthig ist, als Bedingung seiner Eintragung hingestellt. Der Verein muß eine zum einheitlichen Handeln ihn befähigende Organisation sich gegeben haben; er muß deshalb Satzungen und einen Vorstand haben. Das sind die charakteristischen Merkmale eines Vereins, der die Rolle einer Person spielen will.

§ 36. Der Satz 2 sucht einem schwerwiegenden Bedenken aus dem Wege zu gehen, das bisher die Anerkennung des Rechtes freier Vereinsbildung vielfach gehindert hat.

§ 37. Man könnte zweifeln, ob auch die Mitglieder des Vereins der Veröffentlichung bedürfen. Der Grund dafür liegt aber in der Bestimmung des § 63.

§ 39. Ueber die normgebende Bedeutung des Herkommens für das innere Leben der juristischen Personen habe ich mich bereits in der „Beurtheilung" (zu §§ 1, 2, 49) geäußert. Vergl. auch die von mir besprochenen „Urtheile des Reichsgerichts" S. 18 flg.

— 11 —

§ 40 (48 Abf. 5).

Eine Aenderung der Satzungen ist, soweit nicht in diesen selbst eine andere Form dafür vorbehalten ist, nur mit Zustimmung sämmtlicher Mitglieder zulässig.

Auch wo in den Satzungen eine solche Aenderung durch Stimmenmehrheit allgemein vorbehalten ist, ist dieser Vorbehalt doch nicht auf eine Aenderung in dem Zwecke des Vereins, in den bereits erworbenen Rechten der Mitglieder oder in der Vertheilung von Rechten und Pflichten derselben im Verhältniß zu einander zu beziehen.

§ 41.

Im Namen des Vereins zu beschließen und zu handeln sind dessen verfassungsmäßige Organe berufen.

Oberstes Organ ist im Zweifel die Gesammtheit der Mitglieder. Sie faßt ihre Beschlüsse im Zweifel mit einfacher Mehrheit der abgegebenen Stimmen. Zu der Versammlung derselben müssen sämmtliche Mitglieder unter Angabe des Gegenstandes der Beschlußfassung geladen sein.

Die Gesammtheit bestellt den Vorstand des Vereins. Sie hat zu beschließen über die in den Satzungen für sie vorbehaltenen Angelegenheiten, sowie über alle weiteren Angelegenheiten, die nicht zu der regelmäßigen Verwaltung des Vereins gehören. An ihre Beschlüsse ist im Zweifel der Vorstand gebunden.

§ 42.

Der Vorstand des Vereins übt die regelmäßige Verwaltung des Vereins aus. Er kann dabei an die Mitwirkung noch anderer Organe des Vereins gebunden sein. Er vertritt den Verein sowohl nach außen, als den eigenen Mitgliedern gegenüber.

Der Vorstand hat in den satzungsmäßig gebotenen Fällen die Versammlung der Mitglieder zu berufen. Er kann auch in anderen Fällen die Berufung zur Beschlußfassung über eine Vereinsangelegenheit nicht versagen, wenn ein Viertheil der Mitglieder sie verlangt.

In den Satzungen können den Mitgliedern noch weiter gehende Rechte zur Ueberwachung des Vorstandes eingeräumt sein.

---

§ 40. Die Satzungen bilden die vertragsmäßige Grundlage für die Existenz des Vereins. Hat auch der Vertrag, welcher den Verein geschaffen hat, eine andere als bloß obligatorische Bedeutung, so kann ich es doch nicht als schon in der Natur der Sache liegend zugeben, daß die Mehrheit der Mitglieder gegen die Minderheit ohne Weiteres einen Zwang ausüben könnte, um diese Grundlage zu ändern. Soll ihr dieses Recht zustehen, so muß es in den Satzungen ausdrücklich vorbehalten sein. Der Satz 2 sucht diejenigen Dinge zu bestimmen, die unter allen Umständen nicht durch bloßen Mehrheitsbeschluß geändert werden können. Man bezeichnet öfters die unantastbaren Rechte der Mitglieder, welche ihnen durch Mehrheitsbeschluß nicht genommen werden können, als jura singulorum, was man dann mit „Sonderrechte" übersetzt. Meinem Sprachgefühl nach aber bezeichnet der Ausdruck „Sonderrechte" diese Rechte nicht richtig; er ist viel zu eng. Die genaue Begrenzung dieser Rechte ist allerdings schwierig. Jedenfalls aber ist ein gesetzlicher Schutz der Mitglieder in dieser Richtung geboten.

§ 43.

Handlungen des Vorstandes verpflichten den Verein, wenn sie innerhalb seiner satzungsmäßigen Zuständigkeit vorgenommen sind.

Der Verein haftet aus den von seinen Organen vorgenommenen Handlungen, auch wenn diese als widerrechtliche zum Schadenersatz verpflichten.

§ 44.

Hat der Vorstand mit Ueberschreitung seiner Zuständigkeit Dritten gegenüber Verbindlichkeiten für den Verein eingegangen, so haften daraus die betheiligten Mitglieder des Vorstandes persönlich unter entsprechender Anwendung des § 123.

§ 45 (44 Abs. 6).

Für Mittheilungen Dritter, zu deren Entgegennahme der Verein verpflichtet ist, genügt die Mittheilung an ein Mitglied des Vorstandes.

§ 46 (45, 48 Abs. 4).

Bei der Vertretung des Vereins oder einer Beschlußfassung für denselben kann ein Mitglied des Vorstandes, das bei der Sache persönlich betheiligt ist, nicht mitwirken.

§ 47 (44 Abs. 6).

Fehlt dem Verein ein verfassungsmäßig berufener Vorstand oder unterläßt der Vorstand die ihm obliegende Thätigkeit, so kann dem Verein vom Gericht, insbesondere zur Wahrung der Rechte Dritter, ein Vertreter bestellt werden.

§ 48.

Die Mitglieder des Vereins haben einen klagbaren Anspruch nicht allein auf die ihnen vom Verein zu gewährenden Leistungen, sondern auch auf die ihnen verfassungsmäßig zustehende Theilnahme an der Verwaltung des Vereins.

§ 49.

Im Zweifel treten neu aufgenommene Mitglieder in alle an den Verein sich knüpfenden Rechte mit ein; ausscheidende Mitglieder verlieren ihren Anspruch an diesen Rechten. Im Zweifel ist das Recht der Mitgliedschaft unübertragbar und es geht nicht auf die Erben über.

---

§ 44. Der Vorstand, der über seine Zuständigkeit hinaus handelt, hat die Stellung eines falsus procurator. Er muß also auch gleich diesem für seine Handlungen persönlich haften.

§ 46 giebt den § 15 d. E. wieder. Den Abs. 4 in § 48 d. E. aufzunehmen, halte ich nicht für geboten. In der Generalversammlung darf auch ein betheiligtes Mitglied mitstimmen. Es ist hier Vertreter eigenen Rechtes.

§ 49. Dieser und der folgende § 50 berühren ein sehr schwer zu bewältigendes Gebiet. Für viele Vereine, die überall keine vermögensrechtlichen Zwecke verfolgen, werden sie unzweifelhaft passen. Es giebt aber auch Vereine, die zwar zunächst kein vermögensrechtliches Interesse verfolgen, die aber doch dergestalt eine vermögensrechtliche Grundlage haben, daß das Mitglied sich als wesentlich vermögensrechtlich betheiligt betrachtet. So z. B., wenn Bürger einer Stadt

§ 50.

Das Recht, aus dem Vereine auszuscheiden, kann, vorbehaltlich der Bestimmung einer angemessenen Kündigungsfrist, keinem Mitgliede versagt werden.

§ 51.

Die §§ 49 und 50 finden keine Anwendung auf Vereine, bei welchen die Mitgliedschaft auf dem Antheile der Mitglieder an einem gemeinschaftlichen Vermögen beruht.

Ein Mitglied, das aus einem solchen Verein ausscheiden will, kann dies nur dadurch thun, daß es seinen Antheil an dem Vereinsvermögen auf einen Andern überträgt oder zu Gunsten des Vereins auf denselben verzichtet.

§ 52 (47).

Im Falle der Ueberschuldung des Vereins ist der Vorstand verpflichtet, die Eröffnung des Konkurses über das Vereinsvermögen zu beantragen.

Die Eröffnung des Konkurses hat die Auflösung des Vereins zur Folge.

§ 53.

Außer diesem Falle gilt ein Verein als aufgelöst, wenn der Zweck, für welchen er gegründet ist, unmöglich geworden ist.

Der Verein kann ferner aufgelöst werden durch Mehrheitsbeschluß seiner Mitglieder.

§. 54.

Die Auflösung eines Vereins kann von der Verwaltungsbehörde ausgesprochen werden, wenn der Verein Zwecke verfolgt, die nach §. 36 seine Eintragung in das Vereinsregister gehindert haben würden.

Von der erfolgten Auflösung ist das Gericht behufs Eintragung des Erforderlichen im Vereinsregister zu benachrichtigen.

Der Ausspruch der Verwaltungsbehörde ist, wo Verwaltungsgerichte bestehen, vor diesen anfechtbar.

§ 55 (50).

Bei Auflösung des Vereins nach § 53 oder § 54 erfolgt die Liquidation durch den Vorstand. Es können dazu auch durch Beschluß des Vereins besondere Liquidatoren ernannt werden, welche die Rechte und Pflichten des Vorstandes haben. Die Bestimmung des § 47 findet auch hier Anwendung.

---

einen Verein bilden zur Beschaffung von Arbeiterwohnungen, wo dann jedes Mitglied an den beschafften Häusern einen Antheil hat. Für diese Vereine ist nun in dem § 51 von den Regeln der §§ 49 u. 50 eine Ausnahme gemacht. Es ist nicht zu verkennen, daß die Begrenzung der Fälle sehr schwierig ist.

§ 52. Der zweite Satz des § 47 d. E. ist hier weggeblieben, weil er in § 66 seinen allgemeinen Ausdruck gefunden hat.

§ 56 (51).

Die Liquidatoren haben die laufenden Geschäfte des Vereins zu beenden, Forderungen einzuziehen, die Gläubiger zu befriedigen und das übrig bleibende Vermögen dem § 59 entsprechend zu verwenden. Zur Beendung schwebender Geschäfte können die Liquidatoren auch neue Geschäfte eingehen.

§ 57 (52).

Die Auflösung des Vereins ist durch die Liquidatoren öffentlich bekannt zu machen. In der Bekanntmachung sind die Gläubiger zur Anmeldung ihrer Ansprüche aufzufordern. An bekannte Gläubiger ist noch eine besondere Aufforderung zu richten.

Die Formen der öffentlichen Bekanntmachung bestimmt im Nähern die Justizverwaltung.

§ 58 (54).

Forderungen bekannter Gläubiger, die sich nicht gemeldet haben, desgleichen noch streitige Forderungen sind durch Hinterlegung oder in anderer Weise sicher zu stellen.

§ 59 (49).

Das nach Befriedigung der Gläubiger übrig bleibende Vermögen des Vereins ist, wenn der Verein auf den Antheilen der Mitglieder an einem gemeinschaftlichen Vermögen beruht, diesen Antheilen entsprechend unter die Mitglieder zu vertheilen.

Außer diesem Falle ist das übrig bleibende Vermögen, wenn über dessen Verwendung bei Errichtung des Vereins durch die Satzungen Bestimmung getroffen worden ist, dieser Bestimmung gemäß zu verwenden.

Fehlt es an einer solchen Bestimmung, so kann das Vermögen unter die zeitigen Mitglieder des Vereins vertheilt werden.

Bei Vereinen jedoch, die zu gemeinnützigen Zwecken geschaffen worden sind, darf eine Vertheilung des Vermögens unter die zeitigen Mitglieder nur insoweit stattfinden, als dasselbe aus Beiträgen dieser Mitglieder hervorgegangen ist. Soweit es aus Beiträgen früherer Mitglieder oder anderweiten Zuwendungen hervorgegangen ist, ist eine Verwendung desselben nach Maßgabe der für ein verfügbar gewordenes Stiftungsvermögen gegebenen Vorschrift (§ 75) geboten.

Zwecks Wahrung der bezüglichen Interessen ist von jeder beabsichtigten Verwendung des Vereinsvermögens der Verwaltungsbehörde Anzeige zu machen. Diese hat darüber zu beschließen, in welchem Umfange das Vermögen für stiftungsmäßige Zwecke in Anspruch zu nehmen sei. Bei sich

---

§ 59. Abf. 4. Diesen Punkt habe ich bereits in der „Beurtheilung" (zu § 49) näher begründet. Die Frage, wie viel von dem vorhandenen Vermögen aus Beiträgen der noch vorhandenen Mitglieder und wie viel aus anderen Bezugsquellen hervorgegangen sei, kann freilich unter Umständen schwer zu beantworten sein. Sie wird sich oft nicht mit voller juristischer Schärfe beantworten lassen. Deshalb schlage ich vor, wo die Frage streitig wird, nicht die ordentlichen Gerichte, sondern die Verwaltungsgerichte über dieselbe entscheiden zu lassen.

ergebendem Streite wird über diese Frage, soweit Verwaltungsgerichte bestehen, von diesen entschieden.

Für die besondere Art der Verwendung steht dem Verein der Vor= schlag zu, welchem, wenn er nicht unangemessen ist, die Verwaltungsbehörde Folge zu geben hat.

§ 60 (53).

Die Verwendung des Vermögens nach § 59 darf erst nach Ablauf eines Jahres seit der in § 57 vorgeschriebenen Bekanntmachung erfolgen.

§ 61.

Ergiebt sich bei der Liquidation die Ueberschuldung des Vereins, so haben die Liquidatoren die Eröffnung des Konkurses zu beantragen.

§ 62.

In dem Konkurse eines Vereins gehen die Ansprüche Dritter allen auf die Mitgliedschaft gegründeten Ansprüchen an den Verein vor.

§ 63.

Soweit das Vermögen des Vereins zur Bezahlung der Schulden nicht ausreicht, haben die Mitglieder den Fehlbetrag durch Beiträge zu decken. Jedes Mitglied haftet jedoch nur für seinen nach der Zahl der haftbaren Mitglieder zu berechnenden Antheil. Der Konkurspfleger hat die Beiträge einzuziehen und gleichmäßig zur Vertheilung zu bringen.

§ 64.

Ausgeschiedene Mitglieder bleiben für die zur Zeit ihres Ausscheidens vorhandenen Schulden noch während des nächsten auf ihr Ausscheiden fol= genden Rechnungsjahres nach Maßgabe des § 63 verhaftet.

§ 63 betrifft eine überaus wichtige Frage. Man sieht vielfach die „juristische Person" als etwas von der ihr angehörigen Individuen dergestalt Verschiedenes an, daß die Schulden der ersteren die letzteren gar nichts angingen. Diese Auffassung ist meines Erachtens nicht zutreffend. Der Verein, dem man juristische Persönlichkeit zuerkennt, ist im Grunde genommen doch nur eine Rechtsform, unter welcher die in ihm begriffenen Individuen ihre Interessen verfolgen. Der Vorstand handelt von diesem Gesichtspunkt aus nur in Vertretung der Mitglieder. Und wenn jemand durch einen mit Vollmacht versehenen Vertreter Schulden machen läßt, so muß er sie auch bezahlen. Die Form des „Vereins" zu benutzen, um sich von den Verpflichtungen, die namens des Vereins eingegangen sind, los zu machen, widerspricht meiner Ansicht nach der Gerechtigkeit. Ich weiß sehr wohl, daß über diese Frage auch andere Ansichten bestehen. Man hält zur Beförderung des Vereins= lebens es für geboten, daß die Mitglieder, wenn sie ihre Beiträge bezahlt haben, für nichts weiter haften. Ich kann aber dieses Interesse nicht so hoch anschlagen, daß ich deshalb einen Grundsatz, den ich durch die Gerechtigkeit für geboten halte, aufgeben möchte. In meinen Augen bildet die Verpflichtung der Mitglieder, die Vereinsschulden zu decken, eine so wesentliche Voraussetzung für ein wohlgeordnetes Vereinsrecht, daß ich mich nicht entschließen würde, ohne diese Voraussetzung die Freigebung der Vereinsbildung mit der Wirkung juristischer Persönlichkeit zu be= fürworten. Uebereinstimmend ist Maufen in den Gutachten a. d. A. St. S. 38, 39. Die Vereine können übrigens dieser Haftung entgehen, wenn sie die Zuständig= keit ihres Vorstandes sachgemäß beschränken.

§ 65.

Ist Vereinsvermögen zum Nachtheile Dritter rechtswidrig unter die Mitglieder vertheilt worden, so haben diese das Empfangene zurück zu erstatten. Die Wiedereinziehung erfolgt durch den Vorstand, die Liquidatoren oder in Ermangelung von solchen durch einen vom Gericht zu bestellenden Vertreter.

§ 66 (47).

Mitglieder des Vorstandes, sowie anderer Vereinsorgane, die ihre auf den Verein bezüglichen Obliegenheiten nicht erfüllen, haften sowohl dem Vereine, als auch Dritten, die dadurch geschädigt worden sind, für den daraus entstandenen Schaden als Gesammtschuldner.

§ 67.

Bei Vereinen, welche die Rechte einer juristischen Person nicht erlangt haben, werden durch Handlungen des Vorstandes die Mitglieder des Vereins nur nach den Grundsätzen von auftragsweise geführten Geschäften berechtigt und verpflichtet. Das für den Verein erworbene Vermögen wird Miteigenthum sämmtlicher Mitglieder. Diese sind jedoch gehindert, so lange der Verein besteht, auf Theilung zu klagen.

Für Verbindlichkeiten, welche der Vorstand namens des Vereins eingeht, haften die betreffenden Mitglieder des Vorstandes persönlich, vorbehaltlich ihres Rückgriffes auf die Mitglieder des Vereins.

Für das innere Recht des Vereins kommen die Vorschriften der §§ 39, 40, 41, 42, 45, 46, 48, 49, 50, 51, 53 sinnentsprechend zur Anwendung.

§ 68 (58).

Eine im Privatwege zu errichtende Stiftung erhält juristische Persönlichkeit durch Genehmigung der Verwaltungsbehörde. Zuständig ist die Verwaltungsbehörde des Ortes, wo die Stiftung ihren Sitz haben soll.

---

§ 67. Hier ist versucht, das Recht der Vereine, welche keine juristische Persönlichkeit erwerben, zu regeln. Die hierbei maßgebenden Gedanken lassen sich in zwei Sätzen ausdrücken: nach außen ist der Verein nur ein Conglomerat von Individuen, nach innen aber darf er sein Leben nach dem Rechte eines mit juristischer Persönlichkeit begabten Vereins gestalten. Das letztere entspricht dem bei der Vereinsbildung bethätigten Willen der Vereinsmitglieder, und es ist kein Grund vorhanden, weshalb man diesem Willen nicht Folge geben sollte. Ob es gelungen ist, der großen Schwierigkeit, welche die Sache bietet, vollständig Herr zu werden, muß dahingestellt bleiben.

§ 68. Der Gedanke des Entwurfs, eine Stiftung nach Art der pollicitatio zu behandeln und durch einseitige Erklärung entstehen zu lassen, ist von vielen Seiten getadelt worden. Mit Recht wird für jede Stiftung, die eine selbständige Persönlichkeit haben soll, Genehmigung der Regierung gefordert. Es kann freilich ein der Stiftung analoges Verhältniß noch in anderer Weise begründet werden: dadurch nämlich, daß einer lebenden Person (namentlich einer juristischen Persönlichkeit, einer Gemeinde, einer Kirche rc.) Vermögen übertragen wird, mit dem Auftrage, dasselbe für bestimmte Zwecke zu verwenden. Ein Verhältniß dieser Art fällt aber nicht unter den Begriff der eigentlichen Stiftung, ist vielmehr bei den Lehren von den Schenkungen und letztwilligen Zuwendungen zu behandeln.

Die vom Stifter zu bewirkende Anmeldung zur Genehmigung muß
die Satzungen für Gründung und Verwaltung der Stiftung und die An=
gabe des derselben zuzuwendenden Vermögens enthalten.
Mit der Genehmigung der Verwaltungsbehörde ist die Stiftung errichtet.

§ 69 (58).

Der Stifter ist verpflichtet, die Stiftung mit den nöthigen Organen
zur Verwaltung zu versehen, auch derselben das zugesicherte Vermögen zu
übertragen. Für die Gewährleistung kommen die Vorschriften über Schenkung
zur Anwendung.

§ 70 (59).

Eine Stiftung kann auch durch Verfügung von Todeswegen gegründet
werden. Ist die Herstellung der Stiftung dem Erben oder einem anderen
letztwillig Bedachten auferlegt, so liegen diesem die Anmeldung der Stiftung
(§ 68) und die in § 69 bezeichneten Verpflichtungen ob.

Ist die Stiftung selbst zum Erben eingesetzt, so kann die Verwaltungs=
behörde die Genehmigung von Amtswegen ertheilen oder zur Herstellung
der Stiftung die Bestellung eines Vertreters bei Gericht veranlassen.

Auch in dem Falle des Abs. 1 kann, wenn der mit Herstellung der
Stiftung Belastete die Anmeldung versäumt, die Verwaltungsbehörde die
Genehmigung von Amtswegen ertheilen und den Belasteten durch Ordnungs=
strafen zur Erfüllung seiner Obliegenheiten anhalten.

§ 71.

Von den Satzungen der Stiftung hat die Verwaltungsbehörde jedem,
der ein Interesse glaubhaft macht, Einsicht und gegen die Gebühr Abschrift
zu gewähren.

§ 72.

Für das Recht der Stiftung kommen die Vorschriften der §§ 39, 43,
44, 45, 46, 52, 62, 65 und 66 sinnentsprechend zur Anwendung.

§ 73.

Stiftungen unterliegen der Aufsicht der Verwaltungsbehörde.

Berührt die Stiftung nur die Interessen eines einzelnen Ortes, so
kann die Verwaltungsbehörde die Aufsicht der Ortsbehörde übertragen.

§ 74.

Fehlt der Stiftung eine stiftungsmäßige Vertretung oder unterläßt
diese Vertretung die ihr obliegende Thätigkeit zu üben, so kann auf Antrag
der Aufsichtsbehörde vom Gericht der Stiftung ein Vertreter bestellt werden.

§ 75 (62).

Wird der Zweck, für den eine Stiftung errichtet ist, unerfüllbar
oder erweist sich derselbe als nicht mehr dem öffentlichen Wohle entsprechend,

---

§ 75. Stiftungen unter allen Umständen fortbestehen zu lassen, ist nicht
rathsam. Auch sie, wie alles Menschliche, müssen einem verständigen Wechsel zu=

so kann durch Beschluß der Verwaltungsbehörde die Stiftung geändert oder nach Befinden aufgehoben und die Verwendung des Vermögens zu einem andern, dem ursprünglichen Stiftungszwecke ähnlichen Zwecke angeordnet werden.

Ueber die Aenderung oder Aufhebung der Stiftung sind zuvor die Organe derselben zu hören. Für die besondere Art der Verwendung des Vermögens steht diesen der Vorschlag zu, welchem, wenn er nicht unangemessen ist, die Verwaltungsbehörde Folge zu geben hat.

Den Landesgesetzen bleibt vorbehalten, weitere, die Aenderung oder Aufhebung einer Stiftung erschwerende Bestimmungen zu treffen.

Dritter Abschnitt. Rechtsgeschäfte.

Titel 1. Handlungsfähigkeit.

§ 76 (64).

Kinder, solche die des Vernunftgebrauchs beraubt sind, und wegen Geisteskrankheit Entmündigte sind unfähig, Rechtserklärungen sowohl abzugeben als entgegenzunehmen.

§ 77 (65).

Minderjährige sind fähig, Rechtserklärungen entgegenzunehmen, durch die sie lediglich Rechte erwerben.

Für Rechtsgeschäfte anderer Art bedürfen sie der Einwilligung ihres gesetzlichen Vertreters. Diese kann auch nachträglich durch Genehmigung ertheilt werden. Die Genehmigung oder deren Versagung muß demjenigen gegenüber erklärt werden, welchem der Minderjährige Rechte eingeräumt hat.

Ist der Minderjährige inzwischen handlungsfähig geworden, so tritt seine Genehmigung an die Stelle der Genehmigung seines Vertreters.

---

gänglich sein. Ist eine Stiftung nicht mehr haltbar, so muß der Regierungsbehörde das Recht zustehen, sie aufzuheben. Dann aber darf nicht der Fiskus eintreten, um das Vermögen zu verschlingen, sondern es muß der Wille des Stifters auch noch darin geehrt werden, daß das Vermögen für einen stiftungsähnlichen Zweck verwendet wird. (Vergl. auch meine „Beurtheilung" zu §§ 49 u. 62.)

§ 76. Die Schwierigkeit liegt hier nicht in der Sache, sondern in der rechten Bezeichnung. Der Entwurf redet von „Geschäftsfähigkeit". Ich theile die Bedenken, welche gegen diesen Ausdruck (Zusammenstellung S. 108) erhoben sind, und würde in der Ueberschrift den bisher üblichen Ausdruck „Handlungsfähigkeit" beibehalten. Der Entwurf gebraucht überhaupt das Wort „Rechtsgeschäft" in einer Weise, die meines Erachtens dem Sprachgefühl nicht entspricht. In § 1 habe ich den Begriff der Handlungsunfähigkeit in der Art aufzulösen versucht, daß ich Kinder ꝛc. als unfähig bezeichne, „Rechtserklärungen" abzugeben oder entgegenzunehmen. Der Ausdruck „Rechtserklärungen" ist bisher nicht üblich gewesen. Man hat meistens von „Willenserklärungen", „Rechtshandlungen" oder „Rechtsgeschäften" geredet. Keiner dieser Ausdrücke paßt ganz. Die „Erklärungen", um die es sich handelt, sind nicht immer „Willenserklärungen" (z. B. auch durch Benachrichtigungen können Rechtsverhältnisse geordnet werden). Auch die weiteren Ausdrücke passen nicht immer. Ich halte z. B. ein Kind für nicht völlig unfähig, Besitz zu erwerben und auszuüben. Das, wozu es unfähig ist, ist die Abgabe oder Entgegennahme von „Erklärungen", durch welche eine Rechtsveränderung herbeigeführt wird. Diese nenne ich „Rechtserklärungen".

§ 78 (65).

Hat jemand mit einem Minderjährigen, den er als solchen nicht kannte, ein der Einwilligung des Vertreters bedürfendes Rechtsgeschäft abgeschlossen, ohne daß diese Einwilligung ertheilt war, so kann er, so lange der Vertreter nicht seine Genehmigung erklärt hat, von dem Geschäfte zurücktreten. Dasselbe gilt, wenn der Minderjährige ihn über das Vorhandensein der Einwilligung des Vertreters getäuscht hat.

Der Rücktritt kann sowohl dem Minderjährigen, als dem Vertreter gegenüber erklärt werden.

§ 79 (65).

Hat jemand mit einem Minderjährigen, den er als solchen kannte oder kennen mußte, ein der Einwilligung des Vertreters bedürfendes Rechtsgeschäft abgeschlossen, während diese Einwilligung nicht ertheilt, er auch hierüber nicht getäuscht war, so kommen die Bestimmungen in Abs. 2, 3 und 4 des § 121 sinnentsprechend zur Anwendung.

§ 80 (68).

Ein Minderjähriger, dem sein Vertreter gestattet hat, in ein Dienst- oder Arbeitsverhältniß zu treten, gilt zu allen auf dieses Verhältniß bezüglichen Rechtsgeschäften für ermächtigt.

Auch gilt er im Zweifel für ermächtigt, in ein anderes gleichartiges Dienst- oder Arbeitsverhältniß zu treten.

§ 81.

Ein Minderjähriger, der zur Vorbereitung für seinen Beruf oder zu einem ähnlichen Zwecke mit Zustimmung seines Vertreters eine selbständige Lebensstellung ausübt, gilt zu allen Rechtsgeschäften für ermächtigt, die als in ordnungsmäßiger Ausübung dieser Lebensstellung eingegangen sich darstellen.

§ 82 (69).

Ein Rechtsgeschäft, das ein Minderjähriger durch eine Leistung aus Mitteln vollzieht, die ihm sein Vertreter für diesen Zweck oder allgemein zur Verfügung gestellt hat, ist rechtswirksam.

---

§§ 78 u. 79. Das Verhältniß in dem Falle, daß ein Minderjähriger ohne Einwilligung seines Vertreters ein Geschäft abschließt, ist hier übereinstimmend mit dem Falle geordnet, daß ein Vertreter ohne Ermächtigung des Vertretenen ein Geschäft abschließt. Beide Fälle sind gleichartig. Daß auf den späteren § 121 verwiesen wird, rechtfertigt sich damit, daß der Fall des § 121 der wichtigere ist.

§ 81. Diese Bestimmung habe ich schon in der „Beurtheilung" begründet (Zusammenstellung S. 124).

§ 82. Die Fassung des Entwurfs beruht wieder auf der unrichtigen Ansicht, daß jede vereinbarte Hingabe von Sachen die „Erfüllung einer übernommenen Verpflichtung" sei, was durchaus nicht der Fall ist. Die obige Fassung vermeidet diesen Fehler. Die hier vorgeschlagene Bestimmung reicht natürlich auch aus, um Minderjährigen den geschäftlichen Betrieb von Sachen (z. B. auf der Straße) im Austausch gegen baare Zahlung möglich zu machen. Daneben halte ich eine Bestimmung in dem Sinne des § 67 des Entwurfs für überflüssig. Soll ein Minder-

§ 83 (70).

Wer wegen Verschwendung entmündigt ist, steht in Ansehung seiner Handlungsfähigkeit einem Minderjährigen gleich.

Titel 2. Rechtserklärungen.

§ 84 (74, 87).

Die an einen Abwesenden gerichtete Rechtserklärung gilt als abgegeben in dem Zeitpunkte, wo deren Urheber sie absendet: vorbehaltlich des Rechtes des Urhebers, sie bis zu dem Zeitpunkte, wo sie dem Empfänger zukommt, diesem gegenüber zu widerrufen.

Dem Empfänger gegenüber wirkt die Erklärung erst mit dem Zeitpunkte, wo sie ihm zukommt.

§ 85 (75).

Die Mittheilung einer Rechtserklärung kann durch Vermittelung des Gerichtsvollziehers geschehen. Sie erfolgt nach den für Zustellungen im Prozeß geltenden Vorschriften.

§ 86 (76).

Ist die Person desjenigen, an welchen eine Rechtserklärung zu richten ist, oder dessen Aufenthaltsort unbekannt, so kann die Mittheilung nach den für öffentliche Ladungen geltenden Vorschriften erfolgen. Zuständig ist das Amtsgericht, in dessen Bezirk der Erklärende seinen Wohnsitz hat.

jähriger, der 18 Jahre alt ist, einen förmlichen Geschäftsbetrieb übernehmen, so kann er sich für volljährig erklären lassen. Wo dies nicht angeht, ist kein Bedürfniß anzuerkennen, einem Minderjährigen einen selbständigen Geschäftsbetrieb, bei dem Kreditirungen vorkommen, zu ermöglichen.

§ 83. Die Bestimmung in § 71 d. E. kann nur in Verbindung mit der Vormundschaftslehre in Betracht gezogen werden.

Titel 7. Rechtserklärungen. Uebereinstimmend mit dem zu § 76 Bemerkten schlage ich vor, statt „Willenserklärungen" zu setzen „Rechtserklärungen", als den weiterfassenden Begriff. §§ 72 u. 73 d. E. sind hier weggeblieben, da sie praktisch ohne Werth sind.

§ 84. Daß § 74 d. E. keinen klaren Ausdruck der ihm zu Grunde liegenden Gedanken enthält, läßt sich schon aus den zahlreichen daran geknüpften Erörterungen entnehmen (Zusammenstellung S. 132). Ich glaube, daß in dem obigen § 84 die richtigen Gedanken einfacher und klarer ausgesprochen sind. Aus dem ersten Satze ergiebt sich von selbst, daß, wenn der Absender der Erklärung stirbt oder handlungsunfähig wird, seine abgesandte Erklärung dadurch nicht unwirksam wird. Dem Adressaten gegenüber wird man freilich die Wirksamkeit der Erklärung erst von dem Zeitpunkte datiren können, wo sie ihm zukommt. Dies auch in dem Falle, wenn die Erklärung in der Annahme eines angetragenen Vertrages besteht. Die Gefahr, die für den Absender darin zu liegen scheint, daß bis zum Empfang der Annahmeerklärung der Adressat seinen gestellten Antrag zurücknehmen könnte, wird durch die Bestimmung des § 95 (84) beseitigt. Hiernach erledigt sich durch den obigen § 84 auch der § 87 d. E., der jedenfalls dem Gedanken, der ihm nach den Motiven (S. 174) zu Grunde liegt, einen wenig geeigneten Ausdruck giebt.

§ 85. Gegen die Beschränkung der Vorschrift auf den Fall, „daß jemand zu der Entgegennahme einer Erklärung verpflichtet sei", habe ich mich schon in der „Beurtheilung" ausgesprochen (Zusammenstellung S. 140). Als selbstverständlich, darf man wohl ansehen, daß das zuzustellende Schreiben offen sein muß.

Titel 3. Vertragschließung.

§ 87 (77, 78).

Ein Vertrag kann mündlich oder schriftlich geschlossen werden.

Der mündliche Abschluß setzt die Einigung der Parteien über sämmt=
liche Theile des Vertrags und die Absicht, auf Grund dieser Einigung sich
zu verpflichten, voraus.

Gleiches gilt, wenn ein Vertrag durch Briefwechsel geschlossen wird.
Ein Brief, der als bindende Erklärung angesehen werden soll, bedarf der
Unterschrift des Ausstellers.

Zu einem förmlichen Abschlusse gelangt ein Vertrag durch Ausstellung
einer Vertragsurkunde.

§ 88.

Ein Vertrag, der einseitig Rechte begründet, kann durch eine einseitig
ausgestellte Urkunde, die dem andern Theile ausgehändigt wird, abgeschlossen
werden.

Ist der, für welchen in der einseitig ausgestellten Urkunde Rechte be=
gründet werden, im Besitze der Urkunde, so hat er die Vermuthung für sich,
daß diese mit Wissen und Willen des Ausstellers ihm zu Händen gekommen
sei. Auch bedarf, sobald er sich auf die in seinem Besitz befindliche Ur=
kunde beruft, die Annahme der dadurch begründeten Rechte keines weiteren
Beweises.

Titel 3. Vertragschließung. § 87. Von der Vertragschließung kann
man nicht reden, ohne dabei die Form der Vertragschließung ins Auge zu fassen.
Denn nur in seiner Form gelangt der Vertrag zur Existenz. Dies gilt auch, wo
wir von „formlosen Verträgen" reden. Denn damit bezeichnen wir nur eine relativ
freiere Form. Diese freiere Form ist eine zweifache. Die mündliche Hin- und
Herrede und der Briefwechsel. Unser Rechtsleben kennt aber auch eine strengere
Form. Das ist die Vertragsurkunde. Ich halte es für nöthig, die an diese Verschiedenheit der Form sich knüpfenden Lehren im Gesetzbuch zum Ausdruck zu
bringen, und zwar um so mehr, als die Lehrbücher meistens nichts davon enthalten,
vielmehr jene Lehren nur in der Praxis lebendig sind. Auch die C.-P.-O. hat
dieselben von sich abgewiesen, weil sie, wie der Regierungs-Kommissar erklärte, „mit
der materiellen Beweiskraft der Urkunden sich nicht zu befassen habe". (Vergl.
Struckmann und Koch, Anm. 1 zu § 381 der C.-P.-O.) Der Entwurf giebt zwar
einige hierauf bezügliche Vorschriften in dem folgenden Abschnitt (§ 92 flg.). Aber
er leidet von vornherein an dem Fehler, daß er seine Vorschriften nur für die
Fälle giebt, wo die schriftliche Form „durch Gesetz oder Rechtsgeschäft erforderlich"
sei. Als ob nicht tausende von Rechtsgeschäften in dieser Form abgeschlossen würden,
auch ohne daß „Gesetz oder Rechtsgeschäft die schriftliche Form erforderlich gemacht"
haben. Und doch hat bei diesen die Vertragsurkunde ganz dieselbe Natur: sie ist
nicht ein bloßes Beweismittel, sondern sie ist die Form (oder wenigstens eine
Form), in welcher das Geschäft abgeschlossen worden ist. Ich halte es für höchst
wichtig, diese Anschauung zur Geltung zu bringen, da aus der Irrung hierüber
unzählige Fehler der Rechtsprechung entstehen.

§ 88. Diese Vorschrift fehlt im Entwurfe. Es könnte sogar der Eingangs-
satz des § 94 zu der Annahme verleiten, daß es nur von sämmtlichen Vertrag-
schließenden unterzeichnete Vertragsurkunden gebe. Das ist offenbar nicht richtig.
Ein einseitig unterzeichneter Bürgschein in der Hand des Gläubigers begründet den
Bürgschaftsvertrag. Ebenso ein einseitig unterzeichneter Schuldschein die Schuld.
Der Schuldschein ist nichts anderes als ein Schuldvertrag.

§ 89.

Ein Vertrag, der zweiseitig Rechte begründet, wird durch beiderseitige Unterzeichnung der Vertragsurkunde abgeschlossen. Er kann auch dadurch abgeschlossen werden, daß die Vertragsurkunde in mehreren gleichlautenden Schriftstücken aufgestellt und jedem Vertragschließenden ein solches Schriftstück, mit der Unterschrift der übrigen versehen, eingehändigt wird.

§ 90 (92 Abs. 1).

Der Namensunterschrift steht ein unter die Urkunde gesetztes Handzeichen gleich, wenn feststeht, daß der Inhalt der Urkunde dem Unterzeichner genau bekannt geworden ist. Von einem des Schreibens Fähigen kann jedoch der auf die Urkunde Berechtigte die Namensunterschrift verlangen.

§ 91.

Die Unterzeichnung einer Urkunde mit dem Namen eines Vertragschließenden durch fremde Hand oder durch Benutzung eines Stempels ist für den Vertragschließenden bindend, wenn die Unterzeichnung mit seinem Wissen und Willen geschehen ist. Der auf die Urkunde Berechtigte kann jedoch die eigenhändige Namensunterschrift des Ausstellers verlangen.

---

§ 90. Wer unter eine Urkunde sein Handzeichen setzt, erklärt damit in gleicher Weise seine Einwilligung in den Inhalt der Urkunde, wie der, der seine Namensunterschrift darunter setzt. Nur besteht folgender Unterschied. Wer seinen Namen unterschreibt, von dem darf man annehmen, daß er auch Geschriebenes lesen kann und daß er demgemäß auch die Urkunde gelesen hat. Wer aber nur ein Handzeichen darunter setzt, von dem ist es mindestens zweifelhaft, ob er auch Geschriebenes lesen könne und ob er danach den Inhalt der Urkunde genau gekannt habe. Es ist daher durchaus billig, daß man, um einen solchen Unterzeichner durch sein Handzeichen für gebunden zu erklären, zugleich den Beweis fordert, daß der Inhalt der Urkunde ihm genau bekannt geworden, also, daß die Urkunde ihm vorher vorgelesen sei. Ist das der Fall, so hat er durch Beifügung seines Handzeichens gerade so in die Urkunde eingewilligt, als ob er seinen Namen darunter gesetzt hätte. Immerhin ist dieser Beweis etwas unsicher; und deshalb kann man, übereinstimmend mit dem Entwurf, vorschreiben, daß, wo das Gesetz urkundlichen Abschluß fordert, nur eine gerichtliche oder notarielle Beglaubigung als Beweismittel hierfür zulässig sei. (Vergl. § 105.)

§ 91. Der eigenen Namensunterschrift hat man von jeher es gleich erachtet, wenn ein Anderer mit Wissen und Willen des Namensträgers die Unterzeichnung bewirkt hat. Denn der frühere Diffessionseid pflegte dahin gerichtet zu werden, daß der Schwörende die Urkunde weder selbst unterzeichnet habe, noch dieselbe mit seinem Wissen und Willen von einem Andern habe unterzeichnen lassen. Es liegt kein Grund vor, dies aufzugeben, da es auch heutzutage noch mitunter vorkommt, daß jemand seinen Namen durch einen Andern unterzeichnen läßt. Dieselben Grundsätze müssen aber auch Anwendung finden, wenn Jemand, wie dies heute öfters vorkommt, zur Unterzeichnung von Urkunden (z. B. Quittungen) sich eines Stempels bedient. Der eigenen Unterschrift kann dieser Stempel insofern nicht völlig gleichgeachtet werden, als ja die Möglichkeit vorliegt, daß ein Anderer hinter dem Rücken des Eigenthümers den Stempel (oder auch einen nachgemachten Stempel) benutzt habe. Dagegen liegt kein Grund vor, der Unterzeichnung mittelst Stempels die Wirksamkeit zu versagen, sobald festgestellt wird, daß der Stempel mit Wissen und Willen des Eigenthümers darunter gesetzt ist.

§ 92 (92 Abf. 2).

Ein Vertragsabschluß durch Telephon steht dem mündlichen Abschluß, ein solcher durch Telegraph dem Abschluß durch Briefwechsel gleich. Die telegraphische Uebermittelung kann jedoch auch zu einem förmlichen Vertrags= abschluß, nach Maßgabe des § 88 und des Schlußsatzes in § 89 gebraucht werden.

Voraussetzung für diesen Gebrauch des Telegraphen ist, daß die Aufgabeschrift von dem Absender unterzeichnet sei.

Das vom Telegraphenamt mitgetheilte Telegramm hat die Vermuthung für sich, daß es der Aufgabeschrift entspreche. Daß die Aufgabeschrift von dem, dessen Namen sie trägt, herrühre, bedarf im Leugnungsfalle besonderen Beweises.

§ 93.

Eine Vertragsurkunde, durch die ein Vertrag zum Abschluß gekommen ist, hat die Vermuthung für sich, daß sie den Vertrag vollständig enthalte.

Sind Verabredungen neben der Urkunde getroffen worden, so bedarf es des besonderen Beweises derselben, auch in der Richtung, daß sie neben der Urkunde haben rechtlich verpflichten sollen.

Eine Einrede wider die Urkunde begründet es, wenn aus den voraus= gegangenen Beredungen ein dem Wortlaut der Urkunde nicht völlig ent= sprechender Inhalt des Vertrags als gewollt sich ergiebt. Es ist jedoch nach den Umständen des Falles zu ermessen, ob nicht durch Aufstellung der Urkunde die Vorberedungen als aufgegeben anzusehen seien.

§ 94 (83).

Trägt jemand in persönlichem Verkehr einem Andern den Abschluß eines Vertrages an, so muß der Empfänger des Antrags, wenn er den Vertrag annehmen will, es sofort erklären, widrigenfalls der Antrag erlischt.

§ 95 (84).

Trägt jemand brieflich einem Andern den Abschluß eines Vertrages an, so ist der Absender, sofern er nichts anderes vorbehalten hat, an den Antrag bis zu dem Zeitpunkte gebunden, wo er bei Unterstellung regel=

---

§ 93. Abf. 1 spricht einen überaus wichtigen Grundsatz aus, auf dem der Werth der Vertragsurkunde wesentlich beruht. Der Entwurf hat ihn nicht, da ihm überhaupt die rechtliche Bedeutung der Vertragsurkunde fern liegt. Abf. 2 bildet nur eine weitere Folgeziehung aus Abf. 1. Abf. 3 ist schon im römischen Rechte enthalten. Ich verweise auf l. 36 D. de V. O. Es bedarf aber des von mir zugefügten Schlußsatzes, um die Praxis vor Mißbrauch dieses Satzes zu warnen. (Vergl. auch darüber die von mir besprochenen „Urtheile des Reichsge= richts" S. 105 flg.)

§ 94. Der § 80 des Entwurfs ist weggelassen. Als allgemeiner Satz ist er nicht richtig. (Er ist nur richtig innerhalb der engen Schranken der folgenden Paragraphen. Fällt § 80 weg, so bedarf es auch nicht des § 81. § 82 kommt später. Statt des in § 83 gewählten Ausdrucks „einem Anwesenden" ist hier ge= sagt „in persönlichem Verkehr". Damit ist der Fall des Verkehrs durch Telephon mitbegriffen.

§ 95 u. 96. Ich glaube, daß Hölder recht hat, wenn er geltend macht, daß in vielen Fällen eine „Verkehrssitte", innerhalb welcher die Antwort erfolgen

mäßiger Beförderung der beiderseitigen Zuschriften eine Antwort nach der Verkehrssitte erwarten durfte. Soweit eine besondere Verkehrssitte nicht besteht, darf der Absender erwarten, daß der Empfänger innerhalb des nächsten Tages nach Empfang des Antrags seine Antwort absende.

§ 96 (85).

Kommt dem Absender des Antrags nicht innerhalb der aus § 95 sich ergebenden Frist eine Annahmeerklärung des Andern zu, so darf er seinen Antrag als erloschen betrachten. Er hat jedoch auf eine Annahmeerklärung, die nach Absendung seines Antrags noch innerhalb einer Woche ihm zukommt, unverzüglich dem Anderen anzuzeigen, daß er die Erklärung als verspätet ablehne; widrigenfalls die Verspätung als verziehen gilt.

§ 97 (82, 79).

Hat der Antragende dem Anderen zur Erklärung der Annahme eine bestimmte Frist gesetzt, so ist er an den Antrag gebunden, wenn bis zum Ablauf der Frist die Erklärung der Annahme ihm zukommt.

Hat jemand einem Andern zur Annahme eines Vertrages Frist ohne zeitliche Begrenzung gestattet, so kann er gleichwohl verlangen, daß nach Ablauf einer angemessenen Zeit der Andere über Annahme oder Ablehnung des Vertrags sich erkläre. Unterläßt dieser die Erklärung, so erlischt die Befugniß zur Annahme.

§ 98 (86).

Einer Annahmeerklärung bedarf es nicht, wenn der Antragende bei seinem Antrage in Unterstellung der Annahme ausdrücklich oder nach der Natur des Geschäfts stillschweigend auf eine solche Erklärung verzichtet hat. Letzteres gilt insbesondere alsdann, wenn er in dem Antrage eine sofortige Leistung verlangt.

Der Antragende bleibt in Fällen dieser Art so lange an den Antrag gebunden, bis sich ergiebt, daß seine Unterstellung der Annahme nicht zutrifft. Dies gilt insbesondere alsdann, wenn die verlangte Leistung nicht rechtzeitig erfolgt.

müsse, sich nicht wird nachweisen lassen. Für solche Fälle muß die Frist, innerhalb welcher der Anbietende gebunden sein soll, auf das knappste Maß beschränkt werden. Denn wenn man in der Festhaltung des Anbietenden zu weit geht, so kann die vermeintliche Billigkeit zur größten Unbilligkeit werden. Stellt man aber eine so knappe Frist auf und knüpft man an die Nichteinhaltung derselben nicht nur das Recht der Zurücknahme, sondern auch das Erlöschen des Antrags, dann wird es doch im Interesse des bona fide Verkehrs ein Bedürfniß, nicht bloß für den Fall „unregelmäßiger Beförderung" der Antwort, sondern in weiterem Umfange dem Antragsteller die Pflicht aufzulegen, eine verspätete Antwort nicht stillschweigend hinzunehmen. Hiernach ist der Gedanke, der dem § 85 d. E. zu Grunde liegt, in dem obigen § 96 weiter ausgedehnt worden.

§ 97. In diesen Paragraphen ist der Fall des § 79 d. E. mit hereingezogen. Die innere Verwandtschaft mit dem Falle des § 82 ergiebt sich von selbst. Ich bin auch der Ansicht, daß in dem Falle des § 79 der Zustand, daß der Eine gebunden, der Andere nicht gebunden sein soll, nicht ewig fortdauern kann, daß vielmehr der, welcher sich die Ungebundenheit vorbehalten hat, innerhalb einer ex aequo et bono ihm zu setzenden Frist erklären muß, ob er gebunden sein will oder nicht. Sonst wird ein unerträgliches Verhältniß geschaffen.

§ 99 (88).

Verspätete Annahme eines Antrags gilt als ein neuer Antrag.
Annahme unter veränderten Bedingungen gilt als Ablehnung, ver=
bunden mit einem neuen Antrage.

§ 100 (89).

Ein gestellter Antrag erlischt, wenn der, an welchen er gerichtet ist,
vor Abgabe der Annahmeerklärung stirbt oder handlungsunfähig wird.

§ 101 (90).

Bei einer Versteigerung kommt der Vertrag durch Ertheilung des
Zuschlags zu Stande. Im Zweifel ist ein Bieter an das von ihm abge=
gebene Gebot nicht weiter gebunden, sobald ein Uebergebot erfolgt, oder
wenn der Versteigerungstermin ohne Ertheilung des Zuschlags geschlossen wird.

Titel 4. Form der Rechtsgeschäfte.

§ 102 (91).

Für ein Rechtsgeschäft ist eine besondere Form nur dann erforderlich,
wenn eine solche durch Gesetz vorgeschrieben oder von den Parteien ver=
einbart worden ist.

§ 103 (91 Abs. 2).

Ist durch Gesetz eine besondere Form vorgeschrieben, so ist ein Rechts=
geschäft, das dieser Form ermangelt, im Zweifel unwirksam.

§ 104 (91 Abs. 2).

Dasselbe gilt, wenn die Betheiligten für ein Rechtsgeschäft eine be=
sondere Form vereinbart haben.

Insbesondere ist, wenn bei Verredung eines Rechtsgeschäfts ausdrück=
lich oder nach der Natur des Geschäfts stillschweigend die Aufstellung einer
Vertragsurkunde vorbehalten ist, im Zweifel der Vertrag erst mit Unter=
zeichnung der Urkunde als geschlossen anzusehen.

§ 105 (92, 94).

Wo für ein Rechtsgeschäft urkundliche Form vorgeschrieben ist, bedarf
es für dessen Abschluß der Ausstellung einer förmlichen Vertragsurkunde

---

§ 100. Einen Antrag auch dann für bindend zu erklären, wenn der Adressat
vor der Annahmeerklärung gestorben oder handlungsunfähig geworden ist, kann ich
nicht für gerechtfertigt halten. Daß man einen vollendeten Vertrag auf die Erben
übergehen läßt, ist eine Folge des zur Vollendung gelangten Rechtes. Durch den
bloßen Antrag wird aber ein solches Recht noch nicht begründet. Den Erben ist
der Antrag nicht gestellt: wollen sie den Antrag annehmen so müssen sie den Antrag=
steller erst fragen, ob in diesem Sinne der Antrag gemeint sei. Ebenso wird
durch die eintretende Handlungsunfähigkeit eine solche Veränderung in der Person
des Adressaten herbeigeführt, daß man für diesen Fall den Antrag nicht ohne
Weiteres als gestellt ansehen kann. Auch das HGB. hat vermieden, den obigen
Grundsatz aufzustellen, obwohl es in Handelssachen sich noch eher rechtfertigen ließe.
Man muß sich nur davor hüten, mit dem Grundsatze, „daß der Antrag binde",
in Uebertreibung zu gerathen.

§ 104. Für die Ausdehnung der urkundlichen Form als einer nothwendigen
auf die Fälle, wo sie nach der Natur des Geschäfts stillschweigend vorbehalten ist,
vergl. meine „Beurtheilung" zu § 91. (ZSt. S. 157).

§ 105. Der Entwurf unterscheidet nicht zwischen urkundlicher und schrift=
licher Form, obgleich unter der letzteren auch ein durch Briefwechsel abgeschlossenes

(§§ 88 und 89). Eine Unterzeichnung der Urkunde nach Maßgabe des
§ 91, sowie eine telegraphische Uebermittelung der Urkunde (§ 92) ist dabei
ausgeschlossen. Ein statt der Namensunterschrift unter die Urkunde gesetztes
Handzeichen (§ 90) bedarf der gerichtlichen oder notariellen Beglaubigung.
Wo für ein Rechtsgeschäft nur schriftliche Form vorgeschrieben ist, ist
darunter ein durch Briefwechsel zu Stande gekommener Vertragsabschluß
mitbegriffen.

Die gerichtliche oder notarielle Aufnahme ersetzt die urkundliche Form.

Titel 5. Willensmängel.

§ 106 (96).

Ein Rechtsgeschäft, das nach der übereinstimmenden Absicht der Be=
theiligten nicht gelten soll (Scheingeschäft), ist zwischen den Betheiligten un=
wirksam, soweit nicht das Gesetz Ausnahmen bestimmt.

Ist neben dem Scheingeschäft ein anderes Rechtsgeschäft geschlossen,
das durch das Scheingeschäft verdeckt werden soll, so bestimmt sich dessen
Gültigkeit nach den dafür geltenden Vorschriften.

§ 107 (95).

Bei einer Willenserklärung, die der Empfänger für ernstlich zu
nehmen hatte, kommt es nicht in Betracht, wenn der Erklärende insgeheim
etwas Anderes zu wollen sich vorbehalten hat.

Geschäft begriffen werden kann. M. A. n. ist eine solche Unterscheidung in der
Natur der Verhältnisse begründet, und deshalb dient es zur Klarstellung, wenn
auch das Gesetz diese Unterscheidung macht. Das Charakteristische der Vertragsur=
kunde liegt darin, daß sie als eine lediglich zur Feststellung des Rechtsge=
schäftes bestimmte Erklärung sich darstellt. Danach kann allerdings auch eine in
Briefform ergangene Mittheilung als Vertragsurkunde, namentlich als einseitig
ausgestellte, gelten. Wenn z. B. jemand eine Postkarte folgenden Inhalts über=
sende: „Für das Darlehn von 1000 Mark, das N. bei Ihnen aufgenommen
hat, erkläre ich hierdurch mich zu verbürgen" (Namensunterschrift), so ist das
unzweifelhaft eine Bürgschaftsurkunde. In gleicher Weise kann eine Quittung
durch Postkarte ertheilt werden.

§ 106. Daß ein zum Schein eingegangenes Geschäft „nichtig" sei, ist in
dieser Allgemeinheit nicht richtig. Abgesehen von den Fällen, wo es auch unter
den Betheiligten wirkt (z. B. bei der Eheschließung), wirkt es unter Umständen
unzweifelhaft Dritten gegenüber. So bei der Eintragung im Grundbuche. Ein
schlagendes Beispiel für die Wirksamkeit eines simulirten Geschäftes Dritten gegen=
über führt auch Hartmann an. (ZSt. S. 164). Der zweite Absatz versteht
sich eigentlich von selbst. Er ist nur aufgenommen, um ihn abweichend vom Ent=
wurf zu formuliren. Der Entwurf sagt: ist bei Vornahme des Scheingeschäftes
von den Parteien die Errichtung eines anderen Rechtsgeschäftes beabsichtigt, 2c."
Offenbar liegt dieser Fassung die bekannte Verwechselung von in fraudem legis
abgeschlossenen Geschäften mit simulirten Geschäften zu Grunde. Die bloße „Ab=
sicht", ein Geschäft zu schließen, begründet kein Geschäft, und soll durch das Schein=
geschäft ein anderes Geschäft verdeckt werden, so muß dessen Abschluß neben dem
des Scheingeschäfts erfolgt sein. Es liegen formell zwei Geschäfte vor, das eine
als das wirkliche, das andere als das Scheingeschäft. Bleibt es aber bei der
Fassung des Entwurfs, so würde dadurch wahrscheinlich jene Verwechselung von
Scheingeschäften und Geschäften in fraudem legis verewigt werden.

§ 107. Die Rügen der Zusammenstellung gegen die überaus doktrinäre
Fassung des § 95 halte ich für wohlbegründet.

§ 108 (97).

Ist eine Willenserklärung, die mit dem wirklichen Willen des Er=
klärenden nicht übereinstimmt, von diesem irrthümlich abgegeben worden, so
bindet sie gleichwohl denselben, wenn er sie in einer ihm zuzurechnenden
Weise abgegeben hat.

Diese Vorschrift findet keine Anwendung, wenn der Empfänger der
Erklärung den Irrthum kannte oder kennen mußte.

Sie findet ferner keine Anwendung, wenn es sich bei Aufrechthaltung
der Erklärung für den Empfänger nur um einen Gewinn, nicht um eine
Vermögenseinbuße handelt.

§ 109 (98).

Die Vorschriften des § 108 kommen sinnentsprechend zur Anwendung,
wenn bei der Willensklärung der Erklärende ein Rechtsgeschäft anderer Art,
einen anderen Gegenstand des Rechtsgeschäfts oder eine andere Person als
Empfänger der Willenserklärung im Sinne hatte.

§ 110 (103).

Ist jemand zu einer Willenserklärung von dem Empfänger durch
Betrug bestimmt worden, so kann er die Willenserklärung anfechten.

Der von einem Dritten verübte Betrug rechtfertigt die Anfechtung
nur dann, wenn der Empfänger der Willenserklärung den Betrug kannte
oder kennen mußte.

Eine entsprechende Anfechtung findet auch dann statt, wenn zwar bei
Erwirkung der Willenserklärung ein Betrug nicht verübt worden ist, der=
jenige aber, welcher Rechte aus der Willenserklärung geltend macht, sich
dadurch mit Treue und Glauben in Widerspruch setzt.

§ 111 (103).

Eine durch Gewalt oder Drohung erzwungene Willenserklärung ist
anfechtbar, mag die Gewalt oder Drohung von dem Empfänger oder einem
Dritten verübt sein.

---

§ 108. Zur Begründung für diesen und den folgenden Paragraphen, welche
an die Stelle der §§ 97—102 des Entwurfs treten sollen, nehme ich Bezug auf
meine „Beurtheilung" zu § 97. (ZSt. S. 167.)

§ 110. Abs. 3 soll der s. g. exceptio doli generalis des gemeinen Rechts
ihre Stellung wahren. Für die Nothwendigkeit beziehe ich mich auf meine Aus=
führung in den Verhandl. des 20. Juristentages I S. 298 flg. (ZSt. S. 259.)
Ich erachte die Behandlung dieser Einrede für einen der schwersten Fehler des
Entwurfs. Dagegen ist § 104 d. E. weggeblieben. Ich halte es für kein Bedürfniß,
die Anfechtung an eine kurze Frist zu knüpfen, zumal, da die Anfechtung wegen
Irrthums nach § 98 an keine Frist geknüpft sein soll. Und wie begründet der
Entwurf diese Unterscheidung? Die Motive sagen: bei dem Betruge handelte es
sich um einen die Entstehung des Willens, in den Fällen des § 98 um einen das
Dasein des Willens betreffenden Irrthum! Das wird von der Praxis schwerlich
verstanden werden.

§ 111. Es ist hier die „Gewalt" neben der „Drohung" genannt. Philo=
sophisch ist es ganz richtig, daß auch die Gewalt immer nur durch die in ihr
enthaltene Drohung ihrer Fortsetzung wirksam wird. Aber man nennt diese
implicite geübte Drohung eben nicht Drohung, sondern Gewalt. Und deshalb
giebt man der Sache den natürlicheren Ausdruck, wenn man beide nennt.

Titel 6. Unerlaubte und ungültige Rechtsgeschäfte.

§ 112 (105).

Ein Rechtsgeschäft, das durch Gesetz verboten ist, ist unwirksam, soweit nicht aus dem Zwecke des Verbotes ein Anderes sich ergiebt.

§ 113.

Einem verbotenen Rechtsgeschäfte ist auch ein solches Geschäft gleich zu achten, das in anderer Rechtsform den nämlichen Zweck erreichen will, dem das gesetzliche Verbot des erstgedachten Geschäfts entgegentritt (Geschäfte zur Umgehung des Gesetzes).

§ 114 (106).

Ein Rechtsgeschäft, das der Rechtsordnung oder der Sittlichkeit widerstreitet, erzeugt keine Verbindlichkeit zur Erfüllung.

§ 115 (107).

Ein Rechtsgeschäft, durch das gegen ein zum Schutze bestimmter Personen dienendes gesetzliches oder richterliches Veräußerungsverbot oder eine entsprechende Verfügungsbeschränkung verstoßen wird, ist diesen Personen gegenüber unwirksam.

Die Vorschriften, die den gutgläubigen Erwerb Dritter von einem Nichtberechtigten schützen, finden jedoch auch hier Anwendung. Auch verliert das Veräußerungsverbot oder die Verfügungsbeschränkung im Konkurse des damit Belasteten die Wirksamkeit.

---

§ 112. Ich möchte den Ausdruck „nichtige Rechtsgeschäfte" vermeiden. Das Wort „nichtig" in diesem Sinne ist m. E. ein Romanismus. Es soll heißen: die Sache ist so anzusehen, als ob das Rechtsgeschäft gar nicht existirte. Nun existirt es aber doch, und man kann es nicht aus der Welt bringen. Warum also den Mund so voll nehmen? Es genügt vollkommen der Ausdruck „unwirksam". (Bei der Ehe kann man schon eher vertheidigen, daß der Ausdruck „Nichtigkeit der Ehe", der nun einmal üblich geworden ist, beibehalten werde.) Was den besonderen Inhalt dieses Paragraphen betrifft, so ist die Lehre von der Wirksamkeit eines gesetzlich verbotenen Rechtsgeschäfts keineswegs so einfach, wie sie hier hingestellt wird. (Vergl. Endemann, „Ueber die civilrechtliche Wirkung der Verbotsgesetze" 1887 und dazu meine Besprechung in der Kr. V. J. S. Bd. 31 S. 314 flg.). Als Beispiel nur eins. In Preußen ist es verboten, in einer auswärtigen Lotterie zu spielen. Wenn nun ein Preuße doch in der sächsischen Lotterie spielt und bei einem sächsischen Gericht auf Auszahlung des Gewinnes Klage erhebt: hat das sächsische Gericht ihn nach § 105 abzuweisen?

§ 113 soll die Lehre von den zur Umgehung eines Gesetzes geschlossenen Rechtsgeschäften, die der Entwurf ganz bei Seite läßt, aufrecht halten. Ich habe mich über diesen Mangel schon in der „Beurtheilung" geäußert. (ZSt. S. 33.)

§ 115. Durchaus nicht jedes Rechtsgeschäft, das gegen die „guten Sitten" verstößt, ist „nichtig". Wenn ich jemanden 5 Mark gebe, damit er einem Feinde von mir die Fenster einwerfe, so geht unzweifelhaft das Eigenthum auf den Empfänger über. Der Empfänger darf aber auch das Geld behalten, mag er nun die Fenster einwerfen oder nicht. Dasselbe gilt, wenn ich jemandem 5 Mark zur Belohnung dafür gebe, daß er Fenster eingeworfen habe. Wie kann man nun da die Hingabe der 5 Mark ein „nichtiges Rechtsgeschäft" nennen? Richtig ist nur, daß ein obligatorisches Rechtsgeschäft der fraglichen Art keine Verbindlichkeit erzeugt.

§ 116 (110).

Ein unwirkſam abgeſchloſſenes Geſchäft kann, wenn der Umſtand, auf dem die Unwirkſamkeit beruht, gehoben iſt, durch eine erneute Willenserklärung der Betheiligten beſtätigt und damit zur Wirkſamkeit erhoben werden.

Iſt das Rechtsgeſchäft in einer beſonderen Form vollzogen worden, ſo bedarf es für die Wirkſamkeit der Beſtätigung nicht einer Erneuerung dieſer Form.

Titel 7. Vertretung und Vollmacht.

§ 117 (115).

Jedes Rechtsgeſchäft kann, ſofern nicht das Geſetz oder die Natur des Geſchäfts entgegenſteht, durch einen Vertreter oder gegenüber einem Vertreter vorgenommen werden.

§ 118.

Ein Vertreter kann mit ſich ſelbſt in Perſon oder in Vertretung eines Dritten ein Rechtsgeſchäft nur vornehmen, ſoweit das Geſetz dies ausdrücklich geſtattet.

§ 116. Die weſentlichſte Frage bei Beſtätigung eines von Haus aus unwirkſamen Rechtsgeſchäfts iſt die, ob eine dafür vorgeſchriebene Form wiederholt werden muß. Denken wir alſo, eine Auflaſſung iſt von einem Geiſteskranken vollzogen und danach der Eintrag bewirkt worden. Nach Geneſung beſtätigt er das Geſchäft. Muß nun, um die Eigenthumsübertragung gültig zu machen, die Auflaſſung wiederholt werden? Der Entwurf ſchweigt über die Frage. Der obige Abſatz 2 entſcheidet ſie verneinend. Iſt eine Form einmal in die Welt geſetzt, dann bedarf es, um ſie mit dem nöthigen Inhalt zu erfüllen, nur des einfachen Willens. Wollte man in dem oben als Beiſpiel aufgeführten Falle ſagen, es müſſe eine neue Auflaſſung vollzogen werden, ſo müßte auch erſt der Eintrag wieder rückgängig gemacht und das Grundſtück auf den Namen des Veräußernden zurück geſchrieben werden. Wozu dieſe unbloſe Formalität?

Alle übrigen Paragraphen des 7. Titels ſind hier weggeblieben und danach iſt auch der Titel als ſelbſtſtändiger geſtrichen worden. Die Vorſchrift des § 113 d. E. iſt nicht nöthig, wenn man nicht (wie in § 104 d. E. beabſichtigt iſt) die Anfechtung an eine Friſt knüpft. Die übrigen Paragraphen des Titels ſind durchaus lehrhafter Natur und gehören nicht in ein Geſetz; ganz abgeſehen von den Bedenken, die ſich gegen ihre Faſſung erheben laſſen.

§ 118. Wie die Motive uns belehren, (im Entwurfe ſelbſt ſteht nichts davon,) geht der Entwurf davon aus, daß ein Vertreter auch mit ſich ſelbſt in Perſon oder in Vertretung eines Dritten ein Rechtsgeſchäft abſchließen könne. Ich halte dieſen Satz in ſeiner Allgemeinheit für unannehmbar. Man kann wohl aus beſonderen Gründen bei einem Geſchäft, das im Weſentlichen eine formale Natur hat, die Vertretung beider Theile durch den nämlichen Bevollmächtigten geſtatten. (So z. B. bei der Auflaſſung.) Im Allgemeinen aber beruht ein Geſchäftsabſchluß auf dem gegenſätzlichen Standpunkte, gewiſſermaßen auf einem ſtillen Kampf beider Theile; und es iſt durchaus unnatürlich, daß ein und derſelbe Mann dieſen Kampf mit ſich ſelbſt auskämpfen ſoll. Ich würde daher als Prinzip ausſprechen, daß ein Geſchäftsabſchluß mit ſich ſelbſt unthunlich ſei.

§ 119 (116).

Durch ein Rechtsgeschäft, das der Vertreter innerhalb seiner Ver=
tretungsbefugniß vornimmt, wird der Vertretene berechtigt und verpflichtet.
Es macht keinen Unterschied, ob der Vertreter ausdrücklich im Namen des
Vertretenen zu handeln erklärt hat, oder ob die Umstände ergaben, daß er
dies wollte.

Hat der Handelnde den Willen, in fremden Namen zu handeln,
nicht kundgegeben, oder den, für welchen er handeln wollte, nicht namhaft
gemacht, so kommt der Mangel des Willens, in eigenem Namen zu handeln,
nicht in Betracht.

Auf Rechtshandlungen, die von einem Dritten dem Vertreter gegen=
über vorgenommen werden, findet der erste Absatz entsprechende Anwendung.

§ 120 (117, 118).

Der Einfluß, den Nichtübereinstimmung des Willens mit der Willens=
erklärung, Gewalt und Drohung, Betrug, Irrthum, Wissen und Wissen=
müssen auf das Rechtsgeschäft üben, bestimmt sich nach der Person des
Vertreters, wenn dieser kraft Gesetzes oder kraft eines ihn zum freien
Handeln ermächtigenden Auftrags die Vertretung übte.

Soweit jedoch der Beauftragte nach den bestimmten Weisungen des
Auftraggebers handelte, kommen die Willensmängel nach ihrem Bestande
in der Person des letzteren zur Geltung.

§ 121 (123).

Ein Rechtsgeschäft, das ein Vertreter im Namen eines Anderen,
ohne Ermächtigung von diesem zu haben, mit einem Dritten abschließt,
erlangt Wirksamkeit durch Genehmigung des Geschäftsherrn.

Bis dahin, daß diese Genehmigung ihm zukommt, kann der Dritte
mit Zustimmung des Vertreters von dem Geschäfte zurücktreten.

Außer diesem Falle muß der Dritte, um den Bestand des Geschäftes
festzustellen, zunächst den Geschäftsherrn auffordern, sich über die Geneh=
migung des Geschäftes zu erklären. Unterläßt dieser, eine solche Erklärung

---

§ 119. Das Wort „unmittelbar" ist gestrichen. Unmittelbar ist ein un=
klarer Begriff, umsomehr, als er der Thatsache widerspricht, daß der Vertretene
durch einen Mittelsmann, in Wahrheit doch also mittelbar verpflichtet wird. Eher
könnte man sagen „ohne Weiteres" (d. h. ohne daß einer Cession bedarf). In=
dessen wird man auch dieses Wort entbehren können. Statt „ergeben" ist „ergaben"
gesagt. Denn es mußte sich bei dem Geschäftsabschluß ergeben, daß der Betreffende
in Vertretung handeln wollte. Auch genügt nicht, daß dieser im Allgemeinen
seinen Willen, in fremdem Namen zu handeln, kundgab, sondern er mußte auch
eine bestimmte Person als die von ihm vertretene bezeichnen, damit der Andere
weiß, an wen er sich halten soll.

§ 120. Daß der Satz des Entwurfs einer gewissen Beschränkung bedarf,
haben die in der Zusammenstellung S. 189 angeführten Schriftsteller unwider=
leglich nachgewiesen.

§ 121. Die Ordnung dieses Verhältnisses weicht in mehreren Beziehungen
von dem Entwurf ab. Im Wesentlichen finden sich diese Abweichungen schon in
der Zusammenstellung begründet.

innerhalb dreier Tage ihm zukommen zu lassen, so gilt die Genehmigung als versagt.

Beim Abschluß des Geschäftes kann eine andere Frist für die Genehmigung des Geschäftsherrn, auch die Pflicht des Vertreters, diese innerhalb bestimmter Frist beizubringen, vorbehalten werden.

§ 122 (124).

Hat bei Abschluß des Rechtsgeschäfts der, welcher in fremdem Namen handelte, verschwiegen, daß er ohne Ermächtigung zu dem Geschäft sei, so kann der Dritte, so lange die Genehmigung des Geschäftsherrn nicht erfolgt und ihm kundgegeben worden ist, von dem Geschäfte zurücktreten.

§ 123 (125).

Ein Vertreter, der in angeblicher Ermächtigung durch den Vertretenen ein Rechtsgeschäft abschließt, übernimmt damit dem Dritten gegenüber die Gewähr dafür, daß er seine Ermächtigung dem Geschäftsherrn gegenüber erweisen werde. Vermag er dies nicht, so haftet er persönlich dem Dritten aus dem Geschäfte.

Die Haftung tritt nicht ein, wenn der Dritte den Mangel der Ermächtigung kannte.

§ 124 (126).

Hat jemand als Vertreter eines Anderen eine einseitige Rechtshandlung einem Dritten gegenüber vorgenommen und hat dieser seine Vertretungsbefugniß nicht beanstandet, so kann der Dritte, sobald Genehmigung durch den Vertretenen erfolgt, den Mangel der Vertretungsbefugniß nicht mehr rügen.

§ 125.

Ist die Ermächtigung zur Vertretung durch Auftrag oder ein anderes Rechtsgeschäft ertheilt, so bestimmt sich der Umfang und die Dauer der Vertretungsbefugniß nach dem Inhalt dieses Rechtsgeschäftes.

Hat der Vertretene dem Vertreter eine zur Vorlegung bei Dritten bestimmte Vollmacht (Vollmachtsurkunde) gegeben, so bestimmt sich Umfang und Dauer der Vertretungsbefugniß Dritten gegenüber durch den Inhalt und Besitz der Vollmacht.

---

§ 123. Der Satz des Entwurfs ist in der Fassung umgestaltet, um klar zu stellen, daß der Dritte nicht etwa die „Nichtermächtigung" des Vertreters als Klaggrund zu erweisen habe; daß vielmehr der Vertreter schon dann haftet, wenn er nicht die Ermächtigung, und zwar seinem angeblichen Geschäftsherrn gegenüber, zu erweisen vermag. Ich beziehe mich auf die Ausführung in der „Beurtheilung" zu § 125 (Zusammenstellung S. 195).

§ 124. Zur Rechtfertigung dieser Bestimmung beziehe ich mich auf meine „Beurtheilung" (Zusammenstellung S. 196).

§ 125. Auch hier beziehe ich mich auf meine „Beurtheilung" (Zusammenstellung S. 192). Dem Entwurf fehlt überhaupt die klare Unterscheidung zwischen Ermächtigung und Vollmacht. Jene bezeichnet die materielle Seite der Sache, diese die formelle. Um beide Begriffe schärfer auseinander zu halten, sind die Bestimmungen über die Vollmacht erst hier an das Ende des Titels gestellt, wodurch die ganze Sache klarer wird.

§ 126 (120).

Einer Bevollmächtigung durch Vollmachtsurkunde steht es gleich, wenn der Vertretene die Bevollmächtigung durch besondere Mittheilung oder durch öffentliche Bekanntmachung dem Dritten kundgegeben hat. Kraft dieser Kundgebung ist der Bevollmächtigte so lange zu handeln befugt, als nicht das Erlöschen der Vollmacht in gleicher Weise kundgegeben worden ist.

§ 127.

Durch die Handlung des Bevollmächtigten wird der Vollmachtgeber nicht verpflichtet, wenn dem Dritten bekannt war oder bekannt sein mußte, daß eine der Vollmacht entsprechende Ermächtigung des Bevollmächtigten nicht bestand oder daß sie erloschen war.

§ 128.

Für die Erben des Vollmachtgebers gilt die Vollmacht nur, wenn sie ausdrücklich auf sie gestellt ist oder wo das Gesetz es vorschreibt. Die für die Fortwirkung eines Auftrags nach dem Tode des Auftraggebers geltenden Bestimmungen bleiben dabei vorbehalten.

§ 129 (121)

Der Besitzer einer Vollmachtsurkunde ist jederzeit verpflichtet, diese auf Verlangen des Vollmachtgebers oder seiner Erben zurückzugeben. Die an die Ertheilung der Vollmacht sich knüpfenden Rechte beider im Verhältniß zu einander bleiben dabei vorbehalten.

Auf Antrag des Vollmachtgebers oder seiner Erben hat das Gericht durch Beschluß eine ertheilte Vollmacht für kraftlos zu erklären und diesen Beschluß nach den für öffentliche Zustellungen geltenden Vorschriften bekannt zu machen. Der Beschluß erfolgt ohne Gehör des Bevollmächtigten auf Kosten des Antragstellers. Mit Ablauf eines Monats seit der letzten Einrückung des Beschlusses wird die Vollmacht kraftlos.

Zuständig ist sowohl das Amtsgericht, bei dem der Vollmachtgeber seinen allgemeinen Gerichtsstand hat, als das Amtsgericht, in dessen Bezirk der Bevollmächtigte auf Rückgabe der Vollmacht zu belangen sein würde.

§ 130 (122).

Rechtshandlungen eines angeblich Beauftragten sind bis zu vorgelegter Vollmacht unwirksam, wenn derjenige, gegen welchen sie vorgenommen werden, sie wegen Mangels der Vollmacht sofort zurückweist.

---

§ 127. Diese Bestimmung tritt einer verfehlten Anschauung des Entwurfs entgegen, die mehrseitigen Tadel gefunden hat (Zusammenstellung S. 191). Auch dieser Fehler des Entwurfs dürfte auf der unklaren Anschauung von dem Wesen der Vollmacht beruhen.

§ 130. Der erste Absatz entspricht dem Entwurf. Meines Erachtens muß aber dem Dritten auch nachträglich noch gestattet sein, Nachweisung der Ermächtigung zu fordern; nur darf er dann nicht ohne Weiteres die Handlung als unwirksam betrachten.

Auch später noch kann dieser die Nachweisung der Ermächtigung fordern, muß jedoch zu deren Beibringung dem Vertreter eine angemessene Frist lassen.

§ 131.

Ein durch allgemeine Vollmacht zur Vermögensverwaltung Bevoll=mächtigter gilt als zu allen vermögensrechtlichen Geschäften ermächtig Ausgeschlossen bleiben Geschäfte, die ein Vormund für den Mündel nich vornehmen darf.

Ein also Bevollmächtigter kann die Entgegennahme von Rechts=handlungen, die sich auf einen Gegenstand seiner Verwaltung beziehen, nicht ablehnen.

§ 132 (127).

Die Einwilligung zu einem Rechtsgeschäft, sowie die Genehmigung eines solchen oder die Versagung der Genehmigung kann von dem Ge=schäftsherrn sowohl dem Vertreter als dem Dritten gegenüber, mit dem der Vertreter verhandelt hat, erklärt werden.

Die Genehmigung wirkt im Zweifel auf die Zeit der Vornahme des Rechtsgeschäfts zurück. Jedoch bleiben Rechte, welche vor der Genehmigung Andere an dem Gegenstande des Geschäftes dem Geschäftsherrn gegenüber erworben haben, unberührt.

Titel 8. Bedingung und Befristung.

§ 133 (128, 129).

Ein Rechtsgeschäft kann von dem Eintritt einer ungewissen That=sache in der zwiefachen Weise abhängig gemacht werden, daß es erst mit dem Eintritt dieser Thatsache als eingegangen oder daß es damit als wieder aufgehoben gilt. (Aufschiebende und auflösende Bedingung.)

§ 134 (130, 133, 134).

Die Wirkungen eines bedingt eingegangenen Rechtsgeschäftes be=stimmen sich im Zweifel nach dem Zeitpunkte des Eintritts der Bedingung. Jedoch darf der bedingt Verpflichtete während schwebender Bedingung weder Verfügungen zum Nachtheil des bedingt Berechtigten über den Gegenstand des Rechtes treffen, noch schädigende Handlungen daran vornehmen. Ge=

---

§ 131. Bestimmungen dieser Art fehlen im Entwurfe. Ich halte es für nützlich, sie zu geben. Der Absatz 1 schließt namentlich in sich, daß der General-bevollmächtigte Schenkungen nicht vornehmen darf.

§ 132. Ich halte es für natürlicher, diese Bestimmungen dem Titel über Vertretung anzuschließen, als einen eigenen Titel daraus zu machen; zumal wenn man den Paragraphen so abkürzt, wie hier versucht worden ist.

§. 133. Will man einmal ein Gesetzbuch erlassen, dann halte ich es auch für nöthig, die Begriffe von aufschiebender und auflösender Bedingung klar zu stellen, da der Laie diese Begriffe sonst nicht versteht. Die Aufstellungen der §§ 128 und 129 des Entwurfs sind sehr wenig befriedigend.

§ 134. Daß die „rechtlichen Wirkungen" eines bedingt abgeschlossenen Geschäftes nicht mit dem Eintritt der Bedingung eintreten, das beweisen klar die

troffene Verfügungen sind bei Eintritt der Bedingung unwirksam, vorbehaltlich der Vorschriften, welche den gutgläubigen Erwerb Dritter von einem Nichtberechtigten schützen. Schädigende Handlungen verpflichten bei Eintritt der Bedingung zum Schadensersatz.

§ 135 (133).

Der bedingt Berechtigte kann während schwebender Bedingung Sicherheitsleistung fordern, wenn die Voraussetzungen vorhanden sind, unter denen nach den §§ 796, 797 der C. P. O. Arrest stattfindet. Auch können zu Gunsten eines bedingten Rechtes einstweilige Verfügungen nach den §§ 814 bis 822 der C. P. O. erlassen werden.

§ 136.

Wird ein unter aufschiebender Bedingung geschlossenes Rechtsgeschäft vor Eintritt der Bedingung auch nur von einer Seite erfüllt und die Erfüllung angenommen, so gilt, insofern nicht damit auf die gestellte Bedingung verzichtet ist, das Geschäft fortan als ein solches, für welches die gegentheilige Thatsache als auflösende Bedingung gestellt ist.

§ 137 (136).

Eine Bedingung gilt als eingetreten, wenn deren Eintritt von dem anderen Theile wider Treu und Glauben verhindert worden ist.

§ 138 (137).

Eine gestellte Bedingung übt auch dann ihre Wirkung auf das Rechtsgeschäft, wenn die als ungewiß vorausgesetzte Thatsache bereits bei Abschluß des Geschäftes eingetreten oder ausgefallen war.

§ 139 (138).

Die Bedingung kann in einer Handlung bestehen, deren Vornahme von der Willkür des Verpflichteten abhängt.

---

§§ 133, 134 und 135 des Entwurfs. Eher ließe sich sagen, daß die „thatsächlichen Wirkungen" des Rechtsgeschäfts, d. h. die durch das Rechtsgeschäft bezweckten Veränderungen in den äußeren Thatsachen, erst mit Eintritt der Bedingung eintreten. Wer bedingt eine Sache verkauft hat, braucht die Sache nicht eher zu übergeben, bis die Bedingung eingetreten ist. Er braucht von der Zwischenzeit keine Früchte zu erstatten rc. In rechtlicher Beziehung treten aber auch schon während schwebender Bedingung Folgen ein, die der Entwurf in den §§ 134 und 135 bezeichnet. Ausnahmsweise können auch in thatsächlicher Beziehung schon während schwebender Bedingung gewisse Folgen eintreten, von denen § 133 handelt. In der vorstehenden Fassung ist jedoch der Ausdruck „rechtliche" und „thatsächliche" Wirkungen überhaupt vermieden, da solche Bezeichnungen leicht verwirren. Um das Verhältniß klarer zu stellen, hat es mir dienlich erschienen, den Inhalt der §§ 130, 131 und 135 des Entwurfs in einen Paragraphen zusammen zu fassen. Statt des in § 130 ausgesprochenen Satzes, der nur bezeichnet, was ausnahmsweise stattfinden soll, ist im Eingange des obigen § 134 der positive Regel ausgesprochen, deren Ausspruch im Entwurf fehlt. Daran schließen sich dann als Ausnahmen die Sätze der §§ 133 und 134 des Entwurfs und ferner in § 135 der Inhalt des § 133 des Entwurfs. Die §§ 131 und 132 des Entwurfs sind überflüssig.
§ 187. Die Worte des Entwurfs „in einer dem Inhalt des Rechtsgeschäfts zuwiderlaufenden Weise" scheinen mir wenig verständlich. Die obige Fassung ist dem Schweizer Oblig.-Recht entnommen.

§ 140 (139).

Ist ein Rechtsgeschäft an eine unverständliche, widersinnige oder auf etwas Rechtswidriges oder Unsittliches zielende Bedingung geknüpft, so ist es unwirksam.

§ 141 (141, 142, 143).

Für ein Rechtsgeschäft, das für das dadurch begründete Recht einen Anfangs= oder Endtermin setzt, kommen die Vorschriften über bedingte Rechtsgeschäfte sinnentsprechend zur Anwendung.

Vierter Abschnitt. Zeitbestimmungen.

§§ 142—148.

(wie die §§ 147—153 d. E.)

§ 149.

Fällt der für eine Rechtshandlung bestimmte Tag oder der letzte Tag einer für eine Rechtshandlung bestimmten Frist auf einen Sonntag oder allgemeinen Feiertag, so kann die Handlung auch noch an dem folgenden Werktage vorgenommen werden. Abweichende Vereinbarungen bleiben vorbehalten.

Fünfter Abschnitt. Anspruchsverjährung.

§ 150 (154).

Ein durch Klage verfolgbarer Anspruch unterliegt der Verjährung, sofern nicht das Gesetz ein Anderes bestimmt.

---

§ 141. Mir ist es unverständlich, worin der Unterschied liegen soll, daß die „rechtliche Wirkung" bei einem bedingten Geschäfte erst mit dem Eintritt der Bedingung, bei einem befristeten Geschäft dagegen sofort eintreten soll. Bei beiden Arten von Geschäften treten in gewisser Beziehung die Wirkungen sofort ein (§§ 132, 133, 134 und 135 des Entwurfs), in gewisser Beziehung aber erst mit Eintritt der Bedingung oder des Anfangstermins. Dabei macht es keinen Unterschied, ob der Anfangstermin gewiß ist oder nicht. Die ganze Unterscheidung des § 141 des Entwurfs scheint mir imaginär. Man wird für befristete Geschäfte durch Verweisung auf analoge Anwendung der Bestimmungen für bedingte Geschäfte sich genügen lassen können.

Abschnitt 5 d. E. „Fahrlässigkeit. Irrthum" ist hier weggeblieben. Für die Streichung beziehe ich mich auf das in der Zusammenstellung Bemerkte. Die aufgestellten Begriffe gehören in ein Lehrbuch, nicht in ein Gesetz.

§ 149. Die von verschiedenen Seiten gestellte Forderung, daß eine Rechtshandlung nicht an einem Sonntage oder Feiertage gefordert werden könne (Zusammenstellung S. 210), halte ich für begründet, zumal da auch das Handelsgesetzbuch diese Rücksicht nimmt. Es fragt sich nur, ob man die Berücksichtigung des Feiertages (wie das Handelsgesetzbuch) auf Termine beschränken, oder auf Fristen ausdehnen will. Ich würde (nach Vorgang des Schweiz. Oblig.-Rechts, Art 91) das Letztere vorziehen, weil leicht Zweifel entstehen können, ob ein bestimmter Tag einen Termin oder das Ende einer Frist bedeutet.

§ 150. Ich behalte das Wort „Anspruchsverjährung" bei, weil ich keinen genügenden Grund finde, davon abzuweichen. Den erhobenen Streit darüber, ob

3*

Ein auf einem familienrechtlichen Verhältnisse beruhender Anspruch unterliegt nicht der Verjährung, soweit er auf Herstellung des dem Verhältnisse entsprechenden Zustandes für die Zukunft gerichtet ist.

§ 151.

Klagen auf Feststellung eines Rechtsverhältnisses unterliegen keiner selbständigen, von der Verjährung des Anspruchs, der den Gegenstand des Rechtsverhältnisses bildet, gesonderten Verjährung.

§ 152 (162, 281).

Wird ein Anspruch in der Form der Einrede der Aufrechnung geltend gemacht, so kann dieser Einrede die Replik der Verjährung entgegengesetzt werden, wenn der zur Aufrechnung gebrachte Anspruch schon vor Entstehung der Klagforderung verjährt war. Außer diesem Falle unterliegen Einreden keiner Verjährung, vorbehaltlich der besonderen Bestimmungen, welche die Zulassung von Einreden an eine innerhalb bestimmter Frist erfolgte Anmeldung knüpfen.

§§ 153, 154, 155.

(— dreißigjährige Frist als ordentliche Verjährungsfrist, Fälle der zweijährigen und der vierjährigen Verjährung — wie die §§ 155, 156, 157 d. E.)

§ 156 (158).

Die Verjährung ist bedingt durch Fälligkeit des Anspruchs.

Sie wird dadurch nicht ausgeschlossen, daß die Klagerhebung an eine Mahnung oder Kündigung geknüpft war. War von der Kündigung an

---

nicht „Klagenverjährung" richtiger sei, halte ich für einen Wortstreit. Vielleicht aber wirkt es versöhnend, wenn man im Eingange sagt: „Ein durch Klage verfolgbarer Anspruch."

§ 151. Diese Bestimmung würde fehlen können, wenn nicht die Motive verwirrte Lehren über die Verjährung der Feststellungsklagen aufgestellt hätten. Ich beziehe mich auf meinen Aufsatz in der Verh. d. 20. J. T. I S. 287 flg.

§ 152. Daß ein Ausspruch über die Frage der Verjährung von Einreden erfolge, wird wiederum durch die unklare Stellung, die die Motive zu dieser Frage einnehmen, nöthig. Auch hier beziehe ich mich auf meinen vorgedachten Aufsatz S. 292 flg. Der erste Satz des § 152, der die Aufrechnungseinrede betrifft, weicht positiv von dem Entwurf darin ab, daß dieser die Verjährung der Forderungen auch während der Zeit, wo sie bereits einander gegenüber stehen, fortlaufen lassen will. Ich beziehe mich für meine abweichende Ansicht auf den obigen Aufsatz S. 300 flg. und Zusammenstellung S. 228.

§§ 153—155. Hier ist lediglich konservativ verfahren. Ueber die Frage, ob man die dreißigjährige Frist beibehalten will oder ob sie abzukürzen sei, läßt sich ja sehr streiten. Ich finde keinen durchschlagenden Grund, davon abzuweichen. Die Beschränkung der kurzen Verjährung auf die „rechtsgeschäftlich bestimmten Zinsen" ist hier vorläufig beibehalten (vergl. Zusammenstellung S. 224). Vollständig läßt sich über die Frage erst in Verbindung mit der über die Verzugszinsen zu treffenden Bestimmungen urtheilen. Ich nehme an, daß die (von Gierke vermißte) Bestimmung über die Verjährung von Steuern und Abgaben in den Worten: „allen sonstigen Leistungen, welche in regelmäßig wiederkehrenden Fristen zu entrichten sind," begriffen sei.

§ 156. Die abweichende Fassung des ersten Satzes hängt mit § 159 zusammen.

eine Frist für die Befriedigung bestimmt, so wird um die Dauer dieser Frist der Zeitpunkt der Fälligkeit für hinausgeschoben erachtet.

§ 157 (162 Abs. 2).

Die Verjährung wird dadurch nicht ausgeschlossen, daß der Klage eine Einrede entgegenstand, die dem Kläger selbst zu beseitigen zustand (Einreden des nicht erfüllten Vertrages, des Rückbehaltungsrechts, der Vorausklage).

§ 158 (160).

Bei einem Rechte, dessen Gegenstand nur in wiederkehrenden Leistungen besteht, unterliegt der Anspruch im Ganzen einer an die ordentliche Verjährungsfrist geknüpften Verjährung, die mit dem Zeitpunkte beginnt, wo die Verjährung des Anspruchs auf eine einzelne Leistung begann.

§ 159 (159).

Die Verjährungsfrist wird von dem Schlusse des Kalenderjahres an gerechnet, in welchem das die Verjährung bedingende Verhältniß eintrat.

§ 160 (161).

Ist die Verjährung gehemmt, so wird der Zeitraum, während dessen die Hemmung besteht, in die Verjährungszeit nicht eingerechnet.

Wird die Verjährung unterbrochen, so wird der bisherige Zeitablauf wirkungslos und es muß eine neue Verjährung begonnen werden.

§ 161 (164).

Im Falle des Stillstandes der Rechtspflege ist während der Dauer derselben die Verjährung gehemmt.

§ 162 (165).

Wird der Berechtigte zu Ende der Verjährungsfrist durch ein nicht vorherzusehendes Ereigniß an der Rechtsverfolgung gehindert, so ist für die Dauer dieses Hindernisses die Verjährung gehemmt.

---

§ 159. Ich halte es für zweckmäßig, diese Bestimmung auch auf die ordentliche Verjährung auszudehnen (Zusammenstellung S. 226), und zwar zur Vermeidung von Streitigkeiten. Man erinnert sich wohl des Jahres, wo das die Verjährung bedingende Ereigniß eingetreten ist, weniger leicht des Tages. Daß durch die Verlegung des Beginns der Verjährung auf den Jahresschluß auch die lange Verjährung unter Umständen noch etwas verlängert wird, kommt gegen die Vereinfachung der Sache nicht in Betracht.

§ 162. Der § 165 des Entwurfs ist in doppelter Beziehung unpraktisch. Einmal weil er wieder den unglücklichen Begriff „höhere Gewalt" anstellt. Wo man noch diesen Begriff angebracht hat, hat er jedesmal durch seine Unklarheit Schaden gestiftet. Sodann aber auch, weil jede höhere Gewalt innerhalb der letzten 6 Monate der Verjährungsfrist die Verjährung hemmen soll. (Gesetzt, bei einer am 31. Dezember ablaufenden Verjährung ist der Berechtigte vom 1. bis zum 7. Juli schwer erkrankt. Ist denn da nun wirklich ein Bedürfniß, die Verjährungsfrist bis zum 7. Januar zu erstrecken? Die von mir vorgeschlagene Fassung vermeidet diesen Fehler. Es kommt darauf an, daß der Berechtigte wirklich am Ende der Verjährungsfrist an der Rechtsverfolgung gehindert war. Daß dieser Begriff etwas unbestimmt ist, wird bei praktischen Richtern der materiellen Gerechtigkeit nur zu Gute kommen.

Für den § 166 des Entwurfs besteht meines Erachtens kein praktisches Bedürfniß.

§ 163 (167).

Stirbt der zu Belangende im Laufe der Verjährungsfrist, so wird für Ansprüche wider den Nachlaß die Verjährung in der Art gehemmt, daß sie jedenfalls nicht vor Ablauf von sechs Monaten nach dem Zeitpunkte vollendet wird, wo der Erbe oder ein Vertreter des Nachlasses belangt werden konnte. Ist die Verjährungsfrist selbst kürzer als sechs Monate, so tritt diese kürzere Frist an die Stelle der sechsmonatigen.

Wird über den Nachlaß das erbrechtliche Aufgebotsverfahren oder der Konkurs eröffnet, so ist die durch den Tod unterbrochene Verjährung ausgeschlossen, wenn in diesem Verfahren der Anspruch geltend gemacht wird.

Diese Bestimmungen finden auch auf Ansprüche, die dem Nachlaß zustehen, sinnentsprechend Anwendung.

§ 164 (168).

Für Ansprüche zwischen dem Vormund und dem Mündel ist die Verjährung während der Dauer des Vormundschaftsverhältnisses gehemmt, jedoch nur in dem Maße, daß dadurch eine Verlängerung der Verjährungsfrist nicht über fünf Jahre nach Aufhebung dieses Verhältnisses hinaus herbeigeführt werden kann. Dasselbe gilt von Ansprüchen zwischen Eltern und Kindern :c. (wie im Entwurf).

§ 165 (169).

Die Verjährung wird unterbrochen, wenn der Verpflichtete gegenüber dem Berechtigten den Anspruch anerkennt, insbesondere auch durch Abschlagszahlung, Zinszahlung, Pfandbestellung oder Bürgschaftsbestellung.

§ 166 (170, 171 Abf. 3).

Die Verjährung wird unterbrochen, wenn der Berechtigte (wie Abf. 1 des § 170).

---

§ 164. Ich kann es nicht als Bedürfniß anerkennen, daß während der hier bezeichneten Verhältnisse die Verjährung in der Art ruhe, daß nach Aufhören des Verhältnisses noch die ganze übrige Verjährungsfrist für sie offen bleiben müßte. Nach der Bestimmung des Entwurfs würde also, wenn A. wider B. einen im Jahre 1890 entstandenen Anspruch hat, dann aber bei dem Tode des B. im Jahre 1895 A. vom Vormunde über dessen einjährigen Sohn ernannt wird, nach der im Jahre 1915 eintretenden Volljährigkeit des Sohnes der Anspruch noch 25 Jahre lang, also bis zum Jahre 1940 fortdauern. Das wäre von 1890 an gerechnet 50 Jahre. Dafür ist kein Bedürfniß vorhanden; vielmehr ist es durchaus schädlich, so alte Ansprüche noch fortleben zu lassen. Es wird hier vorgeschlagen, einer Verlängerung der Verjährungsfrist keinenfalls über 5 Jahre hinaus nach Erledigung des hemmenden Verhältnisses Raum zu geben. In dem obigen Falle würde also die Verjährung mit dem Jahre 1920 ablaufen.

§ 165. Das Wörtchen „auch" ist hinzugefügt, um außer Zweifel zu stellen, daß andere Arten der Anerkennung um so mehr wirken.

§ 166. Die Nichterwähnung der Aufrechnungseinrede als Unterbrechung der Verjährung ist eine Lücke des Gesetzes. Zur vollständigen Aufzählung wird auch die Geltendmachung des Anspruchs in der Form der vorgeschlagenen Nr. 6 gehören. Der § 171 Abf. 3 d. E. trifft in dieser Beziehung eine zu enge Bestimmung. Es ist kein Grund vorhanden, die Unterbrechung der Verjährung auf den Fall Nr. 6 des § 36 der C.P.O. zu beschränken.

Der Klagerhebung stehen gleich:

1. die Geltendmachung des Anspruchs in der Form der Aufrechnungseinrede, wofür die Zustellung des die Einrede enthaltenden Schriftsatzes genügt; (Nr. 2, 3, 4, 5 wie die Nr. 1, 2, 3, 4 des Entwurfs).

6. die Einbringung eines Gesuches um Bestimmung des zuständigen Gerichtes nach § 36 der C.P.O., wenn der Betreibende dem Gegner eine Nachricht von Stellung des Gesuches vor Ablauf der Verjährung zustellen läßt und nach erfolgter Entscheidung des höheren Gerichtes (§ 37 der C.P.O.) innerhalb von drei Monaten die Klage erhebt.

§ 167 (170 Abs. 3).

In den Fällen, wo eine Partei die Zustellung eines zur Unterbrechung der Verjährung dienenden Schriftstückes durch Vermittelung des Gerichtsschreibers bewirken läßt, tritt die Wirkung der Unterbrechung schon mit dem Zeitpunkte ein, wo das Schriftstück zulässiger Weise dem Gerichtsschreiber übergeben worden ist.

Auch die Vorschrift des § 190 der C.P.O. bleibt unberührt.

§ 168 (171).

Die Unterbrechung durch Klagerhebung gilt als nicht erfolgt, wenn der Berechtigte die Klage zurücknimmt.

Dagegen gilt durch die Klagerhebung die Verjährung auch dann als unterbrochen, wenn die Klage aus Gründen abgewiesen wird, welche die Verfolgung des nämlichen Anspruchs durch eine neue Klage gestatten, und wenn diese Klage innerhalb von sechs Monaten nach der rechtskräftigen Abweisung der vorausgehenden Klage erhoben wird. Ist die Verjährungs=

---

§ 167. Hier wird eine Bestimmung vorgeschlagen, die bei allen amts= gerichtlichen Sachen wesentlich dazu dienen würde, die Gefahr verspäteter Zu= stellung der Klage ze. von der Partei abzuwenden. Man kann das um so mehr thun, als in der großen Mehrzahl der Fälle in die Hände des Gerichtsschreibers gelangte Schriftstück der baldigen Zustellung sicher sein wird. Auch hat schon der § 190 der C.P.O. und neuerdings wieder das Gesetz über Gewerbegerichte § 30 diesen Weg beschritten.

§ 168. Es ist anzuerkennen, daß der Entwurf das Streben hat, den von der Verjährung Bedrohten nicht unter zufälligen Irrungen leiden zu lassen. Aber er führt diesen Gedanken nicht konsequent durch. Man wird darin wohl dem Entwurfe beistimmen müssen, daß, wenn jemand seine Klage zurücknimmt, die Unterbrechung der Verjährung nicht als erfolgt anzusehen sei. Denn wenn man anders bestimmen wollte, so würde das eine Belohnung auf frivole Klagenstellung sein. Dagegen liegt kein Grund vor, die unterbrechende Wirkung einer angestellten Klage auf die Fälle zu beschränken, wo die Klage wegen Unzuständigkeit des Gerichts oder Unzulässigkeit des Prozeßweges zurückgewiesen wird. Ueberall, wo die Klage in der Art abgewiesen wird, daß wegen des nämlichen Anspruchs eine neue Klage zulässig ist, muß dem Kläger die zuerst angestellte Klage als Unterbrechung der Verjährung zu gute kommen, da bekanntlich ein Prozeß leicht ohne jedes Ver= schulden des betreffenden Theils in der angebrachten Weise verloren gehen kann, und deshalb in einem solchen Falle ein Vorwurf der Nachlässigkeit sich nicht gegen die Partei erheben läßt. (So z B., wenn eine Klage gegen den Fiskus ab= gewiesen wird, weil nicht die richtige Behörde verklagt ist.) Selbstverständliche Voraussetzung für diese Nachsicht muß aber sein, daß nur die neue Klage binnen kürzester Frist erhoben wird.

frist selbst kürzer als sechs Monate, so tritt diese kürzere Frist an die Stelle der sechsmonatigen.

Diese Bestimmungen finden auch Anwendung, wenn ein Anspruch in der Form der Aufrechnungseinrede geltend gemacht wird.

§§ 169—177.

(— nähere Regeln über die Unterbrechung der Verjährung — wie §§ 172—180 d. E.)

§ 178 (181).

Gelangt eine Sache, auf der ein Anspruch ruht, durch Rechts= nachfolge in den Besitz eines Dritten, so wird die während des Besitzes des Rechtsvorgängers verstrichene Verjährungszeit in die Verjährungsfrist eingerechnet.

§ 179 (182).

Nach Vollendung der Verjährung steht dem Anspruche eine Einrede entgegen, durch die der Anspruch dauernd ausgeschlossen wird.

Das auf einen verjährten Anspruch Geleistete kann nicht wegen Un= kenntniß der Verjährung zurückgefordert, ein darauf bezügliches Schuldver= sprechen oder Schuldanerkenntniß nicht angefochten werden.

§ 180.

Bei dinglichen Ansprüchen kann nach Vollendung der Verjährung die Einrede auch von jedem späteren Besitzer der Sache, sowie jedem auf das Eigenthumsrecht gegründeten Anspruch gegenüber geltend gemacht werden.

Die Einrede steht jedoch demjenigen nicht zu, der durch Diebstahl oder Gewalt die Sache dem Kläger oder dem Rechtsvorgänger desselben entzogen oder in einem Falle dieser Art von dem Diebe oder Gewaltthäter unter Vorwissen von dessen rechtswidrigem Erwerbe die Sache erworben hat.

§ 181.

Die Verjährung des persönlichen Anspruchs hindert den Gläubiger nicht, sich aus dem ihm bestellten Faustpfande zu befriedigen oder zur Befriedigung seines Anspruchs sein Hypothekrecht zu verfolgen.

Auf verjährte rückständige Zinsen oder andere wiederkehrende Leistungen findet dies keine Anwendung.

§ 182.

(— Verjährung des Nebenanspruchs bei Verjährung des Hauptan= spruchs — wie § 184 d. E.)

§ 183 (185).

Durch Vereinbarung der Betheiligten kann für einen Anspruch die Verjährung erleichtert, nicht aber im voraus erschwert oder ausgeschlossen werden. Insbesondere ist eine vertragsmäßige Abkürzung der Verjährungs= frist, nicht aber eine Verlängerung derselben statthaft.

---

§§ 179 u. 180. Die Begründung ist in meinem Aufsatze, Verhandlungen des 20. J. T. S. 290 flg., enthalten.

Sechster Abschnitt. Selbstvertheidigung und Selbsthilfe.

§ 184 (186).

Eine Handlung, die durch Nothwehr geboten ist, ist erlaubt.

Nothwehr ist die Vertheidigung, welche erforderlich ist, um einen gegen=
wärtigen rechtswidrigen Angriff von sich oder einem Andern abzuwenden.

§ 185 (187).

Erlaubt ist auch eine Handlung, durch die jemand eine fremde Sache
beschädigt oder zerstört, um eine von dieser Sache drohende Gefahr von
sich oder Andern abzuwenden, sofern die Handlung zur Abwendung der
Gefahr erforderlich war.

Droht jedoch die Gefahr nur einer Sache, die von weit geringerem
Werthe ist, als die gefahrdrohende Sache, so darf der Bedrohte diese nicht
beschädigen oder zerstören, wenn er annehmen darf, daß deren Eigenthümer
für den ihm drohenden Schaden einzustehen im Stande sei. Bleibt in
einem solchen Falle die fremde Sache vor Schaden bewahrt, so darf der
Beschädigte für die Schädigung seiner Sache Schadensersatz von dem Eigen=
thümer der fremden Sache in Anspruch nehmen, auch wenn dieser den
Schaden nicht verschuldet hat.

Hat der Bedrohte die Gefahr, die ihn zu der Schädigung der fremden
Sache veranlaßte, selbst verschuldet, so haftet er für den entsprechenden
Schadensersatz.

§ 186 (189).

Selbsthülfe durch Wegnahme von Sachen, durch Festnahme des Ver=
pflichteten oder Nöthigung desselben zur Erfüllung seiner Verpflichtung ist
erlaubt, wenn obrigkeitliche Hülfe nicht rechtzeitig zu erlangen und Gefahr
des Verlustes vorhanden ist.

Die Selbsthülfe darf nicht weiter gehen, als zur Abwendung der
Gefahr nothwendig ist.

Im Falle der Festnahme des Verpflichteten ist von dieser, wo thun=
lich unter Vorführung des Festgenommenen, dem Amtsgericht sofort Anzeige
zu machen und der persönliche Arrest zu beantragen.

---

§ 185. Hier kommt die schwierige (vom Entwurfe nicht beachtete) Frage
in Betracht, ob jemand auch dann zum Vortheil der eigenen Sache eine diese be-
drohende fremde Sache zerstören darf, wenn der Werth der bedrohten Sache zu
dem Werthe der bedrohenden Sache ganz außer Verhältniß steht. Es würde also
die Frage sein, ob z. B. ein Schiffer, um sich einen werthlosen Anker zu erhalten,
ein Kabel zerstören darf, dessen Wiederherstellung vielleicht das Hundertfache kostet;
ob jemand, dem eine nachbarliche Anlage einigen Schaden droht, diese Anlage, die
unendlich viel mehr werth ist, zerstören darf. Man kann ja über dergleichen vielleicht mit dem Satze: fiat justitia, pereat mundus hinauskommen. Aber für
das natürliche menschliche Gefühl sind solche Dinge doch sehr störend. Es ist oben
in Abs. 2 versucht, den Grundsatz des Abs. 1 einer gewissen Beschränkung zu
unterwerfen. Daß die Sache sehr schwierig ist, erkenne ich an.

Im Falle der Wegnahme von Sachen ist bezüglich dieser sofort der dingliche Arrest oder nach Befinden die Zwangsvollstreckung in solche zu beantragen.

Lehnt das Gericht den Antrag ab, so hat sofort die Freigebung der Person oder der Sache zu erfolgen.

§ 187.

Sachen, die in fremden Grundbesitz eingedrungen sind und dort Schaden gestiftet haben, darf der Beschädigte innerhalb seines Besitzthums festnehmen und als Pfand für den Schadensersatz zurückhalten.

Von der erfolgten Festnahme ist der Eigenthümer, wenn er bekannt ist, sofort zu benachrichtigen. Die Sache ist frei zu geben, wenn sich ergiebt, daß der Eigenthümer nicht für den Schaden zu haften hat, oder sobald dieser anderweit Sicherheit leistet.

Siebenter Abschnitt. Rechtsverfolgung und Urtheil.

§ 188.

Auf Gesetz beruhende Nebenansprüche können nur in Verbindung mit dem Hauptanspruch eingeklagt werden. Eine selbständige Einklagung findet nur statt, wenn wegen Erledigung des Hauptanspruchs dieser nicht mehr eingeklagt werden kann.

Ist der Hauptanspruch durch Befriedigung des Berechtigten erledigt, so findet eine Einklagung von Nebenansprüchen der gedachten Art nur statt, wenn der Berechtigte bei Annahme der Befriedigung das Recht auf solche sich vorbehalten hat. (Ein Verzicht auf den Hauptanspruch schließt den Verzicht auf die Nebenansprüche in sich).

§ 189.

Die Klage auf Feststellung der Verpflichtung zu einer Leistung kann im Laufe des Prozesses, falls die Voraussetzungen dafür vorliegen, in die Klage auf die Leistung selbst, die letztere Klage in die Klage auf Feststellung der Verpflichtung umgewandelt werden.

---

§ 187. Ich bin der Ansicht, daß dieser Paragraph etwas anspricht, was durchaus dem deutschen Rechtsbewußtsein entspricht. Er bezieht sich nicht bloß auf Thiere, die in fremde Grundstücke eindringen, sondern auch auf andere Sachen, die durch elementare Gewalt auf ein Grundstück getrieben sind. Das Recht der Festnahme ist im Ausfluß des Besitzrechts an Grund und Boden. Es ist also eigentlich gar keine Selbsthülfe. Der Besitzer hält nur fest, was der Zufall in seinen Besitz hineingetragen hat. Das ist ein Urrecht des Besitzers.

§ 188. Hier wird der Ansicht des Entwurfs entgegengetreten, daß Neben-ansprüche jederzeit auch selbständig verfolgt werden können (Zusammenstellung S. 242). Die selbständige Einklagung von Nebenansprüchen würde die gehässigsten Prozesse zur Folge haben.

§ 189 soll der unrichtigen Anschauung der Praxis entgegengetreten, welche die Klage auf Feststellung der Verpflichtung zu einer Leistung und die Klage auf die Leistung selbst als ganz verschiedene Dinge ansieht. Das sind sie ganz und

Findet das Gericht, daß statt der Klage auf Feststellung Klage auf
die Leistung habe erhoben werden können, oder ist im Laufe des Prozesses
der Anspruch auf die Leistung reif geworden, so kann das Gericht auch von
Amtswegen die der Sachlage entsprechende Verurtheilung aussprechen.

§ 190 (190).

Die Verurtheilung zu einer Leistung ist der Regel nach nur zulässig,
wenn die Fälligkeit bereits eingetreten ist.

Bei wiederkehrenden Leistungen, die nicht auf Rechtsgeschäft beruhen,
kann die Verurtheilung auch für die erst später fällig werdenden Leistungen
erfolgen.

Die Verurtheilung zur Leistung aus Nebenansprüchen gilt im Zweifel
zugleich für die Zeit ausgesprochen, die zwischen Urtheil und Erfüllung oder
Vollziehung liegt.

Ein Urtheil, das eine Geldforderung zuspricht, begründet, soweit nicht
schon Abs. 3 zur Anwendung kommt, die Pflicht, vom Tage der Rechtskraft
des Urtheils bis zum Tage der Erfüllung oder Vollziehung gesetzliche Zinsen
zu zahlen.

§ 191.

Auch auf eine vor Fälligkeit der Leistung erhobene Klage kann das
Gericht, wenn inzwischen die Fälligkeit eingetreten ist, die Verurtheilung zu
der Leistung aussprechen; nach Befinden unter Verurtheilung des Klägers
in die durch die verfrühte Klagerhebung veranlaßten Kosten.

§ 192 (190 Abs. 3).

Ist eine von keiner Gegenleistung abhängige Geldforderung oder der
Anspruch auf Räumung eines Grundstücks an den Ablauf einer Kündigungs-

gar nicht. Denn jede Klage auf die Leistung ist zugleich eine Klage auf Feststellung der Verpflichtung zu der Leistung. Und die letztere Klage ist nichts weiter
als ein anticipirtes Stück der Klage auf die Leistung selbst. Deswegen ist nicht
der geringste Grund vorhanden, daß nicht im Laufe des Prozesses eine Klage in
die andere übergehen könnte: während jetzt unzählige Feststellungsklagen deshalb
abgewiesen werden, „weil der Kläger auf die Leistung hätte klagen können und
müssen!" Der Paragraph würde einem wahren Schicksal, das jetzt auf der Feststellungsklage lastet, abhelfen.

§ 190. Die beiden ersten Sätze sind in § 190 d. E. enthalten. Abs. 3 ist
zur Ergänzung nöthig, weil sonst aus Satz 1 zu folgern wäre, daß, wenn jemand
zur Zahlung von 1000 Mark mit Zinsen von . . . . verurtheilt worden ist, für
die nach dem Urtheil laufenden Zinsen eine Verurtheilung nicht vorliege. Abs. 4
will den Judicatzinsen den Weg bahnen, die der Entwurf aus unzureichenden
Gründen ablehnt (Zusammenstellung S. 246). Prozeßzinsen anzuordnen ist nicht
nöthig, da mit der Klagerhebung der Verzug des Schuldners beginnt und deshalb
Verzugszinsen gefordert werden können.

§ 191. Dieser Bestimmung entsprechend hat bereits die Praxis vielfach verfahren. Es ist jedoch rathsam, den Satz auszusprechen, weil sonst die Sache durch
§ 190 Abs. 1 wieder in Frage gestellt erscheinen kann.

§ 192. Ich vermag keinen Grund einzusehen, weshalb § 190 Abs. 3 die
hier fragliche Regel auf „Miethverhältnisse" beschränkt. Ist sie an sich gerechtfertigt, dann paßt sie auf alle Verhältnisse, wo die Räumung eines Grundstücks
an eine Kündigungsfrist geknüpft ist.

frist geknüpft, so kann schon mit der Kündigung oder nach deren Bewirkung Klage auf Verurtheilung zur künftigen Zahlung oder Räumung erhoben werden. Hat der Verklagte nicht durch Bestreiten seiner Verpflichtung zu dem Prozeß Anlaß gegeben, so hat der Kläger dessen Kosten zu tragen.

§ 193.

Ergiebt ein Prozeß, daß der Kläger die unbeschränkt eingeklagte Leistung nur unter Erfüllung einer Gegenleistung verlangen könne, so kann das Gericht, wo es dem Interesse der Parteien entsprechend erscheint, statt Abweisung der Klage, Verurtheilung zur Erfüllung des Klaganspruchs gegen Erfüllung des Gegenanspruchs aussprechen.

§ 194 (191).

Das rechtskräftige Urtheil ist maßgebend für das Rechtsverhältniß der Parteien. Das rechtskräftig Zuerkannte kann nicht mehr bestritten, das rechtskräftig Aberkannte nicht mehr geltend gemacht werden. Die Wirkung der Rechtskraft beschränkt sich jedoch auf den Umfang des durch Klage oder Widerklage geltend gemachten Anspruchs.

Auf die Wirkung des rechtskräftigen Urtheils kann verzichtet werden. Das Gericht darf dieselbe nur berücksichtigen, wenn sie geltend gemacht wird.

§ 195 (192).

Das rechtskräftige Urtheil wirkt für und gegen die Parteien und diejenigen Personen, welche nach Eintritt der Rechtshängigkeit Rechtsnachfolger

§ 193. Auch dieser Satz sucht einem praktischen Interesse gerecht zu werden. Es kommt nicht selten vor, daß einem Anspruche ein Gegenanspruch (z. B. der Eigenthumsklage eine Einrede aus Verwendungen) gegenüber gestellt wird. Der Kläger bestreitet diese Einrede; das Gericht aber findet sie gegründet. Wie soll nun das Gericht erkennen? Weist es die Klage ab, so muß der Kläger, auch wenn er eventuell bereit gewesen wäre, den Gegenanspruch zu erfüllen, einen neuen Prozeß anfangen. In solchen Fällen ist es viel verständiger, wenn das Gericht den Verklagten zu leisten verurtheilt gegen Leistung dessen, was der Verklagte fordern kann. Damit ist den Parteien geholfen. Natürlich ist, wenn die Gegenforderung des Verklagten den einzigen Streitpunkt bildete, der Kläger in die Kosten zu verurtheilen.

§ 194. Hier ist dem Abs. 1 des Entwurfs am Schluß ein Satz zugefügt, der der (jetzt vorherrschenden) falschen Annahme der Auslegung des § 293 der C. P. O. ein Ziel setzen soll. Der § 293 hat in dem Sinn, wie er gemeint gewesen ist, nichts weiter besagen wollen, als daß die Rechtskraft nicht über den Umfang des Gegenstandes des Anspruchs sich erstrecken soll, (daß also z. B., wenn der Anspruch auf Zinsen abgewiesen wird, dies nicht res judicata über das Bestehen des Anspruchs bilde). Daraus hat man gemacht, daß alles, was nicht in dem entscheidenden Theile des Urtheils ausgesprochen sei, ohne Bedeutung bleibe, (daß also z. B., wenn die negative Feststellungsklage wegen Annahme, daß der Anspruch begründet sei, abgewiesen wird, dies keine res judicata für das Bestehen des Anspruchs bilde). Eine heillose Lehre. Will man lieber die Form wählen, den § 293 der C. P. O. selbst umzuändern (vergl. Einf. Gesetz Art 11 S. 6), so ist dagegen auch nichts zu sagen. Der erste Satz des § 293 müßte dann dahin geändert werden:

Urtheile sind nur in dem Umfange des durch Klage oder Widerklage erhobenen Anspruchs der Rechtskraft fähig.

der Parteien geworden sind oder von diesen an dem im Streit befangenen Gegenstande Rechte erworben haben.

Die Vorschriften, welche den gutgläubigen Erwerb Dritter von einem Nichtberechtigten schützen, finden auch hier Anwendung.

Achter Abschnitt. Sicherheitsleistung.

§ 196 (199).

Wer zur Sicherheitsleistung verpflichtet ist, hat diese, insofern nichts Anderes vereinbart wird, nach seiner Wahl zu bewirken:

durch öffentliche Hinterlegung von Geld oder Werthpapieren;

durch Verpfändung von Buchforderungen, die in das Staats=schuldbuch eines Bundesstaates eingetragen sind;

durch Verpfändung beweglicher Sachen;

durch Bestellung einer Hypothek an inländischen Grundstücken;

durch Verpfändung von inländischen Hypotheken= oder Grundschuld=briefen.

Kann von ihm in dieser Weise die Sicherheit nicht geleistet werden, so ist die Stellung tüchtiger inländischer Bürgen zulässig.

§§ 197—201.

(— nähere Bestimmungen über die Art, wie die Sicherheit zu leisten ist — wie die §§ 200—203, 205 d. E.)

Abschnitt 10 des Entwurfs „Beweis" ist weggeblieben, weil die Vorschriften über diesen Gegenstand doch nicht erschöpfend aufgestellt werden können und deshalb die ganze Lehre besser der Wissenschaft überlassen bleibt.

Druck von Gebr. Gotthelft in Cassel.

Zweites Buch.
Recht der Schuldverhältnisse.

Erster Abschnitt. Schuldverhältnisse im Allgemeinen.

Titel 1. Gegenstand der Schuldverhältnisse.

§§ 202—208.

(— Schuldverhältnisse, bei denen ein Wahlrecht bezüglich der Leistung besteht — wie §§ 207—213 d. E.)

§ 209 (215).

Die Zahlung einer im Inlande zahlbaren Geldschuld ist in Reichs=währung zu leisten.

Auch eine in ausländischer Währung ausgedrückte Summe kann in Reichswährung bezahlt werden, sofern nicht die Zahlung in der ausländischen Währung ausdrücklich bedungen ist.

Die Umrechnung erfolgt nach dem Kurswerthe zur Zeit und am Orte der Zahlung.

Eine gleiche Umrechnung findet statt, wenn eine in Reichswährung ausgedrückte Schuld in ausländischer Währung zu bezahlen ist.

§ 210 (216).

Ist eine Schuld in einer Münzsorte zu zahlen, die sich zur Zeit der Zahlung nicht im Umlauf befindet, so ist die Zahlung in derjenigen Münzsorte zu leisten, die nach den Gesetzen des Landes, dem die Münz=sorte angehörte, an die Stelle der außer Umlauf gesetzten Münze getreten ist. Fehlt es an einer solchen Münzsorte, so ist die Zahlung nach dem Metallwerthe der außer Umlauf gesetzten Münze in Reichswährung zu leisten.

§ 211 (217).

Die Höhe der kraft Gesetzes zu entrichtenden Zinsen wird jeweilig nach der Höhe des üblichen Zinsfußes durch Kaiserliche Verordnung mit Zu-

---

§ 206 d. E. ist weggeblieben, da er in seiner Allgemeinheit keinen praktischen Werth hat.

§ 211. Die hier vorgeschlagene Bestimmung ist wichtig und tief eingreifend. Auch läßt sich wohl über sie reden. Ich bin dem Vorschlage Koch's gefolgt.

stimmung des Bundesrathes festgesetzt. Nach dieser Festsetzung richtet sich auch die Höhe vertragsmäßiger Zinsen, wenn sie nicht durch den Vertrag bestimmt ist.

§ 212 (219).

Schadensersatz ist, so weit als thunlich, durch Gewährung dessen, was dem Ersatzberechtigten entzogen ist, in Natur, außerdem aber in der Form einer Geldentschädigung zu leisten.

§ 213 (218).

Der zu ersetzende Schaden umfaßt sowohl die erlittene Vermögenseinbuße, als auch den entgangenen Gewinn, diesen jedoch nur, wenn er mit überwiegender Wahrscheinlichkeit in Aussicht stand.

§ 214 (220).

Als Schadensersatz für die Entziehung einer körperlichen Sache ist deren gemeiner Werth zu leisten.

§ 215.

Als Schadensersatz für den Verzug in Entrichtung einer Geldsumme sind die gesetzlichen Zinsen derselben zu leisten.

§§ 216 u. 217.

(— Ersatz von anderem als Vermögensschaden, Ersatzpflicht bei eigener Fahrlässigkeit des Beschädigten — wie §§ 221 und 222 d. E.)

§ 218 (223).

Wird in Folge der Entziehung oder der Vorenthaltung einer Sache oder eines Rechtes Schadensersatz von dem Ersatzpflichtigen geleistet, so gehen auf diesen die Ansprüche über, die dem Entschädigten auf Grund des Eigenthums oder des sonstigen Rechtes gegen Dritte zustehen; Geldansprüche jedoch nur im Umfange des geleisteten Schadensersatzes.

Hat der Ersatzleistende eine Sache des Entschädigten von dem Dritten eingezogen, so kann der Entschädigte deren Herausgabe verlangen, wenn er zur Rückzahlung der empfangenen Entschädigung sich bereit erklärt.

---

der denselben auf die in jüngster Zeit gemachten Erfahrungen über das Sinken des Zinsfußes gründet. Behält man bei erheblich gesunkenem Zinsfuße als „gesetzliche Zinsen" 5 Prozent bei, so werden diese zu einer Art Strafe.

§ 213. Die Berechnung des „entgangenen Gewinns" ist eine sehr gefährliche Operation. Ich möchte den Begriff so eng wie möglich ziehen.

§ 214. Die nothwendige Beseitigung des „außerordentlichen Werthes" habe ich schon in meiner „Beurtheilung" zu § 220 begründet. Meinen langjährigen Erfahrungen nach ist der „außerordentliche Werth" mehr als irgend ein anderer Begriff geeignet, die Anschauungen der Juristen zu verwirren, und es wäre tief zu beklagen, wenn dieser verkehrte Begriff wieder in dem Gesetzbuche eine Stelle fände.

§ 215. Auch diese Beschränkung des Anspruchs auf Schadensersatz habe ich bereits in der „Beurtheilung" begründet.

§ 218. Den § 223 d. E. kann ich im Prinzip nur durchaus billigen. Man wird aber auch den hier ausgesprochenen Gedanken gewisse Beschränkungen beizufügen haben, die in dem Schlußsatze des Abs. 1 und in dem Abs. 2 zum Ausdruck gekommen sind.

Titel 2. Inhalt der Schuldverhältnisse.

I. Verpflichtung zur Leistung.

§ 219 (224).

Der Schuldner ist verpflichtet, die nach dem Schuldverhältnisse ihm obliegende Leistung vollständig zu bewirken. Er haftet wegen vorsätzlicher und wegen fahrlässiger Nichterfüllung seiner Verbindlichkeit; bei vertrags=mäßigen Verbindlichkeiten jedoch nicht über Umfang des Interesses hinaus, das er als mit deren Erfüllung verbunden voraussetzen konnte. Die Vor=schriften der §§ 793 und 794 (§§ 708 und 709 d. E.) finden entsprechende Anwendung.

§ 220.

(— Haftung wegen dolus nicht erlaßbar — wie § 225 d. E.)

§ 221 (226, 224 Abs. 2).

Der Schuldner hat die Leistung nur dann in Person zu bewirken, wenn es dabei auf seine Persönlichkeit ankommt.

Der Schuldner haftet in Ansehung der Erfüllung für das Verschulden seines gesetzlichen Vertreters, sowie derjenigen Personen, durch die er die Leistung bewirken läßt.

§ 222 (227).

Für den Schuldner, der nicht persönlich zu leisten hat, kann ein Dritter auch ohne Einwilligung des Schuldners die Leistung bewirken. Der Gläubiger kann die Annahme nur ablehnen, wenn der Schuldner der=selben widerspricht.

§ 223 (228).

Der Gläubiger ist nicht verpflichtet, Theilleistungen anzunehmen.

§§ 224 u. 225.

(— Vorschriften über den Ort der Leistung — wie §§ 229 u. 230 Abs. 1 d. E.)

§ 226 (230 Abs. 2).

Geldzahlungen sind an dem Orte, wo der Gläubiger zur Zeit der Entstehung des Schuldverhältnisses seinen Wohnsitz hatte, zu entrichten. Aendert der Gläubiger seinen Wohnsitz, so hat der Schuldner zwar das Geld dem Gläubiger an den neuen Wohnsitz zuzusenden, der Gläubiger aber die dadurch entstehenden Mehrkosten zu tragen.

Zahlungen aus öffentlichen Kassen sind bei den Kassen in Empfang zu nehmen.

---

§ 219. Die Beschränkung der Haftung auf das als möglich vorauszusehende Interesse habe ich bereits in der „Beurtheilung" zu § 224 begründet. Auch schon im römischen Recht ist dieser Satz vertreten; (vergl. l. 43 D. de A. E. et V. 19, 1.) Beispiele dafür, zu welchen Unbilligkeiten der Mangel dieser Beschränkung führen würde, finden sich angeführt bei Bernhöft S. 11.

4*

§§ 227 u. 228.

(— Vorschriften über Zeit der Leistung — wie §§ 231 u. 232 d. E.)

II. Zurückbehaltungsrecht.

§ 229 (233).

Der Schuldner, von dem eine Leistung gefordert wird, kann diese zurückbehalten, wenn ihm ein auf das nämliche Rechtsverhältniß sich grün=
dender oder auf die nämliche Sache bezüglicher fälliger Gegenanspruch zusteht. Einer Geldforderung gegenüber kann jedoch ein gleichfalls auf Geld gerichteter Gegenanspruch nur durch Aufrechnungseinrede geltend gemacht werden. Dies gilt auch in dem Fall, wenn der Gegenanspruch dadurch, daß die Leistung des Klägers in Natur unmöglich geworden ist, in eine Geldentschädigungsforderung sich umgewandelt hat.

§ 230 (365).

Der, welchem ein Rückbehaltungsrecht gegenübersteht, kann gleichwohl auf Verurtheilung des anderen Theiles zu der Leistung gegen Gewährung der Gegenleistung Klage erheben.

Ist eine solche Verurtheilung erfolgt, so kann der Kläger, auch ohne die Gegenleistung gewährt zu haben, die eingeklagte Leistung durch Zwangs=
vollstreckung verfolgen, wenn und so lange der Verklagte bezüglich der Gegenleistung in Verzuge der Annahme sich befindet.

§ 231 (234).

Der Gläubiger kann das Zurückbehaltungsrecht durch Sicherheitsleistung abwenden. Sicherheitsleistung durch Bürgen ist dabei ausgeschlossen.

§ 232.

(— Ausschließung des Rückbehaltungsrechts bei Verpflichtung aus unerlaubter Handlung — wie § 235 d. E.)

III. Unmöglichkeit der Leistung.

§ 233 (237, 239, 240).

Ist die Leistung, zu der der Schuldner verpflichtet ist, unmöglich ge=
worden, so kann der Gläubiger an deren Stelle Entschädigung verlangen; es sei denn, daß die Unmöglichkeit der Leistung durch einen von dem Schuldner nicht zu vertretenden Umstand herbeigeführt ist.

§ 229. Es kommt mitunter vor, daß jemand einer von ihm geschuldeten Geldforderung gegenüber ein Rückbehaltungsrecht ausüben will, während die ihm ge=
schuldete Gegenleistung bereits unmöglich geworden ist und dadurch gleichfalls in eine Geldforderung sich umgesetzt hat. So kann es kommen, daß jemand, der 100 Mark zu fordern hat, 1000 Mark dafür zurückhalten will. Diesem Mißbrauch entgegenzutreten ist der von mir zugefügte Abs. 2 bestimmt.

§ 230. Die ganze Lehre wird klarer, wenn der § 365 d. E. schon hierher genommen und dann später (bei der Einrede des nicht erfüllten Vertrages) auf die Lehre vom Rückbehaltungsrecht Bezug genommen wird.

§ 233. Hier ist der Inhalt der §§ 237, 239 und 240 Abs. 1 d. E. zu=
sammengefaßt. Der Abs. 2 des § 240 dürfte entbehrt werden können.

§ 234 (238, 368 Abſ. 3).

Hat der Schuldner in Folge des Umſtandes, der die Leiſtung un= möglich gemacht hat, einen Erſatz oder Erſatzanſpruch erlangt, ſo kann der Gläubiger verlangen, daß ihm das als Erſatz Empfangene herausgegeben oder der Erſatzanſpruch abgetreten werde.

In dem Umfange des hierdurch ihm Zugewendeten hat der Gläubiger auch die von ihm geſchuldete Gegenleiſtung zu entrichten oder nach Befinden ſeinen Entſchädigungsanſpruch zu mindern.

§ 235 (242).

Iſt die Leiſtung theilweiſe unmöglich geworden, ſo kann der Gläubiger auch die Annahme des ausführbar gebliebenen Theiles der Leiſtung ablehnen und ſtatt deſſen Entſchädigung verlangen, wenn dieſer Theil für ihn keinen entſprechenden Werth hat.

§ 236 (243, 360, 369).

Iſt für die Leiſtung keine Zeit beſtimmt, ſo kann der Gläubiger den Schuldner auffordern, innerhalb einer angemeſſenen Friſt zu leiſten, mit der Androhung, daß er im Falle der Nichteinhaltung der Friſt die Annahme der Leiſtung ablehnen werde. Das Recht des Gläubigers auf Entſchädigung wegen nicht erfolgter Leiſtung bleibt dabei vorbehalten.

Mit der Klage auf die Leiſtung kann zugleich der Antrag auf Be= ſtimmung einer Friſt für ſolche und vorſorglich auf Verurtheilung zur Ent= ſchädigung verbunden werden.

§ 237 (361).

Iſt für die Leiſtung eine beſtimmte Zeit feſtgeſetzt, ſo kann bei Nicht= einhaltung der Zeit der Gläubiger die Annahme der Leiſtung ablehnen und ſtatt deſſen Entſchädigung begehren, wenn er bei Abſchluß des Geſchäftes dem Schuldner zu erkennen gegeben hat, daß für ihn die Zeit der Leiſtung weſentlich in Betracht kommt, oder wenn dies nach den Umſtänden des Falles ohne Weiteres für den Schuldner erkennbar war.

Kann oder will der Gläubiger nicht von dem Rechte der Ablehnung Gebrauch machen, ſo kann er gegen den ſäumigen Schuldner nach § 236 verfahren.

---

§ 234. Auch hier und auch in den folgenden §§ 235—237 ſind Beſtim= mungen, die der Entwurf erſt ſpäter bringt, herübergenommen worden, weil da= durch, wie ich glaube, die ganze Lehre klarer geſtellt wird. Dagegen iſt der § 241 d. E. weggeblieben, weil er, jedenfalls in dieſer Allgemeinheit, keine Berechtigung hat, zumal da als entſchuldbarer Irrthum auch Rechtsirrthum gelten ſoll. Ich ſtimme in dieſer Beziehung mit Bolze (3St. S. 37) überein. (Geradezu ver= hängnißvoll für die Praxis würde aber der § 241 in ſeiner Verbindung mit § 246 wirken, indem danach in jedem auf eine Geldforderung gerichteten Prozeſſe die Frage reif wäre, ob der Verklagte bona oder mala fide den Anſpruch beſtreite. Denn in dem erſteren Falle brauchte er ſelbſt von Erhebung der Klage an ſeine Zinſen zu zahlen. (Vergl. meine „Beurtheilung" zu S. 370 Abſ. 2 der Motive S. 27.)

Auch der Schuldner kann die von ihm geforderte nachträgliche Leistung ablehnen, wenn diese durch den Zeitablauf zu einer von der ursprünglich geschuldeten wesentlich verschiedenen geworden ist. Das Recht des Gläubigers auf Entschädigung bleibt dabei vorbehalten.

§ 238 (244).

Hat ein Schuldverhältniß die Herausgabe einer bestimmten Sache zum Gegenstand, so finden von Eintritt der Rechtshängigkeit an wegen Heraus= gabe von Nutzungen, Haftung für Erhaltung und Verwahrung der Sache und wegen Ersatzes für Verwendungen die nämlichen Vorschriften Anwendung, welche bei dem Eigenthumsanspruch gelten, vorbehaltlich der weitergehenden Ansprüche, die der Gläubiger aus dem besonderen Schuldverhältnisse oder wegen Verzugs des Schuldners geltend machen kann.

IV. Verzug des Schuldners.

§ 239 (245).

Der Schuldner wird nach eingetretener Fälligkeit der Schuld durch Mahnung des Gläubigers in Verzug gesetzt. Ist die Forderung an eine Kündigung geknüpft, so hat die Kündigung mit dem Ablauf der Kündigungs= frist die Wirkung der Mahnung.

Als Mahnung gilt auch die Erhebung der Klage auf die Leistung, sowie die Zustellung eines Zahlbefehls im Mahnverfahren.

Ist für die Leistung, die der Schuldner ohne Zuthun des Gläubigers zu bewirken hat, ein bestimmter Tag festgesetzt, so tritt mit Ablauf dieses Tages der Verzug des Schuldners ohne Weiteres ein.

§ 240 (247 Abf. 1).

Der Schuldner hat dem Gläubiger den durch seinen Verzug verur= sachten Schaden zu ersetzen.

§ 241 (248).

Bei einer Geldschuld, die nicht schon aus anderen Gründen verzinslich ist, hat der Schuldner von Beginn des Verzuges an gesetzliche Zinsen zu entrichten. Jedoch kommen hierbei als Mahnung nur die in § 239 Abf. 2 bezeichneten Vorgänge zur Geltung.

§ 241. Ueber die Frage, ob vertragsmäßig geschuldete Zinsen nach ein= getretenem Verzuge unverändert fortlaufen, oder ob sie sich auf den Betrag der (höheren) Verzugszinsen steigern sollen, läßt sich ja streiten. Ich vertrete zunächst die erstere Annahme, weil ich glaube, daß sie dem Rechtsbewußtsein unseres Volkes in höherem Maße entspricht. Von wesentlicher Bedeutung würde aber hierbei auch die Frage sein, ob man die Verzugszinsen so gestaltet, wie oben (§ 211) vor= geschlagen wurde. Geschähe dies, so würde natürlich die Steigerung der Zinsen durch den Verzug von viel geringerer Bedeutung sein. In dem letzten Satze des § 241 schlage ich vor, einer früheren Praxis deutscher Gerichte Folge zu geben und die Verpflichtung zur Zahlung von Verzugszinsen an die gerichtliche Mahnung zu knüpfen. Ich kann nur auf Grund langjähriger Erfahrung sagen, daß dadurch dem praktischen Leben die größte Wohlthat angethan werden würde, indem damit unsägliche Streitigkeiten über minimale Interessen abgeschnitten werden. (Vergl. meine „Beurtheilung" S. 28.) Kann man sich nicht zu diesem Satze entschließen, so braucht man ihn nur zu streichen, ohne sonst etwas zu ändern.

§ 242 (249).

Von Zinsen, desgleichen von wiederkehrenden Leistungen für Benutzung einer Sache oder aus einem andauernden Rechtsverhältnisse sind keine Verzugszinsen zu entrichten.

§§ 243—245.

(— nähere Bestimmungen über Haftung des Schuldners wegen Verzugs — wie §§ 250—252 d. E.)

§ 246 (253).

Der Verzug des Schuldners hört auf, sobald er die Leistung nachholt oder dieselbe dem Gläubiger vergeblich anbietet.

V. Verzug des Gläubigers.

§ 247 (254).

Der Gläubiger kommt in Verzug, wenn er die vom Schuldner angebotene Leistung ungerechtfertigter Weise nicht annimmt.

§ 248 (255, 256).

Zur Wirksamkeit des Anbietens ist erforderlich, daß der Schuldner die Leistung so, wie sie nach dem Schuldverhältnisse ihm obliegt, nicht blos wörtlich, sondern auch thatsächlich anbietet.

Eines Anbietens bedarf es nicht, wenn der Gläubiger bereits erklärt hat, daß er die Leistung nicht annehmen werde.

---

§ 242. Der Satz des Entwurfs, daß der Gläubiger eine Geldforderung neben den Verzugszinsen auch noch „Ersatz des sonst erlittenen Schadens" fordern könne, habe ich bereits oben (§ 215) abgelehnt. Vergl. auch meine „Beurtheilung" zu § 248 S. 32. Wenn weiter hier vorgeschlagen wird, die Unverzinslichkeit auf alle den Zinsen analogen wiederkehrenden Leistungen auszudehnen, so halte ich das für eine folgerichtige Durchführung des Gedankens, der dem Verbot, Zinsen von Zinsen zu nehmen, zu Grunde liegt. Es kommen hier vor allem Miethzinsen (vielleicht demnächst auch die Leistungen von Rentengütern) in Betracht. Ebensowenig wie Kapitalzinsen, werden Miethzinsen immer genau zur Zeit der Fälligkeit bezahlt. Ich würde es für einen schweren sozialen Schadens halten, wenn die Lehre aufkäme, daß der Vermiether, so wie der Miethzins nicht auf den Tag bezahlt wird, Verzugszinsen fordern könnte. Es würde das den gemeinen Mann tief verbittern. Ist es keine Ungerechtigkeit, daß der Kapitalbesitzer eine verspätete Zinszahlung sich gefallen lassen muß, ohne sofort Verzugszinsen fordern zu können, so kann ich es auch für keine Ungerechtigkeit halten, wenn man dasselbe dem Hausbesitzer zumuthet. Ueber die Zulässigkeit, Zinsen von Zinsen sich zu bedingen, wenn die Zinsen durch Abrechnung ꝛc. in eine neue Schuld umgewandelt sind, siehe unten § 338.

§ 247. Die Worte „ungerechtfertigter Weise" sind in Hinblick auf das in der ZSt. S. 44 Bemerkte hinzugefügt. Es ist dabei namentlich der Schlußsatz des § 227 (231) berücksichtigt worden, der für den Gläubiger nicht ohne Gefahr ist. Die Nothwendigkeit eines (subjektiven) Verschuldens des Gläubigers hat mit jenen Worten nicht ausgedrückt werden sollen und ist auch meines Erachtens nicht damit ausgedrückt. Wäre sie darin zu finden, so würden allerdings die Worte zu streichen sein.

§§ 248, 249. Der Inhalt des § 255 d. E. ist hier mehr auseinanderzulegen und etwas konkreter zu gestalten gesucht. Die kleinen sachlichen Unterschiede sind, wie ich glaube, durch die Natur der Dinge gerechtfertigt.

Hat der Gläubiger nur nach vorgängiger oder unter gleichzeitiger Bewirkung einer Gegenleistung zu empfangen, so braucht der Schuldner thatsächlich nur anzubieten, wenn der Gläubiger auf das vom Schuldner unter Forderung der Gegenleistung gestellte wörtliche Anbieten sich zu der Gegenleistung bereit erklärt.

Der Nichtannahme der Leistung steht es gleich, wenn der Gläubiger zwar zu der Annahme der Leistung, nicht aber zugleich zu der Gegenleistung bereit ist.

§ 249 (255).

Hat der Gläubiger die Leistung von dem Schuldner abzuholen oder eine sonstige Handlung vorzunehmen, welche die Leistung des Schuldners bedingt, so genügt an der Stelle des Anbietens der Leistung zunächst die vom Schuldner an den Gläubiger gerichtete Aufforderung, die betreffende Handlung vorzunehmen.

Ist für die Handlung des Gläubigers eine bestimmte Zeit festgesetzt, so tritt mit Ablauf dieser Zeit der Verzug des Gläubigers ohne Weiteres ein.

§ 250.

Der Verzug des Gläubigers tritt nicht ein, wenn er beweist, daß der Schuldner zu der Zeit, wo er angeblich zu leisten bereit war, dazu in Wahrheit außer Stande gewesen sei.

§ 251 (257).

Der Schuldner haftet nach eingetretenem Verzuge des Gläubigers bezüglich des zu gewährenden Gegenstandes nur noch wegen Vorsatzes oder grober Fahrlässigkeit.

§§ 252—255.

(— nähere Bestimmungen über die Wirkung des Verzugs des Gläubigers — wie §§ 258—261 d. E.)

§ 256 (262).

Der Verzug des Gläubigers hört auf, sobald er sich dem Schuldner gegenüber zur Annahme der Leistung bereit erklärt. Zugleich muß er zu der etwa geschuldeten Gegenleistung, sowie zur Zahlung der nach § 255 geschuldeten Kosten bereit sein.

---

§ 250. Nach den Eingangsworten in Abs. 2 des § 255 d. E. muß man annehmen, es werde von dem vergeblich anbietenden Schuldner zugleich der Beweis seines „Leistungsvermögens" verlangt. Es würde das dem praktischen Gerechtigkeitsgefühl in hohem Maße widerstreiten. Wenn der Gläubiger den Schuldner, der zu ihm kommt, um zu zahlen, ohne Weiteres wieder nach Hause schickt, so braucht der Schuldner, um den Gläubiger des Verzugs zu zeihen, nicht erst zu beweisen, daß er das Geld auch in der Tasche gehabt habe. Der Gläubiger hätte ja verlangen können, daß er ihm das Geld vorzeige. Hat er das nicht gethan, so muß dem Schuldner bis auf Weiteres geglaubt werden, daß er das Geld auch gehabt hat. Nur die Einrede kann dem Gläubiger gestattet werden, daß der Schuldner in Wahrheit nicht habe leisten können. Dann ist der dem Gläubiger gemachte Vorwurf des Verzugs ungerechtfertigt. Dies stellt § 250 klar.

§ 251. Der Abs. 2 des § 257 ist weggeblieben, weil er mir selbstverständlich erschien.

Titel 3. Erlöschen der Schuldverhältnisse.

I. Erfüllung.

§ 257 (263, 367).

Ein Schuldverhältniß erlischt, wenn das Geschuldete geleistet wird.
Hat jemand eine Leistung als die ihm geschuldete angenommen, so
hat er, wenn er nachträglich behauptet, daß die Leistung unvollständig oder
mangelhaft gewesen sei, den bezüglichen Beweis zu führen.

§ 258 (264).

Die Schuld erlischt ferner, wenn der Gläubiger statt der geschuldeten
Leistung eine andere Leistung annimmt, insbesondere auch, wenn mit seiner
Zustimmung an die Stelle des bisherigen Schuldverhältnisses ein neues
gesetzt wird.

Ein neues Schuldversprechen, das ohne Aenderung in den Personen
oder dem Gegenstande für eine bestehende Verbindlichkeit abgegeben wird,
bewirkt im Zweifel kein Erlöschen des bisherigen Schuldverhältnisses, sondern
gewährt nur für dasselbe einen weiteren Klaggrund.

§ 259 (265).

Wird eine Sache, eine Forderung oder ein anderes Recht an Er=
füllungsstatt gegeben, so finden die Vorschriften über Gewährleistung des
veräußerten Rechts und bei einer Sache auch die Vorschriften über Gewähr=
leistung wegen Mängel Anwendung.

§ 260 (267).

Wenn der Schuldner, der aus verschiedenen Schuldverhältnissen Geld
schuldet, eine nicht sämmtliche Schulden tilgende Zahlung leistet, so wird
dadurch diejenige Schuld getilgt, welche die Betheiligten als zur Tilgung
bestimmt vereinbaren. Als Vereinbarung ist es auch anzusehen, wenn der
Schuldner bei der Zahlung oder der Gläubiger bei deren Annahme eine
Schuld als zur Tilgung bestimmt bezeichnet und der andere Theil nicht
widerspricht.

---

§ 257. Abs. 2 drückt dasjenige aus, was in dem später vom Entwurf
gebrachten § 367 berechtigt ist. Er trifft auch den von Koch besprochenen Fall
eines Manko in Geldrollen. (3St. S. 47.)

§ 258. Statt des völlig unklaren Schlußsatzes des § 264 d. E. giebt der
obige Abs. 2 den Inhalt der l. 8 C. de novat. seinem wahren Inhalt nach wieder.

§ 260. Hier ist an die Stelle der „lästigeren Schuld" die „minder ge=
sicherte Schuld" gesetzt. Ich glaube die Ansicht vertreten zu können, daß das
unserem heutigen Rechtsbewußtsein entspricht. Erkennt der Schuldner die minder
gesicherte Schuld ebenso, wie die gesicherte, als seine Schuld an, so hat es in
meinen Augen etwas Arglistiges, wenn er vom Gläubiger verlangt, dieser solle
die gesicherte Forderung durch die Zahlung als erledigt betrachten und die minder
gesicherte behalten. Ein anständiger Schuldner wird im Interesse des Gläubigers
zunächst die minder gesicherte Forderung abtragen; und das darf deshalb auch das
Gesetz als gewollt ergänzen.

In Ermangelung einer solchen Vereinbarung wird die Zahlung zunächst auf die fällige, sodann auf die minder gesicherte und endlich auf die ältere Schuld abgerechnet. Trifft keine dieser Voraussetzungen zu, so gelten die mehreren Schulden verhältnißmäßig als getilgt.

Bei einem und demselben Schuldanspruch kommt, wenn nicht eine andere Verabredung getroffen ist, eine geleistete Zahlung zunächst auf die Kosten, dann auf die Zinsen und endlich auf die Hauptforderung in Anrechnung.

§ 261 (269).

Wird ein bestehendes Schuldverhältniß getilgt, so hat der Gläubiger demjenigen, der die Tilgung bewirkt, auf Verlangen Quittung zu ertheilen.

Wo ein rechtliches Interesse besteht, daß die Quittung in besonderer Form (namentlich unter öffentlicher Beglaubigung) ertheilt werde, hat der Gläubiger auch dieser Form zu genügen.

§ 262.

(— Kosten der Quittung — wie § 270 d. E.)

§ 263 (271).

Ist dem Gläubiger über die Forderung ein Schuldschein ausgestellt worden, so kann der Schuldner bei Tilgung der Schuld neben der Quittung die Rückgabe des Schuldscheins fordern. Erklärt der Gläubiger sich dazu außer Stande, so kann der Schuldner eine öffentlich beglaubigte Quittung verlangen, deren Kosten der Gläubiger zu tragen hat.

II. Hinterlegung.

§ 264 (272).

Ist bei einem Schuldverhältnisse, das Geld, Werthpapiere oder Kostbarkeiten zum Gegenstand hat, der Schuldner außer Stande zu leisten, weil der Gläubiger in Verzug der Annahme ist oder weil über dessen Person Ungewißheit besteht, so kann der Schuldner das Geschuldete bei einer dazu bestimmten öffentlichen Stelle hinterlegen.

Durch die Hinterlegung wird der Schuldner in der Art befreit, daß er den Gläubiger, für den er berechtigter Weise hinterlegt hat, zu seiner Befriedigung auf das Hinterlegte verweisen kann.

---

§ 263. Wozu der Gläubiger nach § 269 und 271 d. E. eine Quittung und daneben auch eine „Erklärung, daß die Schuld erloschen sei", ausstellen soll, ist doch wahrlich nicht abzusehen. Die Quittung ist ja schon eine solche Erklärung. Auch das sächs. Gesetzbuch fordert verständiger Weise nur eine „beglaubigte Quittung". Die ganze Verpflichtung des Gläubigers, bei unthunlicher Rückgabe des Schuldscheins eine beglaubigte Erklärung abzugeben, hat in meinen Augen nur die Bedeutung, daß durch die damit verbundenen Weiterungen und Kosten der Gläubiger veranlaßt wird, wenn irgend möglich, für Rückgabe des Schuldscheins zu sorgen. Sonst ist die unbeglaubigte Quittung, wenn sie nicht abgeleugnet werden kann, gerade so gut, wie eine beglaubigte. Und die Gefahr einer Ableugnung müßte konsequent dazu führen, daß der Gläubiger immer seine Quittung beglaubigen lassen müßte.

§ 264. In Abs. 2 gelangt bereits der vom Entwurf wesentlich abweichende Gedanke zum Ausdruck, daß die Hinterlegung den Schuldner nur relativ befreit;

§ 265.

(— Ort der Hinterlegung — wie § 273 d. E.)

§ 266.

Hat der Schuldner bei der Hinterlegung den Gläubiger in Person bezeichnet, an den ohne Vorbehalt die Aushändigung des Hinterlegten geschehen soll, so kann diesem ohne Weiteres das Hinterlegte ausgehändigt werden.

Hat der Schuldner wegen des von Mehreren auf die nämliche Forderung erhobenen Anspruchs hinterlegt, so ist das Hinterlegte demjenigen von den bezeichneten Forderungsansprechern auszuhändigen, der durch Anerkennung der übrigen oder durch ein diesen gegenüber erwirktes rechtskräftiges Urtheil als berechtigt sich ausweist.

Hat der Schuldner wegen Unbekanntschaft der Person des Gläubigers ohne Bezeichnung eines solchen hinterlegt, so ist das Hinterlegte demjenigen auszuhändigen, der durch nachträgliche Anerkennung des Schuldners oder durch ein diesem gegenüber erwirktes rechtskräftiges Urtheil als berechtigt sich ausweist.

Desselben Erfordernisses bedarf es auch, wenn der Schuldner ursprünglich nur mit Vorbehalt hinterlegt hat, oder wenn an der Stelle einer von ihm als empfangberechtigt bezeichneten Person ein angeblicher Rechtsnachfolger derselben auftritt.

§ 267.

Der Schuldner hat das Recht, das Hinterlegte zurück zu nehmen.

Das Recht der Zurücknahme erlischt:

1. wenn der als empfangberechtigt anerkannte Gläubiger bei der Hinterlegungsstelle die Annahme des Hinterlegten erklärt;
2. wenn der Schuldner auf Grund der Hinterlegung die Zurückweisung des Anspruchs des Gläubigers wider seine Person erwirkt hat (§ 264 Abs. 2);

---

d. h. daß die ganze Verantwortlichkeit für die Frage auf ihm haften bleibt, an wen das Hinterlegte ausgezahlt werden soll. Wenn der Entwurf glaubt, daß der „Nachweis der Empfangsberechtigung" durch die Landesgesetzgebung geregelt werden könne (§ 280), so verkennt er völlig die Natur des Rechtsverhältnisses. Die Frage, wer das Hinterlegte zu empfangen habe und unter welchen Bedingungen es ihm auszuzahlen sei, ist eine Rechtsfrage, die unzweifelhaft dem B. G.B. anheimfällt. Ich habe das Nöthige schon in meiner „Beurtheilung" (zu § 272 S. 35) ausgeführt. Der obige Ausdruck, „den Gläubiger, für den er hinterlegt hat", begreift natürlich auch die mehreren Gläubiger, für die bei Zweifel über die Forderungsberechtigung hinterlegt ist.

§ 266 enthält die unentbehrlichen Bestimmungen über die Bedingungen, unter denen die Gläubiger aus sie das Hinterlegte empfangen können, wodurch dann der Schuldner wirklich befreit wird. Für die Einzelnheiten beziehe ich mich auf meine „Beurtheilung".

§ 267. Die Bestimmungen in § 274 d. E. über die Zulässigkeit und Nichtzulässigkeit der Rücknahme des Hinterlegten zeigen wiederum, wie wenig der Entwurf die Lehre beherrscht. Weshalb soll der Schuldner mit peremtorischer Wirkung sich des Rechts der Zurücknahme begeben können, wenn nachher kein Gläubiger

3. wenn ein Gläubiger wider den Schuldner oder wider die anderen Forderungsansprecher auf Anerkennung seiner Berechtigung zum Bezuge des Hinterlegten Klage erhoben hat.

In den unter 2 und 3 bezeichneten Fällen hat der Berechtigte, der die Zurücknahme hindern will, die Hinterlegungsstelle von der Sachlage zu benachrichtigen.

§ 268.

Das erloschene Recht der Zurücknahme lebt wieder auf, wenn der Gläubiger in anderer Weise, als durch Bezug des Hinterlegten, befriedigt wird, oder wenn in dem Fall des § 267 Nr. 3 ein den Gläubiger abweisendes Urtheil ergeht.

§ 269 (277).

Wird über das Vermögen des Schuldners der Konkurs eröffnet, so kann, so lange dem Schuldner die Zurücknahme des Hinterlegten zusteht, dieses zur Konkursmasse gezogen werden. Der Gläubiger kann nicht mehr die Annahme des Hinterlegten erklären.

§ 270 (278).

Ist eine geschuldete Sache, die nicht zur öffentlichen Hinterlegung sich eignet, dem Verderben ausgesetzt, oder ist deren Aufbewahrung unverhältniß mäßig kostspielig oder lästig, so kann der Schuldner, wenn eine der Voraussetzungen des § 264 vorliegt, die Sache durch einen Gerichtsvollzieher oder einen andern dazu bestellten Beamten öffentlich versteigern lassen und den Erlös öffentlich hinterlegen. Der Verkauf ist, wo thunlich, dem Gläubiger vorher anzudrohen. Die Androhung kann unterbleiben, wenn Gefahr im Verzuge ist.

Von dem vollzogenen Verkauf hat der Schuldner den Gläubiger, wo thunlich, sofort zu benachrichtigen, widrigenfalls er für Schadensersatz haftet.

§ 271 (279).

Die Kosten der Hinterlegung fallen dem Gläubiger zur Last, wenn er das Hinterlegte bezieht, vorbehaltlich seines Rückgriffs gegen den Schuldner, wenn dieser die Hinterlegung mit Unrecht bewirkt haben sollte. Das Gleiche gilt von den Kosten des Verkaufs nach § 270.

§ 272 (280).

Die Bestimmung der Stellen, bei denen die öffentliche Hinterlegung erfolgt, und die Abgrenzung ihrer Zuständigkeit bleibt den Landesgesetzen vorbehalten.

---

sich findet, der das Hinterlegte beanspruchen kann? Soll das Hinterlegte ewig im Depositum bleiben? Es würde das gar keinen Sinn haben. Die Sache ist ja allerdings (namentlich wegen der verschiedenen Hinterlegungsfälle) nicht ganz leicht zu ordnen. Ich glaube aber, daß mit den von mir vorgeschlagenen Bestimmungen das Richtige erreicht werden würde.

§ 269 bestimmt das Gegentheil von dem, was der § 277 d. E. besagt. Die Annahme des Entwurfs beruht auf der unrichtigen Ansicht, daß die Hinterlegung eine wirkliche Zahlung sei. Sie ist in der That nur die reellste Form des Angebots der Zahlung.

§ 271. Siehe hierüber meine „Beurtheilung" (3St. S. 52).

Diese können bestimmen, daß noch andere Sachen als die in § 1
genannten nach den Vorschriften dieses Abschnittes öffentlich hinterlegt werden
können.

Sie können auch weitere Vorschriften über die Rechte des Fiskus an
den hinterlegten Gegenständen und die Verwaltung derselben treffen.

III. Aufrechnung.

§ 273.

Wenn zwei Personen einander Leistungen schulden, so können sie die
beiderseitigen Forderungen durch Aufrechnung tilgen.

§ 274.

Wird die Aufrechnung zwischen den Betheiligten vereinbart, so wirkt
dieselbe, wie die jeseitige Zahlung der Schuld. Im Umfange der Aufrechnung erkennt jeder Theil die Forderung des anderen in verpflichtender
Weise an.

§ 275 (281).

Einseitig kann jeder Theil seine Forderung gegen die des andern zur
Aufrechnung bringen, wenn beide Forderungen ihrem Gegenstand nach
gleichartig, auch beide fällig sind.

Eine Forderung, der eine Einrede entgegensteht, kann nicht zur Aufrechnung gebracht werden. Dies gilt auch von der Einrede der Verjährung
nach Maßgabe des § 152.

§ 276 (282, 283).

Durch die Erklärung eines der Gläubiger, seine Forderung gegen die
des andern aufrechnen zu wollen, tritt die Aufrechnung mit der Wirkung
ein, daß die beiderseitigen Forderungen mit dem Zeitpunkte, wo sie als
aufrechenbar sich gegenüber traten, als erloschen gelten.

Inzwischen gezahlte Zinsen der Forderungen unterliegen jedoch keiner
Rückforderung.

§ 277 (284).

Hat einer oder der andere Gläubiger mehrere zur Aufrechnung geeignete Forderungen, so ist in Ermangelung einer ausdrücklichen oder still-
schweigenden Einigung über die Wahl der aufzurechnenden Forderungen
jeder Gläubiger zu verlangen berechtigt, daß zunächst die ältere Forderung
als durch Aufrechnung erloschen anerkannt werde.

§§ 278 und 279.

(— Aufrechnung bei Beschlagnahme einer Forderung und bei Forderungen aus unerlaubten Handlungen — wie §§ 286 und 287 d. E.)

§ 274. Vergl. JSt. S. 55.
§ 276. Der Schlußsatz ist von mir zugefügt; man wird nicht verkennen,
daß er praktisch sich empfiehlt.
§ 277. Vgl. JSt. S. 57.

§ 280.

Gegen eine Forderung aus Hinterlegung findet die Aufrechnung nur statt, wenn nach Vereinbarung die hinterlegte Geldsumme zu einem Darlehen geworden ist. (§ 564.)

§ 281 (288).

Die Aufrechnung findet nicht statt gegen Forderungen, die der Pfändung nicht unterworfen sind.

§ 282.

(— Aufrechnung mit Forderungen öffentlicher Kassen — wie § 289 d. E.)

IV. Erlaß und Quittirung.

§ 283 (290 Abf. 1).

Wird von dem Gläubiger dem Schuldner unter ausdrücklicher oder stillschweigender Annahme desselben die Schuld erlassen, so erlischt das Schuldverhältniß.

§ 284 (290 Abf. 3).

In gleicher Weise erlischt das Schuldverhältniß, wenn der Gläubiger dem Schuldner gegenüber in verpflichtender Weise die Schuld als erledigt anerkennt, insbesondere wenn er Quittung über dieselbe ertheilt.

§ 285 (290 Abf. 4).

Eine Quittung, die die Schuld als in bestimmter Vergangenheit erledigt anerkennt, kann nur nach den Grundsätzen, nach denen die Zahlung einer Nichtschuld zurückgefordert werden kann, angefochten werden.

§ 286.

Eine Quittung, die auf eine nicht in bestimmter Vergangenheit liegende Zahlung als Schulderledigungsgrund Bezug nimmt, kann mit dem Beweise der Nichtzahlung des Geldes angefochten werden. Der Inhaber der Quittung kann dagegen geltend machen, daß die Quittung in Anerkennung einer anderweiten Schulderledigung ausgestellt sei.

Ist jedoch die Quittung über 30 Tage alt und behauptet der Inhaber, daß derselben die Anerkennung einer anderweiten Schulderledigung zu Grunde liege, so kann der anfechtende Aussteller nur durchdringen, wenn er mit dem Beweise der Nichtzahlung des Geldes den Beweis verbindet, daß die Quittung in Erwartung einer Geldzahlung ausgestellt sei, oder wenn er dieselbe wegen Mangels der anderweiten Schulderledigung nach Maßgabe des § 285 anficht.

Die dreißigtägige Frist läuft nicht ab, wenn innerhalb derselben der Aussteller dem Inhaber eine Verwahrung wegen Nichtzahlung des Geldes zukommen läßt.

---

§ 283 flg. Diese von mir entworfenen Bestimmungen sind ausführlich in meinem Aufsatze, Archiv für bürgerliches Recht, Bd. 2 S. 103 flg., begründet. Vgl. 3St. S. 60.

§ 287 (290 Abſ. 5).

Ein vom Schuldner nicht angenommener Verzicht des Gläubigers auf die Forderung iſt unverbindlich. Die Beſtimmung im Schlußſaße des § 88 bleibt dabei vorbehalten.

V. Weitere Erlöſchungsgründe.

§§ 288 und 289.

(— Konfuſion, Tod — wie §§ 291 und 292 d. E.)

Titel 4. Uebertragung der Forderung.

§ 290 (293, 294).

Die Forderung aus einem Schuldverhältniſſe kann durch Vertrag von dem bisherigen Gläubiger auf einen neuen Gläubiger übertragen werden. (Abtretung.)

Mit Abſchluß des Vertrags geht die Forderung auf den neuen Gläubiger über.

Der Uebergang erfolgt unabhängig von dem Rechtsgrunde der Uebertragung.

§ 291 (294).

Durch Zwangsüberweiſung wird eine Forderung auf den betreibenden Theil übertragen, wenn die Ueberweiſung an Zahlungsſtatt erfolgt.

Die Ueberweiſung zur Einziehung begründet an der überwieſenen Forderung ein Pfandrecht.

Die Ueberweiſung wird mit Zuſtellung des Ueberweiſungsbeſchluſſes an den Drittſchuldner wirkſam.

§ 292 (294).

Eine Forderung kann ferner kraft geſetzlicher Vorſchrift auf einen anderen Gläubiger übergehen; ſei es, daß er mit Ausſchluß des urſprünglichen Gläubigers, oder daß er neben dieſem die Forderung geltend machen kann.

§ 293.

Der Uebertragung einer Forderung ſteht nicht entgegen, daß ſie auf einem gegenſeitigen Vertrage beruht. Die Rechte des Schuldners, die ſich an die von dem bisherigen Gläubiger geſchuldete Gegenleiſtung knüpfen, bleiben dabei unberührt.

§ 294 (295, 296).

Forderungen, die ihrer Natur nach an die Perſon des Gläubigers ge= knüpft ſind, desgleichen Forderungen, die nicht der Pfändung unterliegen, ſind unübertragbar.

§ 295 (295 Abſ. 2).

Durch Vereinbarung zwiſchen Schuldner und Gläubiger kann die Ab= tretung einer Forderung ausgeſchloſſen werden. Iſt die Forderung durch

---

§ 291 knüpft an die in § 736 der ZPO. gemachte Unterſcheidung an.

§ 295 weicht vom Entwurf ab. Ich kann die Uebertragbarkeit einer For= derung nicht ſo ſehr in der Natur der Sache gegründet finden, daß ſie nicht durch die Verabredung der zunächſt Betheiligten ausgeſchloſſen werden könnte. Es läßt ſich nicht leugnen, daß unter Umſtänden der debitor cessus durch die Ceſſion in

Urkunde verbrieft, so hat die Vereinbarung Dritten gegenüber nur Gültig=
keit, wenn sie in der Urkunde vermerkt ist.

§ 296 (297).

Mit der Uebertragung einer Forderung gehen deren Vorzugsrechte
und die mit ihr verbundenen Nebenrechte auf den Gläubiger über.

§ 297 (298).

Wer eine Forderung gegen Entgelt abtritt, haftet dem Erwerber
für den Rechtsbestand der Forderung nach den Grundsätzen der Gewähr=
leistung. Im Zweifel hat jedoch der Abtretende, wenn er wegen Nicht=
bestandes der Forderung haftbar gemacht wird, dem Erwerber nicht mehr
als den empfangenen Gegenwerth nebst Zinsen zu ersetzen.

§ 298 (299).

Hat der Abtretende die Haftung für die Zahlungsfähigkeit des
Schuldners übernommen, so haftet er, wenn demnächst die Forderung als
unbeitreiblich sich erweist; vorausgesetzt, daß dem neuen Gläubiger in Ein=
klagung und Beitreibung der Forderung keine Säumniß zur Last fällt.

Ist die Haftung für die Zahlungsfähigkeit des Schuldners auf be=
stimmte Zeit übernommen worden, so kommen für die Voraussetzungen,
unter welchen der neue Gläubiger die Haftbarkeit in Anspruch nehmen
kann, die Bestimmungen für eine auf bestimmte Zeit übernommene Bürg=
schaft (§ 713) sinnentsprechend zur Anwendung.

---

eine üblere Lage kommt. Warum soll er diese nicht von vornherein von sich ab=
wenden können? Auch kann für die Unübertragbarkeit einer Forderung ein Geld=
interesse des Schuldners vorliegen. (So z. B. bei den Rückfahrkarten der
Eisenbahnen.) Der Schlußsatz ist der praktischen Zuträglichkeit halber zugefügt.

§ 297. Die Beschränkung der Haftbarkeit des Cedenten auf den empfangenen
Gegenwerth nebst Zinsen habe ich bereits in der „Beurtheilung" näher begründet.
Ich halte diese Beschränkung für geboten, wenn nicht die Cession von Forderungen
zu einem wucherlichen Geschäfte ausarten soll. Jemand hat einen zweifelhaften
Anspruch von 300 Mk. Ein Wucherer kauft ihm den Anspruch für 100 Mk. ab,
stellt die Klage an und wird damit zurückgewiesen. Kann kann er nach dem Ent=
wurf von seinem Cedenten 300 Mk., d. h. das Gezahlte mit 200 Prozent Zinsen
zurückfordern. Will man einem solchen Wucher den Weg bahnen? Es könnten auf
diese Weise rein fingirte Forderungen abgetreten werden, bloß um die wucherlichen
Prozente zu beziehen.

§ 298. Der Satz des Entwurfs, daß die Uebernahme der Haftbarkeit für
die Zahlungsfähigkeit im Zweifel nur auf die „Zahlungsfähigkeit zur Zeit der
Uebertragung" sich beziehe, würde, streng durchgeführt, die ganze Haftbarkeit illu=
sorisch machen. Denn sofort „zur Zeit der Uebernahme" wird die Zahlungsfähigkeit
niemals erprobt werden können, da es immer einige Zeit dauern wird, bis der
neue Gläubiger in der Lage ist, die Beitreibung zu versuchen. Ergiebt diese nichts,
dann müßte er nun erst beweisen, daß auch schon zur Zeit der Cession der Schuldner
insolvent gewesen sei; ein Beweis, der vielleicht durch Schlußfolgerungen geführt
werden könnte, immerhin aber doch unsicher wäre. Das ist offenbar nicht der Sinn
der Uebernahme einer solchen Haftung. Will man dem Leben gerecht werden, so
muß man die Sache anders ordnen. Das ist in dem obigen Paragraphen versucht
worden. Der Fall, wo die Haftung für eine bestimmte Zeit übernommen wird,
ist dem Falle einer Bürgschaft für bestimmte Zeit analog. Dieser Fall ist unten
zu ordnen.

§ 299 (300).

Bei der Uebertragung einer Forderung kraft gesetzlicher Verpflichtung oder bei dem Uebergang derselben kraft Gesetzes haftet der bisherige Gläubiger weder für den Rechtsbestand der Forderung, noch für die Zahlungsfähigkeit des Schuldners, sofern nicht aus dem zu Grunde liegenden Rechtsverhältnisse ein Anderes sich ergiebt.

§ 300 (301).

Der Gläubiger, der seine Forderung übertragen hat, ist verpflichtet, dem Erwerber die über die Forderung sprechenden Urkunden auszuliefern und überhaupt, soweit er dazu im Stande ist, die Mittel zu gewähren, um die Forderung geltend zu machen. Er hat ferner auf Verlangen dem Erwerber über die Abtretung oder den gesetzlichen Uebergang der Forderung eine öffentlich beglaubigte Urkunde zu ertheilen, nachdem ihm die dafür erforderlichen Kosten vorgeschossen sind.

Einer Abtretung der Forderung steht es gleich, wenn der bisherige Gläubiger den Uebergang der Forderung auf den neuen Gläubiger ausdrücklich anerkennt.

§ 301 (302, 303, 304).

Der Schuldner kann wider den neuen Gläubiger alle Einreden geltend machen, die ihm bis zu dem Zeitpunkte, wo er von der Uebertragung Kenntniß erhielt, wider den bisherigen Gläubiger erwachsen sind.

Ausgeschlossen bleibt die Einrede aus einem Erlaß der Forderung, den der bisherige Gläubiger nach bewirkter Uebertragung schenkweise vollzogen hat.

§ 302 (305).

Sind dem Schuldner wider einen Erwerber der Forderung, der ihm seinen Erwerb angezeigt hat, Einreden erwachsen, so muß diese Einreden auch ein früherer Erwerber der Forderung, dessen Erwerb dem Schuldner unbekannt geblieben ist, gegen sich gelten lassen.

Der Schlußsatz des § 301 findet auch hier Anwendung.

§ 303 (308).

Der Schuldner kann verlangen, daß der neue Gläubiger eine die Abtretung enthaltende öffentlich beglaubigte Urkunde (§ 300) vorlege. Vermag der Gläubiger dies nicht, so hat er dem Schuldner Sicherheit dafür zu leisten, daß er ihn gegen die Ansprüche des bisherigen Gläubigers vertreten werde.

---

§ 301. Absatz 2 hat seinen Grund in der allgemeinen Regel, daß der Erwerb aus Schenkung nicht geeignet ist, den Schutz des bona fide Erwerbes zu genießen.

§ 303. Daß die Bestimmungen des § 308 d. E. nicht genügen, um den Schuldner sicher zu stellen, habe ich bereits in der „Beurtheilung" zu § 308 dargethan. Erklärt man, wie in § 308 d. E. geschieht, die bloße „Anzeige des bisherigen Gläubigers" für genügend, so wird damit die Vorschrift von der „beglaubigten Urkunde" völlig illusorisch. Denn der Cessionar, dem die Urkunde zu um-

Nimmt der neue Gläubiger, ohne eine dieser Voraussetzungen zu er= bringen, eine Mahnung oder Kündigung vor, so kann der Schuldner sie zurückweisen, wobei die Bestimmungen des § 130 sinnentsprechend zur An= wendung kommen.

Jedenfalls kann der Schuldner, wenn von ihm Zahlung verlangt wird, die Nachweisung einer der gedachten Voraussetzungen und die Aus= händigung der darüber sprechenden Urkunde fordern.

Im Prozesse kann der neue Gläubiger die dem Schuldner zu ge= währende Sicherheit auch dadurch erbringen, daß er den bisherigen Gläubiger als Zeugen laden und von ihm die erfolgte Abtretung bestätigen läßt. Die Kosten der hierdurch verursachten Weiterungen hat der neue Gläubiger zu tragen. Bestätigt der als Zeuge geladene Gläubiger die Abtretung, so bedarf es keiner Beeidigung.

§ 304 (311).

Haben öffentlich angestellte Personen den übertragbaren Theil ihres Diensteinkommens oder Ruhegehalts abgetreten, so muß die auszahlende Kasse durch Aushändigung einer die Abtretung enthaltenden, öffentlich be= glaubigten Urkunde davon benachrichtigt werden.

§ 305 (313).

Die Uebertragung eines ganzen Vermögens oder einer Erbschaft schließt die Abtretung aller darin begriffenen Forderungen in sich.

§ 306 (312).

Die Vorschriften über die Uebertragung von Forderungen finden auf die Uebertragung anderer vermögensrechtlicher Ansprüche in Ermangelung besonderer Vorschriften entsprechende Anwendung.

---

ständlich ist, läßt sich dann statt derselben vom Cedenten einen einfachen, an den Schuldner gerichteten Brief geben, der die „Anzeige" enthält. Daß damit aber der Schuldner nicht sichergestellt wird, liegt auf der Hand.

§ 304. Ich vermag keinen Grund einzusehen, weshalb die öffentliche Ur= kunde „von dem bisherigen Gläubiger" überreicht werden müßte. Legt der neue Gläubiger sie vor, so muß das auch genügen.

§ 306. Der § 312 d. E. ist bezüglich der „Uebertragung und Pfändung anderer Rechte" unnöthig. Bei den als Beispiel in den Motiven (S. 141) an= geführten Urheberrechten hat noch nie jemand gezweifelt, daß, soweit sie übertrag= bar sind, die Uebertragung durch einfachen Vertrag vollzogen werde. Dagegen ist es nöthig, auszusprechen, daß nach den Vorschriften dieses Titels, ebenso wie (persönliche) Forderungen, auch andere vermögensrechtliche Ansprüche (dingliche Klagen) cedirt werden können. Denn sonst fiel diese Lehre unter den Tisch.

„II. Schuldübernahme" d. E. ist hier weggeblieben. Es wird davon unten bei der Verträgen über Leistung an Dritte zu handeln sei. Der Gedanke des Entwurfs, die Schuldübernahme als einen auf „Vermögensveräußerung" gerichteten „dinglichen Vertrag" zu behandeln, ist wissenschaftlich unhaltbar und führt praktisch zu der größten Verwirrung.

Titel 5. Schuldverhältnisse mit einer Mehrheit von
Schuldnern oder Gläubigern.

§ 307 (320).

Bei einer theilbaren Leistung ist, wenn mehrere Schuldner vorhanden
sind, im Zweifel jeder nur zu seinem Antheil an der Schuld verpflichtet,
wenn mehrere Gläubiger vorhanden sind, im Zweifel jeder nur zu seinem
Antheil an der Forderung berechtigt.

§ 308 (321).

Ein Schuldverhältniß kann auch in der Art begründet sein, daß
von mehreren Schuldnern jeder zu der ganzen Schuld verpflichtet, von
mehreren Gläubigern jeder auf die ganze Forderung berechtigt ist, während
die Leistung nur einmal zu geschehen hat.

I. Gesammtschuld.

§ 309 (321 Abs. 2).

Eine Gesammtschuld ist insbesondere dann anzunehmen, wenn bei
einem Rechtsgeschäft die Verbindlichkeit unter den Ausdrücken „Alle für
Einen und Einer für Alle", „zu ungetheilter Hand", „sammt und sonders",
„solidarisch" oder „correal" übernommen ist.

§ 310 (324).

Der Gläubiger kann nach seiner Wahl von allen Schuldnern oder
von jedem einzelnen derselben das Ganze oder nur einen Theil fordern.
Auch im letzteren Falle bleiben sämmtliche Schuldner bis zur Tilgung der
ganzen Forderung verhaftet.

§ 311 (325).

Jeder der Schuldner ist berechtigt, die fällige Schuld an den Gläubiger
abzutragen. Ein Annahmeverzug des Gläubigers kommt allen Schuldnern
zu statten.

Titel 5. Hier sind die im Entwurf ineinander geschobenen Rechtsverhältnisse von Gesammtgläubigern und Gesammtschuldnern im Interesse der Klarheit
und Deutlichkeit des Gesetzes getrennt behandelt. Sachlich stimmen die von mir
formulirten Paragraphen meistens mit dem Entwurfe überein.

§ 307. Mit der in der ZSt. S. 90 flg. mehrfach vertretenen Tendenz,
jedes Schuldverhältniß, bei dem mehrere Gläubiger oder mehrere Schuldner betheiligt sind, als ein Gesammtverhältniß zu gestalten, kann ich mich nicht befreunden.
Jede Gesammtschuld ist eine künstliche Schöpfung, die man nicht willkürlich
in das Leben hineintragen soll. Wo mehrere Schuldner sich verbindlich machen,
ist es ja sehr einfach, daß sie, wenn sie als Gesammtschuldner haften wollen,
dies durch einen Zusatz (solidarisch 2c.) zum Ausdruck bringen. Viel schwieriger
würde es sein, das Umgekehrte zum Ausdruck zu bringen, und es würden daher,
wenn kraft Gesetzes für ein Gesammtschuldverhältniß präsumirt würde, die Schuldner
stets in das für sie so mißliche Verhältniß der Gesammtschuld nolens volens hinein-
gezogen werden. Das Gesetz hat die Pflicht, da, wo es zweifelhaft ist, was die
Menschen gewollt haben, nicht für die größere, sondern für die geringere Verpflichtung des Schuldners zu entscheiden. Eher ließe sich dafür etwas sagen, daß

§ 312 (325).

Tritt unter Verantwortlichkeit eines der Schuldner an die Stelle des Anspruchs auf die Leistung ein Entschädigungsanspruch, so haften auch für diesen sämmtliche Schuldner als Gesammtschuldner.

§ 313 (329, 330, 331).

Die Erfüllung des Anspruchs durch einen der Schuldner wirkt auch für die übrigen.

Dasselbe gilt von der Leistung an Erfüllungsstatt, der öffentlichen Hinterlegung und der vollzogenen Aufrechnung.

Vor vollzogener Aufrechnung kann keiner der Schuldner aus der einem andern Schuldner zustehenden Gegenforderung eine Einrede entnehmen.

§ 314 (332).

Der Erlaß der Forderung einem der Schuldner gegenüber wirkt auch für die übrigen, wenn die Aufhebung des ganzen Schuldverhältnisses gewollt war, insbesondere wenn der Erlaß in der Form der Quittirung vollzogen worden ist.

§ 315 (326).

Die einem der Schuldner gegenüber vorgenommene Mahnung oder Kündigung wirkt nicht gegen die übrigen.

§ 316 (327).

Das einem der Schuldner gegenüber ergangene rechtskräftige Urtheil wirkt nicht für und gegen die übrigen.

§ 317 (333).

Die Vereinigung von Forderung und Verbindlichkeit in der Person eines der Schuldner befreit nicht die übrigen.

§ 318 (335, 336).

Die wider einen der Schuldner eingetretene Verjährung kommt den übrigen Schuldnern nicht zu statten.

Die Unterbrechung oder Hemmung der Verjährung einem der Schuldner gegenüber hindert nicht den Lauf der Verjährung zu Gunsten der übrigen.

§ 319 (337).

Wer von den mehreren Gesammtschuldnern, in dem Verhältniß dieser zu einander, die Schuld zu tragen hat, bestimmt sich nach dem Rechtsverhältniß, das der Gemeinsamkeit ihrer Haftung zu Grunde liegt.

---

mehrere Gläubiger eine ihnen zustehende Forderung nur gemeinschaftlich sollen geltend machen können. Indessen ist auch dieses Verhältniß so schwer in befriedigender Weise zu regeln, daß man wohl thut, davon abzustehen.

§ 312. Vgl. 3St. S. 98.

§ 316. Sehr zweifelhaft ist es, ob nicht bezüglich der Wirkung der res judicata zwischen der eigentlichen Korrealschuld und der sog. Solidarverbindlichkeit zu unterscheiden sei. Ich unterlasse aber, bei der Schwierigkeit der Sache in dieser Richtung einen Versuch der Formulirung zu machen.

So weit hieraus nicht ein Anderes sich ergiebt, haften diejenigen, welche eine Schuld insgesammt übernommen haben, im Verhältniß zu einander zu gleichen Theilen, und sie sind dementsprechend zur Ausgleichung der gezahlten Schuld untereinander verpflichtet.

Auch der ausfallende Theil eines der Schuldner ist von den übrigen zu gleichen Theilen zu tragen.

§ 320.

(— Ausschluß des Anspruchs eines Gesammtschuldners, der aus widerrechtlicher Handlung haftet — wie § 338 d. E.)

§ 321 (340, 341).

Die Vorschriften über Gesammtschuld kommen auch zur Anwendung, wenn mehrere Schuldner einem Gläubiger zu einer untheilbaren Leistung verpflichtet sind. Tritt an die Stelle der untheilbaren Leistung eine theilbare, insbesondere ein Schadensersatz, so haftet jeder Schuldner nur zu seinem Theile.

II. Gesammtforderung.

§ 322 (323).

Sind mehrere Gesammtgläubiger vorhanden, so kann jeder derselben die Leistung von dem Schuldner fordern.

Der Schuldner kann nach seiner Wahl an jeden der Gläubiger leisten, auch wenn einer der Gläubiger die Leistung bereits gefordert hat.

§ 323 (323).

Das Wahlrecht des Schuldners bezüglich des Gläubigers, den er befriedigen will, und das Recht der übrigen Gläubiger, die Leistung zu fordern, hört auf:

wenn einer der Gläubiger von dem Schuldner ein verpflichtendes Zahlungsversprechen sich hat geben lassen;

wenn einer der Gläubiger wider den Schuldner Klage auf die Leistung erhoben, oder

wenn er die rechtskräftige Verurtheilung des Schuldners, an ihn zu leisten, erwirkt hat.

Die Wirkung der Klagerhebung hört auf, wenn die Klage zurückgenommen oder abgewiesen wird.

----

§ 323. Durch ein Zahlungsversprechen wird das Verhältniß des Schuldners zu dem Gläubiger fixirt. Ich kann daher den Schlußsatz in § 323 d. E. nicht für richtig halten. Für höchst unzuträglich halte ich auch den weiteren Satz des § 323, daß die Einklagung der Schuld von Seiten eines der Gläubiger die Zahlung an die übrigen nicht ausschließe. Es würde dieser Satz die Folge haben, daß neben dem einen Gläubiger auch noch sämmtliche übrigen Gläubiger die Forderung einklagen könnten, so daß der Schuldner einem förmlichen prozessualischen Treibjagen sämmtlicher Gläubiger ausgesetzt wäre. Ich glaube nicht, daß dies im Sinne des Instituts liegt. Klagt ein Gläubiger, so kann der Schuldner allen anderen Gläubigern die Einrede der Rechtshängigkeit entgegensetzen. Ist er einem Gläubiger verurtheilt, so kann er nur allein diesem Gläubiger zahlen.

§ 324.

Der Annahmeverzug eines der Gläubiger wirkt auch gegen die übrigen.

§ 325 (333).

Die Vereinigung von Forderung und Verbindlichkeit in der Person eines der Gläubiger bewirkt auch die Erlöschung des Anspruchs jedes anderen Gläubigers, insofern dieser nicht bereits ein selbstständiges Recht auf die Forderung nach § 323 erlangt hatte.

§ 326.

Im Uebrigen kommen die Vorschriften der §§ 313, 314, 315, 316, 318, 319 Abs. 1 sinnentsprechend auch auf das Verhältniß mehrerer Gesammtgläubiger zur Anwendung.

§ 327.

(— Verhältniß bei einer Forderung auf untheilbare Leistung — wie § 339 Abs. 1 d. E.)

Zweiter Abschnitt. Allgemeine Vorschriften über Schuldverhältnisse aus Verträgen.

Titel 1. Gegenstand der Verträge.

§ 328 (344).

Ist ein Vertrag auf eine unmögliche Leistung gerichtet, so kann die Leistung nicht gefordert werden.

§ 329 (345).

Der, welcher eine Leistung versprochen hat, deren Unmöglichkeit er kannte oder kennen mußte, haftet dem anderen Vertragschließenden, wenn dieser die Unmöglichkeit nicht kannte oder kennen mußte, für Schadensersatz; jedoch in keinem Falle über den Betrag dessen hinaus, was er wegen Nichterfüllung des Vertrags zu ersetzen gehabt hätte.

§ 330 (349).

Ein Vertrag über die Erbschaft eines noch lebenden Dritten oder unbestimmter Dritter ist ungültig. Statthaft ist jedoch ein Vertrag, durch den Jemand über seinen künftigen Erbtheil zu Gunsten eines Miterben oder eines nächst ihm berufenen Erben verfügt.

Diese Vorschrift gilt auch für Vermächtnisse.

Titel 1 d. E. „Einseitiges Versprechen" ist weggeblieben, weil ich der Ansicht bin, daß dieser Abschnitt gegenstandslos ist. (Vergl. 3St. S. 105.)

§ 328. Die „Leistung, welche durch Gesetz verboten ist oder gegen die guten Sitten verstößt", ist hier weggelassen, weil Verträge, die auf eine solche Leistung gerichtet sind, bereits unter die Vorschriften der §§ 112 und 114 fallen.

§ 329. Bezüglich dieser Bestimmung habe ich meine Ansicht bereits in der „Beurtheilung" begründet.

§ 330. Ueber den Zusatz, den ich meiner Bestimmung gegeben habe, siehe meine „Beurtheilung".

§ 331 (350).

Ein Vertrag, durch den jemand sein gegenwärtiges Vermögen ganz oder zu einem Bruchtheil oder den Nießbrauch daran einem Andern überträgt oder zu übertragen sich verpflichtet, bedarf der gerichtlichen oder notariellen Form.

Auf das zukünftige Vermögen kann ein solcher Vertrag nicht gerichtet werden.

§ 332 (351).

Ein Vertrag, durch den jemand Grundeigenthum zu übertragen oder dingliche Rechte daran zu bestellen sich verpflichtet, bedarf der urkundlichen Form.

Durch die vollzogene Auflassung oder die Eintragung des Erwerbes im Grundbuche erlangt auch ein in anderer Form abgeschlossener Veräußerungs- oder Bestellungsvertrag Gültigkeit.

§§ 333—337.

(— Bestimmung der Leistung durch einen der Vertragschließenden oder durch einen Dritten — wie §§ 353—357 d. E.)

§ 338 (358).

Zinsen können frei bedungen werden, soweit die reichsgesetzlichen Vorschriften über Wucher nicht entgegenstehen.

Der § 2 des Reichsgesetzes vom 14. November 1867 bleibt in Kraft und tritt unbeschränkt in allen Bundesstaaten in Wirksamkeit.

Zinsen, die über den Betrag der Hauptforderung angewachsen sind, können nicht gefordert werden.

Zinsen von Zinsen können nicht bedungen werden. Sind jedoch fällige Zinsen durch Abrechnung oder ein ähnliches Rechtsgeschäft zu einer selbständigen Schuld erhoben, so können von dieser Zinsen bedungen werden.

Die Vorschriften der Abs. 3 und 4 finden auch auf gesetzliche Zinsen Anwendung.

---

§ 332. Die Gründe dafür, den Vertrag über Grundeigenthum nicht an gerichtliche, sondern nur an urkundliche Form zu knüpfen, habe ich bereits in der „Beurtheilung" dargelegt. Die Nöthigung zu gerichtlicher oder notarieller Form würde in hohem Maße mißempfunden werden aus dem doppelten Grunde der Belästigung und der Belastung mit nicht unerheblichen Kosten. Bei der Freigebung des ganzen übrigen Verkehrs an die freiesten Formen ist es ein starker Widerspruch, nur den Vertrag über Veräußerung von Grundeigenthum an eine so erschwerende Form zu knüpfen. Die Folge wird sein, daß man sich dieser Form möglichst zu entziehen, die durch Abs. 2 des § 351 geöffneten Weg einschlagen wird. Das wird dann aber wieder zahlreiche Verwickelungen und traurige Prozesse zur Folge haben.

§ 338. Ich vermag keinen Grund zu erkennen, weshalb der Entwurf die Schranke, die § 2 des R. G. vom 14. Nov. 1867 gegen den Wucher gezogen hat, und den uralten Satz, daß Zinsen nicht über die Höhe des Kapitals gefordert werden können, aufgegeben hat. Ich würde beide Sätze beibehalten. Daß bei Novation einer angelaufenen Zinsforderung Zinsen bedungen werden können, entspricht den Bedürfnissen des Verkehrs und wird auch jetzt schon im gemeinen Recht anerkannt.

Titel 2. Inhalt der Schuldverhältnisse aus Verträgen.

§ 339.

(— Verpflichtung nach Treue und Glauben — wie § 339 d. E.)

§ 340 (362).

Ein gegenseitiger Vertrag ist von den Vertragschließenden gleichzeitig (Zug um Zug) zu erfüllen, soweit nicht aus der Natur des Vertrags oder aus besonderer Abrede ein Anderes sich ergiebt.

§ 341 (363, 367).

Wer aus einem gegenseitigen Vertrag in Anspruch genommen wird, kann, sofern er nicht zur Vorleistung verpflichtet ist, die ihm obliegende Leistung zurückhalten, bis der Gegner die ihm obliegende Vorleistung bewirkt hat oder zu der ihm obliegenden gleichzeitigen Leistung bereit ist. Die §§ 229 und 230 kommen dabei zur Anwendung.

Der in Anspruch Genommene kann den Einwand auch dann erheben, wenn er zwar eine Gegenleistung empfangen hat, aber deren Unvollständigkeit oder Mangelhaftigkeit behauptet, vorbehaltlich der Bestimmung in § 257 Abs. 2.

§ 342 (366).

Wer aus einem gegenseitigen Vertrage, aus dem ihm die Vorleistung obliegt, die ihm gebührende Leistung einklagt, hat darzulegen, daß er die Vorleistung bewirkt habe oder weshalb er ohne deren Bewirkung die Gegenleistung fordern könne.

§ 343 (361, 366).

Bei einem gegenseitigen Vertrage schließt das nach §§ 235—237 bestehende Recht des Gläubigers, die Leistung abzulehnen, zugleich das Recht, von dem Vertrage zurückzutreten, in sich.

§ 344.

Aus Verträgen, durch welche eine Sachleistung gegen Entrichtung einer Geldleistung ausbedungen ist, kann wegen Nichtgewährung der Sach-

---

§ 341 Abs. 2 tritt dem § 367 d. E. entgegen. Ganz abgesehen, daß der Ausdruck „als Erfüllung angenommen" durchaus unklar ist und eine Fülle von Streitigkeiten hervorrufen würde, ist der ganze Gedanke bisher unerhört und er würde unter Umständen die größte Empörung des Rechtsgefühls wachrufen. Daß der, welcher eine Leistung als der Verpflichtung erledigend angenommen hat, wenn er nachträglich sie als unvollständig oder mangelhaft bezeichnet, Beweis führen muß, ist bereits oben (§ 257) ausgesprochen.

§ 342. Auch diese Abweichung von dem Entwurfe habe ich bereits in der „Beurtheilung" begründet. Wenn einige Handelskammern sich für den Entwurf erklärt haben, so bin ich überzeugt, daß sie gar nicht verstanden haben, um was es sich handelt. Die Vorschrift des Entwurfs ist ein Doktrinarismus, lediglich darauf gegründet, daß man römischrechtlich von einer exceptio non adimpleti contractus redet.

§ 344 will die Bestimmung in l. un. C. de sententiis, quae pro eo, quod interest, proferuntur (7, 47) aufrecht halten. Es läßt sich ja darüber streiten, ob diese Vorschrift die Aufrechterhaltung verdiene. Ich halte sie — überleiſtung neben dem Anſpruch auf Befreiung von der Geldleiſtung oder auf Rückgabe derſelben ein Entſchädigungsanſpruch nur bis zu der Höhe der ausbedungenen Geldleiſtung geltend gemacht werden.

§ 345.

Hat jemand bei einem gegenſeitigen Vertrage unter Ausbeutung der Nothlage, des Leichtſinns oder der Unerfahrenheit des andern Theiles ſich Vermögensvortheile verſprechen laſſen, welche nach den Umſtänden des Falles in auffälligem Mißverhältniſſe zu der von ihm gewährten oder verſprochenen Leiſtung ſtehen, ſo kann der dadurch Verletzte die Aufhebung des Vertrags verlangen. Der Anſpruch bleibt ausgeſchloſſen, ſoweit der Vertrag von dem angeblich Verletzten bereits erfüllt iſt.

Titel 3. Gewährleiſtung der veräußerten Rechte.

§ 346 (370, 371).

Wer eine Sache einem Andern gegen Entgelt eigenthümlich überläßt, haftet dafür, daß dem Erwerber nicht durch Rechte Dritter an der Sache das Eigenthum oder die Benutzung der Sache entzogen oder geſchmälert werde.

---

einſtimmend mit Bernhöft — für eine geſunde Vorſchrift und würde ſie nicht aufgeben. Daß das Intereſſe bei Nichterfüllung eines Vertrages unter Umſtänden größer ſein kann als das Doppelte der im Vertrag ausbedungenen Gegenleiſtung, iſt ja zuzugeben; und in einem ſolchen Falle würde der Entſchädigungsberechtigte nicht voll befriedigt werden. Gegenüber ſteht aber die Gefahr, daß Entſchädigungs-anſprüche ins Ungeheuerliche aufgebauſcht und bei den Mitteln juriſtiſcher Kunſt und der Schwäche richterlicher Erkenntniß auch zugeſprochen werden, und daß damit der Gerechtigkeit noch mehr ins Geſicht geſchlagen wird. Man ſollte denken, daß, wenn jemand doppelt ſo viel an einem Geſchäft verdient, als er ſeinerſeits dafür aufgewendet hat, er damit ſich wohl zufrieden geben könnte.

§ 345. Auch dieſer Paragraph, den ich nach dem Vorſchlage Hartmann's anlehnend an die Beſtimmung des Wuchergeſetzes formulirt habe, ſoll dazu dienen, mißbräuchlichem Verkehr entgegenzutreten. Er ſoll die mehr mechaniſch wirkende Vorſchrift des römiſchen Rechts über laesio enormis erſetzen. Auch darüber läßt ſich ja ſtreiten, ob eine derartige Vorſchrift ſich rechtfertige. Es wird immer darauf ankommen, ob man mehr oder minder einem mancherſtlichen Standpunkt in der Geſetzgebung zuneigt. Nicht ſoweit möchte ich aber mit dieſer Vorſchrift gehen, daß auch vollſtändig erledigte Geſchäfte wieder aufgegriffen und in Frage geſtellt werden könnten. Deshalb iſt der Schlußſatz hinzugefügt. Bei einem von dem Verletzten erfüllten Vertrag ſind deſſen Hauptſchmerzen überſtanden, und es lohnt ſich nicht, die Parteien zu einem nachträglichen Streite darüber einzuladen.

§ 346. Nach den Motiven legt der Entwurf beſonderen Werth darauf, daß er von dem „Verſchaffungsprinzip" ausgehe und daß dementſprechend der § 370 formulirt ſei. Wie aber bereits Bernhöft nachgewieſen hat, führt der Entwurf ſelbſt dieſes Prinzip nicht durch, indem er in § 374 den Entwährungsanſpruch davon abhängig macht, daß die Sache dem Erwerber wirklich entzogen werde. Hiernach iſt es nur verwirrend, wenn man bei den Verſchaffungsprinzip der ganzen Lehre zu Grunde legt. Bis zu welchem Maße man dieſem Prinzip eine praktiſche Bedeutung beimeſſen kann, das werden wir bei § 350 näher zu beſprechen haben. Daß der Entwurf mit den Worten „Wer ſich durch Vertrag zur Veräußerung einer Sache verpflichtet" eine unrichtige Bezeichnung des Veräußerers an die Spitze ſtellt, iſt ſchon von mir in der „Beurtheilung" und auch von Andern (ZSt. S. 127) hervorgehoben worden. Ueberdies iſt es nicht richtig, daß die Veräußerung als

§ 347 (374, 375).

Wird die Sache dem Erwerber von einem Dritten im Prozeßwege entzogen, oder werden Rechte, welche die Benutzung der Sache beeinträchtigen, von Dritten im Prozeßwege erstritten, so haftet der Veräußerer dem Er= werber für Schadensersatz.

Statt Schadensersatzes kann der Erwerber auch Befreiung von der Gegenleistung oder Rückerstattung derselben, ganz oder zum entsprechenden Theile, verlangen.

§ 348.

Zur Sicherung seines Anspruchs hat der Erwerber in dem Prozesse dem Veräußerer den Streit zu verkünden. Unterläßt er dies, so tritt die Haftung des Veräußerers nur ein, wenn ihm gegenüber der Erwerber den Bestand des von dem Dritten erstrittenen Rechtes selbständig beweist. Das letztere gilt auch, wenn der Erwerber in Anerkennung des von dem Dritten geltend gemachten Rechtes diesen ohne Prozeß befriedigt oder wenn der Anspruch des Dritten wider den Erwerber sich dadurch erledigt, daß das Recht des Dritten und die Haftung des Erwerbers in einer Person sich vereinigen.

§ 349 (377).

Für die Feststellung des Schadens ist der Zeitpunkt maßgebend, in welchem der Dritte seinen Rechtsanspruch mit Erfolg geltend gemacht hat.

§ 350.

Auch ohne daß ein Dritter das ihm zustehende Eigenthum an der Sache geltend gemacht hat, kann der Erwerber, wenn er nachzuweisen ver= mag, daß der Veräußerer Eigenthum nicht auf ihn übertragen habe, dieser auch nicht den Mangel nachträglich zu beseitigen vermag, Rückgängigmachung des Veräußerungsvertrages fordern. Der Erwerber hat alsdann die Sache, der Veräußerer die entrichtete Gegenleistung zurück zu erstatten.

---

solche zur Gewährleistung verpflichte: die entgeltliche Veräußerung ist der eigent= liche Grund der Verpflichtung.

Sehr wesentliche Modifikationen erfährt die ganze Lehre bei der Veräußerung von Grundstücken durch die Einwirkung des Grundbuchsystems. Die Gestaltung der Lehre bei Grundstücken ist deshalb auch hier gesondert (§§ 352—354) behandelt worden.

Uebrigens hat die ganze Gewährleistungslehre nach dem Rechte des Entwurfs eine weit geringere Bedeutung als im gemeinen Recht, zufolge der Grundsätze, die den bona fide Erwerb nicht blos bei Grundstücken, sondern auch bei Mobilien schützen.

§ 348. Der Gedanke, der hier zum Ausdruck gekommen ist, ist der: Ver= kündigt in dem Prozeß des Dritten der Erwerber dem Veräußerer den Streit, so muß dieser das Ergebniß des Prozesses ohne Weiteres gegen sich gelten lassen. Geschieht dies nicht, dann hat der Erwerber, um auf den Veräußerer zurückzugreifen, das Recht des Dritten selbständig zu beweisen. Dem Entwurf fehlt dieser Gedanke, wenigstens ist er darin nicht zum klaren Ausdruck gekommen.

§ 350. Hier ist nun dem „Verschaffungsprinzip" wirklich eine praktische Folge gegeben (die der Entwurf übrigens nicht kennt). Die Gründe dafür hat bereits Veruhöft ausgeführt. Im römischen Recht war für einen solchen Schutz

§ 351 (373).

Eine Haftung des Veräußerers tritt nicht ein, wenn der Erwerber bei dem Erwerb den Mangel in dem Rechte des Veräußerers kannte.

§ 352 (378).

Der Veräußerer eines Grundstücks ist verpflichtet, dem Erwerber nicht allein das Eigenthum durch Auflassung zu übertragen, sondern auch den Besitz des Grundstücks zu übergeben.

Er ist ferner verpflichtet, die auf dem Grundstück eingetragenen dinglichen Rechte, Hypotheken und Grundschulden, so weit der Erwerber sie nicht mit übernommen hat, löschen zu lassen, ohne Rücksicht darauf, ob die eingetragenen Berechtigten diese Rechte geltend machen.

Als stillschweigend vom Erwerber mitübernommen gelten die demselben beim Erwerbe bekannt gewesenen dinglichen Rechte (mit Ausschluß der Hypotheken und Grundschulden), wenn er nicht deren Löschung ausdrücklich sich vorbehalten hat.

Für die Freiheit von öffentlichen Abgaben und von anderen nicht durch den Eintrag im Grundbuche bedingten Lasten haftet der Veräußerer nur, wenn er sie dem Erwerber arglistig verschwiegen hat.

§ 353.

Ist der Veräußerer nach vollzogener Auflassung außer Stande, dem Erwerber den Besitz zu übergeben, weil ein Dritter in Besitz des Grundstücks sich befindet, so kann der Erwerber die Besitzübergabe von dem Ver-

---

des Erwerbers kein Bedürfniß, weil dort der Grundsatz galt, daß die mala fides superveniens den Erwerb durch Verjährung nicht hindere. Hatte also jemand bona fide eine Sache erworben und erfuhr er nun, daß der Veräußerer nicht Eigenthümer gewesen sei, so hatte er doch nach Ablauf von 3 Jahren das wirkliche Eigenthum erlangt. Nach dem Entwurf soll (dem kanonischen Rechte entsprechend) auch die mala fides superveniens die Verjährung ausschließen; und überdies ist die Verjährungszeit auf 10 Jahre verlängert. Danach würde also der bonae fidei Erwerber, wenn er innerhalb der ersten 10 Jahre erführe, daß sein Autor nicht Eigenthümer gewesen und die Sache gestohlen sei, andauernd in dem unsicheren Zustand versetzt sein, daß ihm jederzeit die Sache von dem Eigenthümer wieder abgeholt werden könne. Ich halte es für eine Gerechtigkeit, in diesem Zustande ihm zu Hülfe zu kommen und ihm das Recht zu gewähren, den für ihn so unsicheren Erwerb wieder aufzulösen.

§ 352. Bei Grundstücken tritt das Eigenthümliche ein, daß Eigenthumsübertragung und Besitzübertragung als verschiedene Akte sich trennen, und daß zu beiden nebeneinander der Veräußerer verpflichtet ist. Dazu kommt, daß die auf dem Grundeigenthum eingetragenen Rechte dieses dem Erwerber in gewissem Sinne entziehen, auch wenn sie von dem Berechtigten gar nicht geltend gemacht werden. Denn sie hindern ihn, im Verkehr frei darüber zu verfügen. Deshalb bedarf es hier besonderer Vorschriften, die der Entwurf nur in sehr beschränktem Maße enthält (§§ 372, 378). Hier sind diese Vorschriften umfassender zu formuliren versucht worden. Auch hierbei kann man sagen, daß das „Verschaffungsprinzip" zur Geltung kommt.

§ 353. Denkt man sich, daß der Veräußerer die Auflassung ertheilt hat; nun findet sich aber, daß er, weil ein Dritter im Besitz ist, den Besitz nicht übergeben kann. Kann nun der Erwerber doch die Besitzübergabe von ihm fordern?

äußerer nur fordern, wenn er bereit ist, durch Abtretung seines auf den Eintrag gegründeten Anspruchs auf den Besitz den Veräußerer in die Lage zu versetzen, den Besitz zu erlangen.

§ 354.

Nur unter gleicher Voraussetzung kann der Erwerber nach vollzogener Auflassung wegen unterbliebener Besitzübergabe die Gegenleistung zurückhalten.

Findet nach vollzogener Auflassung die Besitzübergabe an den Erwerber ein dauerndes Hinderniß, so muß der Erwerber, wenn er die Gegenleistung zurückhalten will, zugleich bereit sein, das Grundstück an den Veräußerer zurück aufzulassen.

Wegen der auf dem Grundstück haftenden dinglichen Rechte, Hypotheken und Grundschulden kann der Erwerber nur bis zum Betrage des Werthes derselben und der für die Löschung erforderlichen Kosten den Kaufpreis zurückhalten.

§ 355.

Hat jemand ein Werthpapier, das bereits aufgeboten und von Kraftloserklärung bedroht war, ohne Kundgebung von dieser Thatsache veräußert, so haftet er dem Erwerber, dem diese Thatsache unbekannt geblieben war, für den verursachten Schaden.

Der Anspruch des Erwerbers bleibt ausgeschlossen, wenn dieser noch zeitig von der gedachten Thatsache Kenntniß erhalten und nicht das zur Abwendung des Schadens Geeignete gethan hat.

§ 356 (380).

Die auf Gewährleistung bezüglichen Pflichten des Veräußerers können durch Vertrag erweitert, beschränkt oder erlassen werden.

Der Erlaß oder die Beschränkung ist unwirksam, wenn der Veräußerer das Recht des Dritten gekannt und dem Erwerber verschwiegen hat.

Mit der Auflassung hat der Veräußerer die an den Eintrag geknüpfte Klage auf den Besitz dem Erwerber übertragen. Will nun dieser die Klage nicht selbst anstellen, verlangt er vielmehr, daß der Veräußerer den Besitz ihm übertrage, so ist dadurch die Sache in eine völlig verzwickte Lage gebracht. Es kann nur dadurch geholfen werden, daß der Erwerber für pflichtig erklärt wird, seinen Anspruch auf den Besitz dem Veräußerer zu cediren, so daß dieser dadurch in die Lage kommt, sich selbst den Besitz zu verschaffen, um ihn dann dem Erwerber zu übertragen.

§ 354. Hier wird die nämliche Sachlage für den Fall besprochen, daß der Erwerber wegen unterbliebener Besitzübergabe die Gegenleistung zurückhalten will. Auch hier muß für das dadurch herbeigeführte Verhältniß Hülfe geschafft werden. Der Schlußsatz stellt für den Fall, daß wegen eingetragener Rechte eine Rückbehaltung des Kaufpreises geübt wird, eine der Billigkeit entsprechende Schranke auf.

§ 355. Hier wird nach den Vorschlägen Koch's (3St. S. 135 flg.) ein besonderer Fall, der bei dem Handel mit Werthpapieren öfters vorkommt, besprochen. Er gehört aber, wie ich glaube, nicht in den Titel von den „heimlichen Mängeln", sondern in den Titel von der Gewährleistung, da der heimliche Mangel in einer Schwäche des dem Papiere anhaftenden Rechtes besteht.

§ 357.

Hat der Erwerber, dem der Veräußerer wegen Gewährleistung haftet, die Sache weiter veräußert, so kann im Falle der Entwährung der neue Erwerber im Umfange der ihm selbst wider den zweiten Veräußerer zustehenden Ansprüche den Anspruch des letzteren wider den ersten Veräußerer geltend machen.

§ 358.

Die Vorschriften über Gewährleistung sind sinnentsprechend anzuwenden, wenn jemand einem Andern Rechte übertragen hat, diese aber dem Erwerber wegen mangelnden Rechtes des Uebertragenden wieder entzogen werden.

Titel 4. Gewährleistung wegen Mängel der veräußerten Sache.

§ 359 (381).

Wer eine Sache einem Anderen gegen Entgelt überträgt, haftet dem Erwerber dafür, daß die Sache in dem Zeitpunkte, wo die Gefahr auf den Erwerber übergeht, nicht an geheimen Mängeln leidet, die deren Werth oder deren Tauglichkeit für den Gebrauch aufheben oder erheblich mindern.

Er haftet ferner dafür, daß die Sache die zugesicherten Eigenschaften hat. Als stillschweigend zugesichert gelten auch diejenigen Eigenschaften, welche den Gebrauch der Sache wesentlich bedingen.

§ 360 (382).

Der Veräußerer haftet nicht, wenn der Erwerber bei der Vertragschließung den Mangel gekannt hat.

---

§ 357. Da der Entwurf keine allgemeine Bestimmung darüber enthält, unter welchen Voraussetzungen eine sog. cessio ficta eintrete, so ist es um so mehr Pflicht, im Einzelnen für diejenigen Fälle, wo das praktische Bedürfniß eine derartige Rechtsgestaltung erheischt, eine Bestimmung aufzunehmen. Ein solcher Fall liegt nun gerade in dem Verhältniß vor, wo eine Sache, die entwährt wird, bereits durch mehrere Hände gegangen ist. Da muß es dem letzten Besitzer gestattet sein, auch einen entfernteren Vormann, der für die Entwährung haftet, in Anspruch zu nehmen. Der rechtliche Gesichtspunkt ist der, daß die Ansprüche des vermittelnden Vormanns kraft fingirter Cession auf ihn übergehen. Macht der letzte Besitzer von dieser Befugniß Gebrauch, so wird in einem Prozesse erledigt, was nach dem Entwurfe nur in mehreren Prozessen erledigt werden kann.

§ 359. Dem Abs. 2 ist hier der Zusatz gegeben, daß diejenigen Eigenschaften als stillschweigend zugesichert gelten, die den Gebrauch wesentlich bedingen. Man könnte sagen, daß der Mangel dieser Eigenschaften schon unter die „heimlichen Mängel" falle. Die Bedeutsamkeit des Satzes liegt aber darin, daß wegen des Mangels zugesicherter Eigenschaften der Veräußerer unbedingt für Schadensersatz haftet; wegen heimlicher Mängel dagegen nicht (vergl. § 361 Abs. 2, § 385 d. E.). Nun bin ich der Ansicht, daß beim Mangel von Eigenschaften, die den Gebrauch wesentlich bedingen, der Veräußerer auch für Schadensersatz haften muß. Wenn z. B. jemand Weinfässer verkauft, die nicht dicht sind, so muß er nicht blos den Minderwerth der Fässer, sondern auch den ausgelaufenen Wein ersetzen.

Er haftet dagegen auch wegen eines bei genügender Aufmerksamkeit des Erwerbers wahrnehmbaren Mangels, wenn er dessen Nichtvorhandensein ausdrücklich versichert hat.

§ 361 (382, 385).

Tritt die Haftung des Veräußerers ein, so kann der Erwerber nach seiner Wahl Rückgängigmachung des Vertrags (Wandelung) oder Herabsetzung der Gegenleistung (Minderung) verlangen.

Sind zugesicherte Eigenschaften nicht vorhanden oder hat der Veräußerer Mängel arglistig verschwiegen, so hat der Erwerber neben dem Rechte auf Wandelung oder Minderung einen Anspruch auf Ersatz des ihm erwachsenen Schadens.

§ 362 (386).

Der Anspruch des Erwerbers ist ausgeschlossen, wenn er die Sache, deren Mangelhaftigkeit ihm bei Abschluß des Vertrages unbekannt war, nach erlangter Kenntniß von dem Mangel angenommen hat, ohne sich sein Recht wegen des Mangels vorzubehalten.

§ 363 (387).

Kommt es zur Wandelung, so ist gezahltes Geld mit Zinsen, andere Gegenstände sind mit Zuwachs und gezogenen Nutzungen zu erstatten. Auch die Vertragskosten sind von dem Wandelungspflichtigen zu ersetzen.

Wegen Ersatzes von Verwendungen hat der Rückerstattende die Rechte eines gutgläubigen Besitzers. Von dem Zeitpunkte an, wo er den Mangel entdeckt hat, haftet er für jeden durch sein Verschulden der Sache zugefügten Schaden.

§ 364 (389).

Sind mehrere Sachen als zusammengehörig veräußert worden, so kann jeder Theil verlangen, daß die durch die Mangelhaftigkeit einzelner Sachen begründete Wandelung auf alle Sachen ausgedehnt werde.

Liegt jene Voraussetzung nicht vor, so kann wegen der Mangelhaftigkeit einzelner Sachen die Wandelung nur bezüglich dieser Sachen gefordert werden.

§ 365.

(— Haftbarkeit bei mitveräußerten Nebensachen — wie § 390 d. E.)

§ 366 (391).

Wird bei Veräußerung mehrerer Sachen nur ein Theil der veräußerten Sachen von der Wandelung betroffen, so bestimmt sich die Herabsetzung des Gesammtpreises nach dem Verhältniß, in welchem der Werth der der Wandelung unterworfenen Sachen, diese als mangelfrei gedacht, zu dem Gesammtwerth aller veräußerten Sachen zur Zeit des Vertragsabschlusses gestanden hat.

§ 367 (387).

Das Recht auf Wandelung ist ausgeschlossen, wenn der Erwerber nicht mehr im Stande ist, die Sache in dem Zustande, in welchem er sie erhalten hat, zurückzugeben, insbesondere wenn er sie veräußert hat, oder wenn sie durch Ereignisse, die mit dem Mangel nicht zusammenhängen, untergegangen oder wesentlich verschlechtert ist.

§ 368 (392).

Wird der Anspruch auf Minderung erhoben, so ist die Leistung des Erwerbers in dem Verhältnisse herabzusetzen, in welchem der Werth der mit dem Mangel behafteten Sache zu dem Werthe der als mangelfrei ge= dachten Sache zur Zeit des Vertragsabschlusses gestanden hat.

§ 369.

(— Wiederholung der Klagen — wie § 393 d. E.)

§ 370 (394).

Sind mehrere Veräußerer oder mehrere Erwerber vorhanden, so kann (u. s. w. wie der Entw. § 394).

§ 371.

Hat der Erwerber die Sache weiter veräußert, so kann er, so lange nicht er selbst von dem neuen Erwerber wegen des Mangels mit Erfolg in Anspruch genommen worden ist, als Minderwerth der Sache keinenfalls mehr in Anspruch nehmen, als der Unterschied zwischen der von ihm ge= gebenen und der empfangenen Leistung beträgt.

Ist die Sache, und zwar nicht in Folge des ihr anhaftenden Mangels, untergegangen, so kann der Erwerber seinen Minderungsanspruch nur auf den Betrag richten, um welchen sich für ihn die Nutzung der Sache, so lange sie bestand, minderte.

§ 372 (398).

Betrifft die Veräußerung nur eine der Gattung nach bestimmte Sache, so kann der Erwerber, statt von dem Rechte der Wandelung oder Min= derung Gebrauch zu machen, den Anspruch erheben, daß ihm statt der mangelhaften eine mangelfreie Sache geliefert werde. Es kommen dabei die Bestimmungen über den Wandelungsanspruch sinnentsprechend zur An= wendung.

Auch der Veräußerer kann sich von dem Anspruche auf Wandelung oder Minderung dadurch befreien, daß er gegen Rückgabe der mangelhaften Sache dem Erwerber eine mangelfreie liefert, diesem auch den verursachten Schaden ersetzt.

---

§ 367 weicht von dem Entwurfe, der den § 429 auf die Wandelung für anwendbar erklärt, ab. Ich kann nur die Ansicht vertreten, daß trotz des Mangels der Erwerber die Gefahr der Sache zu tragen hat, und daß er daher, wenn die Sache, unabhängig von dem Mangel, zu Grunde geht, nicht mehr Wan= delung beanspruchen kann.

§ 373 (388).

Hat der Veräußerer eines Grundstücks eine bestimmte Größe desselben zugesichert, so gilt dies als Zusicherung einer Eigenschaft des Grundstücks. Wegen Mangels der zugesicherten Größe kann jedoch Wandelung nur begehrt werden, wenn wegen dieses Mangels der Erwerb des Grundstücks für den Erwerber kein Interesse hat.

Das in der katastermäßigen oder sonst üblichen Bezeichnung des Grundstücks angegebene Größenmaß gilt im Zweifel nicht als eine Zusicherung der Größe.

§ 374 (395).

Sachen, die auf Betreiben eines Gläubigers im Wege der Zwangsvollstreckung veräußert werden, unterliegen nicht dem Anspruch auf Gewährleistung wegen Mängel.

Desgleichen nicht Sachen, die als Theile eines größeren Vermögensbestandes ohne besondern Preisansatz veräußert werden.

§ 375.

Für das Recht eines nachfolgenden Erwerbers, einen früheren Veräußerer in Anspruch zu nehmen, kommt § 357 sinnentsprechend zur Anwendung.

§ 376.

Der Uebergang von der Minderungsklage in die Wandelungsklage nach § 369, desgleichen der Uebergang von der Wandelungsklage in die Minderungsklage wegen einer nach § 367 eingetretenen Veränderung gilt nicht als Klagänderung.

§ 377 (397).

Der Anspruch auf Wandelung oder Minderung, auf Schadensersatz wegen zugesicherter Eigenschaften (§ 361 Abf. 2), sowie auf Nachlieferung einer mangelfreien Sache (§ 372) verjährt bei beweglichen Sachen in sechs Monaten, bei unbeweglichen Sachen in einem Jahre nach Uebergabe der Sache. Nach Ablauf der Verjährungsfrist kann auf den Mangel auch eine Einrede nicht mehr gegründet werden, es sei denn, daß der Erwerber vor Ablauf der Frist dem Veräußerer von dem Mangel Anzeige gemacht oder ein Verfahren zur Sicherung des Beweises darüber eingeleitet hat.

Ein Schadensersatzanspruch wegen arglistiger Verschweigung von Mängeln wird von dieser Verjährung nicht betroffen.

§ 378.

Wird ein Anspruch der in § 377 gedachten Art von dem Erwerber als Rückgriffsanspruch geltend gemacht, weil er einem weiteren Erwerber

---

§ 376. Ich lege Werth auf diese Bestimmung, damit nicht aus ein und demselben Streitfall, wie dies sonst so leicht möglich wäre, mehrere Prozesse entstehen.

§ 377. Ueber die Erhaltung der Einrede durch Anzeige des Mangels vergl. 3St. S. 146.

§ 378. Es kann leicht vorkommen, daß die mangelhafte Sache mehrfach veräußert ist und daß der erste Prozeß länger als 6 Monate dauert. Dadurch darf

der Sache gegenüber wegen desselben Anspruchs unterlegen ist, so kann er diesen Rückgriffsanspruch auch noch innerhalb von drei Monaten geltend machen, nachdem seine eigene Haftbarkeit wegen des Mangels festgestellt worden ist. Er hat jedoch in dem wider ihn geführten Prozesse dem ersten Veräußerer zeitig den Streit zu verkünden.

§ 379.

(— Aenderung der Haftpflicht durch Vertrag — wie § 396 d. E.)

§ 380 (399).

Bei Veräußerungen von Hausthieren, namentlich von Pferden, Eseln, Mauleseln und Maulthieren, von Rindvieh, Schafen und Schweinen, kommen die vorstehenden Bestimmungen mit folgenden Abweichungen zur Anwendung.

§ 381 (400).

Der Veräußerer haftet nur wegen bestimmter Hauptmängel, und auch wegen dieser nur, wenn sie innerhalb einer bestimmten Gewährfrist sich zeigen.

Die Hauptmängel und die Gewährfristen für jede Thiergattung werden durch eine mit Zustimmung des Bundesraths zu erlassende kaiserliche Verordnung bestimmt, die auf demselben Wege auch ergänzt und abgeändert werden kann.

§ 382.

(— allgemeines Versprechen der Haftbarkeit — wie § 409 d. E.)

§ 383 (410).

Die Gewährfrist kann durch Vereinbarung der Betheiligten verlängert oder abgekürzt werden. Die vereinbarte Frist tritt dann an die Stelle der gesetzlichen.

§ 384.

(— Berechnung der Gewährfrist — wie § 401 d. E.)

§ 385 (101).

Der Erwerber kann zunächst nur Wandelung, nicht auch Minderung begehren.

Ist jedoch nach § 367 der Anspruch auf Wandelung unmöglich geworden, so tritt an die Stelle desselben der Anspruch auf Minderung.

§ 386 (405).

Der Erwerber kann im Fall der Begründung seines Anspruchs auch die Kosten einer thierärztlichen Untersuchung und Behandlung, der Fütterung und der Pflege des Thieres, sowie einer nothwendig gewordenen Tödtung und Wegschaffung desselben, unter Abzug des Werthes der etwa von dem Thiere gezogenen Nutzungen, ersetzt verlangen.

---

der Rückgriff gegen den früheren Veräußerer nicht ausgeschlossen sein. Es bedarf daher für diesen Fall einer Verlängerung der Verjährungsfrist.

§ 385. Der vom Entwurf abweichende Abs. 2 ist eine Konsequenz der von mir bei § 367 vertheidigten Ansicht.

6

§ 387 (402).

Zeigt der Erwerber spätestens innerhalb 24 Stunden nach Ablauf der Gewährfrist den vorgefundenen Mangel dem Veräußerer an und ergiebt sich hiernächst das Vorhandensein des Mangels, so wird bis zum Beweise des Gegentheils angenommen, daß der Mangel schon zu der Zeit, wo die Gefahr auf den Erwerber überging, vorhanden gewesen sei.

Der Anzeige bei dem Veräußerer steht es gleich, wenn der Erwerber bis zum Ablauf der erwähnten 24 Stunden ein Verfahren zur Sicherung des Beweises durch Sachverständige einleitet (§ 388) oder gegen den Veräußerer Klage erhebt.

§ 388 (403).

Ein Verfahren zur Sicherung des Beweises über das Vorhandensein des kundgegebenen Mangels nach § 447 der C. P. O. zu beantragen, ist jeder Theil befugt, ohne daß es der in der C. P. O. vorgeschriebenen Darlegung einer besonderen Gefährdung bedarf.

§ 389 (406).

Im Laufe des eingeleiteten Beweisverfahrens oder des entstandenen Rechtsstreites kann jeder Theil, sobald die Besichtigung des Thieres nicht mehr erforderlich ist, verlangen, daß das Thier öffentlich versteigert wird, mit der Wirkung, daß der Erlös als Werth des Thieres an dessen Stelle tritt. Soweit die Sicherung des Veräußerers es erheischt, ist der Erlös öffentlich zu hinterlegen.

§ 390 (107).

Für die Verjährung der Ansprüche aus einem Thiermangel kommt § 377 mit der Aenderung zur Anwendung, daß an die Stelle der dort bezeichneten Fristen eine Frist von zwei Wochen tritt, die mit Ablauf der Gewährfrist beginnt. Ist jedoch inzwischen ein Verfahren zur Sicherung des Beweises nach § 388 eingeleitet worden, so beginnt die Frist erst mit Beendigung dieses Verfahrens.

§ 391 (411).

Hat der Veräußerer die Haftung wegen eines nicht zu den Hauptmängeln gehörenden Mangels besonders übernommen oder besondere Eigenschaften des Thieres zugesichert, so finden die Vorschriften der §§ 385, 386, 389 und, wenn zugleich eine Gewährfrist vereinbart ist, auch die Vorschriften der §§ 387, 388, 390 entsprechende Anwendung. Ist keine Gewährfrist vereinbart, so verjährt der Anspruch mit Ablauf von sechs Wochen nach Uebergabe des Thieres.

---

§ 389. Es scheint mir verfehlt, die Hinterlegung des Erlöses unbedingt vorzuschreiben. Hat der Käufer des Thieres den Kaufpreis bereits bezahlt, so kann es sich nur darum handeln, ob er den Kaufpreis abzüglich des Erlöses von dem Thier oder gar nicht zurückerhält. Um diese Alternative zu sichern, braucht aber der Erlös nicht hinterlegt zu werden.

Titel 5. Versprechen der Leistung an einen Dritten.
Schuldübernahme.

§ 392.

Hat jemand in einem Vertrage, den er im eigenen Namen abge=
schlossen hat, die Leistung des aus dem Vertrage Geschuldeten an einen
Dritten sich versprechen lassen, so ist er berechtigt, die Leistung an den
Dritten zu verlangen. An seiner Stelle kann auch der Dritte verlangen,
daß die fällige Leistung an ihn erfolge.

§ 393.

Eine Forderung, die der Uebernehmer der Leistung an den Ueber=
weiser derselben hat, kann wider die versprochene Leistung an den Dritten
nicht in Aufrechnung gebracht werden. Wohl aber kann der Uebernehmer
eine Forderung, die ihm wider den Dritten zusteht, diesem gegenüber zur
Aufrechnung bringen.

§ 394.

Bis zum Empfange der Leistung seitens des Dritten können die
Vertragschließenden durch Vereinbarung anderweit über die Leistung verfügen.
Hat der Uebernehmer der Leistung kein rechtliches Interesse daran, daß diese
an den Dritten erfolge, so kann der Ueberweiser auch einseitig über dieselbe
anderweite Verfügung treffen.

§ 395.

Hat jemand eine Leistung an einen Dritten, welche diesem seitens
des Ueberweisers als Zuwendung von Todes wegen zu Theil werden soll,
versprochen, so erwirbt mit dem Tode des Ueberweisers der Dritte ein
selbständiges unwiderrufliches Recht auf die Leistung.

§ 396.

Uebernimmt bei einem Vertrage der eine Theil auf das, was er aus
dem Vertrage schuldig wird, eine Schuld des anderen, so kann der Gläubiger
in Gemäßheit des § 392 Satz 2 Zahlung der Schuld von dem Schuldüber=
nehmer fordern.

§ 397.

Der Schuldübernehmer hat die übernommene Schuld im Zweifel nur
nach Maßgabe der für dieselbe geltenden Bedingungen zu zahlen.

§ 398.

Ist die Schuld als eine feststehende dem Schuldübernehmer über=
wiesen worden, so kann dieser Einwendungen gegen den Bestand der Schuld
dem Gläubiger gegenüber nicht erheben.

---

§ 392 flg. Die hier entworfenen Bestimmungen sind ausführlich begründet
in meinem Aufsatze, Arch. f. bürgerl. Recht Bd. 2 S. 99.

§ 399.

Durch die Schuldübernahme wird der Schuldüberweiser (der bisherige Schuldner) dem Gläubiger gegenüber nicht befreit, so lange dieser ihn nicht freigegeben hat. Die Freigebung kann insbesondere erwirkt werden

durch den Schuldüberweiser, indem er dem Gläubiger seinen Anspruch wider den Schuldübernehmer auf Zahlung der Schuld abtritt;

durch den Schuldübernehmer, indem er dem Gläubiger bezüglich der übernommenen Schuld ein Zahlungsversprechen leistet.

Gegen ein solches Zahlungsversprechen kann der Schuldübernehmer Einwendungen, die ihm bezüglich der Schuldübernahme dem Schuldüberweiser gegenüber zustehen, nicht weiter geltend machen.

§ 400.

Erklärt auf die Aufforderung, den Schuldübernehmer als seinen Schuldner anzunehmen, der Gläubiger seine Zustimmung, so ist darin im Zweifel, je nachdem die Aufforderung von dem Schuldüberweiser oder von dem Schuldübernehmer ergangen ist, das eine oder das andere der in § 399 bezeichneten Rechtsgeschäfte zu finden.

§ 401.

Hat der Käufer eines mit Hypothek belasteten Grundstücks die Hypothekschuld auf den Kaufpreis übernommen, so haftet er zugleich persönlich dem Gläubiger für die übernommene Schuld. Der Verkäufer kann alsdann seine Befreiung von der Schuld dadurch erwirken, daß er dem Gläubiger unter Hinweisung auf die Bestimmungen dieses Gesetzes von der Uebernahme Kenntniß giebt. Es gilt als Zustimmung des Gläubigers im Sinne des § 400, wenn dieser nicht innerhalb von sechs Monaten die Verweigerung seiner Zustimmung erklärt. Die erklärte Verweigerung verliert ihre Wirksamkeit, wenn der Gläubiger nicht innerhalb von sechs Monaten nach derselben die Hypothek einklagt. Die Frist zur Klagerhebung verlängert sich, wenn die Hypothek einer Kündigung unterworfen war, um die Kündigungsfrist. Ist die Fälligkeit oder Kündigung für eine bestimmte Zeit ausgeschlossen, so beginnt die Frist mit Ablauf dieser Zeit.

Titel 6. Daraufgabe.

§§ 402—404.

(wie die §§ 117—119 d. E., jedoch in § 402 Abs. 2 zu setzen: „Als Reugeld gilt die Daraufgabe nur, wenn dies vereinbart oder ortsüblich ist." In § 403 statt „nichtig" zu setzen: „ungültig".)

Titel 7. Strafgedinge.

§ 405 (420).

Hat der Gläubiger für den Fall, daß der Schuldner eine ihm obliegende Verpflichtung nicht erfülle, von diesem die Zahlung einer Strafe

_____

§ 405 weicht, wie ich glaube, von § 420 d. E. nicht wesentlich ab. Jedenfalls halte ich es für nützlich, klar auszudrücken, daß die Strafe (als Interesse-

sich bedungen, so hat er eintretenden Falles die Wahl, ob er die Hauptleistung oder die Strafe einklagen will. Hat er die Hauptleistung einge=
klagt, aber nicht bekommen, so kann er noch immer die Strafe als seine
Interesseforderung einklagen.

§ 406.

Im Zweifel ist anzunehmen, daß die bedungene Strafe vollständig
an die Stelle der Interesseforderung des Gläubigers wegen nicht gewährter
Hauptleistung habe treten sollen.

§ 407 (121).

Ist die Strafe für den Fall bedungen, daß die Hauptleistung nicht bis
zu einer bestimmten Zeit erfolge, so kann eintretenden Falles der Gläubiger
sowohl die Strafe als die Nachholung der Hauptleistung fordern. Hat
jedoch in einem solchen Falle der Gläubiger die verspätete Hauptleistung an=
genommen, ohne sich das Recht auf die Strafe vorzubehalten, so gilt die
Strafe als erlassen.

§ 408 (422).

Die bedungene Strafe ist verwirkt, wenn der Schuldner in Verzug
kommt. Besteht die Verbindlichkeit in einem Unterlassen, so ist die Strafe
mit der Zuwiderhandlung verwirkt.

Handelt es sich jedoch um eine im Wesentlichen noch erfüllbare Leistung,
und ist die Rechtswidrigkeit der Handlung, wegen derer die Strafe gefordert
wird, zweifelhaft und deshalb die Annahme begründet, daß der Schuldner
nicht im Bewußtsein des Unrechts gehandelt habe, so kann das Gericht die
Verurtheilung zu der Strafe mit der Beschränkung aussprechen, daß sie
erst verfalle, wenn der Verklagte nicht innerhalb bestimmter Frist die ihm
obliegende Leistung nachhole oder wenn er die zu unterlassende Handlung
wiederhole oder fortsetze.

---

forderung) auch dann noch gefordert werden kann, wenn die Hauptleistung bereits
Gegenstand einer Klage geworden ist.

§ 406. Für diesen Satz habe ich mich bereits in der „Beurtheilung" aus=
gesprochen. Vergl. Zt. S. 203.

§ 408. Von manchen Seiten ist für die Konventionalstrafe ein Moderations=
recht des Richters gefordert worden. Ich verkenne nicht, daß dafür sich Gründe
anführen lassen. Allein ein solches Moderationsrecht kann auch mißbraucht werden.
Ich möchte die Frage anregen, ob es nicht richtiger und wichtiger sei, in einer
etwas anderen Richtung dem Richter ein moderirendes Einwirkungsrecht auf die
Konventionalstrafe zu gestatten. Die schlimmste Seite derselben ist nämlich die, daß
sie mitunter für Fälle in Anspruch genommen wird, wo es sehr zweifelhaft ist, ob
der Verklagte dem Strafgedinge zuwider gehandelt hat. Hier macht sich das Gefühl
geltend, daß der Verklagte doch eine „Strafe" eigentlich nicht verdient habe. Man
wird diesem Gefühl gerecht, wenn man, so wie oben vorgeschlagen wird, dem
Richter gestattet, da, wo der Verklagte nicht mala fide gehandelt hat, auf die Strafe
nur bedingungsweise zu erkennen, für den Fall nämlich, daß der Verklagte sein
Unrecht fortsetzt. Der richterliche Ausspruch gewinnt dadurch die Bedeutung eines
arbitrium, das zunächst blos das Unrecht des Verklagten feststellt. Denken wir
uns also den so häufigen Fall, daß ein Geschäftsgehülfe bei Konventionalstrafe sich
verpflichtet hat, nach seinem Abgange nicht ein gleichartiges Geschäft anzufangen.

§§ 409—411.

(— nähere Bestimmungen über den Verfall der Strafe — wie
§§ 423—425 b. E.)

Titel 8. Rücktritt vom Vertrage.

§ 412 (426).

Hat ein Vertragschließender bei einem Vertrage, der noch nicht durch
Leistung vollzogen ist, sich den Rücktritt vorbehalten, so bewirkt der erklärte
Rücktritt, daß kein Theil die Leistung von dem andern fordern kann.

Im Zweifel erlischt in einem solchen Falle das vorbehaltene Rück=
trittsrecht, sobald der Berechtigte, sei es auch nur theilweise, selbst die ihm
obliegende Leistung bewirkt oder die Leistung des anderen Theils verlangt
oder annimmt.

§ 413 (427).

Hat ein Vertragschließender sich den Rücktritt von einem durch
Leistung bereits vollzogenen oder erfüllten Vertrage vorbehalten, so ist im
Falle des Rücktritts das aus dem Vertrag Empfangene zurück zu erstatten.
Eine empfangene Geldsumme ist mit Zinsen von der Zeit des
Empfangs an, andere Gegenstände sind mit Zuwachs und allen Nutzungen
zu erstatten. Auch wegen versäumter Nutzungen, Haftung für Erhaltung
und Verwahrung der Sache und wegen Verwendungen kommen die Vor=
schriften zur Anwendung, die bei dem Eigenthumsanspruch nach eingetretener
Rechtshängigkeit gelten.

Beide Theile haben die Rückerstattung Zug um Zug zu bewirken.

§ 414 (429).

Das Rücktrittsrecht erlischt, wenn der Berechtigte sich durch eigene
Handlungen außer Stand gesetzt hat, den Gegenstand, so wie er ihn
empfangen hat, zurück zu gewähren.

Im Zweifel erlischt das Rücktrittsrecht auch dann, wenn durch Zufall
die Sache, die der Berechtigte zurück zu gewähren hätte, untergegangen
oder wesentlich verschlechtert ist.

Er hat nun ein Geschäft angefangen, bei dem es streitig und auch wirklich zweifel=
haft ist, ob es ein gleichartiges sei. Nun wird die Konventionalstrafe gegen ihn
eingeklagt. Da ist es billig, daß der Richter aussprechen kann: „Du hast die Kon=
ventionalstrafe zu zahlen, wenn Du nicht innerhalb der und der Frist das Geschäft
einstellst!" Auf diese Weise wird der eigentliche Zweck des Klägers viel besser
erreicht, als durch Zuerkennung der Strafe.

§ 412 flg. Die Bestimmungen des Entwurfs sind dadurch in eine unver=
kennbare Verwirrung gerathen, daß er die Fälle nicht unterscheidet, ob das Rück=
trittsrecht bei einem noch unerfüllten Vertrage oder bei einem bereits durch Leistung
vollzogenen oder erfüllten Vertrage vorbehalten worden ist. Beide Fälle dürften
wesentlich verschieden zu ordnen sein.

§ 414. Ueber den Abs. 2 vergl. JSt. S. 207.

§ 415 (426).

Der Rücktritt wird vollzogen, indem der Berechtigte, und zwar, wenn eine Frist dafür vereinbart ist, innerhalb dieser Frist, dem anderen Theile seinen Rücktritt erklärt. Die Erklärung ist unwiderruflich.

Ist bereits die Leistung aus dem Vertrage erfolgt, so hat der Rücktretende mit seiner Erklärung das Empfangene zurückzuerstatten oder, wenn er Erstattung einer Gegenleistung verlangen kann, die Rückerstattung anzubieten.

§ 416 (432).

Ist keine Frist für den Rücktritt vereinbart, so muß dieser innerhalb von 4 Wochen, nachdem er möglich geworden, erklärt werden.

§ 417 (433).

Sind als Vertragschließende auf der einen oder der anderen Seite mehrere Personen betheiligt, so kann das Rücktrittsrecht nur von allen und gegen alle geltend gemacht werden.

§ 418.

(— Beweislast bei vorbehaltenem Rücktrittsrechte — wie § 434 d. E.)

§ 419 (435).

Ist das Rücktrittsrecht gegen die Verpflichtung, ein Reugeld zu bezahlen, vorbehalten, so kann der andere Theil die Erklärung des Rücktritts zurückweisen, wenn nicht das Reugeld bei der Erklärung entrichtet wird oder schon vorher entrichtet war. Die Zurückweisung muß innerhalb von drei Tagen erfolgen, widrigenfalls der erklärte Rücktritt, vorbehaltlich des Rechtes auf das Reugeld, als angenommen gilt.

§ 420.

(— Vorbehalt der Rechtsverwirkung — wie § 436 d. E.)

Dritter Abschnitt. Einzelne Schuldverhältnisse.

Titel 1. Schenkung.

§ 421 (440).

Ein Schenkversprechen ist rechtsgültig, wenn es urkundlich ertheilt ist.

Wird auf Grund eines dieser Form ermangelnden Schenkversprechens die Schenkung in den Formen der §§ 422 oder 423 vollzogen, so kann sie wegen mangelnder Form des Schenkversprechens nicht angefochten werden.

---

§ 419. Vergl. die berechtigten Einwendungen von Laband. ZSt. S. 209.

Dritter Abschnitt. Der Entwurf ordnet die einzelnen Schuldverhältnisse, die er von § 437 an behandelt, nach der Eintheilung des Gajus (l. 1 § 1 D. de O. & A. 44, 7) in Obligationes ex contractu, ex maleficio und ex variis causarum figuris. Diese Eintheilung ist praktisch ohne Werth. Ich schlage daher vor, die Ueberschriften „Schuldverhältnisse aus Verträgen" u. s. w. ganz wegzulassen und die einzelnen Schuldverhältnisse ohne jede Unterabtheilung neben einander aufzuführen. Was die hierfür zu wählende Ordnung betrifft, so dürfte

§ 422 (441).

Die Schenkung einer Sache ist gültig, wenn sie durch wirkliche Uebergabe oder bei unbeweglichen Sachen durch Auflassung vollzogen ist. Die Schenkung einer Forderung ist gültig, wenn dem Schenknehmer eine Abtretungsurkunde über die Forderung ausgestellt ist.

sie für den praktischen Gebrauch am besten in der Weise hergestellt werden, daß man diejenigen Schuldverhältnisse, die zugleich für andere maßgebend sind, so viel wie möglich diesen vorausgehen läßt, und daß man ferner die Schuldverhältnisse, die zu einander in Verwandtschaft stehen, möglichst nahe zusammen bringt. Von diesem Gesichtspunkt aus sind in der nachfolgenden Zusammenstellung die Schuld- verhältnisse geordnet worden. Eine völlig logisch gegliederte Ordnung der Ver- hältnisse läßt sich freilich nicht erzielen.

Richtig ist die mehrfach dem Entwurfe gegenübergestellte Bemerkung, daß einzelne der angeführten „Verträge" durchaus nicht nothwendiger Weise obligatorische Verträge sind, und daß sie deshalb, streng systematisch genommen, nicht unter diesen behandelt werden könnten. So namentlich Schenkung und Vergleich. Indessen lege ich bei einem Gesetzbuche auf eine streng systematische Behandlung kein ent- scheidendes Gewicht; vielmehr kommt alles auf die praktische Anschaulichkeit an. Von diesem Gesichtspunkt betrachtet kann man ja Schenkung und Vergleich in der Lehre von den Schuldverhältnissen fortfiguriren lassen.

Titel 1. Eine Begriffsbestimmung der Schenkung, wie sie in § 437 d. E. enthalten ist, halte ich nicht für geboten, würde dieselbe vielmehr der Wissenschaft überlassen. Danach halte ich auch die Bestimmungen in § 439 d. E. für überflüssig.

§ 421. Hier trete ich denen bei, welche das Erforderniß der gerichtlichen oder notariellen Form für das Schenkversprechen ablehnen und die einfache schrift- liche Urkunde an die Stelle setzen wollen. Die Nothwendigkeit einer strengeren Form begründet sich namentlich dadurch, daß die Erklärung, „jemandem etwas schenken zu wollen" zweideutig ist. Es kann heißen: „Ich verpflichte mich, schenk- weise zu geben." Es kann aber auch bloß heißen: „Ich beabsichtige schenkweise zu geben." Dieser Zweifel hört auf, sobald das Schenkversprechen in einer Urkunde ertheilt ist. Gegen die gerichtliche ze. Form spricht aber, daß dieselbe kleine Schenkungen allzusehr belastet, daß dagegen, wenn man sie auf „große Schenkungen" beschränken will, damit eine willkürliche Grenzlinie gezogen wird, die dann wieder leicht zu Zweifeln und Streitigkeiten führt. Dazu kommt aber noch, daß die ganze Vorschrift schwer durchführbar ist. Zwar erklärt der Entwurf — was ja ganz konsequent ist — auch ein zum Zweck der Schenkung gegebenes Schuldversprechen ohne die vorgeschriebene Form für ungültig. Aber wie ist es mit dem Wechsel? mit der acceptirten Anweisung? Die Motive (S. 294) wollen diese Frage „der Wissenschaft überlassen". Damit steckt man aber offenbar den Kopf in den Busch. Es ist unzweifelhaft, daß wenn der Schenker durch Ausstellung eines Wechsels die Schenkung vollzogen hat, er jedenfalls dem gutgläubigen dritten Erwerber des Wechsels zahlen muß. Und dann ist doch das Schenkungsversprechen, auch ohne gerichtliche Form, gültig geworden. Wozu also Formen schaffen, die einen sehr zweifelhaften Werth haben und die überdies jeder Gewitzigte leicht umgehen kann? Die Zufügung des Abs. 2 halte ich zur Beseitigung von Zweifeln für geboten. Er entspricht dem Abs. 2 in § 351 d. E.

§ 422. Der Entwurf enthält nur den abstrakten Begriff einer „durch Veräußerung vollzogenen Schenkung". Was ist nun Veräußerung? Das kann man juristisch wohl erörtern. In einem Gesetze bedarf es aber mehr faßlicher Bestimmungen. Diese habe ich in dem § 422 zu geben versucht. Zweifelhaft war mir dabei nur die Regelung einer Schenkung durch Erlaß. Daß nicht jeder schenkweise Erlaß an eine erschwerende Form gebannt sein kann, liegt wohl in der Natur der Sache. Wie häufig läßt z. B. der Kaufmann sich bei Bezahlung einer Rechnung einen Abzug machen. Es wäre unerträglich, wenn ein solcher „Erlaß"

Eine Schenkung durch Erlaß einer Forderung kann durch einfache Vereinbarung des Erlasses vollzogen werden. Beträgt jedoch die Forderung über 300 Mark, so bedarf es einer den Erlaß enthaltenden Schrift. Besteht über die Forderung ein Schuldschein, so kann die Schenkung auch durch Rückgabe des Schuldscheins vollzogen werden.

§ 423.

Eine Schenkung, die durch ein Rechtsgeschäft des Schenkers mit einem Dritten bewirkt werden soll, ist gültig vollzogen, wenn das Rechtsgeschäft mit dem Dritten abgeschlossen ist.

§ 424 (438).

Hat jemand in der Absicht zu schenken einem Anderen ohne dessen Willen eine Vermögenszuwendung gemacht, so ist er an die Zuwendung gebunden, so lange der Andere nicht die Schenkung ablehnt. Erfolgt die Ablehnung, so kann er das Zugewendete von dem, den er zu beschenken beabsichtigte, im Umfange der diesem zu Theil gewordenen Bereicherung zurückfordern.

§ 425 (442).

Der Schenker haftet aus dem Schenkversprechen wegen Nichterfüllung nur, wenn ihm Vorsatz oder grobe Fahrlässigkeit zur Last fällt.

§ 426 (445).

Der im Verzuge befindliche Schenker hat Verzugszinsen nicht zu entrichten.

§ 427 (443).

Der Schenker haftet für Entwährung der geschenkten Sache nur dann, wenn er eine der Gattung nach bestimmte Sache zu schenken versprochen hat. Hat er wissentlich eine fremde Sache verschenkt, so haftet er dem Beschenkten für die dadurch verursachte Vermögenseinbuße.

---

später wegen mangelnder Form der „Schenkung" angefochten werden könnte. Zweifelhaft ist mir aber, ob man nicht den Erlaß größerer Forderungen an schriftliche Form knüpfen solle. Ich habe oben einen solchen Vorschlag formulirt und schlage 300 Mk. als die entscheidende Summe vor. Daß eine den Erlaß enthaltende Urkunde auch eine ertheilte Quittung ist, versteht sich von selbst. Ebenso bethätigt sich aber durch Rückgabe des Schuldscheins der ernstliche Wille der Schenkung.

§ 424. Der Entwurf stellt hier „eine Vermuthung der Annahme der Schenkung" auf, wenn der Beschenkte nicht sofort nach erlangter Kenntniß ablehnt. Wozu? Wenn er erst später ablehnt und der Schenker die Ablehnung annimmt, so wirkt sie auch später. Nimmt aber der Schenker die Ablehnung, auch wenn sie sofort erklärt wird, nicht an, so kann ihn der Beschenkte doch nicht zwingen, das Geschenkte zurückzunehmen. Der Beschenkte kann höchstens den Betrag des Geschenkes, wenn es ein Vergnügen macht, öffentlich hinterlegen.

§ 425. Ueber die Verpflichtung zum „Schadensersatze" vergl. §St. S. 219.

§§ 427. 428. Statt „Schadens" ist hier „Vermögenseinbuße" gesagt. Für einen „entgangenen Gewinn" haftet der Schenker auch in den bezeichneten Fällen nicht.

§ 428 (444).

Der Schenker haftet nicht für Mängel der geschenkten Sache. Hat er bei der Schenkung den Mangel arglistig verschwiegen, so haftet er dem Beschenkten für die dadurch verursachte Vermögenseinbuße.

Ist eine Sache nur der Gattung nach schenkweise versprochen worden, so hat der Schenker, wenn der gelieferten Sache zugesicherte Eigenschaften fehlen, an deren Stelle eine mangelfreie Sache zu liefern. Der Anspruch verjährt nach § 377.

§ 429.

(— Versprechen einer wiederkehrenden Unterstützung bindet nicht die Erben — wie § 447 d. E.)

§ 430 (319).

Bei einer Schenkung des ganzen Vermögens kann der Schenker fordern, daß der Beschenkte aus dem Vermögen die vorhandenen Schulden berichtige. Auch die Gläubiger können diesen Anspruch nach den für die Schuldübernahme bestehenden Vorschriften geltend machen. Eine Vereinbarung, die diesen Anspruch ausschließt, ist ungültig.

Diese Bestimmungen finden auch Anwendung, wenn die Uebertragung des ganzen Vermögens gegen Zusicherung einer Leibrente oder einer ähnlichen Leistung erfolgt.

§ 431.

Verarmt der Schenker nach bewirkter Schenkung, so kann er verlangen, daß ihm aus der versprochenen Schenkung so viel belassen, aus der vollzogenen Schenkung so viel erstattet werde, als zu dem nothdürftigen Unterhalt seiner selbst und seiner auf ihn angewiesenen Familie erforderlich ist.

§ 432 (448).

Ist die Schenkung unter einer Auflage erfolgt, so kann nach vollzogener Schenkung der Schenker die Erfüllung der Auflage fordern. Ist die Auflage zu Gunsten eines Dritten gemacht, so hat auch dieser nach § 392 u. flg. einen Anspruch auf Erfüllung.

Wird nach erfüllter Auflage dem Schenknehmer die geschenkte Sache entwährt, so kann er Ersatz seiner zur Erfüllung der Auflage gemachten Aufwendungen, soweit diese nicht durch die Schenkung gedeckt sind, von dem Schenker fordern.

---

§ 430. Den hier vertretenen Gedanken bringt der Entwurf nur in Verbindung mit der Bestellung eines Nießbrauchs (§ 1040). Er paßt aber auch bei der schenkweisen Uebertragung des Vermögens. Mit ihm in natürliche Verbindung tritt dann noch der Gedanke des § 319 d. E. Von dem in § 1040 an die Spitze gestellten Rechte, das zur Schuldentilgung Nöthige zurückzubehalten, würde ich schweigen, da daraus leicht ein betrügliches Verfahren hervorgerufen könnte.

§ 431. Hier ist in Uebereinstimmung mit dem in der 3 St. S. 219 Bemerkten für den Schenker das beneficium competentiae in beschränktem Maße zu erhalten gesucht. Ich möchte das einem natürlichen Gefühl für entsprechend erachten.

§ 433.

Ist die Erfüllung der Auflage unmöglich geworden und trifft den
Schenknehmer dabei, daß sie unerfüllt geblieben ist, ein Verschulden, so
kann der Schenker das Geschenk zurückfordern.

§ 434.

Ist einer Person ein Geschenk mit der Auflage gemacht worden, damit
einen dem öffentlichen Wohle dienenden Zweck zu erfüllen, so stehen behufs
Wahrung der Erfüllung dieses Zweckes nach dem Tode des Schenkers der
Verwaltungsbehörde die nämlichen Rechte zu, die ihr zur Wahrung einer
angeordneten Stiftung zustehen.

§ 435 (449).

Der Schenker kann die Schenkung widerrufen, wenn der Beschenkte
durch eine wider ihn, seinen Ehegatten oder seine Kinder verübtes oder
versuchtes vorsätzliches Vergehen oder Verbrechen oder durch vorsätzliche Zu=
fügung eines bedeutenden Vermögensschadens sich eines groben Undanks
schuldig gemacht hat.

§ 436 (450, 452).

Der Widerruf erfolgt durch eine vom Schenker dem Beschenkten
gegenüber abzugebende Erklärung.

Ist diese Erklärung erfolgt, so steht auch den Erben des Schenkers
die Rückforderung des Geschenkes zu.

Außer diesem Fall steht den Erben die Rückforderung nur dann zu,
wenn der Beschenkte den Schenker vorsätzlich ums Leben gebracht hat.

§ 437 (453).

Das Recht, die Schenkung zu widerrufen, erlischt:

1. wenn der Schenker dem Beschenkten verzeiht;
2. wenn der Schenker nicht innerhalb eines Jahres, nachdem die
   zum Widerruf berechtigende Handlung des Beschenkten ihm=
   bekannt geworden ist, den Widerruf vollzieht. An eine gleiche
   Frist ist auch das nach § 436 Abs. 3 den Erben zustehende
   Rückforderungsrecht geknüpft.

§ 433. Der Entwurf enthält diesen Satz nicht. Ich halte ihn aber durch
die Natur der Sache für begründet. Allerdings kann der Widerruf der Schenkung
für den Beschenkten hart sein. Aber auf der anderen Seite muß man bedenken,
daß der Schenker für das Wohlwollen, das er dem Beschenkten erweist, doch
mindestens erwarten kann, daß dieser auf Erfüllung der gemachten Auflage allen
Fleiß verwende. Thut er das nicht, so mag er sich selbst zuschreiben, wenn die
Schenkung ihm wieder entschwindet.

§ 434 dient zur Ergänzung des Rechtes der Stiftungen. Der Beschenkte
ist in einem Fall dieser Art in der That nur Verwalter eines Stiftungsvermögens
(s. die Bemerkung zu § 68).

§ 435. Ich trete der Ansicht derjenigen bei, welche die Zulässigkeit des
Widerrufs einer Schenkung wegen Undanks im Entwurf zu eng aufgefaßt finden.
In der obigen Fassung ist das Recht des Widerrufs erheblich erweitert, so daß
darin wohl jede Art „groben Undanks" begriffen sein wird. Ueber die beste
Formulirung des Paragraphen läßt sich ja streiten.

Titel 2. Darlehen.

§§ 438 —442,

wie die §§ 453, 455—458 d. E., jedoch mit folgenden Aenderungen: Abſ. 2 des § 453 fällt weg: in § 441 (457) iſt der Schlußſatz dahin zu ändern:

Die Kündigungsfriſt beträgt ſechs Wochen, bei einem Darlehen von 300 Mark und mehr aber drei Monate.

§ 443 (454).

Wird zwiſchen den Betheiligten vereinbart, daß eine beſtehende Schuld fortan als Darlehen geſchuldet werden ſoll, ſo hat dieſe Vereinbarung, insbeſondere der deshalb gegebene Darlehnsſchein, die Natur eines den Beſtand der Schuld feſtſtellenden Schuldverſprechens. Es kommt § 721 darauf zur Anwendung.

Titel 3. Kauf und Tauſch.

I. Kauf.

§ 444.

Ein Kauf kann in doppelter Weiſe abgeſchloſſen werden:

als Kaufgeſchäft, indem Käufer und Verkäufer die zu verkaufende Sache und den dafür zu zahlenden Preis unmittelbar austauſchen;

als Kaufvertrag, indem Käufer und Verkäufer zur Leiſtung von Preis und Sache ſich gegenſeitig verbindlich machen, oder einer von ihnen gegen die Vorleiſtung des andern die Verbindlichkeit zur Leiſtung der Sache oder zur Zahlung des Preiſes übernimmt.

---

§ 438. Abſ. 2 in § 453 d. E. iſt hier weggeblieben. Er iſt rein doktrinär und durch kein praktiſches Bedürfniß veranlaßt.

§ 443. Der § 454 d. E. iſt hier an das Ende geſtellt, um damit noch deutlicher hervortreten zu laſſen, daß in einem Falle dieſer Art ein „Darlehn" in Wahrheit gar nicht beſteht. Der Darlehnsſchein iſt hier nichts anderes, als eine unter dem Namen des Darlehns verhüllte cautio indiscreta. Die praktiſche Frage, um die es ſich handelt, iſt folgende. (Geſetzt, es wird ein ſolcher Darlehns= ſchein ausgeſtellt für eine geſetzlich mißbilligte Verbindlichkeit, bei der aber das Gezahlte nicht zurückgefordert werden kann (z. B. Spielſchuld). Iſt die Sache nun wirklich ſo anzuſehen, als ob die Schuld bezahlt, dann aber das Gezahlte wieder als Darlehn ausgezahlt wäre? Dieſe Frage iſt zu verneinen. Auch auf dem Darlehnsſchein haftet der Makel der causa reprobata. (Die nahe liegende Möglichkeit mittelſt eines ſolchen „Darlehnsſchein" eine cautio indiscreta herzu= ſtellen, beweiſt übrigens, wie verfehlt es iſt, die cautio indiscreta für unwirkſam zu erklären.)

§ 444. Bereits in der „Beurtheilung" habe ich dargelegt, daß wir zwei Arten von „Kauf" haben: einen Austauſch von Waare und Geld ohne vorgängige Verbindlichmachung, und eine Verbindlichmachung zu dieſem Austauſch. Es iſt von erheblichem praktiſchen Intereſſe zwiſchen dieſen beiden Rechtsgeſchäften zu unterſcheiden; eine Unterſcheidung, die freilich unſerer Jurisprudenz faſt gänzlich verloren gegangen iſt. Hier iſt dieſe Unterſcheidung an die Spitze geſtellt, auch verſucht worden, für die beiden Arten des Kaufes unterſcheidende Namen aufzu= ſtellen. Die Sache iſt ja ſchwer darzuſtellen, zumal dem wenig verbreiteten Ver-

§ 445.

Aus dem Kaufgeschäfte gehen die nämlichen Verbindlichkeiten hervor, die an den erfüllten Kaufvertrag geknüpft sind; insbesondere die Verbindlichkeit zur Gewährleistung und die in § 453 bezeichneten Verpflichtungen des Verkäufers.

§ 446 (459).

Durch den Kaufvertrag verpflichtet sich der Verkäufer, den Gegenstand des Kaufes dem Käufer eigenthümlich zu übertragen, der Käufer, die Sache dem Verkäufer abzunehmen und den Preis dafür zu zahlen.

§ 447 (461).

Ist ein Kaufvertrag abgeschlossen worden, ohne einen Preis für die Sache zu bestimmen, so gilt der taxmäßige, ortsübliche oder angemessene Preis als stillschweigend vereinbart.

§ 448 (463).

Nach Abschluß des Kaufvertrages hat bis zur Uebergabe der Sache im Zweifel der Verkäufer die Nutzungen der Sache zu beziehen und die Lasten derselben zu tragen. Auch trägt er im Zweifel die Gefahr des Untergangs oder einer Verschlechterung der Sache.

Ist bei dem Verkauf eines Grundstücks die Auflassung vor der Uebergabe erfolgt, so geht schon mit der Auflassung die Gefahr auf den Käufer über.

§ 449.

Wegen einer auf Gefahr des Verkäufers eingetretenen Verschlechterung der Sache kann der Käufer Rückgängigmachung des Kaufes fordern, wenn durch die Verschlechterung der Werth der Sache um mehr als die Hälfte gemindert ist. Anderenfalls kann der Käufer wegen der Verschlechterung nur verhältnißmäßige Minderung des Preises fordern.

---

ständniß der Frage gegenüber. Daß aber ein Bedürfniß für diese Unterscheidung vorhanden ist, muß ich mit aller Entschiedenheit vertreten. So z. B. braucht der, welcher einen Anderen mit Abschluß eines Kaufgeschäftes beauftragt hat, einen statt dessen für ihn abgeschlossenen Kaufvertrag nicht gegen sich gelten zu lassen. Wer einräumt, ein Kaufgeschäft abgeschlossen zu haben, räumt damit nicht ein, aus einem Kaufvertrag etwas schuldig geworden zu sein. Auch die Begrenzung der Pflicht zur Quittirung hängt damit zusammen.

§ 447. Die in § 461 d. E. gegebene Vorschrift scheint mir nicht nothwendig. Ein Bedürfniß besteht nur für eine Vorschrift in dem Sinne der obigen Formulirung.

§ 448. Weshalb ich in Abs. 2 an die Stelle der „Eintragung" die Auflassung setze, habe ich bereits in der „Beurtheilung" dargethan. Den Abs. 3 in § 463 d. E. kann man dem Richter überlassen.

§ 449. Läßt man vor der Uebergabe den Verkäufer auch die Gefahr der „Verschlechterung" tragen, so bedarf es nothwendig einiger Vorschriften darüber, wie sich nun bei eingetretener Verschlechterung die Rechte der Parteien gestalten. Vor allem: kann der Käufer wegen der Verschlechterung vom Vertrage zurücktreten, oder kann er nur Minderung des Preises fordern? Hierüber soll in Abs. 1 entschieden werden. Der Abs. 2 sucht das Prinzip vor Uebertreibung zu bewahren, da sonst leicht unsägliche Streitigkeiten daraus hervorgehen können.

Verschlechterungen von geringer Erheblichkeit kommen nicht in Rechnung; es müßte denn der Verkäufer sie verschuldet haben. Auch kann der Käufer wegen einer bei genügender Aufmerksamkeit wahrnehmbaren Verschlechterung keinen Anspruch mehr erheben, wenn er die Sache ohne Vorbehalt angenommen hat.

Ein Herabgehen der Sache im Preise kommt überhaupt als Verschlechterung nicht in Betracht.

§ 450 (464).

Ist die Gefahr der Sache bereits vor der Uebergabe auf den Käufer übergegangen, so kann der Verkäufer von ihm Ersatz der nothwendigen Verwendungen verlangen, die er vor der Uebergabe auf die Sache gemacht hat. Im Uebrigen bestimmen sich die Ansprüche des Verkäufers auf Ersatz von Verwendungen nach den Grundsätzen über Geschäftsführung ohne Auftrag.

§ 451 (465).

Wenn der Verkäufer die Sache von dem Orte, wo sie zu übergeben war, auf Verlangen des Käufers diesem nach einem anderen Orte zusendet, so geht mit der Abgabe der Sache an die zur Beförderung bestimmten Anstalten oder Personen (Spediteur, Frachtführer ꝛc.) die Gefahr auf den Käufer über. Daraus, daß der Verkäufer die Kosten der Zusendung übernommen hat, ist für sich allein die Uebernahme der Gefahr während der Zusendung nicht zu folgern.

Hat der Verkäufer (u. s. w. wie Abs. 2 des § 465 d. Entw.).

§§ 452 u. 453.

(— Kosten der Uebergabe, Pflicht des Verkäufers zur Auskunftertheilung — wie §§ 466 u. 162 d. E.)

§ 454 (468, 469).

Die mit Vornahme oder Leitung einer öffentlichen Versteigerung beauftragte Person, sowie die von ihr zugezogenen Gehülfen mit Einschluß des Protokollführers, dürfen die zum Verkauf bestimmten Sachen weder selbst, noch durch Andere kaufen, auch nicht als Vertreter Anderer bei dem Kaufe sich betheiligen.

(Abs. 2 u. 3 wie in § 468 d. Entw.)

§ 455.

(— Kauf nach Probe — wie § 470 d. Ent.)

---

§ 451. Ich nehme an, daß der (mit Art. 345 d. H. G. B. übereinstimmende) § 465 d. E. nicht beabsichtigt, die Gefahr auch dann schon mit der Absendung auf den Käufer übergehen zu lassen, wenn der Verkäufer die Zusendung durch seine eigenen Leute bewirkt. Deshalb ist es mir passend erschienen, in Parenthese die Worte "Spediteur" ꝛc. zuzufügen. Der Schlußsatz ist dem H.G.B. entnommen. Vergl. Zst. S. 232.

§ 456 (471—473).

Bei einem auf Besicht oder Probe geschlossenen Kaufvertrag ist dieser als unter der Bedingung geschlossen anzusehen, daß der Käufer den Gegenstand des Kaufes annehmbar finde.

Der Käufer hat sich hierüber innerhalb der vereinbarten Frist oder, wenn eine solche nicht vereinbart ist, auf die nach Ablauf einer angemessenen Frist an ihn gerichtete Aufforderung des Verkäufers zu erklären. Unterläßt er die Erklärung, so gilt damit der Kauf als abgelehnt.

Inzwischen hat der Verkäufer dem Käufer die Besichtigung und die sonst erforderliche Untersuchung der Sache zu gestatten.

§ 457.

Wird ein Kauf auf Probe oder Besicht unter Uebergabe der Sache abgeschlossen, so kommen auf den Kauf die Vorschriften für ein Rechtsgeschäft, bei dem sich der eine Theil den Rücktritt vorbehalten hat (§ 113), zur Anwendung.

II. Wiederkauf.

§ 458 (476).

Ist bei einem Kaufvertrag dem Verkäufer das Recht des Wiederkaufes vorbehalten, so ist im Zweifel der Preis, zu welchem verkauft worden ist, auch für den Wiederkauf als vereinbart anzusehen.

§ 459 (477).

Mit der dem Käufer gegenüber abgegebenen Erklärung des Wiederkäufers, den Wiederkauf ausüben zu wollen, tritt dieser in Wirksamkeit.

§ 460 (478, 479).

Der Käufer hat die Sache dem Wiederkäufer in dem Zustande herauszugeben, in dem sie zur Zeit des Wiederkaufs sich befindet. Der Wiederkäufer hat dem Käufer den Preis zu erstatten. Nutzungen und Zinsen werden von keiner Seite vergütet.

---

§ 457 d. E. ist weggeblieben; vergl. ZSt. S. 233.

§ 459. Die Vorschrift in § 468 d. E. ist sehr verständig. Es ist nur nicht abzusehen, warum sie nicht für jeden öffentlichen Verkauf gelten soll. Die mit Leitung eines solchen Verkaufs betrauten Personen müssen eine unparteiische Stellung einnehmen. Das thun sie aber nicht, wenn sie selbst mitbieten, oder für sich mitbieten lassen. Deshalb muß ihnen auch verboten sein, für Andere mitzubieten. (Giebt man dem § 468 diese Ausdehnung, dann wird auch der § 469 d. E. überflüssig.

Die § 471 u. 475 d. E. sind weggeblieben, weil bei uns Geschäfte dieser Art so gut wie gar nicht vorkommen. Bloß zu Ehren des römischen Pandektentitels de in diem addictione einen Paragraphen aufzunehmen, lohnt sich nicht.

§ 460. Die §§ 478 u. 479 d. E. geben ein schwer faßbares Bild davon, was eigentlich den Parteien obliegen soll. Namentlich erscheint mir unverständlich, was es heißen soll: der Wiederverkäufer habe die Sache in dem Zustande heraus-

Der Käufer darf, so lange das Wiederkaufsrecht besteht, die Sache nicht wesentlich verändern. Innerhalb dieser Schranke kann der Käufer für Verwendungen, durch welche der Werth der Sache in Vergleiche mit dem Werthe derselben zur Zeit des ersten Kaufes erhöht ist, vom Wiederkäufer Ersatz fordern. Für Belastungen, die der Käufer auf die Sache gelegt hat, und für Verschlechterungen, die er zu vertreten hat, kann der Wiederkäufer einen entsprechenden Abzug am Preise verlangen.

§ 461.

Das Wiederkaufsrecht erlischt, wenn nicht eine kürzere Frist dafür vereinbart ist, in drei Jahren, bei Grundstücken in zehn Jahren. Die Frist beginnt mit Abschluß des Vertrags, bei Grundstücken mit der Auf= lassung.

III. Vorkauf.

§ 462 (481).

Ist jemand verpflichtet, einem Anderen an einer Sache den Vorkauf zu gewähren, so hat er, wenn ein Dritter zum Kauf der Sache bereit ist, dem Vorkaufsberechtigten hiervon unter genauer Angabe der mit dem Dritten

---

zugeben, in welchem sie zur Zeit des Vorbehalts des Wiederverkaufsrechts sich befunden haben. Wenn nun das verkaufte Haus ohne Schuld des Käufers ab= brennt, ist dieser dann verpflichtet, dem Wiederkäufer zu Liebe es wieder aufzu= bauen? Ich glaube nicht. Der Natur der Dinge nach kann der Käufer die Sache nur herausgeben, so wie sie sich zur Zeit des Wiederkaufes befindet, und daneben kann es sich nur darum handeln, welche Entschädigungen für eingetretene Ver= änderungen dem einen oder dem anderen Theile zu leisten sind. Ist die Sache ohne Schuld des Käufers schlechter geworden, so muß sie der Wiederkäufer in diesem Zustande annehmen, wenn er dann überhaupt noch den Wiederkauf verlangt. Ist die Sache verbessert worden, so muß man davon ausgehen, daß der Wieder= käufer keinenfalls Verbesserungen zu bezahlen habe, die die Natur der Sache wesentlich ändern. Denn für eine wesentlich geänderte Sache ist der Wiederkauf nicht vorbehalten worden. Wenn also der Käufer auf das verkaufte Grundstück ein Haus gebaut hätte, so kann er dafür Ersatz nicht fordern. Wenn dagegen der Kauf das abgeerntete Grundstück zum Gegenstand hatte und nun der Wiederkäufer das Grundstück mit darauf stehender Ernte zurück verlangt, so würde er für die Ernte einen Ersatz zu leisten haben. Diese Gesichtspunkte liegen der Formulirung des obigen § 460 zu Grunde.

§ 461. Diese Bestimmung ist nach dem Vorschlage Bingner's hinzugefügt. (Zt. S. 235.) Andere Gesetze bestimmen noch längere Fristen: das sächs. Gesetzbuch, § 1133, 1 und 10 Jahre: der Dresd. Entw., Art. 518, 6 Monate und 3 Jahre.

§ 480 d. E. ist weggeblieben. Man braucht nicht für jedes irgend denkbare Vertragsverhältniß eine besondere Bestimmung anzunehmen.

§ 462. Das Vorkaufsrecht, das hier nur als persönliches Recht behandelt wird (von dem dinglichen Vorkaufsrecht handelt der Entwurf erst später), hat in dem Entwurf eine seltsame Gestalt erhalten. Offenbar hat der Eigenthümer einer Sache, an der einem Andern das Vorkaufsrecht zusteht, wenn er redlich verfahren und nicht selbst in die größten Nachtheile gerathen will, folgendermaßen zu ver= fahren. Wenn ein Dritter die Sache kaufen will, so hat er mit diesem die Be=

verabredeten Vorkaufsbedingungen Anzeige zu machen. Der Vorkaufsberechtigte ist alsdann befugt, unter den angegebenen Bedingungen statt des Dritten in den Kauf einzutreten.

§ 463 (487 Abs. 2).

Der Berechtigte muß auf die an ihn gemachte Anzeige die Erklärung, in den Kauf eintreten zu wollen, innerhalb der dafür vereinbarten Frist oder, wenn eine solche nicht vereinbart ist, innerhalb einer Woche, bei Grundstücken innerhalb von vier Wochen abgeben, widrigenfalls sein Vorkaufsrecht erlischt.

§ 464 (484).

Will der Dritte bei dem beabsichtigten Kaufe Nebenleistungen übernehmen, die der Vorkaufsberechtigte in Natur zu leisten außer Stande ist, so hat dieser statt dessen den Geldwerth der fraglichen Leistungen zu entrichten.

Soll dem Dritten der Preis gestundet werden, so hat der Vorkaufsberechtigte einen Anspruch auf gleiche Stundung des Preises nur dann, wenn er für den gestundeten Betrag zureichende Sicherheit leistet.

§ 465 (486, 487).

Das Vorkaufsrecht ist nicht übertragbar und geht nicht auf die Erben des Berechtigten über.

Es kann nicht ausgeübt werden, wenn die Sache im Wege der Zwangsvollstreckung verkauft wird.

---

dingungen, unter denen derselbe zu kaufen bereit ist, zu bereden, und dann hat er mit diesen Bedingungen an die Vorkaufsberechtigten sich zu wenden und zu fragen, ob er zu den nämlichen Bedingungen den Vorkauf ausüben will. Aber bei Leibe nicht darf er mit dem Dritten den Kauf abschließen, denn sonst hat er ja zwei Kaufberechtigte sich gegenüber stehen, den Vorkaufsberechtigten und den neuen Käufer. Oder er kann höchstens nur abschließen mit dem Vorbehalte, daß er dem Vorkaufsberechtigten die Sache zunächst anbieten dürfe. Was sagt nun aber der Entwurf (§ 484)? Der Berechtigte kann den Vorkauf ausüben, „sobald der Verpflichtete mit einem Dritten einen Kaufvertrag abgeschlossen hat." Er unterstellt mithin als den normalen Fall gerade denjenigen, den ich soeben als eine Unredlichkeit und als eine Thorheit bezeichnete. Und um das Maß des Mißverständlichen voll zu machen, sagt der Entwurf dann noch besonders in Abs. 2: „der Vorkauf könne auch dann ausgeübt werden, wenn bei dem Abschluß des Vertrags das Recht des Vorkaufsberechtigten vorbehalten sei." Das also bedarf besonderer Hervorhebung? Ist der Eigenthümer so thöricht gewesen, mit dem Dritten (ohne Vorbehalt) abzuschließen, so kann allerdings der Vorkaufsberechtigte sein (persönliches) Vorkaufsrecht immer noch geltend machen; aber der Dritte hat durch den Abschluß gerade so viel Rechte auf die Sache gewonnen, wie der Vorkaufsberechtigte, und es fragt sich nur, welcher von beiden dem Andern mit der Exelution zuvorkommt. Daß man dies aber nicht als den normalen Fall, in dem das Vorkaufsrecht Anwendung finde, anzusehen hat, das liegt doch auf der Hand. Wie der Entwurf die Sache gestaltet hat, geht es also nicht. Oben ist nun die Sache in ihrer natürlichen Abwicklung darzustellen gesucht worden.

IV. Erbschaftskauf.

§ 466 (488, 489, 490).

Durch den Erbschaftskauf tritt der Erbe in alle Rechte und Pflichten des Erben ein. Er ist berechtigt, statt des Erben an dem noch ruhenden Nachlaß Besitz zu ergreifen. Er ist berechtigt, Grundstücke und Rechte, die noch auf den Namen des Erblassers im Grundbuche eingetragen stehen, auf seinen Namen übertragen zu lassen. Er ist berechtigt, die dem Erben als solchen zustehenden Klagen zu erheben. Ansprüche der Erbschaft an Dritte gehen nach den Grundsätzen der Abtretung von Forderungen, Verbindlichkeiten der Erbschaft wider Dritte nach den Grundsätzen der Schuldübernahme auf ihn über.

Zur Ausübung dieser Rechte hat der Erbe, soweit er es vermag, dem Erbschaftskäufer die nöthigen Nachweisungen und Mittel zu geben.

§ 467 (491).

So weit der Erbe selbst bereits in Angelegenheiten der Erbschaft thätig gewesen ist, hat er dem Erbschaftskäufer über seine Thätigkeit Rechnung abzulegen und alles, was er aus der Erbschaft in Händen hat, zu übergeben. Grundstücke, die schon auf seinen Namen überschrieben sind, hat er dem Käufer durch Auflassung zu übertragen.

§ 468 (491).

Die Erbschaft gilt im Zweifel als in demjenigen Bestande verkauft, in welchem sie der Erbe erworben hat. Aufwendungen, die der Erbe für die Erbschaft gemacht hat, insbesondere bezahlte Erbschaftsschulden, kann er

<hr/>

IV. Erbschaftskauf ist im Entwurfe, ebenso wie in den Pandekten, bei der Lehre vom Kauf behandelt. Weit richtiger würde es sein, ihn in das Erbrecht einzureihen, da die wesentlichsten Fragen die Stellung des Käufers zur Erbschaft zum Gegenstand haben. Nur vorläufig ist er auch hier an dieser Stelle behandelt. Der Entwurf, der nur einen „obligatorischen" Kaufvertrag kennt, hat dann auch den Erbschaftskauf nur als ein Geschäft von obligatorischer Wirkung hingestellt. Es fehlt darin gänzlich die Anschauung davon, daß der Erbschaftskauf die Rechte unmittelbar überträgt. Ich habe diesen Mangel bereits in der „Beurtheilung" näher dargelegt. Wenn in den JSt. S. 237 gesagt wird, daß ich „wesentlich aus praktischen Gründen" die Auffassung des Entwurfs bekämpfe, so ist das freilich insofern richtig, als ich überall, wo ich den Entwurf bekämpfe, dies aus praktischen Gründen thue. Die von mir bekämpfte Anschauung des Entwurfs ist aber nicht etwa bloß eine minder praktische Gestaltung der Sache, sondern sie ist für den Begriff des Erbschaftskaufs vernichtend. Ich bekämpfe den Erbschaftskauf des Entwurfs als einen theoretisch falschen Begriff, dessen Unrichtigkeit sich freilich auch praktisch verderblich erweist. Der Verkauf einer Erbschaft ist der Hauptsache nach eine Vermögensentäußerung, die unmittelbar Rechte überträgt. Die in dem Erbschaftskauf begriffene unmittelbare Rechtsübertragung wird in § 466 dargestellt. Daneben übernimmt der verkaufende Erbe auch obligatorische Verpflichtungen, die in § 467 bezeichnet sind.

§ 468. Hier wird festzustellen versucht, was unter der verkauften „Erbschaft" begriffen ist: eine Frage, die namentlich dadurch zweifelhaft wird, daß die Erbschaft unter den Händen des Erben bereits Veränderungen erlitten haben kann. Im Grundsatz ist der obige Paragraph dem Entwurfe darin gefolgt, daß die Erbschaft

dem Käufer in Rechnung bringen. Sachen, die er aus der Erbschaft veräußert oder verbraucht hat, hat er dem Käufer zu ersetzen. Für Sachen,
die durch Zufall untergegangen sind, haftet er nicht.

Für gezogene Nutzungen und getragene Lasten aus der Zeit vor der
Veräußerung der Erbschaft hat der Erbe Ersatz weder zu leisten noch zu
fordern.

§ 469 (488 Abf. 2 u. 3).

Fällt dem Erben nach Veräußerung der Erbschaft ein weiterer Erbtheil, insbesondere durch Anwachsungsrecht oder Nacherbenrecht zu, so ist
dieser im Zweifel nicht als in dem Verkaufe begriffen zu erachten.

Dagegen kommen die durch Wegfall eines Vermächtnisses oder einer
Auflage sich ergebenden Vortheile dem Käufer zu Statten.

§ 470 (499).

Die durch Vereinigung von Recht und Verbindlichkeit in der Person
des Erben erloschenen Rechtsverhältnisse leben durch den Erbschaftskauf für
und gegen den Käufer wieder auf.

§ 471 (492, 493).

Der Verkäufer der Erbschaft hat dem Käufer dafür Gewähr zu leisten,
daß die Erbschaft nicht von Anderen in Anspruch genommen wird und auch
keine, dem Käufer unbekannt gebliebenen sonstigen Ansprüche von Todeswegen
an die Erbschaft erhoben werden.

Für Entwährung von einzelnen Erbschaftsgegenständen wegen mangelnden Rechtes des Erblassers, sowie für Mängel, mit denen Erbschaftssachen
behaftet sind, haftet der Erbe nicht.

§ 472 (495).

Wird der Erbe wegen Verbindlichkeiten, die auf der Erbschaft ruhen,
von Dritten in Anspruch genommen, so hat ihm der Käufer für das Aufgewendete — verbehaltlich der etwa aus § 471 Abf. 1 zu entnehmenden
Einrede — Ersatz zu leisten.

nach ihrem Bestande zur Zeit des Erwerbes des Erben als verkauft anzusehen sei.
(Die andere Ansicht, die zum Theil das preuß. Landrecht aufstellt und die sich auch
vertheidigen läßt, geht dahin, daß der Bestand zur Zeit des Erbschaftskaufes maßgebend ist.) Die Ausnahme, daß für Sachen, die durch Zufall untergegangen sind,
der Erbe nicht einzustehen habe, wird auch vom Entwurfe gemacht (§ 491 Abf. 2).
Ich möchte aber auch noch die weitere Ausnahme machen, daß gezogene Nutzungen
und getragene Lasten aus der Zeit vor dem Erbschaftskauf nicht in Rechnung
kommen. Jedenfalls würde dadurch die Berechnung zwischen Erben und Erbschafts-
käufern vereinfacht. Der Entwurf will in § 491 Abf. 1 die Erbschaft „mit Einschluß der Früchte" an den Käufer herausgeben lassen. Dazu paßt freilich nicht,
wenn dann in § 494 gesagt wird: „Von diesem Zeitpunkte an (d. h. von
Schließung des Kaufes an) gebühren ihm die Nutzungen der Erbschaft." Wenn
der Untergang und die Verschlechterung von Erbschaftsgegenständen schon aus
der Zeit vor dem Kauf dem Käufer zur Last fallen, so braucht man nicht noch
besonders zu sagen, daß dasselbe auch für die Zeit nach dem Kauf der Fall ist
(§ 494 S. 1).

7*

§ 473 (498).

Durch den Erbschaftskauf tritt der Käufer in das Recht des Erben ein, das Inventarrecht zu erwirken, das erbrechtliche Aufgebotsverfahren und den Konkurs über die Erbschaft zu beantragen. Macht er sich in dieser Beziehung einer Säumniß schuldig, die dem Erben zum Nachtheil gereicht, so haftet er diesem für Schadensersatz.

Die aus den vorgedachten Handlungen zu Gunsten des Nachlasses erwachsenden Rechte kann auch der Erbe für sich geltend machen.

§ 474 (500).

Die Vorschriften über Erbschaftskauf finden entsprechende Anwendung bei jeder anderen Uebertragung einer Erbschaft durch Vertrag.

Im Falle einer Uebertragung durch Schenkung hat jedoch der Erbe nur nach Maßgabe der §§ 427 u. 428 Gewähr zu leisten. Auch haftet er nicht für die vor der Schenkung von ihm verbrauchten oder unentgeltlich veräußerten Sachen.

V. Tausch.

§ 475 (502).

Auf den Tausch (Tauschgeschäft oder Tauschvertrag) finden die Vorschriften über Kauf entsprechende Anwendung. Jeder Theil ist in Ansehung der von ihm ertauschten Sache als Käufer, in Ansehung der von ihm vertauschten Sache als Verkäufer zu beurtheilen.

Titel 4. Miethe und Pacht.

I. Miethe.

§ 476 (503).

Durch den Miethvertrag verpflichtet sich der Vermiether, dem Miether während der Miethzeit eine Sache zum Gebrauche zu gewähren, gegen die Verpflichtung des Miethers, einen Miethzins zu zahlen.

Abgeschlossene Räume eines Hauses gelten, wenn sie Gegenstand einer Miethe sind, als selbständige Sache.

Zu Titel 4. Miethe. § 476. Während der Entwurf als Gegenstand der Miethe nur „den Gebrauch einer Sache" bezeichnet, halte ich es für dienlich, zwischen zwei Arten von Miethe zu unterscheiden, der Miethe einer „Sache" und der Miethe eines „Gebrauchsrechts an einer Sache". Denn für beide Arten von Miethe gelten nicht ganz dieselben Rechtsregeln (vergl. § 507). Ein äußerer charakteristischer Unterschied zwischen beiden liegt darin, daß der Miether einer Sache „Besitzer" wird, der Miether eines Gebrauchsrechts nicht. Der Abs. 2 ist zugefügt, um die wichtigste Art der Miethe, die von Wohnungen, sofort als Miethe einer Sache zu kennzeichnen. Von selbst versteht sich das nicht. Oder kann man etwa eine Wohnung in einem Hause auch selbständig kaufen?

§ 477 (501).

Der Vermiether hat die Sache in ordnungsmäßigem Zustande herge=
stellt zu überliefern und dieselbe auch in diesem Zustande während der
Miethzeit zu erhalten.

Was insbesondere zu dem ordnungsmäßigen Zustande einer Mieth=
wohnung, in welchem der Vermiether diese zu überliefern hat, gehört, ent=
scheidet sich nach der Ortssitte.

§ 478.

Die Verpflichtung zur Zahlung des Miethgeldes hört auf, sobald dem
Miether der Gebrauch der Sache, sei es auch ohne Verschulden des Ver=
miethers, entzogen wird.

§ 479 (505).

Ergiebt sich, daß die gemiethete Sache bestimmter zugesicherter Eigen=
schaften entbehrt, oder daß sie an geheimen Mängeln leidet, die den Gebrauch
derselben ausschließen oder mindern, so kann der Miether, vorbehaltlich
seines Rechtes zum gänzlichen Rücktritt vom Vertrage (§ 506), entsprechenden
Nachlaß am Miethzinse begehren.

Fehlen zugesicherte Eigenschaften oder hat der Vermiether die ge=
heimen Mängel betrüglich verschwiegen, so haftet der Vermiether zugleich
für Schadensersatz.

Der Miether hat jedoch, sobald die Mängel sich zeigen, dem Ver=
miether von solchen Anzeige zu machen, widrigenfalls er die vorgedachten
Ansprüche wider den Vermiether für die Zeit, für welche dieser bei zeitiger
Anzeige die Mängel zu beseitigen vermocht hätte, nicht geltend machen kann.

Unterläßt der Vermiether, Mängel, die er zu beseitigen vermag auf
gemachte Anzeige zu beseitigen, so haftet er auch für Schadenersatz.

---

§ 477. Der Entwurf sagt: der Vermiether habe die Sache „in einem zu
dem vertragsmäßigen Gebrauche geeigneten Zustande" zu gewähren. Das ist ein
sehr bedenklicher Begriff. Der vertragsmäßige Gebrauch einer Wohnung ist das
Wohnen. Was gehört nun dazu, daß eine Wohnung zum „Wohnen" geeignet sei?
Das kann niemand sagen, weil die Bedürfnisse der Wohnenden und die danach
gemachten Ansprüche an eine Wohnung so verschieden sind. Der Wohlhabende
verlangt, daß alle Zimmer tapezirt seien, daß in jedem ein Ofen sich befinde u. s. w.
Der Aermere macht auf das Alles keine Ansprüche. Grundsätzlich muß man davon
ausgehen: der Vermiether vermiethet die Wohnung so wie sie ist. Bessere Ein=
richtungen braucht er für den Miether nicht zu schaffen. Wohl aber gehört es sich,
daß die vorhandenen Einrichtungen ordnungsmäßig hergestellt werden: daß also
z. B. zerbrochene Fensterscheiben wieder reparirt, schmutzige Zimmerdecken neu
geweißt werden u. s. w. Mehr kann der Miether nicht verlangen. Im Sinne
dieses Gedankens ist der obige Paragraph zu formuliren versucht worden. Dabei
wird man aber auch noch für Miethwohnungen der Ortssitte eine gewisse regelnde
Einwirkung beimessen müssen. Denn was zur ordnungsmäßigen Herstellung einer
Wohnung gehört, ist, soviel mir bekannt, nach Ortssitte verschieden. Deshalb ist
Abs. 2 beigefügt.

§ 478 wird nöthig, weil oben der allgemein lautende § 368 nicht aufge=
nommen ist.

§ 180 (506).

Die Vorschriften des § 179 kommen sinnentsprechend zur Anwendung, wenn im Laufe der Miethzeit Mängel der gedachten Art entstehen. ·

Sind solche durch Verschulden des Vermiethers entstanden, so kann von diesem neben Nachlaß an Miethzins auch Schadensersatz gefordert werden.

§ 481.

Schäden, die durch Verschulden des Miethers an der Sache entstehen, hat dieser ausbessern zu lassen. Unterläßt er dies, so hat er Schadensersatz zu leisten. Der Vermiether kann die hierauf bezüglichen Ansprüche auch schon während Dauer der Miethe geltend machen.

Zu den durch Verschulden des Miethers entstandenen Schäden werden auch diejenigen gerechnet, die durch Verschulden von Hausgenossen oder Bediensteten des Miethers oder von solchen, denen der Miether die Sache zum Gebrauch überlassen hat, entstehen; desgleichen diejenigen, die aus Feindschaft gegen den Miether von Dritten der Sache zugefügt werden.

§ 482 (508).

Wird dem Miether durch das Recht eines Dritten die Sache ganz oder theilweise entzogen, so hat er neben dem Anspruch auf entsprechenden Nachlaß am Miethzinse auch Anspruch auf Schadensersatz. Ausgeschlossen ist der Anspruch auf Schadensersatz, wenn dem Miether bei Abschluß des Vertrags das Recht des Dritten bekannt war.

§ 483 (509).

Der im Besitz der Sache befindliche Miether, der einen Miethvertrag auf bestimmte Zeit schriftlich geschlossen hat, wird dadurch, daß der Vermiether das Eigenthum der Sache oder dingliche Rechte daran auf Dritte überträgt, in seinem Miethrechte nicht berührt.

§ 484.

Vom Zeitpunkte des Eigenthumsüberganges an tritt der Erwerber der Sache dem Miether gegenüber nach den Grundsätzen der Forderungsabtretung und Schuldübernahme in die Rechte und Pflichten des Vermiethers ein.

---

§ 481. Der Satz, daß der Miether Beschädigungen der Sache, die aus Feindschaft gegen ihn verübt werden, tragen muß (culpae ejus adnumerantur, l. 15 § 4 D. loc. 19, 2), ist gemeinrechtlich, und entspricht auch unserem natürlichen Empfinden.

§ 482. Hier muß der vielberufene Satz „Kauf bricht Miethe" zur Entscheidung kommen. Es ist darüber so viel geschrieben worden, daß ich mich jeder weiteren Ausführung enthalte. Ich möchte aber (übereinstimmend mit Bovens JSt. S. 252) vorschlagen, das Recht des Miethers an einen schriftlich zu Stande gekommenen Vertrag zu knüpfen, da sonst leicht über die Zeit, für welche der Miether Anspruch auf Fortdauer seiner Miethe hat, die häßlichsten Streitigkeiten entstehen können.

§ 484. Es ist hier das Verhältniß, das aus der Fortdauer der Miethe dem neuen Erwerber gegenüber entsteht, praktisch auszugestalten versucht. Ganz einfach ist freilich die Sache nicht. Daran wird sich aber nichts ändern lassen.

Vorausgegangene Abtretungen der Miethzinsforderung, Voraus bezahlungen des Miethzinses oder im voraus bewirkte Anrechnungen des selben hat der Erwerber, wenn sie ihm unbekannt geblieben sind, nur im Umfange des laufenden, für die Miethzinszahlung bestimmten Zeitabschnittes anzuerkennen. Zu Gunsten des Miethers ist dabei der Zeitpunkt maß gebend, wo er von dem Eigenthumsübergang Kenntniß erlangt hat.

Soweit hierdurch die Rechte des Erwerbers auf den Miethzins sich mindern, haftet ihm der Veräußerer für Ersatz. Desgleichen haftet der Veräußerer dem Erwerber für Ersatz, wenn dieser wegen unerfüllt ge bliebener Verpflichtungen des Veräußerers aus der Zeit vor der Veräußerung vom Miether in Anspruch genommen wird.

Wird für neue Verpflichtungen aus dem Miethverhältnisse der Ver äußerer vom Miether in Anspruch genommen, so haftet ihm der Erwerber für Ersatz.

§ 485.

Bei Veräußerungen, die auf Betreiben von Gläubigern im Wege der Zwangsvollstreckung erfolgen, findet der § 483 nur dann Anwendung, wenn der Zuschlag in der Weise ertheilt werden kann, daß unter Aufrecht haltung der Miethe alle Gläubiger befriedigt werden.

Bei Veräußerungen im Konkurse hört die Anwendbarkeit des § 483 auf.

§ 486.

Auch eine ausdrückliche Uebernahme der bestehenden Miethen von Seiten des Erwerbers ist im Zweifel nur auf die nach § 483 gesetzlich fortbestehenden Miethen zu beziehen.

Uebernimmt der Erwerber ausdrücklich Miethen über die beschränkenden Voraussetzungen des § 483 hinaus, so gelten auch für diese die Vorschriften des § 484.

§ 487 (509).

In den Fällen, in denen der Erwerber an die bestehenden Miethen nicht gebunden ist, kann er gleichwohl dem im Besitze befindlichen Miether die Sache nur unter Wahrung der gesetzlichen Kündigungsfrist entziehen. Ein Eintritt des Erwerbers in das bis zum Ablauf dieser Frist fortdauernde Miethverhältniß findet nicht statt.

§ 488.

(— Pflicht des Miethers, Auslagen beim Gebrauch der Sache zu tragen — wie § 513 d. E.)

§ 489 (514).

Ist der Vermiether mit Vornahme einer ihm obliegenden Einrichtung oder Ausbesserung im Verzuge, so kann der Miether diese bewirken und die erforderlich gewesenen Kosten von dem Vermiether ersetzt verlangen.

---

§ 489. Vergl. 3St. S. 267.

Im Uebrigen gelten Aufwendungen, die der Miether zur Verbesserung der Sache macht, im Zweifel als von ihm im eigenen Interesse vorgenommen. Es steht ihm deshalb kein Ersatzanspruch, sondern nur das Recht zu, die von ihm gemachten Einrichtungen, soweit es ohne Schädigung der Sache geschehen kann, wegzunehmen. So lange er im Besitz der Sache ist, kann er die Wegnahme ohne Zuthun des Vermiethers bewirken.

§ 490.

(— Lasten und Abgaben trägt der Vermiether — wie § 515 d. E.)

§ 491 (516).

Sofern nicht ein Anderes vereinbart ist, steht dem Miether das Recht zu, einem Anderen die Sache zum Gebrauche zu überlassen, insbesondere auch durch weiteres Vermiethen (Untermiethe).

§ 492.

Im Falle der Untermiethe kann der erste Vermiether alle Rechte, die ihm gegen den ersten Miether zustehen, auch gegen den Untermiether geltend machen, soweit entsprechende Rechte auch dem ersten Miether als Untervermiether wider den Untermiether zustehen. Auf die Anzeige des ersten Vermiethers bei dem Untermiether, daß er die wider ihn begründeten Ansprüche aus der Untermiethe für sich in Anspruch nehme, kann der Untermiether nicht mehr mit Wirksamkeit an den Untervermiether leisten.

Ueberschreitet der Untermiether den Umfang der dem ersten Miether durch den Miethvertrag eingeräumten Rechte, so kann der erste Vermiether unmittelbar gegen ihn klage erheben, auch wenn ihm der Untervermiether diese Rechte in dem nicht gebührenden Umfange eingeräumt haben sollte.

Diese Bestimmungen kommen auch zur Anwendung, wenn unter einer anderen Rechtsform der erste Miether die Sache einem Andern zum Gebrauche überläßt.

§ 493.

(— Zahlung des Miethzinses — wie § 517 d. E. mit den Schlußworten:

„am ersten Werktage der Monate Januar 2c. entrichtet werden.")

---

§ 491. Ob dem Miether und Pächter ohne Weiteres das Recht zur Untermiethe zustehen soll, darüber läßt sich streiten. Ich habe keinen genügenden Grund gefunden, von dem Entwurf in dieser Frage abzuweichen. Ich mache dabei noch besonders auf die von mir in dem folgenden § 492 entworfenen Bestimmungen aufmerksam, durch welche sich die Nachtheile, die der Vermiether durch die Untermiethe erleiden kann, wesentlich verringern.

§ 492. Auf diese Bestimmungen lege ich großen Werth. Es ist ganz unnatürlich, daß den ersten Vermiether der Mann, der in seinem Grundstück sitzt und dieses mitnießt, gar nichts angehen, er vielmehr hinter seinem ersten Miether herlaufen soll. Es muß ihm gestattet sein, unmittelbar seine Rechte gegen den Untermiether geltend zu machen. Theoretisch konstruirt sich das Klagrecht des ersten Miethers gegen den Untermiether aus dem Gesichtspunkt der fingirten Cession.

§ 493. Ich will hier nochmals betonen, daß ich es für dringend geboten halte, die Zahlungstermine für Miethzins nicht als dies interpellans hinzustellen, der die Pflicht, Verzugszinsen zu zahlen, nach sich zöge (vergl. oben Bem. zu § 242).

§ 494.

(— Verpflichtung zur Zahlung des Miethzinses bei Nichtgebrauch
der Sache — wie § 518 d. E. unter Weglassung des letzten Satzes.)

§ 495.

(— Verpflichtung des Miethers zur Benachrichtigung des Vermiethers
— wie § 519 d. E. mit dem Zusatze:)

Der Miether ist ferner verpflichtet, die zur Beaufsichtigung der Sache
nothwendigen Handlungen des Vermiethers, sowie die zur Erhaltung der
Sache nöthigen Ausbesserungen zu gestatten. Er darf insbesondere dem
Vermiether und den von diesem Beauftragten das Betreten der vermietheten
Räume für diese Zwecke nicht verweigern.

§ 496.

(— Verpflichtung zur Rückgabe der Sache — wie § 520 d. E.
mit dem Zusatz:)

Auf Ansprüche, die dem Miether aus dem Miethverhältnisse zustehen,
desgleichen auf die Behauptung, daß der Miether schon bei Abschluß des
Miethvertrages Eigenthümer des Grundstücks gewesen sei, kann eine Einrede
gegen die Rückgabe gemietheter Räume nicht gegründet werden.

§ 497 (521).

Der Vermiether hat wegen seiner Forderungen aus dem Miethvertrage
ein gesetzliches Pfandrecht an den in die gemietheten Räume eingebrachten
Sachen des Miethers. Das Pfandrecht umfaßt auch die Sachen der Ehefrau und der Kinder, die mit dem Miether in häuslicher Gemeinschaft
leben. Ausgeschlossen sind Sachen, die nicht der Pfändung unterliegen.
Das Pfandrecht erlischt mit der Entfernung der Sachen aus den Räumen,
es sei denn, daß die Sachen heimlich oder gegen den Widerspruch des Vermiethers weggeschafft worden sind.

§ 498 (521).

Der Vermiether kann die Wegschaffung der ihm haftbaren Sachen,
auch ohne Anrufen des Gerichts hindern, dieselben auch, wenn der Miether
die Räume verläßt, in seinen eigenen Besitz nehmen. Sind Sachen heimlich oder gegen seinen Widerspruch aus den Räumen weggeschafft worden,

---

§ 494. Ich schlage vor, den letzten Satz des § 518 d. E. wegzulassen,
weil derselbe leicht zu falscher Anwendung führen und den Vermiether benach-
theiligen kann.

§ 497. Ich halte die Beibehaltung des gesetzlichen Pfandrechts an den
eingebrachten Sachen für ein Gebot der Gerechtigkeit gegen den Vermiether. Das
Ankämpfen mancher Juristen gegen dasselbe scheint mir aus den ungesunden Verhältnissen einzelner Großstädte hervorgegangen zu sein. Die im Schlußsatz angenommene Beschränkung des Pfandrechts des Vermiethers ist für den Konkurs
schon in § 41 Nr. 4 der K. O. ausgesprochen. Es bedarf des nämlichen Ausspruchs hier nur insofern, als ja auch außerhalb des Konkurses der Umfang des
Pfandrechts in Frage kommen kann.

so kann er die Zurückbringung derselben in die Räume oder, wenn der Miether diese verlassen hat, in seinen Besitz fordern.

Der Vermiether muß die Entfernung solcher Sachen geschehen lassen, die der Miether im regelmäßigen Betriebe seines Geschäfts oder den gewöhnlichen Lebensverhältnissen entsprechend aus den Räumen bringt.

Der Miether kann seine Sachen befreien durch Sicherheitsleistung für die Forderung, jede einzelne Sache auch durch Sicherheitsleistung bis zum Betrage des Werthes derselben. Sicherheitsleistung durch Bürgen ist ausgeschlossen.

Anderen Gläubigern des Miethers gegenüber kann der Vermiether sein Pfandrecht nur wegen des laufenden und des für das vorhergehende letzte Jahr geschuldeten Miethzinses, sowie wegen bereits entstandener Entschädigungsforderungen aus dem Miethverhältnisse geltend machen.

§ 499 (522).

Das Miethverhältniß endigt mit Ablauf der Zeit, für die es eingegangen ist. Den Beweis dieser Zeit hat stets derjenige zu führen, der die längere Fortdauer der Miethe behauptet.

Ist die Miethzeit nicht bestimmt, so kann sowohl der Vermiether, als der Miether das Verhältniß durch Kündigung beenden. Ist nichts anderes verabredet, so gelten für die Kündigung folgende Regeln.

Die Kündigung ist bei unbeweglichen Sachen nur für den Schluß eines Kalendervierteljahres zulässig. Sie muß für den Schluß des Vierteljahres spätestens am ersten Werktage desselben erfolgen. (Weiter wie die Abs. 4—7 in § 522 d. E.)

Nach eingetretener Kündigung muß der Miether die Besichtigung der Sache durch Andere, die sie miethen oder kaufen wollen, zu den geeigneten Tagesstunden geschehen lassen.

§ 500.

(— Beendigung langdauernder Miethen — wie § 523 d. E.)

§ 501 (521).

Wird nach Ablauf eines auf bestimmte Zeit abgeschlossenen Miethvertrages der Besitz der Sache von dem Miether stillschweigend fortgesetzt, auch von dem Vermiether nach erlangter Kenntniß hiervon nicht

---

§ 499. Gesetzt, es klagt der Vermiether auf Räumung der Wohnung mit der Behauptung, daß der verklagte Miether nur auf ein Jahr die Wohnung gemiethet habe. Der Verklagte behauptet aber, er habe auf zwei Jahr gemiethet. Wer hat nun Beweis zu führen? Muß etwa der Vermiether „als Grund seiner Klage" beweisen, daß die Miethe nur auf ein Jahr geschlossen sei? Dieser Ansicht, auf die mitunter Juristen verfallen, soll der Satz 2 des Abs. 1 entgegentreten.

§ 501. Für die Abweichung vom Entwurfe beziehe ich mich darauf, daß dieselbe (nach S. 415 der Motive) den bei Weitem meisten Gesetzgebungen entspricht. Den Entwurf hat nur das sächs. G. B. für sich. Die stillschweigende Fortsetzung der Miethe nach Ablauf einer ursprünglich gesetzten Frist hat in der That eine ganz andere Natur, als die Fortsetzung einer gekündigten Miethe, bei

sofort Widerspruch erhoben, so gilt der Miethvertrag als auf unbestimmte
Zeit erneuert. Es kann jedoch, wenn die Miethe auf vierteljährige Kün=
digung steht, jeder Theil noch innerhalb der nächsten zwei Wochen nach
Ablauf der früheren Miethe für das Ende des laufenden Vierteljahrs die
Miethe kündigen.

§§ 502—504.

(— Weitere Bestimmungen über Ende der Miethe — wie die
§§ 525—527 d. E.)

§ 505 (528).

Der Vermiether kann ohne Einhaltung einer Kündigungsfrist von
dem Vertrage für die Zukunft zurücktreten:

1. (— wegen vertragswidrigen Gebrauchs — wie Nr. 1 des
   § 528);

2. wenn der Miether mit der Zahlung des Miethzinses oder eines
   Theiles desselben für zwei aneinander folgende Termine in
   Rückstand bleibt, auch in einer vom Vermiether unter Androhung
   der Vertragsauflösung ihm gesetzten Frist von mindestens einer
   Woche die Zahlung nicht nachholt.

§ 506 (529).

Der Miether kann ohne Einhaltung einer Kündigungsfrist vom Ver=
trage für die Zukunft zurücktreten, wenn ihm die Sache ganz oder zu er
heblichem Theile nicht eingeräumt oder wieder entzogen wird, oder wenn das
Fehlen zugesicherter Eigenschaften oder das Vorhandensein heimlicher Mängel
den Gebrauch der Sache ausschließt oder erheblich mindert. Der Miether
kann jedoch nur zurücktreten, wenn der Vermiether auf eine an ihn gerichtete
Aufforderung nicht baldigst Abhülfe schafft. Ohne eine solche Aufforderung
kann der Miether zurücktreten, wenn eine Abhülfe voraussichtlich nicht mög=

---

der also der Kündigende bereits ausdrücklich seine Absicht, die Miethe nicht fort=
zusetzen, kundgethan hat. Setzen wir nun in einem Falle der ersteren Art beide Theile
die Miethe stillschweigend fort, so kann ich es wiederum nicht passend finden, daß
alsdann die Miethe in der Art erneuert sein soll, daß eine ganz neue Kündigungs=
frist gewahrt werden müßte. (Gesetzt also, eine vierteljähr. Miethe läuft am 31. Dezember ab,
der Miether wohnt stillschweigend bis zum 8. Januar weiter und der Vermiether
hat dies stillschweigend geschehen lassen. Nun ist also die Miethe erneuert. Aber
auf wie lange? Hat der Miether nun ein Recht erworben, daß ihm erst am
1. April für den 1. Juli gekündigt werde? Das halte ich nicht für sachentsprechend.
Es müssen beide Theile das Recht haben, innerhalb einer bestimmten kurzen Frist
auch noch für den 1. April die Kündigung nachzuholen. Bestimmt man hierzu
2 Wochen, so kommt damit auch noch die Frist des Entwurfs zu Ehren. Vielleicht
hat er etwas auch im Sinne des Entwurfs gelegen.

§ 505. Bereits in der „Beurtheilung" habe ich mich dahin ausgesprochen,
daß ich die Bestimmung in § 528 Nr. 2 zu scharf finde. Es muß dem Miether
die Möglichkeit, ausgewiesen zu werden, durch eine Androhung vor Augen geführt
sein. Mit dieser Androhung würde ich mich eher entschließen, schon an das
einmalige Ausbleiben des Miethzinses das Recht der Ausweisung zu knüpfen,
als ohne diese Androhung an das bloße zweite Ausbleiben. (Vrgl. Schweizer
Obl. R. Art. 287.)

lich ist, oder wenn ein besonderes Interesse des Miethers den sofortigen Rücktritt rechtfertigt.

Neben dem Rücktritt bleibt das Recht des Miethers auf Nachlaß am Miethzins und Schadensersatz für die Vergangenheit vorbehalten.

Eine minder erhebliche Hinderung im Gebrauche der Sache begründet den Rücktritt nur dann, wenn ein besonderes Interesse des Miethers ihn rechtfertigt.

§ 507.

Ist nicht eine Sache in ihrer Gesammtheit, sondern nur ein bestimmtes Gebrauchsrecht oder Mitgebrauchsrecht an einer im Besitze des Vermiethers verbleibenden Sache Gegenstand der Miethe, so treten hierfür folgende ab= weichende Bestimmungen ein.

Bei Veräußerung der Sache durch den Vermiether hört das Recht des Miethers dem neuen Erwerber gegenüber auf, insofern nicht der Ver= miether dasselbe zu Gunsten des Miethers vorbehalten hat. Auch der Ver= miether hat kein Recht darauf, daß der Miether dem neuen Erwerber gegen= über das Miethverhältniß fortsetze.

Das Recht des Miethers kann von Andern nur mit Einwilligung des Vermiethers ausgeübt werden.

II. Pacht.

§ 508.

Durch den Pachtvertrag verpflichtet sich der Verpachter, dem Pachter während der Pachtzeit eine Sache zum Gebrauche und Fruchtgenuß zu ge= währen, gegen die Verpflichtung des Pachters, einen Pachtzins zu zahlen.

Für die Pacht kommen die Vorschriften über Miethe zur Anwendung, jedoch mit folgenden besonderen Bestimmungen.

§§ 509 u. 510.

(— Theilpacht, kein Erlaß des Pachtzinses wegen Unglücksfällen — wie §§ 533 u. 534 d. E.)

§ 511 (535).

Wird ein Grundstück mit einem zur Benutzung desselben dienenden Inventar verpachtet, so liegt beim Mangel anderweiter Verabredung die

---

§. 507. Hier ist der Gegensatz hingestellt, in welchem die Miethe eines einzelnen Gebrauchsrechts an einer Sache zu der Miethe der Sache selbst (vergl. § 176) steht. Der wichtigste Fall von Miethen dieser Art ist die Vermiethung von Schlafstellen in der eigenen Wohnung. Die wichtigste Abweichung eines Miethverhältnisses dieser Art von der Miethe einer Sache besteht darin, daß hier der Satz „Kauf bricht Miethe" voll zur Geltung kommt. Die weiter von mir bezeichneten Abweichungen dürften damit gerechtfertigt sein, daß in Fällen dieser Art Miether und Vermiether in einem weit näheren persönlichen Verhältniß zu einander stehen.

§ 511. So gut wie die Ausbesserung und Unterhaltung muß dem Pachter auch die Ergänzung des Inventars für naturgemäße Abgänge obliegen. Denn

Unterhaltung und Ausbesserung der Inventarstücke, auch die Ergänzung der=
selben, soweit sie durch natürlichen Abgang sich vermindern, dem Pachter
ob. Bei erheblicher Minderung des Inventars durch außerordentliche Er=
eignisse hat der Verpachter die Ergänzung desselben zu bewirken.

Von fruchttragenden Inventarstücken hat der Pachter den Fruchtgenuß;
insbesondere gebühren ihm die Jungen der Thiere, soweit sie nicht zur Er=
gänzung des Bestandes dienen.

§ 512.

(— Pfandrecht des Pächters an dem Inventar — wie § 536 d. E.)

§ 513 (537).

Ist bei der Pacht eines Grundstücks oder eines Rechtes die Pachtzeit
nicht bestimmt worden, so kann die Wiederaufhebung der Pacht nur für den
Schluß eines Pachtjahres unter Wahrung einer Kündigungsfrist von 6
Monaten erfolgen. Diese Kündigungsfrist kommt auch in den Fällen des
§ 487 zur Anwendung. Das erste Pachtjahr beginnt mit dem Anfange
der Pacht.

§ 514 (538).

Eine Beendigung der Pacht nach den Bestimmungen der §§ 502 u.
503 findet nicht statt.

§ 515.

Für die Pacht landwirthschaftlicher Grundstücke gelten weiter die Be=
stimmungen der §§ 516—525.

§ 516 (539).

Der Pachtzins ist, wenn nichts Anderes vereinbart worden ist, am
Schlusse eines jeden Pachtjahres zu entrichten.

§ 517 (540).

Der Pachter hat die gewöhnlichen Ausbesserungen (u. s. w. wie § 540).

Er muß ferner dem Verpachter gestatten, zu den Ausbesserungen und
Bauten, welche diesem obliegen, Materialien, die das Grundstück selbst dar=
bietet, zu benutzen, soweit dies ohne Schädigung des Wirthschaftsbetriebes
geschehen kann.

§ 518 (541).

Der Pachter ist verpflichtet, das Grundstück nach landwirthschaftlichen
Regeln ordnungsmäßig zu bewirthschaften. Er darf Aenderungen (u. s. w.
wie § 541).

Die hierauf bezüglichen Ansprüche kann der Verpachter auch schon
während Dauer der Pacht geltend machen.

---

diese Ergänzung ist gewissermaßen nur eine Erhaltung des Inventars in seinem
Bestande. Nur bei außerordentlichen Abgängen tritt die Pflicht des Verpachters
zur Erhaltung des Pachtgegenstandes wieder ein.

§§ 517, 518. Für die Zusätze beziehe ich mich auf ZSt. S. 296.

§ 519 (512).

Eine abgelaufene Pacht gilt als stillschweigend auf unbestimmte Zeit erneuert, wenn aus dem Verhalten beider Theile die Absicht, das Pacht=verhältniß fortbestehen zu lassen, zu entnehmen ist. Bleibt der Pächter ohne Erneuerung der Pacht im Besitz des Pachtgrundstücks, so kann der Verpächter als Entschädigung den Pachtzins nach Verhältniß der Nutzungen fordern, die der Pächter aus dem Grundstück gezogen hat oder hätte ziehen können; unbeschadet des Anspruchs auf Ersatz eines weiteren Schadens.

§ 520 (543).

Der Verpächter hat wegen seiner Forderungen aus dem Pachtvertrage ein gesetzliches Pfandrecht an den eingebrachten Sachen des Pächters und an den Früchten des Grundstücks. Es kommen darauf die Bestimmungen der §§ 497 u. 498 sinnentsprechend zur Anwendung. Ausgeschlossen von dem Pfandrechte wegen Unpfändbarkeit sind jedoch einem abziehenden Pächter gegenüber nur die in § 715 der C. P. O. unter 1, 2, 3, 9 u. 10 ge= nannten Sachen.

§ 521.

Ist bei der Pacht vereinbart, daß der Pächter das mit dem Grund= stück verbundene Inventar (u. s. w. wie § 514 d. E.).

§§ 522—524.

(— Rückgewähr des Pachtgutes — wie §§ 545—547, unter Streichung der Worte „eines landwirthschaftlichen Grundstückes".)

§ 525.

Ist nicht eine Sache, sondern der Bezug bestimmter Nutzungen von einer im Besitze des Verpächters verbleibenden Sache Gegenstand der Pacht, so hört mit der Veräußerung der Sache das Recht des Pächters dem neuen Erwerber gegenüber auf, insofern nicht der Verpächter dasselbe zu Gunsten des Pächters vorbehalten hat.

Titel 5. Gebrauchsleihe.

§ 526 (549).

Wer eine Sache zum unentgeltlichen Gebrauche (leiheweise) empfangen hat, ist verpflichtet, sie zur vertragsmäßigen Zeit dem Verleiher zurück= zugeben.

---

§ 519. Die abgeänderte Bestimmung in 501 kann auf den Pachtvertrag keine Anwendung finden, weil die pachtweise Benutzung eines Grundstücks keine stän= dige ist, sondern nur in dem periodisch eintretenden Fruchtbezug besteht. Man wird daher keine bestimmte Merkmale dafür aufstellen können, wann der Pachtver= trag über ein landwirthschaftliches Grundstück als erneuert anzusehen ist, sondern diese Frage als eine quaestio facti behandeln müssen. Andererseits kann aber auch die Bestimmung des § 502 (523) nicht stehen bleiben, bedarf vielmehr einer der Natur des Pachtverhältnisses entsprechende Abänderung. Der § 542 d. E. ist in dieser Beziehung unbefriedigend.

§ 520. Wegen der Beschränkung des Pfandrechts infolge der Unpfändbar= keit der Sachen vergl. 3St. S. 283.

§ 526. Ueber den Zusatz Abs. 2 vergl. 3St. S. 300 (zu § 554.)

Der Entleiher kann nicht auf Grund des Einwands, daß er kraft eines schon vor der Entleihung liegenden Erwerbes Eigenthümer der Sache sei, die Rückgabe verweigern.

§ 527 (549, 552).

Der Entleiher darf die Sache nur vertragsmäßig gebrauchen, sie auch nicht ohne Zustimmung des Verleihers einem Anderen zum Gebrauch überlassen.

§ 528 (553).

Der Entleiher hat die mit dem Gebrauch der Sache verbundenen Ausgaben, bei der Leihe eines Thieres auch die Fütterungskosten zu tragen.

§ 529 (554).

Der Entleiher ist verpflichtet, die Sache so, wie er sie empfangen hat, zurückzugeben. Er haftet jedoch nicht für Verschlechterungen, die die Sache durch den vertragsmäßigen Gebrauch oder durch Zufall erlitten hat.

Nothwendige Verwendungen kann der Entleiher ersetzt verlangen. Im Uebrigen steht ihm wegen Verwendungen das Recht der Wegnahme wie dem Miether zu (§ 489).

§ 530 (555).

Ist für die Dauer der Leihe keine bestimmte Zeit festgesetzt, so muß die Rückgabe erfolgen, nachdem der Entleiher den bezweckten Gebrauch von der Sache gemacht hat. Der Verleiher kann die Sache auch schon vorher zurückfordern, wenn so viel Zeit verstrichen ist, daß der Entleiher den bezweckten Gebrauch hätte machen können.

Abs. 2 (wie § 556 d. E.).

§ 531 (557).

Der Verleiher kann die Sache jedenfalls zurückfordern:

1. wenn der Entleiher sie vertragswidrig gebraucht oder unsorgsam behandelt; insbesondere auch, wenn er sie einem Dritten zum Gebrauch überlassen hat;
2. wenn der Verleiher in Folge eines unvorhergesehenen Umstandes selbst der Sache bedarf;
3. wenn der Entleiher gestorben ist.

Hat der Entleiher die Sache einem Dritten zum Gebrauche überlassen, so steht dem Verleiher auch gegen diesen Dritten in sinnentsprechender Anwendung des § 492 die Rechtsverfolgung zu.

§ 532 (551).

Wegen Mangel in seinem Rechte oder wegen der Sache anhaftender Mängel haftet der Verleiher nur in gleicher Weise, wie ein Schenker (§§ 427 u. 428).

---

§. 531. Für den Zusatz am Schluß beziehe ich auch auf das zu § 492 bei der Miethe Bemerkte. Beide Verhältnisse sind durchaus gleichartig.

§ 533 (550).

Hat jemand die Verleihung einer Sache zugesagt, so haftet er wegen Nichterfüllung nur, wenn ihm Vorsatz oder grobe Fahrlässigkeit zur Last fällt. Er haftet gar nicht, wenn inzwischen Umstände eingetreten sind, unter denen er muthmaßlich die Zusage nicht ertheilt haben würde, oder wenn er nach der Entleihung in der Lage wäre, die Sache alsbald zurückfordern zu können.

§ 534 (558).

Hat jemand einem Anderen ein Gebrauchsrecht an einer Sache, insbesondere an einem Grundstück, unentgeltlich eingeräumt, so kommen auch hierauf die Vorschriften über Leihe zur Anwendung.

Titel 6. Auftrag.

§ 535 (585).

Durch Annahme eines Auftrags verpflichtet sich der Beauftragte, das ihm aufgetragene Geschäft für den Auftraggeber mit Sorgfalt auszuführen.

§ 536.

(— Verpflichtung dessen, der sich öffentlich zu Aufträgen angeboten hat — wie § 587 d. E.)

---

§ 533. Die von mir gemachten Zusätze dürften der Billigkeit entsprechen. Die Klage aus einer zugesagten Leihe ist gewiß nicht zu begünstigen; kommt glücklicherweise aber auch selten vor.

§. 534 ist nicht zu Ehren des römischen precarium, sondern deshalb aufgestellt, weil im Volksmunde Verhältnisse dieser Art nicht mit dem Namen „Leihe" bezeichnet werden, während sie doch rechtlich der Leihe gleich stehen. Es fällt darunter z. B., wenn ein Nachbar dem andern gestattet, Holz auf seinen Hofraum zu lagern, oder wenn Jemand einem andern seine Wiese zum Bleichen der Wäsche einräumt.

Fragen ließe sich noch, ob nicht bei der unentgeltlichen Einräumung einer Wohnung ebenso, wie bei der Miethe, eine Kündigung gewahrt werden müsse. Der Fall ist aber so wenig praktisch, daß es sich nicht lohnt, eine Regel dafür aufzustellen.

Titel 6. In der Reihenfolge der einzelnen Verträge lasse ich hier zunächst den „Auftrag" folgen, weil nur in Verbindung mit diesem die weiter folgenden Vertragsverhältnisse, namentlich auch der „Dienstvertrag" in verständlicher Weise geordnet werden können.

Bekanntlich ist der Entwurf lebhaft angegriffen worden, weil er den „Auftrag" auch „gegen Vergütung" zuläßt (§§ 586, 596), zugleich aber bestimmt, daß Gegenstand des Dienstvertrags „Dienste jeder Art" sein können; so daß es an jedem unterscheidenden Merkmale dafür fehlt, wann ein Auftrag gegen Vergütung und wann eine Dienstmiethe vorhanden sei. Ich halte diesen Vorwurf für durchaus begründet. Die Praxis würde bei dieser Frage in die größte Noth gerathen. Die römische Annahme, daß ein „Auftrag" auch gegen Vergütung (Honorar) geleistet werden könne, war nur ein Nothbehelf, weil man sonst ein Rechtsgeschäft der fraglichen Art nicht unterzubringen wußte. Hier wird der „Auftrag" in seiner ursprünglichen Reinheit, als unentgeltlich geübt, dargestellt werden. Bei dem Dienstvertrage wird dann über die Besorgung von Geschäften gegen Honorar zu handeln sein.

§ 536. Diese Bestimmung steht zwar im Entwurfe vorzugsweise mit dem „gegen Entgelt" übernommenen Auftrag in Zusammenhang. Es wird aber nichts schaden, wenn sie hier stehen bleibt.

§ 537 (588, 589).

Im Zweifel ist anzunehmen, daß der Beauftragte verpflichtet ist, den Auftrag in Person auszuführen. Ueberläßt er die Ausführung Andern, so haftet er für diese nach Maßgabe des § 221 Abs. 2.

Ist dem Beauftragten ausdrücklich gestattet, die Ausführung des Auftrages einem Anderen zu übertragen, so haftet er nur wegen eines ihm bei dieser Uebertragung zur Last fallenden Verschuldens.

§ 538 (590).

Der Beauftragte hat bei der Ausführung des Auftrags die Weisungen des Auftraggebers zu befolgen.

Er darf von diesen nur abweichen, soweit die Voraussetzungen einer ohne Auftrag geübten Geschäftsführung die Abweichung rechtfertigen.

§ 539 (594).

Für die zur Ausführung des Auftrags nöthigen Aufwendungen hat der Auftraggeber dem Beauftragten auf dessen Verlangen den erforderlichen Vorschuß zu leisten.

§ 540 (591, 592).

Der Beauftragte hat dem Auftraggeber über die Ausführung des Auftrags Rechenschaft abzulegen und das, was er aus der Geschäftsführung in Händen hat, herauszugeben.

§ 541.

(— Pflicht, eingenommene Gelder zu verzinsen — wie § 593 d. E.).

§ 542 (595).

Hat der Beauftragte Aufwendungen gemacht, die zur Ausführung des Auftrags erforderlich waren, so hat der Auftraggeber ihm dieselben mit Zinsen zu ersetzen.

Hat der Beauftragte in Ausführung des Auftrags Verbindlichkeiten bei Dritten übernommen, so hat der Auftraggeber ihn von solchen zu befreien oder für die Befreiung von denselben Sicherheit zu leisten.

§ 543 (598).

Der Auftraggeber kann den in seinem Interesse ertheilten Auftrag jederzeit widerrufen.

---

§ 537. Ich möchte glauben, daß in der mir vorgeschlagenen Weise die gegen den § 369 d. E. erhobenen Einwendungen (ZSt. S. 332) am besten sich erledigen.

§ 538. Den Schlußsatz von § 590 d. E. habe ich weggelassen, weil unten bei der negot. gestio allgemein der Satz aufgestellt werden muß, daß eine solche nur zulässig ist, wenn die eigene Entschließung des Geschäftsherrn nicht eingeholt werden kann.

§ 540. Ueber die Rechnungslegung (die der Entwurf hier in § 591 abfinden will) müssen besondere Vorschriften in einem späteren Abschnitt aufgestellt werden.

§ 543. Bereits in der „Beurtheilung" ist darauf hingewiesen, daß es auch Beauftragungen giebt, die im eigenen Interesse des Beauftragten ertheilt und übernommen werden. Diese sind nicht frei widerruflich. (Ein Verhältniß dieser Art liegt namentlich dann vor, wenn jemand mit Erhebung gewisser Einnahmen

Ist der Auftrag zugleich im Interesse des Beauftragten ertheilt worden, so kann der Auftraggeber den Auftrag nicht widerrufen. Widerruft er in einem solchen Falle die dem Beauftragten Dritten gegenüber ertheilte Vollmacht, so haftet er dem Beauftragten für Schadensersatz.

§ 544 (598).

Der Beauftragte kann den Auftrag jederzeit kündigen.

Die Kündigung darf nur in der Art geschehen, daß der Auftraggeber für das aufgetragene Geschäft anderweite Fürsorge treffen kann.

Ist zur Unzeit gekündigt worden, so haftet der Beauftragte für Ersatz des verursachten Schadens. Die Haftung tritt nur dann nicht ein, wenn der Auftraggeber zu der Kündigung dringende Veranlassung gegeben hat.

§ 545 (599, 600, 602).

Der Auftrag erlischt, insofern nicht die ausgestellte Vollmacht zugleich auf die Erben gestellt ist oder ein Fall der in § 542 Abs. 2 berührten Art vorliegt, mit dem Tode des Auftraggebers. Er erlischt ferner, wenn der Auftraggeber die freie Handlungsfähigkeit oder die Fähigkeit, über den Gegenstand des Auftrags zu verfügen, verliert.

Der Beauftragte hat jedoch in einem solchem Falle, wenn Gefahr im Verzuge ist, das aufgetragene Geschäft so lange zu besorgen, bis der Erbe oder der Vertreter des Auftraggebers anderweite Fürsorge hat treffen können.

§ 546 (603).

So lange der Beauftragte von dem Erlöschen seines Auftrages keine Kenntniß erhalten hat, sind die von ihm auftragsweise geführten Geschäfte zu seinen Gunsten und auch zu Gunsten gutgläubiger Dritter rechtsgültig.

---

des Auftraggebers beauftragt ist, die er zu seiner eigenen Befriedigung erheben soll. Der Beauftragte ist dann in rem suam procurator. Ein verwandtes Verhältniß kommt auch bei der „Gesellschaft“ vor. Der Gesellschafter, indem er für die Gesellschaft handelt, kann dabei als Beauftragter der Mitgesellschafter angesehen werden. Aber er hat zugleich im eigenen Interesse zu handeln und deshalb ist der ihm ertheilte Auftrag nicht willkürlich widerrufbar. Die Dritten gegenüber ertheilte Vollmacht muß freilich stets widerruflich bleiben.

§ 545. Wenn auch für Handelsgeschäfte und für Prozeßführung es begründet ist, daß man den „Auftrag“ nicht durch den Tod des Auftraggebers als erloschen ansieht, so kann ich doch nicht zugeben, daß diese Anschauung allgemein Berechtigung habe. Zunächst halte ich die in § 599 d. E. beigefügte Schranke: „sofern nicht aus dem Vertrage ein anderer Wille ꝛc. erhellt“, nur für eine Phrase. Wie soll denn ein solcher anderer Wille erhellen? Glaubt man, daß jemand einen Auftrag ertheile mit dem Zusatze: „aber nur so lange ich lebe?“ Das kommt eben nicht vor. Was aber die Sache selbst betrifft, so ist ein ertheilter Auftrag auch heute noch Sache persönlichen Vertrauens; und es ist daher nur sachentsprechend, daß der Beauftragte, ehe er die Geschäfte weiter führt, bei den Rechtsnachfolgern anfragt, ob auch sie ihm das nämliche Vertrauen schenken. Dazu kommt noch, daß durch den Tod des Auftraggebers oder dessen eintretende Handlungsunfähigkeit sehr häufig sachliche Veränderungen eintreten, die es zweifelhaft machen, ob es angemessen sei, das aufgetragene Geschäft weiter zu führen. Auch hiergegen liegt ein Schutz in dem Satze, daß der Auftrag im Zweifel erlischt. Andernfalls liegt in diesem Satze durchaus keine Gefahr, wenn man ihm die in Abs. 2 und in § 546 enthaltenen Schranken beifügt.

§ 547 (601).

Der Auftrag erlischt mit dem Tode des Beauftragten.

Der Erbe des Beauftragten hat dem Auftraggeber den Tod des Beauftragten unverzüglich anzuzeigen, auch, soweit Gefahr im Verzuge ist, das Geschäft so lange zu besorgen, bis der Auftraggeber anderweite Fürsorge hat treffen können.

§ 548.

(— Verpflichtung durch ertheilten Rath — wie § 604 d. E.).

Titel 7. Geschäftsführung ohne Auftrag.

§ 549 (749, 751, 753).

Wer ohne Auftrag für einen Anderen dessen Geschäfte führt, übernimmt damit die Pflichten eines Beauftragten. Er erlangt auch die Rechte eines Beauftragten, wenn die unternommene Geschäftsführung dem verständig bemessenen Interesse des Geschäftsherrn entsprach.

§ 550.

(— Geschäftsführung bei bringender Gefahr — wie § 750 d. E.).

§ 551.

Die Verpflichtung des Geschäftsherrn tritt unabhängig von seiner Handlungsfähigkeit ein.

§ 552.

Die Führung fremder Geschäfte ist unberechtigt, wenn der Geschäftsherr die Führung des Geschäfts verboten hat oder wenn ohne Gefahr eines

---

Titel 7. Die Geschäftsführung ohne Auftrag schließt sich am nächsten der Geschäftsführung infolge Auftrags an und ist deshalb an dieser Stelle eingeschoben.

§ 549. Ich glaube, daß in dieser Weise die Hauptgrundlage für die Lehre am einfachsten geordnet wird.

Der Entwurf (§ 753) will das Kriterium des utiliter gestum darin finden, „daß anzunehmen sei, der Geschäftsherr würde das Verhalten des Geschäftsführers bei Kenntniß der wirklichen Sachlage gebilligt haben." Zunächst weiß man gar nicht, was die „Kenntniß der wirklichen Sachlage" hier soll. Die Fälle, wo jemand in die Lage kommt, für einen Anderen Geschäfte zu führen, beruhen in ihrer großen Mehrzahl nicht darauf, daß der Geschäftsherr „die wirkliche Sachlage nicht kannte", sondern darauf, daß er thatsächlich verhindert ist, in die Sachlage einzugreifen. Ueberhaupt ist es bedenklich, das subjektive Moment der Billigung des Geschäftsherrn als maßgebend hinzustellen. Die Frage, ob utiliter gestum sei, kann nur nach einem objektiven Maßstabe entschieden werden. Allerdings sagt nun § 753 am Schlusse: die Billigung sei anzunehmen, wenn die Geschäftsführung vernünftig gewesen sei. Weshalb aber soll man erst auf diesem Umwege auf das eigentlich Maßgebende kommen?

§ 551. Ich würde diesen Paragraph für unnöthig halten, wenn man nicht auf dem Gebiete des gemeinen Rechts das Gegentheil aus einigen (m. E. mißverstandenen) römischen Stellen abgeleitet hätte.

§ 552. Der Satz: prohibentis negotia non geruntur ist allgemein bekannt. Er muß aber ergänzt werden durch den folgenden Satz § 552. Zufällig steht dieser nicht im Corpus juris, aber er liegt nicht minder in der Natur der Sache. Niemand braucht sich gefallen zu lassen, daß Fremde auf eigene Hand

Nachtheils die Willensmeinung des Geschäftsherrn über das für ihn zu führende Geschäft eingeholt werden konnte.

Aus Geschäften, die mit Nichteinhaltung dieser Schranke geführt sind, hat der Geschäftsführer keinen Anspruch auf Ersatz seiner Aufwendungen. (Vergl. jedoch § 556.)

§ 553.

Auch wider Verbot des Geschäftsherrn darf ein Geschäft desselben geführt und Ersatz dafür beansprucht werden, wenn der Geschäftsführer ein Recht darauf hatte, daß die fragliche Handlung nicht unterbleibe.

§ 554 (755).

Desgleichen steht dem Geschäftsführer ohne Rücksicht auf ein Verbot des Geschäftsherrn der Anspruch auf Ersatz seiner Aufwendungen zu, wenn er eine dem Geschäftsherrn im öffentlichen Interesse obliegende Verbindlichkeit, eine demselben kraft Gesetzes obliegende Pflicht zur Unterhaltsgewährung oder die ihm obliegende Pflicht zu einer Leichenbestattung erfüllte.

§ 555.

Für die Geltendmachung der Ansprüche des Geschäftsführers aus der Geschäftsführung bedarf es weder eines Beweises, daß das Geschäft dem Interesse des Geschäftsherrn entsprochen habe, noch kommt die in § 552 für die Geschäftsführung gezogene Schranke in Betracht, wenn der Geschäftsherr nachträglich das geführte Geschäft genehmigt hat.

§ 556 (758).

Der Geschäftsführer, der nach den beschränkenden Bestimmungen der §§ 549 und 552 einen Anspruch auf Ersatz seiner Aufwendungen nicht hat, hat gleichwohl einen Anspruch auf Wegnahme der Gegenstände, die durch die Geschäftsführung in das Vermögen des Geschäftsherrn gelangt sind, sowie auf Herausgabe eines Geldbetrages, der durch die Geschäftsführung in das Vermögen des Geschäftsherrn geflossen ist.

---

in seine Geschäfte eingreifen, wenn nicht eine gewisse Noth dazu drängt. Vor kurzem war folgender Rechtsfall anhängig. Bei einem Neubau hatte der Bauführer ein kostbareres Material verwendet, als im Bauplan vorgesehen war, und er verlangte dessen Bezahlung. Der Bauherr verweigerte diese. Der Bauführer benannte einige Sachverständige, welche erklärten, daß die Verwendung für den Bau nützlich gewesen sei, und darauf hin erkannte das Gericht dem Bauführer als negotiorum gestor die größere Summe zu, obgleich der Bauherr, der ganz nahe wohnte, jeden Augenblick hätte gefragt werden können. M. E. ein ganz ungerechtes Urtheil. So wird in dieser Lehre geirrt.

§ 553. Ein Fall dieser Art kommt namentlich bei der Miethe vor. Unterläßt der Vermiether, die vermiethete Sache so herzustellen, wie er es dem Miether schuldig ist, so kann der Miether auf eigene Hand die Herstellung bewirken und sie dem Vermiether in Rechnung stellen; selbst wenn dieser die Herstellung verboten haben sollte. Auch der § 691 des Titels „Gemeinschaft" bildet ein Beispiel. Es handelt sich hiernach um einen Grundsatz, der in dem Obigen formulirt ist.

§ 556. In dieser Weise muß man die sog. Bereicherungsklage beschränken, wenn man nicht dahin gelangen will, doch wieder bei einer verbotenen Geschäftsführung Ansprüche aus „Bereicherung" zuzulassen und damit den Satz: Prohibentis negotia non geruntur zu eludiren.

§ 557 (757).

Hat der Geschäftsführer in der Person des Geschäftsherrn geirrt, so wird der wirkliche Geschäftsherr aus der Geschäftsführung berechtigt und verpflichtet.

§ 558 (754).

Ein Anspruch aus Geschäftsführung wird nicht erworben, wenn derjenige, der für einen Anderen thätig war, nicht die Absicht hatte, Ersatz dafür zu fordern.

Dies ist namentlich im Zweifel anzunehmen, wenn Eltern oder Voreltern den Kindern oder diese jenen Unterhalt gewähren.

§ 559.

Hat jemand ein fremdes Geschäft in der Meinung besorgt, daß es sein eigenes sei, so werden aus dieser Geschäftsführung beide Betheiligte einander zur Herausgabe des durch die Geschäftsführung an sie Gelangten im Umfange ihrer Bereicherung verpflichtet.

Hat jemand ein fremdes Geschäft in rechtswidriger Absicht als sein eigenes geführt, so haftet er dem, welchen das Geschäft angeht, nach den Vorschriften über die Erstattung widerrechtlicher Bereicherung und außerdem nach den Vorschriften über Haftung aus unerlaubten Handlungen.

Titel 8. Hinterlegung.

§ 560 (614).

Wer eine bewegliche Sache zur Hinterlegung empfängt, ist verpflichtet, sie mit Sorgfalt aufzubewahren und demnächst dem Hinterleger zurückzugeben.

§ 561.

(— Vergütung bei Hinterlegung — wie § 615 d. E.)

§ 562 (616).

Im Zweifel ist anzunehmen, daß der Verwahrer nicht ermächtigt ist, die hinterlegte Sache bei einem Andern zu hinterlegen.

Ist ihm ausdrücklich gestattet, die Sache bei einem Andern zu hinterlegen, so haftet er nur wegen eines bei dieser Hinterlegung ihm zur Last fallenden Verschuldens.

Die §§ 759 und 760 d. E. sind hier weggeblieben. Daß das eigene Interesse eine Geschäftsführung nicht ausschließt, ergiebt sich schon aus dem obigen § 553. Die Vorschrift in § 760 aber ist so nichtssagend, daß es sich nicht lohnt, sie in einem Gesetzbuch aufzustellen.

Titel 8 und 9. Ich lasse den Titeln „Auftrag" und „Geschäftsführung" sofort den Titel „Hinterlegung" folgen, weil die Hinterlegung in der That nichts anderes ist, als die Beantragung mit Aufbewahrung einer Sache. In vielen Bestimmungen gehen daher auch die Vorschriften über beide völlig parallel. Bei unbeweglichen Sachen geht der Hinterlegung entsprechende Vertrag (Uebertragung der Verwaltung und Beaufsichtigung der Sache) völlig in den Auftrag über. An die „Hinterlegung" schließt sich dann am nächsten die Einbringung bei Gastwirthen an. Im einzelnen werden die Bestimmungen dieser Titel keiner Erläuterung bedürfen.

§ 563 (617).

Der Hinterleger darf von der vereinbarten Art der Aufbewahrung nur abweichen, soweit die Voraussetzungen einer ohne Auftrag geübten Geschäftsführung die Abweichung rechtfertigen.

§ 564 (618).

Ist Geld mit der Bestimmung hinterlegt worden, daß nur ein gleicher Geldbetrag zurück zu gewähren sei, so ist das Verhältniß als Darlehen anzusehen. Ist die Bestimmung dahin getroffen worden, daß der Verwahrer, wenn er wolle, das Geld verbrauchen könne, so geht das Verhältniß mit dem Verbrauche des Geldes in ein Darlehen über. Zeit und Ort der Rückgabe richten sich jedoch nach den Bestimmungen des Hinterlegungsvertrages.

Dasselbe gilt bei der Hinterlegung anderer vertretbarer Sachen.

§ 565 (619, 620).

Der Verwahrer hat die hinterlegte Sache nebst den etwa davon gezogenen Nutzungen an dem Orte zurückzugeben, wo sie aufzubewahren war. Der Verwahrer ist nicht verpflichtet, die Sache dem Hinterleger zu bringen.

Hat der Verwahrer ohne Gestattung des Hinterlegers hinterlegte Gelder in eigenen Nutzen verwendet, so ist er verpflichtet, dieselben von der Zeit der Verwendung an zu verzinsen.

§ 566 (621).

Für Aufwendungen, die der Verwahrer im Interesse der hinterlegten Sache gemacht hat, und für eingegangene Verbindlichkeiten steht ihm ein gleicher Anspruch auf Ersatz oder Befreiung zu, wie einem Beauftragten. (§ 542.)

§ 567—570.

(— nähere Bestimmungen über Pflichten und Rechte des Hinterlegers — wie die §§ 622—625 d. E.)

§ 571.

Haben Mehrere eine Sache zur Sicherung streitiger Ansprüche bei einem Dritten (Sequester) hinterlegt, so darf dieser die Sache nur an alle Betheiligte oder an denjenigen derselben, der sich durch richterliches Urtheil als berechtigt answeist, herausgeben.

Titel 9. Einbringung von Sachen bei Gastwirthen.

§§ 572—574

wie §§ 626—628 d. E.: jedoch in § 572 Abs. 1 statt „durch höhere Gewalt" zu setzen:

> durch ein von außen hinzutretendes, auch bei voller Sorgfalt nicht abwendbares Ereigniß.

Titel 10. Dienstvertrag.

§ 575 (559).

Durch den Dienstvertrag verpflichtet sich der Dienstnehmer, bestimmte Dienste zu leisten, gegen die Verpflichtung des Dienstgebers, ihm dafür eine Vergütung zu gewähren.

Als Vergütung für die zu leistenden Dienste können neben Geld oder statt desselben auch andere Leistungen vereinbart werden.

§ 576 (559 Abs. 2).

Sind ohne Vereinbarung einer Vergütung Dienste, für die den Umständen nach eine Vergütung zu erwarten war, bedungen oder geleistet und angenommen worden, so ist die tarmäßige, übliche oder angemessene Vergütung als stillschweigend vereinbart anzusehen.

§ 577 (558).

Die Vergütung ist im Zweifel erst nach Beendung der Dienstleistung, wenn sie jedoch nach bestimmten Zeitabschnitten bemessen worden ist, je nach Ablauf dieser Zeitabschnitte zu zahlen.

§ 578 (565).

Wird ein Dienstverhältniß nach Ablauf der dafür bestimmten Zeit stillschweigend fortgesetzt, so gilt es als auf unbestimmte Zeit erneuert.

§ 579.

Das Dienstverhältniß erlischt mit dem Tode des Dienstnehmers.

———

Titel 10. Der Entwurf will nach Inhalt des Einführungsgesetzes die Dienstverhältnisse des Hausgesindes, der gewerblichen Arbeiter und der öffentlichen Beamten von den Bestimmungen über Dienstvertrag ausscheiden. Danach bleiben also nur die Dienstverhältnisse anderer Art hier zu ordnen.

Es ist bereits oben bemerkt, daß kein Grund vorliegt, einen „Auftrag gegen Entgelt" zu konstruiren. Unzweifelhaft haben freilich Dienstleistungen, die gegen Entgelt bedungen werden, einen sehr verschiedenen Charakter. Glücklicher Weise hat sich gerade in dieser Beziehung ein Sprachgebrauch gebildet, der die verschiedenen Arten der Dienste ziemlich scharf unterscheidet. Es ist das die verschiedene Bezeichnung des für die Dienste zu leistenden Entgeltes als Lohn, Gehalt oder Honorar. An diesen Sprachgebrauch läßt sich anknüpfen, um die verschiedenen Dienstverhältnisse ihrer inneren Natur nach verschieden zu ordnen. So ist es in diesem Titel versucht worden. Daneben kann man dann den „Auftrag" in seiner Reinheit als die unentgeltlich übernommene Besorgung fremder Geschäfte bestehen lassen.

Es ließe sich noch fragen, ob nicht noch ein vierter Begriff der für Dienste zu leistenden Vergütung in Betracht komme, nämlich der der "Provision". Diese Art der Vergütung kommt jedoch, so weit ich es überblicke, nur bei Geschäften vor, die den Handelsrechte angehören (Art. 290 T. H. B.). Dem allgemeinen bürgerlichen Verkehr gehört nur ein Rechtsgeschäft an, bei dem die Vergütung die Natur der kaufmännischen Provision hat; nämlich das Mäklergeschäft. Da dieses aber besonders behandelt wird, so kann bei dem Dienstvertrag von Diensten, die gegen Provision geleistet werden, geschwiegen werden.

§ 575 flg. Hier werden zunächst Vorschriften aufgestellt, die allen Arten von Dienstverhältnissen gemeinsam sind.

§ 580.

Soweit Dienste in den Räumlichkeiten des Dienstgebers oder mit Betriebsmitteln desselben geleistet werden, hat dieser dafür zu sorgen, daß durch deren Beschaffenheit Leben und Gesundheit des Dienstleistenden möglichst wenig gefährdet werden.

§ 581.

Für den Dienstvertrag kommen je nach Art der geleisteten Dienste die für den Auftrag geltenden Vorschriften der §§ 535—542 und 547 zur Anwendung.

Im Uebrigen treten für den Dienstvertrag, je nachdem die Dienste gegen Lohn, Gehalt oder Honorar geleistet werden, folgende Bestimmungen ein.

I. Dienste gegen Lohn.

§ 582.

Für Dienste, die gegen Lohn geleistet werden, kann der Dienstnehmer den Lohn nur fordern, wenn er den Dienst geleistet hat oder zu leisten bereit gewesen ist.

§ 583.

Nimmt der Dienstgeber die Dienste nicht an, so hat der Dienstnehmer gleichwohl Anspruch auf den bedungenen Lohn, ohne zu einer Nachleistung der Dienste verpflichtet zu sein. Er muß sich jedoch den Abzug besonderer Aufwendungen, die ihm durch Nichtleistung der Dienste erspart werden, und ferner den Abzug desjenigen gefallen lassen, was er durch anderweite Verwerthung seiner Dienste verdient hat oder hätte verdienen können, wenn er es nicht böswillig unterlassen hätte.

§ 584.

Sind Dienste auf eine bestimmte Zeit gedungen, so endet das Dienstverhältniß mit dem Ablauf dieser Zeit.

Auf längere Zeit als ein Jahr kann ein Dienstverhältniß gegen Lohn nicht mit bindender Kraft eingegangen werden.

§ 585 (563).

Sind Dienste auf unbestimmte Zeit gedungen, so unterliegen sie der Kündigung für das Ende jedes Zeitabschnittes, nach welchem der Lohn bemessen wird.

---

§ 580. Es dürfte gerechtfertigt sein, diesen Satz, der ja bei der gewerblichen Dienstleistung heute unbedingt angenommen wird, hier allgemein für die Dienstleistung auszusprechen, obwohl er vielleicht schon von selbst sich verstände.

§ 581. Darin, daß eine ganze Reihe von Bestimmungen, die für den Auftrag gegeben sind, auch für das Dienstverhältniß passen, zeigt sich die nahe Verwandtschaft beider. In der That ist das Verhältniß des Dienstleistenden von dem Beauftragten nur dadurch unterschieden, daß er für seinen Dienst eine Vergütung erhält.

§ 584. Der zweite Satz ist wohl neu. Ich möchte ihn aber vorschlagen im Interesse der dienenden Klassen, welche davor behütet werden müssen, auf allzulange Zeit ihre Arbeitskraft zu Gunsten eines Anderen festzulegen.

§ 585. Ich kann nicht annehmen, daß bei Lohndiensten, die ohne jene Zeitbestimmung gedungen sind, eine Kündigungsfrist gewahrt werden müßte.

§ 586 (566).

In jeder Zeit und auch ohne Wahrung einer etwa vereinbarten Kündigungsfrist kann jeder Theil von dem Vertrage zurücktreten, wenn der andere Theil durch vertragswidriges oder sonstiges unangemessenes Verhalten dringende Veranlassung dazu gegeben hat. In einem solchen Falle ist der schuldige Theil dem Zurücktretenden zugleich zum Schadens= ersatze verpflichtet.

II. Dienste gegen Gehalt.

§ 587.

Ist für ein dauerndes Verhältniß der Dienstvertrag in der Form einer Anstellung mit Gehalt eingegangen, so gelten dafür folgende Vor= schriften.

§ 588 (562).

Der Dienstnehmer wird dadurch, daß er durch einen in seiner Person liegenden Grund ohne sein Verschulden auf nicht erhebliche Zeit an der Dienstleistung verhindert wird, des Anspruchs auf seinen Gehalt nicht ver= lustig.

Bezieht der Dienstnehmer während seiner Behinderung eine Kranken= versicherung, zu der der Dienstherr Beiträge leistet, so kann der Dienstherr den Versicherungsbetrag von dem ihm zu zahlenden Gehalt in Abzug bringen.

§ 589.

Der Dienstnehmer kann seine Dienste nicht ohne Einwilligung des Dienstherrn durch einen Anderen leisten lassen.

§ 590.

Ist die Anstellung auf unbestimmte Zeit erfolgt, so kann das Dienst= verhältniß von jedem Theile nur für den Schluß eines Kalenderviertel= jahres und unter Wahrung einer sechswöchigen Kündigungsfrist gekündigt werden.

§ 591 (564).

Das Dienstverhältniß kann auf beliebige Dauer eingegangen werden.

Ist es jedoch auf länger als 10 Jahre oder ist es auf Lebenszeit einer Person eingegangen, so kann es mit Ablauf von 10 Jahren von dem Dienstnehmer nach vorgängiger Kündigung beendet werden. Die Kündigungs= frist beträgt alsdann sechs Monate.

Außerdem findet auch auf Dienstverhältnisse dieser Art § 586 An= wendung.

Wenn ich einen Tagelöhner für Arbeiten in meinem Garten annehme, so kann ich ihn an jedem Abend bei Auszahlung des Lohnes für den folgenden Tag ent= lassen. Ebenso kann der Arbeiter erklären, daß er am nächsten Tage nicht wieder kommen werde.

§ 587. Die folgenden Paragraphen sollen die Verhältnisse derjenigen ordnen, die von Privaten als Beamte „angestellt" werden. Von den Bestimmungen des Entwurfs sind nur § 561 und § 568 auf sie berechnet. Andere Bestimmungen, namentlich § 563, passen nicht für sie.

§ 590. Die Kündigungsfrist ist hier, nach Vorgang des preuß. L. R. er= heblich erweitert. Vgl. Zst. S. 310.

§ 592.

Wird ein Dienstverhältniß nach Ablauf der dafür bestimmten Zeit stillschweigend fortgesetzt, so gilt es als für unbestimmte Zeit erneuert.

III. Dienste gegen Honorar.

§ 593.

Sind Dienste, die in Ausübung einer freien geistigen Thätigkeit oder kraft eines besonderen in die Person des Dienstleistenden gesetzten Vertrauens geleistet werden, gegen Zahlung eines Honorars bedungen worden, so gelten dafür folgende Vorschriften.

§ 594.

Das Honorar kann nur gefordert werden, soweit die Dienste wirklich geleistet sind; es müßte denn dasselbe ausdrücklich schon für die Bereitschaft zu der Dienstleistung bedungen sein.

§ 595.

Ein für Geschäfte von unbestimmter Dauer eingegangenes Dienstverhältniß der fraglichen Art kann von jedem Theile gekündigt werden.

§ 596.

Kündigt der Dienstleistende, so hat er die für die Kündigung eines Beauftragten geltenden Vorschriften (§ 544) zu wahren. Auf das bedungene Honorar hat er insoweit Anspruch, als seine bisher geleisteten Dienste für den Dienstherrn von Werth sind.

Kündigt der Dienstherr, so hat er einen entsprechenden Theil des Honorars nicht allein für die bereits geleisteten Dienste, sondern auch für die etwa schon stattgehabte Vorbereitung der noch zu leistenden Dienste zu zahlen.

§ 597.

Hat der Dienstherr oder der Dienstleistende zu der Kündigung schuldvoll Veranlassung gegeben, so hat der Dienstleistende, auch wenn er selbst kündigt, von dem schuldigen Dienstherrn eine Vergütung nach Maßgabe des § 596, Abs. 2, der schuldige Dienstleistende dagegen von dem Dienstherrn, auch wenn dieser kündigt, nur eine Vergütung nach Maßgabe des § 596. Abs. 1 zu beanspruchen.

§ 598.

Der Kündigung steht es gleich, wenn durch einen von dem einen oder dem anderen Theile zu vertretenden Umstand die Dienstleistung unmöglich wird.

§ 599.

§ 589 findet auch hier Anwendung.

---

§ 595. In diesem Kündigungsrechte beider Theile liegt die nahe Verwandtschaft des Honorarvertrags mit dem Auftrage. Die Frage aber, wie in einem solchen Falle der Honoraranspruch sich stelle, ist in § 596 d. E., wie ich glaube, unbefriedigend geordnet. In den folgenden Paragraphen ist dies anderweit versucht worden.

Titel 11. Werkvertrag.

§ 600 (567).

Durch den Werkvertrag verpflichtet sich der Uebernehmer zur Her=
stellung des übernommenen Werkes, der Besteller zur Entrichtung des dafür
vereinbarten Preises.

Wird ohne Vereinbarung eines Preises die Herstellung eines Werkes
übertragen, so gilt, wenn nach den Umständen diese Herstellung nur gegen
Vergütung zu erwarten war, der taxmäßige, übliche oder angemessene Preis
als stillschweigend vereinbart.

§ 601 (568).

Die Vorschriften über den Werkvertrag kommen zur Anwendung,
mag der Uebernehmer das Werk aus Stoff, den der Besteller oder den er
selbst dazu liefert, herstellen.

§ 602 (569).

Der Uebernehmer ist verpflichtet, das Werk so herzustellen, daß es
die zugesicherten Eigenschaften hat und mit keinen seinen Werth oder seine
Tauglichkeit mindernden Mängeln behaftet ist.

Ist das Werk nicht von dieser Beschaffenheit, so kann der Besteller
zunächst von dem Uebernehmer verlangen, daß dieser, insofern die Besei=
tigung des Mangels möglich, auch nicht mit unverhältnißmäßigem Auf=
wande verbunden ist, binnen kurzer Frist den Mangel beseitige.

Titel 11. Es hat mir dienlich geschienen, diejenigen Vorschriften, welche
besonders auf Bauwerke sich beziehen, zunächst auszuscheiden und sie dann am
Schluße zusammenzustellen. Ich glaube, daß dadurch die ganze Sache an Klarheit
gewinnt.

§ 601. Ich trete der Ansicht derer bei, die es für die Anwendbarkeit der
Vorschriften über Werkvertrag nicht für entscheidend halten, ob der Stoff zu dem
Werke von dem Besteller oder von dem Uebernehmer geliefert ist. Diese Unter=
scheidung ist nichts anderes, als ein Romanismus, der für eine freie legislatorische
Gestaltung keine Berechtigung mehr hat. Das Aufgeben dieser Unterscheidung
wird um so mehr zur Nothwendigkeit, wenn man mit dem Entwurf (§§ 893, 894)
den Grundsatz aufstellt, daß durch die überwiegende Bearbeitung eines Stoffes
dieser in das Eigenthum des Bearbeitenden übergeht. Können wir wohl, wenn
wir diesen Grundsatz anerkennen, wirklich verschiedene Rechtsgeschäfte annehmen,
je nachdem der Besteller eines Gemäldes die Leinwand, worauf es gemalt wird,
selbst geliefert oder dem Maler sie zu beschaffen überlassen hat? Aber auch wenn
wir Fälle in Betracht ziehen, in welchen der Stoff nicht in gleichem Maße gegen
das Werk zurücktritt, verschwindet doch für unser heutiges Rechtsbewußtsein der
Unterschied. Oder wären es wirklich verschiedene Rechtsgeschäfte, je nachdem ich
mir selbst das Tuch zu meinem Rock im Tuchladen kaufe und zum Schneider
schicke, oder mir beim Schneider einen Rock aus dem von ihm geführten Tuche
bestelle? Das Charakteristische des Werkvertrags bleibt immer das Recht und die
Pflicht des Bestellers, das Werk zu prüfen und danach dasselbe gutzuheißen oder
zu verwerfen. Dies trifft in beiden Fällen ganz gleich zu.

Nur wenn ein bestellter Bau auf dem Grund und Boden nicht des Be=
stellers, sondern des Uebernehmers ausgeführt würde, wäre es unnatürlich,
hier einen Werkvertrag anzunehmen. (Grund und Boden kann man niemals als
den „Stoff" ansehen, aus welchem das Werk hergestellt wird. Und deshalb ist in
dieser Beziehung in § 616 eine Ausnahme gemacht. Geschäfte dieser Art kommen
übrigens nicht leicht vor.

Unterläßt der Uebernehmer die Beseitigung, so kann der Besteller, wenn die Sache bereits sein Eigenthum ist, die Beseitigung des Mangels durch einen Dritten vornehmen lassen und die aufgewendeten Kosten vom Uebernehmer ersetzt verlangen.

§ 603 (569 Abs. 2).

Ist die Beseitigung des Mangels nicht möglich, so steht dem Besteller die Wahl zu, das Werk abzulehnen, oder eine dem Mangel entsprechende Minderung des Preises zu verlangen. Die Vorschriften über Gewährleistung wegen Mängel einer verkauften Sache kommen dabei sinnentsprechend zur Anwendung.

Dieselben Befugnisse stehen dem Besteller zu, wenn die Beseitigung des Mangels zwar möglich ist, der Uebernehmer aber sie vorzunehmen verweigert, der Besteller auch nicht von der Befugniß des § 602 Abs. 3 Gebrauch machen kann oder will.

Gründet sich der Mangel auf einen von dem Uebernehmer zu vertretenden Umstand, so hat der Besteller außerdem Anspruch auf Schadenersatz.

§ 604.

Der Besteller, der berechtigter Weise das Werk ablehnt, kann die Gegenleistung verweigern oder die schon entrichtete zurückfordern. Er kann auch Ersatz für den Werth des Stoffes fordern, den er zu dem Werke geliefert hat. Ist ihm die Sache bereits übergeben worden, so hat er sie mit der Ablehnung dem Uebernehmer zurückzugeben oder gegen die vom Uebernehmer zu gewährenden Leistungen zur Verfügung zu stellen.

§ 605 (569 Abs. 2).

Der Besteller kann von der Befugniß, das Werk abzulehnen, keinen Gebrauch machen, wenn durch den Mangel des Werkes der Werth oder die Tauglichkeit der Sache nur in unerheblichem Maße verringert wird.

§ 606.

(— Aenderung der Haftbarkeit des Uebernehmers durch Vertrag — wie § 570 d. E.)

§ 607 (572).

Der Besteller hat bei Abnahme der Sache oder — insofern der Uebernehmer nicht auf sofortige Prüfung des Werkes besteht — binnen kurzer Frist nach derselben das Werk zu prüfen und danach zu erklären, ob er das Werk als vertragsmäßig hergestellt gutheiße. Nach erfolgter Gutheißung stehen dem Besteller die in den §§ 602—605 bezeichneten

---

§ 603. Bereits in der „Beurtheilung" ist von mir dargelegt worden, daß die in § 569, Abs. 2 d. E. dem Besteller beigelegte Befugniß, „von dem Vertrage zurückzutreten", völlig dunkel läßt, was für Rechte des Bestellers darin eigentlich begriffen sein sollen. Hier und in dem folgenden § 604 ist nun diese Befugniß des Bestellers praktisch zu gestalten versucht worden.

§ 607. Hier ist klar gestellt, daß der Besteller des Werkes eine Gutheißung desselben (probatio operis) abzugeben habe. In dem Entwurf verschwimmt dieser Begriff in dem zweideutigen Begriff der „Abnahme des Werkes", und es sind

Befugnisse nur noch wegen solcher Mängel zu, die er ohne sein Verschulden
erst später entdeckt hat.

§ 608 (571).

Die in den §§ 602—605 bezeichneten Ansprüche des Bestellers verjähren den Bestimmungen über Verjährung der Ansprüche wegen Mängel
beim Kaufe entsprechend (§ 377). Die Verjährung beginnt mit Abnahme
des Werkes durch den Besteller.

Stehen die nach Abs. 3 des § 602 zu ersetzenden Kosten noch nicht
fest, so ist die Klage auf Verpflichtung zum Ersatze dieser Kosten als
Feststellungsklage innerhalb der Verjährungsfrist zu erheben.

Erweist sich nach der vom Uebernehmer versuchten Beseitigung des
Mangels die Sache von Neuem als mangelhaft, so tritt für den sich hieran
knüpfenden Anspruch eine neue Verjährung ein.

§ 609 (573).

Der Besteller hat die ihm obliegende Gegenleistung, wenn nichts
anderes verabredet ist, alsbald nach geschehener Gutheißung des Werkes zu
bewirken.

Ist das Werk in Theilen abzunehmen und die Gegenleistung für die
einzelnen Theile bestimmt, so muß die Gegenleistung für jeden Theil nach
geschehener Gutheißung bewirkt werden.

§ 610.
(- - Gesetzliches Pfandrecht des Uebernehmers — wie § 574 d. E.)

§ 611 (575).

Verzögert der Besteller während der Herstellung des Werkes die
Erfüllung der darauf bezüglichen von ihm übernommenen Verpflichtungen,
so haftet er dem Uebernehmer für Schadensersatz.

§ 612 (576).

Bis zur Abnahme der Sache wird die Gefahr des zufälligen Unter-
ganges und der Verschlechterung bezüglich des Werkes selbst vom Uebernehmer, bezüglich des vom Besteller dazu gelieferten Stoffes vom Besteller
getragen. Verzögert der Besteller die Abnahme, so geht die Gefahr des
Werkes auf ihn über.

§ 613 (577).

Wird der Untergang oder die Verschlechterung eines Werkes durch
die Beschaffenheit des vom Besteller gelieferten Stoffes oder durch die besonderen vom Besteller für die Herstellung des Werkes gegebenen Weisungen
veranlaßt, so trägt der Besteller die Gefahr. Der Uebernehmer ist

---

daran auch nicht die richtigen Folgen geknüpft. Ich beziehe mich auf meine „Beurtheilung" (3St. S. 317.)

Noch bemerke ich zur Erläuterung, daß der Begriff der „Abnahme" hier
in demselben Sinne verstanden ist, wie beim Kaufe der Abnahme der Waare.
Geht man hiervon aus, dann braucht mit der Abnahme die Gutheißung des
Werkes nicht nothwendig sich zu verbinden, sondern es genügt, wenn sie nur binnen
kurzer Frist nach der Abnahme erfolgt.

jedoch verpflichtet, den Besteller auf die dem Werke drohende Gefahr, soweit er dazu im Stande ist, hinzuweisen.

Bleibt in einem solchen Falle das Werk unausgeführt, so hat der Besteller dem Uebernehmer eine seinen bisherigen Bemühungen entsprechende Vergütung zu leisten.

§ 614 (578).

Der Besteller kann vor der Vollendung des Werkes jederzeit von dem Vertrage zurücktreten; er hat jedoch alsdann dem Uebernehmer die Gegenleistung, abzüglich der demselben durch die Nichtvollendung des Werkes ersparten Aufwendungen, zu entrichten.

§ 615.

Für übernommene Bauwerke kommen die nachfolgenden besonderen Bestimmungen zur Anwendung.

§ 616.

Die Herstellung eines Baues auf dem eigenen Grund und Boden des Bauführers fällt nicht unter den Begriff des Werkvertrags.

§ 617.

Lehnt der Bauherr berechtigter Weise die Annahme des Baues ab, so kann er doch nicht fordern, daß der Bauführer den Bau einschließlich des Grund und Bodens übernehme. Vielmehr hat der Bauführer den Bau auf seine Kosten wieder wegzunehmen.

§ 618.

Für die in § 608 bezeichnete Verjährung dauert die Frist bei Bau= werken fünf Jahre.

§ 619.

Wird ein in der Arbeit befindliches Bauwerk ohne Schuld des Bau= führers oder seiner Arbeiter durch ein von außen hinzutretendes Ereigniß ganz oder theilweise zerstört, so hat der Bauherr die dadurch für den Bau erforderlichen Mehraufwendungen zu vergüten.

§ 620.

Der Bauführer hat wegen seiner Forderungen für Arbeit und Aus= lagen an dem Grundstück, auf welchem der Bau errichtet wird, ein gesetz= liches, allen anderen Rechten an dem Grundstück vorgehendes Pfandrecht in dem Umfange der Wertherhöhung des Grundstücks durch den Bau.

---

§ 615 bis 620. Hier folgen nun die zusammengestellten abweichenden Bestimmungen für ein Bauwerk. Sie enthalten Abweichungen von den §§ 601, 604, 608, 612.

§ 619. Ich beziehe mich auf meine „Beurtheilung" zu § 576.

§ 620. Diese Bestimmung ist dem preuß. L. R. nachgebildet. Ich halte es für einen Anspruch der Gerechtigkeit, daß dem Bauführer für seine in rem versio in dem Umfange derselben ein Pfandrecht an dem Grundstück zugebilligt wird. Auch vom Standpunkt des Grundbuchrechtes ist diese Ausnahme von der Publi= cität ohne Gefahr, da der Bestand eines Neubaues auf einem Grundstück nicht zu verkennen ist. Wohl aber erheischt das Princip der Publicität gewisse beschränkende Bestimmungen für die Bewahrung dieses Rechtes. Die Rechtfertigung dafür, daß dieses Pfandrecht auch den bereits bestehenden Pfandrechten an dem Grundstück

Das Pfandrecht bleibt jedoch gegenüber Anderen, die an dem Grundstücke Rechte erworben haben oder erwerben, nur erhalten, wenn der Bauführer innerhalb von drei Monaten nach Vollendung seiner Bauarbeiten die Eintragung oder — falls der Eigenthümer in diese nicht einwilligt — die Vormerkung seines Rechtes im Grundbuche erwirkt. Die Vormerkung ist auf einseitigen Antrag des Bauführers einzutragen, wenn dieser seinen Anspruch glaubhaft macht oder wenn er auf solchen Klage erhebt.

Mehrere bei demselben Bauwerk betheiligte Bauführer stehen, ohne Rücksicht auf die frühere Erwirkung des Eintrags, im Range ihrer Pfand= rechte einander gleich.

Titel 12. Verlagsvertrag.

§ 621.

Durch den Verlagsvertrag verpflichtet sich der Verlaggeber, ein Schrift= werk oder ein Kunstwerk dem Verleger zur Veröffentlichung zu überlassen, der Verleger, das Werk zu vervielfältigen und in Vertrieb zu setzen.

vorgehen soll, liegt eben darin, daß es nur im Umfange der Wertherhöhung des Grundstückes besteht. Läßt man die bereits bestehenden Pfandrechte vorgehen, so liegt die Gefahr nahe, daß in den auf die area gelegten Pfandrechten auch schon der Werth des darauf zu bauenden Hauses vorweg genommen und damit der Bau= führer um sein Recht gebracht wird. — Selbstverständlich ist die Wertherhöhung immer nur im Verhältniß zu dem Werth des Grundstückes zu berechnen. Wenn also das Grundstück ohne Haus zu 10 000 M., das darauf gesetzte Haus zu 20 000 M. geschätzt und nun aus dem ganzen Grundstück nur 24 000 M. beim Zwangsverkauf gelöst würden, so würde die auf das Grundstück gelegte Hypothek mit 8000 M., die Forderung des Bauführers mit 16 000 M. zur Befriedigung kommen.

Titel 12. Der Entwurf hat den Verlagsvertrag aus unzureichenden Gründen ganz weggelassen, während er doch einen sehr wichtigen Bestandtheil unseres heutigen Rechtes ausmacht, der um so mehr der Regelung bedarf, als das römische Recht uns dabei völlig im Stich läßt. Demgemäß findet er sich auch in allen neueren Gesetzbüchern behandelt.

Bei dem von mir unternommenen Versuche, diese Lücke zu ergänzen, habe ich vorzugsweise das Schweizer Obligationenrecht, den Dresdener Entwurf und das preuß. Landrecht I Titel 11 § 996 flg. benutzt. Einer besonderen Begründung werden hiernach nur diejenigen Bestimmungen bedürfen, in welchen der obige Entwurf von den genannten Gesetzgebungen abweicht. Ich will noch bemerken, daß ich bei meinem Entwurf mich der Beihülfe erfahrener Buchhändler zu erfreuen gehabt habe, und daß diese mich auf die Nothwendigkeit von Vorschriften aufmerksam gemacht haben, die in den meisten Gesetzgebungen fehlen.

Als allgemeiner Gesichtspunkt, der für die Behandlung maßgebend gewesen ist, kann ich den bezeichnen, daß das geistige Interesse des Urhebers an seinem Werke als das überwiegende Element und demgemäß als dasjenige behandelt ist, was bei der Rechtsgestaltung in erster Linie Berücksichtigung verdient.

§ 621. Man wird zweifeln, ob es sich nicht empfehle, schon mit Abschluß des Verlagsvertrags die Urheberrechte auf den Verleger übergehen zu lassen. Ich bin dahin gelangt, diesen Rechtsübergang erst mit Uebergabe des Manuscripts als eingetreten anzunehmen, weil erst mit dieser Uebergabe das Werk sich für den Verleger vollkommen individualisirt. Aus der im Verlagsvertrage gegebenen Be= schreibung des Werkes (meist dem bloßen Titel) kann man für den Verleger kein Recht auf ein bestimmtes Werk des Verfassers ableiten.

§ 622.

Der Verlaggeber hat die zur Vervielfältigung bestimmte Vorlage in der hierfür erforderlichen Beschaffenheit rechtzeitig dem Verleger zu übergeben. Mit der Uebergabe gehen die dem Verlaggeber zustehenden Urheber= rechte, soweit sie dazu dienen, den Verlag zu sichern, auf den Verleger über.

§ 623.

Nach Abschluß des Verlagsvertrags bis zu der Veröffentlichung des Werkes darf weder der Verlaggeber, noch der Verleger Dritten eine Ein= sicht des Werkes, durch die das Interesse des anderen Theils geschädigt werden könnte, gestatten.

Erscheint das Werk ohne Nennung des Verfassers, so ist der Verleger verpflichtet, nach der Weisung des Verlaggebers strenges Geheimniß über die Urheberschaft zu wahren.

§ 624.

Der Verlaggeber hat dem Verleger dafür einzustehen, daß ihm das auf den Verleger übertragene Recht der Vervielfältigung des Werkes zusteht, daß er ein gleiches Recht nicht schon auf einen Anderen übertragen hat, und daß keine dem Verleger unbekannt gebliebene Veröffentlichung des Werkes bereits stattgehabt hat.

§ 625.

Der Verleger hat ohne Säumniß das Werk vollständig und ohne irgend welche Abänderungen, insofern diese nicht vom Verlaggeber gestattet werden, zu vervielfältigen, das Erscheinen des Werkes dem Buchhandel bekannt zu machen und das für den Vertrieb Erforderliche und Uebliche zu thun.

§ 626.

Enthält der Verlagsvertrag keine Bestimmungen über die Ausstattung des Werkes, die Stärke der Auflage und den für den Verkauf festzusetzenden Preis, so steht die Bestimmung darüber zunächst dem Verleger zu.

Der Verleger ist jedoch verpflichtet, dem Werke eine seiner Beschaffen= heit angemessene Ausstattung zu geben, auch einen Preis dafür zu setzen, der den bei ähnlichen Werken üblichen Preis nicht übersteigt. Ohne Zustimmung des Verlaggebers darf die Auflage nicht über tausend Abdrücke hinausgehen.

§ 627.

Bis zur Veröffentlichung des Werkes ist der Urheber als Verlaggeber berechtigt, Aenderungen daran vorzunehmen. Er kann zu diesem Zwecke Vorlage der Korrekturbogen verlangen. Uebersteigen die in diesen vor= genommenen Aenderungen das übliche Maß oder werden Aenderungen noch nach bewirktem Drucke verlangt, so hat der Verlaggeber die dadurch ent= stehenden Kosten zu tragen.

---

§ 623. Auf diese anscheinend nicht sehr bedeutungsvolle Bestimmung des Abs. 1. legen die Verleger Werth. Der Abs. 2 liegt im augenscheinlichen Interesse dessen, der ein Werk anonym erscheinen läßt.

Gegen Aenderungen, die dem Werke einen wesentlich anderen Charakter geben, die Verlagsinteressen des Verlegers beeinträchtigen, oder dessen Verantwortlichkeit steigern, kann der Verleger Widerspruch erheben.

§ 628.

Insofern nichts Anderes verabredet ist, wird das vom Verlaggeber bedungene Honorar fällig, sobald das Werk gedruckt und zur Ausgabe bereit ist. (Erscheint das Werk in einzelnen Abtheilungen (Bänden, Heften u. s. w.), so ist für jede Abtheilung das Honorar bei Erscheinen derselben zu zahlen.

§ 629.

Als stillschweigend bedungen gilt ein Honorar, wenn nach den Umständen die Ueberlassung des Werkes nur gegen Honorar zu erwarten war. In diesem Falle ist die Größe des Honorars nach sachverständigem Ermessen festzusetzen. Bei Beiträgen zu einem periodisch erscheinenden Werke oder zu einem Sammelwerke richtet sie sich nach dem bei diesem üblichen Satze.

§ 630.

Ein nach der Bogenzahl bedungenes Honorar ist nach der Zahl der Bogen, in welchen das Werk gedruckt ist, zu entrichten. War von dem Verlaggeber eine feste Bogenzahl bestimmt in Aussicht gestellt, so ist der Verleger nicht verpflichtet, für überzählige Bogen Honorar zu zahlen.

§ 631.

Ist das Honorar von dem Absatze des Werkes oder von dem davon zu erzielenden Gewinne abhängig gemacht, so hat der Verleger dem Verlaggeber, und zwar auf dessen Verlangen alljährlich am 1. Juli, über Absatz, Erlös und Kosten Rechnung abzulegen.

Der Verleger, der den Verlag des Werkes gegen einen Antheil am Gewinn übernommen hat, kann als Kosten, die von dem Erlöse des Werkes abzusetzen sind, nur die besonders für das Werk gemachten Auslagen berechnen.

§ 630. Der erste Satz ist gegen die Uebung mancher Verleger gerichtet, bei einem nach Bogen bedungenen Honorar nicht die wirklichen Bogen, in welchen das Werk gedruckt ist, sondern einen (für sie günstigeren) sog. Normalbogen der Berechnung des Honorars zu Grunde zu legen.

§ 631. Die Buchhändler pflegen bei Berechnung der Kosten eines Werkes nicht allein die besonderen auf das Werk verwendeten Kosten, sondern auch noch ihre allgemeinen Geschäftsunkosten (Steuern, Gehalte, Lokalmiethe u. s. w.) zu Grunde zu legen. Natürlich erwachsen dadurch die „Kosten des Werkes" zu einer gewaltigen, jeder Kontrole spottenden Summe, durch die der Schriftsteller sich arg getäuscht findet. Ich halte diese Uebung jedenfalls dann für nicht berechtigt, wenn der Verleger einen Antheil am Gewinn des Werkes sich hat zusichern lassen. Denn alsdann hat der Schriftsteller sicherlich nicht daran gedacht, daß von dem zu theilenden Gewinn auch noch eine solche völlig willkürlich bestimmte Summe in Abzug kommen solle. Will der Verleger neben den besonderen Kosten und seinem Antheil am Gewinne sich auch noch einen Procentsatz für allgemeine Kosten ausbedingen, so mag er das ausdrücklich in dem Vertrage sagen, aber nicht den Schriftsteller mit einer solchen nachträglichen Berechnung überraschen.

§ 632.

Ist dem Verleger ein Werk zum Vertriebe für Rechnung eines Andern (in Kommissionsverlag) gegeben, so bestimmt der Verlaggeber die Ausstattung, die Zahl der zu druckenden Exemplare und den Preis. Der Verleger darf beim Mangel anderweiter Verabredung, neben den besonders für das Werk gemachten Auslagen, für seine Bemühungen und allgemeinen Geschäftskosten bis zu 10 Prozent des Gesammtwerthes der ihm zum Vertrieb übergebenen Exemplare nach ihrem Ladenpreise berechnen. Auch hier tritt die Pflicht zur Rechnungslegung wie nach § 631 ein.

§ 633.

Für das Honorar eines Beitrags, der zu einem Sammelwerke dem Herausgeber geliefert wird, haftet dem Verfasser, wenn ihm der Verleger vom Herausgeber benannt oder sonst bekannt war, im Zweifel nicht der Herausgeber, sondern der Verleger.

§ 634.

Die vom Verlaggeber ausbedungenen Freiexemplare sind ihm bei Ausgabe des Werkes zu liefern. Auch weitere Exemplare kann der Verlaggeber stets zum Buchhändlerpreise vom Verleger geliefert verlangen. Außerdem hat er Anspruch auf Zusendung eines Exemplares der Aushängebogen.

Der Verleger ist berechtigt, die vom Verlaggeber ausbedungenen Freiexemplare, sowie etwa abzugebende Pflichtexemplare über den Bestand der bedungenen Auflage hinaus zu drucken.

§ 635.

Der Verlagsvertrag berechtigt den Verleger im Zweifel zur Herstellung nur einer Auflage. Auch dürfen ohne Zustimmung des Verlaggebers nicht Theile der gedruckten Auflage als zweite Ausgabe oder Auflage herausgegeben werden.

So lange die dem Verleger gestattete Auflage nicht vergriffen ist, darf der Verlaggeber über das Werk nicht anderweit verfügen, insbesondere keine weitere Auflage veranstalten. Er kann jedoch zwecks Herstellung einer neuen Auflage jederzeit verlangen, daß ihm die noch vorhandenen Exemplare zum ursprünglichen Buchhändlerpreise überlassen werden.

§ 636.

Ist dem Verleger das Recht, mehrere Auflagen zu veranstalten, übertragen, so ist er verpflichtet, bei jedem neuen Drucke dem Urheber als Verlaggeber die Gelegenheit zu gewähren, Abänderungen an dem Werke nach Maßgabe des § 627 vorzunehmen.

Eine Ausnahme hiervon ist begründet, wenn der Druck der weiteren Auflage mit Platten bewirkt werden soll, die der Verleger mit Zustimmung des Verlaggebers von dem Satze der ersten Auflage hat herstellen lassen.

---

§ 632. Auch dieser Paragraph hat den Zweck, den oft maßlosen Ansprüchen der Verleger eine gewisse Schranke zu setzen. Ob der von mir vorgeschlagene Procentsatz das Richtige getroffen hat, lasse ich dahingestellt.

§ 637.

Ist dem Verleger das Recht, mehrere Auflagen zu veranstalten, übertragen, und unterläßt er, nachdem die letzte Auflage vergriffen ist, die
Herstellung einer neuen, so kann der Verlaggeber ihm gerichtlich eine Frist
zur Herstellung einer neuen Auflage bestimmen lassen, nach deren fruchtlosem Ablauf das Recht des Verlages erlischt.

§ 638.

Das für die erste Auflage vereinbarte Honorar gilt im Zweifel auch
auch für jede weitere von demselben Verleger hergestellte Auflage als vereinbart, wenn diese in gleicher Höhe gedruckt wird.

Das für die neue Auflage vereinbarte Honorar schließt die Vergütung
für die etwa vom Verlaggeber vorzunehmende neue Bearbeitung in sich.
Wird jedoch das Werk durch die Neubearbeitung mit Zustimmung des
Verlegers erheblich erweitert, so hat der Verlaggeber Anspruch auf eine verhältnißmäßige Erhöhung des ursprünglichen Honorars.

Absatz 2 kommt auch sinnentsprechend zur Anwendung, wenn das
zuerst bedungene Honorar zugleich für die Veranstaltung weiterer Auflagen
bedungen ist.

§ 639.

Das für mehrere einzelne Werke desselben Urhebers erworbene Verlagsrecht giebt dem Verleger kein Recht zur Veranstaltung einer Gesammtausgabe; das erworbene Verlagsrecht für eine Gesammtausgabe giebt ihm
kein Recht zu einer Ausgabe der einzelnen darin begriffenen Werke.

§ 640.

Das Recht, eine Uebersetzung des Werkes zu veranstalten, bleibt im
Zweifel dem Verlaggeber allein vorbehalten.

§ 641.

Wird der Urheber durch Tod oder eingetretene Unfähigkeit an der
Vollendung des Werkes gehindert oder geht das Werk vor der Ablieferung an den Verleger durch Zufall zu Grunde, so erlischt der Verlagsvertrag.

Dasselbe tritt ein, wenn ein Werk vor der Herausgabe durch veränderte Umstände jegliches Interesse verliert.

§ 642.

So lange die Veröffentlichung des Werkes noch nicht erfolgt ist, kann
der Verlaggeber das Werk von der Veröffentlichung zurücknehmen.

Auch nach der Veröffentlichung des Werkes kann der Verlaggeber
zwecks dessen Unterdrückung jederzeit verlangen, daß ihm die noch vorhandenen Exemplare zum Buchhändlerpreis überlassen werden.

§ 643.

Hat in den Fällen des § 641 und des § 642, Abs. 1 der Verleger
bereits Aufwendungen für das Werk gemacht, so ist ihm hierfür Ersatz
zu leisten.

9*

§ 644.

Wird der Verleger ohne sein Verschulden an der Herausgabe des Werkes gehindert und ist er im Stande und bereit, die zur Vervielfältigung empfangene Vorlage zurückzugeben, so erlischt der Verlagsvertrag. Geht die Vorlage nach der Ablieferung an den Verleger durch einen Zufall zu Grunde, so ist der Verleger zur Zahlung des Honorars verpflichtet. Der Verlaggeber hat jedoch, wenn er eine zweite Niederschrift des Werkes besitzt oder mit geringer Mühe herstellen kann, diese gegen angemessene Entschädigung dem Verleger zu liefern.

§ 645.

Verweigert der Verleger ohne rechtfertigenden Grund die Herausgabe des Werkes oder hat er sich zu solcher durch sein Verschulden außer Stande gesetzt, so ist er, wenn er die empfangene Vorlage zurückgiebt, von Zahlung des Honorars nur insoweit befreit, als der Verlaggeber von einem anderen Verleger gleich günstige Bedingungen erzielt.

Verweigert der Verleger die Rückgabe der Vorlage oder hat er sich zu solcher durch sein Verschulden außer Stand gesetzt, so hat er dem Verlaggeber nicht allein das Honorar zu zahlen, sondern auch vollständigen Schadenersatz für dessen Interesse bei Herausgabe des Werkes zu leisten.

Dieselbe Verpflichtung trifft den Verleger, wenn er nach der Herausgabe den Vertrieb des Werkes verweigert.

Dem Verlaggeber steht überdies in allen diesen Fällen das Recht zu, den Vertrag als erloschen zu betrachten und das Werk anderweit herauszugeben.

§ 646.

Geht die bereits hergestellte Auflage, bevor der Vertrieb begonnen hat, ganz oder theilweise bei dem Verleger zu Grunde, so darf dieser die untergegangenen Exemplare auf seine Kosten neu herstellen lassen.

§ 647.

Veräußert der Verleger sein Verlagsrecht, so geht dieses mit allen daran haftenden Rechten und Pflichten des Verlaggebers nach den Grundsätzen von der Forderungsabtretung und Schuldübernahme auf den Erwerber über.

§ 648.

Geräth der Verleger in Konkurs, bevor das Werk in Vertrieb gesetzt ist, so kann der Verlaggeber das Werk aus dem Verlage zurücknehmen; jedoch wenn der Verleger bereits Aufwendungen für das Werk gemacht hat, nur gegen Ersatz dieser Aufwendungen und Eintritt in die dadurch erworbenen Rechte.

---

§ 648. Die Bestimmungen anderer Gesetzgebungen für den Fall des Konkurses des Verlegers sind viel einfacher, aber auch m. E. im Interesse des Verlaggebers unzureichend. Dieser hat offenbar ein Interesse daran, daß sein Werk nicht wie eine gewöhnliche Waare den Zufälligkeiten des Konkurses preisgegeben werde, und es muß deshalb ihm das Recht verliehen sein, das Werk, soweit es

Ist das Werk bereits in Vertrieb gesetzt, so kann der Verlaggeber die Auslieferung der noch vorhandenen Exemplare gegen Zahlung des Herstellungspreises und Erlaß oder Rückzahlung eines ihrer Anzahl in Verhältniß zu der Gesammtauflage entsprechenden Theiles des Honorars von der Konkursmasse fordern.

Soweit die Honorarforderung des Verlaggebers nicht durch Ausübung der vorstehend bezeichneten Rechte sich erledigt, kann er sein zurückstehendes Honorar im Konkurse anmelden.

Das dem Urheber und seinen Erben zustehende Urheberrecht unterliegt nicht der Pfändung und kann nicht zum Konkurse derselben gezogen werden.

§ 649.

Ist ein Werk auf Bestellung des Verlegers geliefert worden, so gelten dafür folgende abweichende Bestimmungen.

Die Höhe der Auflage, die Ausstattung des Werkes und der dafür festzusetzende Preis hängen bei mangelnder Verabredung allein vom Verleger ab.

Dem Verfasser steht das in § 642 angeordnete Recht, das Werk zurückzunehmen oder zu unterdrücken, nicht zu.

Auch ohne Zustimmung des Verfassers können neue Auflagen hergestellt werden. Uebernimmt der Verfasser dabei eine Neubearbeitung, so erhält er dafür ein seiner früheren Honorirung verhältnißmäßig entsprechendes Honorar. Lehnt er die Neubearbeitung ab, so kann der Verleger sie durch einen Anderen vornehmen lassen.

Der Verfasser hat das Honorar zu fordern, auch wenn das Werk vor der Herausgabe jegliches Interesse verliert; desgleichen wenn der Verleger, auch ohne sein Verschulden, durch einen von ihm zu vertretenden Umstand an der Herausgabe des Werkes gehindert wird.

Als auf Bestellung geliefert gelten auch die Beiträge zu einem von dem Verleger unternommenen Sammelwerke.

Die vorstehenden Bestimmungen kommen gleichmäßig zur Anwendung, wenn an Stelle des Verlegers ein Herausgeber das Werk bei dem Verfasser bestellt hat.

ohne Schaden der Konkursmasse geschehen kann, aus dieser herauszuziehen. Hierauf zielen die drei ersten Absätze des § 648. Der Schlußsatz ist hinzugefügt, um den Schriftsteller davor zu bewahren daß etwa ein Werk von ihm im Wege der Zwangsvollstreckung herausgegeben werde. Im Hinblick auf § 1207 d. E. dürfte der Satz nöthig sein.

§ 649. Einen in mehrfachen Beziehungen verschiedenen Charakter nimmt der Verlagvertrag an, wenn die Initiative zu dem Werk nicht von dem Schriftsteller ausgeht, dieser vielmehr ein von dem Verleger oder einem Herausgeber bestelltes Werk bearbeitet hat. Hier tritt der Verlagsvertrag dem gewöhnlichen Werkvertrag weit näher. Die Gesetzgebungen enthalten in dieser Beziehung wenig zureichende Vorschriften. Ich habe die Abweichungen, die ein Verhältniß dieser Art bietet, hier zusammenzustellen gesucht.

§ 650.

Unabhängig von dem Rechte des Urhebers hat der Eigenthümer eines Schrift= oder Kunstwerkes ein Recht darauf, daß das ihm gehörige Exemplar des Werkes nicht ohne seine Zustimmung zur Vervielfältigung benutzt werde. Zuwiderhandlungen kann er als einen wider ihn verübten Nachdruck verfolgen.

Titel 13. Mäkelvertrag.

§ 651 (580).

Für die im Auftrage eines Betheiligten bewirkte Nachweisung der Gelegenheit zum Abschluß eines Rechtsgeschäftes oder für die Vermittelung eines solchen kann ein Mäkellohn nur beansprucht werden, wenn er in bestimmtem Betrage von dem Auftraggeber versprochen worden ist, oder wenn der Mäkler in Ausübung eines Gewerbes handelt, für das die Gebühr landesgesetzlich festgesetzt ist.

Als in bestimmtem Betrage versprochen ist der Mäkellohn auch dann anzusehen, wenn er auf einen Procentsatz von einer erst in Zukunft sich ergebenden Summe festgesetzt ist.

---

§ 650. Es ist m. A. nach eine Lücke unserer Nachdrucksgesetzgebung, daß sie nur den „Urheber" eines Werkes schützt, nicht auch dem „Eigenthümer" bezüglich des ihm gehörigen Exemplares des Werkes Schutz verleiht. Dies wird namentlich dann von Bedeutung, wenn das dem Eigenthümer gehörige Exemplar das einzige seiner Art ist. Die Frage ist also die: Muß der Eigenthümer von Briefen eines berühmten Mannes, die er besitzt, sich gefallen lassen, daß sie hinter seinem Rücken von einem Anderen abgeschrieben und gedruckt werden? Muß der Eigenthümer eines berühmten Gemäldes sich gefallen lassen, daß heimlich eine Photographie davon genommen und diese zur Veröffentlichung von Nachbildungen benutzt wird? Ich verneine beide Fragen. Es liegt in dem Begriffe des Eigenthumes, daß auch die Nutzbarmachung desselben durch Vervielfältigung seines geistigen Inhaltes nur dem Eigenthümer zusteht und nicht gegen dessen Willen durch Andere geschehen kann. Wer dies thut, begeht einen ganz ähnlichen geistigen Diebstahl, wie er in der Vervielfältigung eines Werkes gegen den Willen des Urhebers enthalten ist. Man kann daher auf diesen Fall die Vorschriften gegen Nachdruck analog anwenden.

Titel 13. Das Mäkelgeschäft bedarf einer strengen Regelung, wenn es nicht ausarten und zur Ausbeutung des Publikums mißbraucht werden soll. Der Entwurf mit seinem einzigen Paragraphen erfüllt diese Aufgabe nicht. Voraussichtlich würde, wenn es bei dem Entwurfe bliebe, daraus eine Fülle der widerwärtigsten Processe entstehen, denn die wichtigsten Fragen bleiben dabei offen. — Es sei hier noch bemerkt, daß bisher in manchen deutschen Ländern ein Mäkelgeld für das Zustandebringen von Heirathen verboten war. So auch noch in dem sächsischen Gesetzbuch § 1259. Der Gedanke an sich ist mir nicht unsympathisch. Ich habe aber nicht einen Paragraphen zu formuliren gewagt, weil unter den heutigen Verhältnissen so etwas wenig Anklang findet.

§ 651. Es scheint mir vor allem nothwendig, daß für den Anspruch auf Mäkellohn eine feste Grundlage vorhanden sein muß: und dazu gehört, wo nicht etwa gesetzlich für bestimmte Arten des Mäkelgeschäftes eine Taxe bestimmt ist, ein ausdrückliches Versprechen. Einen Mäkellohn auch da zuzulassen, wo ein solcher „nach den Umständen zu erwarten gewesen", führt zu den bedenklichsten Ansprüchen.

§ 652 (580).

Der Mäklerlohn wird im Zweifel nur geschuldet, wenn das Rechts= geschäft, für das der Mäkler thätig sein soll, zu Stande kommt.

Neben dem Mäklerlohn kann der Mäkler Ersatz für Aufwendungen nicht verlangen.

§ 653.

Hat ein Mäkler, dem für die Vermittelung eines Rechtsgeschäfts bereits von einem der Betheiligten ein Mäklerlohn versprochen war, unter Verschweigung dieses Umstandes auch von dem anderen Betheiligten sich einen Mäklerlohn versprechen lassen, so kann er für das zu Stande ge= brachte Geschäft diesen zweiten Mäklerlohn nur fordern, soweit er den Mäklerlohn von dem ersten Auftraggeber nicht erlangen kann, oder der vom zweiten Auftraggeber versprochene Lohn den des ersten Auftraggebers über= steigt. Wo für den Bezug landesgesetzlich festgesetzter Mäklergebühren ein Anderes angeordnet ist, hat es dabei sein Bewenden.

Titel 14. Auslobung.

§ 654.

Verspricht Jemand durch öffentliche Bekanntmachung (Auslobung) demjenigen eine Belohnung, der einen bestimmten in der Bekanntmachung bezeichneten Erfolg herbeiführt, so wird der Auslobende diesem Versprechen gemäß verpflichtet.

Die Verpflichtung tritt unabhängig davon ein, ob derjenige, der den Erfolg herbeiführt, die Auslobung gekannt und mit Rücksicht auf diese ge= handelt hat.

§ 655.

(wie § 582 d. E., jedoch mit der Abweichung, daß statt „die Hand= lung nicht vollbracht" und „Vollbringen der Handlung" gesetzt wird: „der Erfolg nicht herbeigeführt" und „Herbeiführen des Erfolges".)

---

§ 653. Eine schwierige und vielbestrittene Frage ist die, ob der Mäkler Mäkelgeld von beiden Theilen fordern könne, wenn er von beiden Theilen Auf= trag zur Vermittelung des zu Stande gekommenen Geschäftes gehabt hat. Ich bin der Ansicht, daß der Mäkler für das nämliche Geschäft immer nur eine Gebühr fordern kann; und zwar bringt er das Geschäft zunächst im Interesse dessen zu Stande, der ihn zuerst damit beauftragt hat. Dabei aber entspricht es der Billig= keit, daß er von dem anderen Theile, der ihm ohne Vorwissen von dem zuerst ver= sprochenen Gebühr gleichfalls eine Gebühr versprochen hat, diese Gebühr wenigstens subsidiär beanspruchen kann, soweit er nicht bereits durch die Gebühr des ersten Auftraggebers seinen Lohn erhält.

§ 654. Der Entwurf bezeichnet als Zweck der Auslobung die „Herstellung eines Werkes oder eine sonstige Handlung". Handlungen werden es nun freilich immer sein, die bei einer Auslobung verlangt werden; aber selten eine Handlung an sich, sondern regelmäßig eine Handlung in Beziehung zu einem bestimmten Erfolg. Daher scheint es mir richtiger, als Ziel der Auslobung die „Herbei= führung eines Erfolges" hinzustellen. Ein „Werk" oder eine „Handlung" ist in diesem Ausdruck mitbegriffen.

§ 656 (583).

Auf den ausgelobten Betrag hat derjenige Anspruch, der den Erfolg, und zwar zuerst, herbeigeführt hat.

Haben Mehrere durch ihre Handlungen zu der Herbeiführung des Erfolges mitgewirkt, so ist der ausgelobte Betrag unter sie mit Berück=sichtigung des Maßes ihrer für den Erfolg geübten Thätigkeit nach billigem Ermessen zu vertheilen. Wollen sie sich der Vertheilung durch den Aus=lobenden nicht unterwerfen, so kann dieser den streitig bleibenden Betrag der ausgelobten Summe öffentlich hinterlegen und den Streit darüber dem Austrag der Betheiligten unter einander überlassen.

§ 657 (584).

Hat die Auslobung die Preisbewerbung um die Herstellung eines Werkes zum Gegenstand, so erfolgt die Entscheidung, ob ein innerhalb der bestimmten Frist geliefertes Werk der Auslobung entspreche und welches der Werke mehrerer Bewerber den Vorzug verdiene, durch die in der Auslobung bezeichnete Person oder in Ermangelung einer solchen durch den Ausloben=den. Die Entscheidung ist unanfechtbar.

Bei Werken von gleicher Würdigkeit erfolgt die Zutheilung des Preises zu gleichen Theilen oder, wenn dies nicht angeht, durch das Loos.

In das Eigenthum des Auslobenden geht ein geliefertes Werk nur dann über, wenn in der Auslobung dies vorbehalten war.

Titel 15. Gesellschaft.

§ 658.

Für den Gesellschaftsvertrag gelten, so weit die Gesellschaft nicht unter die Vorschriften besonderer Reichsgesetze oder unter die Vorschriften über Vereine (§ 35 flg.) fällt, die nachfolgenden Bestimmungen.

§ 656. Während der Entwurf den ziemlich unpraktischen Fall des „gleich=zeitigen Vollbringens der Handlung" sehr ausführlich behandelt, läßt er gerade den praktischen Fall, daß mehrere zu dem Erfolge beigetragen haben, außer Acht. Für diesen Fall bedarf es vor allem einer angemessenen Regelung, die oben zu geben versucht worden ist.

§ 658. Man kann heute zwischen zwei Arten von Gesellschaft unterscheiden, der organisch und der individualistisch gestalteten Gesellschaft. Die organisch ge=stalteten Gesellschaften des heutigen Rechts hat nun bereits das Handelsgesetzbuch behandelt und verschiedene Formen dafür aufgestellt. Der obige Titel „Juristische Personen und Vereine" sucht ferner einer organischen Gestaltung der Vereine möglichst gerecht zu werden. Hier bleibt nun noch übrig, die individualistische Gesellschaft, im Wesentlichen der römischen societas entsprechend, zu regeln. Denn diese Art von Gesellschaft kommt ja auch noch heute im Leben vor und hat ihre volle Berechtigung. Wenn man nun diese Art von Gesellschaft regeln will, so muß man sehr vorsichtig sein, nicht wieder Sätze, die der organischen Gesellschaft angehören, hereinzuspielen zu lassen, weil sich sonst beide Gestaltungen verwirren. Dies schließt freilich nicht aus, daß man doch Einzelnes aus der organischen Gestaltung der Gesellschaft herübernimmt. (So z. B. § 664.) Im Allgemeinen hält nun auch der Entwurf diese Schranken ein. Nur bei der Auseinandersetzung der Gesellschaft hat der Entwurf (§ 656 flg.) sehr ausführliche Bestimmungen aufgenommen, die entbehrt werden können, wenn man das natürliche Verhältniß der „Gesellschaft"

§ 659 (629, 630).

Durch den Gesellschaftsvertrag verpflichten die Gesellschafter sich gegenseitig, für die Erreichung eines vereinbarten Zweckes bestimmte Leistungen beizutragen.

Die Leistungen können sowohl in Beiträgen von Geld oder anderen Sachen, als in persönlichen Diensten bestehen.

§ 660 (631).

Die beigetragenen Gegenstände werden entweder nur für den Gebrauch und die Nutzung gemeinschaftlich oder sie bilden gemeinschaftliches Eigenthum der Gesellschafter (Gesellschaftsvermögen).

Geld und andere vertretbare Sachen, im Zweifel auch solche Sachen, die zu einem abgeschätzten Werthe in die Gesellschaft eingebracht worden, werden Gesellschaftsvermögen.

In das Gesellschaftsvermögen fällt auch der Erwerb aus der Führung der Geschäfte der Gesellschaft.

Das Gesellschaftsvermögen steht im Zweifel allen Gesellschaftern zu gleichen Theilen zu.

§ 661 (631 Abs. 3).

Bewegliche Sachen, die im Eigenthum eines der Gesellschafter stehen, gehen mit der Vereinbarung, daß sie Gesellschaftsvermögen sein sollen, in das Miteigenthum der Gesellschafter über.

Grundstücke bedürfen der Auflassung an die in das Miteigenthum eintretenden Gesellschafter zu den auf sie übergehenden Antheilen.

§ 662.

Ein Gesellschafter hat in Erfüllung der ihm als solchem obliegenden Pflichten dieselbe Sorgfalt anzuwenden, die er in eigenen Angelegenheiten anzuwenden pflegt.

Bezieht jedoch ein Gesellschafter für seine Geschäftsführung eine besondere Vergütung, so haftet er für jede Fahrlässigkeit.

---

als einer individualistischen Vermögensgemeinschaft im Auge behält. Eine sehr erhebliche Erweiterung des Gebietes der organischen Gesellschaft hat übrigens der Entwurf in § 659 vorgenommen.

§ 660. Zur Erleichterung der Sprache des Gesetzes hielt ich es für erforderlich, den Begriff das „Gesellschaftsvermögen" aufzustellen, dabei aber klar auszusprechen, daß dieses Gesellschaftsvermögen nur auf einem römisch rechtlichen condominium beruht. Der Ausdruck des Entwurfs, „die Sachen werden entweder dem Rechte oder dem Gebrauche nach gemeinschaftlich" und die daran sich knüpfende Rede von „gemeinschaftlichen Gegenständen" unter gänzlicher Vermeidung des Wortes „Gesellschaftsvermögen" scheint mir doktrinär. Im Leben spricht man nicht so.

§ 661. Nach § 631 Abf. 3 d. E. müßte man annehmen, daß, um eine bewegliche Sache, die im Eigenthum eines Gesellschafters steht, zu Gesellschaftsvermögen zu machen, jedesmal eine „Uebergabe" erforderlich sei. Ist das nun wirklich Rechtens? Ich glaube, daß der obige Abs. 1 das Richtige ausdrückt. Der Gesellschaftsvertrag enthält bezüglich des für gemeinsam erklärten Vermögens stillschweigend ein constitutum possessorium.

§ 663 (634).

Soweit der Gesellschaftsvertrag nicht ein Anderes bestimmt, steht die Führung der Geschäfte der Gesellschaft den Gesellschaftern dergestalt gemein= schaftlich zu, daß für jedes Geschäft die Zustimmung aller Gesellschafter. erforderlich ist.

§ 664 (635).

In dem Gesellschaftsvertrage kann bestimmt werden, daß in allen oder gewissen Angelegenheiten der Gesellschaft die Stimmenmehrheit der Gesellschafter entscheide. Die Mehrheit ist alsdann im Zweifel nach der Zahl der Gesellschafter zu berechnen.

§ 665 (636).

Im Gesellschaftsvertrage kann die Führung der Geschäfte einem oder mehreren Gesellschaftern ausschließlich übertragen werden. Für das Zusam= menwirken dieser Gesellschafter finden alsdann im Zweifel die §§ 663 u. 664 entsprechende Anwendung.

§ 666 (637).

Ist bestimmt, daß jeder Gesellschafter oder jeder von mehreren zur Geschäftsführung berufenen Gesellschaftern für sich allein zu handeln berechtigt sei, so muß doch die Vornahme einer Handlung unterbleiben, wenn einer der zum Handeln berechtigten Gesellschafter dagegen Widerspruch erhebt.

§ 667 (638).

Einem durch den Gesellschaftsvertrag zur Geschäftsführung berufenen Gesellschafter kann durch einstimmigen Beschluß oder — soweit § 663 Anwendung findet — durch Mehrheitsbeschluß der übrigen Gesellschafter die Berechtigung zur Geschäftsführung entzogen werden, wenn ein wichti= ger, nach den Umständen des Falles die Entziehung rechtfertigender Grund dafür vorliegt. Einen solchen Grund bildet insbesondere grobe Pflicht= verletzung oder eingetretene Unfähigkeit des geschäftsführenden Gesellschafters.

Der Gesellschafter selbst, der vertragsmäßig die Geschäftsführung übernommen hat, ist nicht berechtigt, sich dieser zu entziehen.

§ 668 (639—642).

Im Uebrigen bestimmen sich die Befugnisse und Pflichten eines für die Gesellschaft handelnden Gesellschafters, wenn er durch den Gesellschafts= vertrag zum Handeln ermächtigt ist, nach den Regeln für die im Auftrage geführten Geschäfte; wenn er ohne eine solche Ermächtigung handelt, nach den Regeln für Geschäftsführung ohne Auftrag.

Auch für Dritte bestimmen sich die Rechte und Pflichten, die ihnen aus solchen Handlungen eines Gesellschafters den übrigen Gesellschaftern gegenüber erwachsen, nach den Vorschriften über Geschäfte, die ein Vertreter mit Dritten abschließt. Im Zweifel werden die Gesellschafter Dritten gegen= über zu gleichen Theilen verpflichtet und berechtigt.

§ 669 (643).

Jeder Gesellschafter hat, auch wenn er an der Geschäftsführung nicht theilnimmt, das Recht, (u. s. w. wie § 643 Abs. 1).

Eine dieses Recht ausschließende oder beschränkende Vereinbarung verliert ihre Wirkung, wenn Verdacht einer Unredlichkeit bei der Geschäfts= führung vorliegt.

§ 670 (644).

Die aus dem Gesellschaftsvertrage den Gesellschaftern zustehenden Rechte sind unübertragbar. Uebertragbar sind nur die Forderungen auf Herausgabe dessen, was es den Gesellschaftern aus der Geschäftsführung der Gesellschaft oder der Auseinandersetzung derselben erträgt.

§§ 671—673.

'— nähere Bestimmungen über die Rechte der Gesellschafter unter= einander — wie §§ 645—647 d. E.)

§ 674 (648).

Ist für die Gesellschaft keine Zeitdauer bestimmt, so kann sie durch Kündigung jedes Gesellschafters aufgelöst werden. Die Kündigung darf nicht zur Unzeit geschehen, widrigenfalls der Kündigende für Ersatz des verursachten Schadens haftet.

Auch wenn für die Gesellschaft eine Zeitdauer bestimmt ist, kann die Kündigung jederzeit geschehen, wenn ein wichtiger, nach den Umständen des Falles sie rechtfertigender Grund dafür vorliegt. Ein sol= cher Grund ist insbesondere vorhanden, wenn ein anderer Gesellschafter gröblich seine Verpflichtungen verletzt oder zur Erfüllung seiner Verpflich= tungen unfähig geworden ist.

§ 675 (649).

Eine Vereinbarung, die in Widerspruch mit den Bestimmungen des § 674 das Kündigungsrecht beschränkt, ist ungültig.

§§ 676 u. 677.

'— weitere Bestimmungen über Dauer der Gesellschaft — wie §§ 650 u. 651 d. E.)

§ 678 (652).

Die Gesellschaft wird, sofern nichts Anderes aus dem Gesellschafts= vertrage sich ergiebt, mit dem Tode eines der Gesellschafter aufgelöst.

Der Erbe des verstorbenen Gesellschafters hat jedoch die nämlichen Verpflichtungen, wie der Erbe eines Beauftragten (§ 547). Auch die übrigen Gesellschafter haben gleiche Verpflichtung zu einstweiliger Fortführung der Geschäfte.

§ 679 (653.)

Die Gesellschaft wird ferner aufgelöst, wenn über einen der Gesell= schafter der Konkurs eröffnet wird.

§ 669. Der Schlußsatz des § 643 d. E. ist offenbar zu eng gefaßt. Wenn man eine Unredlichkeit „nachweisen" kann, dann bedarf man in der Regel nicht mehr der Einsicht der Geschäftsbücher ꝛc. (Vergl. auch 3 St. S. 353.)

Die Verpflichtung der übrigen Gesellschafter zu einstweiliger Fortführung der Geschäfte (§ 678, Abs. 2) tritt auch in diesem Falle ein.

§ 680 (655).

Mit Auflösung der Gesellschaft erlischt die den einzelnen Gesellschaftern ertheilte Befugniß zur Geschäftsführung für die Gesellschaft. Die Gesellschafter bleiben jedoch einander verpflichtet, zur Beendigung schwebender Geschäfte, die nicht ohne Schaden für die Gesellschaft aufgegeben werden können, mitzuwirken.

§ 681 (654).

So lange die übrigen Gesellschafter von der Auflösung der Gesellschaft keine Kenntniß erhalten haben, sind die von ihnen im Namen der Gesellschaft geführten Geschäfte zu ihren Gunsten und auch zu Gunsten gutgläubiger Dritter rechtsgültig.

§ 682 (656).

Mit Auflösung der Gesellschaft treten zwischen den Gesellschaftern diejenigen Verpflichtungen ein, die aus der Gemeinschaft des Vermögens und dem Besitz einzelner Gesellschafter an solchem Vermögen sich ergeben. Bis zur Auseinandersetzung haben die im Besitz von gemeinschaftlichem Vermögen befindlichen Gesellschafter für dessen Erhaltung und Verwaltung zu sorgen.

§ 683 (656).

Für die Auseinandersetzung kommen, so weit nichts anderes vereinbart ist, folgende Regeln zur Anwendung.

Sachen, die nur zum Gebrauche für die Gesellschaft eingebracht sind, sind dem Gesellschafter, der sie eingebracht hat, zurückzugeben. Für die natürliche Abnutzung ist kein Ersatz zu leisten.

Das vorhandene Gesellschaftsvermögen ist nach den Grundsätzen von der Gemeinschaft zu theilen.

Einlagen einzelner Gesellschafter zu dem Gesellschaftsvermögen sind nach dem Werthe, in welchem sie eingebracht sind, dem Gesellschafter zu erstatten.

Für die im Interesse der Gesellschaft geübte Thätigkeit erhalten die Gesellschafter keine Vergütung.

Soweit nicht ein Anderes vereinbart ist, theilen die Gesellschafter Gewinn und Verlust am Vermögen zu gleichen Theilen.

§ 684 (657, 658).

Haben die Gesellschafter vor Auflösung der Gesellschaft vereinbart, daß, wenn ein Gesellschafter kündige oder sterbe oder in Konkurs verfalle,

---

§ 682. Ueber § 656 d. E. habe ich bereits in der einleitenden Bemerkung mich geäußert. Ich kann es nicht für die Aufgabe des Gesetzes halten, in dieser Art eine kasuistische Anweisung, wie die Gesellschafter bei der Auseinandersetzung zu verfahren haben, zu geben. Alle solche Anweisungen tragen die Gefahr in sich, daß sie doch wieder im Einzelnen nicht passen und dann Mißverständnisse und Schäden herbeiführen.

die Gesellschaft unter den übrigen fortbestehen solle, so scheidet, wenn eines dieser Ereignisse eintritt, nur der davon betroffene Gesellschafter aus der im übrigen fortbestehenden Gesellschaft aus.

Für die Auseinandersetzung des ausscheidenden Gesellschafters mit der fortbestehenden Gesellschaft kommen die Bestimmungen des § 683 sinnentsprechend zur Anwendung.

§ 685.

(— Zulässigkeit der Ausdehnung der Bestimmungen für offene Handelsgesellschaften — wie § 659 d. E.)

Titel 16. Gemeinschaft.

§ 686 (762).

Ein gemeinschaftliches Recht steht — insofern nicht ein Rechtsverhältniß vorliegt, für das gesetzlich ein Anderes bestimmt ist — den Betheiligten nach Bruchtheilen zu.

Es finden in diesem Falle folgende Bestimmungen darauf Anwendung.

§ 687 (763).

Jeder Theilhaber kann über seinen Antheil rechtlich verfügen. Thatsächliche Veränderungen an der gemeinschaftlichen Sache können nur von allen Theilhabern gemeinsam getroffen werden.

Dritten gegenüber, welche die Rechte der Theilhaber an der gemeinschaftlichen Sache beinträchtigen oder Ansprüche daran geltend machen, ist bei unterbleibendem Auftreten der übrigen jeder Theilhaber zur Vertretung der ganzen Sache berufen.

§ 688 (765).

Verwaltung und Benutzung des gemeinschaftlichen Gegenstands steht, wenn die Theilhaber sich nicht anderweit darüber geeinigt haben, allen gemeinschaftlich zu.

Jeder Theilhaber ist zum Gebrauche (u. s. w. wie Abs. 2 des § 765 des Entw.)

§ 689 (765 Abs. 3).

Eine angemessene Verwaltung und Benutzung des Gegenstandes kann durch Stimmenmehrheit der Theilhaber beschlossen werden. Jedoch darf dadurch das Recht eines Theilhabers auf den ihm gebührenden Antheil an den Nutzungen nicht verletzt werden.

Titel 16. Die „Gemeinschaft" ist gleich nach dem Gesellschaftsvertrage eingereiht, weil beide in naher Verwandtschaft stehen.

§ 687. Den Abs. 2 habe ich dem Vorschlage von Hartmann, 3St. S. 439, entnommen.

§ 689. Dem Grundsatz von dem Rechte der Stimmenmehrheit habe ich am Schlusse eine Beschränkung beigefügt, weil sonst es leicht dahin kommen könnte, daß ein Einzelner stets die „Stimmenmehrheit" bildete und dann ganz allein über die Verwaltung der Sache entschiede. Schon an sich ist jener Grundsatz für die „Gemeinschaft" nicht unbedenklich.

Die Stimmenmehrheit ist nach der Größe der Antheile zu berechnen; dergestalt jedoch, daß ein Theilhaber, dessen Antheil mehr als die Hälfte beträgt, nicht für sich allein die Mehrheit bilden kann.

§ 690.

(— Verpflichtung der Theilhaber, die Lasten der Sache zu tragen — wie § 766 Satz 1 u. 2 d. E.)

§ 691 (766, Satz 3).

Handlungen, die zur Erhaltung des gemeinschaftlichen Gegenstandes erforderlich sind, kann jeder Theilhaber auch beim Widerspruch anderer Theilhaber vornehmen. Für die Aufwendungen, die er für diesen Zweck macht, kann er von den übrigen Theilhabern Ersatz beanspruchen.

§ 692 (767).

Jeder Theilhaber hat das Recht, Aufhebung der Gemeinschaft zu verlangen.

Eine Vereinbarung, die dieses Recht für immer oder auf Zeit ausschließt, verliert, wenn sie nicht schon an sich auf kürzere Zeit geschlossen ist, nach Ablauf von zehn Jahren ihre Kraft. Sie verliert ferner ihre Kraft mit dem Tode eines Theilhabers, insofern nicht ein Anderes ausdrücklich festgesetzt ist.

Wird über das Vermögen eines Theilhabers der Konkurs erkannt, so ist eine solche Vereinbarung für den Konkursverwalter nicht bindend.

§ 693.

(— Anspruch auf Theilung unverjährbar — wie § 765 d. E.)

§ 694 (769).

Wird zur Aufhebung der Gemeinschaft das Gericht angerufen, so hat es, soweit die Theilhaber über die Art der Theilung einig sind, diese Einigung seinem Spruche zu Grunde zu legen.

Soweit das Gericht die Art der Theilung zu bestimmen hat, hat es nach folgenden Regeln zu verfahren.

----

§ 692. Eine Frist von dreißig Jahren, innerhalb welcher zwangsweise eine Gemeinschaft soll aufrecht erhalten werden können, halte ich für zu lang. Ich schlage 10 Jahre vor. Wenn Gierke (3St. S. 439) sagt, es liege kein Grund vor, einer immerwährenden Gemeinschaft entgegen zu treten, so hat er dabei ohne Zweifel deutsch-rechtliche Genossenschaftsverhältnisse im Sinne. Für diese würde auch ich ein anderes Recht zulassen.

§ 694. Ich halte es für geboten, zunächst als Prinzip auszusprechen, daß die Betheiligten selbst die Art der Theilung bestimmen können, und daß auch der Richter, wenn er zur Bewirkung der Theilung angerufen wird, hieran gebunden ist. Was sodann aber die Art der richterlichen Theilung betrifft, so hat der Entwurf zwar den Grundsatz des preußischen Rechtes, daß nur eine Theilung durch öffentlichen Verkauf statthaft sei, nicht angenommen; er will vielmehr in erster Linie auch eine Naturaltheilung zulassen. Aber er hat in anderer Beziehung (wie die Motive S. 883 sagen) mit dem gemeinrechtlichen System gebrochen: es giebt kein konstitutives Theilungsurtheil. Das Urtheil könne nur obligatorische Wirkungen erzeugen und müsse dann im gewöhnlichen Wege vollzogen werden. Für eine andere Ordnung der Sache sei der heutige Zivilprozeß nicht geeignet. In diesem

Läßt sich der Gegenstand ohne Werthverminderung in gleichartige und gleichwerthige Theile zerlegen, so ist die Theilung in Natur zu bewirken. Auch mehrere gleichartige Sachen können je einzeln in gleichem Werthe unter die Theilhaber vertheilt werden. Eine Theilung in Natur wird dadurch nicht ausgeschlossen, daß zur Ausgleichung der Antheile geringe Geldleistungen dem einen oder dem anderen Theilhaber aufzulegen sind. In dem Urtheile ist jedem Theilhaber der ihm zukommende, in der Regel durch das Loos zu bestimmende Antheil zuzusprechen.

Ist eine Theilung in Natur unmöglich oder nicht angemessen, so erfolgt die Theilung durch Anordnung des öffentlichen Verkaufs des Gegenstandes. Der Verkauf ist nach den Vorschriften über Zwangsverkauf zu bewirken. Es kann auch, wenn Gründe dafür vorliegen, in der Art angeordnet werden, daß die Versteigerung allein unter den Theilhabern erfolgt.

Ist weder Naturaltheilung noch Theilung durch Verkauf möglich, so bestimmt das Gericht nach seinem Ermessen die Theilungsart.

§ 695 (769 Abs. 3).

Der Verkauf einer gemeinschaftlichen Forderung zwecks Theilung kann nur verlangt werden, wenn nicht die Forderung ihrem Gegenstande nach schon von selbst getheilt ist und wenn die Einziehung derselben noch nicht möglich ist. Ist die Einziehung möglich, so ist diese zunächst gemeinschaft-

müsse ein bestimmter Antrag auf Theilung gestellt werden und „der Richter dürfe nur nach diesem Antrag erkennen oder den Antrag abweisen." In dieser ganzen Anordnung zeigt sich wieder der geringe Sinn des Entwurfs für die wirklichen Interessen des Lebens. Wenn der Richter nichts weiter thun darf, als zu entscheiden: ist die vom Kläger beantragte Theilung berechtigt oder nicht? so kann es kommen, daß, wenn der Kläger nicht sofort das Richtige beantragt, er einen Theilungsprozeß nach dem andern anstellen muß, bis er die vom Richter gebilligte Art der Theilung trifft. Und ist es denn wirklich wahr, daß der heutige Prozeß eine andere Art richterlichen Erkennens unmöglich mache? Die Annahme ist ja nur fingirt. Natürlich muß die klagende Partei einen Antrag stellen, wie sie die Theilung vollzogen haben will. Dann darf aber doch die andere Partei Gegenanträge stellen. Warum sollte nun der Richter nicht innerhalb dieser Anträge über die Art der Theilung positiv entscheiden können, zumal da er durch sein Fragerecht in der Lage ist, auch noch vermittelnde Vorschläge den Parteien zu machen und sie darüber zu hören? Behandelt der Richter auf diese Weise die Sache, so steht nichts entgegen, daß er über die Art der Theilung zu einem positiven Spruch kommt und dieses ausspricht, auch wenn er mit der zunächst vom Kläger beantragten Theilung nicht übereinstimmt. Aber auch daß der Richter nicht konstitutiv die Theilung selbst, sondern nur eine obligatorische Verpflichtung zur Theilung aussprechen soll, ist für die Parteiinteressen durchaus nachtheilig. Zunächst müssen dann die Parteien selbst noch Mühe und Kosten aufwenden, um die Theilung zu vollziehen. Dabei können aber wieder über Sinn und Bedeutung des richterlichen Spruches Zweifel und Streitigkeiten entstehen, und es kommt dann zu neuen Prozessen. Können das wohl die Ziele einer verständigen Gesetzgebung sein? Nichts hindert, daß, wenn auf Naturaltheilung erkannt wird, das Gericht die einzelnen Gegenstände der Theilung, soweit es nach der Sachlage thunlich ist, den einzelnen Theilhabern zuerkennt. Dann ist damit die Sache erledigt, und es bedarf nur noch einer Vollziehung der Theilung durch Uebergabe oder Erwirkung der Zuschreibung. Immer aber wieder die Betheiligten aus einem in das andere Verfahren verweisen, ist ein heilloses Prozediren.

lich zu bewirken und danach der eingezogene Gegenstand zur Theilung zu bringen.

§ 696.

(— Hereinziehung von Ansprüchen aus der Gemeinschaft in den Theilungsprozeß wie § 770 mit dem Zusatze: Dieser Anspruch steht ihm auch gegenüber dem Einzelrechtsnachfolger eines Theilhabers zu.)

§ 697 (771).

Für die bei der Theilung einem der Theilhaber zugefallenen Gegenstände haben die übrigen Theilhaber zu ihrem Antheile Gewähr zu leisten.

§ 698 (772).

Ist zur Zeit eine Theilung wegen rechtlicher oder thatsächlicher Hindernisse nicht möglich oder widerspricht sie dem Gesammtinteresse der Betheiligten, so kann auf Anrufen eines Theilhabers das Gericht eine den Interessen aller Theilhaber möglichst entsprechende Verwaltung des gemeinschaftlichen Gegenstandes anordnen. Dies gilt namentlich auch dann, wenn der Versuch eines Verkaufs erfolglos geblieben ist. In einem solchen Falle kann auch jeder Theilhaber die Wiederholung des Versuches verlangen; er hat jedoch, wenn dieser erfolglos bleibt, dessen Kosten zu tragen.

§ 699 (773).

Beruht die Gemeinschaft auf einem unter den Theilhabern bestehenden Gesellschaftsverhältnisse, so finden die Vorschriften dieses Titels nur mit den aus den Vorschriften über den Gesellschaftsvertrag sich ergebenden Beschränkungen Anwendung.

Titel 17. Leibrente.

§§ 700—703
(wie die §§ 660—663 d. E.)

Titel 18. Spiel und Wette.

§ 701 (664).

Spiel und Wette begründen keine im Recht anerkannte Verbindlichkeit. In gleicher Weise unverbindlich ist ein über eine Spiel- oder Wettschuld ausgestelltes Schuldversprechen oder Schuldanerkenntniß; desgleichen eine eingegangene Darlehnsschuld, wenn das Darlehn für den Zweck gegeben wurde, Schulden aus Spiel oder Wette zu bezahlen.

Das auf eine Schuld aus Spiel oder Wette Gezahlte kann wegen mangelnden Schuldgrundes nicht zurückgefordert werden. Eine Rückforderung

§ 696 Abs. 2 ist zugesetzt nach § St. S. 142.

§ 704. Will man der Zahlungspflicht aus Spiel und Wette ernstlich entgegentreten, so muß man auch das zur Bezahlung einer Spielschuld gegebene Darlehn für ungültig erklären. Denn sonst bildet ein solches Darlehn die einfachste Form, in welcher man das Gesetz umgehen kann. Ebenso finde ich es nothwendig, dem Satz, daß das auf eine Spielschuld Gezahlte nicht zurückgefordert werden könne, die beiden von mir formulirten Ausnahmen beizufügen. Ich sehe nicht ein, weshalb der, der das Unglück hatte, einem gewerbsmäßigen Spieler in die Hände zu fallen,

findet jedoch statt, wenn der Gewinnende durch das Spiel einer strafbaren Handlung sich schuldig gemacht oder wenn er betrügliche Mittel bei dem Spiele oder der Wette gebraucht hat.

§ 705.

Ein in der Form eines Lieferungsvertrags über eine kursmäßig gehandelte Waare abgeschlossener Vertrag, der lediglich darauf gerichtet ist, daß der Eine dem Anderen die an dem festgesetzten Lieferungstage bestehende Differenz zwischen dem bedungenen und dem kursmäßigen Preise der Waare herauszahle (Differenzgeschäft), ist als Wette anzusehen. Der Abschluß eines solchen Geschäfts ist insbesondere dann als beabsichtigt anzunehmen, wenn eine wirkliche Lieferung nicht erfolgt und aus dem Mißverhältniß zwischen der bedungenen Lieferung und den Vermögensverhältnissen der Betheiligten oder eines derselben zu entnehmen ist, daß eine solche auch nicht beabsichtigt war.

§ 706 (665).

Ein Lotterie oder Ausspielvertrag ist rechtsverbindlich, wenn die Lotterie oder die Ausspielung staatlich gestattet ist. Wegen gestundeter Einsatzgelder findet jedoch keine Klage, sondern nur eine Aufrechnung gegen den auf das Loos fallenden Gewinn statt.

Verträge, die sich auf nicht gestattete Lotterien und Ausspielungen beziehen, fallen unter die Vorschrift des § 112.

Titel 19. Bürgschaft.

§ 707 (668, 669).

Durch die Bürgschaft verpflichtet sich der Bürge dem Gläubiger eines Dritten, für die Schuld dieses Dritten einzustehen.

Auch für eine künftige oder bedingte Schuld kann eine Bürgschaft übernommen werden.

§ 708.

Eine Bürgschaft ist nur rechtsgültig, wenn sie urkundlich übernommen ist.

---

nicht das Recht haben sollte, die ihm abgenommene Beute wieder zurück zu fordern. Ebenso muß es schon für die Rückforderung genügen, daß der Gewinnende bei dem Spiele betrügliche Mittel angewendet hat, ohne daß es des Nachweises bedarf, daß er gerade durch diese Mittel gewonnen habe.

§ 705. Hier ist der Versuch gemacht, das als bloße Wette sich qualifizirende Differenzgeschäft näher zu bestimmen, um dadurch den „Giftbaum" der Börse einigermaßen zu beschneiden. Es ist richtig, daß durch die hier vorgeschlagene Bestimmung nicht alle Differenzgeschäfte getroffen werden, wohl aber die schlimmste Art derselben, nämlich solche, bei denen sich die Börsenspieler durch Spekulationen, die weit über ihre Vermögenskräfte hinausgehen, zu Grunde richten. Für Geschäfte dieser Art würde der § 705 eine kleine Hülfe sein. Daß sich über die Sache reden läßt, erkenne ich an.

§ 708. Ueber die Räthlichkeit, die Bürgschaft an urkundliche Form zu knüpfen, habe ich mich bereits in der „Beurtheilung" näher ausgesprochen.

§ 709 (670, 671).

Eine Bürgschaft kann nicht über den Umfang der Hauptschuld hinaus übernommen werden. Einreden, die dem Hauptschuldner wider die Schuld zustehen, kann auch der Bürge geltend machen. Ein bei bestehender Bürgschaft erklärter Verzicht des Hauptschuldners auf solche Einreden ist für den Bürgen unverbindlich.

Auch eine zur Aufrechnung geeignete Gegenforderung des Hauptschuldners kann der Bürge einredeweise geltend machen.

Ausgeschlossen bleibt die Geltendmachung von Einreden des Hauptschuldners von Seiten des Bürgen, wenn die Bürgschaft eingegangen war, um den Gläubiger gegen diese Einreden sicher zu stellen. Ausgeschlossen bleibt auch die Einrede der Verjährung der Hauptschuld, wenn die Bürgschaft erst nach vollendeter Verjährung eingegangen war. Der Anspruch aus der Bürgschaft unterliegt jedoch in diesem Falle gleicher Verjährung wie die Hauptschuld.

§ 710 (672).

Der Bürge haftet für die Hauptschuld in deren jeweiligem Bestande und Umfange. Er haftet auch für Aenderungen und Erweiterungen, welche die Hauptschuld durch Verschulden oder Verzug des Hauptschuldners erfährt. Er haftet für die vom Hauptschuldner zu ersetzenden Kosten der Rechtsverfolgung.

§ 711 (673).

Mehrere Bürgen, die je selbstständig für die nämliche Schuld sich verbürgt haben, haften je für die ganze Schuld. Mehrere Bürgen, die gemeinschaftlich sich verbürgt haben, haften, wenn sie nicht als Gesammtschuldner sich verbindlich gemacht haben, je nur für den auf sie fallenden Antheil der Schuld.

---

§ 709. Ich halte es für geboten, über die hier berührten Fragen sich positiv auszusprechen und nicht, wie der Entwurf will, sie der Praxis zu überlassen. Abweichend vom Entwurfe entscheide ich die Frage über die Zulassung der Aufrechnungseinrede des Bürgen. M. E. ist es ein dolus, wenn der Gläubiger den Bürgen ausklagt, während er nur den Mund aufzuthun braucht, um sich vom Hauptschuldner durch Aufrechnung seiner Schuld bezahlt zu machen. Vergl. auch ZSt. S. 364.

§ 711. Wenn Mehrere unabhängig von einander die Bürgschaft für die nämliche Schuld übernommen haben, so liegt es in der Natur der Sache, daß der Gläubiger jeden Bürgen für das Ganze in Anspruch nehmen kann. Denn jeder hat sich ihm für das Ganze verpflichtet. Anders steht die Sache, wenn mehrere Bürgen gemeinschaftlich (also durch Unterzeichnung desselben Bürgscheins) sich verpflichtet haben. Hier fragt es sich nun zunächst, wie man überhaupt die Haftung Mehrerer, die gemeinschaftlich eine Schuld eingegangen sind, gestalten will. Der Entwurf hat sich für die getheilte Haftung derselben erklärt (§ 320) und ich bin darin ihm beigetreten (§ 307). Dann kann man aber auch nicht bei der Bürgschaft eine Ausnahme machen. Es unterliegt keinem Zweifel, daß die Bürgschaft das allergefährlichste und für das Volkswohl nachtheiligste Rechtsgeschäft ist. Und deshalb könnte man es geradezu als verkehrt bezeichnen, Gesammtschuldner im Allgemeinen nur getheilt, Bürgen aber stets solidarisch haften zu lassen. Wollen mehrere Bürgen, die gemeinsam einen Bürgschein ausstellen, als Gesammtschuldner haften, so ist nichts einfacher, als das Wort „solidarisch" in die Urkunde hineinzu-

§ 712 (674).

Der Bürge ist erst dann zur Zahlung verpflichtet, wenn die Zahlung von dem Hauptschuldner nicht zu erlangen steht. (Einrede der Voraussklage).

Dies ist anzunehmen, wenn die Zwangsvollstreckung gegen den Hauptschuldner, und zwar, wenn es um eine Geldforderung sich handelt, die Zwangsvollstreckung in das bewegliche Vermögen des Hauptschuldners an dessen Wohnsitz oder in Ermangelung eines solchen an dessen Aufenthaltsorte ohne Erfolg versucht ist.

Hat der Gläubiger eine dingliche Sicherheit von dem Hauptschuldner bestellt erhalten, so muß auch diese zuvor verwirklicht sein und keinen zureichenden Erfolg gehabt haben.

§ 713.

Ist die Bürgschaft für eine bestehende Schuld nur auf bestimmte Zeit übernommen worden, so haftet der Bürge, wenn innerhalb dieser Zeit die Voraussetzungen des § 712 Abs. 2 eintreten. Hat jedoch der Gläubiger mindestens dreißig Tage vor Ablauf der Zeit wider den Hauptschuldner Klage erhoben und den Proceß bis zu dem vergeblichen Beitreibungsversuche ohne Säumniß fortgeführt, so haftet ihm der Bürge, auch wenn erst nach dem Ablauf der Zeit die Unbeitreiblichkeit der Forderung wider den Hauptschuldner zur Feststellung gelangt.

---

setzen. Die Gründe, die in den Motiven (S. 667) angeführt werden, halte ich für unzureichend. Daß es zweifelhaft sein könne, ob die Bürgschaft Mehrerer eine getrennt oder gemeinsam übernommene sei, trifft nicht zu, sobald man hierüber — was juristisch das einzig Richtige ist — die Form entscheiden läßt. Eine in einheitlicher Urkunde übernommene Bürgschaft ist eine gemeinsame; eine in getrennten Urkunden übernommene eine getrennte. Daß die Bestimmung des Entwurfs das „einfachste Recht" sei, ist allerdings richtig. Aber ist es denn auch gerecht, das so gefährliche Geschäft der Bürgschaft in dieser Weise für den Bürgen noch verhängnißvoller zu gestalten? Aeußersten Falles sollte man doch nach dem Vorgang des Schweiz. Obl. R. Art. 496 die mehreren Bürgen über ihren Antheil hinaus nur als Nachbürgen haften lassen.

§ 713. Die Motive (S. 681) lehnen es ab, den Fall einer zeitlich beschränkten Bürgschaft besonders zu regeln. Sie sagen, es wäre zu schwer, Rechtsnormen dafür aufzustellen; die Fälle seien zu verschiedenartig. Das letztere kann man ja zugeben. Aber in einer Beziehung bedarf der im Geschäftsleben sehr häufig vorkommende Fall einer bestimmten Regelung. Wenn jemand für eine bestehende Schuld die Bürgschaft auf bestimmte Zeit (also z. B. auf 3 Jahre) übernimmt, so heißt das offenbar: er will zahlen, wenn innerhalb von 3 Jahren die Bürgschaft reif wird. Nun ist aber, um die Bürgschaft zur Reife zu bringen, ein vorgängiger Proceß gegen den Hauptschuldner nöthig. Gesetzt nun, der Gläubiger hätte 6 Monate vor Ablauf der 3 Jahre diesen Proceß erhoben in der sicheren Erwartung, daß bis zum Schlusse der 3 Jahre die Unbeitreiblichkeit der Forderung wider den Hauptschuldner sich herausstellen werde. Der Proceß zieht sich aber in die Länge und erst nach Ablauf der 3 Jahre wird die Unbeitreiblichkeit festgestellt. Ist nun der Gläubiger seines Anspruchs gegen den Bürgen verlustig? Diese Frage bedarf einer positiven Regelung und zwar in der Richtung: was hat der Gläubiger zu thun, um sich seinen Anspruch gegen den Bürgen zu erhalten? Oben ist gesagt, daß der Gläubiger mindestens 30 Tage vor Ablauf der bestimmten Zeit die Forderung wider den Schuldner einklagen müsse. Dieser Zeitraum wird zwar in der

§ 714.

(— Ausschließung der Einrede der Vorausklage in bestimmten Fällen — wie § 675 b. Entw.)

§ 715.

Hat jemand ihm gehörige Sachen für eine fremde Schuld verpfändet, so gilt er bezüglich des dem Gläubiger zustehenden Pfandanspruchs als ein Bürge, der auf die Einrede der Vorausklage verzichtet hat.

§ 716 (676).

Befriedigt der Bürge den Gläubiger, so gehen im Umfange dieser Befriedigung die Rechte des Gläubigers wider den Hauptschuldner auf ihn über; dergestalt jedoch, daß der Bürge mit den auf ihn übergegangenen Rechten der etwaigen Restforderung des Gläubigers nachsteht. Einreden aus einem besonderen zwischen Hauptschuldner und Bürgen bestehenden Rechtsverhältnisse bleiben dabei vorbehalten.

Mitbürgen, die mit dem zahlenden Bürgen die Bürgschaft als Gesammtschuldner übernommen haben, haften diesem nach § 319.

§ 717 (677).

Wird der Bürge dem Gläubiger gegenüber zur Zahlung verurtheilt, so kann er, noch ehe er gezahlt hat, von dem Hauptschuldner Befreiung von der Bürgschaft oder Sicherheitsleistung für seine Ersatzansprüche fordern.

Außer diesem Falle kann ein Bürge, der auf Ansuchen des Hauptschuldners oder in dessen Interesse sich verbürgt hat, die nämliche Forderung stellen:

1. wenn die Vermögensverhältnisse des Hauptschuldners sich verschlechtert haben:

2. wenn der Hauptschuldner mit Entrichtung der Schuld in Verzug geräth;

3. wenn die in § 714, Nr. 2 und 3 bezeichneten Verhältnisse eingetreten sind.

Regel nicht ausreichen, um den Prozeß zu Ende zu führen und die Unbeitreiblichkeit der Forderung dem Hauptschuldner gegenüber nachzuweisen. Indessen darf man doch den Gläubiger nicht unter der langen Dauer unserer Prozesse allzusehr leiden lassen, und man wird annehmen können, daß er seine Schuldigkeit gethan hat, wenn er innerhalb jener Frist den Prozeß begonnen und dann ihn ohne Säumen durchgeführt hat. Andere Gesetze bestimmen die Frist erst nach Ablauf der für die Bürgschaft bestimmten Zeit. So z. B. das Schweiz. Obl. R. Art. 502.

§ 715. Dem Entwurf fehlt eine Bestimmung hierüber. Sie scheint mir aber nothwendig, mindestens nützlich.

§ 717. Ist der Bürge bereits verurtheilt, so kann es nicht darauf ankommen, ob er im Auftrage oder als Geschäftsführer des Hauptschuldners gehandelt hat. Im Uebrigen muß der Bürge den Anspruch auf Befreiung und Sicherheitsstellung auch in dem Falle des § 675 Nr. 3 (Konkurs des Hauptschuldners) geltend machen können. Natürlich hat er alsdann den Anspruch im Konkurse anzumelden.

— 149 —

§§ 718 und 719.

(— Beerbung des Hauptschuldners durch den Bürgen; Befreiung
des Bürgen durch Aufgeben einer Sicherheit — wie §§ 678 u. 679 b. E.)

§ 720 (680).

Wer einem Anderen den Auftrag ertheilt, in eigenem Namen und
für eigene Rechnung einem Dritten Kredit zu geben, haftet für den hiernach
gewährten Kredit als Bürge.

Titel 20. Schuldversprechen.

§ 721 (683).

Ein in Anerkennung einer bestehenden Verbindlichkeit ertheiltes Schuldversprechen kann wegen Nichtbestandes der ursprünglichen Verbindlichkeit nur
nach den Grundsätzen, nach denen die Zahlung einer Nichtschuld zurückgefordert werden kann, angefochten werden.

Ist die ursprüngliche Verbindlichkeit eine gesetzlich mißbilligte, so
findet die darauf gegründete Anfechtung auch gegen das neue Schuldversprechen statt.

§ 722 (684).

Einem förmlichen Schuldversprechen steht es gleich, wenn der Schuldner
eine bestehende Verbindlichkeit zwecks deren Feststellung ausdrücklich anerkennt; insbesondere, wenn er einen Schuldschein darüber ausstellt.

Ein Schuldschein, durch den der Aussteller eine bestimmte Leistung
schuldig zu sein bekennt, bedarf zu seiner Verpflichtungskraft nicht der Angabe des Schuldgrundes.

Titel 18 b. E. „Verpfändungsvertrag", worunter der Entwurf nicht
etwa den römischen Realkontrakt, pignus, sondern die eingegangene Verpflichtung,
ein Pfand zu bestellen, versteht, halte ich für unnöthig. Eine solche obligatorische
Verpflichtung kommt so gut wie niemals im Leben vor. Käme sie aber vor, so
würde damit die Praxis wohl auch ohne besondere Regeln fertig werden.
Titel 20. Zur Begründung dieser Vorschläge beziehe ich mich auf das,
was ich darüber im Arch. f. bürg. Recht II S. 105 bereits veröffentlicht habe.
(3t. S. 666.) Ich möchte hier nochmals vermarnen, den Anerkennungs-
vertrag an schriftliche Form zu knüpfen. Bei der sonstigen allgemeinen Vertrags-
freiheit würde damit ein Hemmniß in das Recht hineingeworfen sein, das sich
sehr empfindlich rächen würde. Tausendfältig werden im mündlichen Verkehr
bindende Anerkenntnisse abgegeben. Wird dann auf ein solches sich berufen, so
wird der Einwand erhoben werden, es sei nicht schriftlich gemacht; und dann wird
darüber unendlicher Streit entstehen. Wenn namentlich altpreußische Juristen
gegen „das abstrakte Zahlungsversprechen" Bedenken haben, so liegt ein Hauptgrund dafür darin, daß sie sich unter dem abstrakten Zahlungsversprechen etwas
Unrichtiges denken. Dabei ist es aber eine merkwürdige Erscheinung, daß die
nämlichen Juristen, die auf dem Gebiet der persönlichen Verbindlichkeit das
„abstrakte Zahlungsversprechen" als etwas höchst Gefährliches betrachten, für die
dingliche Verbindlichmachung, die Hypothek, es als etwas ganz Selbstverständliches
ansehen, daß diese das abstrakteste Zahlungsversprechen von der Welt, nämlich ein
auf Grundeigenthum gezogener Wechsel sein müsse. So verfällt man von einem
Extrem in das andere.

§ 723.

Ein Schuldschein, der auf einen nicht in bestimmter Vergangenheit liegenden Empfang eines Darlehens als Schuldgrund Bezug nimmt, kann mit dem Beweise der Nichtzahlung des Geldes angefochten werden. Der Inhaber des Scheines kann dagegen geltend machen, daß der Schein in Anerkennung einer anderweiten Verbindlichkeit, die in ein Darlehen verwandelt worden (§ 443), ausgestellt sei.

Ist jedoch der Schein über dreißig Tage alt, und behauptet der Inhaber, daß demselben eine anderweite Verbindlichkeit zu Grunde liege, so kann der anfechtende Aussteller nur durchdringen, wenn er mit dem Beweise der Nichtzahlung des Geldes den Beweis verbindet, daß der Schein in Erwartung einer Geldzahlung ausgestellt sei, oder wenn er denselben wegen Mangels der anderweiten ihm zu Grunde liegenden Verbindlichkeit nach Maßgabe des § 721 ansicht.

Die dreißigtägige Frist läuft nicht ab, wenn innerhalb derselben der Aussteller dem Inhaber eine Verwahrung wegen Nichtzahlung des Geldes zukommen läßt.

Auch auf andere Schuldscheine, die auf eine nicht in bestimmter Vergangenheit liegende Geldzahlung als Schuldgrund Bezug nehmen, findet dieser Paragraph entsprechende Anwendung.

§ 724.

Hat der Gläubiger, der vom Schuldner eine bindende Anerkennung seines Rechtes erlangt hat, aus dem ursprünglichen Schuldverhältnisse Klage erhoben, so kann er, wenn der Verklagte den Anspruch aus diesem bestreitet, die erfolgte Anerkennung auch als Replik geltend machen.

Titel 21. Vergleich.

§ 725 (666).

Durch den Vergleich stellen die Vertragschließenden ein zweifelhaftes oder streitiges Rechtsverhältniß mittelst gegenseitigen Nachgebens unter sich fest.

Titel 21. Ebenso wie die „Schenkung" ist der „Vergleich" nicht bloß obligatorischer Vertrag, vielmehr hat er eine allgemeine Natur. Wenn ich mit meinem Nachbar darüber uneinig geworden bin, wo die Grenze zwischen unsern Grundstücken herläuft, und wir vergleichen uns auf eine gewisse Grenzlinie, so ist durchaus kein obligatorischer Vertrag geschlossen worden, sondern ein rein dinglicher. Gleichwohl kann man den „Vergleich" an dieser Stelle stehen lassen, wenn man keinen allzugroßen Werth auf eine vollkommene Systematik des Gesetzbuchs legt. In den meisten Fällen wird der Vergleich allerdings obligatorische Rechte erzeugen. In seiner obligatorischen Bedeutung reiht sich der „Vergleich" am nächsten an das „Schuldversprechen" an. Beide haben den Zweck, den Bestand einer Verbindlichkeit festzustellen. Bei dem Schuldversprechen ist die Verbindlichkeit als eine unbestrittene, bei dem Vergleich als eine bestrittene betrachtet. Soweit aber der Vergleich auf unbestrittenen Voraussetzungen beruht, nimmt er ganz die Natur des Schuldversprechens an, d. h. er ist wegen entschuldbaren Irrthums anfechtbar.

§ 726 (667).

Die Gültigkeit eines Vergleiches wird dadurch nicht beeinträchtigt, daß ein Vergleichschließender über einen Umstand, der bei Abschluß des Vergleichs als ungewiß angenommen wurde, geirrt hat.

Dagegen kann der Vergleich wegen entschuldbaren Jrrthums über einen für den Vergleich maßgebenden Umstand angefochten werden, der bei Abschluß des Vergleichs als gewiß vorausgesetzt wurde.

Auch in dem Falle des Abs. 1 ist eine Anfechtung des Vergleichs zulässig, wenn dem gegenüberstehenden Vergleichschließenden ein betrügliches Verschweigen zur Last fällt.

§ 727.

Wird nach Abschluß eines Vergleiches von dem einen Theile der frühere Anspruch ohne Rücksicht auf den Vergleich gerichtlich geltend gemacht, und unterläßt hierauf auch der andere Theil, die Einrede des Vergleichs entgegenzusetzen, so gilt der Vergleich als durch beiderseitiges Einverständniß aufgehoben. Das daraus Geleistete kann alsdann zurückgefordert werden.

Titel 22. Anweisung.
§ 728 (603).

Hat jemand einen Anderen angewiesen, eine Leistung bei einem Dritten für sich zu erheben, so wird dadurch der angewiesene Dritte ermächtigt, die Leistung an den Anweisungsempfänger zu bewirken.

Der Angewiesene ist zugleich ermächtigt, dem Anweisungsempfänger ein Zahlungsversprechen bezüglich der angewiesenen Leistung zu ertheilen (Annahme der Anweisung).

---

§ 726. Die Formulirung des Abs. 2 in § 667 d. E. halte ich nicht für richtig. Der Jrrthum, der zu der Anfechtung des Vergleiches berechtigt, braucht nicht einen Gegenstand zu haben, der „den Streit oder die Ungewißheit ausgeschlossen hätte". Wenn zwei darüber streiten, ob eine vom Erblasser überkommene Schuld bezahlt oder nicht bezahlt sei und sich deshalb auf die Hälfte der Schuld vergleichen, später aber sich herausstellt, daß die als unbedingt angenommene Schuld nur unter einer Bedingung, deren Eintritt höchst zweifelhaft ist, geschuldet wurde, so wird damit der Streit über die Zahlung der Schuld nicht ausgeschlossen. Gleichwohl muß der Vergleich aus diesem Grunde angefochten werden können. Den Abs. 3 hinzuzufügen halte ich nach Lage der Verhältnisse für sehr rathsam.

§ 727 ist dem § 1416 d. sächs. G. B. und § 967 d. Dresd. Entw. nachgebildet. Jch würde ihn für überflüssig gehalten haben, wenn nicht die Motive S. 656 die Aufnahme abgelehnt hätten, weil die Bestimmung „mit allgemeinen Grundsätzen nicht vereinbar und eine Abweichung von diesen kein Bedürfniß sei". Jch bin der Ansicht, daß die Bestimmung allgemeinen Grundsätze sehr wohl entspricht.

Titel 22. Die Anweisung ist an diese Stelle gesetzt, weil bei ihr in Wahrheit ein abstraktes Zahlungsversprechen — das der Annahme der Anweisung — die Hauptrolle spielt. Jn der Sache selbst muß ich es als eine zu enge Auffassung bezeichnen, wenn der Entwurf die „Anweisung" nur als ein Rechtsinstitut kennt, das sich an eine dem Wechsel ähnliche Urkunde knüpft. Die Anweisung hat einen allgemeineren Charakter, und es scheint mir geboten, zunächst in dieser allgemeineren Bedeutung das Rechtsinstitut zu regeln, schon deshalb, weil dadurch ein weit tieferer Einblick in die innere Natur desselben gewonnen wird. Auch ist

§ 729 (606, 608).

Die Verpflichtung des Angewiesenen zur Annahme oder Zahlung der Anweisung, desgleichen die Wirkung dieser Handlungen, bestimmt sich dem Anweisenden gegenüber nach dem zwischen beiden bestehendem Rechtsverhältnisse. Erhellt ein anderweites Rechtsverhältniß nicht, so bestimmt sich das Verhältniß zwischen Anweisendem und Angewiesenem nach den Regeln des Auftrags.

§ 730 (607).

Hat der Angewiesene auf die Anweisung Zahlung zu leisten versprochen, so wird er dadurch dem Anweisungsempfänger selbständig zur Zahlung verpflichtet. Er kann bezüglich dieser Verpflichtung Einreden aus seinem Rechtsverhältnisse zu dem Anweisenden dem Anweisungsempfänger, der die Annahme gutgläubig entgegengenommen hat, nicht entgegensetzen.

§ 731 (609).

Als Leistung des Anweisenden an den Anweisungsempfänger gilt nicht schon die ertheilte Anweisung oder deren Annahme seitens des Angewiesenen, sondern erst die darauf geleistete Zahlung.

§ 732 (610).

Der Anweisungsempfänger ist im Zweifel verpflichtet, den Angewiesenen zur Zahlung aufzufordern.

§ 733 (611).

Verweigert der Angewiesene die Zahlung oder will der Anweisungsempfänger die ihm ertheilte Anweisung nicht geltend machen, so ist er verpflichtet, hiervon dem Anweisenden unverzüglich Anzeige zu machen. Im Unterlassungsfalle haftet er für Schadensersatz.

§ 734 (612).

So lange der Angewiesene weder gezahlt, noch auf die Anweisung Zahlung versprochen hat, kann ihm gegenüber der Anweisende die Anweisung widerrufen, auch wenn der Widerruf dem Anweisungsempfänger gegenüber nicht gerechtfertigt ist. Die Ansprüche des letzteren auf Schadensersatz bleiben alsdann vorbehalten.

§ 735.

(— Nichterlöschen der Anweisung durch Tod ꝛc., wie § 613 d. E.)

§ 736 (606, 607).

Wird eine auf Geld oder eine Quantität vertretbarer Sachen oder Werthpapiere gerichtete Anweisung durch eine vom Anweisenden dem Anweisungsempfänger ausgestellte Urkunde ertheilt, so verpflichtet sich der An-

---

es gar kein Zweifel daß heute noch öfters Anweisungen in der freieren Form (z. B. brieflich) ertheilt werden. Diese allgemeine Regelung ist oben in den §§ 728—735 vorgenommen, die freilich in den meisten Beziehungen mit den Bestimmungen des Entwurfs parallel gehen. Daran schließen sich dann in den §§ 736—739 die besonderen Bestimmungen für den durch die Anweisungsurkunde vermittelten Verkehr an.

gewiesene durch den auf die Urkunde gesetzten Vermerk der Annahme sowohl dem Anweisenden als dem Anweisungsempfänger gegenüber zur Zahlung. Der Vermerk kann mit Wirksamkeit auf die Urkunde gesetzt werden, noch ehe diese dem Anweisungsempfänger ausgehändigt ist.

§ 737.

Der Anweisungsempfänger kann durch einen auf die Urkunde gesetzten Vermerk seine Rechte aus der Anweisung dem Angewiesenen gegenüber, auch wenn dieser die Anweisung noch nicht angenommen hat, übertragen.

§ 738.

Ist die Anweisung zur Zeit noch nicht zahlbar, so kann der An= weisungsempfänger den Angewiesenen zur Annahme der Anweisung auf= fordern. Verweigert dieser die Annahme, so hat der Anweisungsempfänger nach § 733 zu verfahren.

§ 739.

Zahlung der Anweisung kann nur gegen Aushändigung der quittirten Urkunde gefordert werden.

Titel 23. Schuldverschreibung auf Inhaber.

§ 740 (683, 687).

Eine Urkunde, durch die der Aussteller dem Inhaber derselben eine Leistung verspricht (Schuldverschreibung auf Inhaber), verpflichtet den Aus= steller, dem jeweiligen rechtmäßigen Inhaber der Urkunde die darin ver= sprochene Leistung zu gewähren.

Als rechtmäßiger Inhaber gilt jeder Inhaber, so lange die Unrecht= mäßigkeit seines Erwerbes nicht erhellt. Der Aussteller wird durch die Leistung an den Inhaber nur dann nicht befreit, wenn ihm die Unrecht= mäßigkeit des Erwerbes desselben bekannt war, oder wenn es auf grober Fahrlässigkeit beruht, daß er sie nicht erkannte.

§ 741 (686).

Der rechtmäßige Erwerb der Urkunde erfolgt für den ersten Erwerber durch Ausgabe der Urkunde von Seiten des Ausstellers, für jeden folgenden Erwerber durch Uebertragung der Urkunde von Seiten des bisherigen In= habers nach den Regeln des Sachenrechts.

Zu § 737—739. Diese Bestimmungen fehlten im Entwurf. Ich glaube, daß sie nach Analogie des Wechselverkehrs auch für den Verkehr mit urkundlicher Anweisung passen. Ueber die Bestimmung in § 737 vergl. meine „Beurtheilung". (3St. S. 337.)

§ 740. Es wird hier der Ansicht derjenigen gefolgt, welche die sogen. Kreationstheorie des Entwurfs mißbilligen. (3St. S. 374 flg.) Wenn das Papier den „Inhaber" als forderungsberechtigt erklärt, so hat das nur den Zweck, die Legitimation zur Verfolgung des Forderungsrechtes an ein leicht erkennbares Merkmal zu knüpfen, nicht aber diese Legitimation zu einer Frage des reinen Zufalles zu machen. Die Inhaberschaft legitimirt also zu dem Forderungsrecht nur insoweit, als das Bedürfniß des bona fide Verkehrs es erheischt. Darüber hinaus dem Grundsatze, daß der „Inhaber" Gläubiger sei, Wirksamkeit zu geben, würde nur das Unrecht begünstigen heißen. Aus diesem Gesichtspunkte ist § 740, der die Grundgedanken der ganzen Lehre enthält, entworfen.

Das Recht des gutgläubigen Erwerbers an der Urkunde ist auch dann unanfechtbar, wenn die Urkunde gestohlen, verloren oder sonst ohne den Willen des Ausstellers oder des Vorbesitzers an ihn gelangt ist.

§ 742 (685 Abs. 2 u. 3).

Wo Urkunden der gedachten Art in größerer Anzahl ausgegeben werden, kann die Form, unter der sie mit Verpflichtungskraft zur Ausgabe gelangen, allgemein von dem Aussteller bestimmt werden. Die Unterschrift des Ausstellers unter der Urkunde ist dabei nicht erforderlich.

§ 743 (688).

Der Aussteller ist nur gegen Vorlegung und Aushändigung der Urkunde zu leisten verpflichtet; vorbehaltlich der Bestimmung in § 747 flg.

§ 744 (689).

Einreden gegen die Verpflichtung aus der Urkunde kann der Aussteller nur erheben, wenn sie die Gültigkeit der Ausstellung betreffen, wenn sie aus der Urkunde selbst sich ergeben, oder wenn sie dem Aussteller gegen den zeitigen Inhaber zustehen.

§ 745 (690).

Auf Inhaber lautende Zinsscheine bleiben in Kraft, wenn auch die Hauptforderung erloschen oder in der Verzinsbarkeit derselben eine Aenderung eingetreten ist.

Werden bei Einlösung der Hauptschuldverschreibung ausgegebene Zinsscheine nicht zurückgegeben, so ist der Aussteller befugt, den Zinsbetrag derselben an der Hauptforderung zu kürzen.

§ 746 (691).

Wird die Schuldverschreibung auf Inhaber, nachdem die Forderung daraus fällig geworden ist, nicht innerhalb von dreißig Jahren zur Einlösung vorgelegt, so ist der Anspruch daraus erloschen. Bei Zinsscheinen, Rentenscheinen und Gewinnantheilscheinen beträgt die Erlöschungsfrist vier Jahre.

Die Fristen beginnen mit dem Schlusse des Jahres, in welchem der Anspruch fällig wurde.

Unterbleibt auf die innerhalb der Frist erfolgte Vorlage die Zahlung, so unterliegt der Anspruch innerhalb des Restes der Frist der allgemeinen Anspruchsverjährung.

---

§ 744 ist in der Form dem Art. 82 der W. O. nachgebildet.

§ 746. Die Frist von 30 Jahren ist sehr lang. Sie ist beibehalten nur nach dem allgemein hier befolgten Grundsatz, in solchen positiven Bestimmungen möglichst wenig am Entwurfe zu ändern. Nach den Motiven S. 704 soll neben dem „Erlöschen" wegen Nichtvorlage der Schuldverschreibung die Anspruchsverjährung bestehen bleiben. Dabei erscheint es zweifelhaft, ob die Verjährung erst von dem Augenblick der Vorlage beginnen, oder ob sie schon während der „Erlöschungsfrist" stillschweigend nebenher laufen soll. Ich halte es jedenfalls für dienlich, hierüber Klarheit zu schaffen, und zwar in dem Sinne, daß die Erlöschungsfrist und die Verjährungsfrist nebeneinander laufen. Dieser Gedanke ist in Abs. 3 des § 746 zum Ausdruck gebracht.

In der Schuldverschreibung kann das Erlöschen der Ansprüche aus=
geschlossen, sowie die Dauer, der Beginn und der Lauf der Erlöschungs=
fristen abweichend von dem Vorstehenden bestimmt werden.

§ 747 (692).

Abhanden gekommene oder vernichtete Schuldverschreibungen unter=
liegen, insofern nicht ein gegentheiliger Vorbehalt in der Urkunde enthalten
ist, der Kraftloserklärung im Wege des Aufgebotsverfahrens. Ausgenommen
sind Zins=, Renten= und Gewinnantheilscheine, sowie alle auf Sicht zahl=
baren unverzinslichen Schuldverschreibungen.

§ 748 (693).

Das Aufgebotsgericht hat auf Antrag des Betreibenden den Aus=
steller der Schuldverschreibung von der Einleitung des Verfahrens sofort
zu benachrichtigen. Die Benachrichtigung schließt das Verbot in sich, aus
der Schuldverschreibung noch eine Leistung zu bewirken, insbesondere neue
Zins=, Renten= oder Gewinnantheilscheine oder Erneuerungsscheine für
solche auszugeben (Zahlungssperre).

Der Aussteller hat seinen Zahlstellen von der Zahlungssperre Nach=
richt zu geben. Auf Antrag des Betreibenden kann auch das Gericht
unmittelbar sie benachrichtigen.

Eine der Zahlungssperre zuwiderlaufende Leistung ist dem Betreibenden
gegenüber unwirksam. Die Zahlung der fällig werdenden, vor dem Verbote
ausgegebenen Zins=, Renten= und Gewinnantheilscheine werden von dem
Verbote nicht getroffen.

Die Zahlungssperre ist auch dann zu verfügen, wenn zur Zeit die
Anberaumung des Aufgebotstermines noch nicht erfolgen kann. Das Verbot
ist alsdann nach § 823 der C. P. O. öffentlich bekannt zu machen.

§ 749 (694).

Mit dem Antrage auf Einleitung des Aufgebotsverfahrens wird bis
zu dessen Erledigung der Lauf der in § 746 bezeichneten Erlöschungsfrist,
sowie der Verjährungsfrist gehemmt. Dasselbe geschieht durch den in Ge=
mäßheit des § 748 Abs. 4 gestellten Antrag; die Hemmung dauert jedoch
nur fort, wenn innerhalb von 6 Monaten nach Beseitigung des entgegen=
stehenden Hindernisses die Anberaumung des Aufgebotstermines erfolgt.

---

§ 748. Der § 693 d. E. ist insofern unklar, als nicht erhellt, ob die
Zahlstellen nur dann von der Zahlungssperre betroffen werden, wenn das Gericht
sie unmittelbar benachrichtigt hat. Bejaht man dies, so würde dadurch leicht ein
Mißstand entstehen, daß die Zahlstellen oft nicht allgemein bekannt sind. Es muß
deshalb zur Bewirkung der Zahlungssperre genügen, daß der Aussteller allein
benachrichtigt wird. Diesem muß dann die Pflicht obliegen, seine Zahlstellen zu
benachrichtigen. Daneben kann man es zulassen, daß, um schneller die Zahlungs=
sperre ins Werk zu setzen, das Gericht die Zahlstellen auch unmittelbar benach=
richtigen kann. Sodann hielt es für praktisch, das vom Entwurf geforderte
„Verbot" in der Benachrichtigung schon von dem Aufgebotsverfahren schon von selbst
für begriffen zu erklären. Wer Schuldverschreibungen auf Inhaber ausgiebt, muß
wissen, was eine solche Benachrichtigung bedeutet, auch ohne daß ein ausdrückliches
Verbot an ihn ergeht.

§ 750 (695).

Nach Erwirkung des Ausschlußurtheils ist der Betreibende berechtigt, die Rechte aus der Schuldverschreibung wider den Aussteller geltend zu machen. Er kann von diesem auch die Ausstellung einer neuen Schuldverschreibung an der Stelle der kraftlos erklärten auf seine Kosten verlangen.

§ 751 (696).

Wird das Ausschlußurtheil in Folge einer Anfechtungsklage aufgehoben, so gelten gleichwohl die Leistungen, die der Aussteller, ehe er von der Aufhebung Kenntniß erhielt, in Gemäßheit des Ausschlußurtheils bewirkt hat, zu seinen Gunsten als rechtmäßig erfolgt.

§ 752 (698).

Ist der zu einer Schuldverschreibung auf Inhaber gehörige Erneuerungsschein verloren gegangen, so ist auf Anzeige hiervon der Inhaber der Schuldverschreibung, nicht der Inhaber des Erneuerungsscheins, befugt, neue Zins-, Renten- oder Gewinnantheilscheine zu erheben.

§ 753 (699).

An der Stelle einer beschädigten Schuldverschreibung, die jedoch in ihrem wesentlichen Inhalt und ihren Unterscheidungsmerkmalen noch erkennbar ist, kann der Inhaber die Ertheilung einer neuen Schuldverschreibung auf seine Kosten von dem Aussteller verlangen.

§ 754.

(— Umschreibung der Schuldverschreibung — wie § 700 d. E.)

§ 755 (701).

Schuldverschreibungen auf Inhaber, die auf eine Geldsumme lauten, dürfen nur mit Staatsgenehmigung ausgegeben werden.

Eine ohne Staatsgenehmigung in den Verkehr gelangte Schuldverschreibung dieser Art ist ungültig; vorbehaltlich des Anspruchs auf Entschädigung, wenn durch Ausgabe oder Weiterbegebung derselben ein Betrug verübt ist.

---

§ 697 d. E. ist von mir nicht aufgenommen. Er setzt voraus, daß der Aussteller der Schuldverschreibung eine Kontrole darüber führe, ob ein bestimmter Zinsschein rc. innerhalb der Verjährungsfrist bei ihm eingelöst sei. Eine solche Kontrole zu führen, ist aber überaus schwierig und bei größern Geldinstituten ganz unmöglich. Die Aufnahme des § 697 würde also voraussichtlich nur die Folge haben, daß alle Ausgeber von verzinslichen Inhaberpapieren von dem im Schlußsatz des § 697 vorbehaltenen Rechte Gebrauch machten. Der Paragraph würde nur auf dem Papiere stehen.

§ 755. Sagt man, wie am Schlusse des § 701 gesagt ist: „Der Aussteller ist den Inhabern für den durch die Ausgabe verursachten Schaden verhaftet," so würde dies indirekt zu einer Gültigkeit des ohne Gestattung ausgegebenen Inhaberpapieres führen. Denn der Schaden, den der Inhaber erleidet, besteht darin, daß das Papier nicht den darauf verzeichneten Werth hat, und wenn der Aussteller diesen Schaden erstatten soll, so hat das Papier doch diesen Werth in der Form des daran geknüpften Rechtes auf Schadensersatz. Der Anspruch auf Schadensersatz muß sich nothwendig auf den Fall eines mit dem Papier verübten Betrugs beschränken.

— 157 —

(Abf. 3 u. 4 — Ertheilung der Staatsgenehmigung — wie Abf. 3 u. 4 in § 761 b. E.)

§ 756 (702).

Karten, Marken, Lotterieloofe und ähnliche Urkunden, die ausgegeben werden, um den Inhaber zur Entgegennahme einer Leistung zu berechtigen, fallen unter die Vorschriften der §§ 740—744.

Sollen Urkunden diefer Art, welche keine bestimmte Person als be= rechtigt erkennen lassen, nicht dem freien Verkehr der Inhaberpapiere unter= liegen, so muß dies durch einen darauf gesetzten Vermerk erkennbar ge= macht fein.

§ 757 (703).

Ist eine Urkunde, in der der Gläubiger bezeichnet ist, mit der Be= stimmung ausgegeben, daß die darin versprochene Leistung an jeden Inhaber erfolgen könne, so ist zwar der Schuldner berechtigt, an den Inhaber nach Maßgabe des § 1 Abf. 2 zu leisten, der Inhaber aber nicht ohne Weiteres berechtigt, die Leistung zu fordern.

Titel 24. Rückforderung wegen unrechtmäßiger Bereicherung.

§ 758.

Wer in entschuldbarem Irrthum auf eine vermeintlich bestehende, in Wahrheit aber nicht bestehende Schuld eine Leistung bewirkt, kann das Geleistete zurückfordern.

---

§ 756. Wenn nach den Motiven der Entwurf über die Bedeutung von Urkunden der hier fraglichen Art „die Abficht", in welcher fie ausgegeben werden, entscheiden lassen will, so ist das für das Publikum, das die Urkunden entgegen= nimmt, ein fehr fchwer erkennbares Kriterium. Das Recht verlangt felbstverständlich nach mehr greifbaren Kennzeichen. Bekanntlich ist die Hauptfrage, welche fich an dergleichen Urkunden neuerdings geknüpft hat, die Frage ihrer unbedingten Ueber= tragbarkeit. Das ist aber gar keine Frage des Inhaberpapiers, sondern es ist die Frage, die der Entwurf bereits in § 295 behandelt und dort allgemein in bejahen= dem Sinne entschieden hat. Ich habe mich für die gegentheilige Anficht erklärt (§ 295), und vertrete diese auch hier. Soll die Uebertragbarkeit einer folchen Urkunde ausgeschlossen werden, wozu ist es im Interesse des öffentlichen Verkehrs unbedingt geboten, daß dies (oder eine etwanige andere Beschränkung) auf die Urkunde aufgedruckt werde. Dann können Irrungen nicht vorkommen.

§ 758. Ueber die radikale Weise, in welcher der Entwurf die Lehre von der conditio indebiti zu gestalten unternommen hat, habe ich bereits in der „Beurtheilung" mich ausgesprochen (3. St. S. 425). Es ist eine Verkennung der tiefbegründeten Natur des Rechtsverhältnisses, wenn der Entwurf anzunehmen fcheint, bei Rückforderung einer angeblichen Nichtschuld beruhe das im röm. Recht aufgestellte Erforderniß eines entschuldbaren Irrthums nur auf einer Marotte. Die strenge Behandlung der cond. indeb. gründet fich auf das Bedürfniß, dem Gläubiger einen genügenden Schutz zu verleihen gegen das Wiederaufgreifen abgethaner Verhältnisse. Sobald ein Schuldverhältniß durch Zahlung erledigt ist, muß der Gläubiger in der Lage fein, es der Vergessenheit anheim zu geben. Wenn dann aber jederzeit die Frage, ob Schuld oder Nichtschuld, wieder auf= gegriffen und, vielleicht nur scheinbar, ein Verhältniß zu Tage gefördert werden kann, wonach dem Gläubiger das Empfangene wieder entrissen werden darf, fo

Nach den Umständen des Falles ist zu ermessen, ob schon aus dem Beweise der Nichtschuld auf einen Irrthum geschlossen werden könne und ob der Irrthum ohne Weiteres für entschuldbar zu halten sei.

Eine Leistung ist jedenfalls dann nicht als irrthümlich geschehen anzunehmen, wenn sie einer sittlichen oder Anstandspflicht entsprach.

§ 759.

Die Rückforderung ist gegen denjenigen zu richten, auf dessen vermeintliche Forderung die Leistung bewirkt ist.

Gegen einen Dritten, der mit Willen des vermeintlichen Gläubigers an dessen Stelle die Leistung empfangen hat, kann die Rückforderung nicht gerichtet werden.

§ 760.

(— Keine Zurückforderung einer verfrühten Leistung — wie § 738 d. E.)

§ 761 (739).

Ist der Gegenstand der Leistung bei dem Empfänger untergegangen, so findet eine Rückforderung nicht statt.

Außer diesem Fall hat der Empfänger, wenn er zur Rückerstattung des Gegebenen in Natur außer Stande ist, dessen Werth zu erstatten.

§ 762 (740).

Die Verbindlichkeit zur Rückerstattung erstreckt sich auch auf den natürlichen Zuwachs der Sache, soweit er bei dem Empfänger noch vorhanden ist.

Ist eine Geldsumme Gegenstand der Rückforderung, so ist der Empfänger aus der Zeit vor der Klagerhebung Zinsen zu entrichten nicht verpflichtet.

---

ist dieser in hohem Maße gefährdet. Hiergegen muß er im Interesse der Sicherheit des Verkehrs geschützt sein. Und deshalb ist auch heute noch an dem Erforderniß eines entschuldbaren Irrthums für die cond. ind. festzuhalten. Allerdings muß dem Richter in Beziehung auf die Beweisfrage ein gewisser Spielraum bewahrt bleiben. Es muß ihm gestattet sein, aus dem Beweise der Nichtschuld auch auf den Irrthum und zwar je nach Umständen auf den entschuldbaren Irrthum zu schließen. Nicht aber kann man, wie der Entwurf durch die Vorschrift in Abf. 4 des § 737 thut, eine strenge Vermuthung für den Irrthum aufstellen. Namentlich aber ist es kein Bedürfniß, eine Rückforderung da zuzulassen, wo sittliche oder Anstandsgründe für die Zahlung vorlagen. Die (vom Entwurfe gestattete) Rückforderung in solchen Fällen würde das sittliche Gefühl in unserem Volke tief verletzen.

§ 759. Die hier aufgestellte Vorschrift fehlt im Entwurfe. Ich halte es für ein praktisches Bedürfniß, sie aufzustellen.

§ 761. Ich würde nicht, wie der Entwurf thut, die Ausschließung der Rückforderung einfach daran knüpfen, daß der Empfänger „nicht mehr bereichert sei". Denn dieser Begriff ist zweideutig. Gesetzt, es empfängt Jemand indebite 1000 Mk. Er fängt damit an zu spekuliren und verliert das Geld. Ist er nun nicht mehr „bereichert", und ist die Rückforderung deshalb ausgeschlossen? Meiner Ansicht nach muß er das Geld zurückzahlen, wie er es auch verwendet. Durch die Verwendung für seine Zwecke, sind es auch nichtsnützige gewesen, ist er eben im Sinne der cond. ind. bereichert. Dies ist durch die obige Formulirung klarer ausgesprochen.

Hat der Empfänger Verwendungen auf die Sache gemacht, so ist er zur Herausgabe nur gegen Ersatz dieser Verwendungen, soweit er nicht schon in den gezogenen Nutzungen Ersatz dafür erhalten hat, verpflichtet. Von Eintritt der Rechtshängigkeit an haftet der Empfänger in gleicher Weise, wie ein mit der Eigenthumsklage Belangter. Für eine zurückgeforderte Geldsumme hat er von diesem Zeitpunkte an Zinsen zu entrichten.

§ 763 (741).

Ist dem Empfänger bei dem Empfange bekannt gewesen, daß er die Leistung nicht zu fordern habe und der Leistende nur irrthümlich zahle, so haftet er dem Leistenden nach den Vorschriften über Schadensersatz aus unerlaubten Handlungen.

Hat der Empfänger erst später Kenntniß von der gedachten That-sache erlangt, so haftet er von diesem Zeitpunkt an wie der Besitzer einer Sache, der sich der Unrechtmäßigkeit seines Besitzes bewußt ist.

§ 764 (745).

Die Vorschriften über Rückforderung einer gezahlten Nichtschuld finden in gleicher Weise Anwendung, wenn auf einen Rechtsgrund hin geleistet worden ist, der später als hinfällig sich erweist.

§ 765 (716).

Ist auf Grund eines vollstreckbaren Titels geleistet, demnächst aber dieser Titel aufgehoben worden, so haftet der Empfänger dem Rückfordernden so, als ob der Rückforderungsanspruch schon zur Zeit der Leistung rechts-hängig geworden wäre.

Der, welcher in einem solchen Falle durch Betreibung der Zwangs-vollstreckung oder durch Bedrohung mit solcher die Leistung ernöthigt hat, haftet zugleich dem Rückfordernden für Schadensersatz. Derselben Haftung unterliegt auch der, welcher einen später als ungerechtfertigt erkannten Arrest erwirkt hat.

§ 766 (742).

Wer etwas hingiebt unter der ausdrücklich erklärten oder aus den Umständen klar sich ergebenden Voraussetzung, daß ein bestimmtes Ereigniß oder ein Erfolg eintreten oder nicht eintreten werde, kann, wenn diese Vor-aussetzung sich nicht verwirklicht, das Gegebene zurückfordern.

§ 767 (743).

Die Rückforderung ist ausgeschlossen:

1. wenn die Voraussetzung, an welche die Hingabe geknüpft wurde, auf Beförderung einer Rechtswidrigkeit oder Unsittlichkeit hinauslief;

---

§ 765. Aus praktischen Gründen halte ich es für dienlich, der Bestimmung in Abs. 1 auch die Bestimmung in Abs. 2 anzufügen. Zur Rechtfertigung beziehe ich mich auf das in der 3St. S. 430 Bemerkte. Die gegentheilige Entscheidung des Reichsgerichts, Bd. 26 Nr. 38, halte ich für unrichtig. Wer unbegründet einen Arrest erwirkt, muß die Folgen davon auch tragen.

2. wenn der Geber selbst die Verwirklichung der Voraussetzung wider Treue und Glauben verhindert hat;

3. wenn von Anfang an die Verwirklichung der Voraussetzung unmöglich und die Unmöglichkeit dem Geber bekannt war.

§ 768.

Die Rückforderung ist nach den für die Rückforderung einer gezahlten Nichtschuld geltenden Grundsätzen zu bemessen.

§ 769 (747).

Wer einem Andern etwas gegeben hat, durch dessen Annahme der Empfänger wider die Rechtsordnung oder die Sittlichkeit verstoßen hat, kann das Gegebene zurückfordern. Der Empfänger haftet dem Rückfordernden in gleicher Weise, wie der Empfänger einer Nichtschuld nach erlangter Kenntnißnahme von solcher.

Die Rückforderung ist ausgeschlossen, wenn auch der Geber durch die Hingabe gegen die Rechtsordnung oder die Sittlichkeit verstoßen hat.

§ 770 (748).

Ist Jemandem durch Zufall oder Irrung ohne Rechtsgrund Vermögen eines Anderen zugewendet worden, so kann dieser im Umfange der jenem zu Theil gewordenen Bereicherung das Zugewendete zurückfordern.

Die Rückforderung ist nach den für die Rückforderung einer gezahlten Nichtschuld geltenden Grundsätzen zu bemessen.

Die Verpflichtung zum Schadensersatz in einem Falle, wo der Empfänger der Zuwendung in rechtswidrigem Bewußtsein gehandelt hat, bleibt dabei vorbehalten.

Titel 25. Offenlegung, Rechnungsablage und Offenbarung.

§ 771 (774).

Wer wegen eines ihm zustehenden Anspruchs oder für den Zweck, sich über das Bestehen eines Anspruchs Gewißheit zu verschaffen, ein Interesse an Besichtigung einer in fremdem Besitz befindlichen Sache hat, kann von dem Besitzer verlangen, daß dieser ihm die Sache zur Besichtigung vorlege oder ihn zu deren Besichtigung zulasse. Zur Geltendmachung dieses Rechts genügt, daß der Anspruch oder die Möglichkeit eines solchen glaubhaft gemacht wird.

§ 772 (775).

Wer ein Interesse dabei hat, eine in fremdem Besitz befindliche Urkunde einzusehen, kann von dem Besitzer Gestattung der Einsicht verlangen,

---

§ 771. Nach den Motiven S. 891 soll der, welcher das Recht auf Besichtigung geltend macht, seinen Anspruch beweisen müssen. Wenn man dies von ihm verlangt, so wird das fragliche Recht in der Regel illusorisch werden. Es muß genügen, wenn der Anspruch glaubhaft gemacht ist, wie dies auch gemeinrechtlich angenommen wird.

§ 772. Nach § 775 d. E. scheint es, als ob dort ein eigenthümlicher Zirkel beschritten würde. Es wird die Pflicht zur Vorlegung einer Urkunde angeordnet wenn die Urkunde eine gemeinschaftliche im Sinne des § 387 der C. P. O. ist. Es genügt, wenn das Interesse glaubhaft gemacht ist.

§ 773.

(— Gefahr und Kosten der Vorlegung — wie § 776 d. E.)

§ 774.

Wer in fremder Angelegenheit dergestalt thätig gewesen ist oder thätig zu sein berufen war, daß er je nach Maßgabe seiner Thätigkeit demjenigen, den die Angelegenheit angeht (dem Geschäftsherrn), zu einer Vermögens=herausgabe verpflichtet erscheint, ist zugleich verpflichtet, zwecks Feststellung dieser Herausgabe über seine Thätigkeit dem Geschäftsherrn Rechnung ab= zulegen.

Die Verpflichtung tritt auch dann ein, wenn der Handelnde glaubte, in eigener Angelegenheit thätig zu sein.

Sie trifft auch den Erben des Geschäftsführers.

§ 775.

Der zur Rechnungsablage Verpflichtete hat über seine Thätigkeit die= jenige Auskunft zu geben, welche den Geschäftsherrn erkennen läßt, ob und welche Ansprüche ihm in Folge dieser Thätigkeit zustehen. Der Rechnungs= steller hat namentlich die von ihm gemachten Einnahmen vollständig und so genau, wie das Interesse des Geschäftsherrn es erheischt, zu verzeichnen,

---

unter den Voraussetzungen, unter welchen im Civilprozeß ein Dritter zur Vor= legung einer Urkunde verpflichtet ist. Nun ist nach § 394 der C. P. C. „ein Dritter aus denselben Gründen, wie der Gegner" zur Vorlegung einer Urkunde ver= pflichtet. Der Gegner aber ist nach § 387 zur Vorlegung einer Urkunde verpflichtet,

1. wenn nach den Vorschriften des bürgerlichen Rechtes die Herausgabe oder Vorlegung verlangt werden kann;
2. wenn die Urkunde eine gemeinschaftliche ist (wofür dann eine Begriffs= bestimmung gegeben wird).

Da nun unter der „Vorlegung" in Nr. 1 wohl nichts anderes, als die Ex= hibitionspflicht zu verstehen sein dürfte, so würde hiernach die Sache so liegen, daß — abgesehen von dem Falle der Gemeinschaftlichkeit der Urkunde — für die Frage, wenn jemand zur Vorlegung verpflichtet sei, das bürgerliche Gesetzbuch auf die Civilprozeßordnung, diese aber wieder auf das bürgerliche Recht sich beriefe, womit die Frage natürlich nicht erledigt wäre. Ein Bedürfniß, eine Verpflichtung zur Urkundenvorlage anzuerkennen, dürfte jedoch nicht weiter bestehen, als für den Fall der Gemeinschaftlichkeit der Urkunde. Wenigstens scheint es mir zu schwierig, noch eine andere Grundlage ohne erhebliche Gefährdung der Interessen zu konstruiren. Dieser Begriff ist nun bereits in der C. P. C. bestimmt. Ob er ganz genau ist, kann dahin gestellt bleiben, da eine Verbesserung jedenfalls nur in der C. P. O. vorzunehmen sein dürfte.

§ 774 flg. Das dringende Bedürfniß, die Lehre von Rechnungsablage zu ordnen, habe ich bereits in der „Beurtheilung" dargelegt. Es ist eine der auf= fallendsten Lücken des Entwurfs, daß er diese Lehre völlig hintansetzt. Für die einzelnen Paragraphen nehme ich auf die Begründung Bezug, die ich zu denselben in meinem Aufsatze, Arch. f. b. R. II. S. 112. gegeben habe (vergl. §St. S. 444). Ich mache insbesondere darauf aufmerksam, daß hier auch die prozessualische Seite der Sache geordnet werden muß, da die Bestimmungen der C. P. C. dafür durchaus nicht ausreichen.

auch die in seinem Besitz befindlichen, auf seine Thätigkeit bezüglichen Ur=
kunden (Belege) vorzulegen.

Er ist zugleich berechtigt, seine Gegenansprüche darzulegen, insbesondere
seine Ausgaben in der gestellten Rechnung zu verzeichnen und danach den
Rechnungsabschluß zu ziehen. Auch zu den verzeichneten Ausgaben hat er
die geschäftsüblichen Belege vorzulegen, widrigenfalls er die Kosten der durch
deren Mangel veranlaßten Weiterungen zu tragen hat.

§ 776.

Durch die gestellte Rechnung erkennt der Rechnungssteller die von
ihm verzeichneten Einnahmeposten als ihn verpflichtende Schuldposten an.
Die Anerkennung wirkt unabhängig davon, ob der Geschäftsherr die Aus=
gabeposten zugesteht.

§ 777.

Bemängelt der Geschäftsherr die Vollständigkeit der verzeichneten Einnahme oder der vorgelegten Belege, so hat er auf sein Verlangen der
Rechnungssteller den Offenbarungseid dahin zu leisten:

daß er nach bestem Wissen seine Angaben so vollständig gemacht
und die Belege so vollständig vorgelegt habe, als er dazu im
Stande sei.

Verlangt der Geschäftsherr in näher von ihm zu bestimmender
Richtung genauere Angaben, die der Rechnungssteller nicht machen zu
können erklärt, so hat dieser auf Verlangen des Geschäftsherrn den Offenbarungseid dahin zu leisten:

daß er nach bestem Wissen seine Angaben so genau gemacht habe,
als er dazu im Stande sei.

§ 778.

Die in § 777 bezeichneten Eide können nicht verlangt werden, wenn
bereits in anderer Weise glaubhaft gemacht ist, daß der Rechnungssteller
seine Angaben so vollständig und so genau, als er dazu im Stande ist,
gemacht habe.

§ 779.

Auch nach gestellter, durch den Offenbarungseid bestärkter Rechnung
steht es dem Geschäftsherrn frei, weitergehende Ansprüche wider den Rechnungssteller, insbesondere weitere Einnahmeposten desselben prozessualisch
geltend zu machen.

Bestreitet der Geschäftsherr die vom Rechnungssteller verzeichneten
Ausgabeposten, so hat dieser sie prozessualisch zu begründen und zu beweisen.

§ 780.

Die Klage auf Rechnungsstellung schließt den Anspruch auf Heraus=
gabe des durch die Verhandlung sich ergebenden Rechnungsabschlusses in sich.
Die Entscheidung über die Verpflichtung zur Rechnungslegung und zur
Ableistung der in § 7 bezeichneten Eide erfolgt durch Zwischenurtheil.
Dasselbe ist in Betreff der Rechtsmittel und der Zwangsvollstreckung als
Endurtheil angesehen.

Uebersteigen die Ausgaben die Einnahmen, so kann der Verklagte bei Stellung der Rechnung widerklagend fordern, daß der sich ergebende Rechnungsabschluß ihm zuerkannt werde.

§ 781.

Hat der zur Rechnungsstellung Verpflichtete durch sein Verschulden sich außer Stand gesetzt, ordnungsmäßig Rechnung zu stellen, oder verweigert er beharrlich die Rechnungsstellung, so tritt an die Stelle des in § 780 Abs. 1 gedachten Anspruchs ein Anspruch auf Schadensersatz.

§ 782 (777).

Wer einen Inbegriff von Vermögensgegenständen, insbesondere auch bezogene Nutzungen, herauszugeben verpflichtet ist, hat über deren Bestand ein Verzeichniß aufzustellen und auf Verlangen des Berechtigten den Offenbarungseid dahin zu leisten:

daß er nach bestem Wissen den Bestand vollständig angegeben und nichts verschwiegen habe.

Auch nach Leistung dieses Eides steht es dem Berechtigten frei, das Vorhandensein weiterer Gegenstände, auf welche sich die Pflicht zur Herausgabe erstrecke, prozessualisch geltend zu machen.

§ 783.

Auf die in den §§ 777 und 781 bezeichneten Eide finden folgende nähere Bestimmungen Anwendung.

§ 784.

Das Gericht kann eine der Lage der Sache entsprechende Aenderung des Eides beschließen. Die Eidesleistung erfolgt nach den Vorschriften der §§ 440 bis 446 des C. P. O.

§ 785.

Die Abnahme des Eides, auf den durch Urtheil erkannt worden ist, findet bei dem Prozeßgerichte statt. Giebt bei der Eidesleistung der Eidesleistende Gegenstände an, zu deren Herausgabe er pflichtig ist, so erfolgt

§ 782. Das Verfahren bei Manifestation eines Vermögensinbegriffs ist im Wesentlichen ganz dasselbe, wie das der Rechnungsablage. Namentlich muß auch bei diesem Verfahren dem Berechtigten vorbehalten bleiben, nach der Eidesleistung den sog. Defektenbeweis zu führen. Dies besagt der Schlußsatz.

§ 783 flg. Die für die Leistung des Offenbarungseides im Entwurf gegebene Verweisung auf die §§ 780, 781 u. 783 der C. P. O. ist gänzlich unbefriedigend. Die dort gegebenen Bestimmungen haben offenbar nur den Offenbarungseid der Exekutionsinstanz, den nach § 769 flg. jeder Schuldner zu leisten hat, vor Augen. Für diesen passen sie. Der Offenbarungseid im Rechnungsverfahren und bei Herausgabe einer Erbschaft ꝛc. hat aber eine ganz andere Natur. Er ist ein prozessualischer Eid, der für die spezielle Verurtheilung die Grundlage schaffen soll. Er ist deshalb, wenn er nicht etwa freiwillig geleistet wird, vor dem Prozeßgericht zu leisten. Und dann hat sich an ihn das weitere Verfahren anzuknüpfen. Zu seiner Erzwingung werden auch in der Regel schon Geldstrafen ausreichen und es ist deshalb auf § 771 der C. P. O. Bezug zu nehmen. Dem entsprechend sind von mir die obigen Bestimmungen entworfen worden.

sofort die entsprechende Verurtheilung. Dem anderen Theile bleibt das Recht vorbehalten, weitere Ansprüche nach Maßgabe der §§ 779 und 782 Abs. 2 geltend zu machen.

Gegen den Eidespflichtigen, der nicht zur Eidesleistung erscheint oder diese verweigert, ist nach § 774 der C. P. O. zu verfahren. Der Berechtigte kann in diesem Falle auch zur eidlichen Erhärtung seines Interesses nach § 260 der C. P. O. zugelassen werden.

§ 786.

Ist der Eidespflichtige freiwillig zur Leistung des Eides bereit, so ist von dem einen oder dem anderen Theile bei dem Amtsgericht, unter dem der Eidespflichtige seinen allgemeinen Gerichtsstand hat, oder in dessen Bezirk das herauszugebende Vermögen sich befindet, ein Termin zu erwirken, in dem der Eid unter Zuladung des anderen Theiles zu leisten ist. Leistet der Eidespflichtige den Eid, so hat der andere Theil, der den Eid verlangt hat, die Kosten zu tragen.

Titel 26. Schuldverhältnisse aus unerlaubten Handlungen.

§ 787 (704, 705).

Wer eine Handlung begeht, die den Thatbestand eines Verbrechens oder Vergehens enthält, ist dem von der Handlung Betroffenen zum Ersatz des dadurch verursachten Schadens verpflichtet.

Eine Sachbeschädigung verpflichtet zum Schadensersatz auch dann, wenn sie fahrlässig begangen ist.

------

§ 787. Der Entwurf hat sich zur Aufgabe gestellt, in einigen allgemeinen Sätzen die außerkontraktliche Pflicht zum Schadensersatz zu bestimmen. Diese in den §§ 704 u. 705 aufgestellten Sätze sind aber nicht glücklich ausgefallen. Versuchen wir einmal, dieselben zu analysiren. Es wird zunächst durchweg gefordert „eine widerrechtliche Handlung", der nach § 705 auch „eine wider die guten Sitten verstoßende Handlung" gleichstehen soll. Die Handlung kann ein Thun und Unterlassen sein. Sie kann vorsätzlich oder fahrlässig verübt sein. Nun kommt die Unterscheidung: hat die Handlung das Recht eines Anderen verletzt, dann soll sie zum Schadensersatz verpflichten, auch wenn der Schaden nicht vorauszusehen war. Das verletzte Recht ist hier in dem weitesten Umfang, als das Recht auf Leben, Gesundheit, Freiheit, Ehre mitbegreifend, gedacht worden. Hat die Handlung nicht das Recht eines Andern verletzt, dann soll sie nur zum Schadensersatz verpflichten, wenn die Entstehung des Schadens vorauszusehen war. Nun möchte ich zunächst wohl fragen: wie ist eigentlich eine widerrechtliche oder gegen die guten Sitten verstoßende Handlung zu denken, die vorsätzlich oder fahrlässig einem Andern Schaden zufügt, ohne ein Recht desselben zu verletzen? Ich verstehe das nicht. Soll ich z. B., wenn ich jemanden dadurch schädige, daß ich ihn in einer Auktion abbiete und ihn an einem wohlfeilen Kauf hindere, ihm ersatzpflichtig sein? Man wird sagen: das Abbieten sei keine „widerrechtliche Handlung". Gewiß! Aber gesetzt, es wäre nachweisbar, daß ich das Abbieten aus Bosheit gethan, also „gegen die guten Sitten" verstoßen habe: werde ich nun dadurch haftbar? Und ist denn überhaupt die „Widerrechtlichkeit" der Handlung Grundbedingung der Verpflichtung zum Schadensersatz? Ist es widerrechtlich, wenn ich in einen offenen Schrank Gift hinstelle, auf meinem Hof eine offene Grube anlege, ein noch nicht völlig erloschenes Zündholz wegwerfe? Alle solche Handlungen sind nicht widerrechtlich, verstoßen auch nicht gegen die guten Sitten; wohl aber sind sie unvorsichtig, und deshalb verpflichten sie, wenn

§ 788.

Wer einen Zustand herstellt, der in erkennbarer Weise die Gefahr einer Schädigung Anderer in sich trägt, insofern nicht besondere Vorkehrungen zur Abwendung dieser Gefahr getroffen werden, haftet wegen Unterlassung dieser Vorkehrungen für den dadurch herbeigeführten Schaden.

ein Schaden entsteht, zum Ersatz. Wenn aber erst der Erfolg eine Handlung zu einer Rechtsverletzung macht, so kann man unmöglich ihre „Widerrechtlichkeit" oder „Unsittlichkeit" schon als Vorbedingung der Haftung aus derselben aufstellen. Völlig ins Ungemessene aber verläuft sich die Schadensersatzpflicht durch die Hereinziehung der „wider die guten Sitten verstoßenden Handlungen". Bisher sah man den Gegensatz von Rechtspflichten und sittlichen Pflichten vor allem darin, daß jene mit äußerem Zwange an den Menschen herantreten, diese nicht. Nun sollen auch alle sittlichen Pflichten, mögen sie ein Thun oder Unterlassen zum Gegenstand haben, dadurch zu Rechtspflichten erhoben werden, daß ein Verstoß gegen sie zum Schadensersatz verpflichten soll. Es liegt auf der Hand, daß auf dieser Grundlage die abenteuerlichsten Ansprüche auf Schadensersatz erhoben werden können. Bei den großen Zweifeln, zu denen diese Paragraphen des Entwurfs Veranlassung geben, wendet man sich mit einem wahren Heißhunger nach den Motiven, in der Hoffnung, dort wenigstens konkrete Anschauungen zu finden, die die Sache klar machen. Aber auch hier begegnet man nur abstrakten Sätzen. Die Bestimmungen des Entwurfs sind offenbar nicht klar gedacht. Sie sind praktisch ganz unbrauchbar. Die Praxis würde mit ihnen in die größte Noth gerathen. — M. A. n. werden wir der Nothwendigkeit, mittels solcher allgemeinen Sätze die Schadensersatzpflicht zu bestimmen, dadurch überhoben, daß wir ein vollkommen entwickeltes Strafrecht haben, das in den von ihm aufgestellten Verbrechen und Vergehen bereits der Hauptsache nach alle diejenigen Verhältnisse festgestellt hat, die auch civilrechtlich zum Schadensersatz verpflichten. Verletzungen von Leben und Gesundheit, sowohl vorsätzliche als fahrlässige, Verletzungen von Freiheit und Ehre, Verletzungen des Vermögens in der Form des Diebstahls und Raubes, der Unterschlagung, der Erpressung, des Betrugs, der Brandstiftung und Sachbeschädigung u. s. w., alle diese Begriffe lassen sich mit wenigen Worten auch für das Civilrecht als Grundlage der Schadensersatzpflicht verwerthen. Nur in einer Beziehung besteht eine Lücke. Die Sachbeschädigung wird nur bestraft, wenn sie vorsätzlich verübt ist. Civilrechtlich verpflichtet zum Schadensersatz auch bei fahrlässiger Verübung. Füllt man diese Lücke aus, dann hat man in den bestehenden Vorschriften über Verbrechen und Vergehen die vollständige Grundlage auch für die civilrechtliche Schadensersatzpflicht. Wer dies bestreiten will, möge doch einmal die Verhältnisse bezeichnen, in denen noch darüber hinaus ein Bedürfniß bestände, eine Schadensersatzpflicht aufzustellen. Ich vermag solche nicht zu erkennen. (Ich halte es namentlich nicht für geboten, auch eine „fahrlässige" Verletzung der Freiheit oder der Ehre mit Schadensersatz zu bedrohen.) Mit dieser Grundlage vermeidet man aber auch völlig das bedenkliche Gebiet, das der Entwurf mit seinen abstrakten Sätzen über Schadensersatzpflicht beschreitet. Hiernach ist der obige § 787 aufgestellt worden.

§ 788 will im Gegensatz zu dem allgemeinen Ausspruch des Entwurfs, der ein „Thun und Unterlassen" gleich stellt, die Fälle begrenzen, in denen ein Unterlassen zum Schadensersatz verpflichtet. Bei dem in Abs. 1 besprochenen Falle ist das Unterlassen nur scheinbar der Grund der Ersatzpflicht. Der eigentliche Grund liegt in der Herstellung des gefährdenden Zustandes. Diese verpflichtet zum positiven Handeln behufs Abwendung der Gefahr. In Abs. 2 ist nur eine durch „Gesetz" begründete Verpflichtung zum Handeln als Grund der Ersatzpflicht wegen Unterlassung hingestellt. Ich kann namentlich mich nicht dafür erklären, daß auch die Nichtbefolgung polizeilicher Anordnungen ohne Weiteres eine Ersatzpflicht begründet. Wenn z. B. die Polizei anordnet, es sollen die Hauseigenthümer früh morgens vor ihren Häusern Asche streuen: vor einem Hause, wo dies nicht geschehen ist, fällt

Außer diesem Falle verpflichtet die Unterlassung einer Handlung nur
dann zum Schadensersatz, wenn der, welcher die Handlung unterließ, durch
Gesetz zur Vornahme der Handlung verpflichtet war.

§ 789.

Als Schaden ist der zugefügte Vermögensschaden zu ersetzen, ohne
Unterschied, ob die Schädigung das Vermögen unmittelbar oder nur mittel-
bar durch Schädigung des Körpers, der Gesundheit, der Freiheit oder der
Ehre des Geschädigten betroffen hat.

Bei einer Schädigung des Körpers, der Gesundheit oder der Freiheit
kann auch für die Verletzung dieser Güter selbst eine Entschädigung
(Schmerzensgeld) beansprucht werden.

§ 790 (723).

Auf den mittelbar einem Dritten zugefügten Schaden erstreckt sich
die Pflicht zum Schadensersatze nur dann, wenn die Handlung in der Absicht oder mit dem bestimmten Bewußtsein, den Dritten zu schädigen, vorgenommen war.

Jedoch kann der, welcher zufolge einer ihm obliegenden Verpflichtung
dem Beschädigten dasjenige geleistet hat, wofür diesem zugleich der Schädiger
verhaftet ist, den Anspruch des Beschädigten wider den Schädiger kraft
gesetzlichen Ueberganges für sich geltend machen.

Auch hat im Falle der Tödtung eines Menschen der Schuldige denjenigen, die in dem Getödteten ihren Versorger verloren haben, Ersatz für

---

ein Vorübergehender und verletzt sich: hat nun der Hauseigenthümer ihn zu entschädigen? Ich verneine diese Frage. Die Polizei mag ihre Anordnungen durch
Strafen sichern. Aber sie kann keine civilrechtlichen Verpflichtungen begründen. Eine
solche Befugniß wird zu den bedenklichsten Folgen führen. — Daß jemand wegen
Unterlassung einer Handlung, zu der er durch Vertrag verpflichtet ist, für Schaden
haftet, versteht sich von selbst.

§ 789. In Abs. 2 ist die Verletzung der „Ehre" nicht mit aufgenommen,
weil in einem „Schmerzensgeld" für diese die ästimatorische Injurienklage wieder
aufleben würde.

§ 790. Nach den Motiven S. 728 sollen die §§ 704 u. 705 d. E. auch
maßgebend sein für den mittelbar einem Dritten zugefügten Schaden, und der Entwurf gelangt auf diesem Wege zu einer Ersatzpflicht im weitesten Umfange. Daraus
ist dann auch an späterer Stelle § 725 hervorgegangen. Für diese Lehre stellen
nun die Motive (ausnahmsweise) ein Beispiel auf. Der, welcher den Tod eines
in einer Lebensversicherung Stehenden verschuldet hat, soll auch der Anstalt die
Versicherungssumme ersetzen müssen, „wenn er von der Versicherung wußte oder
wissen mußte". Die Motive selbst sagen, daß dieser Fall meist entgegengesetzt entschieden werde (vergl. z. B Seuffert 30 Nr. 146). In der That geht auch hier
der Entwurf viel zu weit. Aus diesem Grundsatz würden abermals die abenteuerlichsten Entschädigungsansprüche sich ableiten lassen. Der obige § 789 enthält
in Abs. 1 die Grenze, innerhalb deren der Gedanke des Entwurfs sich rechtfertigen
läßt. Die Abs. 2 u. 3 enthalten Ausnahmen, in denen jener Gedanke eine gewisse
Erweiterung erfährt Abs. 2 berührt den Fall, wo die Angehörigen eines Verletzten diesen gepflegt haben. Ihnen muß gestattet sein, unmittelbar einen Anspruch
gegen den Schuldigen auf Ersatz ihrer Aufwendungen geltend zu machen. Der
richtige Gesichtspunkt hierfür ist aber nicht der der Entschädigung für den ihnen

den ihnen entzogenen, kraft Gesetzes zu gewährenden Unterhalt zu leisten; desgleichen die Kosten der Beerdigung des Getödteten zu tragen.

§ 791.

(— kein Schadensersatz, wenn der Beschädigte eingewilligt hat — wie § 706 d. E.)

§ 792 (707).

Für eine Handlung, die jemand in gutem Glauben, dazu berechtigt zu sein, vorgenommen hat, ist er nicht zum Schadensersatz verpflichtet, es sei denn, daß der Irrthum, auf den sein guter Glauben beruhte, ihm zur Schuld anzurechnen ist.

§ 793 (708, 709).

Ein Kind und ein des Vernunftgebrauchs Beraubter sind für einen zugefügten Schaden nicht verantwortlich. Hat jemand das Kindesalter überschritten, aber das achtzehnte Lebensjahr noch nicht zurückgelegt, so ist er für einen zugefügten Schaden nicht verantwortlich, wenn er bei Begehung der schädigenden Handlung die zur Erkenntniß der Verantwortlichkeit erforderliche Einsicht nicht besaß.

Jedoch kann das Gericht, wo die Billigkeit es erheischt, auch für den Schaden, den eine nicht zurechnungsfähige Person verübt hat, dem Geschädigten ganz oder theilweise Ersatz aus dem Vermögen des Schädigers zusprechen.

§ 794 (708).

Selbstverschuldete Trunkenheit befreit nicht von der Pflicht zum Schadensersatz.

§ 795 (710).

Wer kraft Gesetzes über einen Andern die Aufsicht zu führen verpflichtet ist, oder diese Aufsichtsführung von dem dazu kraft Gesetzes Verpflichteten übertragen erhalten hat, haftet für die schädigenden Handlungen, die der zu Beaufsichtigende in Folge ungenügender Aufsicht verübt hat.

---

zugefügten Schaden, sondern der der fingirten Cession aus dem Rechte des Beschädigten. Ein solcher Anspruch steht auch der Brandkasse, die dem Abgebrannten Entschädigung geleistet hat, wider den Brandstifter zu. Dieser Anspruch hat eine ganz verschiedene Natur von dem Anspruch der Lebensversicherungsanstalt, den der Entwurf gelten lassen will. Abs. 3 enthält sodann die längst in Deutschland gewohnheitsrechtlich bestehende Verpflichtung eines Schuldigen, den Hinterbliebenen eines Getödteten Unterhalt zu gewähren, eine Verpflichtung, die ohne Zweifel zunächst durch das Mitleid bestimmt ist, das man in einem solchen Falle mit den Hinterbliebenen empfindet, wobei noch hinzukommt, daß dem Getödteten selbst ein Schadensersatz nicht gewährt werden kann. Man weist daher diesen Schadensersatz seinen Angehörigen zu. Aber man muß sich nur hüten, hieraus alle möglichen Konsequenzen für mittelbar Beschädigte zu ziehen. Sonst gelangt man damit, zumal wenn man dabei auch blos fahrlässige Vergehen, die man doch von der Schadensersatzpflicht nicht ausschließen kann, ins Auge faßt, zu den allergrößten Uebertreibungen. In eine solche Uebertreibung ist der Entwurf namentlich durch Aufstellung des Abs. 2 in § 722 verfallen. Vergl. dazu meine „Beurtheilung" (3 St. S. 411).

§ 793. Der Schlußsatz ist dem Schw. Obl. R. Art. 58 entnommen.

§ 796 (711, 712).

Wer durch einen Angehörigen oder bei ihm im Dienste Stehenden eine Handlung verrichten läßt, haftet für den von diesem bei Ausübung der Handlung verschuldeten Schaden.

Im Uebrigen haftet der, welcher einen Andern zur Verrichtung einer Handlung bestellt hat, für den von diesem bei der fraglichen Verrichtung verursachten Schaden, wenn er bei der Auswahl oder bei der Beaufsichtigung desselben nicht volle Sorgfalt angewendet hat.

§ 797 (713).

Wo jemand für den von einem Andern verursachten Schaden zu haften hat, haftet er mit dem Thäter, wenn auch dieser verantwortlich ist, als Gesammtschuldner. Der Rückgriff wider den Thäter bleibt ihm vorbehalten.

§ 798 (714).

Wo Mehrere durch gemeinsames Handeln, sei es als Thäter, Anstifter oder Gehülfen, einen Schaden verursacht haben, haften sie als Gesammtschuldner, ohne daß dem einen ein Rückgriff gegen den andern zusteht. Das Gleiche gilt, wenn Mehrere zwar nicht durch gemeinsames, aber durch zusammentreffendes Handeln einen Schaden zugefügt haben und der Antheil des Einzelnen daran nicht zu ermitteln ist.

Der Begünstiger haftet nur soweit, als er aus der widerrechtlichen Handlung einen Gewinn bezogen hat.

§ 799.

(— das Recht der Buße bleibt bestehen — wie § 721 d. E.)

Titel 27. Einzelne unerlaubte Handlung.

§ 800 (724).

Der den Angehörigen eines Getödteten zu gewährende Unterhalt (§ 790 Abs. 3) ist, insofern nicht eine andere Vereinbarung zu Stande

---

§ 796. Uebereinstimmend mit dem von vielen Seiten in der 3St. S. 406 Bemerkten halte ich es für geboten, die Haftpflicht dessen, der sich Angehöriger oder Bediensteter zur Ausführung einer Handlung bedient, schärfer zu fassen. Er muß diese Personen dergestalt kennen, daß er weiß, welche Handlungen er ihnen anvertrauen kann, und deshalb, wenn sie dabei fehlen, für sie haften. Nicht gemeint ist damit, daß der Geschäftsherr auch für alle Handlungen haften solle, die solche Personen bei Gelegenheit einer ihnen aufgetragenen Handlung ausüben. Das würde zu weit gehen. Soll der Geschäftsherr haftbar gemacht werden, so muß er eben dadurch, daß er ihnen die Handlung aufgetragen hat, mittelbar den Schaden veranlaßt haben.

Die §§ 716 u. 717 d. E. sind in den folgenden Titel übertragen.

§ 718 d. E. halte ich für überflüssig.

Für eine kurze Verjährung, wie § 719 u. 720 sie vorschreiben, besteht kein praktisches Bedürfniß. (Es lehrt sich von selbst, daß man Schadensersatzansprüche sich nicht verschleppen läßt.

§ 800. Den Schlußsatz halte ich für geboten, damit nicht über die Frage, wann die Rente der Kinder aufzuhören habe, ein neuer Prozeß entstehe.

kommt, in der Form einer Geldrente zu leisten. Nur unter besonderen Umständen kann das Gericht an Stelle der Rente eine Kapitalabfindung zusprechen.

(Folgen die Abs. 2—5 wie in § 724 d. E.)

Wird Kindern des Getödteten die Rente zuerkannt, so ist in dem Urtheile zu bestimmen, bis zu welchem Lebensjahre als dem muthmaßlichen Zeitpunkte, von welchem an die Kinder sich selbst erhalten können, diesen die Rente zu zahlen sei.

§ 801 (724 Abs. 6).

Treten im Laufe der Zeit Veränderungen ein, die für die Entrichtung der Rente, deren Höhe oder Dauer, von Bedeutung sind, so kann jeder Theil eine Abänderung des Urtheils für die Folgezeit nach § 686 der C. P. O. beantragen. Auch kann nachträglich eine Sicherheitsleistung oder eine Erhöhung derselben wegen veränderter Verhältnisse gefordert werden.

Die Wittwe des Getödteten verliert ohne Weiteres ihren Anspruch auf die Rente mit ihrer Wiederverheirathung.

§ 802 (726).

Wegen Verletzung des Körpers oder der Gesundheit kann der Verletzte von dem Schuldigen Ersatz und nöthigenfalls auch Vorschuß der Heilungskosten fordern. Außerdem gebührt ihm, wenn seine Erwerbsfähigkeit aufgehoben oder gemindert ist, für die Dauer dieses Zustandes Schadensersatz, auf welchen § 800 entsprechende Anwendung findet. Diese Ansprüche werden dadurch nicht ausgeschlossen, daß ein Anderer dem Verletzten Unterhalt zu gewähren hat (§ 790 Abs. 2). Sie können auch nach dem Tode des Verletzten für die Zeit der Lebensdauer desselben von den Erben geltend gemacht werden.

§ 803 (728).

Das neben den vorstehend bezeichneten Ansprüchen zu gewährende Schmerzensgeld (§ 789 Abs. 2) ist je nach Schwere des Falles nach freiem richterlichen Ermessen zu bestimmen. Auch dauernde Verunstaltungen sind dabei zu berücksichtigen. Eine dem Schmerzensgeld entsprechende Entschädigung gebührt auch der Frau, gegen die ein Verbrechen oder Vergehen nach den §§ 176, 177, 179, 182 des St. G. B. begangen ist.

Der Anspruch auf Schmerzensgeld ist nicht übertragbar und geht nicht auf die Erben über, es sei denn, daß er bereits vertragsmäßig anerkannt oder rechtshängig geworden wäre.

§ 804 (716, 717).

Für eine entfremdete Sache ist auch bei zufälligem Untergange, sowie wegen zufälliger Verschlechterung, Ersatz zu leisten, sofern nicht erhellt, daß

---

§ 801. Daß mit Wiederverheirathung der Wittwe die Rente aufhört, bestimmt auch der Dresdener Entwurf, Art. 1076.

§ 727 d. E. ist weggeblieben, weil der Fall unpraktisch ist.

der Schaden die Sache auch betroffen haben würde, wenn sie nicht entfremdet worden wäre.

Von dem zu leistenden Ersatz, sowie von einer entfremdeten Geldsumme hat der Schuldige zugleich Zinsen zu erstatten.

§ 805 (729—732).

Ist aus einem Gebäude nach einer öffentlichen Straße oder einem andern Orte hin, wo Menschen zu verkehren pflegen, etwas ausgegossen oder hinausgeworfen und dadurch jemand beschädigt worden, so hat der Beschädigte wider den Besitzer des Raumes, von wo aus der Schaden bewirkt ist, einen Anspruch auf Schadensersatz. Der in Anspruch Genommene kann sich nur durch den Nachweis befreien, daß die schädigende Handlung von einer nicht zu seinem Hauswesen gehörigen Person, die sich gegen seinen Willen in dem Raume aufgehalten hat, verübt worden ist.

Mehrere Besitzer des fraglichen Raumes haften als Gesammtschuldner.

Der Anspruch verjährt mit Ablauf eines Monats nach geschehener Beschädigung.

§ 806 (733).

(— gleiche Regel für ausgestellte oder ausgehängte Sachen — wie § 733 d. E.)

§ 807 (734).

Wer ein Thier hält, haftet für den von demselben Andern zugefügten Schaden. Er haftet insbesondere für das Verhalten des Thieres unter der Aufsicht seiner dazu bestellten Leute. Er ist frei von der Haftung, wenn der Beschädigte selbst oder ein Dritter das Thier zu der Schadenszufügung gereizt oder sonst veranlaßt hat.

§ 808 (735).

Der Eigenthümer eines Gebäudes oder ähnlichen Werkes haftet dafür, daß dasselbe nicht in Folge fehlerhafter Errichtung oder mangelhafter Unterhaltung durch Einsturz Andere schädige. Ist ein Neubau noch nicht vom Eigenthümer übernommen, so haftet statt des Eigenthümers der Bauführer.

Hat ein Dritter, insbesondere durch fehlerhafte Errichtung des Baues, durch Vernachlässigung der ihm obliegenden Unterhaltung oder durch Unterlassen der ihm obliegenden Benachrichtigung des Eigenthümers von der drohenden Gefahr, den Einsturz herbeigeführt, so hat wider ihn der Eigenthümer den Rückgriff.

Ein Nußbesitzer, dem kraft Gesetzes oder Vertrages die Unterhaltung des Gebäudes obliegt, haftet für den durch mangelhafte Unterhaltung herbeigeführten Einsturz neben dem Eigenthümer.

In den §§ 805—808 sind durchweg strengere Bestimmungen aufgestellt, als in dem Entwurf. Ich gebe davon aus, daß Jeder seine nächsten Umgebungen kennen, sie gehörig beaufsichtigen und deswegen für jeden aus deren Verschulden hervorgehenden Schaden einstehen muß, wenn er nicht einen sehr triftigen Grund der Entschuldigung hat. Das erfordert das praktische Bedürfniß des Lebens. Die Bestimmungen des Entwurfs sind zum Theil so unpraktisch gestaltet, daß man sich hüten müßte, auf Grundlage derselben einen Prozeß anzufangen. (Vergl. auch meine „Beurtheilung" zu § 729 d. E.)

§ 809.

Wer von dem Gebäude oder Werke eines Anderen mit Schaden bedroht ist, kann von dem Eigenthümer oder dem Unterhaltungspflichtigen verlangen, daß er die zur Abwendung der Gefahr erforderlichen Maßregeln treffe.

§ 810 (736).

Ein Beamter, der die ihm gesetzlich obliegende Amtspflicht aus Vorsatz oder Fahrlässigkeit verletzt, ist für den hieraus entstandenen Schaden verantwortlich.

Auf den Beamten, der durch fehlerhafte Bestellung, unterlassene Beaufsichtigung oder in sonstiger Weise zu der von einem Andern verübten Schädigung mitgewirkt hat, kommen die Bestimmungen in §§ 795 u. 796 Abs. 2 zur Anwendung.

Soweit die Handlung eines Beamten auf einer ihm obliegenden, kraft freier geistiger Thätigkeit zu treffenden Entscheidung beruht, kann er für dieselbe nur verantwortlich gemacht werden, wenn ihm rechtswidriger Vorsatz oder grobe Fahrlässigkeit zur Last fällt.

---

§ 809 entspricht dem Schw. Obl. R. Art. 68.

§ 810. Hier kommt namentlich Abs. 3 in Betracht. Ich kann es nicht für gerechtfertigt halten, die Verantwortlichmachung des Beamten von einer öffentlichen Bestrafung abhängig zu machen. Denn mit dieser hat die civilrechtliche Verantwortlichkeit nichts zu thun. Auch bin ich der Ansicht, daß neben rechtswidrigem Vorsatz auch grobe Fahrlässigkeit verantwortlich macht; quia culpa lata dolo aequiparatur. Dagegen gehe ich für den Schutz des Beamten weiter wie der Entwurf, indem ich für jede auf freier geistiger Thätigkeit beruhende Entscheidung die Haftbarkeit wegen culpa levis ausschließe. (Vergl. auch meine „Beurtheilung" zu § 736.)

Druck von Gebrüder Gotthelft in Cassel.

Drittes Buch.
Sachenrecht.

Erster Abschnitt. Allgemeine Vorschriften
I. über Sachen überhaupt.

§§ 811—813.

(— Begriff von Sachen, vertretbaren und verbrauchbaren Sachen
— wie §§ 778—780 d. E.

§ 814 (782).

Bestandtheile einer Sache sind alle diejenigen Theile, die in ihrem natürlichen Zusammenhang die Sache bilden oder zu dem Ganzen, das mit dem Namen der Sache bezeichnet wird, verbunden sind.

---

§ 814. Um den § 782 d. E. zu würdigen, ist es nöthig, sich zunächst über den Begriff von „Bestandtheilen" zu verständigen. Die Theile einer Sache können so fest verbunden sein, daß sie ohne Zerstörung des Ganzen nicht getrennt werden können. Sie können aber auch mehr oder minder lose zusammenhängen. Eine Statue von Bronze hört zu existiren auf, wenn man sie in Theile zerlegt, sei es, daß man ihr Kopf und Beine abschneidet, oder daß man das Kupfer und Zinn, woraus ihr Stoff besteht, auseinander schmelzt. Hier kann die Eigenschaft der Theile als „Bestandtheile" nicht zweifelhaft sein. Bei andern Sachen hängen die Theile nicht in gleicher Weise zusammen. Eine Lampe pflegt aus mehreren Theilen (Brenner, Cylinder, Glocke u. s. w.) zu bestehen, die sich alle mit Leichtigkeit auseinander nehmen und wieder zusammenfügen lassen. Gleichwohl bilden alle diese Theile in ihrem Zusammenhang erst die Lampe; und deshalb sind auch sie Bestandtheile, nicht Zubehörungen derselben. Aehnlich ist es bei Grundstücken. Fundamente und Mauern, eingefügte Steine und Balken sind feste Bestandtheile des Grundstückes. Eingesetzte eiserne Oefen pflegen nur lose mit dem Gebäude verbunden sein. Fenster und Thüren lassen sich ohne Schaden aus den Angeln heben. Gleichwohl sind sie alle Bestandtheile des Hauses. Wollte man sie für Zubehör halten, so würden am Ende auch die Ziegeln auf dem Dache, die nur lose auf den Sparren hängen, bloße Zubehör des Hauses sein. Das wird doch niemand behaupten wollen.

Was ist nun wohl eigentlich bei dem Ausspruche des § 782 gedacht, daß an „Bestandtheilen", die nicht ohne Zerstörung oder wesentliche Veränderung des einen oder des andern von einander getrennt werden können, und die der Entwurf (sprachlich nicht sehr passend) „wesentliche Bestandtheile" nennt, gesonderte Rechte nicht stattfinden sollen? Vergeblich sucht man in den Motiven nach einer Aufklärung. Selbstverständlich kann jener Gedanke doch nur dahin gehen, daß an den „wesentlichen Bestandtheilen" vor der Trennung gesonderte Rechte nicht

§ 815 (789).

Zubehör einer Sache sind bewegliche Sachen desselben Eigenthümers, welche, ohne Bestandtheile der Hauptsache zu sein, ihrer Beschaffenheit nach oder nach der Beschaffenheit der Hauptsache dazu bestimmt sind, in ständiger Verbindung mit dieser gebraucht zu werden.

---

stattfinden sollen. Denn wenn Bestandtheile einer Sache von dieser getrennt sind, so können sie unzweifelhaft Gegenstand gesonderter Rechte werden, welcher Beschaffenheit sie auch sein mögen. Nun fragt sich zunächst, wie denn überhaupt solche Rechte, die durch die Vorschrift des § 782 ausgeschlossen werden sollen, zu denken seien? Glaubt man wirklich durch eine besondere Vorschrift ausschließen zu müssen, daß jemand von einer Statue den Kopf und die Beine oder auch das Kupfer und das Zinn, woraus sie besteht, gesondert verkaufe? Wie sollte das gemacht werden?

Soweit aber solche Rechte an Theilen einer Sache sich überhaupt denken lassen, ist es ganz gleichgültig, ob diese „wesentliche" oder „nicht wesentliche" Bestandtheile (im Sinne des Entwurfes) sind. Wird Bronze aneinander geschmolzen, so bleiben Kupfer und Zinn unzerstört und unverändert Beide würden also „unwesentliche Bestandtheile" einer Statue bilden. Danach müßte man also an beiden ein gesondertes Recht erwerben können. Einen Acker Land kann man in eine Menge Theile zerlegen, deren jeder unzerstört und unverändert bleibt. Kann man nun, so lange der Acker nur ein Grundstück bildet (§ 787 d. E.), beliebige Theile desselben veräußern? Nun der umgekehrte Fall. Ohne Zweifel bildet das Stockwerk eines Hauses einen „wesentlichen Bestandtheil" desselben und Eigenthum kann man nicht an einem Stockwerk übertragen. (§ 798 d. E. verbietet darnach auch den Erwerb eines „abgesonderten Besitzes" daran.) Wenn ich aber ein Stockwerk miethe und in Besitz nehme: habe ich dann nicht ein gesondertes Recht daran erworben? Auch eine Wegedienstbarkeit, die an bestimmter Stelle über ein Grundstück gelegt wird, erfaßt in Wahrheit nur diesen Theil des Grundstücks. Denn wenn das Grundstück getheilt wird, so bleibt die Dienstbarkeit auf dem Theile haften und die übrigen Theile werden frei. (§ 975 d. E.) Durch Bestellung einer solchen Dienstbarkeit wird also auch ein „wesentlicher" Bestandtheil des Grundstücks mit einem gesonderten Rechte belastet.

Der ganze Satz des § 782 steht in der Luft. Damit fällt auch die Aufstellung des Begriffes von „wesentlichen Bestandtheilen" als praktisch werthlos zusammen. Statt dessen ist in dem obigen § 814 eine Begriffsbestimmung der „Bestandtheile" einer Sache, so gut es eben möglich ist, zu geben versucht worden. In welchem Sinne gleichwohl die Unterscheidung des Entwurfs eine gewisse Berechtigung hat, werden wir unten bei § 885 sehen.

§ 815. Für den Zubehörbegriff ist, wie ich glaube, nicht der Wille der Betheiligten, sondern die Objektivität des Verhältnisses entscheidend. Zubehör eines Hauses sind z. B. die Schlüssel des Hauses: sie gehören eben zum Hause und sind für die Schlösser desselben passend gemacht. Wenn ferner in einem Hause ein Gelaß nur mit einer anzustellenden Treppe zu erreichen steht, so ist die hierfür bestimmte Treppe Zubehör des Hauses. Als Beispiel von Zubehör bei beweglichen Sachen kann der Schlüssel eines Koffers, der Rahmen eines Bildes gelten. Dagegen ist der Ausdruck des Entwurfs, daß Sachen, die Zubehörungen sein sollen, „in ein ihrer Bestimmung entsprechendes äußeres Verhältniß zur Hauptsache gebracht sein" müssen, mindestens zweideutig. Wenn ich den Hausschlüssel in der Tasche trage, so wüßte ich nicht, worin das äußere Verhältniß bestünde, in das derselbe zum Hause gebracht wäre. Das Charakteristische der Zubehör liegt vielmehr darin, daß aus der Beschaffenheit der einen oder andern Sache sich ergibt, daß beide zu einander gehören. Eine weitere Begrenzung des Begriffes liegt aber auch darin, daß beide Sachen demselben Eigenthümer gehören müssen. Wenn ich als Miether mir einen Hausschlüssel zu meinem Gebrauche machen lasse, so bildet dieser kein Zubehör des Hauses.

§ 816 (790).

Die auf eine Sache bezüglichen Rechtsverhältnisse umfassen im Zweifel sowohl sämmtliche Bestandtheile, als auch die Zubehörungen der Sache.

§ 817 (792).

Früchte einer Sache sind die Erzeugnisse, die unbeschadet des Fort=bestandes der Sache selbst aus dieser gewonnen werden.

Früchte eines Rechtes sind die Erträge, die das Recht unbeschadet seiner Fortdauer in seinem Hauptbestande gewährt.

Als Früchte gelten auch die Erträge, die dem zum Fruchtbezug Berechtigten für die Ueberlassung des Fruchtbezugs an einen Anderen ent=richtet werden.

§ 818 (793).

Nutzungen einer Sache oder eines Rechtes sind die Früchte derselben sowie die Vortheile, die der Gebrauch der Sache oder des Rechtes gewährt.

§ 819 (794).

Ist Jemand berechtigt, die Früchte einer Sache oder eines Rechtes für eine bestimmte Zeit zu beziehen, so gebühren ihm:

die Früchte einer Sache, wenn sie während der bestimmten Zeit von der Hauptsache getrennt worden sind;

die Früchte eines Rechtes, wenn sie während der bestimmten Zeit fällig geworden sind.

Bestehen die Früchte in Erträgen, die für den einem Anderen über=lassenen Gebrauch oder Fruchtgenuß einer Sache entrichtet werden, so be=zieht der Berechtigte von solchen einen der Zeitdauer seiner Berechtigung entsprechenden Bruchtheil.

§ 820 (795).

Wer verpflichtet ist, die Lasten und Abgaben von einer Sache oder einem Rechte für eine bestimmte Zeit zu tragen, hat, wenn nicht durch Gesetz oder Rechtsgeschäft ein Anderes bestimmt ist, die Lasten und Abgaben zu tragen, die während der betreffenden Zeit fällig werden.

Wo jedoch die Berechtigung auf die Früchte nach einem Bruchtheile des Zeitabschnittes, für den dieselben zum Bezug kommen, sich berechnet (§ 819 Abs. 3), sind auch die von dem Berechtigten zu tragenden Lasten und Abgaben nach diesem Bruchtheile zu berechnen.

Das letztere gilt auch, wenn die Abgaben und Lasten auf einer Sache ruhen, deren Nutzung in dem andauernden Gebrauche besteht.

§ 821.

(— Nichtausschließbarkeit des Rechtes, über Eigenthum zu verfügen, durch Rechtsgeschäft — wie § 796 d. E.).

---

§ 817. Richtig ist die Bemerkung von Cosack, daß nach der Definition d. E. das Fleisch eines Mastochsen die „Frucht" desselben bilden würde. Es muß zum Ausdrucke gelangen, daß Früchte immer nur Bezüge sind, bei denen die Sache selbst fortbesteht.

II. über Grundstücke.

§ 822.

(— Begriff des Grundstückes durch das Flurbuch bestimmt — wie § 787 d. E. mit folgendem Zusatze.)

Unter welchen Bedingungen und Formen Theile eines Grundstückes von diesem getrennt und zu selbständigen Grubstücken erhoben werden können, desgleichen unter welchen Bedingungen und Formen verschiedene Grundstücke zu einem Grundstücke verbunden werden können, bestimmen die Landesgesetze.

§ 823 (783, 785).

Als Bestandtheile eines Grundstückes gelten die mit Grund und Boden verbundenen Sachen, insbesondere Gebäude, als Bestandtheile eines Gebäudes die demselben eingefügten Sachen.

Soweit jedoch in erkennbarer Weise Gebäude nur für einen vorübergehenden Zweck hergestellt oder Sachen nur für einen vorübergehenden Zweck einem Gebäude eingefügt sind, sind sie in den Verfügungen über das Grundstück im Zweifel nicht mitbegriffen.

In wie weit gewisse dem Gebäude eingefügte Sachen, die sich von diesem ohne Schädigung trennen lassen, ohne Weiteres als vorübergehend mit demselben verbunden anzusehen sind, bestimmt sich nach der Ortssitte.

Als vorübergehend verbunden sind auch diejenigen Sachen anzusehen, die von einem an dem Grundstücke Berechtigten in seinem Interesse dem Gebäude eingefügt sind und sich von diesem ohne Schädigung wieder trennen lassen.

§ 824.

(— mit dem Boden verbundene Erzeugnisse desselben — wie § 784 d. E., jedoch unter Streichung des Wortes „wesentliche" und mit dem Zusatze zu Abs. 2: „Der Schlußsatz des § 823 kommt auch hier sinnentsprechend zur Anwendung.")

§ 825 (786).

Gelände, das durch die Gewalt des Wassers von einem Grundstück an ein anderes versetzt wird, wird Bestandtheil dieses Grundstückes, wenn seine Unterscheidung von demselben nicht mehr möglich ist oder wenn seit der vollendeten Versetzung ein Jahr verstrichen ist, ohne daß der Eigenthümer oder ein dinglich Berechtigter seine Rechte daran durch Erhebung der Klage geltend gemacht hat.

---

§ 823. Ich halte es für zweckmäßig, den Inhalt des §§ 783 und 785 d. E. hier zusammen zu fassen. Einer Erläuterung wird der Abs. 3 bedürfen. Wie ich vernommen, besteht über die Frage der untrennbaren Verbindung gewisser Gegenstände, namentlich der Oefen, verschiedene Sitte. An manchen Orten gelten sie, wenn das Haus verkauft wird, nicht als mitverkauft und der bisherige Eigenthümer darf sie aus dem Hause mitnehmen. Hierauf will Abs. 3 Rücksicht nehmen.

§ 825. Die Fassung ist dem Vorschlage von Metz entnommen. (Zu St. S. 18).

§ 826.

— Mit einem Grundstück verbundene Rechte gelten als Bestandtheile desselben — wie § 788 b. E.)

§ 827 (791)

Ist ein gewerbliches Grundstück, insbesondere eine Mühle, ein Brauhaus, eine Schmiede, eine Fabrik, in dieser seiner Eigenschaft Gegenstand eines Rechtsgeschäftes, so gelten als Zubehör desselben auch die zu dem gewerblichen Zwecke dienenden Maschinen und Geräthschaften.

Ist ein Landgut als solches Gegenstand eines Rechtsgeschäftes, so gelten als Zubehör das zum Wirthschaftsbetrieb bestimmte Geräth und

---

§ 827. Der § 791 b. E. ist ein Erbtheil aus dem preuß. Landrecht, das in Th. I. 2. §§ 48—102 einen sehr weitgehenden Begriff von Zubehör entwickelt. Danach soll alles, was wirthschaftlich zum Gebrauche eines Grundstückes dient, Zubehör des Grundstücks sein. Aber freilich kann dieser Begriff in einer der allerwichtigsten Anwendungen nicht durchgeführt werden. Zwar sagt § 76: „Zu einem Wohnhause gehört alles, ohne welches dasselbe weder bezogen, noch vollständig bewohnt werden kann." Gleich darauf sagt § 77: „Möbeln, Hausrath und Geräthschaften gehören nicht nothwendig zum Hause." Nun möchte ich wohl fragen, wie man ein Haus „vollständig bewohnen" kann ohne Möbel, Hausrath und Geräthschaften? Es ist klar, zu einem „Wohnhaus" gehören die Möbel (Betten ꝛc.) ebenso nothwendig, wie zu einem Landgut das Guteinventar und zu einer Mühle die Mühlengeräthschaften. Schon hieraus ergiebt sich, daß der aufgestellte Begriff an Zubehör kein natürlicher, sondern ein für gewisse Verhältnisse künstlich erweiterter ist. Er beruht darauf, daß man in diesen Fällen nicht das Grundstück, sondern einen an das Grundstück geknüpften Wirthschaftsbegriff als Gegenstand des Verkehrs sich denkt. Dagegen wäre nun nichts zu erinnern, wenn dieser Gedanke leicht durchführbar wäre. Aber er ist außerordentlich schwer zu begrenzen. Welches sind die Fälle, die nach Analogie der „Mühle" und die nach Analogie des „Wohnhauses" zu behandeln sind? Das Landrecht widmet dieser Frage eine reiche Kasuistik. Es sagt z. B. (§ 90): „Zu einem Gasthofe gehören Betten und Geräthschaften, die eigentlich zur Aufnahme und Bewirthung der Reisenden und ihres Gespannes bestimmt sind." Wie aber, wenn der Käufer das Haus gar nicht mehr als Gasthof benutzen, sondern als Wohnhaus vermiethen will? An den Begriff eines „auf die Dauer" zu einem gewerblichen Zwecke dienenden Gebäudes knüpfen sich unzählige Zweifel. Besondere Schwierigkeiten entstehen aber bezüglich der „Zubehör" eines Landgutes da, wo ein Landgut nicht (wie in den östlichen Provinzen Preußens) ein einziges ungetheiltes Grundstück bildet, sondern aus einer großen Anzahl Parcellen besteht, deren jede als selbständiges Grundstück im Flurbuche eingetragen ist. Welche und wie viele von diesen Grundstücken, wenn sie getheilt werden, bilden nun das Landgut, an das der Zubehörbegriff sich anknüpft? Und was ist überhaupt ein Landgut? Wenn ein Taglöhner, der drei Morgen Land besitzt, diese verkauft: hat er dann seine Geräthschaften, womit er das Land bestellt, und seine Kuh, womit er es geackert hat, mitverkauft? Wenn man sagt: das sei kein Landgut, so frage ich: wo fängt denn der Begriff des Landgutes an? Es liegt auf der Hand, wie viele Zweifel aus diesem erweiterten Begriff der Zubehör hervorgehen werden. Es wäre daher m. E. verständiger, wenn man diese ganze Ausdehnung des Zubehörbegriffes aufgäbe. Sie paßt nicht überall in das Grundbuchsystem; sie paßt auch nicht zu dem Satze, daß ein Pfandrecht an Mobilien nur unter Besitzübergabe entstehen soll. Andererseits verwirrt sie den Begriff von Zubehör. Giebt man die Ausdehnung auf, so bleibt es den Betheiligten überlassen, in ihren Rechtsgeschäften ausdrücklich zu sagen, über welche für die Bewirthschaftung eines Grundstücks nöthigen Dinge sie mitverfügen wollen. Wäre es zuviel verlangt, daß bei dem Verkaufe einer Mühle die Betheiligten ausdrücklich im Vertrage

Vieh, die zur Fortführung der Wirthschaft erforderlichen und wirthschaftlichen Erzeugnisse und der erforderliche Dünger.

§ 828 (792 Nr. 2.)

Als Früchte eines Grundstückes gelten auch solche in ordnungsmäßiger Benutzung gewonnenen Bezüge, die den Bodenbestand des Grundstücks allmählich verringern (Bezüge aus Bergwerken, Steinbrüchen zc.).

Zweiter Abschnitt. Besitz.

§ 829 (797).

Besitzer einer Sache ist, wer in Ausübung eigenen Rechtes an der
Sache die thatsächliche Gewalt über dieselbe übt.

---

sagten: „mit allen zum Betriebe gehörigen Maschinen und Geräthschaften?" (Für
den Fall einer derartigen Verpfändung müßte dann freilich das Verbot einer
Hypothek an Mobilien beschränkt werden.) Glaubt man aber von dem durch das
Landrecht angebahnten Begriffe nicht absehen zu können, — und ich sehe voraus,
daß diese Ansicht sich Geltung verschaffen wird — dann muß es doch wenigstens
erhellen, daß die Parteien beabsichtigt haben, das Grundstück als Gewerbeanlage,
als Landgut zc. zum Gegenstand des Rechtsgeschäfts zu machen. Dann kann man
ja diese Ausdehnung des Zubehörbegriffes auf ihren Willen zurückführen. Wenn
aber das nicht erhellt, dann ist eine solche Ausdehnung unnatürlich. Sie paßt in
dem einen Fall, in dem anderen nicht und wird deshalb zu unsäglichen Streitigkeiten führen. Aus diesen Gesichtspunkten ist der obige § 827 entworfen.

§ 828 bildet eine Ausnahme von der Regel, daß Früchte nur salva rei
substantia gedacht werden können. Um so mehr wird man aber die Schranke
zufügen müssen, daß der Bezug der Bodenbestandtheile nur „in ordnungsmäßiger
Benutzung", nicht als ein Raubbau betrieben werden darf.

Zweiter Abschnitt, Besitz. Hierzu hatte ich schon früher im Archiv
f. bürg. Recht II, S. 117 einen Gegenentwurf mit Begründung aufgestellt. Auch
darf ich mich für meine Ansichten auf die „Beurtheilung" zu § 797, sowie auf
meinen größeren Aufsatz „Zur Besitzlehre" in Jhering's Jahrbüchern Bd. 26.
S. 224 beziehen. Die Abweichungen meiner gegenwärtigen Aufstellung von der
früheren sind nur geringe Wortänderungen. Namentlich habe ich den frühern
Namen „Eigenthumsberechtigte" durch den neuerdings vorgeschlagenen Ausdruck
„Besitzherr" ersetzt.

Mehr als irgend eine andere Lehre bedarf die Besitzlehre, die in so große
Verwirrung gerathen ist, einer klaren Gestaltung durch das Gesetzbuch. Diese wird
aber nicht dadurch erreicht, daß man überall das Wort „Inhabung" durch
„Besitz" ersetzt. Die Sätze des Entwurfs sind fast durchweg doktrinär; und wenn
man dies nicht ändert, so wird der traurige Zustand der Besitzlehre fortdauern.

§ 829. Ich hatte schon früher bemerkt, daß ich am liebsten von jeder Definition des Besitzes oder des Besitzers abgestanden hätte. Denn mit einer solchen
Definition läßt sich die Sache doch nicht klarstellen. In meinem Entwurf erhält
die Definition des § 829 erst durch die folgenden §§ 832—840 Fleisch und Blut.
Besonders schwer fällt dabei § 839 Abf. 2 ins Gewicht. Man täuscht sich, wenn
man glaubt, die ganze Lehre vom Erwerbe, Bestande und Verluste des Besitzes
damit erschöpfen zu können, daß man sagt, Besitz werde erworben durch die Erlangung der thatsächlichen Gewalt, und werde beendigt durch den Verlust der thatsächlichen Gewalt. Damit ist das praktische Bedürfniß nicht befriedigt. Ist denn die
Frage der „thatsächlichen Gewalt" so einfach? Gesetzt, ich laufe einen Wald von
100 Hektaren. Was muß ich nun thun, um die thatsächliche Gewalt zu erlangen?
Muß ich durch den ganzen Wald hindurch schreiten? Oder muß ich an den Rand

§ 830 (799).

Eine Sache kann von Mehreren in Gemeinschaft besessen werden.

§ 831 (800).

Besitz kann auch von einer geschäftsunfähigen Person erworben und ausgeübt werden, wenn sie des Besitzbewußtseins nicht ermangelt.

§ 832.

Besitz kann sowohl in Ausübung des Eigenthums, als eines die Sache in ihrer Gesammtheit erfassenden Rechtes, neben welchem ein Anderer als Eigenthümer anerkannt wird, geübt werden. (Eigenbesitz und Nutzbesitz.)

§ 833.

Der Nutzbesitzer (Nießbraucher, Faustpfandgläubiger, Miether, Pachter u. s. w.) übt seinen Besitz zugleich für den von ihm als Eigenthümer Anerkannten (den Besitzherrn) insofern aus, als diesem sein Besitz für die Verjährung zugerechnet wird. (Vergl. auch § 837 Abs. 2 und § 846).

---

treten und einen Zweig abbrechen? Oder muß ich vielleicht (nach l. 18, § 2, D. 41, 2) auf einen nahestehenden Thurm steigen und auf den Wald hernieder blicken? Und wenn ich dies alles und noch mehr gethan habe: habe ich dann in Wirklichkeit auch nur ein Atom größere thatsächliche Gewalt in dem Wald erlangt, als ich auch schon bisher hatte? Möchte man sich doch endlich überzeugen, daß die „thatsächliche Gewalt", in deren Erlangung der Besitz bestehen soll, in vielen Verhältnissen nur eine Fiktion ist. Der Besitzerwerb an offenen Grundstücken und ähnlichen Sachen besteht nur darin, daß man das Recht erwirbt, jeden Andern, der das Grundstück betritt, hinanzuweisen. In diesem Sinne kann man auch bei einem Verhältniß dieser Art sagen, daß der Besitzer „die thatsächliche Gewalt an der Sache übe". Um aber dieses Recht zu erwerben, braucht man weder auf dem Grundstück spazieren zu gehen, noch auf einen Thurm zu steigen. Das muß aber durch das Gesetz klargestellt werden. Denn sonst dauern so ungesunde Entscheidungen, wie die in Seufferts Arch. Bd. 34, No. 13 aus Celle berichtete, in alle Ewigkeit fort. — Auch die Verweisung auf den „Besitzwillen" wird besser in dem Gesetz vermieden. Der Besitzwille ist nur eine juristische Abstraktion; und was darunter begriffen sei, darüber sind die Juristen nichts weniger als sicher. §§ 832, 833. Daß hier die verschiedenen bei der Besitzausübung betheiligten Personen (zu denen auch noch der in § 848 genannte „Verwalter" gehört) mit bestimmten Namen belegt werden, ist nicht aus bloßer Nennlust, sondern deshalb geschehen, weil dafür ein dringendes praktisches Bedürfniß besteht. Ohne solche Namen wird eine Verständigung über die Lehre fast unmöglich). Namentlich aber möchte ich davor verwarnen, daß man etwa die Personen, die ich einerseits als Nutzbesitzer, andererseits als Verwalter bezeichne, unter der Bezeichnung solcher zusammenfasse, „die in fremdem Namen besitzen". Das würde der jetzige Verwirrung in der Besitzlehre nur aufrechthalten, da diese namentlich sich daran knüpft, daß man den Nutzbesitzer lediglich als „Besitzer in fremdem Namen" ansieht. Der Nutzbesitzer besitzt eben in erster Linie für sich selbst, also in eigenem Namen; wie es denn auch komisch sein würde, daß ihm alle Rechte zum Schutz des Besitzes auch gegen den Besitzherrn gegeben wären, wenn er nur „für diesen" besäße. Nur gewisse Rechte des Besitzes bleiben dem Besitzherrn neben dem Nutzbesitzer vorbehalten. (Ganz anders der Verwalter. Er ist nur ein Scheinbesitzer, in der That aber Nichtbesitzer. Jedoch darf er gewisse Rechte des Besitzes in Vertretung des wirklichen Besitzers ausüben. Die Abscheidung des Verwalters von dem Nutzbesitzer ist hiernach auch nicht etwa eine bloße Opportunitätsrücksicht. Der Verwalter hat in Wahrheit keinen Besitzwillen. Nichts kann schädlicher wirken, als wenn man beide Verhältnisse zusammenmischt.

§ 834.

Besitz an Grundstücken oder bestimmt abgegrenzten Theilen derselben (z. B. Stockwerken) wird durch deren dauernde Benutzung und, wenn sie geschlossen sind, auch dadurch geübt, daß der Besitzer sie unter seinem Verschlusse hält.

§ 835.

Der Besitzer einer selbständigen Wohnung oder eines anderen geschlossenen Raumes ist zugleich Besitzer der darin befindlichen beweglichen Sachen.

Sachen, welche Mitbenutzer der Wohnung oder darin Anwesende in dieselbe eingebracht haben, bleiben in deren Besitz.

§ 836.

Bewegliche Sachen, die üblicher Weise im Freien aufbewahrt werden, bleiben im Besitze dessen, der sie besaß oder den Besitz daran erlangte, als sie zur Stelle gebracht wurden.

§ 837 (808. 810).

Der Besitz einer Sache wird beendigt, wenn der Besitzer die Gewalt über die Sache aufgiebt oder thatsächlich verliert.

Giebt der Nutzbesitzer seinen Besitz an einem Grundstücke auf, so fällt es in den Besitz des Besitzherrn zurück.

§ 838.

Der Besitz einer Sache geht auf einen Anderen über, wenn der Besitzer diesem den Besitz überträgt oder wenn er von einem solchen daraus verdrängt wird.

§ 839 (803).

Die Uebertragung des Besitzes erfolgt durch die thatsächliche Einräumung der Gewalt über die Sache (Uebergabe).

Ist jedoch die Sache offen zugänglich, so genügt für die Uebertragung des Besitzes die Willenseinigung der Betheiligten. In Fällen dieser Art begreift die Uebertragung eines naturgemäß mit dem Besitze verbundenen Rechtes im Zweifel auch die Uebertragung des Besitzes in sich.

§ 840 (812, 815).

Durch Verdrängung des Besitzers geht dessen Besitz erst dann verloren, wenn ihm gegenüber der Thäter zu einem festen Besitzstande gelangt ist.

Bei Wegnahme einer beweglichen Sache ist der Besitzer berechtigt, dem auf der That betroffenen oder bei sofortiger Nacheile erreichten Thäter die Sache mit Gewalt wieder abzunehmen.

Bei Verdrängung aus einem Grundstücke ist der Besitzer berechtigt, sofort nach erlangter Kenntniß von dem fremden Eindringen den Eindringling mit Gewalt wieder aus dem Grundstücke zu vertreiben.

In beiden Fällen ist für denjenigen, der sich sofort wieder in den Besitz gesetzt hat, der Besitz nicht unterbrochen worden.

§ 841 (814, 815).

Niemand darf eigenmächtig den Besitzer einer Sache in dem Besitze stören oder ihm denselben entziehen.

Der Besitzer ist berechtigt, darauf gerichteter Handlungen sich mit Gewalt zu erwehren (vergl. auch § 840 Abs. 2 u. 3).

§ 842 (819, 820).

Wider den eigenmächtigen Störer des Besitzes hat der Besitzer den Anspruch auf Wiederaufhebung der Störung und auf Entschädigung. Auch kann er nach Befinden Verurtheilung desselben zur Unterlassung weiterer Störungen verlangen.

Bei eigenmächtiger Entziehung des Besitzes hat der Besitzer wider den Thäter den Anspruch auf Wiedereinräumung des Besitzes und auf Entschädigung. Den ersteren Anspruch hat er auch wider den nachfolgenden Besitzer, wenn dieser mit Vorwissen von der eigenmächtigen Entziehung den Besitz erlangt hat.

§ 843 (822).

Wider die in § 842 bezeichneten Klagen kann der Verklagte darauf, daß der Kläger zuvor gegen ihn Eigenmacht geübt habe, weder eine Einrede, noch eine Widerklage gründen.

Aus dem Rechte auf den Besitz oder einem Rechte zu der als Störung gerügten Handlung kann eine Einrede nur insoweit entnommen werden, als dadurch dargelegt wird, daß der Verklagte nicht eigenmächtig gehandelt habe.

---

§ 843. Der Satz in § 819 d. E., daß der Besitzkläger durch die Einrede des fehlerhaften Besitzes ausgeschlossen werde, ist ein Atavismus aus der Zeit des klassischen röm. Rechts, wo der Gedanke, daß Eigenmacht unzulässig sei, noch nicht völlig durchgedrungen war. Aber schon in der spätern Kaiserzeit kam dieser Gedanke zur vollen Geltung, und damit mußte jene Einrede fallen. Justinian bezeugt in § 6 J. de interd., daß gegen das interd. unde vi eine Einrede aus den Besitzfehlern nicht mehr stattfinde. Wie kommt man nun dazu, sie jetzt wieder aufleben lassen zu wollen? Das bedeutet nichts anderes, als daß man, wenn eine Besitzentziehung stattgehabt habe, fortan zwischen den Betheiligten den Kriegszustand zulassen will. Ein solcher aber ist im geordneten Staat nicht zu dulden.

Beiläufig bemerkt, tritt der gedachte Satz auch in schroffen Gegensatz zu Abs. 2 und 3 des § 815 d. E. Denn wenn dort gesagt wird, daß der Entsetzte sich sofort wieder in den Besitz setzen dürfe, so wird dieses „sofort" durch § 819 in Verbindung mit § 821 auf ein ganzes Jahr ausgedehnt. Auch wenn man etwa den § 821 dahin ändern wollte, daß die Einrede aus der Eigenmacht des Gegners keiner Verjährung unterliege, so würde doch dadurch die Sache nicht besser werden. Denn dadurch würde der Kriegszustand zwischen den Betheiligten verewigt. Wenn also z. B. im Jahre 1900 A. den B. eigenmächtig aus dem Besitz eines Grundstückes gesetzt hätte, so würde B. auch noch im Jahre 1950 berechtigt sein, den A. wieder gewaltsam aus dem Grundstück zu vertreiben. In der Zwischenzeit würde B. aber auch alle möglichen Versuche machen können, den Besitz thatsächlich wieder zu erlangen. Jede Besitzstörungsklage des A. würde an der Einrede des „fehlerhaften Besitzes" scheitern. Das nenne ich zwischen den Betheiligten den Kriegszustand eröffnen.

Wiederholt habe ich schon darauf hingewiesen, daß die Ordnung d. E. wohl möglich wäre, wenn die eigenmächtige Besitzentziehung und der Versuch einer

§ 844.

Ist der Besitzstand an einer Sache streitig, so ist jeder Betheiligte berechtigt, auf Feststellung des Besitzes Klage zu erheben.

Besitzhandlungen, welche einer der Streitenden wider den andern mittels Bedrohung oder Gewalt oder unter geflissentlicher Verheimlichung ausgeübt hat, desgleichen Handlungen, zu denen er den andern um Erlaubniß gebeten hat, kommen nicht zu seinen Gunsten in Rechnung.

§ 845 (817).

Haben Mehrere eine Sache gemeinschaftlich in Besitz, so bilden Handlungen eines Theilhabers, welche über die ihm als solchem zustehende Gebrauchsbefugniß hinausgehen oder den andern Theilhaber in dieser Gebrauchsbefugniß hindern, Verletzungen des Besitzes.

§ 846 (821).

Die zum Schutze des Besitzes gegebenen Rechte stehen sowohl dem Eigenbesitzer, wie dem Nutzbesitzer, diesem auch wider den Besitzherrn zu.

Dritten gegenüber kann neben dem Nutzbesitzer auch der Besitzherr von jenen Rechten Gebrauch machen. Der Klage des einen kann der andere als Nebenintervenient beitreten (§§ 63, 66 d. CPO.).

Im Falle der Besitzentziehung kann der Besitzherr, wenn der Nutzbesitzer den Besitz nicht wieder übernehmen will, fordern, daß ihm selbst der Besitz eingeräumt werde.

§ 847 (821 Abs. 2).

Hat ein Nutzbesitzer in Ausübung seines Rechtes den Besitz der Sache auf einen weiteren Nutzbesitzer übertragen, so tritt auch er diesem gegenüber in die Rechte des Besitzherrn.

§ 848.

Wer in Ausübung fremden Rechtes die thatsächliche Gewalt über eine Sache übt (Verwalter), ist nicht Besitzer der Sache. Vielmehr verbleibt der Besitz bei dem von ihm Vertretenen.

---

solchen mit öffentlicher Strafe bedroht würde. Ohne das aber würde die Ordnung des Entwurfs nur zum Unfug führen.

§ 846. Der Entwurf (§ 821) will dem Besitzherrn (neben dem Nutzbesitzer) Dritten gegenüber zwar die Besitzklage, nicht aber auch das Recht geben, die Sache mit eigener Gewalt zu schützen. Ich bin der Ansicht, daß, wenn z. B. in die Wohnung des verreisten Miethers ein Fremder unberechtigt eindringt, der Hausherr (und statt seiner auch sein „Verwalter", der Portier) den Eindringling am Kragen fassen und hinauswerfen darf. In diesem Sinne übt auch der Hausherr noch ein Besitzrecht am Hause. Oder sollte es sich wirklich empfehlen, das Gegentheil zu bestimmen? Dann müßte also, wenn der Portier den Eindringling hinausgeworfen hat, diesem auf seine Besitzklage die Wohnung wieder eingeräumt werden. In unserm Volke würde man das nicht verstehn. Die Ausführung der Motive S. 114 halte ich für eine doktrinäre.

§ 848. Daß in Abwesenheit des Besitzers auch der bloße Verwalter das Gericht um Besitzschutz anrufen könne, hat schon Kaiser Constantin (C. 8, 3) bestimmt. Ich halte das für eine ganz verständige Vorschrift, und würde an ihr auch heute noch festhalten. Fälle dieser Art werden allerdings nur selten eintreten,

Dritten gegenüber kann jedoch auch der Verwalter in Vertretung des Besitzers Angriffe auf die Sache abwehren sowie bei dauernder Abwesenheit oder Verhinderung des von ihm Vertretenen Besitzklagen erheben.

Eine Ausnahme von der Regel des Abs. 1 tritt ein, wenn eine bewegliche Sache von dem sie Verwaltenden in seinen geschlossenen Räumen aufbewahrt wird. In diesem Falle stehen dem Verwalter die Rechte des Nutzbesitzers, dem, für welchen er verwaltet, nur die Rechte des Besitzherrn zu.

§ 849 (824).

Die in § 842 bezeichneten Ansprüche aus dem Besitzrechte verjähren innerhalb eines Jahres. Ueber diese Frist hinaus dauern sie fort, soweit der Verklagte aus seiner Handlung bereichert ist.

§ 850 (823).

Die Entscheidung aus dem Besitzrechte schließt eine andere Entscheidung aus dem Rechte, das dem Besitze zu Grunde liegt, nicht aus. Beide Streitigkeiten können nebeneinander verhandelt werden.

Die Entscheidung über das zugrundeliegende Recht erledigt den noch anhängigen Besitzstreit in der Hauptsache, vorbehaltlich der über den Kostenpunkt und einen etwaigen Entschädigungsanspruch zu treffenden Entscheidung.

Dritter Abschnitt. Eigenthum. Allgemeine Bestimmungen.

Titel 1. Rechte des Eigenthümers.

§ 851 (848).

Der Eigenthümer hat das Recht, die Sache zu besitzen, mit der in seinem Besitz befindlichen Sache nach Willkür zu verfahren, auch über sein Eigenthum zu verfügen, soweit nicht Beschränkungen dieser Rechte durch Gesetz oder Rechte Dritter begründet sind.

---

können aber doch noch vorkommen. Jemand, der auf weite Reisen gegangen ist, hat sein Gut unter einem Verwalter zurückgelassen. Einen Bevollmächtigten, der ihn vor Gericht vertreten könnte, hat er nicht; die Vollmacht ist vielleicht abhanden gekommen. Nun wird der Verwalter aus dem Gute vertrieben. Ist es da nicht verständig, wenn dem Verwalter gegen ein Unrecht dieser Art ohne Weiteres gerichtlicher Schutz gewährt wird? Versagt man ihm diesen Schutz, so darf der Eindringling im Gute sitzen bleiben, bis der Abwesende zurückkommt oder eine Vollmacht schickt. Auch das würde man in unserem Volke nicht verstehen.

Dritter Abschnitt. Hier muß zunächst etwas über die vom Entwurfe abweichende Ordnung des Stoffes gesagt werden. Der Entwurf nimmt zwar auch eine Trennung der Vorschriften über Grundeigenthum und Eigenthum an beweglichen Sachen vor. Aber die Titel, welche diese Vorschriften enthalten, laufen doch mehrfach durcheinander. Auch halte ich es für natürlicher, in der Darstellung der Eigenthumslehre das Eigenthum an beweglichen Sachen vorausgehen zu lassen, weil dieses Recht einfacher ist und dem gemeinen Rechte sich näher anschließt, während das Eigenthum an Grundstücken durch den Eintrag im Grundbuche eine weit verwickeltere Gestalt annimmt. Die von mir gewählte Ordnung, die, wie ich

§ 852 (929).

Der Eigenthümer hat gegen den Besitzer der Sache, der nicht ein besonderes Recht auf den Besitz erworben hat, den Anspruch auf Herausgabe der Sache.

§ 853.

Ist die Sache im Besitze eines Nutzbesitzers, so kann die Klage des Eigenthümers auf Herausgabe der Sache gegen den Nutzbesitzer und den Besitzherrn zusammen gerichtet werden. Diesem Falle steht es gleich, wenn der Nutzbesitzer, gegen den allein die Klage gerichtet worden ist, von dem Rechte des § 73 d. CPO. Gebrauch macht.

Macht der Nutzbesitzer, gegen den allein die Klage gerichtet worden ist, von dem Rechte des § 73 d. CPO. keinen Gebrauch, so erlangt das ihm gegenüber ergangene Urtheil dem Besitzherrn gegenüber keine Rechtskraft.

Ist die Klage gegen den Besitzherrn allein gerichtet worden, so wirkt das Urtheil zugleich gegen den Nutzbesitzer, soweit dessen Recht von der Verfügung des Besitzherrn abhängig ist.

§ 854 (930—935.)

Die von einer fremden Sache gezogenen Nutzungen hat der Besitzer dem Eigenthümer zu erstatten, wenn er im Bewußtsein, nicht auf solche berechtigt zu sein, sie bezogen hat.

Dies gilt auch für den Besitzer, der in gutem Glauben die Sache erworben hat, von dem Zeitpunkte an, wo er des guten Glaubens verlustig ging oder wo der Anspruch auf Herausgabe der Sache gegen ihn rechtshängig geworden ist. In dem letzteren Falle hat er zugleich Ersatz für diejenigen Nutzungen zu leisten, die er bei ordnungsmäßiger Verwaltung hätte ziehen können.

Ein Besitzer, der durch eine mit Bewußtsein der Widerrechtlichkeit begangene Handlung in den Besitz gelangt ist, haftet bezüglich der dem Berechtigten entzogenen Nutzungen für vollen Schadensersatz. In gleicher Weise haftet jeder in bösem Glauben befindliche Besitzer von dem Zeitpunkte an, wo er wegen Herausgabe der Sache in Verzug gesetzt ist.

---

glaube, die Sache klarer stellt, ist hiernach folgende. In dem Abschnitt 3 sind zunächst die allgemeinen Bestimmungen über das Eigenthum gegeben. In dem Titel 1: „Rechte des Eigenthümers" sind zugleich die dem materiellen Rechte angehörenden Bestimmungen, die der Entwurf unter dem Titel „Eigenthumsanspruch" bringt, herübergenommen worden. Titel 2 behandelt dann das „Miteigenthum". In Abschnitt 4 folgt das besondere Recht für das Eigenthum an beweglichen Sachen; in Abschnitt 5 das Recht des Grundeigenthums. In diesem Abschnitt hat dann auch als Titel 2 der allgemeinere Titel über „Sicherung der Rechte an Grundstücken durch Eintrag im Grundbuche" Aufnahme gefunden, der dem im Entwurf weit vorangestellten Titel „Allgemeine Vorschriften über Rechte an Grundstücken" im Wesentlichen entspricht. Ich glaube, daß durch den unmittelbaren Anschluß dieses Titels an die folgenden Titel die Sache an Klarheit gewinnt. Mir wenigstens ist es recht schwer geworden, mich in den Gedankengang, der dem Entwurfe zu Grunde liegt, hineinzufinden.

Soweit Nutzungen aus Verbesserungen hervorgegangen sind, die der Besitzer an der Sache gemacht hat, ist dieser zur Herausgabe der Nutzungen nicht verpflichtet.

§ 855 (930—933).

Befindet sich die Sache im Besitze eines Nutzbesitzers, so kann der Eigenthümer, der gegen den Besitzherrn Klage erhebt, auch von diesem, soweit die Voraussetzungen des § 854 gegen ihn vorliegen, Erstattung der von ihm gezogenen Nutzungen (§ 817 Abs. 3) fordern.

Soweit die Voraussetzungen des § 854 sowohl gegen den Besitzer, als den Besitzherrn vorliegen, hat der Eigenthümer die Wahl, von dem einen oder dem andern die von ihm gezogenen Nutzungen zu fordern.

§ 856 (936).

Der Besitzer einer fremden Sache braucht diese dem Eigenthümer nur gegen Ersatz der darauf gemachten Verwendungen nach folgenden Regeln herauszugeben.

Verwendungen, die zur Erhaltung der Sache nothwendig waren, kann jeder Besitzer ersetzt verlangen: nur nicht ein solcher, der durch eine mit Bewußtsein der Widerrechtlichkeit begangene Handlung den Besitz erlangt hat.

Nützliche Verwendungen kann der gutgläubige Besitzer ersetzt verlangen, soweit sie noch zur Zeit der Herausgabe den Werth der Sache erhöhen.

Ausgeschlossen von dem Ersatzanspruch sind Verwendungen, die der Besitzer für die von ihm bezogenen Nutzungen gemacht hat. Diese kann der Besitzer nur von den zu erstattenden Nutzungen in Abzug bringen.

In allen Fällen hat der Besitzer an dem Gegenstande der Verwendung das Recht der Wegnahme, soweit diese ohne Schädigung der Sache geschehen kann und für ihn selbst von Werth ist.

§ 857 (937).

(— Ersatzanspruch wegen der vom Vorbesitzer gemachten Verwendungen — wie § 937 d. E., mit folgendem weiteren Absatze:)

Auch kann der Besitzer den einem Voreigenthümer gegenüber erworbenen Anspruch auf Ersatz von Verwendungen einem nachfolgenden Eigenthümer gegenüber geltend machen. Soweit jedoch der gutgläubige Erwerber

---

§ 857 Abs. 2 betrifft eine schwierige Frage. Es handelt sich dabei um einen Widerstreit zwischen dem materiellen Rechte und dem formalen Recht des Grundbuchs. Unzweifelhaft darf vom Standpunkt des materiellen Rechtes dem gutgläubigen Besitzer eines Grundstücks der Anspruch auf Ersatz seiner Verwendungen nicht entzogen werden. Bei beweglichen Sachen bietet die Aufrechthaltung dieses Grundsatzes keine Schwierigkeit. Der Eigenthümer kann seine Rechte an einem Dritten nur mit Vorbehalt der Rechte des Besitzers übertragen (§ 868). Bei Grundstücken, an denen der Eigenthümer sein Eigenthum durch Auflassung überträgt, entsteht aber die Frage: Kann auch dem neuen Eigenthümer gegenüber der Besitzer sein Recht aus vorher gemachten Verwendungen geltend machen? Bejaht man diese Frage, so liegt darin eine Durchbrechung des Grundbuchprincips. Verneint man sie aber, dann geht dadurch dem Besitzer sein Rückbehaltungsrecht wegen

gegen Ansprüche Dritter geschützt wird, findet auch der Anspruch auf Ersatz von Verwendungen aus der Zeit eines Voreigenthümers gegen ihn
nur dann statt, wenn er bei seinem Erwerbe wußte oder wissen mußte,
daß der fragliche Anspruch auf dem Grundstücke hafte.

§ 858 (938).

Der Anspruch auf Ersatz von Verwendungen nach Maßgabe des
§ 856 kann von dem Besitzer auch nach Herausgabe der Sache klagend
verfolgt werden, wenn er bei der Herausgabe sich den Anspruch vorbehalten
hat. Der Anspruch gilt schon dann als vorbehalten, wenn der Besitzer denselben dem Eigenthümer bei der Herausgabe angezeigt und dieser darauf
die Sache angenommen hat.

Auch in dem im Schlußsatze des § 857 gedachten Falle kann der
Besitzer, der die Sache an den neuen Eigenthümer, ohne von diesem Ersatz
der Verwendungen zu erhalten, herausgegeben hat, den bezüglichen Anspruch
wider den Voreigenthümer, dem zur Zeit der Verwendung die Sache gehörte, klagend geltend machen.

§ 859.

Der Besitzer einer Sache, der einen Anspruch auf Ersatz von Verwendungen hat, kann den Eigenthümer auffordern, ihm gegen Zahlung des
namhaft gemachten Betrags der Verwendungen die Sache abzunehmen.
Verweigert der Eigenthümer die Abnahme, so geht das Eigenthum der
Sache auf den Besitzer über.

Die Abnahme gilt als verweigert, wenn der Eigenthümer nicht
innerhalb dreier Monate der Aufforderung des Besitzers nachkommt. Der
Eigenthümer kann jedoch innerhalb dieser Frist auch verlangen, daß auf
seine Gefahr und Kosten die Sache zum öffentlichen Verkauf gebracht werde.
Bei dem Ausgebot können beide Betheiligte mitbieten. Von dem Erlöse
kommt zunächst der Anspruch des Besitzers für Verwendungen zur Befriedigung.

---

seiner Verwendungen verloren. Dann muß ihm jedoch zur Entschädigung hierfür
ein Anspruch auf Ersatz seiner Verwendungen gegen den Voreigenthümer, der das
Grundstück veräußert hat, gegeben werden. Auf welcher Seite die größere materielle
Gerechtigkeit liegt, ist schwer zu sagen. Es wird von den Umständen abhängen,
unter welchen der neue Eigenthümer das Grundstück erworben hat. Ich bin
schließlich dahin gekommen, das Grundbuchprincip aufrecht zu erhalten und zu
sagen: die Einrede findet gegen den neuen Erwerber nur dann statt, wenn er
wußte oder wissen mußte, daß dieser Anspruch auf dem Grundstück hafte. Der
dadurch nothwendig werdende Anspruch wider den Voreigenthümer ist dann in
§ 858 Abs. 2 geregelt. Jedenfalls bedarf die Frage einer Lösung, die im Entwurfe fehlt.

§ 859 ist nothwendig, damit nicht ein Zustand herbeigeführt wird, bei dem
Eigenthum und Recht auf den Besitz sich andauernd trennen. Hat ein Besitzer
Ansprüche aus Verwendungen, so muß der Eigenthümer sich entschließen, ob er die
Verwendungen bezahlen und sein Eigenthum zurückempfangen will, oder ob er es
vorzieht, auf sein Eigenthum zu verzichten. Der Besitzer muß in der Lage sein,
durch Setzung einer Frist dem zweifelhaften Zustande ein Ende zu machen. Dem
Eigenthümer aber muß zugleich das Recht zustehen, den zweifelhaften Werth der
Sache durch öffentlichen Verkauf festzustellen.

Bestreitet der Eigenthümer den Anspruch des Besitzers für Verwen=
dungen, so ist zunächst dieser Anspruch auf die Klage des einen oder anderen
Theiles durch Urtheil festzustellen. In diesem Falle läuft die obengedachte
Frist erst von dieser Feststellung an.

§ 860.

Die Bestimmungen der §§ 856—859 kommen auch zu Gunsten des
Besitzherrn in Anwendung.

§ 861.

Ist zum Zwecke der Eigenthumsübertragung ein Grundstück ohne
gerichtliche Auflassung übergeben worden, so kann der Eigenthümer das
Grundstück mit allen davon gezogenen Nutzungen zurückfordern; jedoch,
wenn ihm ein Kaufgeld dafür gezahlt ist, nur gegen Rückerstattung desselben.
In dem letzteren Falle sind die Nutzungen gegen die Zinsen des gezahlten
Kaufgeldes in Aufrechnung zu bringen. Ist nur ein Theil des Kaufgeldes
bezahlt, so ist gegen dessen Zinsen ein entsprechender Bruchtheil der Nutzungen
aufzunehmen. Wegen gemachter Verwendungen hat der Besitzer die Ansprüche
eines gutgläubigen Besitzers.

Ist das Kaufgeld an einen Voreigenthümer bezahlt, so kommt § 857
Abs. 2 sinnentsprechend zur Anwendung.

§ 862 (943).

Gegen denjenigen, der in anderer Weise, als durch Vorenthaltung
des Besitzes, fremdes Eigenthum beeinträchtigt, hat der Eigenthümer den An=
spruch auf Aberkennung des Rechtes zu einer solchen Beeinträchtigung und
auf Verurtheilung zur Unterlassung weiterer beeinträchtigenden Handlungen
oder auf Beseitigung der bezüglichen Einrichtungen. Die Klage kann zu=
gleich auf Schadensersatz gerichtet werden.

Behauptet der Verklagte zu der Handlung oder auf den Bestand der
Einrichtung aus dem Rechte eines Dritten berechtigt zu sein, so findet § 73
d. CPO. entsprechende Anwendung.

Titel 2. Miteigenthum.

§ 863 (946, 948).

Das Eigenthum kann mehreren Personen gemeinschaftlich zustehen
(Miteigenthum).

§ 861 würde, da er den Verkauf von Grundeigenthum betrifft, streng
systematisch erst in den späteren Abschnitt gehören. Er ist jedoch um des Zu=
sammenhangs willen hierher genommen. Der Fall, daß ein Grundstück verkauft
und ohne gerichtliche Auflassung als Eigenthum übergeben wird, kommt namentlich
in Ländern zersplitterten Grundeigenthums so häufig vor, daß die Gesetzgebung
ihn nicht übersehen kann. Nach allgemeinen Grundsätzen würde in einem solchen
Falle das Grundstück mit gezogenen Nutzungen, der Kaufpreis mit Zinsen zurück=
zugeben sein. Es wird aber für die Betheiligten zur größten Wohlthat, wenn
man anordnet, daß statt dessen die Nutzungen und die Zinsen gegeneinander auf=
gerechnet werden sollen. Es wird ihnen dadurch die Weiterung einer Liquidation
der Nutzungen erspart. Als „gutgläubiger Besitzer" ist der Erwerber des Grund=
stücks deshalb anzusehen, weil er es mit dem Willen des Eigenthümers in der
gerechten Erwartung der Eigenthumsübertragung in Besitz genommen hat.

Titel 2. Miteigenthum. Aus dem Titel d. E. sind hier die §§ 947,
948 und 949 weggeblieben. Der praktische Inhalt der §§ 947 und 948 ist später

Jeder Miteigenthümer hat das Recht, selbständig über sein Miteigenthum zu verfügen, so weit nicht die Natur des durch die Verfügung zu begründenden Rechtes entgegensteht.

§ 864.

Ein Vertrag, der die Theilung des gemeinsamen Eigenthums ausschließt (§ 692), ist bei beweglichen Sachen ohne Weiteres für jeden Rechtsnachfolger eines Miteigenthümers bindend, bei Grundstücken nur dann, wenn er im Grundbuch eingetragen ist.

§ 865 (951).

Die dem Eigenthümer zustehenden Ansprüche auf Herausgabe der Sache oder auf Unterlassung oder Beseitigung einer Beeinträchtigung des Eigenthums kann Dritten gegenüber jeder Miteigenthümer in Beziehung auf die ganze Sache geltend machen.

§ 866 (950).

Soweit an einer herrenlosen Sache das Eigenthum durch Besitznahme erworben wird, fällt in dem Fall, daß einer der Miteigenthümer sein Miteigenthum aufgiebt, sein Antheil an seine im Mitbesitz befindlichen Miteigenthümer.

Vierter Abschnitt. Eigenthum an beweglichen Sachen.

Titel 1. Erwerb durch Uebertragung.

§ 867 (874, 803 Abs. 2, 805).

Eigenthum an einer beweglichen Sache wird durch Willenseinigung zwischen dem bisherigen Eigenthümer und dem Erwerber übertragen. Im Zweifel gilt diese Willenseinigung erst mit der Uebergabe der Sache (§ 839 Abs. 1) als vollendet.

bei der Lehre von den Dienstbarkeiten in § 993 wiedergegeben. Was die in § 949 in Aussicht genommene Belastung des Antheils eines Miteigenthümers zu Gunsten des Antheils eines anderen Miteigenthümers betrifft, so halte ich das für eine so künstliche Schöpfung, daß ich sie durchaus nicht befürworten möchte. Ich bin namentlich mit Bingner (JSt. S. 220) einverstanden, daß die Zulassung getrennten Eigenthums an einzelnen Stockwerken eines Hauses sich nicht empfiehlt. So etwas ist nur eine unversiegbare Quelle von Streitigkeiten.

§ 865. Der Miteigenthümer hat gegen jeden Miteigenthümer nicht ein Recht auf den „Mitbesitz", sondern ein Recht auf den ganzen Besitz. Denn sein Recht auf den Besitz wird nur insoweit beschränkt, als neben ihm auch sein Miteigenthümer ein Recht auf den Besitz hat. Jedem Dritten gegenüber umfaßt sein Recht das Ganze.

§ 866. Auch die Ansicht des Entwurfs (§ 950), daß, wenn der Mitbesitz von einem Mitbesitzer aufgegeben wird, ein Dritter ihn occupiren könne, halte ich nicht für richtig. Vielmehr fällt dann dieser Mitbesitz von selbst den übrigen Mitbesitzern zu, und damit sind diese auch die ersten, die Anspruch auf das vom Mitbesitzer aufgegebene Eigenthum haben. Die ganzen Anschauungen des Entwurfes beruhen auf einer unrichtigen Auffassung von dem Wesen des Mitbesitzes. Man kann Mitbesitzern gegenüber keinen Besitz durch Occupation erwerben.

Die §§ 867 und 868 hatte ich bereits früher in Verbindung mit der Besitzlehre aufgestellt und begründet (Arch. f. d. R. II S. 125). Sie enthalten nicht etwa neue gesetzgeberische Gedanken, sondern sind das richtig erkannte gemeine Recht.

Durch bloße Willenseinigung wird das Eigenthum übertragen:

1. in den Fällen, in denen der Besitz durch bloße Willenseinigung übergeht (§ 839 Abf. 2);

2. wenn die Sache bereits im Besitze oder Mitbesitze des Er-werbers sich befindet;

3. wenn die Willenseinigung deutlich dahin gerichtet ist, daß, obwohl der Besitz der Sache einstweilen bei dem Veräußerer verbleibt, das Eigenthum auf den Erwerber übergehen soll.

§ 868 (804).

An einer Sache, die weder im Besitze des Veräußerers, noch des Erwerbers ist, kann Eigenthum durch bloße Willenseinigung beider über-tragen werden, jedoch nur mit der Wirkung, daß der Erwerber einem dritten Besitzer gegenüber die durch dessen Besitz bethätigten Rechte gegen sich gelten lassen muß. Der Besitzer hat den Erwerber als Eigenthümer anzuerkennen, sobald er von der Uebertragung des Eigenthums glaubhaft benachrichtigt wird.

Daß der Satz, Eigenthum könne nur durch „Uebergabe" erworben werden, sich auf die Bedeutung einer Präsumtion für den Willen der Eigenthumsübertragung beschränkt, habe ich schon früher dargelegt. (Vergl. meine „Urtheile des Reichs-gerichts" S. 64.) Diese Beschränkung ist die unabweisliche Folge der römischen Lehre vom constitutum possessorium. Denn wenn der Eigenthümer ausdrücklich erklärt, das Eigenthum auf einen Andern ohne Uebergabe der Sache übertragen zu wollen — eine solche Erklärung ist das constit. possess. — so geht auch ohne Uebergabe das Eigenthum über. Allerdings wird der Beibehaltung des Besitzes auf Seiten des Veräußerers immer ein „Rechtsverhältniß" zu Grunde liegen. Das ergiebt sich aber durch jene Erklärung von selbst; und namentlich ist es für den Richter ganz ohne Interesse, dieses Rechtsverhältniß kennen zu lernen. Ich kann deshalb auch nur davor verwarnen, in der Bestimmung über das constit. possess. auf das „Rechtsverhältniß, das zwischen dem Veräußerer und Erwerber begründet sein" müsse, hinzuweisen. Eine solche Bestimmung trägt stets die Gefahr in sich, daß sich die Annahme daran knüpfe, dem Richter müsse das Rechtsverhält-niß, kraft dessen der Veräußerer einstweilen im Besitz der Sache bleiben solle, näher dargelegt werden. Diese Ansicht hat mehrfach bestanden und schon öfters zu schiefen Entscheidungen geführt. Selbst Windscheid vertrat sie früher, hat sie aber in neuerer Zeit aufgegeben (vgl. Pandekten, 6. Aufl. § 155 Anm. 8a). Die obige Fassung schließt diese Annahme aus.

§ 868. Ich muß hier nochmals darauf hinweisen, wie unpraktisch und rein doktrinär der § 804 d. E. gestaltet ist. Schon der Mechanismus des Ge-schäftes ist in einer Weise dargestellt, wie es nie im Leben vorkommen wird. Oder kann man sich wohl denken, daß der Eine an den Andern einen Brief schriebe, worin er ihn aufforderte, „fortan im Namen eines Erwerbers zu besitzen", und daß der Andere dann erklärte, „er wolle nun im Namen dieses Erwerbers den Besitz ausüben"? Solche Sätze rechnen nicht mit wirklichen Menschen, sondern mit juristischen Schemen. Aber auch materiell ist die Bestimmung durchaus un-befriedigend. Man braucht sich nur einmal den Fall praktisch vorzustellen. A. hat als Sicherheit für einen ihm eröffneten Kredit Werthpapiere bei dem Banquier N. hinterlegt. A. will auswandern. Er verkauft deshalb die Papiere an B. In dem beglaubigten Vertrag ist gesagt: „Das Eigenthum der Papiere geht mit dem heutigen Tag auf B. über." A. reist nun ab. B. schickt eine Abschrift des Ver-trags an N. und fordert ihn auf, gegen Zahlung der Restschuld des A. die Papiere an ihn (B.) abzuliefern. N. erwidert, er habe keine Anweisung von A. bekommen,

§ 869 (875).

Ist Jemand zur Uebertragung des Eigenthums rechtskräftig verurtheilt, so gilt die Sache als übergeben, sobald der Gerichtsvollzieher sie
im Wege der Zwangsvollstreckung weggenommen hat.

§ 870.

(— Gültigwerden einer Veräußerung durch Genehmigung des Eigenthümers oder nach dem Grundsatze der exc. rei venditae et traditae —
wie § 876 d. E., jedoch mit Streichung der Worte: „und das Erlöschen
des Inventarrechts eintritt.")

§ 871 (877, 878).

Wer gutgläubig und in unverdächtigem Verkehr eine Sache gegen
Entgelt übertragen erhalten hat, erwirbt das Eigenthum daran, auch wenn
der Veräußerer nicht Eigenthümer war. Bei einer solchen Uebertragung
erlöschen auch alle andern an der Sache begründeten Rechte, die der
Erwerber nicht kannte.

Diese Bestimmung findet keine Anwendung, wenn der Erwerb nach
§ 867 Nr. 3 sich vollzogen hat.

die Papiere für B. zu besitzen; er besitze sie noch für A., und deshalb liefere er
sie auch nicht an B. ab. Nach dem § 804 darf er das. Aber gesetzt auch, A.
hätte noch bei seiner Abreise an N. geschrieben, er habe die Papiere an B. verkauft,
und er bäte, sie an diesen abzuliefern, — anders würde doch wohl die „Anweisung,
für B. zu besitzen," nicht zu lauten brauchen — so könnte doch N. sofort dem B.
anzeigen, daß er „der Anweisung widerspreche". Dann hätte also B. kein Eigenthum erworben und N. könnte die Papiere behalten, bis A. kommt und sie ihm
abfordert.

Ebenso kann sich die Sache bei Grundeigenthum gestalten. Hier ginge
freilich durch die Auflassung das Eigenthum unabhängig von dem Willen des
Nutzbesitzers — sagen wir kurz des Pachters — auf den neuen Erwerber über.
Aber in die Rechte des Besitzherrn wäre er damit noch nicht eingetreten. Deren
Erlangung hinge noch vom guten Willen des Pachters ab. Wenn dieser erklärte,
„nicht für den Käufer besitzen zu wollen," so könnte ihn kein Mensch dazu zwingen.
Der Käufer würde also zwar Eigenthums-, aber keine Besitzrechte erhalten. Fühlt
man denn nicht, daß solche Dinge unhaltbar sind?

Wer das Eigenthum an einer im Besitz eines Dritten befindlichen Sache
einem Andern übertragen zu wollen erklärt, erklärt damit, ihm alle diejenigen
Eigenthumsrechte übertragen zu wollen, die er selbst an der Sache hat. Diese
Rechte bestehen in dem Eigenthumsanspruch wider den Dritten. Dieser wird also
durch jene Erklärung auf den Andern übertragen: Er geht nach den Grundsätzen
der Klagencession auf diesen über; d. h. er muß alle Einreden des Dritten gegen
sich gelten lassen. Wirksam aber wird die Uebertragung dem Dritten gegenüber
durch die Bekanntgebung. Dem Dritten einen Widerspruch zu gestatten, hat gar keinen
Zweck. Wozu soll ihm ein solcher gewährt werden, da ja alle seine Rechte vorbehalten bleiben? Die von mir vorgeschlagene Ordnung ist die einzige, die dem
Leben entspricht.

§ 871. Ich halte es für nothwendig, den Begriff des „guten Glaubens"
in das Gesetzbuch einzuführen. Der Ausdruck ist allerdings ein Romanismus;
aber er ist durch zu entbehren und ist, wie ich glaube, auch bereits bei uns
eingebürgert. Man kann dann die Ausschließung des guten Glaubens durch grobe
Fahrlässigkeit allgemein in einem besonderen Paragraphen (§ 875) aussprechen.
— Die §§ 871—873 entsprechen im Allgemeinen denen des Entwurfs; nur ist

§ 872 (879, 939).

Ausgeschlossen bleibt die Anwendung des § 871 Abs. 1, wenn die veräußerte Sache gestohlen oder verloren oder in anderer Weise ohne den Willen des Eigenthümers aus dessen Besitz gekommen war.

Jedoch braucht auch in diesem Falle der Erwerber, wenn die Voraussetzungen des § 871 Abs. 1 bei ihm vorliegen, die Sache nur gegen Ersatz des dafür Geleisteten herauszugeben. Uebersteigt das Geleistete den Werth, den die Sache zur Zeit der Herausgabe und abzüglich der vom Eigenthümer zu ersetzenden Verwendungen hat, so ist nur dieser Werth zu ersetzen.

Auf den vorbezeichneten Ersatzanspruch kommen die Bestimmungen in den §§ 856—859 sinnentsprechend zur Anwendung.

§ 873 (879).

Der § 871 kommt ohne die beschränkende Ausnahme des § 872 zur Anwendung:

1. wenn Geld oder Inhaberpapiere veräußert sind;
2. wenn die Veräußerung mittelst öffentlicher Versteigerung durch einen hierzu berufenen Beamten oder einen öffentlich angestellten Auktionator (§ 36 d. Gewerbeordnung) bewirkt ist.

§ 874 (880).

Wer in Gemäßheit des § 871 sein Recht an der Sache verliert, kann von dem, der unberechtigt über die Sache verfügt hat, Herausgabe der erlangten Bereicherung, wenn dieser aber nicht in gutem Glauben handelte, Ersatz des vollen Werthes der Sache verlangen.

§ 875.

Als des guten Glaubens entbehrend ist auch derjenige anzusehen, dessen Unkenntniß von dem ihm entgegenstehenden Rechte auf grober Fahrlässigkeit beruht.

Titel 2. Ersitzung.

§ 876 (881, 886).

Wer eine bewegliche Sache zehn Jahre lang als Eigenthum besitzt, erwirbt daran das Eigenthum.

Die Ersitzung ist ausgeschlossen, wenn der Besitzer bei dem Erwerbe in bösem Glauben war oder während der Ersitzungszeit des guten Glaubens verlustig ging.

Der böse Glauben des Erblassers wirkt auch in der Person des Erben fort.

---

versucht, die Sache klarer zu stellen. Auch wird von vornherein ein Erwerb „in unverdächtigem Verkehr" gefordert. Abweichend vom Entwurf ist der unentgeltliche Erwerb dem mala fide Erwerb gleichgestellt.

§ 876. Daß, wenn ein Nutzbesitzer den Besitz ausübt, dieser dem Besitzherrn für die Verjährung zugerechnet wird, ist schon oben (§ 833) gesagt und braucht hier nicht wiederholt zu werden.

§ 877 (882).

Für den Rechtsnachfolger eines Besitzers wird der Besitz seines Rechtsvorgängers in die Ersitzungszeit eingerechnet.

Tritt die Rechtsnachfolge durch Erbgang ein, so wird auch die Zeit
zwischen dem Tode des Erblassers und der Besitzergreifung des Erben in
die Verjährungszeit eingerechnet.

§ 878.

(— Keine Verjährung bei Hemmung des Eigenthumsanspruchs —
wie § 884 d. E.)

§ 879 (885).

Die Ersitzung wird durch Verlust des Besitzes und im Falle des
Todes des Besitzers dadurch unterbrochen, daß ein Anderer als der Erbe
den Besitz ergreift. Wird in einem solchen Falle der Besitz von dem
früheren Besitzer oder dem berufenen Erben wieder erlangt, so beginnt für
ihn eine neue Ersitzung.

Die Ersitzung gilt jedoch nicht als unterbrochen, wenn der Ersitzende
binnen Jahresfrist den ohne seinen Willen verlorenen Besitz wieder erlangt
oder binnen Jahresfrist auf Herausgabe der Sache Klage erhebt und dadurch
den Besitz wieder erlangt. Auch wird in diesem Falle die Zwischenzeit,
während der der Besitz dem Ersitzenden entzogen war, in die Ersitzungszeit
eingerechnet.

Diese Bestimmung kommt auch zu Gunsten des Erben in Anwendung,
wenn ein Nichtberechtigter von einer Erbschaftssache Besitz ergriffen hat.

§§ 880—882.

(— Nähere Bestimmungen über die Ersitzung — wie §§ 887 bis
889 d. E.)

Titel 3. Verbindung, Vermischung, Verarbeitung.

§ 883.

(— Eigenthumserwerb durch Verbindung mit einem Grundstück —
wie § 890 d. E. unter Streichung des Wortes „wesentlicher".)

§ 884 (891, 892).

Wird aus beweglichen Sachen verschiedener Eigenthümer durch Verbindung oder Vermischung eine neue Sache hergestellt, so werden die bisherigen Eigenthümer Miteigenthümer der neuen Sache nach Verhältniß des
Werthes der einzelnen Sachen zur Zeit ihrer Vereinigung.

Ist jedoch die eine Sache, mit der die andere vereinigt wird, als
Hauptsache anzusehen, so wird die neue Sache Alleineigenthum des Eigenthümers der Hauptsache.

§ 885.

Ist in den Fällen der §§ 883 u. 884 die Verbindung der Sache
mit der andern ohne den Willen ihres Eigenthümers oder auch mit

---

§ 879. Die Abweichung vom Entwurfe habe ich bereits in der „Beurtheilung begründet (3St. S. 171).

§ 885. Hier kommt der Gedanke zur Geltung, der dem § 782 d. E. zu
Grunde liegt. Wenn die mit einer andern Sache verbundene fremde Sache ohne

deſſen Willen, aber unter ausdrücklichem oder ſtillſchweigendem Vorbehalte ſeines Rechtes an derſelben, geſchehen und kann die Verbindung mit der andern Sache ohne weſentliche Schädigung dieſer und ohne unverhältniß= mäßige Koſten gelöſt werden, ſo dauert das Recht des bisherigen Eigen= thümers an der verbundenen Sache fort. Er kann demgemäß Trennung der Sache aus der Verbindung und Herausgabe derſelben verlangen.

Die Koſten der Trennung hat der Eigenthümer, der die Sache aus der Verbindung in Anſpruch nimmt, zu tragen, inſofern nicht beſondere Gründe den anderen Theil zu deren Tragung verpflichten.

§ 886 (893, 894).

Wer durch Verarbeitung oder Umbildung eines fremden Stoffes eine neue Sache herſtellt, wird Eigenthümer dieſer Sache, wenn durch die darauf verwendete Arbeit, für ſich allein oder in Verbindung mit dem dazu ver= wendeten eigenen Stoffe, die Sache einen Werth erlangt, gegen den der Werth des dazu verwendeten fremden Stoffes zurücktritt.

Als Bearbeitung in dieſem Sinne iſt auch anzuſehen, wenn ein fremder Stoff zum Schreiben, Drucken, Malen, Graviren und dergleichen benutzt wird.

§ 887 (897).

Wer in Gemäßheit der §§ 883—886 eine fremde Sache ſich zu eigen gemacht hat, iſt dem Eigenthümer zur Herausgabe der dadurch er= langten Bereicherung, wenn er aber bei der Aneignung in böſem Glauben war, zum vollen Schadenserſatze verpflichtet.

Titel 4. Erwerb des Eigenthums an Beſtandtheilen und Erzeugniſſen einer Sache.

§ 888 (898).

Beſtandtheile einer Sache gehören auch nach Trennung derſelben dem Eigenthümer der Sache, ſoweit nicht § 885 oder die nachfolgenden Be= ſtimmungen eine Ausnahme begründen.

Schaden ſich von jener trennen läßt, ſo iſt nicht abzuſehen, weshalb nicht dem Eigenthümer ſein Recht daran gewahrt bleiben ſollte. Wenn jemand einen ge= ſtohlenen Edelſtein in einen Ring faßt, muß dem Eigenthümer das Recht bleiben, ihn aus dem Ringe zurückfordern. Desgleichen wenn ein Hausbeſitzer einen ge= ſtohlenen Ofen in ſein Haus hineinſetzt. Aber auch dem Miether, der einen ihm gehörigen Ofen in das Haus hineingeſetzt hat, muß es zuſtehen, dieſen zurück= zunehmen. Er hat ſein Eigenthum daran nicht aufgeben wollen.

Der § 886. Der § 893 d. E. iſt in ſeiner Allgemeinheit nicht haltbar. Wenn der Müller das ihm überſchickte Getreide zu Mehl vermahlt, wofür er den 16. Theil als Mahlſchatz bekommt: iſt er nun Eigenthümer des ganzen Mehles geworden? Wenn der Schneider einen koſtbaren Stoff zu einem Kleide verarbeitet, wofür er als Schneiderlohn den zehnten Theil des Werthes bezieht, wird er Eigenthümer des Kleides? Der Entwurf will die Frage mit der Erwägung entſcheiden, ob eine „neue Sache" geſchaffen ſei. Das iſt aber offenbar unzureichend. Das Richtige kann nur darin liegen, daß man Arbeit und Stoff beide als Werthbeträge anſieht und die Frage ſtellt: wer hat den größten Werthbetrag zur Sache geliefert? Dieſem iſt das Eigenthum zuzuſprechen, vorbehaltlich der Entſchädigung des anderen

§ 889 (899, 900).

Die Früchte einer Sache fallen mit der Trennung von der Sache in das Eigenthum dessen, der als Eigenthümer oder kraft eines vom Eigenthümer abgeleiteten, den Fruchtbezug in sich schließenden Rechtes die Sache besitzt oder zu besitzen berechtigt ist.

Ist jedoch die Sache im Besitz eines solchen, der in dem guten Glauben, zum Fruchtbezug berechtigt zu sein, den Besitz ausübt, so fallen die Früchte mit der Trennung in sein Eigenthum, vorbehaltlich seiner Verpflichtung zur Herausgabe derselben an den wirklich Berechtigten, wenn hierfür ein besonderer Rechtsgrund vorliegt.

Auch der gutgläubige Besitzer hat bei Herausgabe der Sache soviel von den im letzten Wirthschaftsjahre bezogenen Früchten zu erstatten, als zur Bestreitung der auf den Fruchtbezug angewiesenen Lasten und zur Fortführung der Wirthschaft erforderlich ist.

§ 890.

Wird der Besitz des gutgläubigen Besitzers (§ 889 Abs. 2) durch Eigenmacht unterbrochen, aber nach den Bestimmungen in § 879 wiedererlangt, so fallen auch die in der Zwischenzeit gezogenen Früchte in sein Eigenthum.

§ 891.

Wer das Eigenthum der Früchte mit der Trennung derselben von der Hauptsache erwirbt, hat auch den Anspruch auf Schadensersatz für eine Beschädigung oder Wegnahme der Früchte, die, während sie noch mit der Hauptsache verbunden sind, daran verübt wird.

§ 892 (901, 902).

Hat der Eigenthümer einer Sache einem Andern ohne Besitzübertragung den Bezug von Früchten oder die Entnahme von Bestandtheilen der Sache gestattet, so erwirbt dieser das Eigenthum an den Früchten oder Bestandtheilen, sobald er sie von der Hauptsache trennt und davon Besitz ergreift.

Titel 5. Aneignung.

§ 893.

(— Eigenthumserwerb an herrenlosen Sachen — wie § 903 d. E., jedoch statt „Zueignung" zu setzen „Aneignung".)

Theiles. In § 894 d. E. ist übrigens (in den Schlußworten) bereits der richtige Grundsatz aufgestellt.

§ 888. Um ganz vollständig zu sein, müßte man auch noch den Satz aussprechen, daß jedem Menschen die Bestandtheile seines eigenen Körpers gehören. Die Frage ist praktisch, wenn einer Frau gegen ihren Willen das Haar abgeschnitten wird. Man wird die Vorschrift aber wohl entbehren können.

§ 889. Den Inhalt der §§ 889—901 d. E. habe ich mir trotz aller Bemühung und auch mit Hülfe der Motive nicht klar zu machen vermocht. Auch die in der ZSt. angeführten Schriftsteller haben offenbar mit diesen Paragraphen sich nicht zurecht finden können. Mindestens sind sie höchst unfaßlich aufgestellt. Ich habe daher in dem obigen § 889 die Sache so zu formuliren gesucht, wie sie mir den Verhältnissen zu entsprechen scheint. Der Schlußsatz beruht auf der richtigen Bemerkung von Cosack S. 35, Nr. 4 (ZSt. S. 178). Die Verhältnisse sind freilich schwer zu überblicken, und auch die Darstellung ist sehr schwierig.

§ 894 (904).

Eine bewegliche Sache, deren Besitz der Eigenthümer in der erkenn=
baren Absicht, auf sein Eigenthum zu verzichten, aufgiebt, wird herrenlos.

§ 895.

(— Erwerb von wilden Thieren — wie § 905 b. E. mit dem
Zusatze:)

Auf Thiere, die in Deutschland nicht in natürlicher Freiheit leben,
finden die Abs. 2 u. 3 keine Anwendung.

§§ 896—898.

(— Erwerb von Bienenschwärmen — wie §§ 906—909 b. E.)

Titel 6. Gefundene Sachen.

§ 899 (910).

Wer eine verlorene oder sonst abhanden gekommene Sache findet und
in Besitz nimmt, hat hiervon unverzüglich dem Eigenthümer oder, wenn
ihm dieser nicht bekannt ist, der Polizeibehörde behufs Ermittelung des
Eigenthümers Anzeige zu machen. Wird der Eigenthümer nicht ermittelt,
so erwirbt der Finder an der Sache nach Maßgabe des § 905 das Eigen=
thum. Es kommen dabei folgende Bestimmungen zur Anwendung.

§ 900 (911, 913).

Der Finder hat einstweilen die Sache mit der Sorgfalt, die er auf
eigene Sachen verwendet, zu verwahren und zu erhalten. Er darf die
Sache gebrauchen und benutzen, soweit dadurch deren Werth für den Eigen=
thümer nicht vermindert wird.

Sachen, die dem Verderb ausgesetzt sind oder deren Aufbewahrung
mit unverhältnißmäßigen Kosten verbunden ist, hat der Finder nach vor=
gängiger Anzeige bei der Polizeibehörde zum öffentlichen Verkauf zu bringen.
Der Erlös tritt an die Stelle der Sache.

§ 901.

Meldet sich Jemand als Eigenthümer bei der Polizeibehörde, so hat
diese ihn mit seinem Anspruch an den Finder zu verweisen.

§ 902 (914).

Der Finder braucht die Sache an den Eigenthümer nur heraus=
zugeben gegen Ersatz seiner auf Verwahrung und Erhaltung der Sache
und für die Ermittelung des Eigenthümers sachgemäß gemachten Auf=
wendungen, sowie gegen Zahlung eines Fundlohns.

Die §§ 906—909 b. E. sind unverändert hier aufgenommen, weil eine sachver=
ständige Beurtheilung derselben mir nicht zu Gebote stand. Titel 6. (Gefundene Sachen. Es ist gewiß dankenswerth, daß der
Entwurf die Rechte des Finders an gefundenen Sachen geregelt hat. Auch sind
die Bestimmungen im Allgemeinen zweckmäßig, und nur in einzelnen Beziehungen
dürften Aenderungen sich empfehlen. Von vornherein gehe ich davon aus, daß eine
Ordnung der Thätigkeit der Polizei nur insoweit in das Gesetzbuch gehört, als sie
für die Rechte an der Sache von Bedeutung wird.

Von den für Erhaltung der Sache gemachten Aufwendungen kommt der Werth der etwa gezogenen Nutzungen in Abrechnung.

§ 903 (914).

Der Fundlohn beträgt von dem Werthe der Sache bis zu 300 Mark fünf vom Hundert, von dem Mehrwerthe eines vom Hundert, für ein verlaufenes Thier überhaupt nur eines vom Hundert seines Werthes, in jedem Falle aber mindestens 50 Pfennig. Bei der Berechnung (u. s. w. wie in § 914 Abs. 2 d. E.).

§ 904 (914, 915).

Der Anspruch auf Fundlohn ist ausgeschlossen, wenn der Finder die ihm nach § 899 obliegende Anzeige zu machen versäumt hat.

Der Finder gilt als auf Fundlohn verzichtend, wenn er ohne Vorbehalt seines Rechts darauf die Sache an den Eigenthümer abgiebt. Sein Recht gilt schon dann als vorbehalten, wenn er einen Fundlohn gefordert, aber nicht erhalten hat. Auch kann er jedenfalls den Fundlohn nachfordern, wenn er bei Abgabe der Sache deren höheren Werth nicht kannte.

§ 905 (918, 921).

Ist seit der bei der Polizeibehörde gemachten Anzeige ein Jahr abgelaufen, ohne daß der Eigenthümer der Sache sich gemeldet hat oder sonst dem Finder bekannt geworden ist, so geht die Sache in das Eigenthum des Finders über.

Bei einer Sache, deren Werth 50 Pfennige nicht übersteigt, erwirbt der Finder, auch ohne daß er eine Anzeige bei der Polizeibehörde gemacht hat, das Eigenthum, nachdem er sie, ohne den Eigenthümer zu kennen, ein Jahr lang ohne Verheimlichung besessen hat.

---

§ 903. Der Fall eines „verlaufenen Thieres" ist hier aufgenommen nach dem in der ZSt. S. 186 Bemerkten. Einen Mindestbetrag des Fundlohns aufzustellen, scheint mir angemessen. Dieser begrenzt zugleich naturgemäß die Fälle, in denen es unverständig wäre, eine Anzeige bei der Polizei zu fordern (§ 905, Abs. 2). Diese Grenze schon bei 3 Mark eintreten zu lassen, halte ich unter den deutschen Verhältnissen nicht für passend. War vielen in unserem Volke ist ein Verlust von 3 Mark nicht gleichgültig. Man kann ja in diesen geringeren Fällen die auf Ermittelung des Eigenthümers zu richtende Thätigkeit der Polizei einschränken.

§ 904. Der Schlußsatz ist veranlaßt durch den Aufsatz von Strohal, Dogm. Jahrb., Bd. 30, S. 156 flg.

§ 905. Durchaus zu mißbilligen ist die Anordnung des Entwurfs, daß das Eigenthum der Sache nur durch eine Bescheinigung der Polizeibehörde erworben werden könne. Es würde diese Anordnung nur dahin führen, daß viele Finder ihres Rechts an der Sache verlustig gingen, weil niemand gern etwas mit der Polizei zu thun hat und deshalb die Einholung der Bescheinigung häufig unterbleiben würde. Das Recht des Finders an der Sache kann man auch ohne Bescheinigung dadurch sichern, daß man für die Geltendmachung des Eigenthumsanspruchs eine kurze Frist setzt, wie dies in § 902 von mir vorgeschlagen wird. Es erscheint ferner zweckmäßig, im Falle einer Anzeige bei der Polizei das Jahr des Erwerbes von dieser Anzeige an zu berechnen, weil deren Zeitpunkt stets feststehen und dadurch ein Streit über Anfang des Jahres ausgeschlossen sein wird.

§ 906 (919).

Der Finder, der den Fund bei der Polizeibehörde angezeigt hat, kann von dieser nach Ablauf des in § 905 Abs. 1 gedachten Jahres eine Bescheinigung darüber verlangen, daß eine Anmeldung von Eigenthumsansprüchen überhaupt nicht oder nur von Seiten der in der Bescheinigung genannten Personen stattgehabt habe.

§ 907.

Der Eigenthümer, der sich innerhalb des in § 905 gedachten Jahres gemeldet hat, hat seinen Anspruch auf die Sache spätestens innerhalb dreier Monate nach Ablauf des Jahres, nöthigenfalls mittelst Klagerhebung, wider den Finder geltend zu machen. Nach Ablauf der Frist erlischt der Anspruch.

§ 908 (922).

Noch drei Jahre lang nach Ablauf des in § 905 gedachten Jahres unterliegt der Finder dem Anspruch auf Herausgabe der erlangten Bereicherung. Auch diesem Anspruche kann der Finder die in § 902 bezeichneten Gegenansprüche gegenüberstellen.

§ 909.

Der Finder kann den Eigenthümer auffordern, ihm gegen Befriedigung seiner nach § 902 begründeten Gegenansprüche die Sache abzunehmen. · Es kommen in diesem Falle die Bestimmungen des § 859 sinnentsprechend zur Anwendung.

Hat der Eigenthümer die Abnahme der Sache verweigert, so findet auch der Anspruch aus § 908 nicht weiter statt.

§ 910 (912, 923).

Statt selbst die Sache aufzubewahren, kann der Finder jederzeit die Sache an die Polizeibehörde abliefern und dieser die weitere Obsorge für sie überlassen. Der Finder verzichtet damit auf den Erwerb des Eigenthums an der Sache. Das Recht auf Fundlohn und auf Ersatz gemachter Aufwendungen kann er sich vorbehalten.

Das Recht des Finders auf das Eigenthum geht in diesem Falle auf die Gemeinde des Fundorts über. Diese hat, wenn die Sache ihr zufällt, dem Finder den Fundlohn und die Aufwendungen, die derselbe sich vorbehalten hat, auszuzahlen; jedoch nicht über den Betrag hinaus, den ein öffentlicher Verkauf der Sache unter Abzug der weiter dafür gemachten Aufwendungen ergiebt.

Auch die Polizeibehörde oder die Ortsbehörde können jederzeit von dem in § 900 Abs. 2 bezeichneten Rechte des Verkaufes Gebrauch machen.

---

§ 910. Der Finder erwirbt das Recht auf das Eigenthum an der Sache zugleich als Belohnung dafür, daß er sich ein Jahr lang der Aufbewahrung der Sache im Interesse des Eigenthümers unterzieht. Weist er diese Mühewaltung von sich ab, so ist kein Grund vorhanden, ihm diesen Vortheil zu belassen. Schon die Abgabe der Sache an die Polizei muß daher genügen, das eventuelle Recht des Finders auf den Eigenthumserwerb für ihn auszuschließen und auf die Gemeinde übergehen zu lassen. Nur den Fundlohn und den Ersatz etwa gemachter Aufwendungen wird man auch in diesem Falle dem Finder nicht versagen können.

§ 911 (912).

Wo es zur Sicherung der Rechte des Eigenthümers geboten erscheint, kann die Polizeibehörde Maßregeln zur Erhaltung der Sache treffen, insbesondere auch die Abgabe derselben in Polizeigewahrsam anordnen. Alle Rechte des Finders bleiben in diesem Falle vorbehalten. Nur mit Zustimmung des Finders oder nach rechtskräftiger Verurtheilung desselben darf die Polizei die Sache an den sich als Eigenthümer Meldenden ausliefern.

Wird ein Eigenthümer nicht ermittelt, so erhält der Finder nach Ablauf des in § 905 Abs. 1 gedachten Jahres die Sache als sein Eigenthum zurück.

§§ 912—915.

(— Vorschriften über Sachen, die in öffentlichen Räumen gefunden werden — wie die §§ 924—927 d. E., jedoch § 914 mit dem Zusatze als Abs. 2:)

Von dem Erlöse kann der Finder Auszahlung des Fundlohns verlangen.

§ 916.

Den Anspruch des Eigenthümers kann auch derjenige geltend machen, der die Sache verloren hat. Tritt neben ihm ein solcher auf, der als Eigenthümer die Sache in Anspruch nimmt, so ist im Falle des Streites zwischen beiden die Auslieferung an den Verlierenden zu bewirken, vorbehaltlich der Ansprüche des angeblichen Eigenthümers wider diesen.

§ 917 (928).

Wird eine eingemauerte, vergrabene oder sonst verborgene Sache entdeckt, die so lange Zeit verborgen war, daß ihr Eigenthümer nicht mehr ermittelt werden kann (Schatz), so fällt sie demjenigen als Eigenthum zu, dem die Sache gehört, in der sie verborgen war. Der Finder hat einen Anspruch auf Fundlohn.

Ist eine aufgefundene Sache dieser Art von besonderem geschichtlichen oder künstlerischen Werthe, so steht dem Staate, in dessen Bereich sie aufgefunden wurde, oder, wenn dieser von seinem Rechte keinen Gebrauch machen will, dem deutschen Reiche ein dinglich wirkendes Vorkaufsrecht an der Sache zu.

---

§ 914. Ich kann es nur für billig und auch im Interesse der Abgabe solcher Sachen für rathsam halten, wenn dem ehrlichen Manne, der die Sache gefunden und abgegeben hat, von dem Erlöse ein Fundlohn zu Theil wird.

§ 917. Das römische Recht weist dem Finder des Schatzes die Hälfte desselben zu und der Entwurf will diesen Satz aufrechthalten. Die Hälfte soll offenbar ein Fundlohn sein, aber sie ist ein übermäßiger. Meinem natürlichen Rechtsgefühl nach gebührt der Schatz dem Eigenthümer der Sache, in der er gefunden ist. Daneben kann man dem Finder einen Fundlohn, und wenn man will, einen größern als den gewöhnlichen Fundlohn, etwa den doppelten, zuweisen. Wer eine Sache als Eigenthum besitzt, besitzt damit auch alle diejenigen Sachen, die in ihr verborgen sind. Er kann jeden Andern davon ausschließen. Findet nun ein Fremder ohne Veranlassung durch den Eigenthümer einen Schatz darin, so kann der Eigenthümer mit Recht fragen: „Was hat der Fremde in meiner Sache zu suchen?" In der Regel wird aber der Fremde, der den Schatz findet, nur im Auftrage des Eigenthümers handeln, und dann liegt noch weniger Grund vor, ihn daraus einen solchen Gewinn machen zu lassen. Ist es durch die Gerechtigkeit geboten, daß

Titel 7. Eigenthumsklage.

§ 918.

Zur Begründung der Klage aus dem Eigenthum auf Herausgabe einer beweglichen Sache genügt es, daß der Kläger darlegt und im Leugnungsfalle beweist, daß er die Sache vordem als Eigenthum besessen habe, vorbehaltlich des gegnerischen Beweises, daß der Besitz des Klägers ein unrechtmäßiger gewesen sei.

Zur Vertheidigung des Verklagten genügt es, daß er darlegt, welchergestalt er die Sache rechtmäßig erworben habe oder weshalb er zu einer solchen Darlegung außer Stande sei. Der Kläger siegt ob, wenn er die Unwahrheit der vom Verklagten gemachten Angaben zu beweisen vermag. In Ermangelung anderer Beweismittel kann der Kläger verlangen, daß der Verklagte seine Angaben eidlich erhärte.

Vermag der Kläger nicht die Unwahrheit der Angaben des Verklagten oder in sonstiger Weise dessen unrechtmäßigen Erwerb zu beweisen, so bedarf es für ihn des Beweises, daß er ohne seinen Willen den Besitz der Sache verloren habe (§ 872).

Diesem Beweise gegenüber siegt der Verklagte nur ob mittels des Beweises, welchergestalt er das Eigenthum der Sache erworben habe.

Die Berufung des Klägers darauf, daß er ohne seinen Willen den Besitz der Sache verloren habe, findet nicht statt, wenn es sich um einen Gegenstand der in § 873 bezeichneten Arten handelt.

---

wenn ich ein altes Möbel, das vielleicht seit einem Jahrhundert meiner Familie angehört hat, einem Schreiner zur Ausbesserung gebe und dieser in einem geheimen Gefache eine Geldsumme verborgen findet, die Hälfte davon vorweg nehmen darf? Und war es durch die Gerechtigkeit geboten, daß bei dem Hildesheimer Silberfund der Soldat, der bei einer dienstlichen Schanzarbeit diesen Fund gemacht hatte, Anspruch auf die Hälfte des Schatzes erheben konnte? Ich kann mich nicht überzeugen, daß das unserem heutigen Rechtsbewußtsein entspricht. Das überwiegende Recht an der Sache hat stets der Eigenthümer.

Abs. 2 soll im Interesse unserer deutschen öffentlichen Sammlungen die Verschleuderung werthvoller Funde verhüten. Im Allgemeinen empfiehlt es sich freilich nicht, an Mobilien ein Vorkaufsrecht mit dinglicher Wirksamkeit zuzulassen, da Niemand einer Mobilie ansehen kann, daß sie mit einem solchen behaftet sei. Bei Gegenständen der hier fraglichen Art wird es aber in der Regel notorisch sein, daß sie aus einem gefundenen Schatze herrühren.

§ 918. Die von germanistischer Seite erhobenen Einwendungen gegen die Gestaltung der Eigenthumsklage halte ich für durchaus begründet. Es hat keine innere Rechtfertigung, Jedem, der innerhalb der letzten 30 Jahre einmal Eigenthümer einer Sache gewesen ist, das Recht zu geben, sie jedem gegenwärtigen Besitzer abzufordern, ohne daß dieser seinerseits nicht rechtsbeweiskräftig Eigenthums beweisen kann. Das Recht des gegenwärtigen Besitzers wiegt dergestalt vor, daß der Kläger die Unrechtmäßigkeit dieses Besitzes nachweisen muß, um die Herausgabe der Sache zu erlangen. Um ihm dies zu ermöglichen, ist aber nöthig, daß der Verklagte seinerseits darlege (nicht beweise), wie er die Sache erworben habe, dies auf Verlangen des Klägers auch beschwöre. Kann in Anhalt hieran der Kläger nicht schon die Widerrechtlichkeit des Besitzes des Verklagten beweisen, so muß er seinerseits weiter vorgehen mit dem Beweise, daß er den Besitz der Sache gegen seinen Willen verloren habe. Diesem Beweise gegenüber kann der Verklagte nur mit dem vollen Beweise seines Eigenthums durchdringen. So stellt sich der Streit um das

Fünfter Abschnitt. Eigenthum an Grundstücken.

Titel 1. Inhalt des Eigenthums.

§ 919. (849).

Das Recht des Eigenthums an einem Grundstücke erstreckt sich auf den Raum über und unter der Oberfläche des Grundstücks; jedoch nicht auf eine Entfernung hinaus, bei der jedes Interesse des Eigenthümers, Andere von der Benutzung des Raumes auszuschließen, aufhört.

§ 920.

(— Unterwerfung des Grundeigenthums unter zugeführte nachtheilige Einflüsse — wie § 850 d. E. Am Schlusse der Beispiele ist noch hinzu=zusetzen: „Geräuschen, des Andrangs von Thieren.")

§ 921 (851).

Der Eigenthümer eines Grundstücks hat gegen den Eigenthümer des Nachbargrundstücks ein Recht auf den Bestand fester Grenzzeichen.

Kein Nachbar darf ein bestehendes Grenzzeichen verrücken, unkennt=lich machen, oder auf seinem Grundstück eine solche Aenderung vornehmen, durch die ein bestehendes Grenzzeichen für den Schutz des Nachbargrund=stücks, zu dem es gehört, unzureichend wird. Hat er eine solche Thätigkeit geübt, so hat der andere Nachbar einen Anspruch auf Wiederherstellung eines gehörigen Grenzzeichens auf Kosten des ersteren.

Ist ein Grenzzeichen durch ein zufälliges Ereigniß verändert oder unkenntlich geworden, so sind die Kosten der Abmarkung von den betheiligten Nachbarn zu gleichen Theilen zu tragen.

(Abs. 3 — Regelung der Abmarkung durch die Landesgesetze — wie Abs. 3 in § 851 d. E.)

§ 922 (852).

Die Grenze der Grundstücke bestimmt sich zunächst durch den Be=sitzstand. Wer eine vom Besitzstand abweichende Grenze als die richtige

---

Eigenthum gewissermaßen als der Kampf zweier Besitzer der Sache, eines früheren und des gegenwärtigen, dar, bei dem jeder Theil zur Begründung seines besseren Rechtes schrittweise mit seinen Darlegungen vorzugehen hat.

Das Unzureichende der gegenwärtigen Eigenthumsklage, die der Entwurf im Wesentlichen sich angeeignet hat, ergiebt sich am deutlichsten, wenn wir uns als Gegenstand derselben Geld oder Werthpapiere denken. Wohin soll es führen, wenn Jeder, der ein Werthpapier früher einmal im Eigenthum gehabt hat, uns dieses abfordern kann, insofern wir nicht den Beweis des Eigenthums zu führen vermögen? Glücklicherweise wird von solchen ungesunden Lehren im Leben nur selten Gebrauch gemacht; aber deshalb darf man sie doch nicht in einem Gesetzbuch von Neuem aufstellen.

Titel 1. Dieser Titel entspricht im Wesentlichen dem Titel 1 im vierten Abschnitt des Entwurfs „Inhalt und Begrenzung des Eigenthums". Da dieser Titel, mit Ausnahme des § 848, nur auf Grundeigenthum bezügliche Vorschriften enthält, findet er hier seine natürlichere Stellung.

§ 921. Ein Fall, wo ein Grenzzeichen für den Schutz des Grundstücks unzureichend wird, ist z. B. der, wenn neben einer Grenzmauer der Nachbar sein Grundstück dergestalt erhöht, daß die Mauer das Grundstück nicht mehr schützt.

behauptet, hat hierüber Beweis zu führen. Ist ein fester Besitzstand nicht vorhanden, auch nicht in anderer Weise die richtige Grenze festzustellen, so ist diejenige Linie als die Grenze zu ziehen, die nach den Umständen als die wahrscheinlich richtige Grenze sich ergiebt. Fehlt auch hierfür ein genügender Anhalt, so ist die streitige Fläche gleichmäßig zu theilen.

§ 923 (853).

Der Anspruch auf Feststellung der Grenze oder Herstellung fester Grenzzeichen unterliegt nicht der Verjährung.

§§ 924 — 926.

(— Rechte und Pflichten der Nachbarn bei gemeinschaftlichen Grenzzeichen, Rechte an einem auf der Grenze stehenden Baume, Pflicht, den Wasserabfluß des Nachbargrundstücks aufzunehmen — wie die §§ 854 bis 856 d. E.)

§§ 927 — 930.

(— Recht bei einem die Grenze überschreitenden Baue — wie die §§ 857—860 d. E.; jedoch ist in § 927 (857) zu setzen: „oder grobe Fahrlässigkeit.")

§ 931 (861).

Wenn Zweige oder Wurzeln eines Baumes oder Strauches in ein Nachbargrundstück herüberragen, so kann der Nachbar den Besitzer zu deren Beseitigung auffordern. Unterläßt dieser, der Aufforderung innerhalb dreier Tage nachzukommen, so kann der Nachbar selbst das Herüberragende abtrennen und die abgetrennten Stücke sich aneignen.

§ 932 (862).

Früchte, die von einem Baume auf ein Nachbargrundstück herüberfallen, werden Eigenthum des an diesem Nachbargrundstück zum Fruchtbezug Berechtigten.

§ 933 (863).

Fehlt einem Grundstücke die zu seiner ordnungsmäßigen Benutzung nothwendige Verbindung mit einem öffentlichen Wege, so hat der Eigenthümer einen Anspruch darauf, daß ihm auf einem Nachbargrundstück ein Nothweg gegen Entschädigung eingeräumt werde.

§ 934 (863).

Der Anspruch ist gegen denjenigen Nachbar zu richten, auf dessen Grundstück die Einräumung des Weges nach Lage der Verhältnisse den

---

§ 931. Ich kann mich nicht dafür erklären, daß dem Eigenthümer die Pflicht auferlegt werde, überwachsende Bäume auf Verlangen des Nachbars zu beseitigen. Es würde das zu vielen gehässigen Prozessen führen, auch in Fällen, wo der Nachbar an der Beseitigung des Uebergewachsenen nicht das geringste Interesse hat, während für den Besitzer des Baumes daraus die allergrößte Last entstehen kann. Es ist nicht nöthig die Nachbarrechte bis zur äußersten Unduldsamkeit auszudehnen. Dem Rechte des Nachbarn wird genügt, wenn ihm selbst das Recht eingeräumt wird, das Ueberwachsende zu beseitigen und das Holz zu gewinnen. Wo dies für ihn zu lästig ist (d. h. bei sehr hohen Bäumen), wird er in der Regel auch an Beseitigung des Ueberwachsenden kein Interesse haben.

§ 933. 934. Die Bestimmungen des § 863 d. E. sind deshalb unzureichend, weil sie durchaus nicht erkennen lassen, welcher der verschiedenen Nachbarn denn geringsten wirthschaftlichen Nachtheil bringt. Macht der Verklagte geltend, daß der Weg nicht über sein Grundstück, sondern über das eines andern Nachbarn zu legen sei, so kann der Kläger diesen andern zur Theilnahme am Rechtsstreit zuladen und hülfsweise dessen Verurtheilung zur Einräumung des Weges beantragen.

Die Richtung des Weges und der Umfang der Wegbenutzung werden vom Gerichte nach freiem Ermessen bestimmt. Das Gericht hat ferner zu ermessen, ob die Einräumung gegen eine Kapitalabfindung oder gegen Zahlung einer Rente zu geschehen habe. Auf die festgesetzte Rente finden die Bestimmungen der §§ 927—930 Anwendung.

§ 935 (864).

Anlagen, die eine unzulässige Einwirkung auf das Nachbargrundstück zur Folge haben, dürfen nicht hergestellt oder gehalten werden.

Auch eine verhältnißmäßig geringere Schädigung des Nachbargrundstücks berechtigt den Nachbar zu dem Anspruch auf Aenderung oder Entfernung der Anlage, wenn diese füglich in anderer Weise oder an anderer Stelle des Grundstücks mit geringerer Benachtheiligung eines Nachbargrundstücks hätte hergestellt werden können.

§ 936.

An einen auf der Grenze stehenden Bau oder an ein im Alleineigenthum des Nachbars befindliches Grenzzeichen darf ohne Einwilligung des Eigenthümers der andere Nachbar nicht einen Bau oder ein ähnliches Werk anlehnen.

§ 937 (865).

Der Erdboden eines Grundstücks darf nicht in der Art vertieft werden, daß dadurch das Nachbargrundstück seine Stütze verliert und in Gefahr des Einsturzes kommt; es sei denn, daß für eine genügende Befestigung gesorgt wird.

---

nun eigentlich verpflichtet ist, den Weg einzuräumen, und wie die Feststellung dieser Verpflichtung erfolgen soll. In § 934 ist deshalb das einzuschlagende Verfahren geordnet worden. Dabei muß vor allem dafür gesorgt worden, daß, wenn irgend möglich, der Sache in einem Prozeß abgeholfen wird.

§ 935. Vielfach enthalten Gesetzgebungen Vorschriften, die einen sog. Neidbau verbieten. Diese Vorschriften sind bedenklich, wenn man den Begriff des Neidbaues lediglich auf das subjektive Uebelwollen des Nachbars stellt. Der Gedanke enthält aber Berechtigung, wenn sich das Uebelwollen des Nachbars objektiv darin kund thut, daß er die nachtheiligen Einflüsse einer Anlage von sich ab und dem andern Nachbarn zuwendet. So z. B. wenn jemand in seinem Garten, der anderweiten Raum genug bietet, einen Bienenstand so dicht an die Grenze stellt, daß der Nachbar, wenn er nicht gestochen sein will, nicht mehr bis an seine Grenze gehen kann; oder wenn er einen übelriechenden Abort dicht an die Grenze anlegt. Die Verpflichtungen des Nachbarn, nachtheilige Einflüsse sich gefallen zu lassen, können immer nur relativ aufgefaßt werden. Und wo jemand seinem Nachbarn nachtheilige Einflüsse zuwendet, lediglich um sich selbst freizuhalten, da muß dem Nachbar ein strengerer Schutz dagegen zu Theil werden. — Daß neben den Vorschriften des Gesetzbuchs der § 26 der Gewerbeordnung bestehen bleibt, darf man als selbstverständlich ansehen.

§ 938.

(— Vorbehalt landesgesetzlicher Beschränkungen des Grundeigenthums — wie § 866 d. E.)

§ 939 (867).

Der Besitzer eines Grundstücks, auf dem eine fremde Sache ohne Rechtsgrund sich befindet, hat dem Eigenthümer oder bisherigen Besitzer der Sache deren Aufsuchung und Abholung zu gestatten. Der dieses Recht Ansprechende hat für Schädigungen Ersatz, nach Befinden auch für diesen Ersatz im voraus Sicherheit zu leisten.

Titel 2. Sicherung der Rechte an Grundstücken durch Eintrag im Grundbuche.

§ 940.

Alles Grundeigenthum soll nach den näheren Bestimmungen der Grundbuchordnung mit dem Namen des Eigenthümers im Grundbuche ein= getragen werden. Das Grundbuch soll zugleich, soweit als thunlich, die auf dem Grundeigenthum haftenden dinglichen Belastungen und Verfügungs= beschränkungen enthalten. Für den Eintrag und die darauf bezüglichen Rechtsgeschäfte gelten folgende Bestimmungen.

§ 941 (833).

Ein Eintrag, durch den ein im Grundbuch eingetragenes Recht ge= ändert oder belastet wird, kann, insofern nicht die Grundlage dafür akten= mäßig vorliegt, nur auf Bewilligung des eingetragenen Berechtigten oder auf Grund richterlichen Ausspruches erfolgen. Die Bewilligung des Berech= tigten muß von diesem persönlich vor dem Grundbuchamte oder durch eine öffentlich beglaubigte Schrift erklärt werden.

Ein Urtheil, das den Bestand oder den Inhalt eines eintragfähigen Rechtes feststellt, desgleichen ein Urtheil, das den Berechtigten zur Ein= räumung eines eintragfähigen Rechtes verurtheilt, ersetzt die Eintrags= bewilligung. Der Eintrag kann auf einseitigen Antrag desjenigen, zu dessen Gunsten das Urtheil lautet, erfolgen.

---

§ 938 Uebereinstimmend mit Andern beklage ich es, daß in dem Entwurfe alle weiteren Vorschriften über die Grenzen der Benutzung des Grundeigenthums (z. B. über Fensterrecht) fehlen. Bei dem Mangel jedes Ueberblicks über die in Deutschland bestehenden Verhältnisse habe ich mich aber außer Stande gefühlt, diese Lücke auszufüllen.

Titel 2. Ueber die Stellung dieses Titels, der im Wesentlichen dem im Entwurfe weiter vorn stehenden Abschnitt „Allgemeine Vorschriften über Rechte an Grundstücken" entspricht, habe ich mich bereits oben (S. 187) geäußert. Was die Bestimmungen dieses und des folgenden Titels im Einzelnen betrifft, so kann ich dafür fast überall auf meine im Arch. f. bürg. Recht II S. 127 flg. gegebene ausführliche Begründung Bezug nehmen. Nur bei einzelnen Paragraphen habe ich eine weitere Begründung hinzugefügt. Im Allgemeinen muß ich mir aber noch die Bemerkung erlauben, daß, so lange man sich nicht entschließen kann, den Ein= trag im Grundbuche als ein zur Sicherung der materiellen Rechte gegebenes formelles Recht anzusehen, neben welchem das materielle dingliche Recht selbständig einhergeht und in seinem Verhältniß zu dem formellen Rechte des Eintrags richtig gewürdigt sein will, stets eine unabsehbare Verwirrung die ganze Lehre be= herrschen wird.

§ 942 (829).

Für die Uebertragung des Grundeigenthums oder die Bestellung dinglicher Rechte daran ist die Angabe des Rechtsgrundes des Geschäfts nicht erforderlich. Das Recht wird begründet unabhängig davon, ob der Rechtsgrund zu Recht besteht; vorbehaltlich der Anfechtbarkeit des Rechts- übergangs wegen Mängel des Rechtsgrundes.

§ 943 (830).

Ein von einem Nichtberechtigten bewilligter Eintrag erlangt Gültigkeit, auch wenn erst nachträglich der Berechtigte ihn genehmigt, oder wenn der Berechtigte in die Lage kommt, das eingetragene Recht gewähren zu müssen.

§ 944 (831).

Ein Eintrag kann nicht deshalb angefochten werden, weil der, welcher ihn bewilligt hat, nach Eingang des Antrags auf Eintragung in der Ver- fügung über das eingetragene Recht beschränkt worden ist.

§ 945 (832).

Ein Eintrag kann nicht als auf Scheingeschäft beruhend zum Nach- theil Dritter angefochten werden.

§ 946 (834).

Die §§ 942 bis 945 finden auch bei Verzichtleistungen auf Rechte und bei Löschung von Einträgen Anwendung.

§ 947.

Ist der eingetragene Eigenthümer oder anderweit Berechtigte verstorben, so kann der nachgewiesene Erbe oder sonstige Rechtsnachfolger die Ueber- schreibung des Rechts — insofern dasselbe nicht mit dem Tode des Be- rechtigten erloschen ist — auf seinen Namen beantragen.

Der Rechtsnachfolger tritt jedoch, noch ehe er die Ueberschreibung erwirkt hat, in die Rechte und Pflichten des Eingetragenen ein, soweit nicht eine Ausnahme gesetzlich bestimmt ist.

§ 948 (847).

Wider den Anspruch aus einem eingetragenen oder vorgemerkten Rechte findet die Einrede der Verjährung nicht statt. Diese Vorschrift findet jedoch keine Anwendung bei Ansprüchen auf Schadensersatz oder auf Rückstände wiederkehrender Leistungen.

§ 949 (840).

Unter mehreren des Eintrags bedürftigen Rechten geht — so weit nicht das Grundbuch ein anderes Rangverhältniß ergiebt — das dem Datum nach früher eingetragene dem später eingetragenen vor. Unter demselben Datum eingetragene Rechte haben gleichen Rang, wenn nicht in anderer Weise feststeht, welches das früher eingetragene ist.

§ 950 (841).

Bewilligt ein früher eingetragener Berechtigter einem später einge- tragenen den Vorrang, so ist das Verhältniß so anzusehen, als ob beide

_____

§ 950. Das Recht der Vorrechtseinräumung ist allerdings recht schwierig zu ordnen. Sehr einfach wird es, wenn man mit dem Entwurf dafür die Zu-

Berechtigte für den Fall des Zwangsverkaufs ihre Ansprüche auf Befriedigung aus dem Grundstücke, so weit sie einander decken, austauschweise sich gegenseitig übertragen haben. Behält der zurücktretende Berechtigte an der früheren Stelle einen Rechtsanspruch, so geht auch diesem der vortretende Berechtigte mit seinem Anspruche vor.

Der Austausch der Stellung ist bei beiden Berechtigungen im Grundbuche zu bemerken. Alle Rechte des Eigenthümers, sowie anderer an dem Grundstück Berechtigter bleiben dabei unberührt.

Ein zurücktretender Gläubiger kann seine Forderung gegen die Eigenthümer mitverhafteter Grundstücke nur abzüglich desjenigen Betrages geltend machen, der dem vortretenden Gläubiger kraft des ihm ertheilten Vorrangs aus dem Erlöse des Grundstücks zufällt.

§ 951 (844).

Ein Recht, dessen Eintrag zur Zeit noch nicht endgültig erfolgen kann, kann durch Eintrag einer Vormerkung im Grundbuche gesichert werden.

---

stimmung sowohl des Eigenthümers, als aller Zwischenberechtigten fordert. Dadurch wird aber das ganze Institut unpraktisch. Zwar wird die Zustimmung des Eigenthümers in der Regel nicht fehlen. Aber die Betheiligten werden meist nicht daran denken, sich deren Beweis zu sichern, und dann kann dadurch das Vorrecht zu Grunde gehen. Die Zustimmung aller Zwischenberechtigten wird aber oft nicht zu erlangen sein. Und doch ist die Vorrechtseinräumung für unser Kreditwesen kaum entbehrlich. Ich glaube aber auch, daß sie ohne diese allseitige Zustimmung geordnet werden kann; es kommt nur darauf an, den rechten juristischen Gesichtspunkt dafür zu finden. Der alte Gedanke des preußischen Rechts, daß die Vorrechtseinräumung nur „persönlich" wirke, ist richtig; wenn man nur nicht unter dem „persönlich" „obligatorisch" versteht. Sie wirkt persönlich insofern, als die beiden Betheiligten ihren Anspruch auf Befriedigung aus dem Grundstücke unter einander austauschen. Sie cediren sich gegenseitig ihren Anspruch auf den Erlös aus der Zwangsversteigerung des Grundstückes. Auf alle übrigen Berechtigten übt aber diese Cession keine Wirksamkeit und deshalb bedarf es auch nicht der Zustimmung derselben. Das Verhältniß ist eben so anzusehen, als ob im Prioritätsverfahren ein späterer Gläubiger einem früheren den Vorrang erstreitet. Auch in diesem Falle haben beide Gläubiger ihre Stellung gegeneinander auszutauschen, ohne daß die übrigen irgend berührt werden. Ich möchte glauben, daß dies in dem obigen § 950 einen entsprechenden Ausdruck finde. Der von mir formulirte Schlußsatz ist an sich nur eine Konsequenz der ganzen Auffassung der Sache. Es ist aber zweckmäßig, ihn auszusprechen. Der Gläubiger, der seinen Vorrang übertragen hat, kann nicht dafür an andern ihm verhafteten Grundstücken sich erholen. Er würde sonst seine bevorrechtete Stellung verdoppeln.

§ 951. Bezüglich der Vormerkungen habe ich auch schon früher zu Gunsten des im Entwurf vertretenen Grundsatzes erklärt, daß Vormerkungen nur zum Schutz eintragsfähiger dinglicher Rechte zu dienen haben. Vormerkungen sind ein eigenthümliches Institut des Grundbuchrechts. Der Eintrag im Grundbuche begründet formelles dingliches Recht. Als solches trägt er aber die Gefahr in sich, daß er mit dem materiellen Rechte sich in Widerspruch setzen und dieses schädigen kann. Um solche Schädigungen möglichst abzuwenden, sind die Vormerkungen eingeführt. Sie dienen dazu, in den Fällen, wo das materielle Recht schon bis zu einer gewissen Wahrscheinlichkeit gediehen ist, dasselbe durch eine Notiz im Grundbuche vor der Ueberwältigung durch das formelle Recht des Eintrags zu bewahren. Sie legen dem formellen Recht gewissermaßen einen Hemmschuh an. Die Vormerkung setzt also ihrer inneren Natur nach ein Recht voraus, das materiell dem Eintrag als solchem gegenüber tritt.

§ 952 (845).

Der Eintrag einer Vormerkung erfolgt da, wo das Gesetz zu einer solchen ohne Weiteres berechtigt, auf Antrag desjenigen, zu dessen Gunsten sie dienen soll.

Im Uebrigen erfolgt dieselbe — insofern nicht derjenige, gegen dessen Recht sie gerichtet ist, selbst sie bewilligt — auf Anordnung des Gerichts.

Das Gericht hat den Eintrag einer Vormerkung anzuordnen, wenn die Thatsachen, die das bestrittene Recht begründen, glaubhaft gemacht sind. Das Verfahren richtet sich nach den Vorschriften über den Erlaß einst= weiliger Verfügungen; jedoch bedarf es keiner besonderen Darlegung einer Gefährdung des bestrittenen Rechtes. Das Gericht hat das Grundbuchamt um Eintragung der Vormerkung zu ersuchen.

§ 953 (843).

Besteht ein Eintrag unrechtmäßig, so kann der dadurch in seinem Rechte Beeinträchtigte von dem, auf welchen der Eintrag lautet, verlangen, daß er in die Berichtigung oder Löschung des Eintrags willige. Des= gleichen kann, wenn ein Eintrag unrechtmäßig unterlassen oder gelöscht ist, der auf den Eintrag Berechtigte von dem, welcher den Eintrag zu bewilligen in der Lage ist, verlangen, daß er zur Bewirkung oder Wiederherstellung des Eintrags die Einwilligung ertheile.

Ganz verschieden von diesen materiellen dinglichen Rechten sind aber persön= liche Rechte, die durch eine Aenderung des Eintrags zu verwirklichen sind. Für ihren Schutz sind andere Rechtseinrichtungen gegeben: Veräußerungsverbote und Arrestanlagen. Auch diese können, wenn sie sich auf Grundeigenthum beziehen, durch einen Vermerk im Grundbuche gesichert werden. Aber sie sind an ganz andere Voraussetzungen geknüpft, wie die Vormerkungen. Ich halte es nicht für gut, daß beide Arten von Rechtsinstitutionen zusammengeworfen werden. Praktisch führt überdies die Vormerkung blos persönlicher Ansprüche zur Füllung der Grund= bücher mit einem fremdartigen Stoff.

Man hat sich vielleicht durch die Zweideutigkeit der Frage täuschen lassen: „Soll nicht das Recht auf Auflassung durch Vormerkung gesichert werden?" Ge= wiß soll dieses Recht gesichert werden, wenn es auf dem materiellen Eigenthum beruht; wenn es also mit der Klage auf Eintragberichtigung zu verfolgen ist. Davon ganz verschieden ist aber „das Recht auf Auflassung", das man durch einen abge= schlossenen Kaufvertrag erworben hat. Es ist nicht abzusehen, weshalb dieser persönliche Anspruch, bloß deshalb, weil er ein Grundstück zum Gegenstand hat, günstiger be handelt werden soll, als wenn er eine Mobilie betrifft. Auch wüßte ich nicht, wo die Grenze für solche Vormerkungen gefunden werden soll. Gewährt man dem Käufer, der ein Grundstück gekauft hat, das Recht, seinen Anspruch auf Auflassung durch eine Vormerkung zu sichern: warum soll dann nicht auch für den Miether das Recht auf eine demnächst zu beziehende Wohnung durch eine Vormerkung gesichert werden? Und warum soll dann nicht auch der Verkäufer seinen Anspruch auf den Kaufpreis durch Eintragung einer Vormerkung auf einem Grundstück des Käufers sichern können, da dieser vielleicht durch Verkauf seines Grundstücks sich zahlungsunfähig machen könnte? Von diesen persönlichen Rechten ist eines gerade so gut wie das andere, und es ist nicht abzusehen, weshalb das eine vor dem andern einen Vorzug verdiente. Die Zulassung der Vormerkung für „persönliche An= sprüche" ist wissenschaftlich verwirrend.

Die Kosten der Eintragsänderung hat der Berechtigte zu tragen, sofern nicht das zwischen ihm und dem Verpflichteten obwaltende Rechtsverhältniß ein Anderes ergiebt.

Der Anspruch auf Eintragsänderung unterliegt keiner Verjährung, so lange nicht das Recht selbst, auf das der Eintrag sich bezieht, in seinen daran geknüpften sachlichen Ansprüchen von der Verjährung betroffen ist.

§ 954.

Die erhobene Klage auf Berichtigung eines Eintrags berechtigt ohne Weiteres, eine Vormerkung des Anspruchs im Grundbuche zu beantragen.

§ 955 (846).

Das auf Aenderung eines Eintrags lautende Urtheil ist auf Antrag des nach dem Urtheile Berechtigten vom Grundbuchamte zu vollziehen.

Ist das Urtheil nur vorläufig vollstreckbar, so kann der Berechtigte eine Vormerkung seines Rechtes beantragen.

§ 956 (846).

Wird durch gerichtliche Anordnung eine sachliche Verfügungsbeschränkung auf Grundeigenthum oder eingetragene Rechte gelegt, so hat das Gericht das Grundbuchamt um Eintragung zu ersuchen.

§ 957.

Durch den Eintrag der Vormerkung oder der Verfügungsbeschränkung bleibt das derselben zu Grunde liegende Recht auch Dritten gegenüber, die Rechte an dem Grundstück erwerben, gewahrt.

Titel 3.
Eintrag des Eigenthums und daraus hervorgehende Rechte.

§ 958 (868).

Zwecks freiwilliger Veräußerung kann eingetragenes Grundeigenthum nur durch gerichtlichen Vertrag (Auflassung) übertragen werden.

Die Auflassung muß von den Vertragschließenden oder Bevollmächtigten derselben vor dem über das Grundstück zuständigen Grundbuchamte gleichzeitig erklärt werden.

Beide Parteien können ein und dieselbe Person, auch der eine Vertragschließende den anderen, zur Erklärung der Auflassung bevollmächtigen.

§ 959.

Auf Grund der rechtsgültig vollzogenen Auflassung wird der Erwerber als Eigenthümer in das Grundbuch eingetragen.

§ 960 (870, 871).

Wird durch die Auflassung Eigenthum unter einer aufschiebenden oder auflösenden Bedingung oder mit Anfangs- oder Endtermin übertragen, so ist der Anfall oder Rückfall des Eigenthums durch Vormerkung zu sichern.

---

§ 959. Daß durch die Auflassung auch ein in nicht rechtsgültiger Form abgeschlossener Veräußerungsvertrag Gültigkeit erhält, ist schon in § 332 gesagt.

14*

Nach Eintritt des festgesetzten Termins wird auf Antrag des Be=
rechtigten die Ueberschreibung des Eigenthums ohne Weiteres vollzogen.
Der Eintritt der Bedingung bedarf, wenn die Ueberschreibung beantragt
wird, der Feststellung durch Anerkennung der Betheiligten oder durch rechts=
kräftiges Urtheil.

§ 961.

Dem als Eigenthümer im Grundbuche Eingetragenen (Bucheigen=
thümer) stehen alle Klagen des Eigenthümers zu. Er vertritt die Pflichten
und Lasten des Eigenthums. Er allein ist berechtigt, über das Grundstück
mit der Wirkung des Eintrags zu verfügen.

§ 962.

Wird von dem, welchem der Eigenthumseintrag gebührt (dem Eigen=
thumsberechtigten), wider den Bucheigenthümer Klage auf Eintragsberichtigung
erhoben (§ 953), so kann mit derselben nach Befinden die Klage auf Ein=
räumung des Besitzes, Herausgabe von Früchten, Befreiung von Belastungen
u. s. w. verbunden werden.

Wider Dritte kann der Eigenthumsberechtigte, so lange der Eintrag
auf einen Andern lautet, keine Eigenthumsklage erheben. Die Vorschrift in
§ 947, Abs. 2 bleibt hiervon unberührt.

§ 963 (837).

Rechte, welche Dritte von dem unrechtmäßig Eingetragenen erworben
haben, bleiben in Kraft.

Ausnahmsweise steht dem Eigenthumsberechtigten die Verfolgung seines
Rechtes auch gegen Dritte zu:

1. wenn der unrechtmäßig Eingetragene selbst das Recht des Dritten
   anfechten konnte;
2. wenn der Dritte bei seinem Erwerbe den Mangel des Rechtes
   des Eingetragenen kannte;
3. wenn der Dritte ohne Entgelt erworben hat.

§ 964 (839).

Ist der unrechtmäßig Eingetragene wegen der an Dritte veräußerten
Rechte außer Stande, das Eigenthum zu gewähren oder von Belastungen
zu befreien, so tritt an die Stelle des in § 962 gedachten Anspruchs ein
Ersatzanspruch wider den Veräußerer, und zwar, wenn dieser in gutem
Glauben handelte, auf das, was er durch die Veräußerung erworben hat,
wenn er in bösem Glauben handelte, auf den vollen Werth des Ver=
äußerten.

---

§ 962. Ich verwerthe hier den Ausdruck „Eigenthumsberechtigter" (den
ich früher in einer andern Bedeutung gebrauchen wollte; s. Bemerkung zu Abschn. 2)
zur Bezeichnung dessen, der dem Eingetragenen gegenüber materiell auf das Eigen=
thum berechtigt ist. Eigenthumsberechtigter ist also z. B. der wahre Erbe, wenn
ein falscher Erbe sich hat eintragen lassen. Es ist ein dringendes Bedürfniß, für
diesen Begriff einen entsprechenden Namen zu haben. In Ermangelung eines
bessern schlage ich den bezeichneten vor.

Aus dem Umstande, daß der Kläger nach § 963 in der Lage sei, eine Anfechtungsklage wider den dritten Erwerber zu richten, kann der Verklagte einen Einwand nicht entnehmen.

§ 965.

Wider die Klage des Bucheigenthümers auf Einräumung des Besitzes kann der Anspruch des Eigenthumsberechtigten auf Eintragsberichtigung, desgleichen ein persönlicher Anspruch auf Uebertragung des Eigenthums einredeweise nur in Verbindung mit einer entsprechenden Widerklage geltend gemacht werden.

§ 966.

Die in § 962 bezeichnete Klage des Eigenthumsberechtigten wird dadurch nicht ausgeschlossen, daß er dem Bucheigenthümer auf dessen Aufforderung freiwillig oder auch auf eine wider ihn ergangene Verurtheilung den Besitz des Grundstücks eingeräumt hat; es sei denn, daß in dem Rechtsstreite, in dem die Verurtheilung ergangen ist, sein Anspruch aus der Eigenthumsberechtigung bereits widerklagend geltend gemacht und endgültig zurückgewiesen wäre.

§ 967 (872).

Das Eigenthum an einem Grundstücke erlischt, wenn der Eigenthümer vor dem Grundbuchamt die Erklärung abgiebt, sein Eigenthum aufgeben zu wollen. Die Erklärung ist im Grundbuche einzutragen.

Der, welcher den Landesgesetzen entsprechend das Grundstück sich angeeignet hat, ist berechtigt, den Eintrag auf seinen Namen zu beantragen.

Sollen an dem Grundstücke, ehe ein neuer Eigenthümer eingetragen ist, Rechte anderer geltend gemacht werden, so hat auf deren Antrag der Vorsitzende des Prozeßgerichts oder, wenn Maßregeln der Zwangsvollstreckung in Frage stehen, das Vollstreckungsgericht einen Vertreter zu bestellen, dem bis zur Eintragung des neuen Eigenthümers die Wahrnehmung der Rechte und Pflichten des Eigenthümers obliegt. Die Kosten der Vertretung hat der Antragsteller zu tragen, vorbehaltlich des Ersatzes derselben aus dem Werthe des Grundstückes.

§ 968 (873).

Ist der eingetragene Eigenthümer seit länger als 10 Jahren verstorben, ohne daß ein Rechtsnachfolger den Eigenthumseintrag erwirkt hat, so kann der Besitzer des Grundstücks zwecks Erlangung des Eintrags ein Aufgebotsverfahren wider die Erben oder sonst auf das Eigenthum Berechtigten beantragen.

---

§ 966, der in meiner Aufstellung fehlte, ist hier hinzugefügt, um über die betreffende Frage keinen Zweifel zu lassen. Die auf das formelle Recht des Eintrags gegründete Klage auf den Besitz hat eine der Besitzklage verwandte Natur. Wird sie gegen den materiellen Eigenthümer gerichtet, so wird dieser unter Umständen dadurch völlig überrascht werden; und dann würde es eine Härte für ihn sein, wenn er genöthigt wäre, sein materielles Recht sofort in diesem Prozeß geltend zu machen. Es muß ihm gestattet sein, einstweilen dem Rechte des Eintrags zu weichen, dann aber seine Anfechtung des Eintrags noch im Wege besonderer Klage geltend zu machen.

Zuständig für das Verfahren ist das Amtsgericht, in dessen Bezirk das Grundstück gelegen ist.

Der Antragsteller hat die seinen Antrag bedingenden Thatsachen urkundlich nachzuweisen. Soweit dies nach der Natur der Verhältnisse unthunlich ist, sind die Thatsachen mindestens glaubhaft zu machen.

Der Antragsteller hat insbesondere eine Bescheinigung der Ortsbehörde von dem letzten Wohnorte des Eingetragenen darüber beizubringen, welche Personen als Erben desselben bekannt, oder daß die Erben ihrer Person oder ihrem Aufenthaltsorte nach unbekannt seien.

Werden Erben als bekannt bezeichnet, so müssen neben der öffentlichen Ladung aller, welche auf das Eigenthum Anspruch machen, diese Erben noch besonders geladen werden.

Meldet sich niemand, der Anspruch auf das Eigenthum erhebt, so wird die Eintragung des Antragstellers angeordnet und vollzogen.

Das Ergebniß des ordnungsmäßig stattgehabten Verfahrens kann nachträglich von einem Besserberechtigten nur angefochten werden, wenn der Antragsteller arglistig verfahren hat.

§ 969.

Bei Grundstücken, die des Eintrags ermangeln, richtet sich Erwerb und Verlust des Eigenthums nach den für das Eigenthum an beweglichen Sachen gegebenen Vorschriften. Jedoch bleibt es der Landesgesetzgebung vorbehalten, das bisherige Landesrecht darauf für anwendbar zu erklären.

Dasselbe gilt, soweit der Eintrag zufolge dabei vorgekommener Irrungen oder wegen Unbestimmtheit in der Bezeichnung des Grundstücks oder seiner Grenzen eine zureichende Grundlage für die Entscheidung über das Eigenthum nicht abgiebt.

Sechster Abschnitt. Dingliche Rechte an fremder Sache.

Titel 1. Allgemeine Bestimmungen.

§ 970.

Dingliche Rechte an fremden Grundstücken werden nach Bewilligung des Eigenthümers im Grundbuche auf dem Blatt des belasteten Grundstücks eingetragen.

Der Eigenthümer, der zur Bestellung des Rechtes sich verbindlich gemacht hat, ist verpflichtet, zur Erlangung des Eintrags mitzuwirken.

Dieselbe Verpflichtung liegt demjenigen ob, der als Eigenthümer ein durch letztwillige Verfügung angeordnetes dingliches Recht anzuerkennen oder zu gewähren hat.

§ 971 (962, 969, 982, 1048, 1054).

Bei dem Eintrage dinglicher Rechte kann zur näheren Bezeichnung des Inhalts des Rechtes auf die Eintragsbewilligung Bezug genommen werden.

Abschnitt 6. Titel 1. Für die dinglichen Rechte an fremder Sache läßt sich eine Anzahl gemeinsamer Bestimmungen geben, die in diesem Titel zusammengestellt sind.

§ 972.

Das dingliche Recht erlischt durch Vereinbarung der Betheiligten. Der Eingetragene ist danach verpflichtet, zur Löschung des Eintrags mitzuwirken.

Zum Nachtheile Dritter, die Rechte an dem herrschenden Grundstücke haben, kann eine solche Vereinbarung ohne deren Einwilligung nicht getroffen werden.

Auf das Erbbaurecht findet Abs. 1 keine Anwendung.

§ 973 (834, 960, 965, 977, 1015, 1061).

Das eingetragene Recht erlischt ferner durch den vor dem Grundbuchamt erklärten Verzicht des Berechtigten. Die Löschung des Eintrags ist danach ohne Weiteres zu bewirken, insofern nicht der auch hier anzuwendende Abs. 2 des § 972 entgegensteht.

§ 974 (836).

Die Löschung eines auf die Lebenszeit des Berechtigten beschränkten Rechtes erfolgt auf Grund des nachgewiesenen Todes desselben.

Ist ein Anspruch auf rückständige Leistungen aus dem eingetragenen Rechte möglich, so darf ohne Bewilligung des Rechtsnachfolgers, der die Leistungen zu beanspruchen hätte, die Löschung erst nach Ablauf eines Jahres seit dem Tode des Berechtigten erfolgen. Innerhalb dieses Jahres kann der Rechtsnachfolger ohne Weiteres den Eintrag einer Vormerkung wegen der rückständigen Leistungen erwirken.

§ 975 (835).

Ein dingliches Recht erlischt, wenn die Berechtigung und das Eigenthum an dem belasteten Grundstücke in derselben Person sich vereinigen.

Eine eingetragene Grunddienstbarkeit lebt jedoch bei Trennung des Eigenthums an dem herrschenden und dienenden Grundstücke wieder auf, wenn der Eintrag ungelöscht geblieben ist.

§ 976.

Ist der Eintrag eines dinglichen Rechtes unrechtmäßig gelöscht, so hat der Berechtigte den Anspruch auf Wiederherstellung.

---

§ 972. Der Entwurf will dingliche Rechte immer nur durch Verzicht vor dem Grundbuchamte erlöschen lassen. Es liegt für diesen Formalismus kein Grund vor. Dingliche Rechte sind nicht Gegenstand selbständigen Verkehrs, und deshalb muß der einfache Vertrag für deren Aufhebung genügen. Wenn mein Nachbar mir eine Urkunde ausstellt, worin er erklärt, auf eine ihm an meinem Grundstück zustehende Dienstbarkeit verzichten zu wollen, warum soll das nicht gelten? Nur bei dem Erbbaurechte, das mit dem Eigenthum parallel geht und Gegenstand selbständigen Verkehrs ist, ist es rathsam, eine Ausnahme zu machen. Neben der Vereinbarung der Betheiligten ist allerdings auch dem Verzichte vor dem Grundbuchamte die Wirkung der Erlöschung des Rechtes beizulegen. Das Amt nimmt die Erklärung des Berechtigten gewissermaßen in Vertretung des Eigenthümers entgegen.

§ 975. Den in § 835 d. E. ausgesprochenen Grundsatz kann ich in dieser Allgemeinheit nicht für richtig halten, vielmehr nur in dem Umfang des obigen Absatz 2.

Sind inzwischen Rechte von Dritten an dem Grundeigenthum erworben worden, so kommen die §§ 963 und 964 sinnentsprechend zur Anwendung.

Titel 2. Erbbaurecht.

§ 977 (961).

Das Erbbaurecht ist das Recht, auf einem fremden Grundstück ein Bauwerk zu haben.

Auf Theile eines Gebäudes (Stockwerke) kann das Erbbaurecht nicht beschränkt werden.

§ 978 (961).

Das Erbbaurecht ist vererblich und veräußerlich. Durch Vertrag kann dies nicht ausgeschlossen werden.

§ 979 (962).

Das Erbbaurecht wird durch gerichtlichen Vertrag in der Form der Auflassung bestellt und übertragen.

Neben dem Eintrag auf dem Blatte des belasteten Grundeigenthums erfolgt ein selbständiger Eintrag des Erbbaurechtes auf einem besonderen Grundbuchblatte, auf dem auch die weiteren Verfügungen über das Recht zum Eintrag gelangen.

§ 980 (964).

Zum Schutz seines Rechtes stehen dem Erbbauberechtigten dieselben Rechtsansprüche zu, die dem Eigenthümer gegen Entziehung oder Beeinträchtigung seines Eigenthums zustehen.

Titel 3. Vorkaufsrecht an Grundstücken.

§ 981 (952).

Das an einem Grundstück bestellte Vorkaufsrecht (§ 462) kann durch Eintrag im Grundbuche zu einem dinglichen Rechte erhoben werden.

Das dingliche Vorkaufsrecht kann dahin erweitert werden:

1. daß es nicht nur in dem ersten Falle, sondern auch in nachfolgenden Fällen des Verkaufes stattfinden soll;
2. daß es dem jeweiligen Eigenthümer eines Grundstückes zustehen soll.

§ 982.

Das durch letztwillige Verfügung angeordnete Vorkaufsrecht an einem Grundstücke gilt im Zweifel als ein solches, das dinglich bestellt werden soll.

§ 983 (953).

Bruchtheile eines Grundstückes können nur zu Gunsten eines Miteigenthümers des Grundstückes mit dem Vorkaufsrecht belastet werden.

§ 984 (954).

Das dingliche Vorkaufsrecht hat die Wirkung, daß der Berechtigte, wenn nicht sein Anspruch durch das ihm gemachte, aber nicht von ihm an-

---

§ 981. Das Vorkaufsrecht als persönliches Recht ist schon früher geordnet worden. Hier bedarf es nur noch der Vorschriften für den Fall, daß es zu einem dinglichen Rechte sich erweitert.

genommene Angebot, in den Kauf einzutreten, erledigt ist, seinen Anspruch aus dem Vorkaufsrechte auch wider den Dritten, der das Grundstück kaufweise übertragen erhalten hat, geltend machen kann.

§ 985 (957, 958).

Durch die dem Erwerber gegenüber abgegebene Erklärung des Berechtigten, den Vorkauf ausüben zu wollen, wird der Erwerber so verpflichtet und berechtigt, als ob er zu dem Zeitpunkte seines Erwerbes dem Vorkaufsberechtigten das Grundstück unter den nämlichen Bedingungen verkauft hätte, unter denen er selbst es gekauft hat.

Hat der Erwerber den Kaufpreis noch nicht gezahlt, so ist der Vorkaufsberechtigte verpflichtet, ihn gegen Uebertragung des Grundstückes von der Zahlpflicht zu befreien oder dafür Sicherheit zu leisten.

§ 986 (937 Abs. 4).

Belastungen, die der Erwerber auf das Grundstück gelegt hat, sind dem Vorkaufsberechtigten gegenüber ungültig. Hat der Erwerber das Grundstück weiter veräußert, so kann auch dem weitern Erwerber gegenüber der Vorkaufsberechtigte sein Recht geltend machen.

Soweit dem dritten Erwerber der Schutz des gutgläubigen Erwerbs zu statten kommt, findet § 964 Anwendung.

§ 987.

Der Erwerber des Grundstücks ist verpflichtet, dem Vorkaufsberechtigten auf dessen Anfordern die Bedingungen des von ihm geschlossenen Kaufes, insbesondere den bedungenen Kaufpreis, wahrheitsgemäß kundzugeben.

§ 988 (956).

Der Vorkaufsberechtigte hat auf die nach § 987 oder auch von freien Stücken vom Erwerber ihm gemachte Kundgebung innerhalb von zwei Monaten zu erklären, ob er von seinem Vorkaufsrechte Gebrauch machen will. Unterläßt er diese Erklärung, so erlischt sein Vorkaufsrecht.

Nach Ablauf von zwei Jahren nach vollzogener Veräußerung kann der Vorkauf überhaupt nicht mehr ausgeübt werden.

§ 989.

(— Erweiterungen des Vorkaufsrechts unstatthaft — wie § 959 d. E.)

Titel 4. Grunddienstbarkeiten.

§ 990 (966).

Ein Grundstück kann zu Gunsten eines anderen Grundstücks in der Weise belastet werden, daß der jeweilige Eigenthümer des herrschenden Grundstücks das dienende in gewisser Beziehung benutzen darf, oder daß der jeweilige Besitzer des dienenden Grundstücks sich der Benutzung desselben in gewisser Beziehung zu enthalten hat (Grunddienstbarkeit).

---

§ 986. Der Abs. 4 in § 957 d. E., wonach der Dritte das Grundstück von den darauf gelegten Lasten befreien soll, ist insofern nicht richtig, als diese Lasten von selbst dem Vorkaufsberechtigten gegenüber ungültig sind. Das ist die Folge des diesem zustehenden dinglichen Rechtes.

§ 987. Eine Bestimmung dieser Art fehlt im Entwurfe. Ich halte sie für nothwendig.

§ 991.

(— eine Grundbienstbarkeit nur zum Vortheil des herrschenden Grundstücks — wie § 967 b. E.)

§ 992 (968).

An dem Bruchtheile von einem Grundstücke oder zu Gunsten des
Bruchtheils von einem Grundstücke kann eine Grundbienstbarkeit weder begründet noch aufgehoben werden.

§ 993 (947).

Ist der Miteigenthümer eines Grundstücks zugleich Eigenthümer eines
anderen Grundstücks, so hindert dieses Verhältniß nicht, daß an dem gemeinschaftlichen Grundstücke zu Gunsten des andern Grundstücks oder zu Gunsten
des gemeinschaftlichen Grundstücks an dem anderen Grundstück eine Dienstbarkeit entsteht.

Wird der Eigenthümer des herrschenden oder des dienenden Grundstücks Miteigenthümer des anderen Grundstücks, so besteht die Dienstbarkeit fort.

§ 994.

Eine Grundbienstbarkeit kann auch in der Art bestehen, daß an die
Stelle des herrschenden Grundstücks die Gemarkung einer Gemeinde mit
der daran geknüpften Berechtigung für sämmtliche oder für bestimmte Arten von
Gemeindegliedern, desgleichen, daß an die Stelle des dienenden Grundstücks
die Gemarkung einer Gemeinde tritt.

Auf Grund der zu Gunsten der klagenden Gemeinde ergangenen
Verurtheilung zum Schadensersatz können die betheiligten Gemeindeglieder,
die durch Beeinträchtigung in Ausübung der Dienstbarkeit Schaden erlitten
haben, ihren Ersatzanspruch geltend machen.

§ 993.

Eine Grundbienstbarkeit wird bestellt durch Vertrag der betheiligten
Grundeigenthümer. Der Vertrag bedarf der urkundlichen Form.

Eine durch Vertrag bestellte oder durch letztwillige Verfügung angeordnete Dienstbarkeit ist im Grundbuche zum Eintrag zu bringen. Ohne
Eintrag wirkt sie gegen Dritte nur nach Maßgabe der §§ 963 und 964.

§ 994.

Eine Grundbienstbarkeit wird durch Verjährung erworben, wenn sie
zehn Jahre ununterbrochen ausgeübt ist. Handlungen der in § 844 Abs. 2
bezeichneten Art kommen dabei nicht in Rechnung.

---

§ 993. Hier ist der praktische Inhalt des § 947 d. E. wiedergegeben.

§ 994. Dienstbarkeiten, bei denen eine ganze Gemeindemark die Rolle des
herrschenden oder dienenden Grundstücks spielt, kommen in Deutschland vielfach vor.
Ich glaube deshalb, daß es nöthig ist, bei der Lehre von den Grundbienstbarkeiten
dieses Verhältniß zu erwähnen, weil aus dem völligen Schweigen des Gesetzes
irrige Folgen gezogen werden könnten.

§§ 993, 994. Das vom Entwurfe angestrebte Ziel, die dinglichen Rechte
durch das Grundbuch durchweg anschaulich zu machen und demzufolge auch die
Dienstbarkeiten vollständig zum Eintrag zu bringen, ist von einem idealen Stand-

Ist die Dienstbarkeit nicht mit einer ständigen Einrichtung verbunden, so bedarf es für die Verjährung einer dreißigjährigen Ausübung.

Dienstbarkeiten, die lediglich auf Unterlassung bestimmter Handlungen von Seiten des Eigenthümers eines Grundstücks gerichtet sind, können durch Verjährung nicht erworben werden.

§ 995—997.

(— nähere Bestimmungen über die Benutzung der Dienstbarkeiten — wie §§ 970—972 d. E.)

punkte durchaus berechtigt. Aber man muß dabei auch mit den praktischen Inter-essen rechnen. In dieser Beziehung ist uns der Gedanke des Entwurfs, auch alle schon bestehenden Dienstbarkeiten unter den Zwang des Eintrags zu stellen, durchaus verwerflich. Es würden daraus unzählige Rechtsverluste und Streitigkeiten hervorgehen. Dagegen steht m. A. n. nichts im Wege, daß alle durch Vertrag oder Testament neubestellten Dienstbarkeiten unter einen Zwang des Eintrags gebracht werden. Bestellungen dieser Art kommen nicht so häufig vor, daß es den Be-theiligten nicht zugemuthet werden könnte, im öffentlichen Interesse den Eintrag zu erwirken. Auch die Grundbücher würden dadurch nicht erheblich belastet werden. Aber freilich braucht dieser Zwang nicht darin zu bestehen, daß man die Existenz der Dienstbarkeit von dem Eintrag abhängig macht. Es genügt vollkommen, wenn man die Bestellung an urkundliche Form knüpft, daneben aber bestimmt, daß gutgläubigen Dritten gegenüber die Dienstbarkeit nicht wirkt, wenn sie eingetragen ist. Eine Unterscheidung je nach der Art der belasteten Grundstücke, also z. B. zwischen städtischen und ländlichen Grundstücken, bezüglich des Eintragszwanges zu machen, dafür vermag ich keinen zureichenden Grund einzusehen. Sagt man: „Dienstbarkeiten an städtischen Grundstücken entstehen nur durch Eintrag; Dienst-barkeiten an ländlichen Grundstücken haben volle Geltung auch ohne Eintrag", so ist das für die ersteren zu viel, für die letzteren zu wenig verlangt.

Die Hauptfrage aber ist die: sollen überhaupt neue Dienstbarkeiten nur noch durch Vertrag oder Testament entstehen? Mit andern Worten: soll eine Entstehung durch Verjährung ausgeschlossen werden? Es mag ja Gegenden in Teutschland geben, wo dies nach Lage der Verhältnisse wohl anginge. In andern Gegenden, (z. B. in Kurhessen) wäre, wie ich glaube, die Sache sehr bedenklich. Ein Haupt-bedenken liegt darin, daß damit auch alle bestehenden, nur auf Verjährung zu gründenden Dienstbarkeiten dem Absterben preisgegeben wären. Denn nach einiger Zeit würden die Beweismittel fehlen, um den schon früher vollendeten Erwerb durch Verjährung nachzuweisen. Daß die Berechtigten durch Beweiserhebung zum ewigen Gedächtniß oder durch Feststellungsklage ihr Recht sichern können, ist ein durchaus unpraktischer Trost. Der gemeine Mann thut das nicht, weil er keine Ahnung davon hat, daß in dieser Weise die Gesetzgebung über seine Interessen hinweggehen könne. Unzählige Dienstbarkeiten dieser Art — es sind auf dem Lande namentlich Ueberfahrtsgerechtigkeiten, in den Städten Licht- Fenster- und Wasserabfluß-gerechtigkeiten — sind mit den bestehenden Grundbesitzverhältnissen innig verwachsen. Und ist es gar nicht zu berechnen, welche Mißstände daraus entstehen würden, wenn diese Gerechtigkeiten den Betheiligten unvermerkt verloren gingen. Es möchte schwer sein, die Verantwortung dafür auf sich zu nehmen. Ich kann daher nur empfehlen, den Erwerb von Dienstbarkeiten durch Verjährung grundsätzlich aufrecht zu erhalten. In dem obigen § 994 ist er übrigens auf das knappste Maß be-schränkt worden.

§§ 973 und 974 d. E. sind hier übergangen.

§ 973 halte ich für unpraktisch, da von mehreren an einer Sache bestellten Rechten stets das ältere dem jüngeren vorgeht, daß aber mehrere konkurrirende Rechte in demselben Augenblick bestellt seien, kaum zu denken ist. § 974 halte ich für selbstverständlich.

§ 998 (975).

Wird das dienende Grundstück getheilt, so besteht die Dienstbarkeit an allen einzelnen Theilen fort. Ruht jedoch die Ausübung der Dienstbarkeit nur auf einem bestimmten Theile des Grundstückes, so werden die von diesem Theile getrennten Theile des Grundstücks von der Dienstbarkeit frei.

§ 999 (976).

Wird das herrschende Grundstück getheilt, so besteht die Dienstbarkeit für alle einzelnen Theile fort. Gereicht jedoch die Dienstbarkeit nur zum Vortheil eines bestimmten Theiles des Grundstücks, so hört für die hiervon getrennten Theile des Grundstücks die Dienstbarkeit auf.

§ 1000.

Eine eingetragene Grunddienstbarkeit gilt als durch Nichtgebrauch erloschen, wenn die zu deren Gebrauch dienenden Anlagen beseitigt oder Einrichtungen an den Grundstücken getroffen sind, welche deren Gebrauch ausschließen, und wenn dieser Zustand 10 Jahre bestanden hat.

Eine nicht eingetragene Grunddienstbarkeit gilt schon dann als erloschen, wenn sie 10 Jahre hindurch nicht ausgeübt ist.

§ 1001 (978).

Dem Eigenthümer des herrschenden Grundstücks stehet gegen jede Beeinträchtigung der zu Gunsten des Grundstücks bestehenden Dienstbarkeit die auf sein Eigenthum gegründete Klage zu.

Die Klage kann zugleich auf Entschädigung wegen des durch die Beeinträchtigung zugefügten Schadens gerichtet werden.

§ 1002 (979).

Wider die Beeinträchtigung einer zur Ausübung einer Dienstbarkeit dienenden Einrichtung, die einen Bestandtheil des herrschenden Grundstücks bildet, stehen dem Besitzer des Grundstücks die zum Schutze des Besitzes gegebenen Rechte zu.

---

§ 1002. Auf diese Bestimmung würde ich den possessorischen Schutz der Dienstbarkeiten beschränken. Der Nachbar darf also den Ueberbau, den der andere Nachbar kraft einer Dienstbarkeit besitzt, nicht eigenmächtig einreißen. Alle übrigen possessorischen Schutzmittel für Dienstbarkeiten sind vom Uebel. Für Dienstbarkeiten, die mit keinem Sachbesitz verbunden sind, den Schutz durch eigene Gewalt zu gestatten, heißt den Kriegszustand in das bürgerliche Leben hineintragen. Possessorische Klagen zum Schutze von Dienstbarkeiten sind aber deshalb nichts werth, weil der Obsieg im possessorischen Prozeß für den obsiegenden Kläger doch keine bessere Stellung im petitorischen Prozeß herbeiführt, vielmehr auch der im Besitz der Dienstbarkeit Befindliche stets im petitorischen Prozeß sein Recht beweisen muß. Ueberdies hat der, zu dessen Gunsten eine Dienstbarkeit eingetragen ist, stets einen liquiden Titel für den petitorischen Prozeß. Wozu braucht er da noch possessorischen Schutz? Die Gewährung eines solchen läuft nur auf eine ganz nutzlose Verdoppelung der Prozesse hinaus. (Vgl. meine Beurtheilung zu § 979. 3St. S. 259.)

Titel 5. Nießbrauch.

I. Allgemeine Bestimmungen.

§ 1003.

(— Begriffsbestimmung des Nießbrauchs — wie § 980 d. E.)

§ 1004 (983).

Die Bestellung des Nießbrauchs an beweglichen Sachen erfolgt nach den für die Uebertragung des Eigenthums an solchen geltenden Vorschriften. Die Bestellung des Nießbrauchs an Grundstücken erfolgt nach der für die Bestellung von Grunddienstbarkeiten geltenden Bestimmungen (§ 993).

§ 1005.

(— Recht auf Feststellung des Gegenstandes des Nießbrauchs — wie § 992 d. E.)

§ 1006 (993).

Bei dem Nießbrauche an einem Inbegriffe von Vermögensgegenständen hat der Nießbraucher ꝛc. (wie in § 993 d. E.)

§ 1007 (984, 991, 994, 995).

Der Nießbraucher ist berechtigt, die Sache zu besitzen und alle zur Ziehung der Nutzungen dienenden Handlungen daran vorzunehmen. Er hat dabei nach wirthschaftlichen Grundsätzen zu verfahren.

Er darf die Sache nicht umgestalten oder wesentlich verändern. Hat er dies gleichwohl gethan, so ist er zur Wiederherstellung auf seine Kosten oder, wenn er diese nicht bewirkt, zum Schadenersatz verpflichtet.

§ 1008 (997, 998).

Der Nießbraucher hat auf seine Kosten die Sache in ihrem wirth=schaftlichen Bestande zu erhalten. Diese Verpflichtung erstreckt sich jedoch nur auf die gewöhnlichen Ausbesserungen und Wiederherstellungen.

Wird eine außergewöhnliche Ausbesserung ꝛc. (wie § 998 Abs. 2).

§ 1009 (1007).

Soweit nicht § 1008 Abs. 1 zur Anwendung kommt, haftet der Nießbraucher nicht wegen Veränderungen oder Verschlechterungen, die die Sache durch ordnungsmäßigen Gebrauch, durch Alter oder einen anderen von ihm nicht zu vertretenden Umstand erleidet.

Die in § 481 Abs. 2 für den Miether gegebenen Bestimmungen finden auch auf den Nießbraucher Anwendung.

§ 1010 (1001 S. 2).

Der Nießbraucher ist zur Versicherung der Sache gegen Schaden verpflichtet, soweit eine solche Versicherung einer ordnungsmäßigen Verwaltung

---

Titel 5. Für die Klarstellung ist es förderlich, wenn aus den Bestim-mungen des Entwurfs unter I die Vorschriften, die den Nießbrauch an Grund-stücken betreffen, ausgeschieden und besonders zusammengestellt werden. So ist es hier geschehen.

§ 981 d. E. ist weggeblieben. Das Gesetz muß nicht so unnatürliche Ver-hältnisse, wie die Bestellung eines Nießbrauchs an dem Bruchtheil einer Sache, durch besondere Vorschriften provociren.

entspricht. Der Anspruch auf die Versicherungsgelder steht dem Eigenthümer zu, vorbehaltlich seiner aus § 1011 sich ergebenden Verpflichtungen.

§ 1011 (1002).

Ist die Sache vom Eigenthümer oder vom Nießbraucher gegen Schaden versichert, so kann sowohl der Nießbraucher als der Eigenthümer verlangen, daß die Versicherungsgelder zur Wiederherstellung der Sache oder zur Beschaffung eines Ersatzes für solche verwendet werden. Der Eigenthümer hat die Wahl ꝛc. (wie in § 1002 Abs. 2 b. E.).

Unterbleibt die Wiederherstellung oder Beschaffung eines Ersatzes, so kann der Nießbraucher verlangen, daß die Versicherungsgelder als ein seinem Nießbrauch unterworfenes Kapital verzinslich angelegt werden.

§ 1012.

(— Verpflichtung zur Anzeige von schädigenden Handlungen Dritter — wie § 996 b. E.)

§ 1013 (1004, 1005).

Der Eigenthümer kann seine auf die Behandlung der Sache bezüglichen Rechte schon während der Dauer des Nießbrauchs geltend machen.

Bei begründeter Gefährdung seiner Rechte kann er von dem Nießbraucher Sicherstellung fordern.

§ 1014.

(— Zwangsverwaltung bei nicht geleisteter Sicherheit — wie § 1006 b. E.)

§ 1015 (1010).

Auf die Sache gemachte nothwendige Verwendungen, die das Maß der nach § 1008 Abs. 1 dem Nießbraucher obliegenden Aufwendungen übersteigen, kann dieser vom Eigenthümer ersetzt verlangen.

Im Uebrigen bestimmen sich die Ansprüche des Nießbrauchers auf Ersatz von Verwendungen nach den in § 439 für den Miether gegebenen Vorschriften.

§ 1016 (990).

Ein in der Sache gefundener Schatz fällt dem Eigenthümer, nicht dem Nießbraucher zu. Auch erlangt dieser daran keinen Nießbrauch.

§ 1017 (985).

Ist der Antheil eines Miteigenthümers mit einem Nießbrauche belastet, so übt der Nießbraucher die auf die Gemeinschaft sich gründenden Rechte der Verwaltung und Benutzung der Sache aus. Der Anspruch auf Aufhebung der Gemeinschaft kann nur von dem Nießbraucher und dem Miteigenthümer gemeinschaftlich und gegen beide gemeinschaftlich geltend gemacht werden. An dem aus der Theilung gewonnenen Gegenstande dauert der Nießbrauch fort.

§ 1018 (1011).

Der Nießbraucher kann den ihm zustehenden Bezug von Nutzungen der Sache einem Andern übertragen. Das Recht des Nießbrauchs selbst ist unübertragbar.

Soweit der Nießbraucher Bezüge aus dem Nießbrauch einem Andern übertragen hat, kann er nicht zu dessen Ungunsten auf den Nießbrauch verzichten oder sonst darüber verfügen.

§ 1019 (1007).

Nach Beendung seines Rechtes hat der Nießbraucher die Sache in dem Zustande zurückzugeben, den die ordnungsmäßige Ausübung des Nießbrauchs mit sich bringt.

§ 1020 (1008).

Hat der Nießbraucher die Sache vermiethet oder verpachtet, so hört mit Beendung des Nießbrauchs die Miethe oder Pacht auf. Jedoch kommt dem Miether oder Pachter die Bestimmung des § 487 zu statten.

Soweit hiernach die Miethe oder Pacht über die Zeit des Nießbrauchs hinaus sich erstreckt, hat der Nießbraucher den Eigenthümer für die dadurch entzogene Nutzung zu entschädigen.

§ 1021 (1014).

Der Nießbrauch erlischt mit dem Tode des Berechtigten und, wenn dieser eine juristische Person ist, mit deren Erlöschen.

Außerdem erlischt der einer juristischen Person verliehene Nießbrauch mit Ablauf von hundert Jahren.

§ 1022.

Neben den vorstehenden allgemeinen Bestimmungen kommen für den Nießbrauch an bestimmten Gegenständen die nachfolgenden weiteren Bestimmungen zur Anwendung.

II. Nießbrauch an Grundstücken.

§ 1023 (988).

Werden Erzeugnisse eines Grundstücks über das Maß dessen, was dem Nießbraucher bei wirthschaftlicher Benutzung als Fruchtbezug gebührt, von dem Grundstücke getrennt, so gehen sie in das Eigenthum oder, insofern der dem Nießbraucher gebührende Fruchtbezug in ihnen mitbegriffen ist, zu dem diesen Fruchtbezug übersteigenden Antheil in das Miteigenthum des Eigenthümers über.

---

§ 1020. Es kann m. E. nur zu einer Verwirrung der Anschauungen dienen, wenn man den Nießbrauch selbst für einen Gegenstand des Verkehrs erklärt. Im Grunde genommen, ist auch der Entwurf der Ansicht, daß der Nießbrauch unübertragbar sei; denn würde er wirklich übertragen, so müßte sich seine Dauer fortan nach der Person des Erwerbers richten, der bisherige Nießbraucher auch zu dem Eigenthümer außer Beziehung treten. In beiden Beziehungen bestimmt der Entwurf (§ 1011 Abs. 2 und § 1013) das Gegentheil. Diese Vorschriften ergeben sich von selbst, wenn man sagt: Der Nießbrauch ist unübertragbar. Die gleichwohl anzuerkennende Möglichkeit, die Einkünfte aus einem Nießbrauch der Pfändung zu unterwerfen, ergiebt sich aus § 1107 (312).

§ 1021. Das Erlöschen des Nießbrauchs nach 100 Jahren ist hier aus dem Entwurfe beibehalten. Besondern Werth auf diese Vorschrift lege ich nicht.

§ 1023. Ich halte den aus den JSt. ersichtlichen Einwand, daß es ungerechtfertigt sei, übermäßig gezogene Nutzungen für alleiniges Eigenthum des

Die Verpflichtung des Nießbrauchers zum Schadensersatz im Falle
eines ihn bei der Trennung treffenden Verschuldens bleibt dabei vorbehalten.

§ 1024 (989).

Neue Anlagen zur Gewinnung von Steinen, Kies, Sand, Lehm,
Thon, Mergel, Torf und sonstigen dem Verfügungsrecht des Eigenthümers
unterworfenen Bodenbestandtheilen darf der Nießbraucher anlegen und aus=
nutzen, wenn dadurch das Grundstück im Ganzen (als Landgut ꝛc.) nicht
wesentlich verändert wird.

Die bergrechtlichen Vorschriften bleiben unberührt.

§ 1025.

(— Recht zur Benutzung von Bestandtheilen des Grundstücks zu
Ausbesserungen ꝛc. — wie § 999 d. E.)

§ 1026 (1000).

Ist ein Grundstück mit einem dazu gehörigen Inventar Gegenstand
des Nießbrauchs, so hat bezüglich dieses Inventars der Nießbraucher die
nämlichen Rechte und Pflichten, wie der Pächter (§ 511).

§ 1027 (1001).

Der Nießbraucher eines Gebäudes ist verpflichtet, es gegen Feuers=
gefahr zu versichern.

§ 1028 (1003).

Der Nießbraucher hat für die Dauer des Nießbrauchs zu tragen:
(S. 1—4 wie in § 1003 d. E.)

§ 1029 (1007 Abs. 2).

Bei dem Nießbrauche an landwirthschaftlichen Grundstücken hat der
Nießbraucher bezüglich der Rückgewährung derselben die nämlichen Obliegen=
heiten, wie der Pächter (§§ 522—524).

§ 1030 (1009).

Gelangt durch Beendung des Nießbrauchs der Nießbraucher nicht
zum Bezuge von Früchten, für die er bereits im laufenden Wirthschafts=
jahre Kosten aufgewendet hat, so hat ihm der Eigenthümer für diese Kosten,
soweit sie wirthschaftlichen Grundsätzen entsprechend aufgewendet sind und
durch den Werth der dem Eigenthümer zufallenden Früchte gedeckt werden,
Ersatz zu leisten.

Nießbrauches zu erklären, für begründet Das Uebermaß des Bezugs kann durch
einen Zufall, aber auch durch Schuld des Nießbrauchers herbeigeführt sein: so
z. B. bei einem Wald durch Windbruch oder durch übermäßige Aushauung. Soll
nun das Holz ausschließlich dem Nießbraucher gehören und er nur zur Herausgabe
des Zuvielbezogenen obligatorisch verpflichtet sein? Die Frage wird wichtig im
Falle des Konkurses. Gerade durch schlechte Vermögensverhältnisse kann der Nieß=
braucher zu einer übermäßigen Ausnutzung der Sache (Raubbau) veranlaßt werden.
Gerechter Weise muß das übermäßig Bezogene dem Eigenthümer der Sache als
Eigenthum zufallen. Nur dadurch ist er zureichend geschützt. Auch die technische
Durchführung dieses Grundsatzes ist nicht allzu schwierig.

III. Nießbrauch an verbrauchbaren Sachen.

§ 1031 (1018).

Sind verbrauchbare Sachen Gegenstand des Nießbrauchs, so hat der Nießbraucher das Recht, sie zu verbrauchen. Mit dem Verbrauche übernimmt er die Verpflichtung, nach Beendung des Nießbrauchs dem Besteller desselben den Werth, den die Sachen zur Zeit der Bestellung hatten, zu ersetzen.

§§ 1032, 1033.

(Feststellung der Sachen und Sicherheitsleistung für solche — wie §§ 1019, 1020 d. E.)

IV. Nießbrauch an Rechten.

§ 1034 (1021—1023).

An Rechten kann ein Nießbrauch bestellt werden, wenn das Recht übertragbar ist.

Die Bestellung erfolgt, soweit nicht ein Anderes gesetzlich bestimmt ist, in der nämlichen Weise, wie die Uebertragung des Rechtes.

§ 1035 (1026).

Der Nießbraucher, dem der Nießbrauch an einem Rechte bestellt ist, tritt ohne Weiteres in den Bezug der aus dem Rechte fließenden Nutzungen ein.

§ 1036 (1024).

Der, dessen Recht fremdem Nießbrauch unterliegt, kann nur mit Einwilligung des Nießbrauchers auf das Recht verzichten oder sonstige den Nießbraucher benachtheiligende Verfügungen darüber treffen.

V. Nießbrauch an Forderungen.

§ 1037 (1028, 1029).

Ist eine Forderung Gegenstand des Nießbrauchs, so ist der Nießbraucher berechtigt, sie einzuziehen; er ist auch dazu verpflichtet, sobald die Rechtslage es erfordert oder es nach wirthschaftlichen Grundsätzen geboten erscheint. An dem eingezogenen Gegenstande der Forderung dauert der Nießbrauch fort.

§ 1038 (1033).

Eine als Kapitalanlage verzinslich ausstehende Forderung kann der Nießbraucher nur in Gemeinschaft mit dem Eigenthümer des Kapitals kündigen und einziehen.

Jeder von beiden kann verlangen, daß der andere, sobald die Rechtslage es erfordert oder es nach wirthschaftlichen Grundsätzen geboten erscheint, zu der Kündigung und zu der Einziehung der Forderung mitwirke.

Der Schuldner kann das Kapital nur an beide zahlen. Vereinigen sich nicht beide zu der Empfangnahme, so kann der Schuldner das Kapital öffentlich hinterlegen.

§ 1039 (1034).

Sowohl der Nießbraucher, als der Eigenthümer des Kapitals kann verlangen, daß das eingezogene Kapital wieder verzinslich angelegt werde. Die Art der Wiederanlage bestimmt der Nießbraucher. Soll jedoch die Anlage in anderer Weise, als nach der für die Belegung von Mündelgeldern geltenden Vorschriften erfolgen, so bedarf es dazu der Einwilligung des Eigenthümers.

§ 1040 (1036).

Sind Werthpapiere Gegenstand des Nießbrauchs, so ist der Besitz an solchen von Nießbraucher und Eigenthümer gemeinschaftlich auszuüben. Einigen sich nicht beide über die Art der Aufbewahrung, so ist das Papier nebst den dazu gehörenden Zins-, Renten-, Gewinnantheils- und Erneuerungsscheinen bei einer öffentlichen Stelle oder der Reichsbank zu hinterlegen. Der Nießbraucher ist befugt, die fälligen Zins-, Renten- oder Gewinnantheilsscheine zu erheben. Die Herausgabe des Papiers selbst, sowie der Erneuerungsscheine kann nur an den Eigenthümer und Nießbraucher gemeinschaftlich erfolgen.

Beide sind einander verpflichtet, zu den rechtlich oder wirthschaftlich gebotenen Handlungen mitzuwirken.

VI. Nießbrauch an einem Vermögen.

§ 1041 (1038).

Der Nießbrauch an einem Vermögen oder einer Erbschaft ist als Nießbrauch an den einzelnen dazu gehörenden Gegenständen zu beurtheilen. Außerdem gelten die folgenden Vorschriften.

§ 1042 (1040, 1041).

Bei Bestellung des Nießbrauchs an einem ganzen Vermögen finden die Bestimmungen des § 430 sinnentsprechend Anwendung.

§ 1043 (1042).

Der Eigenthümer des Vermögens kann verlangen, daß das nach § 1008 ihm mitzutheilende Verzeichniß :c. (wie § 1042 b. E.)

Titel 6. Beschränkte persönliche Dienstbarkeiten.

§ 1044 (1044).

Ein Grundstück kann in der Weise zu Gunsten einer bestimmten Person belastet werden, daß diese berechtigt ist, in einzelnen Beziehungen das Grundstück zu benutzen oder die Benutzung desselben durch den Eigenthümer auszuschließen (beschränkte persönliche Dienstbarkeit).

Das Recht erlischt mit dem Tode des Berechtigten.

§ 1045—1047.

(wie §§ 1045—1047 b. E.)

§ 1048 (1048).

Auf eine beschränkte persönliche Dienstbarkeit finden die Vorschriften der §§ 993, 995—997, 998 entsprechende Anwendung.

§ 1049 (1050).

Als persönliche Dienstbarkeit kann auch das Recht bestellt werden, ein Gebäude oder einen Theil desselben als Wohnung zu benutzen.

In diesem Falle hat der Berechtigte bezüglich der Benutzung die Rechte und Pflichten des Nießbrauchers.

Der Berechtigte ist befugt, seine Familie 2c. (wie § 1050 Abs. 3 b. E.)

Titel 7. Reallasten.

§§ 1050—1057.

(wie die §§ 1051—1053, 1056—1060 b. E.)

§ 1058.

Reallasten können nur insoweit neu bestellt werden, als die bestehenden oder noch zu erlassenden Landesgesetze dies gestatten. Auch kommen die Bestimmungen der §§ 1050—1057 nur insoweit zur Anwendung, als nicht die Landesgesetze für einzelne Arten der Reallasten anderweite Bestimmungen getroffen haben.

Siebenter Abschnitt. Pfandrecht an beweglichem Vermögen.

§ 1059 (1147).

Die Bestellung einer beweglichen Sache zum Pfande für eine Forderung ist nur rechtswirksam, wenn der Gläubiger in den Besitz des Pfandes gesetzt wird.

Durch die Erklärung des Verpfänders, für den Gläubiger das Pfand besitzen zu wollen, wird der Besitz des Gläubigers nicht hergestellt.

§ 1060 (1147 Abs. 3).

Der Besitz des Gläubigers wird dadurch nicht ausgeschlossen, daß das Pfand unter Mitverschluß des Verpfänders bleibt, oder daß ein Dritter für den Pfandgläubiger und zugleich zur Wahrung der Rechte des Verpfänders den Besitz ausübt.

Wird ein im Besitze eines Gläubigers befindliches Pfand vom Eigenthümer einem weiteren Gläubiger zum Pfande bestellt, so gilt nach Kundgebung hiervon der bei dem ersten Gläubiger verbleibende Besitz zugleich als für den weiteren Gläubiger ausgeübt.

§ 1061.

Wird zur Sicherung einer Forderung eine Sache dem Gläubiger unter Vorbehalt des Rückkaufs verkauft, dabei aber im Besitze des Ver-

---

§ 1058. Reallasten gelten seit langer Zeit als ein im Absterben begriffenes Rechtsinstitut. Neuerdings hat man sie wieder für belebungswürdig gehalten. Aber diese Frage, die mit wirthschaftlichen Anschauungen eng zusammenhängt, ist noch in Fluß. Es wird sich daher rechtfertigen, wenn man für die Neugestaltung dieser Verhältnisse den Landesgesetzen freien Spielraum läßt. Auch das Recht der bestehenden Reallasten läßt sich so wenig übersehen, daß auch in dieser Beziehung es sich empfehlen dürfte, die Bestimmungen der Landesgesetze aufrecht zu halten. Aus diesem Gesichtspunkt ist der obige Paragraph entworfen.

§ 1061 soll einer der widerwärtigsten Erscheinungen unseres Rechtslebens ein Ende machen. Zum offenbaren Hohn der Gesetze, welche die Verpfändung ohne Besitzübertragung verbieten, werden alltäglich Verträge abgeschlossen, durch welche

käufers belassen, so ist ein solcher Vertrag als zur Umgehung der Vorschrift des § 1059 geschlossen anzusehen und deßhalb ungültig.

§ 1062.

Ausnahmsweise findet ein Pfandrecht auch an einer im Besitze des Schuldners befindlichen Sache in dem Falle statt, wenn der Verkäufer an der verkauften und dem Käufer übergebenen Sache sich ein Pfandrecht wegen des rückständigen Kaufpreises vorbehält.

Nur die Wirkung eines solchen Pfandrechts hat auch ein zwischen Verkäufer und Käufer bis zur Abbezahlung des Kaufpreises vereinbarter Eigenthumsvorbehalt.

§ 1063 (1146).

Niemand kann einen Bruchtheil seines Eigenthums oder Miteigenthums an einer Sache zum Pfande bestellen.

§ 1064 (§ 1147 Abs. 2, 1152).

Wird ein Pfand von einem Nichteigenthümer bestellt, oder bestehen bei Bestellung des Pfandes schon anderweite Rechte Dritter an der Sache, so kommen zu Gunsten des gutgläubigen Erwerbers des Pfandes die Bestimmungen der §§ 871—875 sinnentsprechend zur Anwendung.

§ 1065 (1148, 1149).

(— Umfang der Verbindlichkeiten, für die das Pfand haftet — Eingang wie in § 1148 b. E.; dann zum Schluß:)

— für die Aenderungen und Erweiterungen, die die Verbindlichkeit durch Verschulden oder Verzug des Schuldners erfährt; sowie für die Ansprüche des Gläubigers wegen der auf das Pfand gemachten Verwendungen.

---

die Sachen, die man zur Sicherheit einsetzen will, vorbehaltlich des Rückkaufes „verkauft", dann aber ganz ungenirt in dem Besitz des „Verkäufers" belassen werden. Da die Gerichte (denen der Begriff von in fraudem legis abgeschlossenen Geschäften abhanden gekommen ist) sich nicht haben entschließen können, diese Geschäfte gerade so wie Verpfändungen ohne Besitzübertragung zu behandeln, so leidet dadurch der Mobiliarkredit die bittersten Täuschungen. Sowie ein Konkurs ausbricht, finden sich Gläubiger, die das im Besitz des Cridars verbliebene Mobiliar sich haben „verkaufen" lassen und damit alle übrigen Gläubiger ausschließen. Und die Gerichte erklären solche Geschäfte, durch die den Zwecken des Gesetzes ins Gesicht geschlagen wird, für gültig. Diesem Unfug ein Ende zu machen ist ein dringendes Bedürfniß. Will man das nicht, dann gebe man lieber die Verpfändung ohne Besitzübertragung wieder frei. Denn eine solche ist weit unschädlicher, als ein solcher Verkauf.

§ 1062. Das Verbot der Pfandbestellung ohne Besitzübertragung läßt sich in einer bestimmten Richtung nicht ohne Schädigung des Lebens durchführen. Dem Verkäufer einer Sache muß die Möglichkeit gewährt sein, sich wegen des von ihm kreditirten Kaufpreises dinglich an der verkauften Sache zu sichern. Bisher wurde diese Sicherung vielfach in der Form des „Eigenthumsvorbehalts" bewirkt: auch hier zum großen Schaden des Schuldners. Denn wenn dieser mit irgend einem Theile des Kaufgelds in Rückstand bleibt, so entzieht ihm der Verkäufer die ganze Sache, die vielleicht den zehnfachen Werth des Kaufgeldrestes hat. Hier kann nur geholfen werden, wenn man eine Pfandbestellung an der verkauften Sache, trotz Uebergabe an den Käufer, zuläßt, daneben aber auch jedem Eigenthumsvorbehalt nur die Bedeutung einer solchen Pfandbestellung beilegt.

§ 1063. Uebereinstimmend mit Bingner (ZSt. S. 379) trete ich dem unpraktischen Satz in § 1146 d. E. entgegen.

§ 1066.

Erfährt die Verbindlichkeit nachträglich Aenderungen oder Erweiterungen durch Vereinbarung des Schuldners und des Gläubigers, so haftet das vom Schuldner bestellte Pfand im Zweifel auch für diese; jedoch, soweit eine Erweiterung der Verbindlichkeit eingetreten ist, nur als ein durch die Vereinbarung neu bestelltes.

§ 1067 (1150).

Sind mehrere Sachen verpfändet, so haftet jede für die ganze Forderung.

Werden Bestandtheile, insbesondere Erzeugnisse von dem Pfande getrennt, so besteht an ihnen das Pfandrecht fort.

Wird die Sache beschädigt, so haften die dafür erworbenen Schadenersatzansprüche dem Pfandgläubiger pfandrechtlich.

§ 1068 (1151).

Das der Bestellung nach ältere Pfandrecht geht dem jüngern vor, auch wenn es für eine künftige oder bedingte Forderung bestellt ist.

§ 1069.

(— vereinbarter Bezug der Nutzungen des Pfandes durch den Gläubiger — wie § 1154 d. E.)

§ 1070 (1156).

Der Pfandgläubiger ist verpflichtet, das Pfand sorgfältig aufzubewahren.

Wird diese Verpflichtung in erheblichem Maße verletzt, so kann der Verpfänder verlangen, daß der Pfandgläubiger ꝛc. (wie § 1156 d. E.)

---

§ 1066. Die weitläufigen und nicht sehr klaren Bestimmungen der §§ 1148 und 1149 d. E. lassen sich durch einfachere ersetzen. Das Pfand haftet für alle aufgeführten Nebenansprüche unbeschränkt; nur nicht für Erweiterungen der Verbindlichkeit durch Vertrag zwischen Schuldner und Gläubiger. Für diese haftet das Pfand, wenn ein Dritter es bestellt hat, gar nicht; wenn aber der Schuldner selbst es bestellt hat, nur als ein neubestelltes; d. h. vorbehaltlich aller inzwischen von Dritten erworbenen Rechten.

§ 1070. Der Entwurf will (nach den Motiven S. 811) ein neues „Legalschuldverhältniß" konstruiren, wonach die Verpflichtung des Pfandnehmers nicht kraft des in der Pfandbestellung liegenden Vertrags dem Pfandbesteller, sondern kraft Gesetzes dem „Eigenthümer" der Sache gegenüber bestehen soll. Um dieses praktisch erträglich zu machen, wird dann später in § 1195 die Vermuthung aufgestellt, daß der Verpfänder auch Eigenthümer des Pfandes sei. Ich halte diese ganze Aufstellung für durchaus unnatürlich. Die Verpflichtungen des Pfandnehmers gründen sich auf den in der Bestellung des Pfandes begriffenen Realkontrakt und sind daher dem Verpfänder gegenüber begründet. Ist der Verpfänder nicht der Eigenthümer, so bleiben die Rechte des Eigenthümers daneben vorbehalten; gerade so, wie sie vorbehalten bleiben, wenn ein Nichteigenthümer die Sache verpachtet hat. Deshalb wird man aber doch nicht sagen: die Pacht sei ein Legalschuldverhältniß zwischen Pächter und Eigenthümer! Ich frage einfach: kann, wenn der Verpfänder das Pfand einlösen will, der Pfandnehmer ihm entgegensetzen: „Du bist nicht Eigenthümer, folglich behalte ich das Pfand, bis der Eigenthümer kommt, um es einzulösen?" Das wäre die Folge des vom Entwurf aufgestellten Satzes. Aber sie wäre haarsträubend, zumal wenn man sich den Verpfänder als gutgläubigen Besitzer denkt. Nicht dem Eigenthümer, sondern dem Verpfänder gegenüber besteht

§ 1071.

(— wenn Verderb des Pfandes zu besorgen — wie § 1157 d. E.; jedoch statt „Eigenthümer" zu setzen: „Verpfänder".)

§ 1072 (1156, 1158).

Bei Erledigung des Pfandrechts, insbesondere gegen Zahlung der Schuld, ist der Gläubiger verpflichtet, das Pfand dem Verpfänder zurückzugeben.

Der den Gläubiger Befriedigende kann die Rückgabe des Pfandes an den Verpfänder auch dann verlangen, wenn er selbst nicht der Verpfänder ist.

§ 1073 (1162—1164).

Statt des Verpfänders können auch solche Personen, die nächst dem im Besitze des Pfandes befindlichen Gläubiger ein Recht auf Befriedigung aus dem Pfande haben, insbesondere der Bürge des Schuldners, auf den, wenn er zahlt, nach § 716 die Rechte des Gläubigers übergehen, gegen Abtragung der Schuld Herausgabe des Pfandes verlangen.

§ 1074 (1159).

Der Gläubiger ist berechtigt, von dem, der das Pfand von ihm zurückfordert, Ersatz der auf das Pfand gemachten nothwendigen Verwendungen zu fordern.

Für Verwendungen anderer Art kann der Gläubiger nur Ersatz begehren, soweit Auftrag oder Geschäftsführung ohne Auftrag ihn dazu berechtigen.

§ 1075 (1165 Abs. 2).

Der Gläubiger ist berechtigt, aus dem Pfande sich zu befriedigen, sobald die Forderung ganz oder zum Theil fällig geworden und, wenn sie zunächst nicht eine Geldleistung zum Gegenstand hatte, in eine Geldforderung übergegangen ist (Fälligkeit der Pfandforderung).

§ 1076.

Der Schuldner, der dem Gläubiger ein Faustpfand bestellt hat, kann verlangen, daß der Gläubiger, ehe er das übrige Vermögen des Schuldners angreift, zunächst aus dem in seinem Besitz befindlichen Pfande sich befriedige.

---

die obligatorische Verpflichtung das Pfandnehmers bezüglich des Pfandes. Die ganze Aufstellung eines „Legalschuldverhältnißes" ist nur geeignet, das juristische Denken zu verwirren. Demgemäß ist oben überall als der aus dem Pfandverhältniß Berechtigte an die Stelle des „Eigenthümers" der Verpfänder gesetzt.

§ 1075. Hier ist am Schlusse als technischer Ausdruck „Fälligkeit der Pfandforderung" eingeschoben. Dadurch wird der im Entwurfe stets wiederkehrende schwerfällige Ausdruck „mit dem Eintritte der im § 1165 Abs. 2 bezeichneten Voraussetzungen" entbehrlich.

§ 1076. Ich halte es für billig, daß, wenn der Gläubiger in dem vom Schuldner bestellten Pfande schon ein Stück Vermögen zu seiner Befriedigung in seinen Besitz bekommen hat, er zunächst auch aus diesem Befriedigung suche, ehe er das übrige Vermögen des Schuldners in Anspruch nimmt.

§ 1077 (1168).

Ist Geld zum Pfande gegeben worden, so gilt mit der Fälligkeit der Pfandforderung (§ 1075) der Gläubiger durch das in seinem Besitz befindliche Geld als befriedigt. Ist das Geld ein solches, das der Gläubiger nicht als Zahlung anzunehmen braucht, so gilt er gleichwohl als befriedigt, sobald er erklärt, es als Zahlung annehmen zu wollen.

§ 1078 (1226).

Ist ein Werthpapier, das einen Börsen= oder Marktwerth hat, zum Pfande gegeben worden, so kann der Gläubiger nach Eintritt der Fälligkeit der Pfandforderung das Papier, wenn es auf Inhaber lautet, ohne Weiteres aus freier Hand zum Tageskurse verkaufen und aus dem Erlös sich befriedigen. Er hat, wo thunlich, dem Verpfänder den Verkauf vorher anzuzeigen.

Steht das Werthpapier auf Namen, so kann der Gläubiger vom Gericht sich ermächtigen lassen, die Umschreibung auf den Namen des Käufers zu erwirken und die hierfür erforderliche Erklärung an der Stelle des Verpfänders abzugeben. Die Ermächtigung durch das Gericht erfolgt nach den Bestimmungen des § 1081.

Der Gläubiger darf den Verkauf erst nach Ablauf einer Woche seit der nach Abs. 1 erfolgten Anzeige oder der nach Abs. 2 erfolgten Ermächtigung vornehmen.

§ 1079 (1167).

Außer den in §§ 1077 und 1078 gedachten Fällen erfolgt die Befriedigung des Gläubigers aus dem Pfande durch öffentlichen Verkauf desselben.

Eine vor Eintritt der Fälligkeit der Pfandforderung zwischen Gläubiger und Verpfänder getroffene Vereinbarung, daß, wenn der Gläubiger nicht rechtzeitig befriedigt werde, ihm das Pfand als Eigenthum zufallen solle, ist nugültig.

§ 1080 (1169).

Liegt gegen den Schuldner bereits ein vollstreckbarer Titel vor, so kann der Gläubiger ohne Weiteres das Pfand einem Gerichtsvollzieher zur Bewirkung des Verkaufs übergeben.

§ 1081.

Liegt ein vollstreckbarer Titel nicht vor, so bedarf der Gläubiger zum Verkauf des Pfandes einer gerichtlichen Ermächtigung. Diese ist von

---

§ 1078. Im Entwurf wird das Recht des Gläubigers an einem verpfändeten Werthpapier erst in § 1226 besprochen. Ich halte es für nöthig, daß es schon im Zusammenhange mit den Vorschriften über Realisirung des Pfandes durch den Gläubiger erwähnt wird. Der Abs. 2 des § 1078 ist dem § 723 der CPO. nachgebildet; nur daß an die Stelle des Gerichtsvollziehers hier der Gläubiger tritt.

§§ 1079—1082. Ich trete der Ansicht derjenigen bei, die den Verkauf des Pfandes nicht dem Gläubiger auf eigene Hand gestatten wollen, dazu vielmehr eine gerichtliche Ermächtigung verlangen (zSt. S. 394, 396). Nur dann, wenn bereits ein vollstreckbarer Titel vorliegt, wird man dem Gläubiger gestatten können, dem Amtsgericht, in dessen Bezirk der Verkauf stattfinden soll, auf Ansuchen des Gläubigers, der seinen Anspruch glaubhaft zu machen hat, zu ertheilen.

In der Verfügung ist der von dem Gläubiger zu benennende Gerichts= vollzieher, der den Verkauf bewirken soll, zu bezeichnen. Gleichzeitig ist, wo thunlich, der Verpfänder von der Sachlage gerichtsseitig zu benachrichtigen. Erhebt dieser innerhalb einer Woche Einwendungen gegen den Verkauf, die er glaubhaft macht, so kann die Ermächtigung unter Benachrichtigung des Gerichtsvollziehers zurückgezogen und der Gläubiger angewiesen werden, zunächst sein Recht im Rechtswege feststellen zu lassen.

§ 1082.

Auf Grundlage des in § 1080 gedachten vollstreckbaren Titels oder der in § 1081 gedachten gerichtlichen Ermächtigung hat der Gerichtsvoll= zieher den Verkauf nach den Vorschriften der §§ 716 Abf. 1, 717 Abf. 3, 718—721 der CPO. zu bewirken. Es kommen weiter folgende Be= stimmungen zur Anwendung.

§ 1083 (1170, 1172).

Der Gerichtsvollzieher hat, soweit es thunlich ist, den Verpfänder und, wenn das Pfand mit Rechten eines Dritten belastet ist, auch diesen Dritten von Zeit und Ort der Versteigerung unter Namhaftmachung des Geldbetrags, wegen dessen die Versteigerung erfolgen soll, zu benachrichtigen. Wo eine solche Benachrichtigung stattfindet, darf der Verkauf erst vollzogen werden, nachdem seit der Benachrichtigung eine Woche verstrichen ist.

Die Versteigerung ist in der Gemeinde zu bewirken, wo das Pfand bei Befriedigung des Gläubigers zurückzugeben sein würde.

§ 1084 (1173).

Der Gläubiger darf bei der Versteigerung mitbieten.

Auch der Verpfänder und der Schuldner dürfen mitbieten. Sie haben jedoch, wenn nicht der Gläubiger darauf verzichtet, den Betrag ihres Gebotes sofort dem Versteigerer baar einzuhändigen.

§ 1085.

(— Verfahren in dem Falle, wo mehrere Sachen verpfändet sind — wie § 1176 d. E.)

§ 1086 (1177).

Zwischen dem Gläubiger und dem Verpfänder kann nach Eintritt der Fälligkeit der Pfandforderung eine von den Bestimmungen der §§ 1080 bis 1083 abweichende Art des Pfandverkaufs vereinbart werden. Ist ein

---

ohne Weiteres das Pfand dem Gerichtsvollzieher zum Verkaufe zu übergeben. Wo es an einem solchen Titel fehlt, wird dadurch, daß man den Verkauf an eine ge= richtliche Ermächtigung knüpft, das ganze Verfahren sicherer und auch in der Ge= staltung einfacher. Denn man kann alsdann für den vom Gerichtsvollzieher zu bewirkenden Verkauf die Vorschriften über den Verkauf gepfändeter Sachen heran= ziehen. Die Zulassung des Verkaufs ohne gerichtliche Ermächtigung dient auch nicht unbedingt zum Vortheil des Gläubigers. Denn er muß dann eine Menge Formen auf seine eigene Gefahr wahren, wodurch seine Lage nicht besser, sondern schlechter wird. Die Ablehnung der gerichtlichen Ermächtigung scheint mir der manchesterlichen Richtung des Entwurfs zu entspringen.

Dritter bei dem Verkaufe des Pfandes betheiligt, so bedarf es der Ein=
willigung dieses Dritten zu der Vereinbarung.

§ 1087 (1178).

Entspricht eine abweichende Art des Pfandverkaufs den Interessen
beider Theile, so kann jeder bei dem Pfandverkauf Betheiligte verlangen,
daß der andere in diese Art des Verkaufs einwillige. Bei mangelnder
Einigung wird darüber von dem in § 1081 bezeichneten Gerichte nach
Anhörung der Betheiligten entschieden.

§ 1088 (1166).

Auch ein nachstehender Pfandgläubiger kann, wenn sowohl seine
Forderung, als die des vorgehenden Pfandgläubigers fällig geworden ist,
auf seine Gefahr und Kosten den Verkauf des Pfandes betreiben. Er kann
verlangen, daß der vorgehende Pfandgläubiger das in seinem Besitz be=
findliche Pfand für den Fall des Zuschlags zur Verfügung stelle. Wird
durch das bei der Versteigerung erzielte Höchstgebot die Forderung des
vorgehenden Pfandgläubigers nicht vollständig gedeckt, so darf der Zuschlag
nur mit dessen ausdrücklicher Zustimmung erfolgen.

§ 1089 (1179, 1173).

Von dem erfolgten Verkaufe und dessen Ergebniß hat der Gerichts=
vollzieher, soweit als thunlich, den Verpfänder unverzüglich zu benachrichtigen.

Der erlegte Kaufpreis ist nach Abzug der Verkaufskosten dem Gläu=
biger in dem Betrage seiner Forderung, ein etwaiger Ueberschuß, soweit
nicht Dritte darauf berechtigt sind, dem Verpfänder auszuhändigen.

Hat der Gläubiger selbst den Zuschlag erhalten, so gilt damit seine
Forderung, soweit sie durch den Kaufpreis gedeckt wird, als getilgt.

§ 1090 (1180—1182).

Durch den in Gemäßheit des § 1082 vollzogenen Verkauf des Pfandes
erlangt der gutgläubige Erwerber an der ihm gegen Zahlung des Preises
übergebenen Sache das Eigenthum, frei von allen, nicht etwa bei der Ver=
steigerung vorbehaltenen Rechten.

Hat der Gläubiger unter Verletzung bestehender Rechte den Verkauf
bewirken lassen, so haftet er demjenigen, dessen Rechte verletzt sind, für
Schadenersatz, jedoch wenn er in gutem Glauben gehandelt hat, nur im
Umfange des von ihm bezogenen Erlöses.

§ 1091 (1184).

Hat ein Miteigenthümer seinen Antheil an der Sache zum Pfande
gegeben, so kommen für die Rechte, die dem Pfandgläubiger den übrigen
Miteigenthümern gegenüber zustehen, die für den Nießbraucher gegebenen
Bestimmungen (§ 1017) zur Anwendung.

Nach eingetretener Fälligkeit der Pfandforderung steht jedoch dem
Pfandgläubiger der Anspruch auf Theilung auch selbständig zu.

---

§ 1087. Es wäre traurig, wenn über die Frage, ob eine abweichende
Verkaufsart gerechtfertigt sei, ein förmlicher Prozeß geführt werden müßte. Auch
die CPO. § 726 nimmt von einem solchen Umgang und ordnet das Verfahren bei
gepfändeten Sachen weit einfacher. Dementsprechend ist auch oben die Sache ge=
ordnet worden.

§ 1092 (1186, 1187, 1190).

Wird eine Forderung, für die ein Pfandrecht besteht, abgetreten, so erwirbt der neue Gläubiger zugleich das mit derselben verbundene Pfandrecht und damit den Anspruch auf Herausgabe des Pfandes. Mit dem Besitz des Pfandes gehen auch die Pflichten des Pfandgläubigers nach den Regeln der Schuldübernahme auf den neuen Gläubiger über.

Wird eine Forderung unter ausdrücklicher Ausschließung des damit verbundenen Pfandrechts übertragen, so erlischt das Pfandrecht.

§ 1093 (1188).

Bei der im Wege der Zwangsvollstreckung erfolgten Ueberweisung einer Forderung ist der bisherige Gläubiger berechtigt, zu verlangen, daß das für die Forderung ihm zustehende Pfand nicht dem neuen Gläubiger in Besitz gegeben, daß es vielmehr öffentlich hinterlegt oder einem gerichtlich bestellten Verwahrer zur Aufbewahrung übergeben werde.

§ 1094 (1189, 1191).

Das Pfandrecht erlischt durch den dem Verpfänder gegenüber erklärten Verzicht des Pfandgläubigers. Als ein solcher Verzicht gilt auch die Rückgabe des Pfandes an den Verpfänder. Ein Vorbehalt der Fortdauer des Pfandrechts ist dabei ausgeschlossen.

Befindet sich das Pfand, das der Gläubiger besaß, wieder in dem Besitze des Verpfänders, so wird vermuthet, daß es ihm von dem Gläubiger zurückgegeben sei.

§ 1095 (1194).

Ein Pfand kann wegen einer andern Forderung als der, für welche es bestellt ist, nicht zurückbehalten werden.

§ 1096.

Eine Forderung kann verpfändet werden, wenn sie durch Abtretung übertragbar ist. Die Verpfändung erfolgt in den für die Abtretung vorgeschriebenen Formen.

Eine allgemeine Verpfändung aller einem Schuldner zustehenden Forderungen ist unzulässig.

---

§ 1096. Der Entwurf bringt hier einen neuen Titel, den er „Pfandrecht an Rechten" überschreibt und in dem dann auch sporadisch das Pfandrecht an Forderungen behandelt ist. Was für Rechte, außer den Forderungen, hier eigentlich als Gegenstand des Pfandrechts gedacht seien, ist nicht ersichtlich. Vielleicht hat man den Nießbrauch im Sinne gehabt, den ich aber, quoad jus, nicht für verpfändbar halte (vergl. oben § 1020). Außerdem wird in den Motiven S. 856 noch das „Urheberrecht" als Gegenstand des Pfandrechts genannt. Auch in den Motiven (II. S. 141) zu dem verwandten § 312 werden nur die verschiedenen reichsgesetzlich geordneten Urheberrechte als Beispiele genannt. Es ist ja möglich, daß noch andere Rechte sich denken lassen, die Gegenstand einer Verpfändung sein könnten. Die Sache ist schwer vollkommen zu übersehen. Ich möchte aber glauben, daß man dem praktischen Bedürfnisse viel besser genüge, wenn man das Pfandrecht an Forderungen ausführlich ordnet und dann später in einem Schlußparagraphen für das „Pfandrecht an Rechten" auf die Analogie verweist. Ich finde namentlich kein Bedürfniß bei Rechten, für deren Abtretung ein einfacher Vertrag genügt, für die Verpfändung einen gerichtlichen oder notariellen Vertrag zu fordern. Daß der

§ 1097 (1211).

Dem Schuldner der verpfändeten Forderung gegenüber wird die Verpfändung wirksam, sobald der Pfandgläubiger ihm von der Verpfändung Anzeige macht und erklärt, die Forderung als Pfand in Anspruch nehmen zu wollen. Es finden dabei die Bestimmungen des § 303 entsprechende Anwendung.

Ist die Anzeige erfolgt, so kann bis zur Erledigung der Forderung des Pfandgläubigers der Schuldner nicht mehr mit Wirksamkeit an den ersten Gläubiger zahlen.

§ 1098 (1218).

Nach Eintritt der Fälligkeit der Pfandforderung (§ 1075) kann der Pfandgläubiger zwecks seiner Befriedigung die Leistung aus der verpfändeten Forderung, jedoch wenn diese eine Geldforderung ist, nur im Umfange seiner eigenen Forderung, nach den für die Geltendmachung abgetretener Forderungen bestehenden Regeln in Anspruch nehmen.

§ 1076 findet dabei keine Anwendung.

§ 1099 (1219, 1222).

Geht die verpfändete Forderung auf Geld, so wird durch dessen Zahlung an den Pfandgläubiger die Forderung beider Gläubiger getilgt. Zinsen der verpfändeten Forderung kann der Pfandgläubiger zur Befriedigung seiner Forderung in Anspruch nehmen, soweit sie zur Zeit der Klagerhebung noch rückständig sind und noch zu dem Vermögen des Verpfänders gehören; desgleichen die von der Klagerhebung an weiter laufenden Zinsen.

§ 1100 (1219).

Geht die verpfändete Forderung auf Leistung einer anderen Sache als Geld, so erhält der Pfandgläubiger an der ihm geleisteten Sache ein Pfandrecht für seine Forderung.

Pfandnehmer für die Verpfändung und namentlich auch die Zeit derselben sich den Beweis sichern muß, liegt in der Natur der Sache. Aber an sich ist die Verpfändung kein gefährlicheres Geschäft, als die Abtretung. Namentlich wird durch den „gerichtlichen ꝛc. Vertrag" ein Publicität des Pfandrechts in keiner Weise herbeigeführt. Die ganzen Bestimmungen des Entwurfs über die „Verpfändung von Rechten" (von Forderungen abgesehen) scheinen ohne Anhalt an wirkliche Lebenserscheinungen nur auf Papier entworfen zu sein.

Was nun die Verpfändung von Forderungen betrifft, so hat man eine solche Verpfändung öfters eine bedingte Abtretung genannt. Das hat eine gewisse praktische Wahrheit. Sobald der Pfandgläubiger dem ersten Schuldner gegenüber auftritt, hat er ganz die Stellung eines Cessionars. Man braucht daher für die Verpfändung keine neue Formen aufzustellen. Die für die Abtretung geltenden Formen genügen. Jedoch ist oben in § 1096 der Abs. 2 hinzugefügt, um nicht bei der Formlosigkeit der Forderungsabtretung durch eine allgemeine Verpfändung aller Ausstände (z. B. eines Banquiers) etwas Aehnliches wie eine Generalhypothek entstehen zu lassen.

§ 1097. Daß hier ein von der Abtretung abweichender Grundsatz aufgestellt wird, rechtfertigt sich damit, daß die Verpfändung einer Forderung immer nur bedingungsweise eine Abtretung enthält, und daher, so lange der Pfandnehmer sich nicht mit dem Schuldner in Beziehung setzt, es zweifelhaft bleibt, ob er von seinem Pfandrechte Gebrauch machen will.

Besteht die zu leistende Sache in einem Grundstück, so kann der Pfandgläubiger die Eintragung einer Hypothek an diesem Grundstück für seine Forderung verlangen.

§ 1101 (1218 Abf. 1).

Zu einer Verwerthung der verpfändeten Forderung durch Verkauf und Abtretung derselben ist der Pfandgläubiger berechtigt, wenn die Forderung eine Geldforderung ist. Der Gläubiger muß sich jedoch den vollen Nennwerth der Forderung als dafür empfangen anrechnen lassen.

§ 1102 (1218 Abf. 4).

Der Pfandgläubiger hat von der geschehenen Einziehung oder sonstigen Verwerthung der Forderung den Verpfänder unverzüglich zu benachrichtigen.

§ 1103 (1220).

Will der Schuldner der verpfändeten Forderung diese abtragen, ehe die Fälligkeit der Pfandforderung eingetreten ist, so darf er nur an seinen Gläubiger und an den Pfandgläubiger zusammen zahlen.

Einigen sich nicht beide über die Empfangnahme, so ist der Schuldner berechtigt, den Gegenstand der Schuld öffentlich zu hinterlegen oder, wenn dies nicht angeht, einem gerichtlich zu bestellenden Verwahrer zu übergeben.

§ 1104 (1212).

Erscheint vor Fälligkeit der Pfandforderung die Einziehung der verpfändeten Forderung durch die Rechtslage oder nach wirthschaftlichen Grundsätzen geboten, so haben der ursprüngliche Gläubiger und der Pfandgläubiger gemeinsam die Einziehung zu bewirken. Einigen sie sich nicht hierüber in anderer Weise, so ist nach § 1103 Abf. 2 zu verfahren.

§ 1105.

Wird die Forderung, für die das Pfandrecht bestellt ist, in anderer Weise, als durch Verwerthung der verpfändeten Forderung erledigt, so hat der Pfandgläubiger diese in den Formen der Abtretung dem Verpfänder zurückzugewähren.

§ 1106 (1226).

Auf Werthpapiere als Gegenstand eines Pfandrechts finden die Vorschriften über das Pfandrecht an beweglichen Sachen Anwendung (§ 1078).

Wird aus dem Papier eine Leistung fällig, so ist der Pfandgläubiger zu deren Einziehung berechtigt und verpflichtet. Er erwirbt daran die an der Leistung aus einer verpfändeten Forderung begründeten Rechte.

§ 1101. Der Entwurf schließt jede Verwerthung der verpfändeten Forderung durch Verkauf aus. Dazu liegt, wenn die Forderung auf Geld gerichtet ist und der Pfandgläubiger den vollen Nennwerth der Forderung dafür bezahlt erhält, kein Grund vor. Mehr kann er auch durch Einklagung wider den Schuldner aus der Forderung nicht herausschlagen. Ja man wird ihm sogar den Verkauf der Forderung zu jedem beliebigen Preise gestatten müssen, wenn er den vollen Nennwerth auf seine Forderung sich in Anrechnung bringt. Welches Interesse bestände wohl, ihm den Verkauf zu untersagen?

§ 1107. Der Entwurf entbehrt jeder Bestimmung über das Afterpfand (subpignus); man müßte sie denn in den allgemeinen Vorschriften über das

§ 1107.

Der Gläubiger kann das ihm bestellte Pfand seinem Gläubiger weiter zum Pfande geben. Dem zweiten Gläubiger haftet das Pfand in dem Umfange, in welchem die Forderungen beider Gläubiger sich decken.

Der zweite Gläubiger hat von der an ihn bewirkten Weiterverpfändung den ersten Verpfänder zu benachrichtigen. Dieser darf danach, um das Pfand einzulösen, nur an den zweiten Gläubiger, soweit dessen Forderung reicht, zahlen.

Der Verkauf des Pfandes darf erst nach eingetretener Fälligkeit beider Pfandforderungen erfolgen.

Bei dem Verkaufe hat der zweite Gläubiger die bezüglichen Obliegenheiten auch dem ersten Verpfänder gegenüber zu wahren. Der erste Verpfänder kann seine Ansprüche aus dem Pfandvertrage auch dem zweiten Gläubiger gegenüber geltend machen.

§ 1108 (1206 flg. 312).

Auf die Verpfändung von Rechten finden, wenn diese an den Besitz einer Sache geknüpft sind, die Vorschriften über Verpfändung von Sachen, außerdem aber die Vorschriften über Verpfändung von Forderungen sinnentsprechend Anwendung.

Auch ein nicht übertragbares Recht ist, wo nicht das Gesetz ein Anderes bestimmt, insoweit der Pfändung unterworfen, als dessen Ausübung einem Andern überlassen werden kann.

§ 1109 (1196—1205).

Auf die Verpfändung eines in das Schiffsregister eingetragenen Schiffes oder einer Schiffspart finden die Vorschriften über das Hypothekenrecht an Grundstücken Anwendung, dergestalt, daß an die Stelle des Grundbuchs das Schiffsregister tritt.

Der pfandrechtliche Verkauf eines solchen Schiffes oder einer Schiffspart kann nur auf Grund eines vollstreckbaren Titels nach Maßgabe der für die Zwangsvollstreckung geltenden Vorschriften erfolgen.

Pfandrecht an „Rechten" begriffen finden. (Das subpignus ist übrigens kein Pfandrecht an dem „Pfandrechte", sondern ein Pfandrecht an der Sache; gerade so wie die Untermiethe nicht eine Miethe des Miethrechts, sondern eine Miethe der Sache ist.) Vielleicht will der Entwurf, übereinstimmend mit dem sächsischen Gesetzbuch, Art. 475, das Afterpfand ganz ausschließen. Ich vermag dafür einen zureichenden Grund nicht einzusehen, und würde die obigen Bestimmungen darüber treffen. (Großer Werth ist freilich nicht darauf zu legen.)

§ 1108. Nach dem oben bei § 1096 Bemerkten dürften für die „Verpfändung von Rechten" die obigen Bestimmungen genügen. Zugleich kommt hier der 2. Satz aus § 312 in erweitertem Sinne zur Geltung.

§ 1109. Die Bestimmungen der §§ 1198—1203 d. E. sind, soweit ich es überblicke, durchweg übereinstimmend mit den Grundsätzen des Hypothekenrechtes. Es wäre daher am einfachsten, wenn man diese Grundsätze allgemein auf Seeschiffe für anwendbar erklärte. Nun wird freilich in den Motiven S. 846 gesagt: das Pfandrecht an Schiffen verbleibe, soweit Besonderheiten nicht bestimmt werden, unter den Regeln des Faustpfandrechts. Dann wäre es aber jedenfalls besser, das, was von dem Faustpfandrechte darauf anwendbar bleibt, deutlich im Gesetze auszudrücken, als dem Leser die Aufgabe zu stellen, es (negativ) herauszurechnen. Auch das, was in den Motiven darüber gesagt ist, läßt es höchst unklar.

Achter Abschnitt.
Belastung von Grundstücken mit Forderungen.
Titel 1. Hypothek.
§ 1110 (1062).

Ein Grundstück kann mit einer Forderung, für die ein Schuldner persönlich haftet, in der Weise belastet werden, daß der Gläubiger von dem jeweiligen Eigenthümer Befriedigung aus dem Grundstück verlangen kann (Hypothek).

Achter Abschnitt. Auch das Hypothekenrecht habe ich schon früher (Arch. f. bürg. R. II S. 150) zum Gegenstand einer Bearbeitung gemacht. Wenn in meiner gegenwärtigen Formulirung manches von der früheren abweicht, so läuft das nicht sowohl auf sachliche Aenderungen, als auf Verbesserungen in der Ausdrucks= weise hinaus. Für die Begründung meiner Ansichten kann ich mich hiernach im Wesentlichen auf meine früheren Darlegungen beziehen. Zu einzelnen Punkten habe ich jedoch nochmals erläuternde Bemerkungen hinzugefügt. Zwei Punkte des Hypothekenrechts, die Frage der Buchhypothek und der Eigenthümerhypothek, sind so wichtig, daß ich es für nöthig gehalten habe, sie im Anhange dieses Heftes be= sonders zu erörtern. Ein Hauptfehler in der gewöhnlichen Erörterung solcher Rechtsinstitute scheint mir darin zu liegen, daß man immer nur die Schlagworte in Frage stellt, ohne darauf einzugehen, was eigentlich in ihnen enthalten ist. Der Titel 1 meiner Aufstellung hat die einfache Hypothek zum Gegenstand, in der die „Buchhypothek" und die „Sicherheitshypothek" des Entwurfs zusammen= fallen. (Giebt man die wechselmäßige Uebertragbarkeit der „Buchhypothek" auf, so unterscheiden sich beide nicht mehr von einander.

§ 1110. Hier ist die Hypothek in einer, wie ich glaube, völlig unanfecht= baren Weise definirt. Damit geht aber die Definition der Grundschuld in § 1173 in der Art parallel, daß sich daraus die völlige Identität beider ergiebt, nur mit dem Unterschiede, daß die Hypothek mit einer persönlichen Forderung konkurrirt die Grundschuld nicht. Von der persönlichen Forderung unterscheiden sich beide nur in dem Gegenstande ihrer Vollziehung. Für die persönliche Forderung haftet das jeweilige Vermögen eines Menschen, für die Hypothek und die Grundschuld ein bestimmtes Grundstück, in wessen Eigenthum es auch stehen mag. Kraft dieser dinglichen Erfassung eines bestimmten Objektes bilden Hypothek und Grundschuld dingliche Rechte, deren materieller Inhalt aber eine Forderung ist. Bei der Hypothek konkurrirt diese Forderung mit einer persönlichen Forderung nach Art der Korrealobligation; bei der Grundschuld nicht. Die sachliche Identität von Hypothek und Grundschuld ergiebt sich auch daraus, daß die Hypothek mit Leichtigkeit in eine Grundschuld übergehen kann. Ein Verhältniß dieser Art ist schon im römischen Recht durch die Bestimmung geschaffen, daß nach Verjährung der per= sönlichen Forderung durch die hypothekarische Klage noch 10 Jahre fortdauern soll (l. 1 C. de praeser). Während dieser 10 Jahre ist die Hypothek nur noch Grund= schuld. Ohne Zweifel konnte auch der Hypothekgläubiger durch ein pactum de non petendo die persönliche Schuld erlassen, die hypothekarische Forderung aber beibehalten. Damit war die Hypothek zu einer Grundschuld geworden. Auch in der Eigenthümerhypothek — welche Ausdehnung man derselben auch geben mag — lebt die Hypothek als Grundschuld fort.

Was nun die Natur des in der Hypothek und ebenso in der Grundschuld begriffenen Anspruchs betrifft, so entsteht er, lebt er, und stirbt er ganz wie eine For= derung. Danach wird er auch wohl eine Forderung sein. Es ist deshalb auch z. B. vollkommen gerechtfertigt, wenn man die §§ 555, 628 und § 702 Nr. 5 der CPO. auf ihn anwendbar erklärt. Wenn man aber trotz alledem sagt: „Wir können uns in den Gedanken einer dinglichen Forderung nicht hineindenken", so kann ich nur mit dem bekannten Worte antworten: „Und sie bewegt sich doch!"

§ 1111.

Die Hypothek entsteht durch Eintrag im Grundbuche auf dem Blatte des belasteten Grundstückes. Der Eintrag erfolgt auf Bewilligung des Eigenthümers.

Die Hypothek kann sowohl vom persönlichen Schuldner, als von einem Andern an seinem Grundstücke bestellt werden.

§ 1112 (1063).

Niemand kann einen Bruchtheil seines Eigenthums oder Miteigenthums an einem Grundstück mit einer Hypothek belasten.

§ 1113 (1064).

Bei dem Eintrage der Hypothek ist der Gläubiger, die Forderung mit ihrem Geldbetrag und, wenn die Forderung verzinslich ist, der Zinssatz zu bezeichnen. Zur näheren Bezeichnung der Forderung kann auf die Eintragsbewilligung und, wenn eine über die Forderung lautende Urkunde überreicht ist, auf diese Bezug genommen werden.

§ 1114 (1065).

Für eine Hypothekschuld können auf Bewilligung des Eigenthümers nachträglich Zinsen bis zum Betrage von fünf vom Hundert eingetragen werden, ohne daß es der Einwilligung der gleichstehenden oder nachstehenden Berechtigten bedarf.

§ 1115 (1062 Absatz 2. 1129).

Die Forderung, für die eine Hypothek bestellt wird, kann eine künftige oder bedingte sein.

Ist die Forderung ihrem Betrage nach unbestimmt, so ist ein Höchst=betrag, bis zu welchem das Grundstück haften soll, einzutragen.

Diese Vorschrift findet auch Anwendung, wenn die Hypothek zur Sicherung eines erst demnächst in eine Geldforderung übergehenden Anspruchs dienen soll.

§ 1116.

Eine Hypothek ist auch als bewilligt anzusehen, wenn der Verkäufer eines Grundstückes zur Sicherung des rückständigen Kaufpreises sich das Eigenthum an dem Grundstücke vorbehält. Dem entsprechend ist auch der Eintrag im Grundbuche zu bewirken.

§ 1117.

Ist für einen laufenden Kredit eine Hypothek bestellt worden, so haftet sie bis zu dem bestimmten Höchstbetrage für den sich bildenden Rech=nungsabschluß, auch wenn dieser auf Grund von Zahlungen und Rück=zahlungen sich bildet, welche jenen Höchstbetrag übersteigen. Einzelne dem Kreditverhältnisse angehörige, vom Gläubiger abgetretene Forderungen scheiden aus dem Hypothekrechte aus.

---

§ 1116. Weshalb der Entwurf diesen schon im älteren preußischen Rechte gegebenen, in § 26 des Ges. v. 5. Mai 1872 wiederholt ausgesprochenen Gedanken (der übrigens auch in gemeinrechtlichen Gebieten Geltung gewonnen hat) von sich abweist, ist mir unverständlich. Ich halte ihn für durchaus praktisch. Was die Motive II 319 darüber sagen, ist doktrinär.

§ 1118 (842).

Bei Bestellung einer Hypothek kann der Eigenthümer sich das Recht vorbehalten, bis zu einem bestimmten Geldbetrage eine weitere Hypothek oder ein anderes Recht mit dem Vorrang vor jener an dem Grundstück zu bestellen. Der Vorbehalt und demnächst die eingetretene Rangänderung ist im Grundbuche einzutragen. Sind vor Verwirklichung des Vorbehalts weitere Rechte an dem Grundstück eingetragen, so kann der Vorbehalt nur verwirklicht werden, wenn auch die weiter Berechtigten dem einzutragenden Rechte den Vorrang bewilligen.

Das Recht gilt im Zweifel für den jeweiligen Eigenthümer vorbehalten. Es unterliegt keiner Beschlagnahme oder Pfändung. Es erlischt mit der Anordnung der Zwangsversteigerung oder mit dem Ausbruche des Konkurses über dem Eigenthümer.

§ 1119 (1066).

Die Hypothek erstreckt sich ohne besondern Eintrag auch auf die gesetzlichen Zinsen der Hauptforderung, sowie auf die Kosten der Kündigung und der die Befriedigung aus dem Grundstücke bezweckenden Rechtsverfolgung. Inwieweit Zinsen mit dem Range der Hauptforderung den Mitansprüchen anderer Gläubiger gegenüber gefordert werden können, bestimmt die Zwangsversteigerungsordnung.

§ 1120 (1067, 1068).

Neben dem Grundstück, seinen Bestandtheilen und seinen Zubehörungen haften dem Hypothekgläubiger auch die dem Eigenthümer zufallenden getrennten Früchte. Sie werden jedoch von der Haftung frei, wenn der Eigenthümer, noch bevor der Gläubiger sie mit Beschlag belegt hat, sie von dem Grundstück entfernt. Zubehörungen des Grundstücks werden von der Haftung frei, wenn der Eigenthümer noch vor der Beschlagnahme anderweit über sie verfügt hat.

§ 1121 (1067 Nr. 2).

Früchte, die ein im Besitze des Grundstückes befindlicher Pachter zu ziehen berechtigt ist, haften vor und nach der Trennung dem Gläubiger nicht. An die Stelle ihrer Haftung tritt die Haftung des Pachtzinses.

§ 1122 (1067 Nr. 4, 1069).

Die für das Grundstück geschuldeten rückständigen, so wie die laufenden Mieth- und Pachtzinsen haften dem Hypothekgläubiger; die rückständigen jedoch nur, soweit sie in dem letzten Jahre vor der Beschlagnahme fällig geworden sind und noch zu dem Vermögen des Eigenthümers gehören. In voraus getroffene Verfügungen über die laufenden Zinsen sind dem Hypothekgläubiger gegenüber unwirksam.

§ 1123 (1070).

Versicherungsgelder für abgebrannte Gebäude haften dem Hypothekgläubiger. Er muß jedoch deren Verwendung zur Wiederherstellung des Gebäudes geschehen lassen. Er kann verlangen, daß die Auszahlung, wenn

---

Die §§ 1120—1124 entsprechen in allem Wesentlichen den §§ 1067—1070 d. E. Ich glaube aber, daß sie deren Inhalt klarer und deutlicher wiedergeben.

sie nicht an ihn selbst erfolgt, nur unter Sicherstellung dieser Verwendung geschehe. Ist die Wiederherstellung aus andern Mitteln erfolgt, so werden die Versicherungsgelder von der Haftung frei.

Der Versicherer, der unter Nichtberücksichtigung der Rechte des Hypo= thekgläubigers die Versicherungsgelder auszahlt, kann sich nicht darauf berufen, daß ihm die im Grundbuch eingetragene Hypothek unbekannt gewesen sei. Auch kann der Versicherer dem Hypothekgläubiger gegenüber nicht den Ein= wand geltend machen, daß der Eigenthümer den Brand verschuldet habe.

§ 1124.

Sind andere der Hypothek unterworfene Sachen Gegenstand einer Versicherung, so haften auch die für sie zu zahlenden Versicherungsgelder dem Gläubiger. Die Haftung hört auf, wenn, noch bevor der Gläubiger dem Versicherer die Anzeige gemacht hat, daß er die Gelder in Anspruch nehme, der Eigenthümer sie erhoben oder anderweit über sie verfügt hat. Der Gläubiger kann die Auszahlung der Gelder nur unter den für den Eigenthümer geltenden Bedingungen in Anspruch nehmen.

Dasselbe gilt von Ersatzforderungen, die für Beschädigung einer der Hypothek unterworfenen Sache dem Eigenthümer gegen Dritte erwachsen.

§ 1125 (1071).

Die Hypothek besteht an jedem ihr unterworfenen Gegenstand für die ganze Forderung.

§§ 1126—1128.

(— Schutzmittel des Gläubigers bei Verschlechterung der Hypothek — wie §§ 1072—1074 d. E.)

§ 1129 (1075).

Die Hypothek begründet für den Gläubiger den Anspruch auf Be= friedigung der fälligen Forderung aus dem Grundstücke und den mit= haftenden Gegenständen nach den Regeln der Zwangsversteigerung und Zwangsverwaltung.

§ 1130 (1077).

Ein Vertrag, durch den der Gläubiger vor Fälligkeit der Forderung eine andere Art der Befriedigung aus dem Grundstücken sich ausbedingt, oder durch den er die Unterlassung weiterer Verfügung über das Grundstück vom Eigenthümer sich versprechen läßt, ist ungültig.

Nicht ausgeschlossen ist ein Vertrag, durch den der Gläubiger statt der Zinsen für die Forderung die Benutzung des Grundstückes sich aus= bedingt.

§ 1131 (1078 Abf. 1).

Der Gläubiger hat die Wahl, ob er zu seiner Befriedigung die per= sönliche oder die Hypothekforderung verfolgen und, wenn persönlicher Schuldner und Hypothekschuldner verschiedene Personen sind, ob er den einen oder den anderen belangen will. Desgleichen hat er die Wahl, welches der ver= schiedenen ihm verhafteten Grundstücke er angreifen und, wenn dieselben im Eigenthum verschiedener Personen stehen, welchen Eigenthümer er be= langen will.

§ 1132.

Wer von den nach § 1131 haftbaren Personen im Verhältniß zu einander die Schuld zu tragen hat, bestimmt sich nach dem ihrer Gesammt=haft zu Grunde liegenden Rechtsverhältnisse.

Danach steht dem Hypothekschuldner, der nur als solcher haftet, wenn er die Schuld gezahlt hat oder sie von ihm beigetrieben worden ist, ein Rückgriff wider denjenigen zu, der persönlich für die Schuld haftet.

Als persönlich für die Schuld haftend ist auch derjenige Hypothek=schuldner anzusehen, der die Schuld einem persönlichen Schuldner gegenüber übernommen hat. Gegen ihn hat auch der persönliche Schuldner, wenn er auf Anfordern des Gläubigers die Schuld gezahlt hat, den Rückgriff.

§ 1133.

Wider andere Hypothekschuldner, die nur als solche haften, steht dem nicht persönlich haftenden Hypothekschuldner, wenn von ihm die Schuld gezahlt oder beigetrieben worden ist, ein Anspruch auf Ausgleichung zu nach Ver=hältniß des Werthes der gesammten verhafteten Grundstücke.

Der Werth der Grundstücke im Verhältniß zu einander wird, wenn sie zum Zwangsverkaufe gebracht sind, nach dem erzielten Erlöse, sonst nach der auf ihnen haftenden Steuer, wo aber auch dieser Maßstab nicht an=wendbar erscheint, durch gerichtliche Schätzung bestimmt. Den Landesgesetzen bleibt vorbehalten, den Maßstab der Steuer näher zu regeln.

§ 1134.

Haben dadurch, daß die auf mehreren Grundstücken haftende Hypothek nur aus einzelnen beigetrieben ist, nachstehende Gläubiger einen Ausfall erlitten, so gehen im Umfange dieses Ausfalls die in den §§ 1132 und 1133 bezeichneten Ansprüche auf sie über.

§ 1135 (1078 Abs. 2).

Zwecks Befriedigung der in den §§ 1132—1134 bezeichneten An=sprüche geht das an mitverhafteten Grundstücken bestehende Hypothekrecht auf die Berechtigten über. Der Anspruch auf Ausgleichung kann nur auf Befriedigung aus der Hypothek gerichtet werden.

---

§§ 1132 und 1133. Schon bei meiner früheren Aufstellung hatte ich dar=gelegt, daß das Verhältniß zwischen persönlichem Schuldner und Hypothekschuldner, sowie auch zwischen mehreren neben einander stehenden Hypothekschuldnern offen=bar das der Korrealität sei, und daß es deshalb, ebenso wie bei persönlich haftenden Korrealschuldnern (§ 337 d. E.), ein Gebot der Gerechtigkeit sei, dem Zahlenden einen Rückgriff gegen den eigentlichen Schuldner oder wenigstens einen Anspruch auf Ausgleichung wider die neben ihm Haftbaren zu gewähren. Am dringendsten fühlbar wird das Bedürfniß bezüglich des Rückgriffsrechtes gegen den eigentlichen Schuldner; und dieses hatte ich schon in meiner früheren Aufstellung zu ordnen versucht. Nur aus der Besorgniß, mit dem Gedanken doch nicht durchzulangen, hatte ich es dagegen unterlassen, auch ein Ausgleichungsrecht zwischen den verschie=denen correis aufzustellen. Ich habe jetzt vorgezogen, auch dieses Recht in meinen Entwurf aufzunehmen. Und zwar um so mehr, weil man nur an der Hand dieser vollkommeneren Aufstellung dem fehlerhaften Gedanken begegnen kann, der in der sog. Eigenthümerhypothek ein Ersatzmittel für diese Rechte zu bieten vermeint.

Ich beziehe mich auf das im Anhange II Dargelegte.

Der Gläubiger darf nicht zum Nachtheil der zum Rückgriff oder auf Ausgleichung Berechtigten über seine Hypothek verfügen.

§ 1136.

Der in § 1135 bezeichnete hypothekarische Anspruch verjährt inner= halb von drei Jahren nach seiner Entstehung.

Soweit nicht die hypothekarische Haftung mitverhafteter Grundstücke nach § 1135 fortdauert, erlischt, sobald der Gläubiger von einer der nach § 1131 haftbaren Personen durch freiwillige Zahlung oder im Wege der Zwangsvollstreckung Befriedigung erhält, die Hypothek an den Grundstücken aller übrigen.

§ 1137 (1079).

Ist die Forderung an Kündigung geknüpft, so hat der Gläubiger, wenn er aus der Hypothek Befriedigung verlangt, dem Hypothekschuldner zu kündigen. Will der Hypothekschuldner die Schuld abtragen, so steht ihm die Kündigung derselben zu.

§ 1138 (1080).

Der Hypothekschuldner ist berechtigt, die Schuld abzutragen, sobald sie fällig ist.

§ 1139 (1081).

Wenn ein Gläubiger Befriedigung aus der Hypothek verlangt, so hat jeder an dem Grundstück Berechtigte, der sein Recht durch den Zwangs= verkauf zu verlieren Gefahr läuft, die Befugniß, durch Befriedigung des Gläubigers den Zwangsverkauf abzuwenden. Der Gläubiger ist verpflichtet, dem ihn Befriedigenden seine Rechte abzutreten.

Unter mehreren, welche die vorgedachte Befugniß ausüben wollen, geht der an dem Grundstück besser Berechtigte vor.

1140 (1082).

Der Hypothekschuldner, sowie der, welcher nach § 1139 für ihn Zahlung leisten will, kann die Zahlung auch durch Aufrechnung einer eigenen Forderung an den Gläubiger bewirken.

§ 1141 (1086, 1087).

Persönliche Forderung und Hypothekforderung können nur zusammen übertragen werden. Die Uebertragung der einen schließt im Zweifel die Uebertragung der anderen in sich. Wird ausdrücklich nur die eine abge= treten, so erlischt die andere.

Auf die Abtretung einer Hypothekforderung finden die Vorschriften über Abtretung von Forderungen überhaupt Anwendung; jedoch mit folgenden weiteren Bestimmungen.

§ 1142.

Der nachgewiesene Rechtsnachfolger des Gläubigers ist berechtigt, die Hypothek im Grundbuche auf seinen Namen überschreiben zu lassen.

§ 1136. Ich halte es für nöthig, daß das Rückgriffs= und Ausgleichungs= recht, soweit es die mitverhafteten Hypotheken in Anspruch nimmt, an eine kurze Frist geknüpft werde, damit nicht solche an sich erledigte Hypotheken allzulange in den Büchern fortgeschleppt werden müssen. Für einen solchen nur auf aequitas beruhenden Anspruch ist es auch keine Härte, wenn man ihn an eine kurze Frist knüpft.

16*

Der, welcher eine Hypothekforderung abgetreten hat, ist verpflichtet, dem Erwerber die Mittel zur Erlangung des Eintrags zu gewähren.

Haben mehrere Rechtsnachfolgen stattgefunden, so bedarf es keines Eintrags der Zwischenerwerber.

§ 1143 (1088).

Die Uebertragung der Forderung durch Zwangsüberweisung ist im Grundbuche einzutragen. Die Eintragung erfolgt auf Grund des Ueberweisungsbeschlusses und der Zustellung desselben an den Drittschuldner.

§ 1144.

Das Gläubigerrecht desjenigen, der seinen Erwerb der Forderung von einem eingetragenen Gläubiger ableitet, kann von einem Anderen, der das Gläubigerrecht in Anspruch nimmt, indem er die Berechtigung des eingetragenen Gläubigers auf die Forderung zur Zeit der Eintragung desselben bestreitet, nur angefochten werden, wenn die Voraussetzungen des § 963 gegen ihn vorliegen. Wider den Veräußerer der Forderung kommt § 964 zur Anwendung.

§ 1145.

Der Schuldner, der an den eingetragenen Gläubiger oder an denjenigen, der sein Recht von diesem ableitet, in gutem Glauben gezahlt hat, ist befreit, auch wenn ein Anderer das Gläubigerrecht erstreitet.

§ 1146.

Der Rechtsnachfolger eines Hypothekgläubigers kann vom Schuldner Zahlung nur verlangen, wenn er den Eintrag der Hypothek auf seinen Namen erwirkt hat.

Sicherheitsmaßregeln zu beantragen, ist er schon vorher berechtigt.

§ 1147 (1096).

Wird die Schuld abgetragen, so hat der Gläubiger dem Zahlenden die Mittel zu gewähren, die Hypothek löschen zu lassen. Dieser ist verpflichtet, mitverhaftete Hypothekschuldner, soweit nicht er selbst die auf ihrem Grundstück haftende Hypothek zum Rückgriff oder zur Ausgleichung für sich in Anspruch nimmt (§ 1135), auf ihr Verlangen der gewährten Mittel zur Löschung der Hypothek theilhaftig zu machen.

Die Kosten der Quittung und Löschung hat beim Mangel anderweiter Vereinbarung der Schuldner, die besonderen Kosten für den Nachweis der Berechtigung des Gläubigers dieser zu tragen.

---

§ 1146. Die Gerechtigkeit gegen den Schuldner erheischt es, ihn in der Beziehung völlig sicher zu stellen, daß auf die Quittung des angeblichen Rechtsnachfolgers die Löschung erfolgen werde. Denn der Schuldner kann in den wenigsten Fällen mit Sicherheit prüfen, ob die Legitimation des Rechtsnachfolgers genügend erbracht sei. Ließe sich noch ein anderes Mittel dafür ausfindig machen, könnte man z. B. anordnen, daß die Grundbuchämter auf Grund der eingesehenen Papiere bescheinigen, daß der Löschung nichts entgegenstehe, so könnte man ja die Umschreibung der Hypothek entbehren. Da aber dies nicht angeht, so bildet die Umschreibung das einzige Mittel, um dem Schuldner die gedachte Sicherheit zu verschaffen.

§ 1148.

Hat der Hypothekschuldner, der nicht zugleich persönlicher Schuldner ist, wider den Gläubiger eine Forderung, so kann wider diese der Gläubiger seine Hypothekforderung nur mit Zustimmung des Hypothekschuldners zur Aufrechnung bringen.

§ 1149.

Die Löschung der Hypothek erfolgt auf Antrag des Eigenthümers, welcher die Löschungsbewilligung oder Quittung des Gläubigers und, wenn dieser als Rechtsnachfolger noch nicht eingetragen ist, den Nachweis von dessen Berechtigung beizubringen hat.

§ 1150.

Verweigert der Gläubiger die Annahme der Zahlung und macht deshalb der Schuldner von dem Rechte öffentlicher Hinterlegung der Schuld Gebrauch, so kann die Löschung erst erfolgen, nachdem die Hinterlegung durch Urtheil zwischen Schuldner und Gläubiger für rechtmäßig erfolgt erklärt ist.

§ 1151.

Ist eine Hypothek unrechtmäßig gelöscht worden, so kann der Gläubiger Wiederherstellung des Eintrags verlangen.

Rechte, welche Dritte inzwischen an dem Grundstück erworben haben, bleiben in Kraft, wenn nicht die Voraussetzungen des § 963 gegen sie vorliegen.

§ 1152 (1102).

An die Stelle einer gelöschten Hypothek kann eine andere nicht eingetragen werden.

§ 1153.

Der Hypothekschuldner, der die Schuld abträgt, kann verlangen, daß der Gläubiger, statt Quittung zu ertheilen, mittels beglaubigter Urkunde die Hypothek an einen anderen namhaft gemachten Gläubiger ohne Gewährleistung abtrete. ·

Auf vereinbarte regelmäßige Kapitalabträge, welche mit der Zinszahlung erfolgen, findet diese Vorschrift keine Anwendung.

§ 1154 (1094, 1098).

Der Eigenthümer, der eine auf seinem Grundstücke haftende Hypothek abträgt, tritt dadurch in das Recht der Hypothek, so lange diese nicht gelöscht ist, in der Art ein, daß er befugt ist, an deren Stelle eine andere Hypothek zu bestellen, auch bei Veräußerung des Grundstücks sich selbst eine solche vorzubehalten. Das Recht unterliegt keiner Beschlagnahme oder Pfändung. Es erlischt mit Anordnung der Zwangsversteigerung oder mit dem Ausbruch des Konkurses über den Eigenthümer.

Der Eigenthümer erwirbt in dem gedachten Falle ferner das Recht, bei einem Zwangsverkauf des Grundstückes den Betrag der abgetragenen Hypothek an deren Stelle aus dem Erlöse des Grundstücks für sich in Anspruch zu nehmen. Dieses Recht kann er jedoch solchen nacheingetragenen Gläubigern gegenüber, denen er zugleich persönlich haftet, nicht geltend machen.

Die § 1154 und 1155 betreffen das Recht der sog. Eigenthümerhypothek. Zur Begründung meiner Ansichten nehme ich Bezug auf den Anhang II.

Haftet die abgetragene Hypothek zugleich auf Grundstücken Dritter, so erwirbt diesen gegenüber der Eigenthümer nur Rechte nach Maßgabe des § 1135.

§ 1155 (1076, 1097).

Der § 1154 kommt sinntentsprechend zur Anwendung, wenn eine Hypothek dadurch erledigt wird, daß Gläubigerrecht und Eigenthum an dem belasteten Grundstücke in derselben Person sich vereinigen.

§ 1156 (1095).

In allen Fällen, wo infolge Befriedigung des Gläubigers das Recht aus der Hypothek kraft Gesetzes oder gesetzlich gebotener Abtretung auf einen Andern übergegangen ist (§§ 1135, 1139, 1153, 1154), geht der Gläubiger, wenn er nur theilweise befriedigt ist, mit seinem Restgut-haben vor.

§ 1157.

Ist der eingetragene Gläubiger seinem Aufenthaltsorte nach unbekannt, oder ist er vor länger als drei Monaten verstorben, oder erklärt er, keinen Aufspruch mehr auf die Forderung zu haben, ohne daß ein Rechtsnachfolger sich hat eintragen lassen, so ist der Schuldner, der die fällige Schuld abtragen will, berechtigt, ein Aufgebotsverfahren zu dem Zwecke zu beantragen, daß gegen öffentliche Hinterlegung des Schuldbetrags die Hypothek gelöscht werde.

Für die Zuständigkeit und das Verfahren kommen die Vorschriften von Absatz 2, 3, 4 und 5 des § 968 zur Anwendung. Ist der Schuldabtrag an eine Kündigung geknüpft, so ist die Ladungsfrist um die Dauer der Kündigungsfrist zu verlängern. In der Ladung sind die, welche Rechte an der Forderung haben, aufzufordern, sich zu melden und den Eintrag der Hypothek auf ihren Namen zu erwirken, widrigenfalls die Forderung durch die erfolgte Hinterlegung als getilgt werde angenommen werden und sie sich nur noch an den hinterlegten Betrag halten können. Erst nach erfolgter Hinterlegung der Schuld ist die Löschung der Hypothek anzuordnen.

Ist die Forderung als verzinslich eingetragen, so hat der Schuldner zugleich zweijährige Zinsen zu hinterlegen, vorbehaltlich der Nachforderung oder Rückforderung des zu wenig oder zu viel Gezahlten.

Nach erwirkter Löschung kann der Schuldner den hinterlegten Betrag nur zurücknehmen, wenn er die anderweite Erledigung der Hypothek nach-weist oder die Voraussetzungen des § 1158 erbringt.

§ 1158 (1103).

Sind 30 Jahre verflossen, seitdem der eingetragene Gläubiger seinen letzten bekannten Wohnort verlassen hat oder verstorben ist, ohne daß ein weiterer auf die Forderung bezüglicher Eintrag im Grundbuche erfolgt ist, so kann der Pfandeigenthümer ein Aufgebotsverfahren zu dem Zwecke be-antragen, daß die Löschung der Hypothek und Weiteres erfolge.

Für die Zuständigkeit und das Verfahren kommen die Vorschriften von Abs. 2, 3, 4 und 5 des § 968 zur Anwendung. Die Ladung ist unter dem

Rechtsnachtheile zu erlassen, daß bei unterbleibender Meldung solcher, welche ihre Berechtigung auf die Forderung nachzuweisen vermögen, die Hypothek werde gelöscht werden. Anfechtbar ist das Verfahren nach Maßgabe des Schlußsatzes in § 968.

Dieses Verfahren kann auch zwecks Zurücknahme des nach § 1157 hinterlegten Schuldbetrags eingeleitet werden.

Titel 2. Briefhypothek.

§ 1159.

Für eine Schuld, die auf eine bestimmte Geldsumme lautet, kann der Eigenthümer eine Hypothek in der Art bewilligen, daß für sie ein Hypothekenbrief ausgestellt wird (Briefhypothek). Es kommen hierbei folgende weitere Bestimmungen zur Anwendung.

§ 1160.

Der Hypothekenbrief ist auf Grund des Eintrags der Hypothek vom Grundbuchamt anzufertigen und dem Besteller der Hypothek zuzustellen. Ist über die Forderung eine Schuldurkunde ausgestellt, so ist diese dem Hypothekenbrief anzuschließen.

Mit der Aushändigung des Hypothekenbriefs durch den Besteller an den Gläubiger wird die Hypothek begründet.

§ 1161 (1107).

Nach dem übereinstimmenden Willen von Gläubiger und Eigenthümer kann eine einfache Hypothek in eine Briefhypothek, eine Briefhypothek in eine einfache Hypothek umgewandelt werden. Bei der ersteren Umwandlung ist nach § 1160, bei der letzteren nach § 1170 Abs. 1 zu verfahren. Die Umwandlung ist im Grundbuche anzumerken.

Bei der ersteren Umwandlung bleibt bis zur Aushändigung des Hypothekenbriefs an den Gläubiger die einfache Hypothek bestehen.

§ 1162 (1112).

Eine Abtretung der Forderung kann nur unter Uebergabe des Hypothekenbriefs erfolgen.

Im Falle der Zwangsvollstreckung gilt die Uebergabe des Hypotheken= briefs mit dem Zeitpunkte als bewirkt, in welchem der Hypothekenbrief von dem Gerichtsvollzieher behufs Ablieferung an den neuen Gläubiger weggenommen ist.

§ 1163 (1083).

Dem neuen Gläubiger können Einwendungen wider den Bestand der Forderung, die sich auf das Recht des Vorbesitzers des Hypothekenbriefes

---

Titel 2. Briefhypothek. In dem Anhange I ist dargelegt, daß der Hypothekenbrief des preußischen Rechts, der in den Entwurf aufgenommen ist, die Natur eines auf ein Grundstück gezogenen dinglichen Wechsels hat. Demgemäß ist auch in diesem Titel der ganze an die Briefhypothek sich knüpfende Verkehr geordnet. Namentlich bedarf es sorgsamer Vorschriften in der Richtung, daß der Hypothekenbrief nicht in unrechte Hände kommt, weil sonst die größte Gefahr für den Schuldner entsteht. Im Einzelnen habe ich hiernach meinen Vorschlägen nichts weiter hinzuzufügen.

beziehen, nur insoweit entgegengesetzt werden, als sie aus dem Hypotheken=
briefe sich ergeben, oder als die Voraussetzungen des § 963 wider ihn
vorliegen.

Die Zahlung fälliger Zinsen und Kosten, welche der Schuldner in
gutem Glauben an den bisherigen Gläubiger bewirkt hat, muß auch der
neue Gläubiger gegen sich gelten lassen.

§ 1164 (1085 Abs. 2).

Ist der Hypothekenbrief für ein Darlehn, das nicht als in bestimmter
Vergangenheit ausgezahlt bescheinigt ist, oder ohne Angabe eines Schuld=
grundes ausgestellt, so wird die Einrede des nicht gezahlten Geldes (§ 723)
auch einem weiteren Erwerber der Hypothek gegenüber erhalten, wenn der
Eigenthümer innerhalb 30 Tagen nach der Bestellung die Einrede beim Grund=
buchamte anmeldet. Die Anmeldung ist sofort im Grundbuche einzutragen
und dem eingetragenen Gläubiger davon Nachricht zu geben.

Auf Verlangen des Gläubigers ist nach Ablauf der gedachten Frist
vom Grundbuchamte auf dem Hypothekenbrief kostenfrei zu bescheinigen, daß
eine Anmeldung der Einrede nicht erfolgt sei.

§ 1165 (1115).

Ein Rechtsnachfolger, der die Ueberschreibung der Hypothek auf
seinen Namen erwirken will, hat zugleich den Hypothekenbrief vorzulegen.
Der erfolgte Eintrag ist vom Grundbuchamte auf dem Hypothekenbriefe
anzumerken.

§ 1166 (1122).

Wird die Forderung getheilt, so sind Theilhypothekenbriefe nach
Maßgabe der Grundbuchordnung zu bilden. Die Zustimmung des Hypo=
thekschuldners ist nicht dazu erforderlich.

§ 1167 (1118).

Der Gläubiger, der die Forderung geltend macht, hat den Hypo=
thekenbrief vorzulegen.

Auch bei der Mahnung oder bei der Kündigung der Forderung hat
auf Verlangen des Schuldners der Gläubiger durch Vorlage des Hypo=
thekenbriefs sich als dessen Inhaber auszuweisen.

§ 1168 (1119).

Bei Zahlung der Schuld erstreckt sich die im § 1147 bezeichnete
Verpflichtung auch auf Aushändigung des Hypothekenbriefs.

Bei einer Theilzahlung ist diese auf dem Hypothekenbriefe anzumerken.
Auch hat der Gläubiger auf Verlangen des Schuldners den Hypotheken=
brief zur Löschung dem Grundbuchamte einzureichen oder die Bildung
eines Theilhypothekenbriefs zu erwirken.

§ 1169 (1121).

Die §§ 1167 und 1168 finden keine Anwendung auf die Zahlung
fälliger Zinsen und Kosten.

§ 1170 (1109 Abs. 2).

Bei dem Antrage auf Löschung ist zugleich der erledigte Hypotheken=
brief dem Grundbuchamte einzureichen, das ihn zu vernichten hat.

Ist der Eigenthümer nicht im Besitze des erledigten Hypothekenbriefs, so kann er von dessen Inhaber verlangen, daß er denselben zwecks Löschung der Hypothek dem Grundbuchamte einreiche.

§ 1171 (1123).

Ist ein noch gültiger Hypothekenbrief dem Gläubiger abhanden gekommen oder zerstört, so unterliegt er der Kraftloserklärung im Wege des Aufgebotsverfahrens. Nach Erlaß des Ausschlußurtheils ist dem Gläubiger ein neuer Hypothekenbrief zu ertheilen und, daß dies geschehen, im Grundbuche anzumerken.

Zu dem Verfahren ist der Hypothekschuldner behufs Anerkennung des Bestandes der Hypothek besonders zu laden. Bestreitet er den Bestand, so kann der neue Hypothekenbrief erst ertheilt werden, nachdem der Bestand der Hypothek durch Urtheil festgestellt ist.

§ 1172 (1124).

Bei dem nach §§ 1157 und 1158 eingeleiteten Aufgebotsverfahren wird mit Erlaß des Urtheils, das die Löschung der Hypothek anordnet, zugleich der Hypothekenbrief kraftlos.

Titel 3. Grundschuld.

§ 1173 (1135).

Ein Grundstück kann nach Art der Hypothek (§ 1110) mit einer Forderung belastet werden, ohne daß für diese Forderung ein Schuldner persönlich haftet (Grundschuld).

— — — —

§ 1173. Die Grundschuld ist bekanntlich als ein zufälliges Produkt aus der Retorte hervorgegangen, in der Förster die preußische Hypothek einer Umschmelzung unterwerfen und dadurch zu einem abstrakten dinglichen Forderungsrecht extremster Art machen wollte. Er verfolgte dieses Ziel unter dem Wahlspruch: „Los von der persönlichen Forderung"; wobei er die persönliche Forderung mit der causa debendi der Hypothek verwechselte; (eine Verwechselung, die übrigens auch noch heute eine große Rolle spielt.) Im Herrenhause aber nahm man diesen Wahlspruch ernst und sagte: „Gut! wir wollen eine Hypothek schaffen, die der persönlichen Forderung völlig ledig ist. Das ist — die Grundschuld." So entstand die Grundschuld, an die Förster ursprünglich gar nicht gedacht hatte. Daß sie nur in der Form eines völlig abstrakten, wechselmäßig übertragbaren dinglichen Forderungsrechtes Aufnahme fand, hatte eben darin seinen Grund, daß sie an die Stelle der von Förster erstrebten gleichartigen Hypothek treten sollte. Ein innerer Grund liegt aber durchaus nicht vor, weshalb sie nicht ein Forderungsrecht jeder Art zur Grundlage nehmen könnte. Im Interesse wissenschaftlicher Klarstellung ist sie daher oben in dieser Allgemeinheit hingestellt. Praktisch ist freilich wenig daran gelegen; einmal, weil die Grundschuld überhaupt ein wenig praktisches Institut ist; sodann aber auch, weil, auch wenn das Gesetz nichts davon sagte, jede beliebige Forderung zu einer Grundschuld gemacht werden kann. Man braucht nur für die Forderung eine Hypothek sich bestellen zu lassen und dabei auf die persönliche Forderung (d. h. auf das Recht, die Forderung aus dem übrigen Vermögen des Schuldners beizutreiben) zu verzichten. Dann hat man die Grundschuld. Wer das für unzulässig erklären sollte, den bitte ich, auch nur einen einzigen, halbwegs verständigen Grund dafür zu sagen. Bei den ganzen üblichen Betrachtungen über Hypothek und Grundschuld wird man lebhaft an das erinnert, was Baco tanquam e vinculis sermocinari nennt.

§ 1174.

Auf die Grundschuld finden die Bestimmungen über die Hypothek Anwendung, soweit sie nicht auf den Mitbestand der mit der Hypothek verbundenen persönlichen Forderung sich beziehen.

Insbesondere kann für eine auf einen bestimmten Geldbetrag lautende Grundschuld ein Grundschuldbrief ausgestellt werden, auf den die für den Hypothekenbrief gegebenen Bestimmungen zur Anwendung kommen.

§ 1175.

Eine Grundschuld kann auch in der Art bestellt werden, daß der Eigenthümer einen bestimmten, der Grundschuld vorgehenden Werthbetrag des Grundstücks sich zur freien Verfügung vorbehält. Hat der Eigenthümer innerhalb dieses Werthbetrags nicht zu Gunsten Dritter verfügt, so ist er selbst berechtigt, beim Zwangsverkaufe des Grundstücks den vorbehaltenen Werthbetrag vor Befriedigung der Grundschuld aus dem Erlöse zu beziehen.

Titel 4. Richterlich angeordnete Hypotheken.

§ 1176 (1130).

Der Gläubiger, der eine Geldforderung rechtskräftig zuerkannt erhalten hat, die nicht bereits durch Hypothek zureichend gesichert ist, kann bei dem Vollstreckungsgerichte beantragen, daß zur Sicherung der Forderung

---

§ 1175. Die Bestimmung des preußischen Gesetzes, die auch in § 1142 d. E. übergegangen ist, wonach der Eigenthümer einen Grundschuldbrief auch auf seinen eigenen Namen stellen lassen kann, habe ich nicht mit aufgenommen. Ich verkenne nicht, daß die Einrichtung gewisse Bequemlichkeiten hat. Andererseits aber dient sie zu einer Mobilisirung des Grundbesitzes, die namentlich auch dazu mißbraucht werden kann, um das Grundeigenthum für Gläubiger unangreifbar zu machen. Ich halte hiernach die mit ihr verbundenen Gefahren für größer, als die Vortheile, und möchte sie deshalb meinerseits nicht empfehlen.

Dagegen liegt nicht der geringste Grund vor, weshalb man nicht eine Grundschuld auf jede beliebige Stelle des Werthes des Grundstücks legen könnte. Bei der Hypothek würde der Schuldner dadurch in Widerspruch mit der von ihm übernommenen persönlichen Verpflichtung kommen. Bei der Grundschuld fällt dieser Grund weg. Behält bei Bestellung einer Grundschuld der Eigenthümer sich vor derselben eine freie Stelle vor, so hat er damit sachlich alles, was er braucht. Diesen Vorbehalt in der Form eines auf den eigenen Namen gestellten Grundschuldbriefs zu thun, ist eine Unwahrheit, die das Gesetz nicht begünstigen soll.

§ 1176. Es ist neuerdings der Gedanke angeregt, eine Zwangshypothek, wenn sie auf mehrere Grundstücke gelegt werden muß, auf jedem Grundstück nur (nach Bestimmung des Gläubigers) getheilt zum Eintrag zu bringen. Dieser Gedanke hat ja, weil dadurch die Korrealität vermieden werden würde, etwas Ansprechendes. Ich glaube nur nicht, daß er in Ländern zertheilten Grundeigenthums gut durchführbar sein würde. Auch würde er, wie ich glaube, doch wieder Nachtheile zur Folge haben. Ein Gläubiger, der, um sicher zu gehen, seine Forderung auf zwanzig Grundstücken hätte eintragen lassen, müßte nun, um seine Forderung zu realisiren, sämmtliche Grundstücke zum Verkauf bringen, während ihm sonst schon der Verkauf weniger Grundstücke zu seinem Gelde verholfen hätte. Man scheint in Altpreußen sich kaum vorstellen zu können, wie verschiedenartig im Vergleich mit den dortigen Verhältnissen sich der Verkehr in den Ländern gestaltet, wo der Grundbesitz fast durchweg in kleine Stücke bis zur Größe von einigen Quadratruthen sich zertheilt.

das Grundbuchamt um Eintragung einer Hypothek auf dem Grundeigenthum des Schuldners ersucht werde (Zwangshypothek).

§ 1177 (1131).

Besitzt der Schuldner mehrere Grundstücke, so soll das Ersuchen sich auf Grundstücke in solchem Umfange beschränken, daß für die Forderung eine für die Belegung von Mündelgeldern zureichende Sicherheit erlangt wird. Sind Grundstücke in einem größeren, als dem vorbezeichneten Umfange mit der Zwangshypothek belegt worden, so kann der Schuldner verlangen, daß der Gläubiger einen entsprechenden Theil wieder freigebe.

§ 1178 (1132).

Noch vor rechtskräftiger Zuerkennung einer Forderung kann der Gläubiger, wenn die Voraussetzungen einer Arrestanlage vorliegen, bei dem für diese zuständigen Gerichte beantragen, daß zur Vollziehung des Arrestes das Grundbuchamt um Eintragung einer Hypothek auf dem Grundeigenthum des Schuldners ersucht werde (Arresthypothek). Die Vorschrift des § 1177 findet auch hier Anwendung. Erfolgt demnächst die Zuerkennung der Forderung, so bleibt die Arresthypothek als Zwangshypothek bestehen.

§ 1179 (1133).

Wird die Zwangsvollstreckung endgültig eingestellt oder der Arrest wieder aufgehoben, so erfolgt die Löschung der Hypothek — insofern nicht der Gläubiger selbst sie bewilligt — auf Ersuchen des Gerichts, das die Einstellung der Zwangsvollstreckung oder die Aufhebung des Arrestes angeordnet hat.

Anhang.

I. Die Buchhypothek.

Die Buchhypothek des Entwurfs ist eine überaus gefährliche Institution, und deshalb muß ihre Aufrechthaltung entschieden bekämpft werden. Die Gefahr besteht darin, daß in der Buchhypothek eine dingliche Forderung von wechselmäßiger Kraft geschaffen werden soll, die aber nicht an ein von Hand zu Hand gehendes Papier geknüpft ist. Man fragt nun: wie ist denn der Entwurf dazu gekommen, diese Art Hypothek aufzustellen? Die Motive (S. 617) sagen darüber: „In denjenigen Gebieten, in welchen das Grundbuch allein den Hypothekenverkehr vermittelt, hat sich ein Bedürfniß, hieran etwas zu ändern, nicht herausgestellt. Die Reichsgesetzgebung hat daher keine Veranlassung, dem Verkehr in diesen Gebieten die Möglichkeit zu entziehen, an der Hypothek ohne Hypothekbrief festzuhalten. Ein Bedenken gegen die Zulassung dieser Kategorie macht sich um so weniger geltend, als auch in Preußen und Mecklenburg der Verzicht auf Ausfertigung der Hypothekenurkunde gestattet ist (Pr. GBOrdnung § 122 und Meibom), mithin neben der Briefhypothek auch die Buchhypothek vorkommt." Hier sieht man einmal wieder, wie gefährlich es ist, sich an bloße Namen zu halten. Die Buchhypothek, so wie der Entwurf sie geordnet hat, besteht weder in Preußen noch in Mecklenburg, und sollte sie irgendwo anders in dieser Weise bestehen, so bildet sie dort ein sehr gefährliches Institut. Dies näher nachzuweisen ist der Zweck dieses Aufsatzes.

Der ursprüngliche Gedanke, der sich im römischen Recht an den Begriff des Forderungsrechts knüpfte, war der, daß die Forderung als ein Verhältniß zwischen Person und Person nicht übertragbar sei. Erst nach und nach entwickelte sich eine gewisse Uebertragbarkeit der Forderungen in der Form des Geschäftes, das wir heute Cession zu nennen pflegen, das aber doch die Forderung in ganz anderer Weise überträgt, als Eigenthum übertragen wird. Das Eigenthum geht bei der Uebertragung frei von allen ihm anhaftenden Schwächen auf den Erwerber über. Der Forderung bleiben bei der Uebertragung diese Schwächen anhaften. Der Cessionar muß sich alle Einreden aus der Person des Cedenten gefallen lassen. Das erkennen wir noch heute als das der Natur der Forderung entsprechende Recht an.

Im Mittelalter entstand nun im Handelsverkehr, zunächst der ita=
lienischen Städte, das Bedürfniß, ein Forderungsrecht zu schaffen, das,
ähnlich wie das Eigenthum, frei von allen daran haftenden Schwächen von
Einem auf den Andern übertragen werden könne. Dieser Gedanke wurde
dadurch ausführbar, daß man ein völlig abstraktes Forderungsrecht an ein
Papier knüpfte. Das war der Wechsel. Indem die Entstehung, die Ueber=
tragung und die Aufhebung der Wechselforderung durch die Hingabe des
Wechsels von Hand zu Hand vermittelt wurde, war es ohne erhebliche Ge=
fährdung von Rechtsinteressen thunlich, den Grundsatz aufzustellen: der
Erwerber des Wechsels erwirbt diesen frei von allen Einreden, die der
Person des Rechtsvorgängers gegenüber begründet waren. Das Rechts=
geschäft, das diese Art der Uebertragung bewirkt, ist das Indossament.
Die Uebertragbarkeit durch Cession oder durch Indossament begründen hier=
nach den charakteristischen Unterschied zwischen einfacher Forderung und
Wechselforderung. Aber die Uebertragung durch Indossament mit der
Wirkung des Ausschlusses aller Einreden wird doch nur dadurch möglich,
daß in dem Wechselpapier die Forderung sich verkörpert und daher der
Besitz des Wechsels einen Mißbrauch desselben ausschließt. Was würde
man wohl dazu sagen, wenn jemand vorschlüge, auch andere Forderungen,
die nicht an ein Papier geknüpft wären, für wechselmäßig übertragbar zu
erklären, d. h. sie frei von allen Einreden auf den Cessionar übergehen
zu lassen? Es würde ein Unfug ohne Gleichen daraus erwachsen.

Bei der preußischen Gesetzgebung des vorigen Jahrhunderts wollte
man, ohne Zweifel in Rücksicht darauf, daß die Ausleihungen auf Hypo=
thek einen großen Theil der Vermögensanlagen bilden, die hypothekarische
Forderung — man nennt sie in Preußen schlechtweg „Hypothek", obgleich
hypotheca nicht die Forderung, sondern das Unterpfand für die Forderung,
also das verpfändete Grundstück bezeichnet — zum Gegenstand eines mög=
lichst flotten Verkehres machen. Das preußische Landrecht bestimmte also,
daß Einreden gegen die Schuld, namentlich auch die Einrede der Zahlung
gegen den gutgläubigen Erwerber der Hypothek ausgeschlossen sein sollen;
(I. 20. § 423, § 522). Damit war also wechselmäßige Uebertragbarkeit
der Hypothekforderung geschaffen. Aber von vornherein war diese Hypothek
an einen Hypothekenbrief geknüpft, der die Rolle des Wechselpapiers über=
nahm. Schon die Hypothekenordnung vom 20. Dezember 1783 setzt für den
Eintrag einer Hypothek die Vorlage eines Instruments voraus (Tit. II.
§§ 1 u. ff.), auf das die Registratur über die geschehene Eintragung gesetzt
und das mit dem Hypothekenschein verbunden dem Extrahenten übergeben
wird (a. a. O. §§ 33 ff., 37 ff., 42 ff.). Sollte aber ein Legat oder
eine andere auf ein Gut eingetragene gesetzliche oder stillschweigende Hypothek,
über welche noch kein besonderes Schuldinstrument besteht, cedirt werden, so
mußte zuvor über die Schuld vom Schuldner eine Obligation ausgestellt
werden (a. a. O. § 205). Auch die Novelle vom 24. Mai 1853
(§§ 14, 15) hält an der Nothwendigkeit der Bildung eines Hypotheken=
instruments fest. Sie gestattet zwar Eintrag unter Verzicht auf ein Hypo=
thekeninstrument, aber nur bis zu einer Cession (§ 17). Förster in seinem

Privatrecht (2. Aufl., Bd. 3, § 199, Note 64) bezeugt ausdrücklich, daß die Anwendung des § 522 (dessen Ausdrucksweise etwas zweifelhaft ist) von der Praxis an die Voraussetzung geknüpft werde, daß vor der Cession ein Hypothekenbdokument ausgestellt sei.

Als im Jahre 1868 die ersten Entwürfe zu der neuen Grundbuchgesetzgebung vorgelegt wurden, sollte in diesen zwar die Hypothek zu einem formalen Forderungsrecht extremster Art umgebildet werden. Aber auch in diesen Vorlagen war an der Nothwendigkeit eines Hypothekenbriefs für die neuerdachte Hypothek festgehalten. Neben dieser Hypothek sollte nur noch eine „Kautionshypothek" — ein Begriff, der sich wohl in Anknüpfung an § 4 in Titel 20 I b. pr. Landrechts herangebildet hatte — bestehen, d. h. eine Hypothek für einen zur Zeit noch unbestimmten Anspruch. Nur diese Kautionshypothek sollte die Natur der gemeinrechtlichen Hypothek haben. Aus der in den Entwürfen angestrebten Hypothek ging bekanntlich die Grundschuld hervor, die unbedingt an einen Grundschuldbrief gebunden sein soll. Daneben wurde die Hypothek des alten Rechts im Wesentlichen aufrecht erhalten. Nur machte man die richtige Bemerkung, daß doch nicht in allen Verhältnissen, wo eine Hypothek für eine bestimmte Forderung errichtet werde, es ein Bedürfniß sei, diese zu einer dinglichen Wechselforderung zu machen. Man sagte also: es kann auch auf die Ausfertigung eines Hypothekenbriefes verzichtet werden (§ 122 der Gr. B. Ordnung). Aber man war nicht zweifelhaft, daß, wenn die Hypothek übertragen werden solle, die Bildung eines Hypothekenbriefs erforderlich sei. Dies bestimmt § 129 Abs. 2 der GBOrdnung. Will man nun die Hypothek, bei der auf einen Hypothekenbrief verzichtet worden ist, eine „Buchhypothek" nennen, so wird doch diese Buchhypothek erst übertragbar und folglich auch nach Wechselrecht übertragbar, wenn ein Hypothekenbrief darüber errichtet ist. Eine „Buchhypothek", die als solche wechselmäßig übertragbar wäre, kennt das preußische Recht nicht.

Minder klar liegt die Sache nach den (sehr verwickelten) Mecklenburger Gesetzen. Um hierüber größere Gewißheit zu erhalten, schrieb ich an einen mir nahestehenden Juristen, der in Mecklenburg eine hohe praktische Stellung einnimmt. Auf meine Darlegung der Frage, um die es sich handelt, erhielt ich folgende Antwort.

„Die mecklenburgischen Hypothekengesetze erfordern als Voraussetzung der Eintragung eine „das rechtliche Verhältniß der zu intabulirenden Belastung des Grundstücks angebende Urkunde" (Stadtbuch 5. 13, 1) und schreiben vor, daß über jede Eintragung ein Hypothekenschein, welchem die betreffende Urkunde anzuheften ist, auszufertigen sei (5. 16, 1 cod.). Meines Wissens findet sich nur in § 29 der Instr. zur Doman.-Hypothekenordnung von 1854 ausdrücklich die Möglichkeit erwähnt, daß der Gläubiger die Ausstellung des Hypothekenscheines „verbitten" könne. Soweit die Theorie. In der Praxis kommt ein Verzicht auf die Ausstellung des Hypothekenscheines niemals oder doch fast niemals vor. Mir ist ein solcher Fall niemals zu Gesicht gekommen, andere erfahrene Juristen, die ich aus Veranlassung Deiner Anfrage auf ihre Erfahrung interpellirte, sagten mir dasselbe. Die Leute hier zu Lande kennen eine Hypothek ohne Hypotheken= schein überhaupt nicht. Sollte eine solche Kreatur einmal vorkommen, so wäre das nur da denkbar, wo die Betheiligten es als zweifellos ansehen, daß die Hypothek keinenfalls in den Verkehr gezogen werden soll. Die Folge dieser Praxis ist natürlich die, daß die Uebelstände, einer Buch= hypothek hier gar nicht vorkommen. Daß sie vorkommen könnten und zweifellos auch vorkommen würden, wenn wir so thöricht wären, von der Buchhypothek Gebrauch zu machen, ist ja ganz gewiß. Wie hier aber die Sache thatsächlich liegt, ist eine Erörterung der Buchhypothek ein blos theoretisches Unternehmen. Meibom S. 149 drückt sich über das Rechts= verhältniß nicht ganz genügend aus. Allerdings kann der Gläubiger einer Hypothek, über die kein Hypothekenschein ausgestellt ist, eine „Hypothekklage" im Sinne der §§ 28 ff. der rev. Stadtbuchordnung — welche den Besitz des Hypothekenscheins voraussetzt — eben so wenig anstellen, wie er im Urkundenprozeß (§ 555 CPO) klagen kann. Ich sehe aber nicht ein, weshalb er nicht eine gewöhnliche Klage anstellen, das Kapital vom Schuldner erheben, auch die Hypothek übertragen, cediren kann. Die Bemerkung der Motive zum Entwurf III st. 617 bedarf also hinsichtlich Mecklenburgs der Hinzufügung, daß die Buchhypothek, wenn sie auch theoretisch denkbar wäre, praktisch nicht vorkommt. Deine Bedenken gegen diese Schöpfung des Entwurfs theile ich vollständig und ich wünsche Deinen Bemühungen den besten Erfolg."

Soweit die Aeußerung meines auch wissenschaftlich hervorragenden Mecklenburger Gewährsmannes. Man sieht hieraus, daß auch in Mecklen= burg die Buchhypothek des Entwurfs jedenfalls thatsächlich nicht besteht und daß auch niemand dort nach ihr verlangt.

Gleichwohl will der Entwurf auf Grund der Annahme, diese Hypo= thek bestehe schon in großen Gebieten Deutschlands, eine solche in die Welt setzen. Der § 1083 d. E. bestimmt für die „Buchhypothek" die wechsel= mäßige Uebertragbarkeit. Daraus ergiebt sich nun für den praktischen Gebrauch folgende Gefahr.

Wird eine Forderung abgetragen so wird der Schuldner kaum jemals in der Lage sein, die Löschung der Hypothek sofort zu erwirken. Es werden immer Tage, Wochen oder Monate darüber hingehen. Während dieser Zwischenzeit steht die Hypothek noch zur Verfügung des Gläubigers. Geht dieser an das Grundbuchamt und überträgt er dort die Hypothek auf einen Dritten, so ist diese Uebertragung rechtsgültig und der Schuldner muß an den Cessionar, wenn er nicht dessen bösen Glauben erweisen kann, noch einmal bezahlen. Diese Gefahr hört sofort auf, wenn die Forderung an einen Hypothekenbrief geknüpft ist. Denn dieser Brief muß gegen Zahlung der Schuld Zug um Zug dem Schuldner ausgehändigt werden. Hat aber der Gläubiger den Hypothekenbrief nicht mehr in Händen, dann kann er auch die Hypothek, selbst wenn sie noch nicht gelöscht ist, nicht mehr cediren. Also ist der Schuldner gesichert. Daß darin ein Unterschied liegt, das ist doch so klar wie der Tag.

Eine weitere Gefahr der Buchhypothek knüpft sich an die sog. Korreal=
hypothek, die ja in den Ländern zertheilten Grundbesitzes weitaus die Regel
bildet. Die Korrealhypothek bringt es mit sich, daß die nämliche Hypothek
an verschiedenen Stellen des Grundbuchs, vielleicht in verschiedenen Grund=
büchern, ja in den Grundbüchern verschiedener Gerichte zum Eintrag gelangt.
Natürlich darf der Gläubiger diese Hypothek, wenn sie auch auf jedem
Grundstück ganz haftet, doch immer nur einmal cediren. Daß dies aber
nicht an den verschiedenen Stellen des Eintrags mehrmals geschehe, dagegen
schützt nur der sog. Mithaftsvermerk, der nach § 78 der preuß. GBO.
(und auch nach der neu entworfenen GBO. § 33) eingetragen werden soll.
Die Eintragung dieses Vermerks kann aber leicht vergessen, er kann auch (da
er öfters nur in der Form weniger Buchstaben gemacht wird) leicht über=
sehen werden. Und dann ist der Gläubiger im Stande, die Hypothek an
jeder Stelle ihres Eintrags selbständig zu cediren; was bei wechselmäßiger
Kraft der Cession die Folge hat, daß der Schuldner mehrmals bezahlen
muß. Dasselbe kann eintreten, wenn vielleicht bei Löschung der Hypothek
einer der verschiedenen Einträge zu löschen vergessen ist. Das kann bei
einem im Besitz eines Dritten befindlichen Grundstück um so leichter ge=
schehen, als ja die Löschung nur auf Antrag des Eigenthümers erfolgen
soll. So lange aber die Hypothek noch nicht gelöscht ist, steht sie noch
immer dem Gläubiger für die Cession zur Verfügung. Diese ganze Gefahr
hört auf, sobald die Hypothek an einen Hypothekenbrief geknüpft ist. Diesen
Brief kann der Gläubiger nicht zur Vervielfältigung der Hypothek aus=
einander reißen. Das Grundbuch dagegen ist geduldig und nimmt an jeder
Stelle die Cession willig auf. (Ich mache diese Bemerkungen erst nach Be=
sprechung mit erfahrenen Grundbuchrichtern.)

Offenbar hat man in der Kommission diese Bedeutung des Hypothen=
briefes für die Sicherung des Rechtsverhältnisses nicht erkannt. Es ist
dort zur Sprache gekommen, daß in Preußen die Uebertragung der Hypo=
thek an einen Hypothekenbrief geknüpft sei. Die Motive (S. 619) sagen
aber: die Bestimmung in § 129 der pr. GBO. sei „vom Standpunkt
des Entwurfs nicht annehmbar. Vielmehr müsse die Buchhypothek, um dem
praktischen Bedürfnisse zu genügen, gleichwerthig mit der Briefhypothek da=
stehen, d. h. ebenso wie diese verkehrsfähig gestaltet werden". Auch hier
liegt ein Körnchen Wahrheit zu Grunde. Es ist ja sonderbar, daß die
„Buchhypothek" des preußischen Rechts als solche nicht übertragbar ist.
Es ist also gerechtfertigt, auch sie, und zwar ohne Umwandlung in eine
Briefhypothek, übertragbar zu machen. Die Frage ist nun die: wie soll
sie übertragbar sein? Soll sie auch ohne Hypothekenbrief wechselmäßig
übertragen werden? Darin, daß der Entwurf dies unternimmt, liegt der
Fehler. Eine Hypothek ohne Hypothekenbrief kann nur nach den Regeln
der Cession übertragen werden. Die wechselmäßig übertragbare Buchhypothek
des Entwurfs ist ein ungesunder Bastard von preußischer und gemeinrecht=
licher Hypothek und als solcher unhaltbar.

Wie ist nun die Sache zu gestalten? Man bleibe doch bei dem
preußischen Grundsatz, daß, wenn eine Buchhypothek mit der Wirkung des

Indossaments übertragen werden soll, sie erst in eine Briefhypothek verwandelt werden muß. Daneben kann man aber die Buchhypothek auch ohne das für übertragbar erklären, nur nicht nach den Regeln des Indossaments, sondern nach den Regeln der Cession. Dann kommt aber in Betracht, daß der Entwurf schon mit der „Sicherheitshypothek" eine sehr wesentliche Veränderung vorgenommen hat, die den Charakter der preuß. „Kautionshypothek" völlig aufgiebt. Die Sicherheitshypothek soll nicht bloß für unbestimmte, sondern auch für bestimmte Forderungen errichtet werden können. Damit ist die Sicherheitshypothek zu der gemeinrechtlichen Hypothek geworden. Eine solche „Sicherheitshypothek" ist aber auch von einer nach den Regeln der Cession übertragbaren „Buchhypothek" nicht im Geringsten verschieden. Und deshalb kann man beide zusammen schmelzen, unter welchem Namen es auch sein möge. Besitzt man diese Hypothek, die der einfachen persönlichen Forderung entspricht, und daneben noch die Briefhypothek, die der Wechselforderung entspricht, so steht dem Verkehr damit jede Art der dinglichen Verbindlichmachung zur Verfügung. Aber eine Hypothek ohne Hypothekenbrief und gleichwohl mit der Wirkung des Wechsels ausgestattet — eine Wechselforderung ohne Wechselbrief — ist ein juristisches Unding.

Auf dem Gebiete des Hypothekenwesens habe ich ziemlich reiche Erfahrungen aus meiner hessischen Heimath. Hier ist die große Masse des Grundbesitzes in den Händen mittlerer und kleiner Bauern. Ein sehr großer Theil dieses Grundbesitzes ist hypothekarisch verschuldet. Die Kreditgeber sind vielfach Persönlichkeiten, die geneigt sind, jede Schwäche des Gesetzes zu ihrem Vortheil auszubeuten. Der Bauer ist in seinen Rechtsangelegenheiten nicht sorgsam. Hat er ein Kapital abgetragen, so läßt er die Hypothek Monate, ja oft Jahre lang ungelöscht stehen. Er scheut die Wege und die Kosten. An diesen Verhältnissen ist auch nichts zu ändern. Wenn ich mir nun denke, wie die stets vorkommende Zwischenzeit zwischen Zahlung und Löschung von Kreditgebern der gedachten Art benutzt werden kann, um den Bauer ins Unglück zu bringen, so erfaßt mich ein wahres Grauen. Alle Tage würden natürlich solche Fälle nicht vorkommen. Aber wenn auch nur vereinzelt durch diese Irrung des Gesetzes ein unglücklicher Bauer in die Lage käme, sein schon abgetragenes Kapital noch einmal bezahlen zu müssen, und darüber zu Grunde ginge, so würde damit das Gesetzbuch doch eine schwere Verantwortung auf sich laden.

II. Die Eigenthümerhypothek.

Nach gemeinrechtlichen Grundsätzen rücken, wenn eine vorstehende Hypothek erledigt wird, die nachstehenden Hypotheken an deren Stelle vor. Nun ist nicht zu verkennen, daß darin unter Umständen eine Unbilligkeit liegt. In gewissen Fällen kann man es als ein Gebot der materiellen Gerechtigkeit ansehen, daß der Eigenthümer, wenn eine ältere Hypothek von ihm abbezahlt wird oder sonst sich in seiner Person vereinigt, das Recht erwerbe, das dafür Aufgewendete bei einem Zwangsverkauf des Grundstücks an der Stelle der früheren Hypothek vorweg zu nehmen. Fragen wir, welche Fälle dies seien, so sind es diejenigen, in denen der Eigenthümer den nachstehenden Gläubigern lediglich dinglich haftet. Denn hier liegt kein Grund vor, daß der Eigenthümer auf seine Kosten die Lage der nachstehenden Gläubiger verbessere. Er ist ihnen ja nichts weiter schuldig, als Befriedigung aus dem Grundstücke an derjenigen Stelle, an welcher sie den Eintrag erlangt haben. Sodann kommt in Betracht, daß der Eigenthümer ein großes Interesse dabei haben kann, seinen bisherigen Kredit sich dadurch zu erhalten, daß er an die Stelle einer älteren Hypothek eine andere mit dem nämlichen Vorrecht setzen kann. Es läßt sich sagen, daß ihm auch nach Abtrag einer Hypothek diese Befugniß verbleiben müsse, da ja dadurch den später eingetragenen Gläubigern kein Recht genommen werde.

Diese praktischen Bedürfnisse, hat man in Preußen damit befriedigen wollen, daß man den Grundsatz aufgestellt hat: Wenn der Eigenthümer eine ältere Hypothek abträgt oder wenn die ältere Hypothek durch Vereinigung von Eigenthum und Gläubigerrecht in seiner Person sich erledigt, so geht das Recht der noch ungelöschten Hypothek auf ihn über. Zunächst bestimmte § 52 im Anh. b. A.L.: Vereinigt sich das Recht der Hypothekforderung mit dem Eigenthume des Grundstücks, so kann, so lange die Hypothek nicht gelöscht ist, der Eigenthümer dieselbe an einen Andern abtreten. Eine Deklaration vom 3. April 1824 erweiterte diese Vorschrift dahin, daß der Eigenthümer, wenn er eine Hypothek abbezahle, alle Rechte eines Cessionars der Hypothek genießen solle. Daran anknüpfend bestimmte dann das Gesetz vom 5. Mai 1872: daß, wenn Eigenthum und ~~Hypothekenrecht~~ in einer Person sich vereinigen, desgleichen wenn der Eigenthümer eine Hypothek abbezahle oder sonst tilge, er das Recht erwerbe, die Hypothek auf den eigenen Namen umschreiben oder stehen zu lassen, auch über sie zu verfügen. Dies nennt man die Eigenthümerhypothek.

Es ist anzuerkennen, daß die Eigenthümerhypothek (die der Entwurf d. b. GB. vollständig aufgenommen hat) die oben gedachten Bedürfnisse befriedigt. Sie überschreitet dieselben aber auch in mehrfacher Beziehung, und wir müssen untersuchen, ob diese Ueberschreitungen sich rechtfertigen. Es kommen dabei drei Punkte in Betracht.

Der erste Punkt ist nur formeller Natur. Es wurde oben als ein Bedürfniß bezeichnet, daß der Eigenthümer zur Erhaltung seines Kredits an die Stelle der von ihm erledigten Hypothek eine neue setzen dürfe. Die „Eigenthümerhypothek" gewährt ihm diese Möglichkeit in einer erleichterten Form, nämlich in der Form einer Cession des vom Eigenthümer selbst erworbenen Rechts.

Tiefer eingreifend ist der zweite Punkt. Die Eigenthümerhypothek mit dem Recht auf Befriedigung aus dem Grundstücke vor den nachstehenden Gläubigern soll dem Eigenthümer zuwachsen allen später eingetragenen Gläubigern gegenüber, ohne Unterschied, ob er ihnen bloß dinglich, oder auch persönlich haftet. Erst hierdurch hat die preußische Eigenthümerhypothek eine Ausdehnung gewonnen, durch die sie zu einem sehr bedeutungsvollen Institut des Verkehrs geworden ist.

Der dritte Punkt liegt in der zur Herrschaft gelangten Annahme, daß die Eigenthümerhypothek nicht bloß das eigene Grundstück des zahlenden Eigenthümers, sondern auch die für die Hypothek mitverhafteten Grundstücke Dritter ergreife.

Wir wollen diese Punkte einzeln besprechen, und zwar in umgekehrter Ordnung.

Der dritte Punkt gestaltet sich also folgendermaßen. Gesetzt, es haftet eine Hypothek auf mehreren Grundstücken. Der Gläubiger wendet sich gegen den Eigenthümer eines dieser Grundstücke und fordert Zahlung. Läßt nun der angegangene Eigenthümer es geschehen, daß sein Grundstück zum Zwangsverkauf gebracht und dadurch der Gläubiger befriedigt wird, so erlischt damit die Hypothek an allen übrigen Grundstücken (§ 1078 b. G.) und der Eigenthümer des verkauften Grundstücks muß allein den Schaden auf sich nehmen. Gelingt es aber dem Eigenthümer, vor dem Zwangs= verkauf das Geld aufzutreiben und damit den Gläubiger zu befriedigen, so erwirbt er nun die „Eigenthümerhypothek". Kraft dieser soll er berechtigt sein, jeden anderen Eigenthümer eines mitverhafteten Grundstücks zu belangen und ihm das Gezahlte wieder abzuholen. Er kann also den ganzen Schaden auf einen Andern abwälzen. Natürlich wird in einem solchen Verhältnisse ein schlauer Mensch sich beeilen, seinerseits den Gläubiger zu befriedigen. Dann hat er die übrigen mit ihm in gleicher Lage befindlichen in der Tasche.

Nun frage ich: ist denn wirklich ein innerer Unterschied vorhanden zwischen dem Falle, daß jemand durch freiwillige Zahlung, oder daß er durch Zwangsverkauf den Gläubiger befriedigt hat? Das eine wie das andere Mal befriedigt er ihn doch aus seinem Vermögen. Entweder ent= spricht es der Gerechtigkeit, daß er es sich dafür an einem Andern erholen könne, oder es entspricht ihr nicht. Dies kann aber doch nicht davon abhängig erklärt werden, in welcher Form er den Gläubiger befriedigt hat. Die ganze Unterscheidung zwischen dem Rechte des Eigenthümers, je nachdem er freiwillig oder durch Zwangsverkauf seines Grundstücks gezahlt hat, ist rein willkürlich und ungerecht. Diese Unterscheidung knüpft sich aber an die Eigenthümerhypothek.

Wir wollen nun den Fall verfolgen, wie sich die Sache gestaltet, wenn der zahlende Eigenthümer kraft der erworbenen Eigenthümerhypothek seinen Rückgriff gegen einen andern Eigenthümer nimmt. Denken wir, der persönliche Schuldner hat zwei von ihm verpfändete Grundstücke, das eine an A, das andere an B verkauft und den Käufern Löschung versprochen. Er ist aber durchgegangen, so daß der Gläubiger sich nur noch an die Grundstücke halten kann. Er wendet sich gegen A. Dieser läßt es aber nicht zum Zwangsverkauf kommen. Er erhält das Geld von einem Freunde geborgt, zahlt den Gläubiger ab und hat nun die Eigenthümerhypothek erworben. Damit wendet er sich nun gegen B. Läßt B. es zum Zwangs= verkauf kommen, so ist die Sache fertig und er muß den Schaden auf sich behalten. Bekommt aber auch er das Geld geliehen und bezahlt er den A. ab, so hat nun wieder er die Eigenthümerhypothek gewonnen und er kann sich damit wieder gegen A. wenden und von diesem das Gezahlte ersetzt verlangen.

17*

So würde das Spiel fortgehen, wenn nicht ein juristischer Kunstgriff gegeben wäre, der der Sache ein Ende machte. Derjenige, der gerade an der Reihe ist, die Eigenthümerhypothek gegen den Andern geltend zu machen, kann nämlich die Hypothek auf seinem Grundstück löschen lassen. (Das ist nach der Entsch. d. RG. Bd. 3 Nr. 73 völlig zulässig.) Wenn dann der neue Erwerber der Eigenthümerhypothek diese gegen ihn geltend machen will, so findet er nichts mehr vor. Auch hier also trägt die Schlauheit den Sieg davon.

Noch schlimmer gestaltet sich die Sache, wenn wir uns denken, A. hätte bei dem Kaufe seines Grundstücks die Schuld übernommen und um so viel weniger an Kaufpreis bezahlt. Auch dann würde A., wenn er den Gläubiger ausbezahlte, die Eigenthümerhypothek erwerben und kraft derselben berechtigt sein, gegen B. seinen Regreß zu nehmen, also Ersatz für die Bezahlung einer Schuld zu fordern, die durch die Schuldübernahme seine eigene geworden ist. Man würde vielleicht in diesem Falle (wenigstens gemeinrechtlich) dem B. eine exceptio doli gegen die Klage des A. gestatten. Im Entwurfe steht aber die exceptio doli überhaupt auf sehr schwachen Füßen und sie soll auch (nach § 779) in drei Jahren verjähren. Ob hiernach in einem solchen Falle nicht doch der A. mit seinem Anspruch aus der Eigenthümerhypothek durchlangte, ist mindestens zweifelhaft. Daß damit ein grobes Unrecht geübt würde, ist unzweifelhaft.

Die Motive d. E. (S. 729) sagen: die Erstreckung der Eigenthümerhypothek auf die Grundstücke Dritter sei „vielleicht eine nothwendige Konsequenz aus dem Wesen der Eigenthümerhypothek". Jedenfalls diene sie dazu, der Eigenthümerhypothek die Lebensfähigkeit auch in denjenigen Gebieten zu sichern, in denen die Verpfändung mehrerer Grundstücke üblich sei. Ich kann dem nur entgegenstellen, daß die Eigenthümerhypothek in ihrer Anwendung auf die Grundstücke Dritter zu den größten Willkürlichkeiten und Ungerechtigkeiten führt. Die Frage, ob ein Hypothekschuldner, der zur Zahlung genöthigt worden ist, gegen einen der andern correaliter haftbaren einen Rückgriff oder einen Anspruch auf Ausgleich habe, kann immer nur von dem materiell zwischen den Betheiligten bestehenden Verhältnisse, nicht aber von dem zufälligen Umstande abhängen, wer zuerst den Gläubiger bezahlt hat. Dabei muß freilich zur Sicherung dieser Ansprüche ein Uebergang des Hypothekenrechts stattfinden. So ist die Sache oben in den §§ 1132—1136 zu regeln versucht worden. Die Eigenthümerhypothek aber kann dafür keinen Ersatz bieten. Sie macht die Frage, wer den Schaden zu tragen hat, zu einer Sache des Zufalls und — der Schlauheit. In ihrer Ausdehnung auf die Grundstücke Dritter ist also die Eigenthümerhypothek unbedingt verwerflich.

Dagegen läßt sich über den oben erwähnten zweiten Punkt wohl streiten. Die Fälle, in denen ein Hypothekschuldner dem Gläubiger lediglich dinglich haftet, sind folgende. Es kann der Eigenthümer sein Grundstück für eine fremde Schuld verpfändet haben. Er kann das verpfändete Grundstück gekauft haben, ohne die persönliche Schuld zu übernehmen. Endlich kommt auch noch der Fall der Grundschuld hinzu.

In diesen Fällen ist es durchaus gerechtfertigt, daß der Eigenthümer, der eine ältere Hypothek abbezahlt hat, das Gezahlte beim Zwangsverkauf des Grundstücks den später eingetragenen Gläubigern vorwegnehmen darf. Die Frage ist nun: ist dasselbe auch gerechtfertigt allen andern Gläubigern gegenüber? Man kann dafür anführen, daß ja jeder Gläubiger das Recht auf Befriedigung aus dem Grundstücke nur an der ihm angewiesenen Stelle erwerbe, also ihm kein Unrecht geschehe, wenn ihm der Vorerlös weggenommen werde. Es ist das der Gedanke der sog. fixirten Prioritäten. Dieser Gedanke geht davon aus, daß eigentlich nur dem Grundstücke kreditirt werde. Man denkt sich unter dem Nachhypothekar einen Mann, der gerade an der schlechteren Stelle das Grundstück beliehen, dafür aber um so größere Zinsen sich ausbedungen habe. Da, sagt man, ist es doch nicht mehr wie billig, als daß er auch an dieser schlechtern Stelle festgehalten wird. Es mag sein, daß diese Auffassung dem Geschäftsbetriebe mancher Verkehrskreise entspricht. Zu dem Wesen der Hypothek scheint sie mir aber nicht zu passen. In der preuß. Eigenthümerhypothek ist gewissermaßen schon die Grundschuld als das gangbare Rechtsinstitut anticipirt. Für diese paßt sie ganz und gar.

Der, welcher eine Schuld unter Verpfändung seines Grundstücks eingeht, übernimmt damit eine doppelte Verpflichtung. Er will dem Gläubiger haften einmal mit seinem ganzen Vermögen (persönliche Schuld) und sodann noch besonders mit seinem Grundstück (Hypothek). Ich meine nun, es entspräche nicht dieser doppelt eingegangenen Verpflichtung, daß der Eigenthümer, wenn sein Grundstück zum Verkaufe gebracht wird, seinem Gläubiger soll sagen dürfen: „Ich hafte dir zwar mit meinem ganzen Vermögen, wozu auch dieses Grundstück gehört. Vorerst aber stecke ich aus dem Erlöse dieses Grundstücks so und so viel in die Tasche. Magst du sehen, wie du das von mir Bezogene im Wege der Mobiliarexekution wieder erlangst!" Für den natürlich empfindenden Menschen dürfte das mit Treu und Glauben schwer vereinbar sein. Auch ist es nicht richtig, wenn man den Nachhypothekar immer nur für einen üblen Spekulanten hält. Unzählige Nachhypotheken gehen aus einem zunächst persönlich gewährten Kredit hervor. Nachträglich wird, um den Gläubiger möglichst zu sichern, eine Hypothek bestellt. Natürlich kann sie nur eingetragen werden an der Stelle, wo noch Platz ist. Der Schuldner will damit dem Gläubiger so viel Sicherheit gewähren, als er eben gewähren kann. Entspricht es nun wohl unter solchen Verhältnissen der natürlichen Billigkeit, daß der Eigenthümer doch wieder, wenn eine ältere Hypothek sich erledigt hat, dem Gläubiger, den er möglichst hat sichern wollen, ein Stück Geld vorwegnehmen darf?

Eben so wenig kann ich es für eine Forderung der Billigkeit halten, daß die durch eine erledigte ältere Hypothek entstehende Eigenthümerhypothek für sämmtliche Gläubiger ein neues Executionsobjekt abgebe, auf das sie sich in Konkurrenz mit den schon eingetragenen Gläubigern stürzen dürfen; wobei sie dann durch schnellen Wettlauf diesen zuvorkommen können. Es scheint mir mindestens ebenso natürlich, daß der Gläubiger, der bereits eingetragen ist, vor allen noch nicht eingetragenen Gläubigern den Vorzug behält.

Jene Hetzjagd nach der Beschlagnahme einer Eigenthümerhypothek ist eine der häßlichsten Erscheinungen des Rechtslebens.

Man muß bei Fragen dieser Art stets im Auge behalten, wie die Uebungen des Verkehrs sich zu ihnen stellen. Bei weitem die häufigsten Fälle der Eigenthümerhypothek werden sich heutzutage aus folgenden Verhältnissen ergeben. Es kommt immer mehr in Uebung, daß größere Kreditinstitute, die ja zur Zeit einen sehr großen Theil des hypothekarischen Kredits beherrschen, Geld nur unter der Bedingung ausleihen, daß mit der Zinszahlung ein Kapitalabtrag verbunden wird. Dadurch erwächst nun für die Eigenthümerhypothek ein überaus reiches Feld. Denn jede Zinszahlung begründet in dem mit ihr verbundenen Kapitalabtrag eine neue Eigenthümerhypothek. Ich will die Sache an einem lebendigen Beispiel anschaulich zu machen suchen. Die hessische Landeskreditkasse hat ungefähr 80 Millionen Mark in etwa 40000 Posten auf Hypotheken ausstehen, so daß der durchschnittliche Betrag eines Darlehens 2000 Mark beträgt. Sie erhebt davon 4 Prozent Zinsen, welche halbjährlich gezahlt werden. Mit der Zinszahlung muß ein Kapitalabtrag je nach Verabredung von $1/_2$, 1 oder $1^1/_2$ Prozent, geleistet werden. Daneben kommen auch noch vielfach freiwillige Rückabträge vor. Im Jahr 1890 betrugen die auf diese Weise zurückgezahlten Beträge 4 348 165 Mark. Eine solche Summe, die sich in Posten der verschiedensten Art auf ungefähr 40000 Schuldner vertheilt, wird also alljährlich für die Eigenthümerhypothek reif. Nun ist zwar die Eigenthümerhypothek bereits seit 1874 in Kurhessen eingeführt. Bisher ist sie aber in den weitern Kreisen des Volkes ganz unbekannt geblieben. Es ist daher verhältnißmäßig nur wenig davon Gebrauch, sie als Executionsobjekt zu benutzen. Denken wir aber, daß dies in Uebung käme und daß überall bei schwachen Schuldnern auf die durch die halbjährliche Zinszahlung reif werdende Eigenthümerhypothek ein Treibjagen aller Gläubiger stattfinde, welche Beschwerung unserer Gerichte und wie viele verworrene Rechtsverhältnisse würden daraus hervorgehen. Und nun denke man sich noch, wie viel Kassen in Deutschland bestehen, bei denen das Geld unter ähnlichen Bedingungen ausgeliehen wird.

Ich kann mich daher nicht davon überzeugen, daß die Eigenthümerhypothek in ihrer Ausdehnung auf solche, denen der Eigenthümer zugleich persönlich haftet, wohlthätig wirken würde. Immerhin erkenne ich an, daß eine Ordnung der Eigenthümerhypothek in dieser Weise möglich ist; während ich eine Ausdehnung der Eigenthümerhypothek auf die Grundstücke Dritter für unvereinbar mit dem Rechte halte.

Daß die Eigenthümerhypothek, wenn man sie auf die Fälle beschränkt, in denen der Eigenthümer den nachstehenden Gläubigern lediglich dinglich haftet, an Bedeutung sehr verlieren würde, ist schon oben bemerkt worden. Das würde aber auch kein Unglück sein. Denn ich glaube, daß selbst in Preußen es nur wenige Juristen giebt, die in der Eigenthümerhypothek ein erfreuliches Rechtsinstitut erblicken.

Uebrigens könnte auch bei einer Beschränkung der Eigenthümerhypothek der Eigenthümer sich gegen das Vorrücken der eingetragenen Gläubiger dadurch bewahren, daß er ihnen, statt einer Hypothek, nur eine Grundschuld bewilligte. Mit dieser wäre der Gläubiger an seine Stelle gefesselt.

Das Interesse des Eigenthümers, an der Stelle einer erledigten älteren Hypothek sich weiteren Kredit zu verschaffen, findet am unbedenk= lichsten Berücksichtigung in der Art, daß er von dem Gläubiger, dessen Hypothek er abbezahlt, statt Quittung auch Cession an einen neuen Gläubiger fordern darf (§ 1153). Der weitergehende Gedanke, daß der Eigenthümer auch an der Stelle einer bereits quittirten älteren Hypothek eine neue errichten könne, ist eine Konzession in der Richtung des Gedankens der Eigenthümerhypothek. Sie ist nicht ohne Bedenken und kann auch mißbraucht werden. Dennoch wird man im Interesse der Förderung des Kredits diese Befugniß dem Eigenthümer als ein persönliches beneficium wohl gewähren können. Die Frage, ob nun diese neue Hypothek in der Form einer Neubestellung, oder besser in der Form der „Cession der Eigen= thümerhypothek" geschehe, ist im Grunde nur eine Frage der Bequemlichkeit und vielleicht der Kosten. Die Kostengesetze sind aber nur willkürliche Schöpfungen. Setzte man die Kosten für eine derartige Neubestellung auf die Kosten einer Cession herab, so wäre dieser Schaden gehoben. Jedenfalls wäre es keine weise Gesetzgebungspolitik, die Eigenthümerhypothek mit allen ihren Konsequenzen deshalb anzunehmen, damit sie den Betheiligten Gelegen= heit gebe, mit den Kostengesetzen des Staates sich leichter abzufinden.

Aus diesen Gesichtspunkten sind die obigen §§ 1154 und 1155 entworfen worden.

Viertes Buch.

Familienrecht.

Erster Abschnitt. Ehe.

Titel 1. Eingehung der Ehe.

I. Verlöbniß.

§ 1180 (1227).

Aus dem Verlöbniß findet eine Klage auf Schließung der Ehe nicht statt.

§ 1181 (1228).

Tritt ein Verlobter von dem Verlöbniß zurück, ohne daß ein wichtiger den Rücktritt rechtfertigender Grund vorliegt, so hat er dem anderen Verlobten und dessen Eltern Ersatz für die Vermögensaufwendungen zu leisten, die diese in Erwartung der Eheschließung gemacht haben. Dieselbe Verpflichtung liegt dem Verlobten ob, der durch sein Verschulden dem anderen Verlobten gerechtfertigten Grund zu dem erfolgten Rücktritte gegeben hat.

§ 1182.

Die in § 1181 bezeichnete Verpflichtung tritt nur infolge eines Verlöbnisses ein, das öffentlich oder bei Verwandten oder Bekannten kundgegeben oder in gerichtlicher oder notarieller Form erklärt war. Sie ist auch ausgeschlossen, wenn das Verlöbniß ohne Einwilligung der Personen eingegangen war, deren Einwilligung zur Eheschließung erforderlich ist.

§ 1183.

Das Versprechen einer Strafleistung zur Aufrechthaltung eines Verlöbnisses ist unwirksam.

§§ 1184, 1185.

(— Rückforderung der Geschenke, kurze Verjährung für die Ansprüche aus aufgelöstem Verlöbnisse — wie §§ 1229, 1230 d. E.)

II. Ehehindernisse.

§ 1186 (1231).

Ein Handlungsunfähiger kann keine Ehe schließen.

§ 1187 (1232).

Ein Minderjähriger bedarf zu der Eheschließung der Einwilligung seines gesetzlichen Vertreters.

Die versagte Einwilligung des Vormundes kann durch die Einwilligung des Vormundschaftsgerichts ergänzt werden. Das Gericht hat auf Antrag des Minderjährigen die Einwilligung zu ergänzen, wenn eine Sachuntersuchung ergiebt, daß die Eheschließung im Interesse des Minderjährigen liegt.

Die versagte Einwilligung der Eltern kann nur auf dem in § 1195 bezeichneten Wege ergänzt werden.

§ 1188 (1233).

Eine Ehe soll nicht geschlossen werden, wenn der Mann noch nicht volljährig oder für volljährig erklärt ist und wenn die Frau noch nicht das sechszehnte Lebensjahr überschritten hat.

Ablaß von dieser Vorschrift ist zulässig, wenn der Mann über achtzehn, die Frau über vierzehn Jahre alt ist (Ehemündigkeit).

---

§ 1187. Hier ist statt des „in der Geschäftsfähigkeit Beschränkten" der Minderjährige gesetzt, um die Sache anschaulicher zu machen. Daß der Verschwender demselben Rechte unterliegt, versteht sich nach § 83 (70) von selbst.

§ 1188. Die hier vorgeschlagene Bestimmung steht in Verbindung damit, daß ich es für geboten erachte, Ehen, die von Personen unter 18 und 14 Jahren eingegangen sind, als nichtig zu behandeln. Ich würde deshalb den Begriff der „Ehemündigkeit" auf diese Personen beschränken. Das Alter von 18 und 14 Jahren war in dem früheren preußischen Rechte überhaupt die Grenze für die Heirathsfähigkeit. Neben Aufstellung dieses Begriffes der Ehemündigkeit erscheint gleichwohl angemessen, als Regel (d. h. wenn keine Dispensation erfolgt) ein noch höheres Alter für die Eheschließung zu fordern. Die Einhaltung dieser Schranke würde dann allerdings nur durch die Disciplin der Standesbeamten aufrecht zu halten sein. Was nun diese höhere Altersgrenze betrifft, so würde ich dieselbe (übereinstimmend mit dem in der JSt. S. 19 mehrfach Bemerkten) für den Mann auf die Volljährigkeit stellen. Es kommt bei der Eheschließung nicht bloß die Frage der körperlichen Reife, sondern auch der Umstand in Betracht, daß die Eingehung einer Ehe eine der wichtigsten Entschließungen des ganzen Lebens ist. Außerdem aber vereinfachen sich alle Verhältnisse in hohem Maße, wenn man für Männer das Heirathsalter mit der Volljährigkeit zusammenfallen läßt. Ein praktisches Bedürfniß, es um ein Jahr niedriger zu setzen, besteht in Wirklichkeit nicht. Wo ausnahmsweise das Bedürfniß einer früheren Verheirathung eintritt, kann Dispensation oder Volljährigkeitserklärung helfen. Wir werden übrigens auf die Frage noch bei § 1286 zurückkommen.

Statt des Wortes „Dispensation" wird von mir das Wort „Ablaß" vorgeschlagen. Meinem Sprachgefühl nach drückt es die Sache richtig aus. Jedenfalls würde damit ein gutes deutsches Wort wieder zu Ehren kommen.

§ 1189 (1234).

Niemand kann eine neue Ehe schließen, bevor seine frühere Ehe aufgelöst oder für ungültig oder nichtig erklärt ist.

§ 1190 (1235, 1464).

Ist einer der Ehegatten für todt erklärt, so gilt mit Rechtskraft des Urtheils die Ehe als aufgelöst.

Sie bleibt auch bei Rückkehr des Verschollenen aufgelöst, wenn inzwischen der andere Ehegatte sich wieder verheirathet hat und dabei beide Eheschließenden in gutem Glauben gewesen sind.

Hat der andere Ehegatte sich nicht wieder verheirathet, so findet § 24, und ist die neue Ehe nicht von beiden Theilen in gutem Glauben geschlossen worden, § 1290 Anwendung.

§ 1191 (1236).

Eine Ehe kann nicht geschlossen werden:

1. zwischen Verwandten in gerader Linie;
2. zwischen vollbürtigen oder halbbürtigen Geschwistern;
3. zwischen Stiefeltern und Stiefkindern, Schwiegereltern und Schwiegerkindern jeden Grades.

Es begründet keinen Unterschied, ob das Verwandtschafts- oder Schwiegerschaftsverhältniß auf ehelicher oder unehelicher Geburt beruht und ob die Ehe, welche die Stief- oder Schwiegerverbindung begründet hat, noch fortbesteht oder durch Tod, Scheidung oder durch Ungültig- oder Nichtigerklärung gelöst ist.

§ 1192 (1240).

Wer jemanden an Kindesstatt angenommen hat, darf, so lange die Annahme an Kindesstatt besteht, mit seinem Wahlkinde oder mit dessen Kindern keine Ehe schließen. Im Uebrigen begründet die Annahme an Kindesstatt kein die Eheschließung hinderndes Verwandtschaftsverhältniß.

§ 1193 (1237).

Eine Ehe darf nicht geschlossen werden zwischen dem wegen Ehebruchs geschiedenen Ehegatten und dem, mit welchem der Ehebruch begangen ist, sofern dieser Ehebruch in dem Scheidungsurtheile als Scheidungsgrund festgestellt ist.

Ablaß ist zulässig.

§ 1194 (1238).

(Abs. 1 — Erforderniß der elterlichen Einwilligung zur Ehe — wie Abs. 1 des § 1238 d. E.)

Die Einwilligung des Vaters oder der Mutter muß persönlich erklärt werden. Auch bedürfen die Eltern zu ihrer Einwilligung nicht der Zustimmung ihres gesetzlichen Vertreters.

§ 1195 (1238 Abf. 3, 4).

Einem Kinde, das die Volljährigkeit erreicht hat, können Eltern ihre Einwilligung zur Eheschließung nur verweigern, wenn ein nach den Umständen des Falles die Weigerung rechtfertigender Grund dafür vorliegt. Als ein solcher ist es insbesondere anzusehen, wenn für die zu schließende Ehe die Mittel zur Erhaltung einer Familie fehlen.

Bei ungerechtfertigter Weigerung steht dem Kinde die Klage auf richterliche Ergänzung der Einwilligung zu.

§ 1196 (1239).

Bei einem Wahlkinde hat an der Stelle der leiblichen Eltern derjenige, der das Kind angenommen hat, die Einwilligung zur Eheschließung zu ertheilen. Ist das Kind von einem Ehepaar angenommen, so steht die Einwilligung zunächst dem Wahlvater und nach dessen Tode der Wahlmutter zu.

Nach Aufhebung der Annahme an Kindesstatt treten die leiblichen Eltern in das Recht der Einwilligung wieder ein, wenn sie nach § 1464 die elterliche Gewalt über das Kind wieder erlangen.

§ 1197 (1241).

Eine Frau darf vor Ablauf von zehn Monaten von dem Zeitpunkte an, wo ihre frühere Ehe aufgelöst oder für nichtig oder ungültig erklärt ist, eine neue Ehe nicht schließen.

Ablaß ist zulässig.

§§ 1198—1199.

(— Sicherung minderjähriger Kinder bei Eheschließungen — Ehe von Militärpersonen, Beamten und Ausländern — wie die §§ 1242 bis 1243 b. E.)

§ 1200 (1244).

Die Befugniß zur Ertheilung des nach den §§ 1188, 1193, 1197 zulässigen Ablasses steht dem Staate zu (2c. wie § 1244).

III. Eheschließung.

§ 1201 (1245).

Die Ehe kann nur vor einem Standesbeamten geschlossen werden.

Als vor einem Standesbeamten geschlossen ist die Ehe ungeachtet eines Mangels in der Bestellung des Standesbeamten auch dann anzusehen, wenn die Person, vor welcher die Eheschließung stattgefunden hat,

---

§ 1195. Ich würde bei der Vorschrift in § 32 des RG. vom 6. Februar 1875 beharren. Ich kann es nicht für angemessen halten, daß schon ein 16jähriges Mädchen seine Eltern auf Einwilligung zu einer Eheschließung verklagen könne. In diesem Alter ist das Mädchen oft noch ein Kind.

öffentlich als ordnungsmäßig bestellter Standesbeamte gehandelt hat und demgemäß für den Standesbeamten von den Eheschließenden gehalten wurde und gehalten werden konnte.

§§ 1202, 1203.

(— Zuständigkeit des Standesbeamten — wie §§ 1246 u. 1247 b. E.)

§ 1204.

(— Form der Eheschließung — wie § 1248 b. E., jedoch unter Streichung der Worte „in Gegenwart von zwei Zeugen".)

§ 1205 (1249).

Der Standesbeamte soll bei der Eheschließung in Gegenwart von zwei Zeugen an die Verlobten 2c. (wie in § 1249 b. E.)

Titel 2. Wirkungen der Ehe.

§ 1206 (1272).

Die Ehegatten sind einander zur ehelichen Lebensgemeinschaft verpflichtet.

§ 1207 (1273).

Dem Manne steht die Entscheidung in allen das gemeinschaftliche eheliche Leben betreffenden Angelegenheiten zu. Er bestimmt insbesondere den Wohnort und die Wohnung.

Die Frau ist nur dann nicht verpflichtet, der Entscheidung des Mannes Folge zu geben, wenn diese als eine mißbräuchliche Ausübung der eheherrlichen Rechte sich darstellt.

Insbesondere ist die Frau nicht verpflichtet, dem Mann zu folgen, wenn dieser, um sich der Strafverfolgung wegen eines Verbrechens oder schweren Vergehens zu entziehen, sich in das Ausland begeben hat.

§ 1208 (1276).

Wider den Ehegatten, der sich widerrechtlich der ehelichen Lebensgemeinschaft entzieht, steht dem anderen Ehegatten die Klage auf Herstellung des ehelichen Lebens zu.

---

§ 1201. Daß es geboten erscheint, die Fälle der Nichtigkeit der Ehe wegen Formmangels der Eheschließung auf das knappste Maß zu beschränken, ist auch schon von anderer Seite bemerkt worden und schließe ich mich dieser Ansicht in vollem Maße an.

Titel 2. Der im Entwurf an Titel 1 sich anschließende Abschnitt „Ungültigkeit der Ehe" ist hier zunächst übergangen, und wird unten in Verbindung mit der Scheidung der Ehe gebracht werden. Die Gründe dafür werde ich später darlegen.

Ich schließe hier die allgemeine Bemerkung an, daß ich in diesem und den folgenden Titeln überall, wo kein Zweifel dadurch entstehen kann, statt der Ausdrücke „Ehemann" und „Ehefrau" die Ausdrücke unserer Volkssprache Mann und Frau gebrauche. Die Sprache des Entwurfs ist Zopfstil.

§ 1207. In Absatz 3 bin ich dem Vorgange des pr. LR. II, 1 § 681 gefolgt, der mir sehr verständig zu sein scheint.

§ 1209 (1274).

Die Frau erhält den Namen und den Stand des Mannes.

§ 1210 (1275).

Die Frau ist berechtigt und verpflichtet, unter der aus § 1207 Abf. 1 sich ergebenden Beschränkung die Verwaltung des gemeinsamen Haushaltes zu führen.

(Abf. 2 wie Abf. 2 in § 1275 b. E.)

§ 1211 (1277).

Die Frau kann sich zu persönlichen Leistungen Dritten gegenüber nur mit Einwilligung des Mannes verpflichten.

Eine von ihr eingegangene Verpflichtung dieser Art ist jedoch bindend, so lange nicht der Mann die Einwilligung dem Dritten gegenüber ausdrücklich versagt.

Leben die Ehegatten getrennt, so findet für die Dauer der Trennung Abf. 1 keine Anwendung.

§ 1212 (1278).

Die Frau ist befugt, innerhalb ihres häuslichen Wirkungskreises den Mann zu vertreten. Rechtsgeschäfte, die sie innerhalb dieses Wirkungskreises vornimmt, gelten als im Auftrage des Mannes vorgenommen, wenn nicht die Umstände klar ein Anderes ergeben.

Der Mann kann die vorgedachte Befugniß der Frau beschränken, sie ihr auch vollständig entziehen. Die vom Manne getroffene Verfügung bedarf der Veröffentlichung nach Maßgabe des § 1283.

Die Frau hat Anspruch auf Herstellung ihrer Befugnisse, wenn die Beschränkung oder Entziehung als ein Mißbrauch der eheherrlichen Rechte sich darstellt.

§ 1213 (1280, 1281).

Der Mann hat der Frau nach Maßgabe der gemeinsamen Lebensstellung, des Vermögens und der Erwerbsverhältnisse Unterhalt zu gewähren.

Die Frau hat dem Manne nur dann Unterhalt zu gewähren, wenn er wegen Vermögenslosigkeit und Erwerbsunfähigkeit sich selbst zu unterhalten nicht im Stande ist.

§ 1214 (1282).

Die in der gemeinsamen Wohnung oder sonst unter der gemeinsamen Herrschaft der Ehegatten befindlichen Sachen gelten — insofern nicht

---

§ 1208. Daß die Klage auf Herstellung des ehelichen Lebens nur von dem Ehegatten selbst erhoben werden kann (§ 1276 b. E.), wird unten in anderer Verbindung gebracht werden (§ 1215).

§ 1209. Ueber die Aufnahme des „Standes" vergl. ZSt. S. 66.

§ 1211. Der Entwurf scheint mir die Sache zu formell aufzufassen, wenn er die versagte Einwilligung des Mannes in die Schablone eines „Anfechtungsverfahrens" hineinzwängen will. Auch ohne ein solches wird sich die Sache von selbst machen.

das zwischen den Ehegatten bestehende Recht der Gütergemeinschaft ein Anderes begründet — bis zum Beweise des Gegentheils für Sachen des Mannes.

Eine Ausnahme gilt für die zum persönlichen Gebrauche der Frau bestimmten Sachen, insbesondere deren Kleidungsstücke und Schmucksachen.

§ 1215 (1276, 1366, 1370, 1417).

In allen auf ihr persönliches Verhältniß bezüglichen Rechtsangelegenheiten sind die Ehegatten, auch wenn sie noch minderjährig sind, ohne Mitwirkung eines Vertreters selbständig zu handeln berufen.

Bei Handlungen, die sich auf die an die Ehe geknüpften Vermögensrechte beziehen, hat für den minderjährigen Ehegatten dessen gesetzlicher Vertreter aufzutreten.

Titel 3. Eheliches Güterrecht.

I. Kraft Gesetzes eintretendes Güterrecht. Eheherrliche Nutznießung.

§ 1216.

Kraft Gesetzes tritt für die Ehegatten, wenn sie nicht durch Vertrag ein anderes Güterrecht vereinbart haben, der Güterstand der eheherrlichen Nutznießung ein.

Titel 3. Eheliches Güterrecht. Schon in meiner „Beurtheilung" habe ich mich dahin ausgesprochen, daß, wenn man ein Normalgüterrecht aufstellen wolle, ich dazu das Güterrecht der Errungenschaftsgemeinschaft für das geeignetste halten würde. Ich bin dieser Ansicht auch heute noch und würde nur, wie ich auch schon damals andeutete, dieses Güterrecht so gestalten, daß Mann und Frau die Errungenschaft nicht zu gleichen Theilen, sondern etwa im Verhältniß von zwei und ein Drittheil zu theilen hätten. Damit würde die beste Vermittelung zwischen den verschiedenen in Deutschland geltenden Systemen und zugleich eine gerechte Vermittelung zwischen den verschiedenen Ehen, in welchen die Theilnahme von Mann und Frau an der Beschaffung des Erwerbes so ungleichartig ist, hergestellt werden. Bei der Schwierigkeit, diesen Gedanken durchzubringen, hatte ich jedoch, als ich mich entschloß, zu dem ehelichen Güterrechte des Entwurfs einen Gegenentwurf (im Arch. f. bürg. R. I. S. 233) zu veröffentlichen, diesem Gegenentwurf das Regionalsystem zu Grunde gelegt. Inzwischen haben sich gewichtige Stimmen für das System des Entwurfs erklärt. Nur um gegenüber meinen Gegenentwurf nicht von vornherein als werthlos erscheinen zu lassen, habe ich jetzt denselben nach dem System des amtlichen Entwurfs umgestaltet, was zum größten Theil durch eine bloße Umstellung der Paragraphen geschehen konnte. Persönlich habe ich dabei meine frühere Ansicht nicht aufgegeben und würde daher vom freien Standpunkt aus diese auch noch heute vertreten.

Schon früher habe ich ausgesprochen, daß vor allem die wenig glückliche Form, die der amtliche Entwurf in dieser Lehre aufweist, mich zu einer umfassenden Umarbeitung veranlaßt hat. Darüber mag ja manches unvollkommen sein. Es fragt sich nur, wo das größere Maß von Unvollkommenheit liegt. Es wäre m. E. tief zu beklagen, wenn eine das allgemeine Interesse so sehr berührende Lehre wie das eheliche Güterrecht dem deutschen Volke in der Form des amtlichen Entwurfs dargeboten werden würde.

Für die einzelnen Bestimmungen meines Gegenentwurfes kann ich auf meine frühere Begründung Bezug nehmen. Nur bei manchen Punkten scheint es mir nöthig, noch etwas Besonderes zu bemerken.

Eheherrliche Nutznießung. Ich bleibe bei meiner schon früher geäußerten Ansicht, daß die vom Entwurf gewählte Bezeichnung des hier fraglichen

§ 1217 (1283).

Bei dem Güterstande der eheherrlichen Nutznießung geht das einge=
brachte Vermögen der Frau mit der Eheschließung oder dem Erwerb in
den Besitz und die Verwaltung des Mannes über (Frauengut). Eigen=
thümerin desselben bleibt die Frau.

§ 1218 (1412, 1378, 1287, 1347).

Eingebrachtes Vermögen eines Ehegatten ist das Vermögen, das er
zur Zeit der Eheschließung besitzt oder mit dem er bei der Eheschließung
von Anderen ausgestattet wird; ferner das Vermögen, das er während der
Ehe durch Erbfall, Schenkung oder Uebertragung an Erbesstatt erwirbt.

Ersatzstücke, die für Gegenstände des eingebrachten Vermögens auf
den Namen des betreffenden Ehegatten erworben werden, nehmen dieselbe
rechtliche Natur an.

Güterstandes als „Verwaltungsgemeinschaft" durchaus ungeeignet ist. „Ver=
waltungsgemeinschaft" in dem Sinne, daß das Vermögen beider Ehegatten nicht
etwa von diesen gemeinschaftlich, sondern allein von dem Manne verwaltet wird,
besteht auch in den Güterständen der Gütergemeinschaft. Der charakteristische
Unterschied von diesen besteht nur darin, daß bei der Gütergemeinschaft der Ge=
winn aus der „gemeinschaftlichen Verwaltung" beiden Ehegatten, bei dem hier
fraglichen Güterstande dagegen dem Manne allein zufällt. Will man diesen Gegen=
satz, wie doch zur Klarstellung der Sache geboten erscheint, in dem Namen zum
Ausdruck bringen, so muß man den hier fraglichen Güterstand nicht der der
„Verwaltungsgemeinschaft" nennen, sondern einen Namen wählen, der diesen
Gegensatz kennzeichnet. Das thut der von mir gewählte der „eheherrlichen Nutz=
nießung". Dagegen ist der Name „Verwaltungsgemeinschaft" nur geeignet, die
Menschen zu täuschen. Einen solchen Namen zu wählen scheint mir für die Ge=
setzgebung nicht angemessen.

§ 1217. Auch der in § 1283 d. E. aufgestellte Begriff des „Eheguts",
sowie der dafür gewählte Name, scheint mir nur geeignet, die hier fraglichen
Verhältnisse im Unklaren zu halten. Denn das Vermögen, „das die Frau während
der Ehe erwirbt", ist durchaus verschiedener Natur und kann nicht unter einem
Begriff zusammengefaßt werden. Das Vermögen, das die Frau während der Ehe
durch ihrer Hände Arbeit erwirbt, wird — soweit man es nicht etwa für
Vorbehaltsgut erklärt — Eigenthum des Mannes, und es kann deshalb von
einer „Nutznießung und Verwaltung des Mannes" daran nicht die Rede sein.
Unter diese Nutznießung und Verwaltung fällt vielmehr nur dasjenige Vermögen,
das die Frau bereits erworben mit in die Ehe bringt oder während der
Ehe durch Erbschaft oder eine ähnliche Zuwendung erwirbt. Dieses
Vermögen ist aber längst in Teutschland unter dem Namen des eingebrachten Ver=
mögens der Frau bekannt. Bei der Gütergemeinschaft spielt auch ein ähnliches
eingebrachtes Vermögen des Mannes eine Rolle.

Dieses Vermögen der Frau nun als Ehegut zu bezeichnen, ist ganz un=
passend. Denn es bleibt Eigenthum der Frau, und die Bezeichnung als „Ehegut"
in Verbindung mit der falschen Begriffsbestimmung ist nur geeignet, die An=
schauungen zu verwirren. Ich bezeichne es deshalb als „Frauengut". Wollte man
das Wort „Ehegut" verwerthen, so würde es allein auf dasjenige Vermögen
passen, das man bei der Gütergemeinschaft Gesammtgut nennt; denn dieses ist in
Wahrheit ein „Ehegut", gerade so, wie man dort auch von „Eheschulden" redet.

Daß es neben dem „von der Frau während der Ehe erworbenem Ver=
mögen", das unter die Nutznießung des Mannes fällt, noch ein anderes derartiges
Vermögen giebt, das Eigenthum des Mannes wird, ist in § 1221 klar aus=
gesprochen.

§ 1219 (1422).

Die Frau kann verlangen, daß der Bestand ihres eingebrachten Ver=
mögens durch Aufnahme eines Verzeichnisses, dessen Richtigkeit der Mann
durch Namensunterschrift anzuerkennen hat, festgestellt werde. Auf Ver=
langen der Frau ist die Unterschrift des Mannes zu beglaubigen.

§ 1220 (1294, 1318—1323).

Zum Verbrauch bestimmte Sachen des Frauenguts kann der Mann
in eigenem Namen veräußern. Zur Veräußerung oder Belastung anderer
Sachen, sofern sie nicht auf Grund rechtlicher Nothwendigkeit erfolgt, be=
darf er der Zustimmung der Frau.

§ 1220. Im Gegensatze zu dem Grundsatze des Entwurfes, daß der Mann
über Gegenstände des Frauenguts nur mit Zustimmung der Frau verfügen könne
— welchem Grundsatze ich vollkommen beistimme — haben sich Stimmen erhoben,
welche, abgesehen von Immobiliarrechten, dem Manne das ganze in seiner Ver=
waltung befindliche Vermögen der Frau zur freien Verfügung stellen wollen. Dieser
Vorschlag steigert noch die Unbilligkeit wider die Frau, die schon in der Er=
hebung des Güterstandes der eheherrlichen Nutznießung zum Normalgüterstande ge=
funden werden kann. Zuvörderst halte ich die dabei gemachte Unterscheidung
zwischen beweglichem und unbeweglichem Vermögen in Wahrheit für veraltet. Vor
Zeiten, als noch das unbewegliche Vermögen den Hauptbestand alles Vermögens
bildete, hatte die Unterscheidung eine gewisse Berechtigung. Heute sind so un=
geheure Werthbestände in beweglichem Vermögen angelegt, daß man dieses doch
wahrlich nicht als etwas Geringfügiges ansehen kann. Die Ansicht, daß der
Immobiliarbesitz an sich wichtiger sei, als der gleichwerthige Mobiliarbesitz, besteht
heute in weiten Kreisen nicht mehr. Ob der Mann ein von der Frau ererbtes
Landgut im Werthe von 100,000 Mk. oder ob er von ihr ererbte Staatspapiere
in gleichem Werthe verspielt, werden die meisten Frauen in ganz gleicher Weiße miß=
empfinden. Ein Unterschied kann nur etwa darin gefunden werden, daß, wenn
der Mann das Landgut verspielt, dies aller Welt in die Augen fällt, während er
die Staatspapiere ganz im Stillen zur Börse tragen kann. Ob aber darin eine
Rechtfertigung liegt, das eine dem Manne zu verbieten, das andere ihm zu ge=
statten, ist doch sehr zweifelhaft. Noch weniger wird man in unserm Volksbewußt=
sein einen Unterschied dazwischen finden, ob eine Frau 100,000 Mk. Kapitalien in
Hypotheken angelegt oder im preußischen Staatsschuldbuche eingetragen besitzt. Und
doch soll zwischen beidem ein Unterschied gemacht werden.

Was nun die Frage des freien Verfügungsrechtes des Mannes an sich be=
trifft, so kann man ja zugeben, daß in unzähligen Ehen die Frau dieses Recht
dem Manne bereitwillig einräumen wird. Es ist dies ganz natürlich, wo gesunde
Verhältnisse sind. Ist der Mann ein ordentlicher Haushalter, so wird das freie
Verfügungsrecht auch über das Vermögen der Frau in seiner Hand am besten
ruhen. Aber es giebt doch auch andere Ehen, wo der Mann von diesem Rechte
einen üblen Gebrauch zu machen droht. Auch in solchen Verhältnissen mag es vielfach
vorkommen, daß die Frau dem Manne die freie Verfügung über ihr Vermögen
überläßt. Aber es ist doch etwas ganz Anderes, wenn das Gesetz dem Manne
diese freie Verfügung zuspricht und die Frau geradezu nöthigt, den Untergang
ihres Vermögens in den Händen des leichtsinnigen Mannes stillschweigend mit=
anzusehen. Die Sache wird auch nicht etwa dadurch besser, wenn man ausspricht,
der Mann könne nur „innerhalb der ordnungsmäßigen Verwaltung" über Gegen=
stände des Frauengutes verfügen. Was ist ordnungsmäßige Verwaltung? Das
ist ein völlig unbestimmter Begriff, der den Mann nicht hindert, das Vermögen der
Frau zu verschleudern. Der Mann kann eine ordnungsmäßige Verwaltung auch
darin finden, daß er das Vermögen der Frau, das in preußischen Consols an=

Die aus der Veräußerung gewonnenen Geldbeträge gehen in das Eigenthum des Mannes über und bilden bei der späteren Auseinandersetzung Forderungen des Frauenguts an das Vermögen des Mannes. Die Frau kann jedoch verlangen, daß solche Beträge, soweit sie nicht aus Sachen, die zum Verbrauch bestimmt waren, gewonnen sind, zur Anschaffung von Ersatzstücken auf ihren Namen verwendet werden.

Für die Wiederanlage von Kapitalien kommt § 1039 sinnentsprechend zur Anwendung.

§ 1220 a.

Wird ein Rechtsgeschäft, das nach § 1220 Abs. 1 der Zustimmung der Frau bedarf, zum Zwecke der ordnungsmäßigen Verwaltung des Frauengutes erforderlich, so kann, wenn die Frau durch Krankheit oder Abwesenheit sich zu erklären außer Stande und Gefahr im Verzuge ist, oder wenn die Frau unbegründeter Weise ihre Zustimmung versagt, diese durch das Vormundschaftsgericht ergänzt werden.

§ 1221.

Alles, was in anderer als der in § 1218 bezeichneten Weise die Frau während der Ehe erwirbt, wird — soweit es nicht unter die in § 1222 bezeichneten Sachen oder nach § 1237 unter das Vorbehaltsgut der Frau fällt — Eigenthum des Mannes.

§ 1222 (1285).

Sachen, die ausschließlich zum persönlichen Gebrauche der Frau dienen, insbesondere Kleider und Schmucksachen, fallen, wenn sie eingebracht sind, nicht unter die eheherrliche Nutznießung, und werden, wenn sie in

---

gelegt ist, in höher verzinsliche amerikanische Papiere umsetzt und damit dessen Bestand in hohem Maße gefährdet. Vollends aber wird die mit jener Worte vermeintlich gezogene Schranke illusorisch, wenn man zugleich den Grundsatz aufstellt, daß die Frau während bestehender Ehe kein Klagrecht zum Schutz ihres Vermögens haben soll, und ferner, daß der Mann bei der Vermögensverwaltung nur für die Sorgfalt, die er in eigenen Angelegenheiten verwendet, haftet. Danach ist also der Mann, nachdem er sein Vermögen verspielt hat, berechtigt, in gleicher Weise auch das Vermögen der Frau zu verspielen, und durch sein freies Verfügungsrecht wird er dazu auch in den Stand gesetzt.

Durch das freie Verfügungsrecht des Mannes würde in vermögensrechtlicher Beziehung die Frau dem Manne gegenüber thatsächlich so gut wie rechtlos gestellt sein. Einen solchen Güterstand als den normalen für Teutschland aufzustellen, halte ich nicht für zulässig. Soll die Frau an keinem Gewinn der Ehe theilnehmen, dann muß ihr doch wenigstens als Ersatz dafür einige Sicherheit für die Erhaltung ihres Vermögens gegeben sein. Das erkannten schon die Römer an, indem sie der Frau die Totalprivilegien verliehen. Wir sprechen davon, daß in der heutigen Welt die Frau eine höhere Stellung einnehme, als in der alten. Würde dazu wohl die rechtlose Stellung passen, die jener Vorschlag der Frau anweisen will?

Um übrigens den Einwand zu beseitigen, daß die Frau vielleicht aus zufälligen Gründen oder auch frevelhafter Weise zu einer nothwendigen Verwaltungshandlung ihre Zustimmung nicht gäbe, habe ich in meinem Entwurfe den jede Gefahr beseitigenden § 1220a aufgenommen, der dann auch bei der Gütergemeinschaft (§ 1256) Anwendung finden kann.

der Ehe angeschafft sind, Eigenthum der Frau. Jedoch darf die Frau nur mit Zustimmung des Mannes einen anderen, als den bezweckten Gebrauch von ihnen machen.

§ 1223 (1311).

Das Frauengut haftet für alle Ansprüche an die Frau, die vor der Ehe entstanden oder an einen späteren in das Frauengut fallenden Erwerb (§§ 1217, 1218) geknüpft sind.

Für sonstige während der Ehe entstandene Verbindlichkeiten der Frau haftet das Frauengut nur innerhalb der aus den §§ 1224 bis 1227 sich ergebenden Schranken.

§ 1224 (1300—1303, 1288, 1312 Nr. 1).

Aus Rechtsgeschäften, welche die Frau für sich abgeschlossen hat, haftet das Frauengut nur, wenn der Mann dem Rechtsgeschäfte zugestimmt hat, oder soweit das Frauengut daraus bereichert ist.

Die Zustimmung des Mannes wird als vorhanden angenommen, wenn nicht der Mann den Erwerb aus dem Rechtsgeschäfte für das Frauengut ablehnt.

Um eine Erklärung des Mannes herbeizuführen, kann sowohl die Frau, als der betheiligte Dritte von der in § 121 Abs. 3 gegebenen Befugniß Gebrauch machen.

§ 1225 (1307).

Hat der Mann der Frau den selbständigen Betrieb eines Erwerbsgeschäftes gestattet, so gilt er als allen Rechtsgeschäften zustimmend, welche der gestattete Geschäftsbetrieb mit sich bringt.

Die Gestattung des Mannes wird als vorhanden angenommen, wenn die Frau mit Wissen des Mannes und ohne Einspruch desselben das Erwerbsgeschäft betreibt.

Die Erklärung des Mannes, durch die er einem von der Frau betriebenen Erwerbsgeschäfte seine Zustimmung versagt oder die ertheilte Zustimmung zurücknimmt, ist nach Maßgabe des § 1283 zu veröffentlichen.

§ 1226 (1312 Nr. 2).

Für Schulden aus einer von der Frau erworbenen Erbschaft haftet das Frauengut, wenn die Frau die Erbschaft mit Zustimmung des Mannes erworben hat.

Die Abs. 2 und 3 des § 1224 finden sinnentsprechende Anwendung.

Erwirbt die Frau die Erbschaft als Vorbehaltsgut, so fällt sie unter die Bestimmung des § 1227.

§ 1227 (1312 Nr. 3).

Für Verbindlichkeiten der Frau, die aus dem Besitze eines Vorbehaltsgutes (§ 1237) entstanden sind, haftet das Frauengut nicht; es sei denn, daß es Verbindlichkeiten aus einem mit Zustimmung des Mannes betriebenen Erwerbsgeschäfte wären.

§ 1228.

Grundeigenthum, das nicht unter den in § 1218 gedachten Erwerb fällt, kann die Frau auf ihren Namen nur erwerben, wenn der Mann dasselbe als einen Ersatz für eingebrachtes Vermögen (§ 1220 Abs. 2) oder als Vorbehaltsgut der Frau (§ 1237) anerkennt.

§ 1229 (1304).

Rechtshandlungen Dritter, deren Wirksamkeit davon abhängt, daß sie den Betheiligten gegenüber vorgenommen werden, können, wenn sie auf das Frauengut sich beziehen, sowohl dem Manne als der Frau gegenüber vorgenommen werden.

§ 1230 (1302, 1303, 1307, 1309, 1313 Nr. 1).

Vertreterin des Frauengutes vor Gericht ist die Frau. Der Mann ist jedoch berechtigt, im Prozeß als ihr Beistand (§ 66 der CPO.) aufzutreten, auch, wenn sie als Verklagte aufzutreten unterläßt, an ihrer Stelle den Prozeß zu übernehmen. Besitzklagen kann der Mann auch im eigenen Namen erheben. Die Zwangsvollstreckung aus einem zu Gunsten der Frau ergangenen Urtheile kann der Mann im eigenen Namen verfolgen.

Für die von der Frau geschuldeten Prozeßkosten haftet das Frauengut.

§ 1231 (1314).

Aus einem wider die Frau ergangenen Urtheil oder einem dem gleichstehenden vollstreckbaren Titel kann das Frauengut auch im Besitze des Mannes mit der Zwangsvollstreckung angegriffen werden.

§ 1232 (1298).

Für Schulden des Mannes haftet das Frauengut nur insoweit, als die Frau für solche zu haften ausdrücklich sich verpflichtet hat. Hat die Frau gemeinschaftlich mit dem Manne eine Schuld eingegangen, so haftet sie daraus im Zweifel nur als Bürgin des Mannes.

§ 1233 (1299).

Eine Beschlagnahme der Einkünfte des Frauenguts für Schulden des Mannes ist nur soweit zulässig, als diese Einkünfte nicht zur Erfüllung der mit der Verwaltung und Nutznießung verbundenen Pflichten und zur Erhaltung der Familie nothwendig sind. Diese Beschränkung kann sowohl der Mann, als die Frau selbständig geltend machen.

§ 1234 (1327, 1328).

Auch bei fortdauernder Ehe wird das eheherrliche Recht des Mannes beendigt:

durch Eröffnung des Konkursverfahrens über das Vermögen des Mannes;

durch die Entmündigung des Mannes oder die Stellung desselben unter vormundschaftlichen Schutz;

durch die Bestellung eines Abwesenheitspflegers für denselben.

Es kann ferner auf Antrag der Frau durch Urtheil dem Manne sein eheherrliches Recht entzogen werden, wenn aus dessen Fortbestand eine erhebliche Gefährdung der Rechte der Frau oder der Kinder zu besorgen ist.

§ 1235 (1327, 1330, 1331).

Das eheherrliche Recht hört auf mit dem Beschlusse oder der Rechtskraft des Urtheils, wodurch eines der vorbezeichneten Verhältnisse festgestellt wird. Fortan tritt für die Ehe Trennung der Güter ein.

Wird die Entmündigung, Bevormundung oder Pflegschaft wieder aufgehoben, so kann der Mann Wiederherstellung seines Rechts (jedoch unter Wahrung der Rechte der Frau auf ihr Vorbehaltsgut) verlangen.

Die eingetretenen Aenderungen sind nach Maßgabe des § 1283 zu veröffentlichen.

§ 1236.

Nach Beendigung des eheherrlichen Rechtes kann die Frau Auseinandersetzung des Vermögens verlangen. Bei dieser erhält die Frau, neben Belassung im Besitze der zu ihrem persönlichen Gebrauch dienenden Sachen (§ 1222), ihr eingebrachtes Vermögen zurück.

Für Abnutzung von Gegenständen erhält die Frau nur dann Ersatz, wenn dieselben unter einem bestimmten Werthanschlag eingebracht waren.

Gegenstände, die nicht mehr in Natur vorhanden sind, sind in dem Werthe, in welchem sie in das Vermögen des Mannes übergegangen sind, zu ersetzen.

Schulden der Frau, welche während der Ehe für sie bezahlt worden sind, kommen bei der Rückerstattung des Frauenguts in Abzug.

Verwendungen, die der Mann auf Gegenstände des Frauenguts gemacht hat, sind in dem Betrage der noch vorhandenen Wertherhöhung der Frau in Rechnung zu bringen.

§ 1237 (1286—1290).

Von dem eheherrlichen Verwaltungs= und Nutznießungsrecht ausgeschlossen ist das Vorbehaltsgut der Frau.

Vorbehaltsgut werden:

1. Gegenstände, die durch Ehevertrag dafür erklärt sind;
2. Gegenstände, die ein Dritter der Frau mit der Bestimmung zugewendet hat (§ 1218), daß sie Vorbehaltsgut werden sollen;

---

§ 1237. Abs. 4. Nach § 1291 d. E. soll jedes Vorbehaltsgut der Frau veröffentlicht werden. Diese Vorschrift ist bezüglich des unter Nr. 4 gedachten Vorbehaltsgutes (Erwerb der Frau durch außerhäusliche Arbeit oder durch Erwerbsgeschäft) ganz undurchführbar Soll die Frau, die in einer Fabrik arbeitet und Sonnabend spät ihren Wochenlohn ausbezahlt erhält, schon Montags früh auf das Gericht laufen und ihren Erwerb eintragen lassen? Und soll die Frau, die ein Erwerbsgeschäft betreibt, jede Einnahme, die sie darin macht, sofort bei Gericht anzeigen? Das ist ja ganz undenkbar. Will man also nicht die Nr. 4 illusorisch werden lassen, so muß bei ihr von der Pflicht der Veröffentlichung abgestanden werden.

3. von der Frau erworbenes Vermögen, dessen Erwerb für das Frauengut der Mann ablehnt;

4. der Erwerb der Frau aus ihrer Arbeit, soweit solche nicht unter die ihr nach § 1210 Abs. 2 obliegenden häuslichen Arbeiten fällt, oder aus dem selbständigen Betriebe eines Erwerbsgeschäftes.

Ersatzstücke für Gegenstände des Vorbehaltsgutes nehmen dieselbe rechtliche Natur an.

Der Bestand eines Vorbehaltsgutes ist in den unter Nr. 1, 2, 3 bezeichneten Fällen nach Maßgabe des § 1283 zu veröffentlichen.

§ 1238 (1291).

Das Vorbehaltsgut wird nach den Grundsätzen der Gütertrennung (§§ 1246—1249) von der Frau verwaltet. Sie bezieht die Einkünfte und hat die Lasten desselben zu tragen. Einen Beitrag für Erhaltung der Familie (§ 1247) hat jedoch die Frau aus den Einkünsten des Vorbehaltsguts nur dann zu leisten, wenn das in der Verwaltung des Mannes befindliche Frauengut nicht bereits einen ausreichenden Beitrag gewährt.

§ 1239 (1316).

Für Verbindlichkeiten der Frau, für die das Frauengut nicht haftet (§§ 1224—1227), können die Gläubiger nur das Vorbehaltsgut der Frau in Anspruch nehmen.

Im Uebrigen haben die Gläubiger der Frau die Wahl, sich an das Vorbehaltsgut oder das Frauengut zu halten.

Im Verhältniß der Ehegatten unter einander fallen jedoch folgende Verbindlichkeiten ausschließlich dem Vorbehaltsgute zur Last: Verbindlichkeiten aus unerlaubten Handlungen der Frau oder aus einem wider sie stattgehabten Strafverfahren; die von der Frau zu tragenden Kosten eines in ihrem persönlichen Interesse, im Interesse ihres Vorbehaltsgutes oder im Interesse des Frauengutes geführten Rechtsstreites, des letzteren jedoch nur, wenn die Frau ohne Zustimmung des Mannes den Rechtsstreit geführt hat.

Werden diese Verbindlichkeiten aus dem Frauengute getilgt, so hat die Frau dafür aus dem Vorbehaltsgute Ersatz zu leisten. Werden andere Verbindlichkeiten der Frau, für welche das Frauengut haftet, aus dem Vorbehaltsgute getilgt, so ist aus dem Frauengut dafür Ersatz zu leisten.

§ 1240 (1306).

Ist der Mann durch Abwesenheit oder Krankheit zu handeln außer Stande und ist Gefahr im Verzuge, so darf die Frau bezüglich des in der Verwaltung des Mannes befindlichen Frauenguts alle Rechts= und Verwaltungshandlungen selbstständig vornehmen.

II. Durch Vertrag geordnetes Güterrecht.

A. Allgemeine Bestimmungen.

§ 1241 (1333).

Durch Vertrag können die Brautleute oder Ehegatten sich einem der in den folgenden Abschnitten geordneten Güterrechte unterwerfen, auch bezüglich des von ihnen angenommenen Güterrechts in einzelnen Beziehungen Abweichungen vereinbaren (Ehevertrag).

§ 1242 (1335).

Der Ehevertrag bedarf der gerichtlichen oder notariellen Form.

Bei der Eheschließung können die Betheiligten auch vor dem Standesamte rechtswirksam zu Protocoll erklären, daß sie sich einem der nachgeordneten Güterrechte unterwerfen wollen.

Ein geschlossener Ehevertrag ist nach Maßgabe des § 1283 zu veröffentlichen.

§ 1243 (1334).

Der Güterstand einer Ehe kann nicht durch Bezugnahme auf ein nicht mehr geltendes oder auf ein ausländisches Güterrecht bestimmt werden.

Ausnahmsweise ist eine Bezugnahme auf ein im Auslande geltendes Güterrecht zulässig, wenn der Mann zur Zeit der Eheschließung oder des späteren Vertragsabschlusses in dem betreffenden Auslande seinen Wohnsitz hat.

§ 1244 (1341).

Für einen noch minderjährigen Eheschließenden kann der Vater oder der Vormund nur im Einverständnisse mit dem von ihm Vertretenen einen Ehevertrag abschließen.

Soll hierbei allgemeine Gütergemeinschaft oder Gütergemeinschaft des beweglichen Vermögens festgesetzt werden, so bedarf es zugleich der Genehmigung des Vormundschaftsgerichts.

§ 1245 (1358, 1417).

Die Vorschrift in § 1240 findet auch bei der Gütergemeinschaft bezüglich des Gesammtgutes sinnentsprechende Anwendung.

B. Trennung der Güter.

§ 1246.

Bei der Gütertrennung bleibt jeder Ehegatte Eigenthümer, Besitzer und Verwalter des von ihm eingebrachten und in der Ehe selbstständig erworbenen Vermögens.

Die Vorschrift des § 1212 bleibt dabei unberührt.

§ 1247 (1339).

Der Mann kann verlangen, daß ihm die Frau aus den Einkünften ihres Vermögens und ihres Erwerbes einen angemessenen Beitrag zur Erhaltung der Familie leiste.

Dieser Anspruch hat die rechtliche Natur eines auf Gesetz sich gründenden Unterhaltsanspruchs.

Bietet nach den thatsächlichen Verhältnissen der Mann keine genügende Sicherheit für eine angemessene Verwendung des Beitrages, so kann diesen die Frau zur eigenen Verwendung zurückbehalten. Das Nämliche gilt, wenn der Mann unter Vormundschaft oder unter vormundschaftlichen Schutz gestellt wird.

§ 1248 (1340).

Hat die Frau ihr Vermögen oder Theile desselben dem Manne zur Verwaltung überlassen, so gelten im Zweifel die Einkünfte des überlassenen Vermögens als ein nach § 1247 von der Frau gewährter Beitrag.

§ 1249.

Hat die Frau Einkünfte ihres Vermögens zu Anschaffungen für den ehelichen Haushalt verwendet, so kann sie deshalb Ersatz nicht in Anspruch nehmen.

§ 1250 (1284).

Trennung der Güter tritt kraft Gesetzes ein, wenn ein Mann oder eine Frau noch minderjährig eine Ehe ohne Einwilligung des gesetzlichen Vertreters abschließt. Dieser Güterstand besteht fort, bis unter Zustimmung des gesetzlichen Vertreters oder mit dem inzwischen volljährig gewordenen Ehegatten ein abändernder Ehevertrag zu Stande kommt.

Der abweichende Güterstand ist nach Maßgabe des § 1283 zu veröffentlichen.

C. Gütergemeinschaft der Errungenschaft.

§ 1251 (1417).

Bei dem Güterstande der Errungenschaftsgemeinschaft geht das eingebrachte Vermögen der Frau in gleicher Weise, wie bei dem Güterstande der eheherrlichen Nutznießung, in den Besitz und die Verwaltung des Mannes über. Für die darauf bezüglichen Rechte und Pflichten von Mann und Frau kommen die Vorschriften der §§ 1219, 1220, 1222 bis 1233, 1239 sinnentsprechend zur Anwendung.

§ 1252 (1411, 1418).

Alles, was während der Ehe in anderer als der in § 1218 bezeichneten Weise von den Ehegatten erworben wird, wird — soweit es nicht unter das Vorbehaltsgut oder nach § 1222 in das Alleineigenthum eines der Ehegatten fällt — Gesammtgut beider Ehegatten und steht als solches in Besitz und Verwaltung des Mannes.

Beträge, die aus der Veräußerung von Gegenständen der beiderseits eingebrachten Vermögen gewonnen werden, fallen — soweit sie nicht zur Anschaffung von Ersatzstücken verwendet werden — in das Gesammtgut

und bilden bei der späteren Auseinandersetzung Forderungen des einge=
brachten Vermögens au das Gesammtgut.

Auch die Einkünfte und Lasten der beiderseits eingebrachten Ver=
mögen fallen dem Gesammtgute zu.

§ 1253.

Bei der Auseinandersetzung des Vermögens erhält, nächst der Frau,
auch der Mann, unter Belassung im Besitz der zu seinem persönlichen
Gebrauch dienenden Sachen, sein eingebrachtes Vermögen zurück. Für die
Ausscheidung desselben aus dem Gesammtgute kommen die Regeln des
§ 1236 sinnentsprechend zur Anwendung.

Von dem verbleibenden Gesammtgute (dem ehelichen Erwerb) werden
die Eheschulden — diejenigen Schulden, welche nicht zunächst einem der
Ehegatten zur Last fallen (§ 1262) — berichtigt. Der Rest (die Er=
rungenschaft) wird unter den Ehegatten oder mit deren Erben zu gleichen
Theilen getheilt.

Weiter kommen die folgenden Bestimmungen zur Anwendung.

§ 1254 (1422).

So wie die Frau (§ 1219) kann auch der Mann verlangen, daß
sein eingebrachtes Vermögen durch ein von der Frau unterschriebenes Ver=
zeichniß festgestellt wird.

§ 1255 (1352, 1417, 1419, 1361, 1424).

Der Mann verfügt über das Gesammtgut wie über sein eigenes
Vermögen. Er bestreitet daraus den ehelichen Aufwand. Er vertritt das=
selbe vor Gericht. Im Falle des Konkurses verfällt es der Konkursmasse
des Mannes.

§ 1256 (1353, 1417).

Nur mit Zustimmung der Frau darf der Mann das Gesammtgut
im Ganzen oder einen Bruchtheil desselben oder zu demselben gehöriges
Grundeigenthum veräußern oder belasten. Die Zustimmung kann jedoch
nach Maßgabe des § 1220a gerichtsseitig ergänzt werden.

Nur mit Zustimmung der Frau darf der Mann Schenkungen vor=
nehmen oder Bürgschaften eingehen, durch welche das Gesammtgut ver=
äußert oder belastet wird. Ausgenommen bleiben Anstandsgeschenke,
sowie Bürgschaften, welche der Mann in Ausübung eines Handelsbetriebs
eingeht.

§ 1257 (1423, 1360, 1424).

Im Uebrigen haftet für Schulden des Mannes das Gesammtgut in
gleicher Weise wie sein eingebrachtes Vermögen.

Für Schulden der Frau haftet das Gesammtgut nur dann, wenn
sie aus einem mit Zustimmung des Mannes abgeschlossenen Rechtsgeschäfte
oder betriebenem Gewerbe oder aus einem an diese Verhältnisse sich knüpfenden
Rechtsstreite entstanden sind. Der Anspruch ist gegen den Mann als Ver=
treter des Gesammtgutes zu richten.

§ 1258 (1346—1350, 1416).

Für jeden der Ehegatten kann ein von der Gemeinschaft ausge=
schlossenes Vorbehaltsgut bestellt werden:

1. durch Ehevertrag,
2. durch Bestimmung des Dritten, welcher das betreffende Vermögen
   dem Ehegatten zugewendet hat (§ 1218).

Für die Frau kann außerdem ein Vorbehaltsgut nach der Be=
stimmung in § 1237 unter Nr. 3 erworben werden.

Auch der Schlußsatz des § 1237 findet Anwendung.

§ 1259.

Während Dauer der Gemeinschaft kann jeder der Ehegatten über
sein Vorbehaltsgut und dessen Einkünfte frei verfügen. Bei der Ausein=
andersetzung des Vermögens sind die noch vorhandenen Einkünfte des Vor=
behaltsgutes in die Theilung einzuwerfen, wenn nicht bei dessen Bestellung
festgesetzt worden ist, daß auch sie Vorbehaltsgut werden sollen.

§ 1260 (1429, 1430).

Eine Auflösung der Gemeinschaft während noch fortdauernder
Ehe findet unter den nämlichen Voraussetzungen und in derselben Weise
statt, wie nach §§ 1234 und 1235 die Beendigung des eheherrlichen
Nutznießungsrechtes.

Wird die Gemeinschaft durch ein Urtheil nach § 1234 Abs. 2 auf=
gelöst, so kann die Frau verlangen, daß der Vermögensstand wie er bei
Anhängigmachung des Prozesses war, der Auseinandersetzung zu Grunde
gelegt werde.

§ 1261 (1373, 1429).

Nach aufgelöster Gütergemeinschaft bis zu erfolgter Auseinander=
setzung kann der Mann über Gegenstände des Gesammtgutes nur nach
den Regeln des Miteigenthums verfügen.

§ 1262 (1426).

Bei der Auseinandersetzung des Vermögens hat jeder der Ehegatten
folgende Schulden auf sein Vorbehaltsgut, sein eingebrachtes Vermögen oder
auf seinen Antheil an der Errungenschaft zu übernehmen:

1. alle seine vorehelichen Schulden;
2. Schulden aus einem auf sein Vorbehaltsgut oder sein einge=
   brachtes Vermögen bezüglichen Rechtsverhältnisse, jedoch mit Aus=
   nahme der Schulden der Frau aus einem mit Zustimmung des
   Mannes betriebenen Erwerbsgeschäfte;
3. die Kosten eines über sein Vorbehaltsgut, über sein eingebrachtes
   Vermögen oder in seinem persönlichen Interesse geführten Rechts=
   streites;
4. Schulden aus unerlaubten Handlungen, sowie aus einem wider
   ihn stattgehabten Strafverfahren.

Ist durch ein nach § 1256 verbotenes Geschäft eine Vermögens-minderung herbeigeführt, so fällt diese ausschließlich dem Manne zur Last.

§ 1263 (1426).

Uebersteigen die Eheschulden den ehelichen Erwerb (§ 1253), so haftet für sie der Mann auch mit seinem eingebrachten Vermögen und seinem Vorbehaltsgute.

Die Frau haftet für die gedachten Schulden mit ihrem eingebrachten Vermögen nur, wenn die Schuld mit ihrer Zustimmung gemacht ist, und insoweit das Vermögen des Mannes nicht ausreicht. Hierauf beschränkt sich die Haftbarkeit der Frau im Zweifel auch dann, wenn sie gemein-schaftlich mit dem Manne eine Schuld eingegangen hat.

Mit ihrem Vorbehaltsgute haftet die Frau nur insoweit, als sie sich ausdrücklich dazu verpflichtet hat.

D. Allgemeine Gütergemeinschaft.

§ 1264 (1352).

Bei dem Güterstande der allgemeinen Gütergemeinschaft wird das Vermögen beider Ehegatten, sowohl das eingebrachte, als das in der Ehe erworbene, zu einem Gesammtgute in Besitz und Verwaltung des Mannes vereinigt.

Bezüglich der Verwaltungsrechte und -Pflichten des Mannes kommen die auf das Gesammtgut bei der Errungenschaftsgemeinschaft bezüglichen Bestimmungen (§§ 1255, 1256) zur Anwendung.

§ 1265 (1359, 1362, 1360).

Das Gesammtgut haftet für alle Schulden des Mannes.

Für Schulden der Frau haftet das Gesammtgut in demselben Umfange, in welchem für solche bei dem Güterstande der ehemännlichen Nutz-nießung das Frauengut in Anspruch genommen werden kann. Der Anspruch ist gegen den Mann als Vertreter des Gesammtgutes zu richten.

§ 1266 (1346—1350).

Jeder der Ehegatten kann ein von der Gemeinschaft frei bleibendes Vorbehaltsgut haben, auf das die Bestimmungen der §§ 1258 und 1259 Anwendung finden. Für die Haftbarkeit desselben kommen die Bestimm-ungen des § 1263, für die Auseinandersetzung desselben mit dem Gesammtgute die Bestimmungen des § 1239 sinnentsprechend zur An-wendung.

§ 1267.

Grundeigenthum kann die Frau auf ihren Namen nur erwerben, wenn der Mann dasselbe als für das Vorbehaltsgut der Frau erworben anerkennt.

19*

§ 1268 (1371 flg.).

Eine Auflösung der Gütergemeinschaft während noch fortdauernder Ehe findet nach den Bestimmungen der §§ 1234, 1235 und 1260 statt. Für die Rechte des Mannes nach der Auflösung bis zu erfolgter Auseinandersetzung gilt die Vorschrift des § 1261.

§ 1269 (1377 flg.).

Bei der Auseinandersetzung des Vermögens werden aus dem Gesammtgute zunächst die vorhandenen Ehejchulden berichtigt. Der verbleibende Rest wird unter den Ehegatten oder mit deren Erben zu gleichen Theilen getheilt.

Bei der Theilung ist jeder Ehegatte berechtigt, Sachen seines persönlichen Gebrauchs, sowie Gegenstände seines eingebrachten Vermögens im abgeschätzten Werthe zu übernehmen.

§ 1270.

Bei der Auseinandersetzung hat jeder der Ehegatten folgende Schulden auf sein Vorbehaltsgut oder auf seinen Antheil an dem Gesammtgut zu übernehmen:

1. Schulden aus einem auf sein Vorbehaltsgut bezüglichen Rechtsverhältnisse, jedoch mit Ausnahme der Schulden der Frau aus einem mit Zustimmung des Mannes betriebenen Erwerbsgeschäfte;

2. die Kosten eines über sein Vorbehaltsgut oder in seinem persönlichen Interesse geführten Rechtsstreites;

3. Schulden aus unerlaubten Handlungen, sowie aus einem wider ihn stattgehabten Strafverfahren.

Ist durch ein nach § 1256 (§ 1264) verbotenes Geschäft eine Vermögensminderung herbeigeführt, so fällt auch diese ausschließlich dem Manne zur Last.

E. Gemeinschaft des beweglichen Vermögens und der Errungenschaft.

§ 1271 (1431).

Bei dem Güterstande, der die Gemeinschaft des beweglichen Vermögens und der Errungenschaft umfaßt, treten für das von beiden Ehegatten eingebrachte unbewegliche Vermögen die Regeln der Errungenschaftsgemeinschaft, für alles übrige Vermögen die Regeln der allgemeinen Gütergemeinschaft ein.

§ 1272 (1432).

Zu dem unbeweglichen Vermögen wird auch ein Anspruch auf Uebertragung von Grundeigenthum gerechnet. Nicht dazu gehören Forderungen aus Hypotheken und Grundschulden.

§ 1273 (1433).

Haften auf einem eingebrachten Vermögen, welches zugleich bewegliches und unbewegliches Gut umfaßt, Schulden, so werden diese bei der

Auseinandersetzung nach dem Verhältniß des Werthes des beweglichen und des unbeweglichen Gutes auf beide verrechnet. Grundschulden jedoch, sowie Hypothekenschulden, für welche der betreffende Ehegatte nicht persönlich haftet, kommen nur auf das belastete Grundeigenthum zur Anrechnung.

F. Fortgesetzte Gütergemeinschaft.

§ 1274.

Haben Ehegatten in Gütergemeinschaft gelebt und sind Kinder aus dieser Ehe vorhanden, so ist bei dem Tode eines der Ehegatten der überlebende Theil berechtigt, mit diesen Kindern die Gütergemeinschaft fortzusetzen.

Macht er von diesem Rechte Gebrauch, so erfolgt die Auseinandersetzung des Vermögens erst mit Auflösung der fortgesetzten Gütergemeinschaft nach dem alsdann vorhandenen Vermögensstande.

§ 1275 (1384).

Wird der verstorbene Ehegatte zugleich von Kindern, die nicht aus dieser Ehe stammen, beerbt, so werden diese, insofern keine andere Vereinbarung getroffen wird, nach dem Vermögensstande zur Zeit des Todes des Verstorbenen abgefunden.

§ 1276 (1399).

Ist der Mann der Ueberlebende, so gehen die Rechte und Pflichten der Mutter bezüglich ihres in der Gütergemeinschaft begriffenen Vermögens auf die Kinder über. So lange die Kinder minderjährig sind, werden diese Rechte von ihrem gesetzlichen Vertreter ausgeübt.

§ 1277 (1399).

Ist die Frau die Ueberlebende, so gehen die an die Verwaltung des Ehevermögens geknüpften Rechte und Pflichten des Mannes auf sie über. Sie übernimmt namentlich durch Eintritt in die fortgesetzte Gütergemeinschaft sämmtliche Eheschulden als ihre eigenen. Die Kinder treten bezüglich ihres vom Vater ererbten, in der Gütergemeinschaft begriffenen Vermögens in dieselben Rechte ein, welche während Bestandes der Ehe die Frau hatte. So lange die Kinder minderjährig sind, werden diese Rechte von ihrem gesetzlichen Vertreter ausgeübt.

§ 1278.

Durch Ehevertrag kann die Fortsetzung der Gütergemeinschaft ausgeschlossen werden.

§ 1279 (1395, 1396).

Unberührt von der fortgesetzten Gütergemeinschaft bleibt das Vorbehaltsgut des verstorbenen Ehegatten. Dasselbe kommt nach allgemeinen Grundsätzen zur Vererbung.

Auch jedes Kind kann bei Fortsetzung der Gütergemeinschaft ein Vorbehaltsgut nach den Regeln des § 1237 erwerben. Vorbehaltsgut des

selben wird auch das Vermögen, das es bei Eintritt in die Gütergemein=
schaft bereits besitzt oder während der Dauer derselben auf die in § 1218
bezeichnete Weise erwirbt.

§ 1280 (1388).

Ein Kind kann die Eingehung der fortgesetzten Gütergemeinschaft
ablehnen:

1. wenn es bereits volljährig ist oder eine selbständige Stellung
   erlangt hat;
2. wenn es von dem verstorbenen Ehegatten auf den Pflichttheil
   beschränkt ist;
3. wenn der überlebende Ehegatte für eine ordnungsmäßige Vermögens=
   verwaltung keine hinreichende Sicherheit bietet.

In dem unter 3 bezeichneten Falle giebt das von nur einem Kinde
erwirkte Urtheil auch den übrigen Kindern das Recht, die Gütergemeinschaft
abzulehnen oder wieder aufzulösen.

§ 1281 (1403, 1405).

Ein Kind kann die Auflösung der fortgesetzten Gütergemeinschaft
verlangen, wenn im Laufe derselben eines der im § 1280 bezeichneten
Verhältnisse eintritt, desgleichen, wenn der überlebende Ehegatte zu einer
neuen Ehe schreitet.

Tritt durch Erbfall an die Stelle eines Kindes eine nicht zum
Hauswesen des überlebenden Ehegatten gehörige Person, so kann auch
diese für sich die Auflösung der Gütergemeinschaft verlangen.

§ 1282.

Der überlebende Ehegatte kann jederzeit die fortgesetzte Gütergemein=
schaft auflösen.

III. Eheregister.

§ 1283 (1336, 1337).

Aenderungen, die in den kraft Gesetzes eintretenden Rechtsverhält=
nissen der Ehegatten getroffen werden, bedürfen der Veröffentlichung.
Ohne eine solche bleiben sie gegen Dritte, die ohne Kenntniß von der
eingetretenen Aenderung mit den Ehegatten in Rechtsverkehr getreten sind,
unwirksam.

§ 1284 (1435, 1436, 1437).

Die Veröffentlichung erfolgt durch Eintragung in das bei dem Amts=
gericht geführte Eheregister.

Zum Zweck dieser Eintragung ist jeder Fall der in § 1283 be=
zeichneten Art bei dem Amtsgericht, in dessen Bezirk der Ehemann seinen
Wohnsitz hat, von den Ehegatten persönlich oder in einer beglaubigten
Schrift anzumelden. Es genügt die Anmeldung eines der Ehegatten, wenn
die Aenderung lediglich auf seiner Erklärung beruht (§ 1212 und 1224)

oder wenn die Anmeldung den vollständigen Nachweis der eingetretenen Aenderung ergiebt. Für einen minderjährigen Ehegatten kann auch dessen gesetzlicher Vertreter die Anmeldung bewirken.

Ist durch einen bei dem betreffenden Amtsgericht abgeschlossenen Ehevertrag die Aenderung eingetreten, so hat das Gericht von Amtswegen den entsprechenden Eintrag im Eheregister zu machen.

Verlegen die Ehegatten ihren Wohnsitz in einen anderen Gerichtsbezirk, so bedarf es in diesem einer neuen Anmeldung, die innerhalb von sechs Wochen zu bewirken ist, widrigenfalls der in § 1283 bezeichnete Rechtsnachtheil eintritt.

§ 1285 (1435 Abs. 2, 1439).

Das Eheregister ist öffentlich. Es kann Jeder von demselben Einsicht nehmen, auch Abschriften daraus gegen die Gebühr fordern.

Das Amtsgericht soll jeden Eintrag unverzüglich in dem für amtliche Bekanntmachungen bestimmten Blatte veröffentlichen. Die Bekanntmachung hat sich auf den von den Ehegatten gewählten Güterstand und, wenn Abweichungen von dem gewählten Güterstand vereinbart sind, auf Bezeichnung derselben im Allgemeinen ohne Erwähnung der Einzelheiten zu beschränken.

Titel 4. Anfechtung und Scheidung der Ehe.

I. Anfechtung wegen Nichtigkeit.

§ 1286 (1250).

Eine Ehe kann als nichtig angefochten werden:

1. wenn sie nicht in der durch die §§ 1201 und 1204 vorgeschriebenen Form geschlossen ist;

Titel 4. Im Entwurfe ist die „Ungültigkeit der Ehe" und die „Scheidung der Ehe" an ganz verschiedenen Stellen behandelt. Es entspricht dies wieder ganz der doktrinären Richtung des Entwurfs. In dem einen Falle wird das Bestehen einer Ehe verneint, in dem andern eine bestehende Ehe aufgelöst. Das ist theoretisch ein gewaltiger Unterschied. In unserem Volksbewußtsein aber stehen die Anfechtungen einer Ehe, sei es wegen „Nichtigkeit" oder wegen „Ungültigkeit", und die Scheidung einer Ehe sich so nahe, daß der Laie gar nicht begreifen wird, wie man beide als ganz verschiedene Dinge behandeln könne. Dazu kommt, daß eine Reihe von Vorschriften für beide gemeinschaftlich oder wenigstens nahe verwandt sind. Und wo das der Fall ist, da ist es auch immer rathsam, die nahe verwandten Institute räumlich im Gesetzbuch nicht von einander zu trennen.

Ich überschreibe den Titel „Anfechtung und Scheidung der Ehe". Unter „Anfechtung" begreife ich sowohl die Anfechtung wegen „Nichtigkeit" als die Anfechtung wegen „Ungültigkeit".

Ich verstehe dabei die „Anfechtung" in der Bedeutung eines Aktes, der dazu nöthig ist, um einem Verhältniß, daß sich äußerlich als ein berechtigtes darstellt, die innere Berechtigung zu entziehen. In diesem Sinne ist auch die gegen eine Ehe gerichtete „Nichtigkeitsklage" nichts anderes, als eine Anfechtung. Diejenige Nichtigkeit, welche keiner Anfechtung bedarf (wenn z. B. ein Paar sich zum

2. wenn die Ehe gegen das Verbot des § 1189 oder des § 1191 verstößt;

3. wenn einer der Eheschließenden geisteskrank oder nicht ehemündig (§ 1188 Abs. 2) war.

§ 1287.

Eine als nichtig anfechtbare Ehe ist so lange als gültig anzusehen, als nicht eine Nichtigerklärung durch rechtskräftiges Urtheil erfolgt ist.

Dies gilt auch für den Fall einer wegen eines Formmangels nichtigen Ehe, vorausgesetzt, daß die Ehe in einer Form abgeschlossen wurde, die beide Ehegatten oder wenigstens einen derselben zu dem Glauben, eine rechtsgültige Ehe abgeschlossen zu haben, berechtigte.

Scherz durch einen improvisirten Standesbeamten kopuliren läßt), kommt juristisch gar nicht in Betracht. Ist aber eine Ehe in einer Weise eingegangen, daß sie äußerlich als Ehe sich darstellt, so bedarf es, um sie zu trennen, der Anfechtung: ohne daß es einen Unterschied macht, ob wir die durch die Anfechtung herbei=geführte Hinfälligkeit der Ehe da, wo sie publici juris ist, Nichtigkeit, oder da, wo sie privati juris ist, Ungültigkeit nennen.

Was die „Scheidung der Ehe" betrifft, so betrachte ich unter derselben die Trennung von Tisch und Bett mitbegriffen. Denn diese bildet nach dem Entwurf nur ein Vorstadium der Ehescheidung: wenn es auch in dem Belieben der Ehe=gatten steht, es bei diesem Vorstadium, nachdem sie es erreicht haben, zu belassen.

Es wird zwar der logischen Gestaltung entsprechen, daß man die Anfechtung der Ehe wegen Nichtigkeit oder Ungültigkeit voranstellt. Natürlich aber ist die Ehescheidung praktisch von weit größerer Bedeutung; während man im Gegensatz hierzu bei der Anfechtung eine Menge Fragen behandeln muß, die kaum jemals im wirklichen Leben vorkommen. Hieraus wird es sich rechtfertigen, daß man die Ehescheidung möglichst vollständig darstellt, dagegen bei den Anfechtungsklagen, wo es nöthig erscheint, auf die späteren Paragraphen Bezug nimmt.

§ 1286. Abweichend vom Entwurf stelle ich die „Eheunmündigkeit" unter die impedimenta publica der Ehe; nachdem oben (§ 1188) von mir vor=geschlagen worden ist, den Begriff der Eheunmündigkeit (unbeschadet der Forderung eines noch höheren Heirathsalters) auf das Alter unter 18 und 14 Jahren zu beschränken. Ich kann es mit dem öffentlichen Interesse nicht vereinbar finden, daß, wenn etwa Eltern ihr Kind von 10 Jahren verheiratheten (was ja durch Bestechung eines Standesbeamten immerhin möglich wäre), diese Ehe als gültig anerkannt würde, wenn nicht das Kind selbst sie anföchte. Das hieße Spott mit der Ehe treiben. Leicht wird ja ein solcher Fall nicht vorkommen. Käme er aber vor, so wäre er ein Aergerniß ohne Gleichen. Den Hauptgrund dafür, daß die Eheunmündigkeit von den Nichtigkeitsgründen auszuschließen sei, findet der Entwurf darin, daß man doch gegen dieses Hinderniß Dispensation gestatten müsse, es aber nicht wohl passe, ein dispensables Verhältniß als Nichtigkeitsgrund auf=zustellen. Dieser Grund erledigt sich, sobald man (wie oben in § 1188 vorge=schlagen wird), den Ablaß auf das Alter über 18 und 14 Jahren beschränkt. Dann kann man unbedenklich eine Eheschließung u n t e r diesem Alter als nichtig behandeln. Daß man gleichwohl in der Anfechtung einer derartigen Ehe rück=wärts nicht zu weit gehen darf, ist in § 1290 zum Ausdruck gekommen.

§ 1287. Ich kann nicht mit dem Entwurfe übereinstimmen, daß eine wegen Formmangels ungültige Ehe niemals der Nichtigkeitsklage unterliegen dürfe. Es kann unter Umständen sehr zweifelhaft sein, ob ein die Ehe nichtig machender Formmangel vorliegt. Dieser Zweifel muß doch im Rechtswege entschieden werden. Die Motive (S. 57) sagen freilich: in einem solchen Falle könnten ja die Ehegatten durch eine Feststellungsklage eine Entscheidung herbei=

§ 1288 (1253).

Die Klage, durch welche eine Ehe als nichtig angefochten wird (Nichtigkeitsklage), kann sowohl von jedem der Ehegatten, als auch vom Staatsanwalte erhoben werden.

Die Nichtigkeitsklage wegen Verstoßes gegen § 1189 kann auch von dem früheren Ehegatten des Eheschließenden erhoben werden.

Außer diesem Falle kann die Nichtigkeit einer Ehe von einem Tritten nur geltend gemacht werden, wenn für ihn von dem Nichtbestande der Ehe ein vermögensrechtlicher Anspruch abhängt.

§ 1289 (1251).

Eine wegen Geisteskrankheit eines Eheschließenden nichtige Ehe wird gültig, wenn sie nach Genesung des Geisteskranken von den Ehegatten genehmigt wird. Es gilt als Genehmigung, wenn die Ehegatten nach eingetretener Genesung das eheliche Leben fortsetzen.

§ 1290 (1264).

Wegen mangelnder Ehemündigkeit kann eine Nichtigerklärung nicht mehr vom Staatsanwalt oder von dem bei der Eheschließung mündigen Ehegatten, auch nicht mehr von dem Vertreter des vorher unmündigen Ehegatten beantragt werden, wenn inzwischen die Ehemündigkeit eingetreten ist, oder wenn ein Kind aus der Ehe hervorgegangen ist oder bereits in Aussicht steht.

Für den nicht ehemündigen Ehegatten erlischt das Recht der Anfechtung, wenn er nicht innerhalb von sechs Monaten nach erlangter Ehemündigkeit Klage erhebt.

führen. Auf S. 39 bezeichnen aber die Motive selbst die Nichtigkeitsklage als eine auf Nichtbestehen der Ehe gerichtete Feststellungsklage! Warum also eine solche Unterscheidung machen? In solchen Fällen, wo die Ehe in einer Weise abgeschlossen ist, daß die Eheschließenden glauben konnten und muthmaßlich auch geglaubt haben, eine rechtsgültige Ehe abgeschlossen zu haben, da muß durch eine förmliche Nichtigkeitsklage das Rechtsverhältniß festgestellt werden. Man könnte einwenden. daß hierdurch eine unnütze Nichtigkeitsklage nöthig werden könnte, in dem Falle nämlich, wo es klar vorliege, daß die Form nicht gewahrt sei. Dieser Einwand trifft aber die Nichtigkeitsklage überhaupt. Denn auch in den Fällen Nr. 2 und 3 des § 1286 kann die Sache so liegen, daß die Nichtigkeit außer allem Zweifel steht; und doch soll eine Nichtigkeitsklage nöthig sein.

Billigt man die hier vorgetragene Anschauung. so wird auch in anderen Paragraphen (§ 1257, 1258 b. E.) die gemachte Ausnahme von der auf Formmangel beruhenden Nichtigkeit fallen müssen. Ausdrücklich sei hier noch bemerkt, daß das Bedürfniß, der Nichtigerklärung dieses erweiterte Gebiet zu geben, unabhängig davon besteht, daß man die Fälle, in denen wegen Formmangels Nichtigkeit eintritt, möglichst verringert.

§ 1289. Abweichend vom Entwurfe würde ich eine mit einem Geisteskranken geschlossene Ehe nicht als ein negotium claudicans behandeln, das der Geisteskranke nach eingetretener Genesung einseitig genehmigen könnte; vielmehr würde ich auch dem anderen Theile das Recht geben, die Ehe, so lange er sie nicht genehmigt hat, wieder aufzulösen. Man kann dem gesunden Ehegatten nicht zumuthen, einseitig sich an einer Ehe festhalten zu lassen, die er mit einem Geisteskranken eingegangen hat.

Eine nach § 1297 zulässige Anfechtung der Ehe wird durch die vorstehenden Bestimmungen nicht berührt.

§ 1291 (1464).

Die Nichtigkeitsklage wegen Verstoßes gegen § 1189 kann auch dann erhoben werden, wenn auf der Grundlage, daß der eine Ehegatte für todt erklärt ist, der andere Ehegatte sich wieder verheirathet hat, bei dieser neuen Eheschließung aber beiden Ehegatten oder auch nur einem derselben bekannt gewesen ist, daß der für todt erklärte Ehegatte noch am Leben sei.

§ 1292.

Die Nichtigerklärung wegen Verstoßes gegen § 1189 kann nicht mehr beantragt werden, wenn inzwischen die frühere Ehe des Eheschließenden gelöst ist.

§ 1293 (1257).

Eine nichtige Ehe gilt, so lange sie in äußerer Geltung besteht, zu Gunsten Dritter, die mit den Ehegatten in Rechtsverkehr treten, als gültige Ehe.

§ 1294 (1258).

Nach erfolgter Nichtigerklärung der Ehe ist es so anzusehen, als ob die Ehe nicht geschlossen wäre.

Hat jedoch in den unter Nr. 1 und 2 des § 1286 bezeichneten Fällen der eine Ehegatte die Ehe im guten Glauben an deren Rechtsbestand geschlossen, während der andere Ehegatte die Thatsache, auf der die

---

§ 1292. So traurig auch die Erscheinung ist, wenn Jemand eine Doppelehe eingeht, so kann ich es doch nicht billigen, daß die zweite Ehe auch dann noch zwangsweise getrennt werden soll, wenn die erste Ehe bereits gelöst ist. Meiner Ansicht nach tritt nach Lösung der ersten Ehe auch die Heiligkeit der zweiten Ehe, die doch nun einmal geschlossen ist, in ihr Recht und verlangt Aufrechthaltung, nicht Trennung. Die Motive (S. 32) lehnen die Convaleszenz der Ehe ab, weil doch die Bestrafung des binubus eintrete, ohne Rücksicht darauf, ob die frühere Ehe fortbestehe. Ich kann diesen Grund nicht für zutreffend halten. Der binubus wird bestraft für das, was er gethan hat. Daran ist nichts zu ändern. Eine ganz andere Frage aber ist, ob nun auch noch ein Grund vorliege, das Gethane rückgängig zu machen. Dieser fällt weg, sobald das Aergerniß einer bestehenden Doppelehe beseitigt ist. Vollends trifft jener Grund nicht zu, wenn der binubus in gutem Glauben die zweite Ehe eingegangen ist, also gar nicht einmal bestraft werden kann. Da wäre es, wenn z. B. inzwischen der erste Ehegatte verstorben ist, ein nicht minderes Aergerniß, nun doch die zweite Ehe zu trennen.

§ 1294. Ich verstehe den § 1258 d. E. dahin, daß er nur von der Auseinandersetzung der ehelichen Vermögensverhältnisse redet. Dann aber enthält er meiner Ansicht nach eine Lücke insofern, als dem gutgläubigen Ehegatten dem andern gegenüber, jedenfalls wenn dieser in bösem Glauben sich befunden hat, derselbe Unterhaltsanspruch zustehen muß, wie dem unschuldigen geschiedenen Ehegatten. Bedenklicher würde es sein, der Frau auch das Recht der Namensführung zu gewähren, namentlich wegen der Fälle unter Nr. 2 des § 1286, wo die Fortführung des Namens von Seiten der Frau stets an ein öffentliches Aergerniß erinnern würde.

Nichtigkeit der Ehe beruht, kannte oder kennen mußte, so erwirbt der gut-gläubige Ehegatte (vorbehaltlich der durch § 1295 begründeten Ausnahme)⸱ das nämliche Recht auf Unterhalt, das im Falle der Ehescheidung nach § 1320 dem schuldlosen Ehegatten zusteht.

Bezüglich der Vermögensauseinandersetzung hat in diesen Fällen der gutgläubige Ehegatte die Wahl, ob die Ehe als nicht geschlossen gelten oder die Sache so behandelt werden soll, wie wenn die Ehe geschieden und der andere Ehegatte für den schuldigen Theil erklärt wäre.

(Abs. 4 wie Abs. 2 des § 1258 b. E.)

§ 1295.

Der Ehegatte, dessen Ehe für nichtig erklärt wird, weil seine früher geschlossene Ehe noch besteht, erwirbt, auch wenn er über den Fort-bestand seiner früheren Ehe im Irrthum war, in Verhältniß zu dem zweiten Ehegatten nicht die Rechte eines gutgläubigen Ehegatten.

§ 1296.

Jeder Ehegatte kann beantragen, daß in dem die Nichtigkeit aus-sprechenden Urtheile zugleich über die Wirkung der Nichtigerklärung nach⸱ Maßgabe des § 1294 entschieden werde.

II. Anfechtung wegen Ungültigkeit.

§ 1297 (1259, 1261).

Eine Ehe kann als ungültig angefochten werden:

1. von einem Ehegatten, der widerrechtlich durch Zwang zu der Ehe-schließung bestimmt worden ist;

---

§ 1297. Von den Anfechtungsgründen des Entwurfs ist der unter 2 auf-geführte weggeblieben, weil ich mir darunter nichts Praktisches denken kann. Ein Mangel des Willens, eine Ehe überhaupt zu schließen, ist bei Wahrung der Formen des Eheschlusses undenkbar. Oder will man etwa eine Anfechtung der Ehe als „simulirt" gestatten? Ein Mangel des Willens, eine Ehe mit dem anderen Theile zu schließen, läuft auf einen Irrthum in der Person hinaus, der oben in Nr. 2 berücksichtigt ist.

Daß eine Anfechtung der Ehe auch wegen wesentlichen Irrthums gestattet sein muß, ist schon von anderer gewichtiger Seite vertreten, und ich schließe mich den dafür angeführten Gründen ganz an.

Neben diesem Irrthum auch noch den „Betrug" als selbständigen An-fechtungsgrund aufzuführen, scheint mir bedenklich. Es würde das die Bedeutung haben, daß auch ein Irrthum anderer Art als der nach Nr. 2 zu berücksichtigende Grund zur Anfechtung der Ehe gebe, wenn der Irrthum durch absichtliche Täuschung von Seiten des anderen Eheschließenden oder wenigstens mit dessen Wissen herbeigeführt sei. In dieser Ausdehnung des zur Anfechtung berechtigenden Irrthums liegt eben das Bedenkliche. Wo soll die Grenze hierfür gefunden werden? Soll eine Ehe schon deshalb anfechtbar sein, weil der Bräutigam der Braut vorgeredet hat, daß er ein Vermögen von 100,000 Mark besitze, während sich später nur 50,000 Mark vorfinden? Solche Dinge kommen so häufig vor, daß daraus für unzählige Ehen eine Anfechtbarkeit erwachsen würde. Hat sich freilich der Ehegatte durch seine falschen Vorspiegelungen als ein Schwindler er-wiesen, so erwächst die Anfechtbarkeit der Ehe schon aus dem Irrthum über die persönlichen Eigenschaften des Ehegatten. Darüber hinaus aber jede Täuschung als Anfechtungsgrund der Ehe gelten zu lassen, scheint mir zu weit zu gehen. Aus diesen Gründen ist oben der „Betrug" als Anfechtungsgrund weggeblieben.

2. von einem Ehegatten, der bei der Eheschließung über die Person des anderen Ehegatten oder über solche persönliche Eigenschaften desselben, die bei verständiger Würdigung des Zweckes der Ehe ihn von der Eheschließung abgehalten haben würden, in Irrthum sich befunden hat;

3. von einem Ehegatten, der zur Zeit der Eheschließung noch minderjährig war und die Ehe ohne Einwilligung seines gesetzlichen Vertreters geschlossen hat.

Die letztere Anfechtung kann auch gegen die nach § 1289 wirksame Genehmigung der Ehe gerichtet werden, wenn diese von einem noch minderjährigen Ehegatten ohne Einwilligung seines Vertreters erfolgt ist.

§ 1298 (1263, 1264).

Die Anfechtung findet nicht mehr statt, wenn der dazu berechtigte Ehegatte nach Beendigung der Zwangslage, nach Entdeckung des Irrthums oder nach Eintritt der Volljährigkeit die Ehe genehmigt.

Die Ehe gilt als genehmigt, wenn der berechtigte Ehegatte nach Eintritt des gedachten Zeitpunktes nicht innerhalb von sechs Monaten Anfechtungsklage erhebt.

In dem Falle unter Nr. 3 des § 1297 wird die Anfechtung auch dadurch ausgeschlossen, daß der gesetzliche Vertreter des noch minderjährigen Ehegatten nachträglich zu der Ehe seine Einwilligung ertheilt.

§ 1299 (1270).

Eine als ungültig anfechtbare Ehe hat bis zu erfolgter Ungültigerklärung die Wirkung einer gültigen Ehe.

Nach erfolgter Ungültigerklärung ist es so anzusehen, als ob die Ehe nicht geschlossen wäre.

War jedoch in den unter Nr. 1 und 2 des § 1297 bezeichneten Fällen der mit der Anfechtungsklage belangte Ehegatte bei der Eheschließung in der Lage, daß er die Thatsachen, welche die Anfechtung begründeten, kannte oder kennen mußte, so erwirbt der andere Ehegatte die nämlichen Rechte, die im Falle der Ehescheidung nach den §§ 1320 und 1321 dem schuldlosen geschiedenen Ehegatten zustehen.

Bezüglich der Vermögensauseinandersetzung kommt in diesen Fällen Abs. 3 und 4 des § 1294 sinnentsprechend zur Anwendung.

§ 1300.

Der die Anfechtungsklage erhebende Ehegatte kann beantragen, daß in dem die Ungültigkeit der Ehe aussprechenden Urtheile zugleich über die Wirkung der Ungültigerklärung nach Maßgabe des § 1299 entschieden werde.

---

§ 1299. Auch hier muß meines Erachtens dem schuldigen Ehegatten die Pflicht, dem schuldlosen nach Maßgabe des § 1319 Unterhalt zu gewähren, auferlegt werden. Ich glaube aber auch, daß man der Frau das Recht gewähren muß, wenn sie will, den Namen des Mannes fortzuführen. Es kann das namentlich von Interesse für sie sein, wenn ein Kind aus der Ehe vorhanden ist, das doch den Namen des Mannes führt.

III. Scheidung der Ehe.

§ 1301 (1440, 1452).

Eine Ehe kann auf Klage eines Ehegatten durch richterliches Urtheil geschieden werden. Auch kann auf zeitweilige Trennung der Ehegatten von Tisch und Bett erkannt werden.

Mit der Rechtskraft des Scheidungsurtheils endigt die Ehe.

§ 1302 (1441).

Ein Ehegatte kann Scheidung verlangen, wenn der andere Ehegatte sich des Ehebruchs schuldig gemacht hat.

Dem Ehebruch steht gleich ein unerlaubter Umgang, aus dem auf Verletzung der ehelichen Treue geschlossen werden kann, sowie die wissentliche Eingehung einer zweiten Ehe.

§ 1303 (1442).

Ein Ehegatte kann Scheidung verlangen, wenn der andere Ehegatte ihm nach dem Leben gestellt oder Thätlichkeiten gegen ihn verübt hat, die sein Leben gefährdeten oder ihn in die Gefahr dauernden Verlustes der Gesundheit brachten.

§ 1304 (1443).

Ein Ehegatte kann Scheidung verlangen, wenn der andere Ehegatte ihn böslich verlassen hat und in diesem Verhältniß dauernd beharrt. Als dauernd ist die bösliche Verlassung anzunehmen:

1. wenn der Ehegatte, der den anderen verlassen hat, in unbekannte Ferne sich begeben hat und seit einem Jahre keine Kunde von ihm angelangt ist;
2. wenn der Ehegatte, der den anderen verlassen hat, einen ergangenen richterlichen Befehl, das eheliche Leben wieder herzustellen, ohne gerechtfertigten Grund zu befolgen unterläßt und wenn dieses Verhältniß über Jahresfrist gedauert hat.

Ist der nach Nr. 2 erforderliche richterliche Befehl nicht schon in der Form einer ergangenen Verurtheilung zur Wiederherstellung des ehelichen Lebens (§ 1208) ausgesprochen, so kann ein solcher durch einfachen Antrag bei dem Amtsgericht, dessen Zuständigkeit durch § 568 der CPO. bestimmt wird, erwirkt werden. Die bösliche Verlassung darf jedoch nicht schon deshalb als festgestellt angenommen werden, weil der Befehl nicht befolgt ist.

Eine Weigerung, das eheliche Leben herzustellen, ist auch darin zu finden, daß der Mann, der sich in die Ferne begeben hat, der Frau andauernd die Mittel verweigert, die sie nöthig hat, um ihm dorthin zu folgen.

III. Scheidung der Ehe.

Zu diesem Abschnitt findet sich in der ZSt. S. 338 ein sehr gut formulirter Entwurf von Thudichum, der hier mehrfach benutzt ist.

§ 1304. Abs. 3 ist dem § 3 des preuß. Einf. Gesetzes zur CPO. vom 24. März 1879 nachgebildet, der in sehr verständiger Weise in Fällen der ragtichen Art die Nöthigung zur Führung eines doppelten Prozesses vermeidet.

§ 1305 (1443 Abſ. 3).

Der Anſpruch auf Scheidung wegen böslicher Verlaſſung wird hin=
fällig, wenn der ſchuldige Ehegatte die Gemeinſchaft des ehelichen Lebens
wieder herſtellt. Iſt jedoch bei demſelben die Ernſtlichkeit einer auf
dauernde Wiederherſtellung gerichteten Abſicht zweifelhaft, ſo kann das
Gericht die Entſcheidung bis zur Dauer von zwei Jahren ausſetzen.

Wird in einem Falle der in § 1304 unter Nr. 1 bezeichneten Art
während des Scheidungsprozeſſes der Aufenthaltsort des Verklagten bekannt,
ſo kann der klagende Ehegatte, ohne daß es einer neuen Klage bedarf,
Verurtheilung des Verklagten zur Herſtellung des ehelichen Lebens oder zur
Gewährung der in § 1304 Abſ. 4 erwähnten Mittel beantragen.

§ 1306.

Ein Ehegatte kann Scheidung verlangen, wenn der andere Ehegatte
unheilbar geiſteskrank iſt und die Krankheit einen ſolchen Grad erreicht
hat, daß die geiſtige Gemeinſchaft unter den Ehegatten dauernd ausge=
ſchloſſen iſt.

Die Erhebung der Klage iſt erſt nach Ablauf eines Jahres ſeit Ent=
mündigung des geiſteskranken Ehegatten zuläſſig.

§ 1307 (1444).

Ein Ehegatte kann Scheidung verlangen, wenn der andere Ehegatte
durch ſchwere Verletzung der ihm obliegenden ehelichen Pflichten, durch ſchwere
dem Ehegatten zugefügte Mißhandlungen oder durch ehrloſes oder unſittliches
Verhalten, insbeſondere durch entehrende Verbrechen oder Vergehen das ehe=
liche Verhältniß in der Art geſtört hat, daß dem anderen Theile die Fort=
ſetzung der Ehe nicht zugemuthet werden kann.

In Fällen dieſer Art iſt jedoch in der Regel zunächſt auf Trennung
der Ehegatten von Tiſch und Bett zu erkennen.

Auch wenn völlige Scheidung beantragt iſt, hat in den geeigneten
Fällen das Gericht von Amtswegen die Trennung von Tiſch und Bett an
deren Stelle zu ſetzen.

§ 1308 (1444, 1459).

Die Zeit der Trennung von Tiſch und Bett iſt im Urtheile zu be=
ſtimmen. Sie kann nicht auf länger als zwei Jahre beſtimmt werden.

§ 1306. Daß unheilbare Geiſteskrankheit als Eheſcheidungsgrund gelten
müſſe, habe ich bereits in der „Beurtheilung" vertreten. Neuerdings iſt es auch
von anderer gewichtiger Seite vertreten worden.

§ 1307. Ich lege das größte Gewicht darauf, daß die Klage auf Trennung
von Tiſch und Bett und auf völlige Scheidung nicht, wie der Entwurf es will,
als verſchiedene Klagen, die einander ausſchließen, gelten, ſondern daß die
Trennung von Tiſch und Bett nur als ein Vorſtadium der Scheidung betrachtet
wird, dergeſtalt, daß der Richter auch von Amtswegen, ſtatt der gebotenen völligen
Scheidung, auf Trennung von Tiſch und Bett erkennen kann. Neben der all=
gemeinen Einführung der Trennung von Tiſch und Bett dürfte es ſich übrigens
empfehlen, den § 580 der CPO. ganz zu beſeitigen. Denn dieſer Paragraph
enthält nichts anderes, als ein proceſſualiſches Erſatzmittel für die Trennung von
Tiſch und Bett.

Während der bestimmten Zeit ist die Verpflichtung der Ehegatten zur häuslichen Gemeinschaft und zur Leistung der ehelichen Pflicht aufgehoben.

Für das Erziehungsrecht an den gemeinschaftlichen Kindern kommt § 1322 sinnentsprechend zur Anwendung.

§ 1309 (1460).

Die gegenseitige Unterhaltspflicht der von Tisch und Bett getrennten Ehegatten besteht fort, jedoch unter folgenden näheren Bestimmungen.

(Abs. 2, 3, 4 wie in § 1460 d. E.).

§ 1310 (1445).

Ist die im Urtheile für die Trennung von Tisch und Bett bestimmte Zeit abgelaufen, so kann der Ehegatte, der das Urtheil erwirkt hat, völlige Scheidung beantragen, ohne daß es einer neuen Klage bedarf. Gegen den Antrag ist nur die Einrede der inzwischen erfolgten Versöhnung zulässig. Auch kann der Verklagte auf das Verhalten des anderen Ehegatten während der Trennung den in § 1316 Abs. 2 gedachten Antrag gründen.

Unterläßt der berechtigte Ehegatte den Antrag auf Scheidung zu stellen, so kann der andere Ehegatte auf Herstellung des ehelichen Lebens Klage erheben. Ist hierzu der Ehegatte, der die Trennung von Tisch und Bett erwirkt hat, rechtskräftig verurtheilt, so kann er nicht mehr auf Grund des früheren Urtheils die Scheidung beantragen.

§ 1311.

Auf Grund beiderseitiger Einwilligung und gemeinsamen Antrages der Ehegatten kann eine Ehe durch Ausspruch des Staatsoberhauptes geschieden werden. Die Scheidung ist bei dem Staatsoberhaupt des Bundesstaates nachzusuchen, dem die Ehegatten angehören.

§ 1312.

Niemand kann auf Scheidung klagen wegen Verschuldungen des anderen Ehegatten, die er selbst veranlaßt, gebilligt oder mitverübt hat.

§ 1313.

In den Fällen der §§ 1302, 1303 und 1307 erlischt das Recht auf Scheidung durch Verzeihung und durch Verjährung.

---

§ 1310. Ich kann es nicht für gerechtfertigt halten, in den Scheidungsfällen, die durch das Stadium einer Trennung von Tisch und Bett hindurchgehen, den Betheiligten jedesmal die Kosten zweier Scheidungsprozesse aufzuerlegen. In den allerseltensten Fällen führt der neue Antrag auf Scheidung noch zu irgend einer Verhandlung. Es ist dabei nicht abzusehen, weshalb man in diesem Falle nicht von demselben Grundsatze ausgehen sollte, den auch der Entwurf im § 1443 vertritt. Ich habe den Vorschlag, das schon jetzt in manchen Ländern bestehende Recht des Landesherrn, auf den Antrag beider Ehegatten eine Ehe zu scheiden, allgemein zu machen, schon in der „Beurtheilung" begründet. Es wird dadurch die Möglichkeit gegeben, in dringenden Fällen auch auf Grund gegenseitiger Einwilligung eine unglückliche Ehe zu trennen. Daß das unter Umständen eine Wohlthat ist, wird niemand bestreiten können. Die Garantie gegen Mißbrauch liegt aber in der Person des Landesherrn. Daß nur deutsche Staatsangehörige eine solche Scheidung erwirken können, ergiebt sich aus Satz 2.

§ 1314 (1447).

Das Recht auf Scheidung gilt als verjährt, wenn der klagberechtigte Ehegatte nach erlangter Kenntniß von der Verschuldung des anderen Ehegatten nicht innerhalb von sechs Monaten Klage erhebt, oder wenn überhaupt seit der Verschuldung zehn Jahre verflossen sind.

Leben jedoch die Ehegatten getrennt, so kann, sobald der eine Ehegatte Klage auf Herstellung des ehelichen Lebens erhebt, der andere Ehegatte ohne Rücksicht auf den Ablauf der vorgedachten Fristen Klage auf Scheidung erheben; vorausgesetzt, daß zu der Zeit, wo die Ehegatten sich trennten, diese Klage noch nicht verjährt war.

§ 1315 (1447 Abs. 3, 4, 1448).

Die Verjährung gilt schon durch die Ladung zum Sühnetermin (§ 571 der C.P.O.) als unterbrochen; vorausgesetzt, daß nach Erledigung des Termins die Klage innerhalb von drei Monaten erhoben wird. Die Unterbrechung wirkt auch für alle erst nachträglich im Prozesse vorgebrachten Klaggründe (§ 574 der C.P.O.).

Zur Unterstützung einer auf neue Thatsachen gegründeten Scheidungsklage kann auch auf ältere, bereits verziehene oder verjährte Verschuldungen ähnlicher Art, die dem verklagten Theile wider den klagenden Ehegatten zur Last fallen, Bezug genommen werden.

§ 1316 (1449).

In dem Scheidungsurtheile ist auszusprechen, daß der Verklagte, wegen dessen Verschuldung die Ehe geschieden wird, der schuldige Theil sei. Wird auf erhobene Widerklage die Ehe auch wegen Verschuldung des klagenden Theiles geschieden, so sind beide Theile für schuldig an der Scheidung zu erklären.

Auch ohne Erhebung einer Widerklage kann der Verklagte beantragen, daß im Falle der Scheidung auch der Kläger für schuldig an der Scheidung erklärt werde, wenn Thatsachen vorliegen, die noch nach Entstehung des der Klage zu Grunde liegenden Scheidungsgrundes auch den Verklagten berechtigt hätten, Scheidungsklage zu erheben.

§ 1317 (1450).

Wird wegen Ehebruchs auf Scheidung erkannt, so ist, wo thunlich, in der Urtheilsformel die Person zu bezeichnen, mit der der verklagte Ehegatte des Ehebruchs sich schuldig gemacht hat.

§ 1318 (1453).

Wider den Ehegatten, der für den schuldigen Theil erklärt ist, steht dem schuldlosen Ehegatten das Recht zu, Schenkungen, die er ihm während

---

§ 1314. Daß, wenn die Ehegatten nach eingetretenem Scheidungsgrunde sich getrennt haben, dem gekränkten Ehegatten die Verjährungsfrist nicht laufen dürfe, habe ich bereits in der „Beurtheilung" begründet. Es giebt Verhältnisse, wo eine thatsächliche Trennung der Ehegatten für beide Ehegatten weit wohlthätiger wirkt, als ein durch die kurze Verjährungsfrist ernöthigter, vielleicht scandalöser Ehescheidungsproceß.

des Brautstandes oder des Ehestandes gemacht hat, zu widerrufen. Das Recht des Widerrufs erlischt 2c. (wie in § 1453 b. E.).

§ 1319.

Bestand zwischen den Ehegatten allgemeine Gütergemeinschaft oder Gütergemeinschaft des beweglichen Vermögens, so kann der schuldlose Ehegatte dem für schuldig erklärten Ehegatten gegenüber verlangen, daß die Theilung des Gesammtgutes nach dem Werthverhältnisse des beiderseits eingebrachten Vermögens erfolge. Der Werth ist nach der Zeit des Einbringens festzustellen.

Das gleiche Recht steht auch dem Ehegatten zu, wegen dessen Geisteskrankheit die Ehe geschieden ist.

§ 1320 (1454).

Der geschiedene Mann ist verpflichtet, der schuldlosen geschiedenen Frau standesmäßigen Unterhalt zu gewähren, so weit nicht die Einkünfte des eigenen Vermögens der Frau zu einem solchen ausreichen. Auf die Erben des Mannes geht die Verpflichtung nicht über.

Die für schuldig erklärte geschiedene Frau bleibt dem schuldlosen Manne nach Maßgabe des § 1213 Abs. 2 unterhaltspflichtig.

Zwischen geschiedenen Ehegatten, die beide für schuldig erklärt sind, besteht keine Unterhaltspflicht. Dasselbe gilt, insofern nichts Anderes vereinbart ist, zwischen den durch landesherrlichen Ausspruch geschiedenen Ehegatten.

Der Unterhaltsanspruch des geschiedenen Ehegatten hört auf, wenn er sich wieder verheirathet.

§ 1321 (1455).

Die geschiedene Frau ist berechtigt, den Namen des Mannes fortzuführen. Es kann ihr jedoch, wenn sie allein der schuldige Theil ist, auf Antrag des Mannes nach Ermessen des Gerichts in dem Scheidungsurtheile das Recht, den Namen des Mannes fortzuführen, abgesprochen werden. Sie hat alsdann ihren Familiennamen wieder anzunehmen.

Die geschiedene Frau ist aber auch berechtigt, aus freien Stücken ihren Familiennamen wieder anzunehmen. Hat sie dies gethan, so ist eine Rückkehr zu dem Namen des Mannes ausgeschlossen.

Die geschiedene Frau, die den Namen des Mannes fortführt, behält auch dessen Stand, wie er zur Zeit der Ehescheidung war.

---

§ 1319. Diese von anderer Seite befürwortete Bestimmung scheint auch mir eine Anforderung der Gerechtigkeit zu sein.

§ 1320. Zur Rechtfertigung der Abweichung vom Entwurfe beziehe ich mich auf das in der ZSt. S. 328 Bemerkte.

§ 1321. Auch hier beziehe ich mich auf das von verschiedenen Seiten in der ZSt. S. 333 Bemerkte. Ich halte auch den Schlußsatz für nöthig. Sonst entsteht z. B. die Frage: kann die geschiedene Frau, wenn der Mann später geadelt wird, sich den Adel beilegen? Kann sie sich, wenn der Mann später Minister wird, Excellenz nennen lassen? Solche Fragen sind doch für viele Menschen sehr wichtig.

§ 1322 (1456, 1458).

Das Erziehungsrecht an den gemeinschaftlichen Kindern (§ 1362) steht, wenn nur einer der Ehegatten für schuldig erklärt ist, dem schuld- losen Ehegatten zu. Sind beide Ehegatten für schuldig erklärt oder hat eine Scheidung der Ehe durch landesherrlichen Ausspruch stattgehabt, so steht das gedachte Recht bezüglich der Söhne, sobald sie das sechste Lebens- jahr überschritten haben, dem Vater, bezüglich der übrigen Kinder der Mutter zu. Abweichende Vereinbarungen der Ehegatten sind zulässig. Auch kann da, wo es im Interesse der Kinder geboten erscheint, das Vormund- schaftsgericht abweichende Anordnung treffen, diese auch jederzeit wieder ändern.

Dem Erziehungsrechte der Mutter gegenüber bleiben im Uebrigen die Rechte und Pflichten des Vaters, insbesondere das Recht zur Verwaltung und Nutznießung des Vermögens der Kinder, sowie auch die Unterhaltspflicht des Vaters unverändert.

Soweit bei Fortdauer der Ehe die Frau aus den Einkünften ihres Vermögens oder aus einem von ihr betriebenen Erwerbsgeschäfte zu dem Unterhalte der Kinder beizutragen gehabt hätte, bleibt sie zu einem solchen Beitrag auch nach der Scheidung verpflichtet.

§ 1323 (1457).

Der Ehegatte, dem die Erziehung der Kinder nicht zusteht, behält die Befugniß, mit den Kindern zu verkehren. Das Vormundschaftsgericht kann diesen Verkehr näher regeln, ihn auch da, wo er zum offenbaren Nach- theil der Kinder gereicht, ganz ausschließen.

§ 1324.

Stirbt einer der geschiedenen Ehegatten, so tritt der überlebende Ehe- gatte bezüglich der Kinder in dieselben Rechte ein, die er gehabt hätte, wenn der andere Ehegatte während Bestehens der Ehe verstorben wäre.

Gleiches gilt auch vom Zeitpunkt der Scheidung an zu Gunsten des Ehegatten, der wegen Geisteskrankheit des anderen Ehegatten die Scheidung erwirkt.

IV. Ergänzende Bestimmungen.

§ 1325 (1254, 1265, 1271, 1451).

Klagen, welche die Anfechtung oder Scheidung einer Ehe zum Gegen- stand haben, können, auch wenn der klagberechtigte Ehegatte noch minder-

---

§ 1322. Statt des in § 1456 d. E. gebrauchten Ausdruckes „die Sorge um die Person für die gemeinschaftlichen Kinder" wähle ich den Ausdruck „das Er- ziehungsrecht". Ich werde unten bei § 1361 darauf zurückkommen.

Ergänzende Bestimmungen. Hier wird eine Reihe von Bestim- mungen nachgeholt, welche die auf Anfechtung oder Scheidung einer Ehe gerichteten Klagen mehr oder minder gemeinsam betreffen. Gerade diese Gemeinsamkeit beweist, wie wenig angemessen es ist, diese Klagen, so wie im Entwurfe geschehen ist, aus- einander zu reißen.

§ 1325. Abweichend vom Entwurfe vertrete ich die Ansicht, daß die Nichtigkeitsklage wegen Ehemündigkeit und die Anfechtungsklage wegen mangeln-

jährig ist, nur von diesem selbst angestellt werden. Er bedarf dazu auch nicht der Einwilligung seines gesetzlichen Vertreters.

Nur die Nichtigkeitsklage wegen mangelnder Ehemündigkeit (§ 1286 Nr. 3), sowie die Anfechtungsklage wegen mangelnder Einwilligung des Vertreters (§ 1297 Nr. 3) kann auch von dem gesetzlichen Vertreter er= hoben werden.

Ist ein noch minderjähriger Ehegatte mit einer der im Abs. 1 er= wähnten Klagen belangt, so kann zu seiner Vertheidigung sowohl er selbst, als sein gesetzlicher Vertreter auftreten.

Ein Geisteskranker wird in Prozessen der gedachten Art von seinem gesetzlichen Vertreter vertreten. Als Kläger darf dieser aber nur auftreten, wenn seit der Entmündigung des Geisteskranken mindestens ein Jahr ver= flossen ist.

§ 1326 (1233, 1267, 1462).

Bei einer Klage der in § 1325 Abs. 1 gedachten Art kann das Gericht auf Antrag eines jeden der Streittheile durch einstweilige Verfügung für die Dauer des Prozesses das Getrenntleben der Ehegatten gestatten, auch über das Verbleiben der Kinder Bestimmung treffen und die Ver= pflichtung des Mannes zur Gewährung von Unterhalt für Frau und Kinder regeln. Der Antrag ist schon bei Vorlage der Klage zur Be= stimmung des Verhandlungstermins und, wenn eine Klage auf Ehescheidung erhoben wird, alsbald nach Erwirkung des Sühnetermins (§ 571 der CPO.) zulässig.

§ 1327 (1269, 1236).

Das auf eine Anfechtungsklage erlassene, noch während der Lebens= zeit der beiden Ehegatten rechtskräftig gewordene Urtheil wirkt für und gegen Alle.

Jedoch wirkt die Entscheidung auf eine Nichtigkeitsklage wegen Ver= stoßes gegen § 1189 nicht gegen den früheren Ehegatten, wenn dieser an dem Rechtsstreite nicht theilgenommen hat.

§ 1328.

Stirbt während eines Rechtsstreits, der die Anfechtung einer Ehe zum Gegenstand hat, einer der Streittheile, so kann, soweit an den Bestand

---

der Einwilligung des Vertreters auch von dem Vertreter muß erhoben werden. Der Entwurf legt es einem leichtsinnigen Minderjährigen und selbst einem Ehe= unmündigen ganz in die Hand, ob er eine von ihm geschlossene Ehe aufrecht halten will oder nicht. Mir ist ein solcher Standpunkt ganz unverständlich. Die Ausführung der Motive S. 94 u. 98 ist wieder durchaus doktrinär.

Mit Bingner (3St. S. 324) würde ich annehmen, daß auch dem Ver= treter eines Geisteskranken das Recht zu gewähren sei, Ehescheidungsklagen zu er= heben. Unter Umständen kann dies im dringenden Interesse des Entmündigten liegen. Jedoch wird man, ähnlich wie in § 1306 vorgeschlagen ist, erst eine ge= wisse Zeitdauer der Geisteskrankheit abwarten müssen.

§ 1463 b. E. wird besser in einer Instruktion seine Stelle finden.

§ 1328, 1329, 1330. Der Entwurf behandelt die Frage, wie sich die An= fechtung einer Ehe gestalten solle, wenn der Tod eines der Ehegatten eintrete, in ober Nichtbestand der Ehe sich vermögensrechtliche Folgen knüpfen, der Rechtsstreit von denjenigen oder wider diejenigen fortgesetzt werden, die als Rechtsnachfolger des Verstorbenen den Bestand oder Nichtbestand der Ehe für sich in Anspruch nehmen.

§ 1329 (1262, 1266).

Stirbt in einer der Anfechtung unterliegenden Ehe einer der Ehegatten, bevor die Anfechtungsklage erhoben ist, so kann, soweit an den Bestand oder Nichtbestand der Ehe sich vermögensrechtliche Folgen knüpfen, die entsprechende Klage auch noch von den Rechtsnachfolgern oder wider die Rechtsnachfolger des Verstorbenen erhoben werden.

§ 1330.

Ausgeschlossen von der nach den §§ 1328 und 1329 zulässigen Fortsetzung oder Erhebung des Rechtsstreites bleibt die Anfechtungsklage wegen Irrthums über persönliche Eigenschaften des anderen Ehegatten.

§ 1331.

Nur um den Ersatz von Prozeßkosten herbeizuführen, kann ein Rechtsstreit der in § 1325 Abs. 1 gedachten Art, sowie auch ein Proceß wegen Herstellung des ehelichen Lebens (§ 1208), nachdem er durch den Tod eines Ehegatten in der Hauptsache erledigt ist, nicht fortgeführt werden.

---

den § § 1262 und 1266, sowie in den Motiven S. 85, 87—90, 95, 96. Es wird aber wohl nur wenig Juristen geben, denen diese Darlegungen verständlich erscheinen. Ich will deshalb auch nicht näher auf sie eingehen. Was die Sache selbst betrifft, so bin ich zunächst der Ansicht, daß für die in Betracht kommenden Verhältnisse es keinen Unterschied macht, ob eine Ehe als nichtig oder ungültig anfechtbar ist. Weiter aber bin ich der Ansicht, daß die an die Nichtigkeit oder Ungültigkeit knüpfenden vermögensrechtlichen Folgen den Betheiligten nicht durch den Tod eines der Ehegatten entzogen werden können. Die Betheiligten sind diejenigen Personen, deren Rechte als Rechtsnachfolger von dem Bestande oder Nichtbestande der Ehe abhängen. Diesen muß also das Recht zustehen, den bereits begonnenen Prozeß fortzuführen, auch den noch nicht begonnenen zu erheben; desgleichen muß gegen sie ein bereits begonnener Proceß fortgeführt, ein noch nicht begonnener erhoben werden können. Nur in gewisser Beziehung empfiehlt sich eine Beschränkung. Es ist nicht rathsam, eine Anfechtung der Ehe wegen Irrthums über wesentliche Eigenschaften eines Ehegatten auch noch nach dem Tode eines der Ehegatten zuzulassen. Dieser Anfechtungsgrund ist an sich schon der schwächste von allen. Ein Streit hierüber nach dem Tode eines der Ehegatten würde zu den zweifelhaftesten und gehässigsten Prozessen führen.

§ 1331. Es dürfte sich nicht empfehlen, einen Eheprozeß, wenn er durch den Tod eines der Ehegatten in der Hauptsache erledigt wird, nur noch um der Kosten willen zu Ende zu führen. Jeder Eheprozeß ist mehr oder minder ein moralisches Aergerniß, und da ist es besser, daß in einem solchen Falle der Proceß vernben bleibt, als daß er lediglich um der Kosten willen durchgeführt würde. Natürlich bleiben alsdann die von jedem Theile aufgewendeten Kosten auf ihm (oder seinen Erben) haften. Das ist aber bei dem nahen Verhältniß der Ehegatten keine Härte. (Nach der Praxis mancher Länder wurden früher die Kosten stets verglichen, wenn der Eheprozeß nicht zu einer Auflösung der Ehe führte.)

Noch bemerke ich, daß der besondere Abschnitt „Auflösung der Ehe in Folge Todeserklärung", § 1464 b. E., durch die §§ 1190 u. 1291 ersetzt wird.

Zweiter Abschnitt. Verwandtschaft.

Titel 1. Eheliche Abstammung.

§ 1332.

(— Begriff der Ehelichkeit — wie § 1466 d. E.)

§ 1333.

(Empfängnißzeit — wie § 1467 Abs. 1 d. E. Absatz 2 bleibt weg.)

§ 1334 (1468, 1471).

Ein während bestehender Ehe oder bis zum dreihundertsten Tage nach Auflösung der Ehe von der Ehefrau geborenes Kind gilt so lange als eheliches, als nicht wider seine Ehelichkeit von zuständiger Seite Anfechtung erhoben worden ist.

So lange der Ehemann am Leben ist, kann nur er die Ehelichkeit des Kindes anfechten.

§ 1335.

Ist das Kind vor dem hunderteinundachtzigsten Tage seit Abschluß der Ehe geboren, so hat der Ehemann, der die Ehelichkeit des Kindes anfechten will, innerhalb von drei Monaten nach erlangter Kenntniß von der Geburt des Kindes vor dem Standesamte, bei welchem die Geburtsanzeige erfolgt ist, die Erklärung abzugeben, daß er das Kind nicht als das seine anerkenne. Das Standesamt hat von dieser Erklärung der Ehefrau, so wie auch dem Vormundschaftsgerichte zwecks Bestellung eines Vormunds für das Kind, Nachricht zu geben.

§ 1336 (1470).

Ficht in dem vorgedachten Falle der Ehemann die Ehelichkeit des Kindes an, so kann die Mutter des Kindes innerhalb Jahresfrist nach erlangter Kenntniß von der Anfechtung wider ihren Ehemann Klage auf Anerkennung der Vaterschaft erheben. Sie hat dabei den Beweis zu

---

§ 1335. Den Entwurf trifft der Vorwurf, daß er zwischen den beiden so verschiedenen Fällen, wenn das Kind vor dem 181. Tage oder erst später geboren wird, bezüglich der Anfechtung des Ehemanns keinen Unterschied machen, vielmehr anscheinend beide Anfechtungen an die Anfechtungsklage des Ehemannes knüpfen will. In dem ersten Falle aber, wo dem Ehemann seine Beweislast trifft, kann man ihm doch unmöglich zumuthen, mit einer Anfechtungsklage vorzugehen. Soll im Wege des Prozesses die Frage der Ehelichkeit festgestellt werden, dann ist es Sache der Mutter, die den Beweis des concubitus anticipatus zu führen hat, die Vaterschaftsklage zu erheben. Wohl aber kann auch in diesem Falle von dem Ehemann gefordert werden, daß er in einer bestimmten Form und innerhalb kurzer Frist sich erkläre, ob er das Kind als das seine anerkennen wolle oder nicht. Und dann kann auch von der Frau gefordert werden, daß sie innerhalb kurzer Frist das bestrittene Verhältniß klagend zum Austrag bringe. Als die Form, in welcher der Ehemann seine Anfechtung zu erklären hat, scheint mir die einfachste die Erklärung vor dem Standesamte. Hiernach sind die §§ 1335 und 1336 entworfen.

führen, daß ihr Ehemann schon vor der Ehe während der Empfängnißzeit ihr beigewohnt habe. Eine Einrede daraus, daß auch Andere während dieser Zeit mit der Frau Geschlechtsverkehr gehabt haben, steht dem Ehemanne nicht zu.

Stirbt die Frau, ehe ihr Recht auf die Klage erloschen ist, oder verfällt sie in andauernde Geisteskrankheit, so geht das Recht, Klage zu erheben oder die bereits erhobene Klage fortzuführen, auf das Kind über. Das Recht erlischt mit Ablauf eines Jahres, nachdem der Vormund des Kindes von dem Tode oder der Geisteskrankheit der Mutter Kenntniß erlangt hat.

§ 1337 (1475).

Ist das Kind nach dem hundertachtzigsten Tage seit Abschluß der Ehe geboren, so hat der Ehemann, der die Ehelichkeit des Kindes anfechten will, innerhalb Jahresfrist nach erlangter Kenntniß von der Geburt des Kindes Anfechtungsklage wider das Kind zu erheben.

Ist das Kind noch minderjährig, so ist die Klagschrift zunächst bei dem Vormundschaftsgerichte einzureichen mit dem Antrage, dem Kinde für den Prozeß einen Pfleger zu bestellen. Schon mit Einreichung der Klagschrift bei dem Vormundschaftsgerichte gilt die in Absatz 1 gedachte Frist als gewahrt, wenn nach Bestellung des Pflegers diesem die Klage innerhalb von drei Monaten zugestellt wird.

Als Pfleger des Kindes kann die Mutter bestellt werden. Auch kann dieselbe als Nebenintervenientin des Kindes im Prozesse auftreten.

§ 1338 (1469).

Bei der Anfechtungsklage hat der Ehemann den Beweis zu führen, daß er während der Empfängnißzeit, so weit sie in die Ehe fällt, seiner Ehefrau nicht beigewohnt habe.

---

§ 1337. Die Abs. 2 u. 3. enthalten zum Theil Dinge, die sich schon aus anderen Bestimmungen ableiten lassen. Ich halte es aber im Interesse der Verständlichkeit des Gesetzes für geboten, solche Dinge, wo sie in einem besonderen Zusammenhange stehen, lieber zu wiederholen, als die Sache im Dunkeln zu lassen. Was soll sich der gemeine Mann wohl darunter denken, wenn ihm gesagt wird, „er habe Anfechtungsklage gegen das Kind zu erheben", wenn das Kind noch als ein Wickelkind in der Wiege liegt? Das erste, was der Mann, der die Ehelichkeit anfechten will, thun muß, besteht darin, daß er die Bestellung eines Pflegers für das Kind zu erwirken hat. Und das muß im Gesetze gesagt werden.

§ 1338, Abs. 2. Daß man nicht der Mutter des Kindes durch Zwang zum Eide das Geständniß des Ehebruchs abpressen dürfe, nehmen auch die Motive an. Sie halten aber die Mutter durch die bestehenden prozessualischen Vorschriften schon für genügend geschützt. Das scheint mir nicht ganz zuzutreffen. § 349 Abs. 2 der CPO. giebt nur das Recht, „das Zeugniß zu verweigern". Die Mutter würde also zunächst als Zeugin vorgeladen werden und dürfte dann erklären, daß sie tein Zeugniß ablegen wolle. Das würde indirect doch auf ein ihr abgenöthigtes Zeugniß des Ehebruchs hinauslaufen. In diese Lage darf die Mutter nicht gebracht werden. Auch könnte sie möglicher Weise mit der Eideszuschiebung heimgesucht werden, wenn sie als für das Kind bestellter Pfleger aufträte oder als Nebenintervenientin an dem Prozeß theilnähme. Der von mir vorgeschlagene Zusatz scheint mir daher angemessen.

Der Beweis kann nicht durch Benennung der Frau als Zeugin oder durch Eideszuschiebung an dieselbe geführt werden.

Wird von der Gegenseite behauptet, daß das Kind während des noch vor die Ehe fallenden Theiles der Empfängnißzeit von dem Ehemanne erzeugt sei, so findet auf die Beweisführung hierüber Abs. 1 des § 1336 Anwendung.

§ 1339 (1472).

Die Anfechtung der Ehelichkeit des Kindes ist ausgeschlossen, wenn der Ehemann das Kind nach dessen Geburt bereits als das seine durch ausdrückliche Erklärung oder schlüssige Handlungen anerkannt hat.

Als Anerkennung gilt es auch, wenn der Ehemann nach der Geburt des Kindes dasselbe ohne Vorbehalt als das seine bei dem Standesamt angemeldet hat; desgleichen wenn er die nach § 1335 abgegebene Anfechtungserklärung oder die nach § 1337 erhobene Anfechtungsklage zurücknimmt.

§ 1340 (1470, 1471).

Stirbt der Ehemann, ohne die Anfechtung der Ehelichkeit erhoben oder durchgeführt zu haben, so kann die Anfechtung von jedem erfolgen, der ein rechtliches Interesse dabei hat; jedoch nur dann, wenn nicht der Ehemann schon das Recht der Anfechtung durch Zeitablauf oder Anerkennung des Kindes verloren hat.

Die zulässige Anfechtung Dritter ist an keine Form und an keine Frist gebunden.

§ 1341 (1473).

Stirbt das Kind, ehe eine Anfechtung seiner Ehelichkeit erhoben oder durchgeführt ist, so kann, wenn das Kind Nachkommen hinterläßt,

---

§ 1339. Ich glaube, daß man die Anerkennung des Kindes auch an schlüssige Handlungen knüpfen muß. Eine „ausdrückliche Willenserklärung" des Mannes wird gerade dann am wenigsten vorkommen, wenn dieser gar keine Zweifel hat, daß das Kind von ihm herrührt. Jedenfalls braucht es doch nicht eine „Willens erklärung" zu sein. Für zweckmäßig halte ich die im Abf. 2 hervorgehobenen Fälle ausdrücklich als Anerkennung zu bezeichnen

§ 1340. Der Entwurf § 1470 will die Anfechtung eines vor dem 181. Tage geborenen Kindes ausschließen, wenn der Ehemann vor Erhebung der Anfechtung stirbt. Das halte ich nicht für begründet. Der Mann kann ja schon wenige Stunden nach der Geburt des Kindes sterben, und es kann ihm deshalb die Anfechtung ganz unmöglich gewesen sein. Daß der Mann nicht mit verspäteter Anfechtung komme, dafür muß eine kurze Verjährungsfrist sorgen (vergl. § 1337). Man hat auch vorgeschlagen, die Anfechtung auszuschließen, wenn der Mann bei der Heirath die Schwangerschaft der Frau gekannt habe. Auch dies halte ich nicht für gerechtfertigt. Der Mann erfährt erst durch die Geburt des Kindes, auf welche Zeit des geschlechtlichen Verkehrs es ankommt; und deshalb kann eine Anerkennung des Kindes immer nur wirksam sein, wenn sie nach der Geburt des Kindes erfolgt (vergl. §§ 1339 u. 1429).

§ 1341. Ich kann mir nicht vorstellen, daß der Ehemann ein rechtliches Interesse haben könnte, nach dem Tode des Kindes dessen Ehelichkeit noch anderen Personen gegenüber anzufechten, als etwa den Kindern des Kindes, die er im Falle auch noch gegen diese zwecks Feststellung, daß sie nicht Nachkommen des Ehemannes seien, von diesem die Anfechtung erhoben oder durchgeführt werden.

Die nach § 1340 zulässige Anfechtung Dritter kann nach dem Tode des Kindes auch gegen dessen Erben erhoben werden.

§ 1342 (1474).

Die Anfechtung der Ehelichkeit von Seiten des Ehemannes, desgleichen die im § 1336 gedachte Klage der Mutter auf Anerkennung der Vaterschaft kann nur von diesen selbst erhoben werden. Sie bedürfen dazu keiner Mitwirkung eines gesetzlichen Vertreters.

Verfällt der Ehegatte vor Ausübung der gedachten Rechte in Geisteskrankheit, so wird dadurch der Lauf der für diese Ausübung gesetzten Frist gehemmt.

§ 1343 (1477).

Das auf die Anfechtungsklage des Ehemannes während dessen Lebzeiten dem Kinde oder dessen Nachkommen gegenüber ergangene und rechtskräftig gewordene Urtheil wirkt für und gegen Alle.

Gleiches gilt von dem Urtheil, das von der Mutter oder dem Kinde nach § 1336 erwirkt und noch bei Lebzeiten des Mannes rechtskräftig wird.

§ 1344 (1479).

Hat eine Frau noch vor Ablauf von dreihundert Tagen seit Auflösung ihrer Ehe sich wieder verheirathet und wird innerhalb dieser Zeit ein Kind von ihr geboren, für dessen Vater nach den Bestimmungen der §§ 1334—1338 sowohl der erste als der zweite Ehemann gelten kann, so ist das Kind nur dann, wenn es innerhalb von 270 Tagen nach Auflösung der früheren Ehe geboren ist, als Kind des ersten Ehemannes, wenn es später geboren ist, als Kind des zweiten Ehemannes anzusehen.

---

der Ehelichkeit als seine Enkel (mit Pflichttheilsrecht ꝛc.) anzuerkennen hätte. Ich möchte daher die Fortsetzung der Anfechtung auf diesen Fall beschränken. Für Dritte muß freilich das Anfechtungsrecht in weiterem Umfange gestattet sein.

In § 1478 b. E. wird auch noch der Fall behandelt, daß der Ehemann die nach § 1472 erfolgte Anerkennung des Kindes wieder anföchte. Eine solche Anfechtung ist schwer denkbar. Darüber, ob er in zutreffender Zeit mit der Mutter zu thun gehabt, wird doch der Mann nicht leicht irren. Knüpft man aber, wie in § 1470 geschieht, schon an diese Thatsache (mit Ausschluß der exceptio plurium) die Annahme der Vaterschaft, so ist nicht abzusehen, wie der Mann seine Anerkennung des Kindes wieder anzufechten in der Lage sein sollte. Der § 1478 ist deshalb oben weggeblieben.

§ 1342. Erklärt man die Anfechtung der Ehelichkeit von Seiten des Ehemannes, sowie die Erhebung der Vaterschaftsklage von Seiten der Mutter für ein persönliches Recht, so muß auch eine Bestimmung darüber getroffen werden, wie es werden soll, wenn der betreffende Ehegatte geisteskrank wird. Soll ihm dadurch sein Recht nicht genommen werden, so muß der Lauf der Frist für gehemmt erklärt werden.

Titel 2. Unterhaltspflicht.

§ 1345 (1480).

Ehegatten, Verwandte in gerader Linie und Geschwister haben einander nach Maßgabe der folgenden Bestimmungen Unterhalt zu gewähren.

§ 1346 (1481, 1482).

Der Familienvater hat seiner Frau und den zu seinem Hausstande gehörenden minderjährigen Kindern Unterhalt zu gewähren ohne Rücksicht auf den Stamm des ihnen gehörenden Vermögens, der Frau auch ohne Rücksicht auf deren Fähigkeit, durch Arbeit sich selbst Unterhalt zu erwerben.

Er hat denselben Unterhalt zu gewähren nach Maßgabe seiner Mittel, ohne Rücksicht darauf, ob diese zu seinem eigenen standesmäßigen Unterhalt ausreichen. Reichen jedoch die Mittel des Mannes zum standesmäßigen Unterhalt der Familie nicht aus, so kann für den Unterhalt von Frau und Kindern auch deren Stammvermögen angegriffen, sowie die Unterhaltspflicht der Verwandten in Anspruch genommen werden.

Dieselben Grundsätze kommen sinnentsprechend zur Anwendung, wenn die Frau in die Lage kommt, dem Manne und den Kindern Unterhalt gewähren zu müssen.

§ 1347 (1481, 1482).

In allen übrigen Fällen tritt die Pflicht zur Unterhaltsgewährung nur insoweit ein, als der, welcher den Unterhalt in Anspruch nimmt, wegen Vermögenslosigkeit und Erwerbsunfähigkeit sich selbst zu erhalten nicht im Stande ist, und als der, von welchem der Unterhalt in Anspruch genommen wird, ihn ohne Beeinträchtigung seines eigenen standesmäßigen Unterhalts zu gewähren vermag.

§ 1348 (1483—1485).

Die Haftung für Unterhaltsgewährung tritt in nachstehender Reihenfolge ein.

Es haftet zunächst der Familienvater der Frau und den Kindern.

Nächst dem Vater haftet die Mutter den Kindern.

Steht der Mutter die elterliche Nutznießung am Kindesvermögen zu, so haftet sie, soweit dessen Nutzungen ausreichen, den Kindern vor dem Vater.

Einem verheiratheten Kinde haftet der Vater und die Mutter erst nach dessen Ehegatten.

Hiernächst haften die Verwandten der auf- und absteigenden Linie nach der Nähe des ihnen zustehenden Erbrechts, dergestalt jedoch, daß in jeder aufsteigenden Linie der Mann vor der Frau haftet.

An letzter Stelle haften die Geschwister.

Mehrere gleich nahe Verwandte haften zu gleichen Theilen.

Titel 2. Unterhaltspflicht. In diesem Abschnitt sind sachlich die Grundsätze des Entwurfs im Wesentlichen beibehalten. Die Abweichungen bestehen vorzugsweise in der Form der Darstellung. Gerade diese tief ins Leben eingreifende Lehre sollte doch möglichst gemeinverständlich gehalten werden.

§ 1349 (1484, 1486, 1487).

Ist ein für den Unterhalt Haftbarer nicht im Stande, den Unter=
halt zu gewähren, so tritt der neben ihm oder der entfernter stehende
Haftbare an seine Stelle.

Dasselbe gilt, wenn der Unterhalt von dem zunächst Haftbaren wegen
dessen Abwesenheit oder aus sonstigen Gründen nicht zu erlangen steht.

§ 1350 (1483).

Werden von verschiedenen Bedürftigen gegen den nämlichen Pflichtigen
Ansprüche auf Unterhalt erhoben, die dieser nicht sämmtlich erfüllen kann,
so geht der Anspruch des Ehegatten, der Kinder und Kindeskinder allen
anderen Ansprüchen vor.

Von den Verwandten in aufsteigender Linie geht der nähere dem
entfernteren, alle aber gehen den Geschwistern vor.

Der Unterhaltsanspruch des geschiedenen Ehegatten (§ 1320) steht
dem des gegenwärtigen Ehegatten und der Kinder nach, geht aber dem An=
spruch aller übrigen Verwandten vor.

§ 1351 (1488).

Der Unterhalt ist in dem Maße zu gewähren, das der Lebensstellung
des Berechtigten entspricht, jedoch nicht über das Maß hinaus, das zugleich
der Lebensstellung des Verpflichteten entspricht.

Der Unterhalt umfaßt den ganzen Lebensbedarf des Berechtigten,
bei Kindern insbesondere die Kosten der Taufe, der Erziehung und der
Vorbildung zu einem standesmäßigen Berufe. Der Unterhaltspflichtige hat
auch die Beerdigungskosten zu bestreiten, so weit nicht ein Erbe sie zu
tragen hat.

§ 1352 (1489, 1490).

Nur auf Gewährung eines nothdürftigen Unterhalts haben An=
spruch:

1. Geschwister;
2. solche, deren Bedürftigkeit auf eigenem sittlichen Verschulden beruht;
3. solche, die sich gegen den Unterhaltspflichtigen in einer Weise
betragen haben, die diesen zur Entziehung des Pflichttheils berechtigen würde.

Wird aus dem letztgedachten Grunde einem Bedürftigen sein Unter=
halt geschmälert, so kann er nicht deshalb andere Unterhaltspflichtige in
Anspruch nehmen.

§ 1353 (1491).

Der Familienvater ist zur Gewährung des Unterhalts an die Frau
und die minderjährigen Kinder der Regel nach nur innerhalb seines Haus=

---

§ 1351 enthält eine Abweichung vom Entwurfe, indem er die Schranke
zieht, daß der Pflichtige den Unterhalt nur nach Maßgabe seiner eigenen Lebens=
stellung zu gewähren habe. Wenn ein geringer Mann einen Sohn hat, der eine
höhere Lebensstellung erreicht, dann aber wieder verarmt und vom Vater erhalten
werden muß, so braucht der Vater ihm doch gewiß nicht einen besseren Unterhalt
zu gewähren, als er selbst hat.

§ 1353 soll an die Stelle der höchst geschraubten Bestimmungen des § 1491
treten.

ſtandes, außerhalb ſeines Hausſtandes aber nur dann verpflichtet, wenn
ſie berechtigter Weiſe außerhalb ſich aufhalten.

Daſſelbe gilt von der Frau, wenn ſie in die Lage kommt, dem
Manne und den Kindern Unterhalt gewähren zu müſſen.

Nimmt ein bereits ſelbſtändig gewordenes Kind den Unterhalt von
den Eltern in Anſpruch, ſo können dieſe verlangen, daß das Kind in ihr
Haus zurückkehre. Sie müſſen jedoch alsdann auch die unterhaltsbedürftigen
Kindeskinder mit aufnehmen.

§ 1354 (1491).

In anderen Fällen der Unterhaltspflicht iſt der Unterhalt in der
Form einer Geldrente zu leiſten, auf welche die Beſtimmung des § 701
Anwendung findet.

Auf Antrag des Verpflichteten kann das Gericht nach den Um=
ſtänden des Falles die Leiſtung des Unterhaltes auch in einer anderen
Form geſtatten.

§ 1355.

(— Abänderung des Urtheils wegen veränderter Umſtände — wie
§ 1493 b. E.)

§ 1356 (1492).

Ein für beſtimmte Zeit durch Vertrag oder Urtheil feſtgeſtellter
Unterhaltsbetrag kann bei Verzug des Pflichtigen innerhalb des Zeitraums,
für welchen er zu leiſten war, nachgefordert werden.

Im Uebrigen findet ein Anſpruch auf Gewährung von Unterhalts=
koſten für die Vergangenheit nur in der Art ſtatt, daß der Berechtigte die
Bezahlung von Schulden verlangen kann, die er bei Verzug des Pflichtigen
zur Erlangung ſeines Unterhalts gemacht hat.

Hat ein Dritter dem Bedürftigen den Unterhalt, den ein Anderer
zu gewähren hatte, gewährt, ſo kann der Dritte den Anſpruch des Unter=
haltsberechtigten als kraft Geſetzes auf ihn übergegangen wider den Pflichtigen
geltend machen.

§ 1357 (1494, 1496).

Unterhaltsanſprüche können nach dem Tode des Pflichtigen wider
deſſen Erben nur im Umfange des § 1356, im Konkurſe des Pflichtigen
nur im Umfange der Abſ. 2 und 3 des § 1356 geltend gemacht werden.

---

§ 1356 ſoll den Satz verwirklichen: In praeteritum non vivitur. Daß
man da, wo ein beſtimmter Betrag für Unterhalt während beſtimmter Zeit zu
leiſten iſt, die Nachforderung deſſelben während des Laufs dieſer Zeit zulaſſen muß,
wird dadurch zur Nothwendigkeit, daß ſonſt der Pflichtige einfach durch Verzögerung
der Leiſtung ſich ihr entziehen könnte. Dagegen kann ich nicht mit dem Entwurfe
annehmen, daß jeder Verzug des Pflichtigen den Unterhaltsanſpruch zu einem an=
dauernden mache. Wenn ein Berechtigter von einem Pflichtigen Unterhalt gefordert,
dieſen aber nicht erhalten hat, ſo kann er ihn nicht nach 20 Jahren noch nach=
fordern. Eine ſolche Nachforderung kann nur im Umfange des Abſ. 2 geſtattet
werden. Entſchiedenen Werth lege ich dabei noch auf die Beſtimmung in Abſ. 3.

§ 1358 (1495).

Auf den gesetzlichen Unterhaltsanspruch für die Zukunft kann nicht verzichtet werden.

Vorausleistungen befreien bei erneuerter Bedürftigkeit des Berechtigten den Pflichtigen nicht, wenn sie für eine längere, als die gesetzlich vor= geschriebene oder die sonst den Umständen nach angemessene Zeit gegeben waren.

Titel 3. Rechtsverhältniß zwischen Eltern und ehelichen Kindern.

I. Allgemeine Vorschriften.

§ 1359 (1497).

Das eheliche Kind erhält den Familiennamen des Vaters.

§ 1360 (1501).

Das Kind steht, so lange es minderjährig ist, unter der elter= lichen Gewalt.

Die elterliche Gewalt wird zunächst von dem Vater ausgeübt. Nach dem Tode des Vaters oder während andauernder Verhinderung desselben geht die elterliche Gewalt auf die Mutter über.

§ 1361 (1502).

Die elterliche Gewalt begründet für die Eltern:

1. das Recht und die Pflicht der Obsorge für die Person des Kindes;

2. das Recht und die Pflicht, das Vermögen des Kindes zu ver= walten, und das Recht der Nutznießung an diesem Vermögen;

3. das Recht und die Pflicht, das Kind in Rechtsangelegenheiten zu vertreten.

Titel 3. Die „allgemeinen Vorschriften" sind hier anders als im Entwurfe gruppirt. Die §§ 1498, 1499 und 1500 reihen sich besser an anderer Stelle ein. Dann kann man die §§ 1497, 1501 und 1502 als „allgemeine Vorschriften" zu= sammenfassen.

§ 1361. Der Entwurf bezeichnet die den Eltern (sowie auch die dem Vor= munde) in Beziehung auf die Person des Kindes zustehenden Rechte und Pflichten überall mit dem Ausdrucke: „Die Sorge für die Person des Kindes", womit dann „die Sorge für das Vermögen" parallel geht. Der Entwurf scheint sogar mit besonderer Vorliebe an diesem Ausdruck zu hängen; (man vergl. z. B. §§ 1648 bis 1650, 1653.) Meinem Sprachgefühl nach hat aber dieser Ausdruck dadurch etwas Störendes, daß dem Worte „Sorge" stets ein starker Beigeschmack von „Kümmerniß" und „Angst" anhaftet. Dadurch klingt der Ausdruck „Sorge für die Person des Kindes" namentlich da unnatürlich, wo das Gesetz weniger die Pflichten als die Rechte der Eltern gegen das Kind betonen will; (so z. B. in § 1456). Jene Zweideutigkeit hat es ohne Zweifel veranlaßt, daß unsere Sprache für die Fälle, wo die „Sorge" in der Bedeutung einer schützenden Thätigkeit ge= meint ist, zwei Zusammensetzungen des Wortes gebildet hat, die jenen Anklang von „Kümmerniß" gänzlich ausschließen. Es sind dies die Worte „Fürsorge"

II. Obsorge der Eltern für die Person des Kindes.

§ 1362 (1504).

Die Obsorge für die Person des Kindes (Erziehungsrecht) umfaßt das Recht und die Pflicht der Eltern, das Kind bei sich zu haben oder sonst dessen Aufenthalt zu bestimmen, es zu beaufsichtigen und zu erziehen.

Das Erziehungsrecht gewährt die Befugniß, angemessene Zuchtmittel gegen das Kind anzuwenden. Das Vormundschaftsgericht hat den Berechtigten: (2c., wie Abs. 2 des § 1504).

§ 1363.

(— Religiöse Erziehung — wie § 1508 d. E.)

§ 1364 (1507).

Zu dem Antrage auf Entlassung des Kindes aus dem Staatsverbande ist die Genehmigung des Vormundschaftsgerichts erforderlich, es sei denn, daß die Eltern auch für sich die Entlassung beantragen.

§ 1365 (1505).

Wider solche, die das Kind den Eltern widerrechtlich vorenthalten, haben diese den Anspruch auf Herausgabe des Kindes.

Für die Zurückführung eines flüchtigen Kindes kann polizeiliche Hülfe in Anspruch genommen werden.

§ 1366 (1498, 1499).

Das Kind ist verpflichtet, den Eltern kindlichen Gehorsam zu leisten.

Es ist insbesondere verpflichtet, in einer seinen Kräften und seiner Lebensstellung entsprechenden Weise den Eltern in deren Hauswesen und Gewerbe unentgeltlich Dienste zu leisten.

Auch über den Bereich dieser Dienste hinaus können die Eltern die Arbeitskraft des Kindes in angemessener Weise und innerhalb der gesetzlichen Schranken verwerthen. Was das Kind hierdurch erwirbt, erwirbt es den Eltern.

---

und „Obsorge". Von diesen würde vielleicht „Fürsorge" das bessere sein (der Entwurf selbst braucht es in der Ueberschrift auf S. 401), wenn nicht die Konstruktion mit Wiederholung der Präposition „für" (Fürsorge für die Person 2c.) sprachlich widerwärtig klänge. Ich habe daher das Wort „Obsorge" gewählt, das den Zweck, jede Mißdeutung auszuschließen, vollkommen erfüllt. Daneben aber macht sich das Bedürfniß fühlbar, für das fragliche Recht der Eltern auch noch einen einfacheren Ausdruck zu gewinnen; und diesen finde ich in dem Worte „Erziehungsrecht"; der Entwurf selbst ist unwillkürlich auf diesen Ausdruck in § 1491 verfallen. Dadurch wird sich überall eine natürlichere Ausdrucksweise gewinnen lassen, als der Entwurf mit seiner ständigen Wiederholung des Wortes „Sorge" zu Tage fördert.

Die §§ 1366 Abs. 3, 1367 und 1368 sind von mir neu hinzugefügt. Ich lege auf ihre Aufnahme den größten Werth. Zunächst muß ausgesprochen werden, daß die Eltern das Recht haben, ihr Kind nicht bloß in ihrem Hauswesen, sondern auch anderwärts zu beschäftigen; daß sie es z. B. in eine Fabrik schicken können. Was das Kind hier verdient, verdient es den Eltern; d. h. es muß es an die Eltern abliefern. In der Regel wird auch sein Unterhalt mindestens eben so viel

§ 1367.

Hat das Kind das sechszehnte Lebensjahr überschritten, so kann es, auch wenn es dem Hausstande der Eltern noch angehört, verlangen, daß dasjenige, was es durch seine Arbeit über den Betrag seiner Unterhalts= kosten hinaus erwirbt, ihm als freies Vermögen, über das es selbständig verfügt, belassen werde. Es bedarf jedoch hierzu einer Vereinbarung zwischen den Eltern und dem Kinde, durch welche zugleich der Betrag des dem Kinde zu Belassenden bestimmt wird. Ohne eine solche Vereinbarung hat das Kind keinen Anspruch.

§ 1368 (1516).

Hat das Kind das sechszehnte Lebensjahr überschritten und ist es im Stande, sich außerhalb des Hausstandes der Eltern durch seine Arbeits= kraft in angemessener Weise den Unterhalt zu erwerben, so können die Eltern ihm die Erlaubniß hierzu nicht versagen. Was das Kind alsdann erwirbt, wird sein freies Vermögen.

Versagen die Eltern dem Kinde die gedachte Erlaubniß ohne genügen= den Grund, so kann das Kind die Entscheidung der Gemeindebehörde an= rufen, durch die die Erlaubniß der Eltern ergänzt wird.

---

kosten. Dieses Recht der Eltern, die Arbeitskraft des Kindes für sich zu ver= werthen, muß aber eine gewisse Grenze haben. Kommt das Kind in ein Alter, wo man annehmen kann, daß es bereits mehr verdient, als sein nothwendiger Unterhalt beträgt, so muß ihm das Recht gewährt werden, diesen Mehrverdienst auch für sich zu verwerthen. Dies näher zu regeln ist der Zweck der §§ 1367 und 1368. Bleibt das Kind bei den Eltern im Hause, dann soll es mit diesen vereinbaren können, daß ihm der Ueberschuß seines Verdienstes be= lassen werde. Dieser Verdienst bildet also eine Art Taschengeld (peculium) für das Kind, das es frei verwenden darf. Ich nenne es deshalb „freies Vermögen". In der Belassung der freien Verfügung darüber liegt auch keine Gefahr. Denn mit dem, was ein junger Mann oder ein Mädchen durch ihrer Hände Arbeit ver= dienen, werden sie in der Regel auch sparsam umgehen. Wollen aber die Eltern dem Kinde nicht ein solches Taschengeld zugestehen, so muß der herangewachsene Sohn oder die Tochter auch das Recht haben — und darin liegt der geeignete Zwang den Eltern gegenüber — das Haus zu verlassen und sich auswärts seinen Verdienst zu suchen (§ 1368). Ohne Bestimmung dieser Art würde in manchen Verhältnissen die elterliche Gewalt auf eine Ausbeutung der Kinder hinauslaufen. Was das für das fragliche Recht der Kinder zu bestimmende Alter betrifft, so würde ich schwanken, ob es richtiger sei, das 16. oder 18. Lebensjahr zu be= stimmen Zu dieser Beziehung liegt nun aber schon ein Vorgang der Reichsgesetz= gebung vor. In der neuen Gewerbegesetznovelle §§ 107 u. 108 ist gesagt, daß der 16jährige Arbeiter die Aushändigung eines Arbeitsbuches, das ihn in den Stand setzt, selbständig in Arbeit zu treten, verlangen kann, und daß, wenn der Vater seine Zustimmung ohne genügenden Grund verweigere, diese von der Ge= meindebehörde ergänzt werden könne. Diesen Bestimmungen ist der obige § 1368 nachgebildet. Ich vermag wenigstens nicht einzusehen, weshalb das, was für einen jugendlichen Gewerbearbeiter gilt, nicht auch für einen Sohn oder eine Tochter gelten soll, die als Knecht oder als Dienstmagd auswärts ihr Brod suchen wollen. — Die Bestimmung in § 119a Abs. 2 Nr. 2 jener Novelle kann daneben bestehen bleiben.

§ 1369 (1506).

Das Erziehungsrecht haben während Bestehens der Ehe beide Eltern zu üben. Bei einer Meinungsverschiedenheit zwischen beiden entscheidet der Vater.

III. Elterliche Verwaltung und Nutznießung des Kindesvermögens.

§ 1370.

Besitzt das Kind Vermögen, das ihm durch Erbfall oder Schenkung unter Lebenden zugefallen ist, so fällt dieses Vermögen in die Verwaltung und Nutznießung der Eltern, und zwar nach Maßgabe des § 1360 Abs. 2 zunächst in die des Vaters.

§ 1371 (1503).

Der Vater hat die Verwaltung des Kindesvermögens nach den Grundsätzen zu führen, die für die Verwaltung des Mündelgutes durch den Vormund gelten. Insbesondere kommen auch für den Vater die Vorschriften der §§ 1486, 1496—1501, daneben aber folgende Bestimmungen zur Anwendung.

§ 1372.

Ein Vermögensverzeichniß aufzustellen ist der Vater bezüglich des dem Kinde von der Mutter zugefallenen Vermögens nur in den Fällen der §§ 1393 und 1394 verpflichtet.

Ueber anderes dem Kinde zufallendes Vermögen hat der Vater in gleicher Weise wie der Vormund (§ 1495) ein Verzeichniß aufzustellen und dem Vormundschaftsgericht einzureichen.

§ 1373.

Der Vater haftet bei der Verwaltung des Kindesvermögens nur für das Maaß von Sorgfalt, das er in eigenen Angelegenheiten anzuwenden pflegt.

§ 1374 (1523).

Der Vater ist berechtigt, Sachen des Kindesvermögens zu verbrauchen oder zu veräußern, auch den Erlös aus solchen in sein Vermögen zu verwenden, vorbehaltlich seiner Verpflichtung, bei Beendigung seiner Verwaltung den Werth der Sachen oder den davon bezogenen Erlös zu ersetzen.

---

§ 1370. Durch die hier gegebene Bestimmung des Vermögens, das der elterlichen Verwaltung und Nutznießung unterliegt, ist der Gegensatz hergestellt zu dem Vermögen, das das Kind für die Eltern erwirbt (§ 1366 Abs. 3), und zu dem Vermögen, das es zu seiner freien Verfügung erwirbt (§§ 1367 u. 1368).

§ 1371. Um den häßlichen Ausdruck „Inhaber der elterlichen Gewalt" zu vermeiden, ist hier und in den folgenden Paragraphen stets nur „der Vater" genannt. Die darin liegende Unvollständigkeit wird später durch § 1401 gehoben.

§ 1372. Dem Vater die Verzeichnung des dem Kinde von der Mutter zufallenden Vermögens aufzulegen, würde ich für ein zu tiefes Eingreifen in die bestehenden Familienverhältnisse halten. Dagegen vermag ich mit Bingner nicht einzusehen, warum man nicht von dem Vater fordern sollte, daß er anderes dem Kinde zufallendes Vermögen durch Verzeichnung sicher stelle.

§ 1375 (1511, 1515).

Der Vater bedarf zu Rechtsgeschäften, die er für das Kind eingeht, der Genehmigung des Vormundschaftsgerichtes in den Fällen, in welchen nach § 1507 auch der Vormund derselben bedarf. Auch die §§ 1508 und 1509 finden dabei Anwendung.

§ 1376.

Nach Beendigung seines Verwaltungsrechtes hat der Vater über das von ihm in Besitz genommene und verwaltete Vermögen Rechnung zu stellen und dasselbe herauszugeben.

Den Offenbarungseid über die gestellte Rechnung kann das Kind von dem Vater nur verlangen, wenn ein besonderer Verdacht gegen ihn vorliegt.

§ 1377 (1534).

Das Recht der elterlichen Nutznießung kann nicht veräußert und nicht verpfändet werden.

Eine Beschlagnahme der Einkünfte des Kindesvermögens für Schulden des Vaters ist nur so weit zulässig, als diese Einkünfte nicht zur Erfüllung der mit der Verwaltung und Nutznießung des Vermögens verbundenen Pflichten und zur Unterhaltung des Kindes nothwendig sind. Diese Beschränkung kann sowohl von dem Vater als von dem Kinde geltend gemacht werden.

§ 1378 (1528).

Die Gläubiger können wegen aller Verbindlichkeiten des Kindes Befriedigung aus dem der elterlichen Verwaltung unterliegenden Kindesvermögen, ohne Rücksicht auf die elterliche Nutznießung, verlangen. Zur Zwangsvollstreckung genügt ein gegen das Kind vollstreckbarer Titel.

§ 1379 (1537).

Der Vater kann durch eine vor dem Vormundschaftsgericht abzugebende Erklärung auf die elterliche Nutznießung verzichten.

§ 1380 (1510, 1517).

Ein Erblasser, der dem Kinde Vermögen hinterläßt, kann durch letztwillige Verfügung, ein Schenker, der unter Lebenden dem Kinde Vermögen zuwendet, kann bei dieser Zuwendung die Anordnung treffen, daß das

---

§ 1375. Beschränkt man (wie bei § 1507 von mir vorgeschlagen wird) die Zahl der Rechtsgeschäfte, zu welchen der Vormund der gerichtlichen Genehmigung bedarf, in angemessener Weise, so kann man in dieser Beziehung den Vater mit dem Vormunde völlig gleichstellen. Dadurch wird auch eine größere Einfachheit des Rechtes erreicht und die widerwärtige doppelte Aufzählung derselben Rechtsgeschäfte in § 1511 u. § 1674 d. E. vermieden.

§ 1377. Die Bestimmung in Abs. 2 geht parallel mit § 1233.

§ 1380. Ich nenne das hier fragliche Vermögen des Kindes, das einer abgesonderten Verwaltung für das Kind unterliegt, „selbständiges Vermögen" und unterscheide es von dem freien Vermögen, das nach §§ 1367 und 1368 dem Kinde

zugewendete Vermögen der elterlichen Verwaltung oder der elterlichen Nutz-
nießung oder beiden entzogen sein solle (selbständiges Vermögen des Kindes).
Ist das Vermögen der elterlichen Verwaltung entzogen, so ist dafür ein
Pfleger zu bestellen.

§ 1381.

In den vorgedachten Fällen (§ 1380) hat die Verwendung des Vermögens oder des Aufkommens von solchem nach der Anordnung dessen zu
geschehen, der das Vermögen dem Kinde zugewendet hat. Der Vater darf
der Verwendung zu einer angemessenen Ausbildung des Kindes für seinen
Lebensberuf kein Hinderniß entgegenstellen. Bei Meinungsverschiedenheiten
hierüber zwischen ihm und dem Pfleger entscheidet das Vormundschaftsgericht.

§ 1382.

Hat der Anordnende bestimmt, daß das Aufkommen des zugewendeten
Vermögens für das Kind aufgespart werden soll, so kann gleichwohl der
Vater, wenn er nach Lage der Verhältnisse dessen bedürftig ist, verlangen,
daß ein angemessener Beitrag zu den Kosten der Unterhaltung und Er-
ziehung des Kindes aus jenem Aufkommen geleistet werde. Bei einem
Streite hierüber zwischen Vater und Pfleger entscheidet das Vormund-
schaftsgericht. Eine Vereinbarung zwischen beiden über den zu gewährenden
Beitrag bedarf der Genehmigung dieses Gerichts.

§ 1383 (1530).

Alle Verbindlichkeiten, die aus einem auf das selbständige Vermögen
des Kindes sich beziehenden Rechtsverhältnisse hervorgehen, desgleichen alle
Verbindlichkeiten des Kindes aus unerlaubten Handlungen und aus einem
durch diese herbeigeführten Strafverfahren haften zunächst auf dem selbständigen Vermögen des Kindes.

Hat der Vater solche Verbindlichkeiten aus anderem Vermögen bestritten, so kann er für dieses Ersatz aus dem selbständigen Vermögen des
Kindes in Anspruch nehmen.

---

zur eigenen freien Verfügung belassen werden soll. Der Entwurf, der nur den
Begriff „freies Vermögen" kennt und dieses als das Vermögen definirt, das von
der elterlichen Nutznießung ausgeschlossen ist (§ 1516), rechnet dahin auch das Vermögen, das das Kind durch seine Arbeit verdient (§ 1518). Danach müßte also
eine 18jährige Tochter, die sich als Dienstmagd vermiethet hat, ihren Lohn jederzeit an ihren Vater abliefern und von diesem verwalten lassen. Das halte ich
für unnatürlich. Für nicht minder unnatürlich aber halte ich, daß die Eltern,
wenn sie ihr dreizehnjähriges Kind zur Arbeit in die Fabrik schicken, das, was
das Kind dort verdient, nicht in ihrem Haushalt verwenden dürften, sondern es als
„freies Vermögen" des Kindes aufsparen müßten. Und ebenso wenig ist es zu
wünschen, daß es diesem Kinde freistehe, seinen Verdienst nach eigenem Belieben
zu verwenden, also z. B. ihn zu verschwenden. Jedenfalls dürfte es aber klar sein,
daß das, was das Kind durch seine Arbeit verdient, nicht auf gleiche Stufe gestellt werden kann mit Vermögen, das ihm durch Erbschaft rc. zugefallen ist.

Eine Bestimmung wie die in § 1516 b. E. halte ich nicht für nothwendig.

— 314 —

IV. Ergänzende Bestimmungen.

§ 1384 (1499).

Verbleibt das Kind nach eingetretener Volljährigkeit in dem elter=
lichen Hause, ohne daß dieses Verhältniß besonders durch Vertrag geregelt
ist, so dauern die in § 1366 Abf. 1 und 2 bezeichneten Verpflichtungen
des Kindes fort.

§ 1385.

Beläßt das volljährige Kind, das im elterlichen Hause verbleibt, sein
Vermögen in der Verwaltung des Vaters, so gilt auch die Nutznießung
dieses Vermögens als dem Vater belassen.

Fordert das noch dem Hausstande des Vaters angehörige volljährige
Kind sein in der Verwaltung des Vaters befindliches Vermögen heraus, so
kann der Vater verlangen, daß das Kind das elterliche Haus verlasse und
selbständig sich unterhalte.

§ 1386 (1509).

Hat ein Kind noch vor eingetretener Volljährigkeit durch Begründung
eines selbständigen Haushaltes oder durch Verheirathung sich dauernd von
dem elterlichen Hausstande getrennt, so hören das Erziehungsrecht der
Eltern (§ 1362) und die in § 1366 bezeichneten Pflichten des Kindes auf.

§ 1387 (1536).

Hat ein Kind noch vor eingetretener Volljährigkeit unter Trennung
vom elterlichen Hausstande sich verheirathet, so hat der Vater bis zu dem
Eintritt der Volljährigkeit die Verwaltung des Kindesvermögens fortzu=
führen, jedoch die Hälfte der Nutzungen desselben an das Kind heraus=
zugeben.

Der Vater behält die Nutznießung am ganzen Vermögen, wenn das
Kind sich ohne die nach § 1194 erforderliche elterliche Einwilligung ver=
heirathet hat.

Die §§ 1384—1387 dienen dazu, neben der für die elterliche Gewalt ge=
zogenen Grenze der Volljährigkeit das deutschrechtliche Element der Selbständigkeit
oder Unselbständigkeit des Kindes zu gebührender Geltung zu bringen.

§ 1385. Die hierin liegende wichtige Abweichung vom Entwurf habe ich
bereits in der „Beurtheilung" näher begründet.

§ 1387. Der Entwurf will dem Vater mit der Verheirathung des Kindes
die elterliche Nutznießung vollständig entziehen und ihn nur noch als Vermögens=
verwalter des Kindes gelten lassen. Meinem Gefühl nach geht man dadurch mit
dem Vater zu hart um. So lange der Vater das Vermögen verwaltet, muß ihm
davon auch ein gewisser Nutzen zu Theil werden. Ein Theil des Kindesvermögens
wird ja auch schon durch die Ausstattung der Tochter bei ihrer Verheirathung ent=
zogen werden. Nimmt man dem Vater jeden Nutzen aus dem Kindesvermögen,
während ihm die Last der Verwaltung bleiben soll, so wird dies nicht selten dazu
beitragen, daß er einer Heirath der Tochter vor eingetretener Volljährigkeit mög=
lichst widerstrebt. Zur Ausgleichung der verschiedenen Ansichten schlage ich vor,
dem Vater, so lange er das Vermögen verwaltet, die Hälfte der Nutzungen zu
belassen.

§ 1388 (1500).

Die Eltern sind verpflichtet, so weit sie nach ihren Vermögensverhältnissen dazu im Stande sind, einer noch nicht selbständig gewordenen
Tochter bei ihrer Verheirathung eine angemessene Aussteuer zu geben. Die
Verpflichtung liegt zunächst dem Vater, wenn dieser aber zu deren Erfüllung
außer Stande oder bereits verstorben ist, der Mutter ob.

Die Verpflichtung tritt nicht ein, wenn die Tochter selbst für ihre
Ausstattung ausreichendes Vermögen besitzt. Sie tritt ferner nicht ein,
wenn die Tochter ohne elterliche Einwilligung sich verheirathet oder sich
gegen die Eltern so betragen hat, daß ihr von diesen das Pflichttheil entzogen werden kann.

Haben Eltern, in deren Verwaltung Vermögen des Kindes sich befindet, diesem Kinde eine Ausstattung gegeben, so wird vermuthet, daß die
Ausstattung aus dem Kindesvermögen gegeben sei.

Die Ausstattung eines Kindes durch die Eltern gilt, auch wenn zu
solcher keine Rechtspflicht bestand, nicht als Schenkung.

§ 1389.

Leben Eltern in Gütergemeinschaft, so gelten alle Aufwendungen,
welche der Vater zu Gunsten des Kindes macht, im Zweifel als dem Gesammtgute entnommen. Ersparnisse aus der Nutznießung des Kindesvermögens fließen dem Gesammtgute zu.

V. Unregelmäßige Verhältnisse der elterlichen Gewalt und Einwirkung des Vormundschaftsgerichts.

§ 1390 (1544, 1545).

Unterläßt der Vater, die Pflichten der elterlichen Gewalt zu üben,
oder ist er daran verhindert, so hat das Vormundschaftsgericht die im Interesse
des Kindes erforderlichen Maßnahmen zu treffen.

Insbesondere hat dies zu geschehen, wenn der Vater die für ihn ver-
bindlichen, im Interesse des Kindes getroffenen Anordnungen eines Dritten
unbefolgt läßt.

Abs. 2 des § 1517 findet sinnentsprechend Anwendung.

§ 1391 (1554).

Die elterliche Gewalt ruht, wenn der Vater handlungsunfähig wird
oder wenn er auf längere Zeit thatsächlich gehindert ist, die elterliche Ge-

---

§ 1388. Ich würde kein Bedenken tragen, die Ausstattung einer sich ver-
heirathenden Tochter für eine Rechtspflicht zu erklären. Ich glaube, man kann in
dieser Beziehung von einem deutschen Gewohnheitsrecht reden. Bei dem Sohne
liegt die Sache anders. Diesen brauchen die Eltern nicht auszustatten, und wenn
sie es thun, ist es ihr freier Wille.

§ 1391 Abs. 2. Ich finde es nicht nöthig, für den überaus seltenen Fall,
daß einem Minderjährigen die elterliche Gewalt zusteht, so künstliche Vorschriften
zu geben, wie die in § 1554 Abs. 2 d. E. aufgestellten. Es genügt, wenn man

21*

walt auszuüben. In dem letzteren Falle hat das Vormundschaftsgericht den
Eintritt dieses Verhältnisses und die Dauer desselben festzustellen.

Ist der Vater nur in der Handlungsfähigkeit beschränkt, so ist die
ihm zustehende Verwaltung des Kindesvermögens von seinem gesetzlichen
Vertreter auszuüben. Im Uebrigen übt er die Rechte der elterlichen Ge=
walt, wenn kein weiterer Grund der Entziehung gegen ihn vorliegt,
selbst aus.

§ 1392 (1546).

Der Vater, der seine auf die Person des Kindes sich beziehenden
Rechte gröblich mißbraucht, die entsprechenden Pflichten gröblich vernach=
lässigt oder durch ehrloses oder unsittliches Verhalten das geistige oder leib=
liche Wohl des Kindes gefährdet, kann durch Anordnung des Vormund=
schaftsgerichts in seinem Erziehungsrechte beschränkt werden. Das Gericht
kann insbesondere anordnen, daß rc. (wie in § 1546).

§ 1393 (1547).

Der Vater, der seine auf die Verwaltung des Kindesvermögens sich
beziehenden Pflichten gröblich vernachlässigt oder in Vermögensverfall geräth
und dadurch die Vermögensrechte des Kindes gefährdet, kann durch An=
ordnung des Vormundschaftsgerichts in seinem Verwaltungsrechte beschränkt
werden. Das Gericht kann insbesondere anordnen, daß der Vater ein
Vermögensverzeichniß aufstelle. daß er Kostbarkeiten und Werthpapiere an
dazu bestimmter Stelle (§ 1505) hinterlege oder Inhaberpapiere auf den
Namen des Kindes schreiben lasse. Der Vater darf alsdann über solche
Gegenstände nur mit Genehmigung des Vormundschaftsgerichts verfügen.

Erscheinen diese Maßregeln nicht ausreichend, so kann das Vormund=
schaftsgericht den Vater anhalten, für das seiner Verwaltung unterliegende
Vermögen Sicherheit zu leisten. Die Art und den Umfang der Sicherheits=
leistung bestimmt das Gericht nach freiem Ermessen.

§ 1394 (1548).

Kraft Gesetzes ist der Vater verpflichtet, über das in seiner Ver=
waltung befindliche Kindesvermögen (soweit es nicht schon nach § 1372 ge=
schehen ist) ein Verzeichniß aufzustellen, wenn er zu einer neuen Ehe
schreitet. Befindet er sich bezüglich dieses Vermögens noch mit dem Kinde
in Gemeinschaft, so ist zugleich eine Auseinandersetzung zu bewirken. Das
Gericht kann jedoch gestatten, daß diese erst später erfolge.

§ 1395 (1549).

Die Kosten, die durch die zur Sicherung des Kindes nach den
§§ 1392—1394 gebotenen Maßnahmen und Handlungen entstehen, hat
der Vater zu tragen.

---

die Vermögensverwaltung für das Kind in dieselben Hände legt, die für den
Minderjährigen selbst das Vermögen verwalten. Im Uebrigen kann man ihm un=
bedenklich die Ausübung der elterlichen Gewalt überlassen. Bei Minderjährigen
würde ohnehin dieses Stadium nur kurze Zeit dauern. Aber auch bei Ver=
schwendern liegt kein Grund vor, die Sache anders zu gestalten. Sind sie per=
sönlich unfähig, so kann ihnen ja nach § 1392 die elterliche Gewalt entzogen
werden.

§ 1396 (1550).

Unterläßt der Vater, die nach § 1393 getroffenen Anordnungen zu befolgen oder die ihm nach § 1394 obliegenden Verpflichtungen zu erfüllen, so kann ihm das Vormundschaftsgericht die Vermögensverwaltung gänzlich entziehen. Andere Maßregeln zur Erzwingung der angeordneten Sicherheitsleistung sind unzulässig.

§ 1397 (1551).

Das Gericht kann die in Gemäßheit der §§ 1392, 1393, 1396 getroffenen Anordnungen jederzeit wieder ändern.

§ 1398 (1553).

Der Vater verliert die ihm zustehende Vermögensverwaltung, wenn der Konkurs über sein Vermögen erkannt ist.

Nach Beendigung des Konkurses kann das Vormundschaftsgericht ihm die Vermögensverwaltung wieder einräumen.

§ 1399 (1559).

Der Vater ist durch Ausspruch des Vormundschaftsgerichts der elterlichen Gewalt für verlustig zu erklären, wenn er nach strafrechtlicher Feststellung ein Verbrechen oder ein schweres vorsätzliches Vergehen an dem Kinde begangen hat.

§ 1400 (1532).

In den Fällen, in welchen nach den §§ 1391, 1393, 1396 und 1398 der Vater die Verwaltung des Kindesvermögens verliert, verliert er nicht das Recht auf die Nutzungen des Vermögens. Aus diesen sind jedoch die Kosten für Unterhaltung und Erziehung des Kindes vorweg zu nehmen. Das Vormundschaftsgericht kann Anordnungen treffen, welche diese Art der Verwendung sichern.

In dem Falle des § 1399 verliert der Vater auch das Recht der Nutznießung am Kindesvermögen.

VI. Elterliche Gewalt der Mutter.

§ 1401.

Für die Mutter kommen, wenn auf sie die elterliche Gewalt übergeht, die für den Vater gegebenen Bestimmungen sinnentsprechend zur Anwendung. Es gelten dabei folgende weitere Vorschriften.

---

§ 1399. Nach § 1559 d. E. soll in dem hier besprochenen Falle der Verlust der elterlichen Gewalt ipso jure eintreten. Dadurch wird eine genaue Kasuistik für die Bedingungen des Falles nothwendig. Die Sache macht sich einfacher, wenn man in einem solchen Falle den Ausspruch, daß der Vater die elterliche Gewalt verwirkt habe, in die Hand des Gerichts legt.

§ 1402.

Bei Lebzeiten des Vaters geht die elterliche Gewalt auf die Mutter über, wenn sie bei dem Vater ruht (§ 1391 Abs. 1).

Werden die dem Vater zustehenden Rechte nach Maßgabe der §§ 1392, 1393, 1396, 1398 und 1399 beschränkt oder ihm entzogen, so hat das Vormundschaftsgericht zu bestimmen, ob die Ausübung der entsprechenden Rechte auf die Mutter übergehen oder ob ein Vormund oder Pfleger für das Kind bestellt werden soll.

§ 1403.

Die Mutter hat in allen Fällen über das in ihre Verwaltung gelangende Kindesvermögen ein Verzeichniß aufzustellen und dem Vormundschaftsgericht einzureichen.

§ 1404 (1558).

Die Mutter verliert die elterliche Gewalt, wenn sie zu einer neuen Ehe schreitet. Sie behält jedoch das Erziehungsrecht an den Kindern (§ 1362), das sie unter Aufsicht des Vormundes auszuüben hat und das ihr nur unter den Voraussetzungen des § 1392 entzogen werden kann.

Haben die Kinder Vermögen, so kann sie aus dessen Einkünften einen angemessenen Beitrag zu den Erziehungskosten in Anspruch nehmen.

§ 1405 (1538).

Das Vormundschaftsgericht hat der Mutter, welche die elterliche Gewalt ausübt, einen Beistand zu bestellen:

1. wenn der Vater durch letztwillige Verfügung (§ 1472) die Bestellung angeordnet hat;
2. wenn die Mutter selbst die Bestellung beantragt;
3. wenn der Umfang oder die Schwierigkeit der Vermögensverwaltung oder die nicht ausreichende Befähigung der Mutter die Mitwirkung eines Beistandes nöthig erscheinen läßt.

Insbesondere ist die Bestellung eines Beistandes in Erwägung zu nehmen, wenn die Voraussetzungen der §§ 1391 und 1392 wider die Mutter vorliegen.

---

§ 1402. Der Unterschied zwischen den Fällen des Abs. 1 und des Abs. 2 liegt darin, daß, wenn der Mann im Zuchthause oder Irrenhause sitzt, er auf die Frau keinen unmittelbaren Einfluß üben kann; während dies in den Fällen des Abs. 2 möglich ist. In diesen Fällen können die Familienverhältnisse sich sehr verschieden gestalten. In gewissen Verhältnissen wird die Frau Selbständigkeit genug besitzen, daß man ihr unbedenklich die Ausübung der elterlichen Gewalt an Stelle des Mannes anvertrauen kann. In anderen Verhältnissen wird sie aber so sehr von dem Manne abhängen, daß, wenn man ihr die Gewalt übertragen wollte, diese thatsächlich doch von dem Manne fortgeübt werden würde. Unter solchen Umständen muß es dem Gerichte zustehen, einen Vormund oder Pfleger zu bestellen.

§ 1406 (1539).

Der Beistand kann für alle Angelegenheiten oder nur für gewisse Arten derselben oder auch für einzelne Angelegenheiten bestellt werden. Auch kann ihm statt der Mutter die gesammte Vermögensverwaltung über= tragen werden, bei der er alsdann die Rechte und Pflichten eines Vormundes zu üben hat.

(Abs. 2 wie Abs. 2 des § 1539 b. E.)

§ 1407.

(— Pflichten des Beistandes — wie § 1540 b. E.)

§ 1408 (1541).

Die Genehmigung des Beistandes ist zu jedem Rechtsgeschäfte erforder= lich, zu dem ein Vormund der Genehmigung des Gegenvormundes bedarf. Ist das Geschäft nach § 1375 (§ 1507) an die Genehmigung des Vor= mundschaftsgerichts gebunden, so soll dieses vor Ertheilung der Ge= nehmigung den Beistand, in dessen Wirkungskreis das Geschäft fällt, hören. Die Genehmigung des Vormundschaftsgerichts ersetzt die Genehmigung des Beistandes.

§ 1409 (1543).

(— Berufung, Bestellung :c. des Beistandes nach den Vorschriften über den Gegenvormund — wie § 1543 Abs. 1 b. E.).

Stirbt die Mutter oder ist dieselbe an der Ausübung der elterlichen Gewalt verhindert, so hat bis zur Bestellung eines anderweiten Vormundes der Beistand die Rechte und Pflichten eines Vormundes zu üben.

Titel 4. Rechtsverhältniß der Kinder aus nichtigen und ungültigen Ehen.

§ 1410.

Kinder aus einer nichtigen Ehe haben, wenn die Ehe von beiden Ehegatten oder auch nur von einem derselben im guten Glauben an deren Rechtsbestand geschlossen ist, in Verhältniß zu beiden Eltern und deren Verwandten die Rechte der ehelichen Kinder.

---

§ 1406. Wenn man auch grundsätzlich billigt, daß die Mutter die elter= liche Gewalt über das Kind übe, so darf man doch nicht übersehen, daß viele Frauen (mitunter auch in höheren Ständen) zu einer Vermögensverwaltung ganz unfähig sind. Soll nun diese doch nominell der Mutter zustehen? Thatsächlich würde sie der „Beistand" der Mutter üben müssen, und das Zusammenwirken beider würde nur zu einer quälenden Formalität werden. Unter diesen Umständen halte ich es für besser, geradezu auszusprechen, daß die Vermögensverwaltung selbständig dem „Beistand" übertragen werden könne. Damit wird dann ein der Wahrheit entsprechendes Verhältniß hergestellt.

§ 1410. Auch hier und in den folgenden Paragraphen ist aus den bei § 1287 erörterten Gründen von der in § 1562 b. E. gemachten Ausnahme, „wenn die Nichtigkeit nicht auf einen Formmangel beruhe", abgesehen.

§ 1411 (1563).

War bei der Eheschließung die Nichtigkeit der Ehe beiden Eltern unbekannt, so kommen für das Verhältniß der Eltern zu den Kindern die Bestimmungen in Anwendung, die bei der Ehescheidung für den Fall gelten, daß beide Eltern für schuldig erklärt sind.

§ 1412 (1564).

Ist bei der Eheschließung die Frau in gutem Glauben gewesen, während der Mann die Nichtigkeit der Ehe kannte, so geht mit der Nichtigsprechung der Ehe die elterliche Gewalt über die Kinder auf die Mutter über. Auch hat der Vater nicht die sonstigen aus der Vaterschaft sich ergebenden Rechte.

Auch wenn die Mutter stirbt oder sonst die elterliche Gewalt verliert, erlangt der Vater keine Rechte an den Kindern.

§ 1413 (1565).

Ist bei der Eheschließung der Mann in gutem Glauben gewesen, während die Frau die Nichtigkeit der Ehe kannte, so hat nach Nichtig-sprechung der Ehe die Mutter bezüglich der Kinder nur diejenigen Rechte, die bei einer Ehescheidung der allein für schuldig erklärten Frau zustehen.

§ 1414 (1566).

War bei der Eheschließung beiden Ehegatten die Nichtigkeit der Ehe bekannt, so gelten die Kinder als uneheliche Kinder der Mutter.

§ 1415.

Der Kenntniß der Nichtigkeit ist es gleich zu achten, wenn die Un-kenntniß derselben auf grober Fahrlässigkeit beruht.

§ 1416 (1567).

Wird eine Ehe nach § 1297 für ungültig erklärt, so kommt, wenn der verklagte Ehegatte die Ehe in gutem Glauben geschlossen hatte, § 1411, außerdem aber, je nachdem die Ungültigerklärung von der Frau oder von dem Mann erwirkt war, § 1412 oder § 1413 sinnentsprechend zur An-wendung.

Titel 5. Rechtsverhältniß der unehelichen Kinder.

§ 1417 (1568).

Das uneheliche Kind tritt zu der Mutter und deren Verwandten in ein gleiches Verwandtschaftsverhältniß, wie ein eheliches Kind.

§ 1418 (1569).

Das uneheliche Kind erhält den Familiennamen der Mutter, auch wenn diese durch Heirath einen anderen Namen erhalten hat.

---

§ 1419. Die Frage, ob die uneheliche Mutter die „elterliche Gewalt" über das Kind haben soll, ist von sehr geringem praktischen Belange. Denn auch der Entwurf will ja zulassen, daß die Mutter zum Vormund über das Kind bestellt

§ 1419 (1570).

Die uneheliche Mutter erhält nicht die elterliche Gewalt über das Kind, kann jedoch zu dessen Vormunde bestellt werden (§ 1476 Nr. 4). Auch wenn sie nicht zum Vormunde bestellt wird, hat sie das Erziehungs= recht an dem Kinde (§ 1362), wobei auch die §§ 1366—1368 zur An= wendung kommen. Das Erziehungsrecht kann der Mutter nur unter den Voraussetzungen des § 1392 entzogen werden.

Hat das Kind Vermögen, so kann die Mutter aus dessen Einkünften einen angemessenen Beitrag zu den Erziehungskosten in Anspruch nehmen.

§ 1420 (1571).

Der uneheliche Vater ist verpflichtet, der Mutter zu der Unterhaltung des Kindes einen Beitrag zu leisten.

Der Beitrag ist so zu bemessen, daß mittels desselben das Kind dem Stande der Mutter entsprechend unterhalten und erzogen werden kann.

Durch die Landesgesetze ist der geringste Beitrag zu bestimmen, der einer Mutter geringen Standes zu gewähren ist. Mit Rücksicht auf die Verschiedenheit der Erwerbs= und Nahrungsverhältnisse kann dieser Beitrag für einzelne Landestheile verschieden bestimmt werden.

---

werden kann (§ 1637), und ferner, daß sie, auch wenn sie nicht Vormund wird, das Erziehungsrecht haben soll (§ 1570). In den einen wie dem andern Falle übt sie thatsächlich in der großen Mehrzahl der Fälle alle Rechte der elterlichen Gewalt aus. Ein Unterschied würde nur dann bestehen, wenn das Kind selb= ständiges Vermögen hätte, an welchem die Mutter, wenn man ihr die „elterliche Gewalt" zuwiese, den vollen Nießbrauch erlangen würde. Die Fälle aber, wo ein uneheliches Kind Vermögen hat, sind so überaus selten, daß sie kaum in Betracht kommen. Mit Rücksicht auf diese Gleichgültigkeit der Sache ist der Satz, daß die uneheliche Mutter nicht die elterliche Gewalt erwerbe, hier beibehalten, ob= gleich Manches im Entwurfe sich einfacher gestalten würde, wenn man auch das Recht der unehelichen Mutter an ihrem Kinde „elterliche Gewalt" nännte. Wären aber die (überaus doktrinären) Gründe der Motive (S. 864) richtig, dann müßte dies dahin führen, der Mutter auch das Erziehungsrecht nicht zu gewähren. Ich kann es nur billigen, daß zu dieser Konsequenz seiner Gründe der Entwurf nicht gelangt ist.

§ 1420. Kaum irgend ein Rechtsgegenstand berührt so sehr die Interessen unseres Volkslebens, wie der Anspruch aus unehelicher Schwängerung. Deshalb ist es höchst wichtig, diesen Anspruch in praktisch zuträglicher Weise zu ordnen. In dieser Beziehung lege ich den größten Werth auf zwei Punkte. Einmal, daß der Anspruch wider den Vater auf Alimente für das Kind in erster Linie als ein Anspruch der Mutter anerkannt wird. In Wahrheit ist auch die Mutter in erster Linie bei diesem Anspruch interessirt. Denn wenn der Vater keinen Beitrag leistet, so muß die Mutter, in der Regel mit ihrer Hände Arbeit, das Kind ernähren. Es ist daher nichts natürlicher, als daß auch die Mutter zuerst zur Geltend= machung des Anspruchs berufen ist. Dazu kommen noch die praktischen Gründe, die ich bereits in der „Beurtheilung" dargelegt habe. Es wäre greulich, wenn die Ansprüche wider den Vater aus § 1420 und aus § 1426 jedesmal in zwei Prozessen verfolgt werden müßten. Auch ist die Mutter allein in der Lage, zu beurtheilen, mit welcher Aussicht auf Erfolg ein Prozeß aus § 1420 unternommen werden kann. Sie allein kennt die in Betracht kommenden Verhältnisse genau. Was soll es nun bedeuten, daß diesen Prozeß der Vormund führen soll, der seine ganze Wissenschaft doch nur von der Mutter ableiten kann? Und würde es etwas nützen, wenn zunächst er die Alimentenbeiträge einnähme? Solange die Mutter

§ 1421.

Der Beitrag ist, wenn nichts anderes vereinbart wird, in der Form einer vierteljährlich vorauszuzahlenden Geldrente zu leisten.

Stirbt das Kind im Laufe des Vierteljahrs, so findet eine Rück= forderung nicht statt.

§ 1422.

Der Anspruch auf den Beitrag kann auch für die Vergangenheit geltend gemacht werden; unterliegt jedoch bezüglich der einzelnen Beträge nach § 155 einer vierjährigen Verjährung.

§ 1423 (1573).

Der Beitrag ist der Regel nach nur bis zu vollendetem vierzehnten Lebensjahr des Kindes zu leisten. Wird durch besondere Umstände eine länger dauernde Bedürftigkeit des Kindes begründet, so kann dem Vater die Gewährung des Beitrags noch für weitere Zeit auferlegt werden, jedoch nicht über die Volljährigkeit des Kindes hinaus.

§ 1424.

Stirbt die Mutter, oder verliert sie das Erziehungsrecht an dem Kinde, so geht das Recht auf den Beitrag auf das Kind über.

Eine sonstige Vererbung des Rechts auf den Beitrag, auch so weit dieser für die Vergangenheit geschuldet wird (§ 1422), findet nicht statt.

§ 1425 (1576).

Eine Vereinbarung des Vaters mit der Mutter über den zu ge= währenden Beitrag oder eine der Mutter zu gewährende Abfindung bedarf, um den nach § 1424 eintretenden Rechten des Kindes gegenüber wirksam

---

das Kind bei sich hat, muß er ja doch das Geld an die Mutter abgeben und dieser die Verwendung im Einzelnen überlassen. Ein Bedürfniß, dem Kinde un= mittelbar, d. h. seinem Vertreter den Anspruch zuzuweisen, tritt erst dann ein, wenn die Mutter nicht mehr das Kind erzieht, also wenn sie todt ist, oder wenn ihr die Erziehung genommen ist. So ist die Sache oben in § 1424 geordnet. Alles spricht dafür, zunächst die Mutter auf den Beitrag des Vaters für berech= tigt zu erklären.

Der zweite Punkt, den ich zur Abschneidung unabsehbarer Streitigkeiten und zur Aufrechthaltung einer gleichmäßigen Judicatur für unbedingt geboten halte, besteht darin, daß für die zu gewährenden Alimente ein Minimalbetrag be= stimmt werde, der durchweg zur Anwendung kommt, wo die Mutter — und das ist ja die ungeheure Mehrzahl der Fälle — dem Proletariate angehört. Es ist das um so mehr geboten, als nach den Bestimmungen in § 23 des Ger. Verf. Ge= setzes die Judicatur in Schwängerungssachen bei den Landgerichten endet, und daher, wenn es an einer solchen Bestimmung fehlte, die Praxis der Gerichte in der Bemessung des geringsten Maßes der Alimente weit auseinanderlaufen würde. Nach der Natur der deutschen Verhältnisse kann aber die Bestimmung dieses Maßes nur der Landesgesetzgebung vorbehalten werden.

§ 1421 Abs. 2 wird sich schon dadurch rechtfertigen, daß, wenn das Kind stirbt, die Mutter die Leichenkosten zu zahlen hat.

§ 1425. Zu bemessen, ob ein Vergleich über die dem Kinde zu gewährenden Alimente oder über eine der Mutter zu zahlende Abfindung räthlich sei, wird fast immer nur die Mutter in der Lage sein. Denn sie allein kennt die thatsächlichen

zu sein, der Genehmigung des Vormundes des Kindes oder, wenn die Mutter selbst Vormund ist, der Genehmigung des Vormundschaftsgerichts.

Erhält die Mutter eine Gesammtsumme als Abfindung, so hat der Vormund oder, wenn die Mutter selbst Vormund ist, das Vormundschaftsgericht darüber zu wachen, daß die Abfindungssumme nachhaltig für die Erziehung des Kindes verwendet werde.

§ 1426 (1577).

Der uneheliche Vater ist verpflichtet, der Mutter innerhalb der Grenzen der Nothdurft für die Kosten der Entbindung und ihres Unterhalts während der ersten sechs Wochen nach der Geburt des Kindes Ersatz zu leisten. Auch der Betrag dieser Ersatzleistung ist nach Maßgabe des § 1420 Abs. 3 durch die Landesgesetze zu bestimmen.

Die Verpflichtung des Vaters zu dieser Leistung tritt auch dann ein, wenn das Kind todt geboren ist oder die Mutter innerhalb der gedachten sechs Wochen stirbt.

Mit dem Tode der Mutter geht der Anspruch auf das Kind über. Eine sonstige Vererbung des Anspruchs findet nicht statt.

§ 1427.

Die Frau, welche unehelich geboren hat, hat wider den Mann, der sie zu Falle gebracht hat, aber sie zu heirathen sich weigert, den Anspruch auf ein Sühnegeld, das mit Rücksicht auf die Vermögensverhältnisse des Mannes und den Stand der Mutter zu bemessen ist. Der Anspruch ist ausgeschlossen, wenn die Frau schon vor dem fraglichen Falle unsittlich

---

Verhältnisse genauer, von denen die Aussicht ihres Obsiegs im Prozeß abhängen würde. Was der Vormund davon weiß, wird nur das sein, was die Mutter ihm mitgetheilt hat, und noch weniger wird das Vormundschaftsgericht den Stand der Dinge kennen. Es würde sehr gewagt sein, wenn das Gericht einem Vergleich, den die Mutter abschließen will, die Genehmigung versagte. Denn wenn dann die Mutter nothgedrungen den Prozeß führte, darin aber abgewiesen würde, so würde das Gericht der Vorwurf treffen, daß es die Mutter um die Vortheile des Vergleichs gebracht habe. Wenn nun gleichwohl auch hier für den Vergleich der Mutter die Genehmigung des Vormundes oder des Gerichtes gefordert ist, so ist es nur deswegen geschehen, weil darin die stärkste Garantie dafür liegt, daß die Mutter nicht hinter ihren Rücken den Vergleich eingehen kann, und weil sie dadurch in die Lage gebracht werden, die in Absatz 2 angeordnete Ueberwachung eintreten zu lassen.

§ 1427. Ob ein solcher „Satisfactionsanspruch" der Frau zu gewähren sei, darüber läßt sich ja streiten. Der Entwurf lehnt ihn ab. Ich möchte glauben, daß es dem in Deutschland vorwiegenden Rechtsbewußtsein entspricht, ihn zu gewähren, und beziehe mich auf das darüber in der „Beurtheilung" Gesagte. Ich würde ihn aber jedenfalls nur in dem Falle gewähren, wenn die Frau unehelich geboren hat und dadurch das Verhältniß öffentlich geworden ist. Nur in diesem Falle trägt die Frau schwer an der über sie gekommenen Unehre. Ich mache insbesondere auf den Fall aufmerksam, daß der Mann seine Braut, mit der er öffentlich verlobt war, geschwängert hat und sie dann freventlich verläßt. Uebrigens wäre es nicht angemessen, auch diesen Anspruch der ausschließlichen Erkennung der Amtsgerichte zu überlassen.

gelebt hatte oder wenn sie später bis zu dem Zeitpunkte, wo der Mann ihr die Ehe verweigerte, gerechtfertigten Grund für diese Weigerung gegeben hat.

Der Anspruch ist unvererblich.

§ 1428 (1572).

Als Vater des unehelichen Kindes gilt der, welcher mit der Mutter innerhalb der Empfängnißzeit (§ 1333) Geschlechtsverkehr gepflogen hat, es sei denn, daß innerhalb dieser Zeit auch ein Anderer gleichen Verkehr mit der Mutter gepflogen hat.

§ 1429.

Der, welcher nach der Geburt des Kindes sich ausdrücklich der Mutter oder dem Vormunde des Kindes gegenüber oder vor dem Vormundschaftsgerichte als Vater des Kindes bekannt hat, kann die Verpflichtungen aus den §§ 1420 und 1426 nur bestreiten, wenn er nachweist, daß ein entschuldbarer Irrthum seinem Bekenntniß zu Grunde liegt.

§ 1430.

Die Ansprüche aus den §§ 1420, 1426 und 1427 unterliegen nicht der Beschlagnahme und sind auch nicht freiwillig übertragbar.

Sie können auch gegen die Erben des unehelichen Vaters erhoben werden.

Titel 6. Legitimation unehelicher Kinder.

I. Legitimation durch nachfolgende Ehe.

§ 1431 (1579).

Ein uneheliches Kind erlangt die rechtliche Stellung eines ehelichen Kindes, wenn der Vater die Mutter heirathet.

§ 1432 (1580).

Der Ehemann der Mutter gilt als der Vater des Kindes, sobald feststeht, daß er während der Empfängnißzeit Geschlechtsverkehr mit der

---

§ 1429. Man kann diesen Satz vielleicht schon aus allgemeinen Grundsätzen herleiten. Bei der großen praktischen Bedeutung der Frage halte ich es aber für dienlich, ihn ausdrücklich auszusprechen.

§ 1430. Wenn irgend etwas, so eignen sich die Ansprüche der unehelichen Mutter nicht zum Gegenstand des Handels mit Forderungen. Sie diesem zu entziehen ist der Zweck des Abs. 1.

Für nicht gerechtfertigt halte ich es, den Anspruch der Mutter aus § 1426 (1577) so, wie § 1578 d. E. vorschlägt, an eine ganz kurze Verjährungsfrist zu knüpfen. (Der § 10 des preuß. Gesetzes vom 24. April 1854 steht in einem ganz anderen Zusammenhange.) Sehr häufig ziehen sich die Verhandlungen der Mutter mit dem Vater jahrelang hin. Es wird auch öfters mit der Klage gewartet, weil der Vater noch nicht im Besitz von Vermögen ist. Wenn dann nach einiger Zeit die Mutter mit ihrem Anspruch auftritt und ihr nun gesagt wird, ihr Anspruch sei bereits verjährt, so wird das von unserem Volke kaum verstanden werden. Solche Bestimmungen, wie die in § 1578 enthaltene, müssen in der That den Glauben erwecken, als ziele das Gesetzbuch darauf hin, die besitzlosen Klassen schlecht zu behandeln.

Mutter gepflogen hat. Aus der Thatsache, daß noch Andere während der zutreffenden Zeit mit der Mutter gleichen Verkehr gehabt haben, kann ein Einwand gegen die Vaterschaft des Ehemannes nicht erhoben werden.

§ 1433.

Hat der Ehemann der Mutter ohne deren Widerspruch das Kind als das seine anerkannt, so genügt dies für die Annahme der Vaterschaft. Die Annahme bleibt nur dann ausgeschlossen, wenn nach den Umständen feststeht, daß der Ehemann während der zutreffenden Zeit keinen Geschlechts= verkehr mit der Mutter gehabt hat.

§ 1434 (1581).

Die Legitimation durch nachfolgende Ehe tritt auch dann ein, wenn die geschlossene Ehe nichtig ist, vorausgesetzt, daß die Ehe von den Ehe= gatten oder wenigstens von einem derselben im guten Glauben an deren Rechtsbestand geschlossen wurde.

§ 1435 (1582).

Die Verheirathung der Eltern übt für die Kinder des unehelichen Kindes die Wirkung der Legitimation auch dann aus, wenn das Kind selbst vor der Verheirathung gestorben ist.

II. Legitimation durch Ehelicherklärung.

§ 1436 (1583, 1585).

Ein uneheliches Kind kann auf Antrag seines sich zu der Vater= schaft bekennenden Vaters durch Ausspruch der Staatsgewalt für ehelich er= klärt werden.

Die Ehelicherklärung giebt dem Kinde in dem Verhältnisse zu dem Vater die rechtliche Stellung eines ehelichen Kindes.

§ 1437.

(— Zuständigkeit für die Ehelicherklärung — wie § 1584 b. E.)

§ 1438.

(— Ausschließung der Ehelicherklärung wegen verbotener Ehe — wie § 1586 b. E.)

§ 1439 (1587, 1591).

Der Vater, der die Ehelicherklärung beantragt, hat in beglaubigter Form beizubringen:

§ 1433. Daß es nöthig sei, die Anerkennung des Vaters regelmäßig als zureichende Grundlage für die Legitimation des Kindes anzunehmen, habe ich be= reits in der „Beurtheilung" zu § 1580 ausgeführt.

§ 1439. Ich kann nicht zugeben, daß es gerechtfertigt sei, der unehe= lichen Mutter auch gegen ihren Willen ihr Kind wegzunehmen und es einem Manne zu übergeben, der der Vater zu sein erklärt. Hat die uneheliche Mutter in erster Linie die Last von dem Kinde zu tragen, so muß sie auch in erster Linie

1. die Einwilligung des Kindes;
2. die Einwilligung der Mutter des Kindes, vorausgesetzt, daß diese noch am Leben und auch nicht sonst an Abgabe einer Erklärung gehindert ist;
3. wenn der Antragsteller verheirathet ist, die Einwilligung seiner Frau zu der Ehelicherklärung.

§ 1440 (1588, 1590).

Die im § 1439 gedachten Personen haben ihre Einwilligung persönlich zu erklären.

Ist das Kind noch minderjährig, so hat für dieses der Vormund, wenn das Kind aber schon über 14 Jahre alt ist, auch das Kind selbst seine einwilligende Erklärung abzugeben.

Versagt die Mutter die Einwilligung, so kann diese, wenn die Ehelicherklärung im offenbaren Interesse des Kindes liegt, durch das Vormundschaftsgericht ergänzt werden. Voraussetzung hierfür ist, daß die Vaterschaft des Antragstellers bereits durch Anerkenntniß der Mutter feststeht.

§ 1441 (1589).

Ein minderjähriger Vater kann nur mit Genehmigung seines Vertreters und mit Einwilligung des Vormundschaftsgerichts die Ehelicherklärung beantragen.

§ 1442 (1592).

(— freies Ermessen der Staatsbehörde — wie § 1592 b. E.)

§ 1443 (1593).

Eine Ehelicherklärung, für die ein gesetzliches Erforderniß gefehlt hat, ist unwirksam. Eine solche kann jedoch nicht auf den Grund hin angefochten werden, daß der Antragsteller nicht der wirkliche Vater gewesen sei.

§ 1444.

(— Unwirksamkeit durch eingetretenen Tod — wie § 1595 b. E.)

§ 1445 (1596).

Die Wirksamkeit der Ehelicherklärung beschränkt sich auf das Verhältniß des Kindes und seiner Kinder zu dem Vater und dessen Kindern.

---

das Recht daran haben. Das freie Ermessen der Behörde bei Gewährung der Legitimation reicht in meinen Augen für den Schutz der Rechte der Mutter nicht aus. Man denke nur daran, daß, wenn das Kind Vermögen besitzt, dieses Vermögen in die Nutznießung des angeblichen Vaters übergeht, daß dieser auch neben der Mutter ein Erbrecht und Pflichttheilsrecht dem Kinde gegenüber erlangt. Die Besorgnisse der Motive (S. 942), daß die Mutter aus Trotz wider den Vater oder aus egoistischen Gründen der Legitimation gegen das Interesse des Kindes widersprechen könne, halte ich für wenig begründet. Jedenfalls dürfte es genügen, wenn in solchen Fällen die Einwilligung der Mutter durch das Gericht ergänzt werden kann (§ 1440). Das darf aber jedenfalls nur dann geschehen, wenn die Mutter den Antragsteller bereits als den Vater ihres Kindes anerkannt hat. Denn sonst könnte ein beliebiger Mann unter dem Vorgeben, der Vater zu sein, sich die Gewalt an dem Kinde über den Kopf der Mutter hinweg erwirken.

An dem Verhältniß der Kinder zu seinen mütterlichen Verwandten wird durch die Ehelicherklärung nichts geändert.

§ 1446 (1597).

Durch die Ehelicherklärung verliert die Mutter das ihr an dem Kinde zustehende Erziehungsrecht.

Stirbt der Vater oder wird er an Ausübung der elterlichen Gewalt dauernd verhindert, so kann die Mutter verlangen, daß das noch minderjährige Kind ihr wieder in Gemäßheit des § 1419 zur Erziehung überlassen werde. Durch einen Beschluß des Vormundschaftsgerichts kann jedoch, beim Vorhandensein zureichender anderweiter Mittel für die Erziehung des Kindes, der Mutter das Erziehungsrecht aus dem Grunde entzogen werden, weil in Folge der Ehelicherklärung das Kind den Standes=verhältnissen der Mutter allzusehr entfremdet ist. Die Anwendung des § 1392 (§ 1419) bleibt daneben vorbehalten.

§ 1447 (1599).

Geht der Vater später eine neue Ehe ein, so kommt § 1394 auch zu Gunsten des für ehelich erklärten Kindes zur Anwendung.

Titel 7. Annahme an Kindesstatt.

§ 1448 (1601, 1616, 1617).

Die Annahme an Kindesstatt muß von den Betheiligten — dem Wahlvater und dem Wahlkinde — gemeinsam und persönlich vor Gericht oder Notar erklärt und zur Bestätigung des zuständigen Gerichts gebracht werden. Durch diese Bestätigung tritt die Annahme in Kraft.

---

§ 1446. Auch durch die Bestimmung in S. 2 des § 1597 b. E. wird m. A. u. die Mutter in ihren natürlichen Rechten verletzt. Es ist nicht abzusehen, weshalb, wenn die elterliche Gewalt des Vaters zu Ende geht, nicht anstatt die Mutter das nächste Recht an dem Kinde haben sollte. Ein solches muß man ihr um so mehr zugestehen, als ja auch die Mutter wieder den Unterhalt des Kindes beschaffen muß. Nur so viel ist anzuerkennen, daß unter Umständen die Ehelich-erklärung das Kind den Standesverhältnissen der Mutter dergestalt entfremdet haben kann, daß es nicht passend wäre, es wieder der Mutter hinzugeben. Für diesen Fall muß eine Ausnahme gemacht werden können. Dann muß aber auch die Mutter nicht mehr zu dem Unterhalt des Kindes beizutragen haben.

Titel 7. In den Motiven (S. 951) ist der Zweifel erörtert, ob es über-haupt sich noch lohne, die Annahme an Kindesstatt als Rechtsinstitut beizubehalten. Ich halte diesen Zweifel für so schwerwiegend, daß ich vom freien Standpunkte aus es vorziehen würde, das Institut ganz aufzugeben. Alle verständigen Zwecke desselben lassen sich auf anderem Wege (durch Annahme als Pflegekind, Erbein-setzung ꝛc.) ohne die mit der Adoption verbundenen Gefahren erreichen. Diese Gefahren bestehen darin, daß die Adoption unwiderruflich ist und daß deshalb bei später veränderten Verhältnissen (Geburt eigener Kinder, Mißrathen des ange-nommenen Kindes ꝛc.) mitunter bittere Reue über das Geschehene eintritt. Ueber-dies ist die Adoption ein höchst künstliches Rechtsgebilde, das bei aller Vorsicht der Gesetzgebung doch immer wieder zu Zweifeln führen wird. Also in erster Linie würde ich für Aufgeben des ganzen Instituts stimmen.

§ 1449.

Die Annahme an Kindesstatt kann auch von einer Frau (Wahl=
mutter), sowie gemeinsam von Ehegatten (Wahleltern) erfolgen. Auch kann
ein Ehegatte sein Stiefkind an Kindesstatt annehmen.

Was in den nachfolgenden Bestimmungen von dem Wahlvater gesagt
ist, gilt, soweit nichts Anderes bestimmt ist, auch von der Wahlmutter
und den Wahleltern.

§ 1450 (1602).

Wer schon eheliche Nachkommen hat, kann nicht an Kindesstatt an=
nehmen. Das Vorhandensein eines Wahlkindes steht der Annahme eines
weiteren Kindes nicht entgegen.

§ 1451 (1603, 1604, 1605).

Wer ein Kind annimmt, muß mindestens um 18 Jahre älter sein als
das Kind.

Der Wahlvater muß mindestens 50, die Wahlmutter mindestens
40 Jahre alt sein. Wird ein Kind von beiden Ehegatten angenommen,
nachdem sie mindestens 10 Jahre in kinderloser Ehe gelebt haben, so
genügt auch für den Wahlvater ein Alter von 40 Jahren.

Ablaß von den Vorschriften der Abs. 1 u. 2 ist zulässig. Ueber
dessen Ausübung bestimmen die Landesregierungen.

§ 1452 (1613).

Wer unter Vormundschaft steht, kann nicht an Kindesstatt annehmen.

Ein Geisteskranker kann weder an Kindesstatt annehmen noch an=
genommen werden.

Was die Gestaltung der Sache im Einzelnen betrifft, so ist ja darin Vieles
relativ willkürlich. Eben deshalb ist in den meisten Beziehungen hier dem amt=
lichen Entwurfe Folge gegeben, ohne daß ich für jedes Einzelne die volle Billigung
aussprechen möchte.

§ 1448. Daß der Entwurf die römische datio in adoptionem aufgiebt,
ist ohne Zweifel zu billigen. Und in diesem Sinne ist es vollkommen richtig, wenn
§ 1601 d. E. sagt, daß zu der Annahme an Kindesstatt „ein Vertrag" zwischen
Annehmenden und Anzunehmenden erforderlich sei. Nicht minder erfordert aber
auch die Ehe einen „Vertrag zwischen Mann und Frau". Was würde man nun
wohl sagen, wenn das Kapitel von der Eheschließung mit dem Satze begönne:
„Die Eheschließung erfordert einen zwischen Mann und Frau zu schließenden Ver=
trag", und dann 16 Paragraphen später gesagt würde: „Der Vertrag über die
Ehe muß vor dem Standesbeamten geschlossen werden." Um es kurz zu sagen:
die Darstellungsweise des Entwurfs ist überaus doktrinär. Sie beruht auf dem
juristischen Hintergedanken, daß es eine datio in adoptionem nicht mehr geben
solle. Dieser Gedanke ist aber unserem Volke fremd.
    Zu dem Gegenentwurfe sind die Ausdrücke „der Annehmende" und „der
Anzunehmende" gänzlich vermieden. Es sind gequälte Ausdrücke, für unser Volk
ungenießbar.
    § 1451. Ich bin hier den Vorschriften des Züricher GB., die mir ganz
verständig scheinen, gefolgt (ZSt. S. 454).
    § 1452. Der Entwurf will auch einem solchen die Annahme an Kindes=
statt gestatten, „der in der Geschäftsfähigkeit beschränkt ist". Ich finde kein Be=
dürfniß, einem Minderjährigen oder einem Verschwender die Annahme eines Kindes,

§ 1453 (1606, 1609).

Wer verheirathet ist, kann nur mit Einwilligung seines Ehegatten an Kindesstatt annehmen oder angenommen werden.

Von dieser Vorschrift ist abzusehen, wenn aus thatsächlichen Gründen die Einwilligung des Ehegatten nicht eingeholt werden kann.

§ 1454 (1610).

Leben die Eltern des Wahlkindes noch, so kann ein eheliches Kind nur mit Einwilligung ꝛc. (wie § 1610 b. E.)

§ 1455 (1612, 1613).

Für ein minderjähriges Kind hat dessen gesetzlicher Vertreter die Einwilligung zu der Annahme an Kindesstatt zu erklären. Ein Vormund bedarf dazu der Genehmigung des Vormundschaftsgerichts.

Ist das minderjährige Kind über 14 Jahre alt, so muß es selbst zugleich seine Einwilligung erklären.

§ 1456 (1613).

Will ein Vormund seinen Mündel an Kindesstatt annehmen, so soll die Genehmigung des Vormundschaftsgerichts (§ 1455) erst ertheilt werden, nachdem der Vormund dem Gerichte Schlußrechnung abgelegt und das Vorhandensein des dem Mündel zukommenden Vermögens nachgewiesen hat.

Dasselbe gilt, wenn ein zur Vermögensverwaltung berufener Pfleger seinen Pflegling an Kindesstatt annehmen will.

§ 1457 (1616 Abs. 2).

Soweit die Einwilligung Dritter zu der Annahme erforderlich ist (§§ 1453, 1454), muß diese, wenn sie nicht bei der Annahme selbst (§ 1448) persönlich erklärt wird, in gerichtlicher oder notarieller Form beigebracht werden.

§ 1458.

(— Bestätigung nicht zu versagen — wie § 1619 b. E.)

§ 1459 (1620).

Die Wirkungen der Annahme an Kindesstatt erstrecken sich auch auf die erst nach der Annahmeerklärung geborenen Kinder des Wahlkindes. Bereits vorhandene Kinder des Wahlkindes sind nur dann in der Annahme mitbegriffen, wenn sie an der Annahmeerklärung (§ 1448) theilgenommen haben.

über das er die elterliche Gewalt erwirbt, zu gestatten. Noch weniger kann ich ein Bedürfniß anerkennen, daß auch ein Geisteskranker Träger oder Gegenstand eines solchen Rechtsgeschäfts werden könne. Man muß nicht zwei so anomale Dinge aufeinander pfropfen wollen.

§ 1456. Nach § 1613 b. E. soll der Vormund das Vermögen des Mündels erst „ausliefern". Ich sehe nicht ein, wozu das dienen soll, da der Vormund kraft der auf ihn übergehenden elterlichen Gewalt das Vermögen gleich wieder erhalten müßte. Es genügt, wenn in anderer Weise das Vorhandensein des Vermögens festgestellt wird.

§ 1460 (1622).

Das Wahlkind erhält den Familiennamen des Wahlvaters oder, wenn es von einer Frau angenommen wird, den Familiennamen der Wahlmutter, auch wenn diese durch Verheirathung einen andern Namen erhalten hat. Das Wahlkind darf seinem neuen Namen seinen früheren Familien= namen hinzufügen.

§ 1461 (1623).

Der Wahlvater erhält, wenn das Wahlkind noch minderjährig ist, die elterliche Gewalt über das Kind. Ueber das in seine Verwaltung übergehende Vermögen des Kindes hat er ein Verzeichniß aufzustellen und dem Vormundschaftsgerichte einzureichen.

Die Einwirkung des Vormundschaftsgerichts (§ 1390 u. flg.) findet dem Wahlvater gegenüber in gleicher Weise statt, wie bei dem leiblichen Vater.

Das Wahlkind bedarf zu seiner Verheirathung der Einwilligung seines Wahlvaters nach Maßgabe des § 1196.

Die elterliche Gewalt der Wahlmutter unterliegt den nämlichen gesetzlichen Beschränkungen, wie die der leiblichen Mutter (§ 1403 u. flg.).

§ 1462 (1624, 1627).

Durch die Annahme an Kindesstatt erlangt das Wahlkind im Ver= hältniß zu dem Wahlvater ein gesetzliches Erbrecht.

Der Wahlvater ist dem Wahlkinde gegenüber vor den leiblichen Eltern unterhaltspflichtig.

Der Wahlvater erlangt dem Wahlkinde gegenüber kein gesetzliches Erbrecht und keinen Anspruch auf Unterhalt.

§ 1463 (1626, 1623).

Durch die Annahme verliert der leibliche Vater und die leibliche Mutter die elterliche Gewalt, die uneheliche Mutter das Erziehungsrecht an dem Kinde. Nur dann verbleibt der leibliche Vater oder die Mutter in ihrem Verhältniß zu dem Kinde, wenn ihr Kind vor ihrem Ehegatten angenommen worden ist.

Im Uebrigen wird durch die Annahme an den durch die natürliche Verwandtschaft begründeten Rechten und Pflichten des Kindes nichts geändert.

§ 1464 (1626).

Wird das durch die Annahme begründete Verhältniß gelöst, so tritt das noch minderjährige Kind in die elterliche Gewalt seiner leiblichen

---

§ 1462. Nach dem leitenden Gedanken, daß die Annahme nur für das Kind materielle Vortheile bezweckt, kann ich nicht für angemessen halten, das Wahlkind dem Wahlvater gegenüber für unterhaltspflichtig zu erklären. Damit stimmt auch des preuß. Landrecht und das sächs. G.B. überein.

§ 1464. Das Verhältniß ist hier ein ganz ähnliches, wie das oben bei der Ehelicherklärung besprochene. Ich trete auch hier dafür ein, daß bei Auflösung des neu geschaffenen Verhältnisses das Kind naturgemäß in sein früheres Verhältniß zurückkehrt, wenn nicht besondere Gründe dafür vorliegen, es diesem Verhältniß zu entziehen.

Eltern und, wenn es ein uneheliches ist, unter das Erziehungsrecht seiner Mutter zurück. Jedoch kommt auch hier die Vorschrift in Absatz 3 des § 1446 sinnentsprechend zur Anwendung.

§ 1465 (1628).

Bei der Annahme kann vereinbart werden, daß der Wahlvater die Verwaltung und Nutznießung des Kindesvermögens nicht erhalten solle. Auch die Eltern des Kindes können sich bei ihrer nach § 1454 erforderlichen Einwilligung die Verwaltung und Nutznießung des Kindesvermögens vor= behalten.

Es kann ferner bei der Annahme vereinbart werden, daß das Wahlkind ein Erbrecht im Verhältniß zum Wahlvater nicht haben solle.

Im Uebrigen können die gesetzlichen Wirkungen der Annahme durch Vereinbarungen nicht geändert werden.

§ 1466 (1629).

Das durch die Annahme an Kindesstatt begründete Rechtsverhältniß kann durch Vereinbarung zwischen Wahlvater und Wahlkind wieder auf= gehoben werden. Die Aufhebung bedarf in gleicher Weise, wie die An= nahme (§ 1448), einer Erklärung der Betheiligten vor Gericht oder Notar und einer Bestätigung durch das zuständige Gericht.

Auf die in der Annahme begriffenen Nachkommen des Wahlkindes erstreckt sich die Aufhebung nur dann, wenn diese an der Erklärung der Aufhebung theilnehmen.

Haben Ehegatten gemeinsam ein Kind angenommen, so bedarf es der Theilnahme beider noch lebenden Ehegatten an der Aufhebungserklärung.

§ 1467 (1631).

Ist der Vorschrift des § 1192 zuwider während Bestehens der Annahme an Kindesstatt zwischen den durch das Annahmeverhältniß Ver= bundenen eine Ehe geschlossen worden, so tritt die Aufhebung dieses Ver= hältnisses kraft Gesetzes ein. Dies gilt selbst dann, wenn die Ehe einer Anfechtung unterliegen sollte.

Titel 8. Feststellung familienrechtlicher Verhältnisse.

§ 1468.

(— wie § 1632 d. E.)

Dritter Abschnitt. Vormundschaft.

Titel. 1. Vormundschaft über Minderjährige.

I. Anordnung der Vormundschaft.

§§ 1469—1483

(wie §§ 1633—1647 d. E.)

---

§ 1468. Hierbei ist die Bemerkung von Bingner (3St. S. 459) voll= kommen begründet, daß der Abs. 2 des neuentworfenen § 627c der JPO. einer Abänderung bedarf. Die Darlegung der Motive S. 1007 läuft auf einen wahr= haft erschreckenden Formalismus hinaus.

II. Führung der Vormundschaft.
§ 1484 (1648, 1649).

Dem Vormund steht die Obsorge für die Person des Mündels und die Verwaltung von dessen Vermögen zu. Er vertritt den Mündel in dessen Rechtsangelegenheiten.

§ 1485 (1650).

Die dem Vormund obliegende Thätigkeit erstreckt sich nicht auf Angelegenheiten, für die eine Pflegschaft besteht.

§ 1486 (1651).

Der Vormund ist von der Vertretung des Mündels ausgeschlossen in Rechtsangelegenheiten, bei denen er selbst, sein Ehegatte, einer seiner Verwandten in gerader Linie oder eine von ihm vertretene dritte Person, als Gegenpartei betheiligt ist, sowie überhaupt in Rechtsangelegenheiten, bei denen sein eigenes Interesse oder das der genannten weiteren Personen zu dem Interesse des Mündels in Gegensatz tritt.

Der Vormund hat, wenn die Führung einer Angelegenheit der vorgedachten Art in Frage steht, dem Vormundschaftsgerichte davon Anzeige zu machen. Findet das Gericht die Ablehnung der Vertretung von Seiten des Vormundes begründet, so hat es für die Angelegenheit einen Pfleger zu bestellen (§ 1564). Es kann jedoch mit der Vertretung des Mündels auch den Mitvormund oder den Gegenvormund beauftragen, ohne daß es einer neuen Verpflichtung derselben bedarf.

Dritter Abschnitt. Der „Vormundschaft" des Entwurfs liegt die gut gearbeitete preußische Vormundschaftsordnung vom 5. Juli 1875 zu Grunde, und es konnte dabei auch noch manche mit dieser gemachte Erfahrung benutzt werden. Danach gehört dieser Theil des Entwurfs entschieden zu den besseren. Es ist daher auch in den obigen Gegenentwurf sehr vieles aus dem amtlichen Entwurf herübergenommen. Darunter sind freilich auch Paragraphen, bei denen ich die Ausdrucksweise nicht gerade mir aneignen möchte. Blos deshalb aber eine Umarbeitung vorzunehmen, schien mir hier sich um so weniger zu empfehlen, als ja bereits in der preußischen Vormundschaftsordnung öfters der nämliche Gedanke in weit einfacherer und natürlicher Fassung vorliegt, die unverändert oder mit geringer Aenderung für das Gesetzbuch benutzt werden könnte. Ich habe daher auch an mehreren Stellen auf den parallel gehenden Paragraphen der preußischen Vormundschaftsordnung hingewiesen.

§ 1486. Die Ausführlichkeit des § 1651 d. E. beruht zum Theil darauf, daß der Entwurf früher den Satz aufgestellt hat, daß ein Vertreter auch mit sich elbst in Rechtsverkehr treten könne. Dieser Satz soll nun für das Verhältniß des Vormundes nicht gelten. (Giebt man aber überhaupt jenen Satz auf (s. oben § 118), dann braucht man ihn auch für den Vormund nicht wieder zu beseitigen. Ausnahmsweise soll der Vormund ein Rechtsgeschäft mit sich selbst abschließen können, wenn es in Erfüllung einer Verbindlichkeit besteht. Das ist ohne Zweifel richtig, wenn der Vormund eine von ihm geschuldete Leistung an den Mündel zahlt (was sich praktisch in der Art gestaltet, daß er die Zahlung als eingegangen in Rechnung stellt). Dabei ist keine Gefahr für den Mündel. Damit läßt sich aber eine Zahlung, die der Vormund aus dem Vermögen des Mündels an sich selbst leistet, nicht ganz gleichstellen. Durch die Zahlung würde er zu seinen Gunsten den Bestand der Schuld anerkennen und damit den Mündel in die Lage bringen, wenn er die Schuld bestreiten will, dies nur nach den Grundsätzen der cond. indebiti thun zu können. Diesen Vortheil kann der Vormund nicht sich selbst oder einer ihm nahestehenden Person zuwenden.

Nicht gehindert ist der Vormund, eine von ihm selbst oder von den in Abs. 1 genannten Personen dem Mündel geschuldete Leistung für diesen entgegenzunehmen.

§ 1487.

(Verhältniß mehrerer Vormünder wie § 1652 d. E.)

§ 1488 (1653).

Ergiebt sich in einer Angelegenheit, die in den Wirkungskreis mehrerer Vormünder einschlägt, eine Meinungsverschiedenheit zwischen beiden, so entscheidet das Vormundschaftsgericht.

§ 1489.

(— Pflichten des Gegenvormunds — wie § 1654 d. E.)

§ 1490 (1655).

Die Obsorge für die Person des Kindes hat der Vormund in gleicher Weise, wie der eheliche Vater zu üben (§ 1362).

§ 1491.

Steht der Mutter das Erziehungsrecht an dem Mündel zu, so beschränkt sich die Obsorge des Vormundes für die Person des Mündels auf eine angemessene Beaufsichtigung dieses Verhältnisses.

§ 1492.

Die Kosten der Erziehung des Mündels hat der Vormund aus den Einkünften desselben zu bestreiten. Reichen die Einkünfte nicht aus, so kann das Stammvermögen angegriffen werden.

§§ 1493, 1494.

(— Entlassung aus dem Staatsverbande — religiöse Erziehung — wie §§ 1657, 1658 d. E.)

§ 1495.

(— Inventarerrichtung — wie § 1659 d. E., vorbehaltlich besserer Fassung; § 35 d. pr. VO.)

§ 1496.

(— Befolgung der von Dritten getroffenen Anordnungen — wie § 1660 d. E., vorbehaltlich einfacherer Fassung; § 36 d. pr. VO.)

§ 1497 (1661).

Der Vormund kann Schenkungen oder Bürgschaften für den Mündel nicht eingehen. Ausgenommen bleiben Anstandsgeschenke, sowie Bürgschaften, die der Vormund in ordnungsmäßiger Ausübung eines Handelsbetriebes eingeht.

§ 1498.

(— Verbot der Verwendung von Vermögen in den eigenen Nutzen — wie § 1662 d. E.)

§ 1499 (1664).

(— Anlegung von Geldern — wie § 1664 d. E.; jedoch mit dem Zusatze, daß der Anlegung in Schuldverschreibungen des Reichs oder der

---

§ 1492 ist dem § 37 der preuß. VO. entnommen. Es scheint mir zweckmäßig, ihn hinzuzufügen.

Bundesstaaten die Eintragung der Forderung in dem öffentlichen Schuld=
buche gleichsteht.)

§§ 1500, 1501.

(— Weitere Vorschriften über Belegung von Geldern — wie §§ 1665
und 1667 d. E.)

§ 1502 (1669).

Ist für die Vormundschaft ein Gegenvormund bestellt, so hat der
Vormund die Genehmigung des Gegenvormundes einzuholen:

1. zur Veräußerung von Werthpapieren;

2. zur Einziehung, Abtretung oder Verpfändung von Kapitalien,
sofern dieselben nicht bei einer Sparkasse angelegt sind;

3. zur Anlegung von Kapitalien nach Maßgabe der §§ 1499
und 1500;

---

§ 1501. Die Weglassung von § 1666 Abs. 2 und § 1668 d. E. ist schon
von anderer gewichtiger Seite empfohlen worden.

§ 1666 Abs. 1 d. E. wird durch Aufnahme von Nr. 3 in § 1502 ersetzt.

§ 1502. Bezüglich des Schutzsystems, das für den Mündel in der gebotenen Genehmigung des Gegenvormundes und des Vormundschaftsgerichtes zu
bestimmten Rechtsgeschäften liegt, vertrete ich zum Theil abweichende Ansichten.
Zunächst würde ich, was die Genehmigung des Gegenvormundes betrifft, zu dem
Satze zurückkehren, der in der Regierungsvorlage der preuß. VO. enthalten war:
daß nämlich von dieser Genehmigung die Gültigkeit des Rechtsgeschäftes Dritten
gegenüber nicht abhängt. Zwischen der Genehmigung des Vormundschaftsgerichtes und der des Gegenvormundes ist der sehr
erhebliche Unterschied, daß das Gericht seine Genehmigung jederzeit in einer authen-
tischen Form abgeben kann, während dem Gegenvormund eine solche Form nicht
zu Gebote steht. Der Gegenvormund kann doch nicht bei allen Rechtsgeschäften
persönlich mitwirken. Er müßte also seine Genehmigung schriftlich von sich geben.
Dazu werden viele Gegenvormünder kaum im Stande sein. Auch fehlt der Privat=
schrift des Gegenvormundes der öffentliche Glauben. Wollte der Dritte sicher
gehen, so müßte die Genehmigung immer in beglaubigter Form beigebracht werden.
Das wäre aber eine unerträgliche Weitläufigkeit. Durch den Grundsatz, daß die
Gültigkeit des Rechtsgeschäftes von der Genehmigung des Gegenvormundes ab=
hänge, wird daher der Verkehr entweder mit schweren Fesseln belastet oder ständigen Gefahren ausgesetzt.

Giebt man den gedachten Grundsatz auf, dann kann man unbedenklich das
Erforderniß der Genehmigung des Gegenvormundes noch weiter ausdehnen, als
der Entwurf es will. Ich bin namentlich der Ansicht, daß man dem Vormund
auflegen muß, auch zur Führung eines Prozesses die Zustimmung des Gegenvormundes einzuholen. Der Unverstand der Menschen auf diesem Gebiete ist zu
groß und das Prozeßführen ist bei der Höhe der Prozeßkosten eine zu gefährliche
Sache, als daß man nicht in der Führung unverständiger Prozesse eine dringende
Gefahr für den Mündel erblicken sollte. Der Satz der Motive S. 1147: „Die
Gefahr für den Mündel liegt nicht darin, daß der Vormund überhaupt Prozesse
führt, sondern daß er sie möglicherweise schlecht führt", läuft auf eine völlige Verkennung des Lebens hinaus.

Sodann aber schlage ich vor, für eine Anzahl Geschäfte, zu welchen der Entwurf die Genehmigung des Gerichtes verlangt, nur die Genehmigung des Gegenvormundes vorzuschreiben. Es sind das in der obigen Aufzählung die Nummern
6, 7, 8, 9. Die hier bezeichneten Geschäfte sind meist von der Art, daß deren
Räthlichkeit nur unter Prüfung der ganz konkreten Verhältnisse beurtheilt werden
kann. Dazu wird das Gericht selten im Stande sein, und deshalb sollte man es
auch nicht mit solchen Dingen überlasten. Ist es z. B. wirklich ein Bedürfniß,

4. zur Aufgabe oder Minderung der für eine Forderung bestellten Sicherheit;

5. zur Führung eines Prozesses, Eilfälle ausgenommen;

6. zum Abschluß eines Vergleichs oder eines Schiedsvertrags, wenn der Streitgegenstand mehr als 300 M. beträgt;

7. zum Erwerb von Grundeigenthum durch lästigen Vertrag;

8. zu einem Pachtvertrag über ein Landgut oder einen gewerblichen Betrieb;

9. zu einem Vertrage über Auseinandersetzung einer Erbschaft.

Ist der Gegenvormund aus einem thatsächlichen oder rechtlichen Grunde an der Mitwirkung verhindert oder wird von ihm die Genehmigung ohne zureichenden Grund versagt, so hat der Vormund das Vormundschafts= gericht anzugehen. Die Genehmigung des Gerichts ersetzt die des Gegen= vormundes.

daß, wenn eine Familie, in der Minderjährige sind, das Mobiliar des verstorbenen Vaters unter sich theilen will, zu dieser „Erbauseinandersetzung" das Gericht seine Zustimmung gebe? Was soll das Gericht, das das Mobiliar nicht kennt, dazu sagen? Man muß die Sicherheiten auch nicht übertreiben.

Durch die Ausscheidung dieser Rechtsgeschäfte aus der Reihe der in § 1674 d. E. genannten wird es dann möglich, diesen Paragraphen in seinem ganzen Umfange auch für den Vater, der in elterlicher Gewalt seines Kindes handelt, anwendbar zu machen (s. über § 1375). Die Nöthigung des Vormundes, in den vorgeschriebenen Fällen die Genehmigung des Gegenvormundes einzuholen, liegt in der von mir vorgeschlagenen Bestimmung des § 1503 Abs. 1.

Es ist gewiß verständig, wenn man, so wie es in der preuß. VO. § 41 geschieht, für die „Einziehung" von Kapitalien" die Genehmigung des Gegen= vormundes fordert. Ich verstehe unter der „Einziehung" den Entschluß des Vor= mundes, ein ausstehendes Kapital nicht länger bei dem zeitigen Schuldner aus= stehen zu lassen, vielmehr das Geld zu erheben, um es entweder anderweit anzu= legen oder sonst zu verwenden. Für diesen Akt der Vermögensverwaltung ist es vollkommen gerechtfertigt, daß dabei der Gegenvormund mitzusprechen hat. Regel= mäßig wird die entscheidende Handlung hierfür in der Kündigung des Kapitals bestehen und zu dieser wird dann der Vormund die Genehmigung des Gegen= vormundes einzuholen haben. Nach den Motiven zu § 1669 d. E. muß man aber annehmen, daß im Sinne des Entwurfs bei jeder Empfangnahme einer Zahlung von mehr als 300 Mk. der Gegenvormund mitwirken solle. Wie ist das auszuführen? Gesetzt der Vormund hat im Einverständniß mit dem Gegenvor= mund ein ausstehendes Kapital gekündigt, oder der Schuldner selbst hat es ge= kündigt. Nun kommt der Schuldner zum Vormund und will zahlen. Muß dann der Vormund erst den Gegenvormund herberufen, damit dieser bei der Zahlung gegenwärtig sei? Und wie, wenn nun der Gegenvormund nicht da ist und der Schuldner nicht länger warten will, sondern weggeht und das Geld deponirt? Ist dann das ein Vortheil für die Sache? Gesetzt aber, der Gegenvormund ist auch bei der Zahlung gegenwärtig, so kann er ja doch nicht die Hand auf dem Gelde halten. Er muß es im Besitz des Vormundes lassen; und wenn dieser es unter= schlagen will, so hat auch seine Mitwirkung bei der Zahlung nichts geholfen. Daß der Vormund ohne Mitwirkung des Gegenvormundes keine Zahlung in Empfang nehmen dürfe, ist also nur ein schweres Hemmniß für den Verkehr ohne durch= greifenden Nutzen.

Das ganze Interesse besteht darin, daß dem Gegenvormund der Eingang einer größeren Zahlung nicht verborgen bleibt und daß er dann, soweit dies überhaupt thunlich ist, darüber wachen kann, daß der Vormund das Geld sach= gemäß verwendet. Hierauf zielt der von mir entworfene § 1504; woneben die Vorschrift, daß zu der „Einziehung von Kapitalien" (in dem von mir erläuterten Sinne) die Genehmigung des Gegenvormundes einzuholen sei, in § 1502 Nr. 2 enthalten ist.

§ 1503 (1682).

Der Vormund, der ohne Genehmigung des bestellten Gegenvormundes eines der in § 1502 bezeichneten Geschäfte vornimmt, übernimmt damit die Gefahr eines dem Mündel aus dem Geschäfte erwachsenden Nachtheils. Auch kann er mit einer Ordnungsstrafe belegt werden.

Dritten gegenüber sind die vorbezeichneten Rechtsgeschäfte von der Genehmigung des Gegenvormundes nicht abhängig.

§ 1504.

Der Vormund hat bei Meidung von Ordnungsstrafen von allen wichtigeren, das Interesse des Mündels berührenden Angelegenheiten dem Gegenvormund thunlichst bald Mittheilung zu machen. Insbesondere hat er, wenn eine Zahlung von mehr als 300 Mark, die nicht zu der laufenden Einnahme des Mündels gehört, eingegangen ist, dies innerhalb einer Woche dem Gegenvormund anzuzeigen, unter Mittheilung der von ihm beabsichtigten Verwendung des eingegangenen Geldes. Der Gegenvormund hat alsdann die angemessene Verwendung zu überwachen.

Auf Einnahmen, die bei dem Betrieb eines Erwerbsgeschäfts gemacht werden, findet diese Vorschrift keine Anwendung.

§ 1505 (1670—1672).

Der Vormund hat auf den Inhaber lautende Werthpapiere des Mündels entweder, soweit es zulässig ist, auf den Namen des Mündels umschreiben zu lassen, oder bei der Reichsbank oder einer anderen dazu landesgesetzlich für geeignet erklärten Stelle zu hinterlegen. Zins-, Renten- und Gewinnantheilscheine, desgleichen Erneuerungsscheine, die noch während der Minderjährigkeit des Mündels fällig werden, können bei der Hinterlegung zurückbehalten werden.

Auch andere Werthpapiere, insbesondere Hypotheken- und Grundschuldbriefe, sowie Kostbarkeiten des Mündels kann der Vormund auf die in Abs. 1 bezeichnete Weise hinterlegen.

Das Vormundschaftsgericht kann den Vormund von der in Abs. 1 bezeichneten Verpflichtung entbinden. Es kann auch anordnen, daß die nach Abs. 2 zulässige Hinterlegung zu geschehen habe.

Der Vormund kann die nach Abs. 1 oder nach besonderer Anordnung des Gerichtes hinterlegten Gegenstände nur mit Genehmigung des Gerichtes zurücknehmen; auch nur mit dieser Genehmigung die auf den Namen umgeschriebenen Papiere wieder auf den Inhaber schreiben lassen.

§ 1506.

(— Kosten der Hinterlegung — wie § 1673 b. E.)

§ 1507 (1674, 1663).

Die Genehmigung des Vormundschaftsgerichts ist erforderlich:
(wie die Nr. 1, 2, 3, 6, 9—12, 14 des § 1674, vorbehaltlich kürzerer Fassung der Nr. 1—3. Bei Nr. 14 ist hinzuzufügen: sowie überhaupt zum Beginne oder zur Auflösung eines Erwerbsgeschäfts.)

---

§ 1507. Hier ist das zu § 1502 Bemerkte zu vergleichen.

§ 1508 (1675).

Zur Vornahme einzelner Arten von Rechtsgeschäften, zu denen die Einholung der Genehmigung des Gegenvormundes geboten ist, sowie zur Vornahme der in § 1507, Nr. 5—7 bezeichneten Rechtsgeschäfte kann das Vormundschaftsgericht dem Vormund allgemeine Ermächtigung ertheilen. Eine solche Ermächtigung ꝛc. (wie Abs. 2 d. § 1675).

§ 1509 (1676).

Die Genehmigung des Gegenvormunds oder des Vormundschafts= gerichts ist nicht erforderlich zu einem zwecks Aufhebung der Gemeinschaft vorgenommenen Verkauf eines Gegenstandes.

§ 1510 (1681).

Der Vormund hat zu einem der Genehmigung des Vormundschafts= gerichtes bedürfenden Rechtsgeschäfte diese Genehmigung der Regel nach vor endgültigem Abschlusse des Geschäftes einzuholen. Das Gericht hat die Genehmigung dem Vormunde in beglaubigter Form zuzustellen. Die Gegenpartei kann, wenn das Geschäft zum Abschluß kommt, verlangen, daß ihr die Genehmigungsurkunde in Urschrift oder in beglaubigter Ab= schrift ausgehändigt werde.

§ 1511 (1681).

Wird ein der Genehmigung des Vormundschaftsgerichts bedürfendes Rechtsgeschäft ohne diese Genehmigung abgeschlossen, so ist es für den Mündel unverbindlich. Auch für die Gegenpartei ist es unverbindlich, wenn der Vormund fälschlich die Genehmigung als vorhanden angegeben hat, oder wenn nicht auf Aufforderung der Gegenpartei die nachträgliche Genehmigung des Gerichtes innerhalb 14 Tagen von dem Vormunde beigebracht wird. Eine andere Frist kann vereinbart werden.

Ist der Mündel inzwischen volljährig geworden, so tritt seine Ge= nehmigung an der Stelle der gerichtlichen.

§ 1512.

(— Pflicht des Vormundes und Gegenvormundes zur Auskunfts= ertheilung — wie § 1686 d. E.)

§ 1513.

(— Pflicht des Vormundes zur Rechnungsablage — wie § 1687 d. E.)

---

§ 1510. Statt daß der Entwurf in § 1681 sagt, der Vormund könne die Genehmigung des Gerichtes noch vor Abschluß des Geschäftes einholen, würde ich umgekehrt dem Vormunde wenigstens als Regel zur Pflicht machen, die Ge= nehmigung im voraus einzuholen. Denn durch die vorbehaltene Genehmigung entstehen meist verwickelte Verhältnisse. Auch im Uebrigen dienen die von mir vorgeschlagenen Bestimmungen dazu, den Abschluß von Geschäften, die der Ge= nehmigung des Gerichtes bedürfen, von vornherein sicher zu stellen.

§§ 1512—1514. Hier sind Bestimmungen, die der Entwurf erst in späteren Abschnitten bringt, herübergenommen. Sie reihen sich m. E. besser unter die „Führung der Vormundschaft" ein, weil damit der Vormund alle ihm ob= liegenden Pflichten in diesem Abschnitte zusammengestellt findet.

§ 1514 (1700).

Bei Beendigung seines Amtes hat der Vormund Schlußrechnung zu
stellen und nach Maßgabe derselben das von ihm verwaltete Vermögen
herauszugeben.

Einen Offenbarungseid zur Vervollständigung der gestellten Rechnungen
kann der Mündel von dem Vormunde nur verlangen, wenn ein besonderer
Verdacht gegen diesen vorliegt.

§ 1515.

(— Pflicht zur Anzeige des Todes eines Mitvormundes — wie
§ 1708 b. E.)

III. Einwirkung des Vormundschaftsgerichts.

§ 1516 (1683).

Ist ein Vormund nicht bestellt oder unterläßt der bestellte Vor=
mund, die ihm obliegende Thätigkeit zu üben, so hat das Vormundschafts=
gericht (:c. wie § 1683).

§ 1517 (1684).

(— Aufsicht des Gerichtes — wie § 1684 b. E., mit dem
Zusatze:)

Das Gericht ist befugt, die Befolgung seiner dem Vormunde oder
Gegenvormunde gemachten Auflagen durch Ordnungsstrafen zu erzwingen.
Zu geeigneten Fällen kann das Gericht auch mit unmittelbarem Zwange
wider den Vormund vorschreiten.

§ 1518 (1685).

(— Zwangserziehung des Mündels — wie Satz 1 des § 1685
und dann weiter:)

Soweit jedoch einem der Eltern das Erziehungsrecht an dem Kinde
zusteht, kann von dieser Vorschrift nur unter den Voraussetzungen des
§ 1392 Gebrauch gemacht werden.

§ 1519 (1678, 1679).

Wo das Vormundschaftsgericht in Sachen des Mündels eine Ent=
scheidung zu treffen hat, soll es vor deren Ertheilung neben dem Vormunde

---

§ 1517. Der Entwurf will die Zwangsgewalt des Gerichtes dem Gesetz
über das Verfahren vorbehalten. (Motive S. 1156). Ich halte es für richtiger,
sie hier schon zu erwähnen. Auch die preuß. VO. enthält in § 51 die Bestimm=
ung, daß das Gericht eine Ordnungsstrafe verhängen könne. Dabei schreibt sie
freilich vor, daß eine Ordnungsstrafe den Betrag von 300 Mark nicht übersteigen
dürfe. Unter Umständen kann aber eine solche Strafe nicht ausreichen. Aus der
eigenen Praxis ist mir ein Fall erinnerlich, wo gegen einen Vormund (es war
eine fürstliche Mutter, die ihre auf die religiöse Erziehung des Mündels bezüg=
lichen Pflichten schwer verletzt hatte, gleichwohl aber die ihr auferlegte Heraus=
gabe des Mündels an den Hauptvormund beharrlich verweigerte), mit Strafen
bis zu 1500 Thaler vorgeschritten werden und schließlich unmittelbarer Zwang
— Abholung des Mündels durch den Gerichtsdiener — angeordnet werden
mußte. Auf solchen Erfahrungen beruht der von mir vorgeschlagene Schlußsatz.

den bestellten Gegenvormund, auch auf Antrag des Vormundes oder ꝛc.
(wie § 1678 b. E).

§ 1520.

(— Pflicht, den Mündel selbst zu hören — wie § 1680 b. E.)

§ 1521 (1688, 1701).

Die vom Vormunde gestellten Rechnungen hat das Gericht rechnungs-
mäßig und sachlich zu prüfen und, soweit erforderlich, deren Berichtigung
und Ergänzung zu veranlassen. Nach gestellter Schlußrechnung hat das
Gericht, soweit als thunlich, die Entlastung des Vormundes durch Anerkennung der Rechnung von Seiten des Mündels herbeizuführen. Es
kann zu diesem Zwecke die Betheiligten zu einer Verhandlung laden.

§ 1522.

(— Sicherstellung des Mündels — wie § 1689 b. E.)

IV. Befreite Vormundschaft.

§ 1523 (1690).

Der Vater, sowie die eheliche Mutter des Mündels können anordnen,
daß neben dem von ihnen benannten Vormunde ein Gegenvormund nicht zu
bestellen sei. Sie können anordnen, daß zu sämmtlichen oder einzelnen der
in § 1502 bezeichneten Rechtsgeschäfte der Vormund die Genehmigung des
Gegenvormundes nicht einzuholen habe, auch nicht zu der nach § 1504 gebotenen Anzeige des Eingangs von Geldern an den Gegenvormund verpflichtet sein solle.

§ 1524.

(— Verbot der Rechnungsstellung — wie § 1691 b. E.)

§ 1525.

(— Verbot der Hinterlegung und Sicherheitsleistung — wie
§ 1692 b. E.)

§§ 1526, 1527.

(— nähere Bestimmungen über die elterlichen Anordnungen, Eingreifen des Gerichtes — wie § 1693 u. 1694 b. E.)

§ 1528 (1695).

Ein Erblasser kann durch letztwillige Verfügung, ein Schenker bei
der Schenkung anordnen, daß das von ihm dem Mündel zugewendete Vermögen der Offenlegung nicht unterliegen solle. In diesem Fall ist das
vom Vormund anzufertigende und einzureichende Vermögensverzeichniß
(ꝛc. wie in Abs. 1 § 1695 b. E.).

(Abs. 2 wie Abs. 2 b. E. mit dem Zusatze:)
Bei einem durch Schenkung zugewendeten Vermögen hat, so lange
der Schenker lebt, dieser über die Zulässigkeit der Kenntnißnahme zu entscheiden.

Das Verbot der Offenlegung befreit zugleich den Vormund von der
Pflicht, über das zugewendete Vermögen während Bestehens der Vormundschaft Rechnung zu legen oder Vermögensübersichten einzureichen.

V. Verbindlichkeiten zwischen Vormund und Mündel und Haftung des
Vormundschaftsrichters.

§ 1529 (1696).

Der Vormund, sowie der Gegenvormund, haftet für die Anwendung
voller Sorgfalt bei Erfüllung der ihm obliegenden Pflichten.

Sind mehrere verantwortlich, so haften sie als Gesammtschuldner;
vorbehaltlich ihres Rechtes auf Ausgleichung unter einander (§ 319).

Der Gegenvormund oder Mitvormund, der nur wegen ungenügender
Beaufsichtigung des Vormundes zur Verantwortung gezogen ist, hat wider
den schuldbaren Vormund den Rückgriff.

Ausgeschlossen ist der Anspruch auf Ausgleichung, sowie der Rückgriff, wenn der, welcher ihn geltend macht, mit Bewußtsein widerrechtlich
gehandelt hat.

§ 1530 (1697).

Verzögert der Vormund in schuldvoller Weise die ihm obliegende
Anlegung 2c. (wie § 1697 b. E.)

§ 1531 (1698).

Für Aufwendungen, die der Vormund zu Gunsten des Mündels macht,
hat er einen gleichen Ersatzanspruch wie ein Beauftragter (§ 542). Als
Aufwendungen 2c. (wie der Schlußsatz des § 1698).

§ 1532.

(— Honorar des Vormundes — wie § 1699 b. E.)

§ 1533.

(— Haftung des Vormundschaftsrichters — wie § 1702 b. E.)

VI. Beendigung der Vormundschaft.

§ 1534 (1703).

Die Vormundschaft wird beendigt mit Beendigung des Verhältnisses,
das sie nothwendig machte.

Bei Legitimation des Mündels durch nachfolgende Ehe tritt die Beendigung der Vormundschaft erst durch den Ausspruch des Vormundschaftsgerichtes ein. Das Gericht hat die Beendigung auszusprechen, wenn die
Vaterschaft des Ehemannes durch Urtheil oder durch die von ihm erklärte
Anerkennung (§ 1433) festgestellt ist. Zugleich hat in diesem Falle das
Gericht von Amtswegen den Eintrag der Legitimation in dem Standes-
register zu veranlassen.

§ 1535 (1704).

Das Amt des Vormundes wird beendigt, sobald er handlungsunfähig oder in der Handlungsfähigkeit beschränkt wird.

Außerdem wird das Amt des Vormundes beendigt durch Entlassung.

§ 1536 (1705).

Das Vormundschaftsgericht hat den Vormund zu entlassen, wenn
aus seiner Fortführung der Vormundschaft eine erhebliche Gefährdung des

Mündels zu besorgen ist, insbesondere wenn der Vormund gröblich seine Pflichten verletzt, sich zur Führung der Vormundschaft als unfähig erweist, oder wenn er die nach § 1522 von ihm geforderte Sicherheit nicht bestellt.

Es sind ferner von der Vormundschaft zu entlassen:

eine Frau, wenn deren Ehemann die nach § 1477 erforderliche Zustimmung zu der Fortführung der Vormundschaft nicht ertheilt oder zurücknimmt;

ein Beamter, wenn die nach § 1478 erforderliche Erlaubniß zu der Fortführung der Vormundschaft nicht ertheilt oder zurückgenommen wird.

§§ 1537, 1538.

(— Entlassung des Vormundes auf seinen eigenen Antrag — Entlassung einer Frau wegen Verheirathung — wie §§ 1706 u. 1707 b. E.)·

§ 1539 (1709)

So lange der Vormund von dem Erlöschen seiner Befugnisse keine Kenntniß erlangt hat, kommen die für den Fall des Erlöschens eines Auftrags geltenden Regeln (§ 546) zur Anwendung.

§ 1540 (1710).

Die Vorschriften der §§ 1534—1539 gelten auch für den Gegenvormund.

§ 1541 (1711).

(— Rückgabe der Bestallung —. wie § 1711 b. E. mit · dem Zusatze:)

Kann der Vormund die Bestallung nicht zurückgeben, so ist auf seine Kosten das Erlöschen derselben öffentlich bekannt zu machen. Die Bekanntmachung kann unterbleiben, wenn nach Lage der Verhältnisse ein Mißbrauch der nicht zurückgegebenen Bestallung ausgeschlossen erscheint.

VII. Familienrath.

§§ 1542—1554.

(wie die §§ 1712—1724 b. E.)

VIII. Mitwirkung des Gemeindewaisenrathes.

§ 1555.

(wie § 1725 b. E.)

Titel 2. Vormundschaft über Volljährige.

§ 1556 (1726).

Ein Volljähriger erhält einen Vormund, wenn er entmündigt ist.

§ 1557 (1727, 1735, 71).

Ein Volljähriger erhält einen Vormund, wenn er von dem Vormundschaftsgericht des vormundschaftlichen Schutzes für bedürftig erklärt ist.

Diese Erklärung kann erfolgen, wenn der Volljährige taub, blind oder stumm ist oder an Geistesschwäche leidet und wegen dieser Gebrechen seine Angelegenheiten nicht in zureichender Weise zu besorgen vermag. Die Erklärung soll nur mit Einwilligung des Schutzbedürftigen er-folgen, es sei denn, daß eine Verständigung mit ihm nicht möglich ist.

Die Vormundschaft ist wieder aufzuheben, wenn das Gericht den Mündel nicht mehr des Schutzes für bedürftig erachtet, oder wenn der Mündel die Aufhebung beantragt.

So lange das Verhältniß des vormundschaftlichen Schutzes dauert, steht der Schutzbedürftige hinsichtlich seiner Handlungsfähigkeit einem Minder-jährigen gleich.

Die Stellung unter vormundschaftlichen Schutz und die Wieder-aufhebung desselben ist, dem § 627 der CPO. entsprechend, öffentlich be-kannt zu machen.

§ 1558.

(— Geltung der für die Vormundschaft über Minderjährige gege-benen Vorschriften — wie § 1728 d. E.)

§ 1559 (1729).

Als Vormünder sind in nachstehender Reihenfolge berufen:
(wie Abs. 1 des § 1729.)

Die vorbezeichneten Personen können übergangen werden, wenn Abs. 3 des § 1446 zur Anwendung kommt.

Bei einem Kinde aus nichtiger, ungültiger oder geschiedener Ehe ist derjenige von den Eltern nicht berufen, dem gesetzlich das Erziehungsrecht an dem Kinde versagt ist.

Wo die Mutter nicht zur Vormundschaft berufen ist, ist es auch nicht der mütterliche Großvater.

Ist der Mündel verheirathet, so kann vor allen anderen Personen sein Ehegatte, auch die Frau für den Mann, als Vormund bestellt werden.

Eine Benennung des Vormundes, sowie eine Ausschließung von der Vormundschaft durch Anordnung des Vaters oder der Mutter findet nicht statt.

§ 1560 (1733).

Ist der Vater des Mündels zum Vormunde bestellt, so unterbleibt die Bestellung eines Gegenvormundes. Auch stehen dem Vater kraft Ge-Gesetzes die Befreiungen zu, die nach den §§ 1523—1525 von den Eltern

---

§ 1557. Bei der Frage, ob die hier vorgeschlagene Einrichtung des „vor-mundschaftlichen Schutzes" zulässig und zweckmäßig sei, stelle ich mich ganz auf die Seite des Entwurfs. Ein Verhältniß dieser Art ist aber nicht bloß bei Blinden, Tauben und Stummen anzuerkennen, sondern auch bei solchen, die an Geistes-schwäche leiden. Es giebt in der That Mittelstufen zwischen Geisteskrankheit und Gesundheit. Für so beschaffene Menschen muß es wenigstens dann möglich sein, eine Vertretung herzustellen, um sie der Ausbeutung unredlicher Menschen zu ent-ziehen, wenn sie einsichtig genug sind, dazu einzuwilligen oder gar selbst es zu be-antragen. Dann liegt für sie auch keine Verletzung vor.

angeordnet werden können; vorbehaltlich des dem Gerichte nach § 1527 zustehenden Rechtes, diese Befreiungen außer Kraft zu setzen.

Gleiches gilt für die zum Vormunde bestellte eheliche Mutter. Jedoch kann ihr, wenn die in § 1403 bezeichneten Voraussetzungen für Bestellung eines Beistandes vorliegen, ein Gegenvormund bestellt werden, der die Rechte und Pflichten des gedachten Beistandes zu üben hat.

Die vorstehenden Bestimmungen finden keine Anwendung, wenn bei Minderjährigkeit des Mündels dem Vater oder der Mutter die Vermögensverwaltung für denselben nicht zugestanden hätte.

Wird der Wahlvater oder die Wahlmutter des Mündels zum Vormund bestellt, so kann das Gericht im Interesse des Mündels die in Abs. 1 gedachten Befreiungen ausschließen.

§ 1561.

Der Vater oder die Mutter haben auch dann, wenn sie zum Vormund ihres Kindes bestellt sind, bei einer neuen Eheschließung die Vorschrift des § 1394 zu befolgen.

§ 1562.

(— Einsetzung eines Familienrathes — wie § 1736 d. E.)

§ 1563 (1737, 71).

(— Vorläufige Vormundschaft — wie § 1737 d. E. mit dem Zusatze:)

Schon während Dauer der vorläufigen Vormundschaft ist der Bevormundete in demselben Maße in der Handlungsfähigkeit beschränkt, in welchem er es bei eingetretener Entmündigung sein würde.

Titel 3. Pflegschaft.

§ 1564 (1738, 1745).

Ein Minderjähriger, sowie ein bevormundeter Volljähriger erhält einen Pfleger für solche Angelegenheiten, bei denen sein regelmäßiger Vertreter (der Vater, die Mutter oder der Vormund) für ihn zu handeln thatsächlich oder rechtlich gehindert ist. Tritt ein Fall dieser Art ein, so hat der regelmäßige Vertreter dem Vormundschaftsgericht unverzüglich davon Anzeige zu machen.

Insbesondere ist ein Pfleger zur Verwaltung des Vermögens zu bestellen, das dem Mündel durch Schenkung oder letztwillige Verfügung unter der Anordnung selbständiger Verwaltung zugewendet worden ist. In einem solchem Falle steht dem Zuwendenden auch die Befugniß zu, den Pfleger zu bezeichnen, so wie diesem die nach den §§ 1523—1525 zulässigen Befreiungen zu gewähren, vorbehaltlich des Eingreifens des Gerichtes nach § 1527.

---

§ 1563. Auch bei dieser Einrichtung vertrete ich den Standpunkt des Entwurfs. Es kann vorkommen, daß es dringend im Interesse der Menschen geboten erscheint, eine Entmündigung vorläufig in Kraft zu setzen, ehe das Gerichtsverfahren mit seinen Formalitäten dem Bedürfniß nachgekommen ist.

§ 1565 (1739).

Den in § 1557 bezeichneten Perſonen kann, wenn keine genügende
Veranlaſſung vorliegt, ſie als ſchuhbedürftig unter Vormundſchaft zu ſtellen,
für einzelne Angelegenheiten oder für einen beſtimmten Kreis von Angelegenheiten ein Pfleger beſtellt werden.

Die Abſ. 2, 3, 4 und 5 des § 1557 kommen dabei ſinnentſprechend
zur Anwendung.

§§ 1566—1568.

(— Pflegſchaft für Abweſende — für einen Ungeborenen — für
unbekannte Betheiligte — wie die §§ 1740—1742 b. E.)

§ 1569 (1743, 1744, 1746).

Für die Pflegſchaft finden die für die Vormundſchaft geltenden Vorſchriften entſprechende Anwendung.

Eine Berufung zur Pflegſchaft findet nicht ſtatt.

Die Beſtellung eines Gegenvormundes iſt zuläſſig, aber nicht erforderlich.

§ 1570 (1748).

Die Pflegſchaft iſt aufzuheben, wenn der Grund ihrer Beſtellung
hinweggefallen iſt.

---

§ 1565. S. das zu § 1557 Bemerkte.

Fünftes Buch.
Erbrecht.

Erster Abschnitt. Allgemeine Vorschriften.

§§ 1571, 1572.

(— Begriff der Erbfolge — wie §§ 1749 u. 1750 d. E.)

§ 1573 (1752, 1758 Abf. 1, 1964).

Erbe kann nicht werden, wer den Erblasser nicht überlebt hat.

Ein noch nicht geborenes Kind, dessen Geburt bereits in Aussicht steht, erwirbt alle ihm zufallenden Erbrechte, vorausgesetzt, daß es lebend geboren wird.

§ 1574 (1751 Abf. 1).

Die Berufung zur Erbschaft tritt ein kraft Gesetzes oder kraft Erbeinsetzung durch den Erblasser.

Zweiter Abschnitt. Gesetzliche Erbfolge.

§ 1575 (1751 Abf. 2).

Die Erbfolge kraft Gesetzes tritt ein, wenn nicht der Erblasser durch Verfügung von Todeswegen die gesetzliche Erbfolge ausgeschlossen hat.

---

§ 1573. Der Satz des Entwurfs ist hier übernommen, wenn er auch nicht von wesentlicher Bedeutung ist. Wichtiger ist der von mir hinzugefügte zweite Satz. Ich halte es für angemessen, diesen hier schon auszusprechen, weil er für jede Art der Erbfolge und jede Art von Zuwendung gilt.

Für unpassend halte ich es, von einer „bereits empfangenen Person" zu reden (§§ 1758, 2026 d. E.). Abgesehen von der Geschmacklosigkeit, wenn in dieser Verbindung das Wort „Person" gebraucht wird, weiß auch kein Mensch von Anfang an zu sagen, ob ein Kind „bereits empfangen" ist. Das zeigt sich ja erst viel später. Was soll es also bedeuten, wenn man von einer „bereits empfangenen" Person redet, als ob das ein mit Händen zu erfassender Begriff wäre?

§ 1574. Die Umgestaltung beruht darauf, daß ich es (übereinstimmend mit 3St. S. 2—4) für passend halte, die gesetzliche Erbfolge vorauszunehmen.

Gesetzliche Erbfolge. Zur Begründung der hier formulirten Bestimmungen beziehe ich mich auf meine Ausführungen im Arch. f. bürg. Recht. Bd. 3. S. 198.

§ 1576 (1965).

Gesetzliche Erben erster Ordnung sind die Kinder des Erblassers. Mehrere Kinder erben zu gleichen Theilen.

An die Stelle eines vor dem Erblasser verstorbenen Kindes treten dessen Kinder, an die Stelle eines vorverstorbenen Enkels wiederum dessen Kinder (Erbfolge nach Stämmen).

Die Erbfolge nach Stämmen gilt auch für die weiteren Ordnungen.

§ 1577 (1966).

Gesetzliche Erben zweiter Ordnung sind die Eltern des Erblassers. Beide Eltern erben zu gleichen Theilen.

An die Stelle der verstorbenen Eltern, und zwar eines jeden derselben, treten deren Kinder.

Ueberlebt nur einer der Eltern den Erblasser und sind Kinder des vorverstorbenen der Eltern nicht vorhanden, so erbt der überlebende allein.

§ 1578 (1968).

Gesetzliche Erben dritter Ordnung sind die Großeltern des Erblassers. Sie erben zu gleichen Theilen.

An die Stelle verstorbener Großeltern, und zwar eines jeden derselben, treten deren Kinder.

Sind von einem der verstorbenen Großeltern Kinder nicht vorhanden, so fällt sein Antheil an der Erbschaft zunächst demjenigen der Großeltern, welcher derselben (väterlichen oder mütterlichen) Linie angehört, oder dessen Kindern zu.

Sind beide Großeltern derselben Linie ohne Hinterlassung von Kindern verstorben, so erben die Großeltern der anderen Linie oder deren Kinder allein.

§ 1579 (1967).

Wer verschiedenen Stämmen angehört, erhält in jedem dieser Stämme den auf ihn fallenden Antheil. Jeder Antheil gilt als besonderer Erbtheil.

§ 1580 (1970).

Ein Verwandter der nachfolgenden Ordnung ist nicht zur Erbschaft berufen, so lange ein Verwandter der vorhergehenden Ordnung vorhanden ist.

§ 1581 (1972).

Stirbt ein gesetzlich als Erbe Berufener, ohne die Erbschaft angetreten zu haben, oder schlägt er die Erbschaft aus, so treten diejenigen, welche zur Zeit seines Todes oder seiner Ausschlagung die gesetzlich berufenen Erben des Erblassers sind, an seine Stelle.

---

§ 1581. Abs. 2 war in meinem früheren Entwurf nicht enthalten. Es soll hier eine Ungerechtigkeit beseitigt werden. Geht kraft Gesetzes eine Erbschaft auf Kinder über, während der zunächst zur Erbschaft berufene Vater (oder die Mutter) noch lebt, so können auch nach dem Erbfalle noch Kinder erzeugt werden, die

Treten hiernach an die Stelle eines vorher Berufenen, der die Erb=
schaft ausgeschlagen hat, seine Kinder, so erwirbt auch ein noch später von
ihm erzeugtes Kind den Anspruch auf einen Antheil an der Erbschaft als
kraft Gesetzes berufener Nacherbe.

§ 1582 (1972).

Ist ein gesetzlich als Erbe Berufener durch Erbverzicht oder durch
letztwillige Verfügung des Erblassers von der Erbfolge ausgeschlossen, so
gilt die Ausschließung im Zweifel auch für seine Kinder.

§ 1583 (1973).

Geht ein Erbtheil, auf dem Vermächtnisse oder Auflagen oder eine
Verpflichtung zur Ausgleichung haftet, zufolge Wegfalls des gesetzlich be=
rufenen Erben auf einen anderen Erben über, so gilt er in Ansehung
dieser Belastungen als ein besonderer Erbtheil.

§ 1584.

Sind Verwandte, wie sie in den §§ 1576 bis 1578 bezeichnet
sind, nicht vorhanden, so sind der Fiskus des Bundesstaates und die Kasse
der Gemeinde, denen der Erblasser zur Zeit seines Todes angehörte, die
gesetzlichen Erben. Ist der Erblasser zur Zeit seines Todes Reichsange=
höriger ohne Heimathstaat gewesen, so tritt der Reichsfiskus an die Stelle
des Landesfiskus. Hat der Erblasser keiner deutschen Gemeinde angehört,
so erbt der Fiskus allein.

Fiskus und Gemeindekasse erben zu gleichen Theilen.

Der Fiskus kann die Erbschaft nicht ausschlagen. Schlägt die Ge=
meinde aus, so erbt der Fiskus allein.

Fiskus und Gemeinde treten in die Erbschaft ein, nachdem der Mangel
anderer gesetzlicher Erben vom Nachlaßgericht festgestellt und ihnen die Erbschaft
überwiesen worden ist (§ 1843). Mit der Ueberweisung ist die Ein=
leitung eines erbrechtlichen Aufgebotsverfahrens (§ 1883) von Amtswegen
zu verbinden.

---

zu dem Erblasser in ganz gleichem Verhältnisse stehen, wie die bereits bei seinem
Tode vorhandenen. Es liegt deshalb kein Grund vor, sie unter dem Zufall ihrer
spätern Geburt leiden zu lassen. Am deutlichsten tritt die darin liegende Un=
gerechtigkeit hervor, wenn man daran denkt, daß ja in einem solchen Falle das
„bereits empfangene" Kind noch miterben soll. Wenn also ein Sohn (vielleicht
weil er verschuldet ist), die Erbschaft seines Vaters zu Gunsten seiner Kinder aus=
schlägt, so soll ein Enkel, der am 300. Tage nach dem Tode des Großvaters ge=
boren wird, an der Erbschaft noch theilnehmen. Wird er aber am 301. Tage ge=
boren, so soll er nichts erhalten. Ist das wohl vernünftig? Das vom Entwurfe
ausgebildete Institut der Nacherbfolge gewährt die Möglichkeit, diesem Mißstande ab=
zuhelfen. Das soll durch Abs. 2 geschehen. Die Sache bietet auch praktisch keine
Schwierigkeit. Jedes nachgeborene Kind hat von den übrigen Kindern eine der
Zahl der Kinder entsprechende Quote von dem, was sie aus der Erbschaft besitzen,
zu fordern. Die Theilung wird sich überdies dadurch erleichtern, daß in den meisten
Fällen das zu theilende Vermögen unter einheitlicher vormundschaftlicher Ver=
waltung stehen wird.

§ 1585.

Der überlebende Ehegatte des Erblassers ist, wenn Kinder den Ver=
storbenen beerben, auf lebenslänglichen Bezug der Nutzungen von der Hälfte
des gesammten Ehevermögens berechtigt. Soweit das Ehevermögen ihm
selbst als Eigenthum zusteht oder kraft ehelicher Gütergemeinschaft zufällt,
wird der Betrag der davon zu ziehenden Nutzungen ihm auf seinen An=
theil an den Nutzungen zugerechnet. Das hiernach dem überlebenden Ehe=
gatten aus dem Vermögen des verstorbenen Gebührende ist auf sein Ver=
langen in der Form einer Geldrente festzustellen, deren Zahlung die Erben
genügend sicher zu stellen haben.

Wird der verstorbene Ehegatte von Verwandten zweiter Ordnung
beerbt, so erweitert sich das Recht des überlebenden auf die Nutzungen von
drei Viertheilen des Ehevermögens.

Entfernteren Erben gegenüber verbleibt der überlebende Ehegatte im
Nießbrauch des gesammten von dem Verstorbenen hinterlassenen Vermögens.

In allen Fällen erhält zugleich der überlebende Ehegatte den zum
ehelichen Haushalte gehörenden Hausrath als Eigenthum.

Das dem überlebenden Ehegatten aus dem Nachlaß des ver=
storbenen Gebührende fällt unter das Recht der Vermächtnisse.

Dritter Abschnitt. Letztwillige Verfügung.

Titel 1. Allgemeine Vorschriften.

§ 1586 (1753).

Der Erblasser kann, soweit nicht das Gesetz ein Anderes bestimmt,
durch einseitige Verfügung von Todeswegen (letztwillige Verfügung, Testa=
ment) über seinen Nachlaß Bestimmung treffen.

Eine letztwillige Verfügung kann von dem Erblasser jederzeit wieder
aufgehoben werden.

§ 1587 (1754).

Ein Vertrag, durch den Jemand sich verpflichtet, eine letztwillige
Verfügung zu errichten oder nicht zu errichten, aufzuheben oder nicht auf=
zuheben, ist unwirksam.

---

§ 1585. Ich bleibe dabei, daß ich dem überlebenden Ehegatten keinen An=
theil an der Erbschaft, sondern nur ein Nießbrauchsrecht einräumen würde, weil
durch das Erbrecht des Ehegatten das Vermögen der Familie entfremdet wird
und weil namentlich, wenn der Ueberlebende wieder heirathet, leicht Ungerechtig=
keiten gegen die Kinder erster Ehe daraus entstehen. Durch das von mir vor=
geschlagene Nießbrauchsrecht wird auch für den überlebenden Ehegatten weit besser
gesorgt, als wenn er ein Stück Erbschaft ausgehändigt erhält Um keinen Zweifel
zu lassen über die rechtliche Natur dessen, was der Ehegatte erhält, ist am Schlusse
der Satz zugefügt, daß das Recht der Vermächtnisse darauf Anwendung finde.

§ 1588 (1755, 1800, 1804).

Der Erblaſſer kann durch letztwillige Verfügung den Erben beſtimmen.

Der Erblaſſer kann durch letztwillige Verfügung ohne Einſetzung eines Erben einen Verwandten oder den Ehegatten von der geſetzlichen Erbfolge (vorbehaltlich jedoch der Pflichttheilsberechtigung derſelben) aus=ſchließen.

Der Erblaſſer kann für den Fall, daß der zunächſt eingeſetzte Erbe nicht Erbe werde, einen Anderen als Erben einſetzen (Erſaterbe).

Der Erblaſſer kann einen Erben in der Weiſe einſetzen, daß er Erbe werde, nachdem zunächſt ein Anderer Erbe geworden iſt (Nacherbe).

§ 1589 (1756).

Der Erblaſſer kann durch letztwillige Verfügung über einzelne Gegen=ſtände ſeines Vermögens durch Zuwendung an beſtimmte Perſonen Ver=fügung treffen (Vermächtniß).

Mit einem Vermächtniß kann ſowohl ein Erbe als ein Vermächtniß=nehmer belaſtet werden.

§ 1590 (1757).

Der Erblaſſer kann ſowohl dem Erben als einem Vermächtnißnehmer Auflagen machen, die nicht in einer Zuwendung an beſtimmte Perſonen beſtehen.

§ 1591 (1758).

Ein noch nicht geborenes Kind kann zum Erben eingeſetzt, auch mit einem Vermächtniß bedacht werden. Liegt die Vorausſetzung des § 1573 Abſ. 2 vor, ſo wird das eingeſetzte Kind Erbe, anderufalls Nacherbe.

§ 1592 (1759).

Juriſtiſche Perſonen, desgleichen durch Geſetze geordnete Vereine, Ge=ſellſchaften oder Genoſſenſchaften können zu Erben eingeſetzt, auch mit einem Vermächtniß bedacht werden.

Die landesgeſetzlichen Beſtimmungen über den Erwerb der todten Hand bleiben vorbehalten.

---

§ 1588. Ich halte es für dienlich, ſchon an dieſer Stelle eine Ueberſicht der verſchiedenen Arten der Erbeinſetzung zu geben.

Hieran knüpft ſich zugleich die Folge, daß, wo von Einſetzung eines Erben die Rede iſt, darunter die Einſetzung eines Nacherben mitbegriffen iſt; ſo daß nicht immer geſagt zu werden braucht: „als Erbe oder als Nacherbe".

§ 1589. Der Begriff des Vermächtniſſes iſt im Entwurf doch etwas gar zu abſtrakt ausgedrückt.

Der Entwurf gebraucht durchweg den Ausdruck „mit einem Vermächtniß beſchwert". Ich möchte vorſchlagen, ſtatt beſchwert „belaſtet" zu ſagen, da das Wort beſchwert den ſtörenden Nebenbegriff einer zugefügten Verletzung hat.

§ 1591 iſt von § 1758 b. E. ſachlich nicht verſchieden. Er befleißigt ſich nur einer natürlicheren Ausdrucksweiſe.

§ 1592. Ich vermag keinen Grund einzuſehen, weshalb der Entwurf (vgl. Motive. S. 15, 16) geſetzlich geordneten Aſſociationen, Aktiengeſellſchaften u. ſ. w. die Fähigkeit abſprechen will, als Erben eingeſetzt zu werden. Abgeſehen davon,

§ 1593 (1761).

Ist eine Zuwendung, die durch letztwillige Verfügung erfolgt (letzt-willige Zuwendung), an eine aufschiebende Bedingung oder an den Eintritt eines bestimmten Zeitpunktes geknüpft, so ist im Zweifel anzunehmen, daß die Zuwendung nur dann wirksam werden solle, wenn der Bedachte die Erfüllung der Bedingung oder den Eintritt des Zeitpunktes erlebt.

§ 1594.

Einer bedingten Zuwendung steht es gleich, wenn die Person des Bedachten erst durch ein später eintretendes Ereigniß bestimmt werden soll.

§ 1595 (1762).

Ist die Bedingung oder der Zeitpunkt, an welche eine letztwillige Zuwendung geknüpft ist, noch vor dem Tode des Erblassers eingetreten, so ist im Zweifel damit dem Willen des Erblassers als genügt anzusehen.

Diese Vorschrift findet keine Anwendung u. s. w. (wie Abs. 2 des § 1762 b. E.).

§ 1596 (1763).

Ist durch die einer letztwilligen Zuwendung beigefügte Bedingung der Vortheil eines Dritten bezweckt, die Erfüllung der Bedingung aber durch verweigerte Mitwirkung des Dritten oder durch ein anderes in dessen Per-son eingetretenes Hinderniß unmöglich geworden, so ist die Bedingung als-

---

daß solche Gesellschaften öfters auch ideale Zwecke verfolgen (z. B. gemeinnützige Baugesellschaften), so können auch andere Gründe vorliegen, aus denen Jemand ihnen seinen Nachlaß zuwenden will. Wenn z. B. Jemand, unter dessen Leitung eine Aktiengesellschaft schlechte Geschäfte gemacht hat, die moralische Pflicht fühlt, dies wieder gut zu machen und deßhalb sie zur Erbin seines Vermögens einsetzt, warum soll das nicht gelten?

Für den Fall, daß eine noch zu gründende Stiftung zum Erben eingesetzt wird, ist bereits durch § 70 Fürsorge getroffen.

Bei den nun folgenden Paragraphen gehe ich davon aus, daß in diese Titel nur solche Bestimmungen aufzunehmen sind, die auf letztwillige Zuwendungen jeder Art sich beziehen, dagegen solche Bestimmungen, die besonders auf Erbein-setzung oder Vermächtniß sich beziehen, in die folgenden Titel gehören. Danach sind die §§ 1766 u. 1769 b. E. hier weggeblieben.

§ 1760 b. E. ist als ein zu lehrhafter Satz weggelassen.

§ 1593. Ich kann die Ausführung der Motive (S. 25), daß bei § 1761 b. E. zwischen einer Bedingung und einer Befristung ein Unterschied zu machen sei, nicht für richtig halten. Die Absicht des Erblassers bei einer Zuwendung geht dahin, daß der Bedachte selbst sie empfangen soll. Diese Empfangnahme, nicht schon der Erwerb des entfernten Rechtes auf solche, ist im Sinne der Zu-wendung das Entscheidende. Erlebt der Bedachte den Zeitpunkt der Empfangnahme nicht, so ist doch im Zweifel gewiß nicht die Absicht des Erblassers, daß dann seine, dem Erblasser vielleicht ganz unbekannten Erben an seine Stelle treten sollen. Deßhalb ist oben in § 1593 die Befristung zugefügt.

§ 1596. Den § 1763 b. E. halte ich in dieser Allgemeinheit für bedenk-lich. Wenn der Erblasser einem ihm fremden Manne ein Legat hinterläßt unter der Bedingung, daß er seine Nichte heirathe, die Nichte aber ihn nicht will oder

erfüllt anzusehen, wenn nach den Umständen anzunehmen ist, daß der Erb=
lasser auch für diesen Fall dem Bedachten die Zuwendung habe machen
wollen.

§ 1597 (1764).

Ist eine letztwillige Zuwendung von der Bedingung abhängig ge=
macht, daß der Bedachte während seiner Lebenszeit eine bestimmte Handlung
unterlasse oder daß er andauernd bis zu seinem Tode eine bestimmte
Thätigkeit übe, so ist anzunehmen, daß der Bedachte das Zugewendete ohne
Weiteres erhalten, es aber wieder verlieren soll, wenn er die verbotene Hand=
lung vornimmt oder die gebotene Thätigkeit unterläßt.

§ 1598.

Ist eine letztwillige Zuwendung an eine unverständliche, widersinnige
oder auf etwas Rechtswidriges oder Unsittliches zielende Bedingung geknüpft,
so gilt die Bedingung für nicht hinzugefügt.

Für unstatthaft ist auch die einer letztwilligen Zuwendung beigefügte
Bedingung anzusehen, daß der Bedachte seine Religion ändere.

Nicht für unstatthaft zu halten ist die Bedingung, daß der Bedachte
seine Religion nicht ändere, daß er heirathe oder nicht heirathe, desgleichen
daß er eine bestimmte Person heirathe oder nicht heirathe.

§ 1599.

(— unvollendete Verfügungen — wie § 1762 d. E.)

§ 1600 (1771).

Sind in einer letztwilligen Verfügung die gesetzlichen Erben des Erb=
lassers bedacht, so bestimmt sich die Person derselben nach der Zeit des
Erbfalles. Wird jedoch der Erwerb des Zugewendeten hinausgeschoben,
und hat inzwischen eine Veränderung in den zur gesetzlichen Erbschaft be=
rufenen Personen stattgefunden, so fällt das Zugewendete an diejenigen,
die nach der eingetretenen Veränderung die gesetzlichen Erben sind.

---

sich anderweit verheirathet hat, soll der Bedachte nun doch das Legat erhalten?
Die Sache läßt sich nur nach den konkreten Verhältnissen beurtheilen.

§ 1598. Hier weiche ich, übereinstimmend mit dem röm. Recht und der
Mehrzahl der neueren Gesetzgebungen, von dem Entwurfe ab. Der Grund, wes=
halb man hier von einem anderen Grundsatz ausgeht, als bei Geschäften unter
Lebenden, liegt darin, daß man annehmen darf, der Erblasser habe doch mit der
Einsetzung eines Erben keinen bloßen Scherz treiben wollen. Ich halte es auch
für geboten, daß das Gesetzbuch über die vielfach verhandelten Fragen der Be=
dingung, die Religion zu ändern oder zu heirathen 2c., sich ausspricht. Solche
Fragen darf ein Gesetzbuch nicht im Unklaren lassen, weil sonst ewig darüber ge=
stritten wird.

Die §§ 1765 u. 1770 d. E. sind weggeblieben. Soweit es sich um das
Wollen des Beschwerten handelt, sind sie überflüssig. Soweit das Wollen eines
Dritten in Frage steht, halte ich sie für nicht richtig.

§. 1600. Daß hier der Abs. 2 des § 1771 als allgemeiner Grundsatz
vorausgenommen ist, wird keiner Rechtfertigung bedürfen. Die Erweiterung des

Die gesetzlichen Erben gelten im Zweifel auch dann als bedacht, wenn der Erblasser seine Verwandten oder nächsten Verwandten ohne nähere Bestimmung bedacht hat.

§ 1601 (1772, 1773, 1774).

Sind in einer letztwilligen Verfügung die Kinder des Erblassers oder einer anderen Person bedacht, so ist im Zweifel anzunehmen, daß bei dem Wegfall eines Kindes dessen Kinder oder Kindeskinder an seine Stelle treten sollen.

Wird in dem Falle, wo die Kinder Jemandes bedacht sind, von demselben nach dem Tode des Erblassers noch ein weiteres Kind erzeugt, so nimmt im Zweifel auch dieses Kind an der Zuwendung als Nacherbe oder als Nachvermächtnißnehmer Theil.

§ 1602.

Sind in einer letztwilligen Verfügung Geschwister und Geschwister=kinder zusammen bedacht, so ist im Zweifel anzunehmen, daß die je von einem der verstorbenen Geschwister hinterbliebenen Kinder zusammen nur einen geschwisterlichen Antheil von der Zuwendung erhalten sollen.

§ 1603.

(— Zuwendung an eine Klasse von Personen oder an Dienstboten — wie § 1775 d. E.)

§ 1604 (1776).

Sind in einer letztwilligen Verfügung die Armen ohne nähere Be=stimmung bedacht, so ist im Zweifel anzunehmen, daß die Zuwendung der Armenkasse des Orts, an dem der Erblasser seinen letzten Wohnsitz ge=habt hat, mit der Bestimmung zufallen solle, das Zugewendete an Arme, die dessen würdig sind, über die ihnen kraft Gesetzes zu gewährende Armenunterstützung hinaus zu vertheilen.

Schlußsatzes beruht auf dem Grundsatz, der bereits in § 1581 zur Anwendung gekommen ist.

§ 1601. Zunächst ist hier die Bestimmung d. E. auch auf die Kinder „einer anderen Person" (nicht eines „Dritten") ausgedehnt. Ich vermag keinen Grund einzusehen, weshalb in diesem Falle nicht dasselbe gelten soll, wie in dem Fall der Bedeutung der eigenen Kinder. Wenn Jemand die „Kinder" eines Freundes einsetzt, so will er im Zweifel die ganze Descendenz desselben beglücken. Aus diesem Grunde ist auch der Abs. 2 hinzugefügt. Zu dessen Rechtfertigung beziehe ich mich auf das zu § 1581 Bemerkte.

§ 1602 ist im Entwurfe nicht enthalten. Ich glaube, daß er ebenso dem muthmaßlichen Willen des Erblassers entspricht, wie § 1600.

§ 1604. Zunächst halte ich für nöthig, auszudrücken, daß die Armenkasse des letzten Wohnortes als bedacht anzunehmen, gerade deshalb, weil über diese Frage Streit entstehen kann. Oder sollen etwa die Armenkassen unter einander Proceß führen? Aber auch mit diesem Zusatz würde die Vorschrift des Entwurfs auf nichts anderes hinauslaufen, als daß mit einer Bedeutung der „Armen" lediglich die=jenigen bedacht würden, aus deren Säckel die Armenkasse gespeist wird. Denn diesen würde soviel erspart werden, als aus der Erbschaft der Armenkasse zuflösse.

§ 1605 (1778).

Läßt der Inhalt einer letztwilligen Verfügung verschiedene Auslegungen zu, so ist im Zweifel diejenige Auslegung vorzuziehen, nach welcher der Erblasser etwas Verständiges gewollt hat und bei der die letztwillige Verfügung Wirksamkeit behält.

§ 1606 (1779).

Stimmt bei einer letztwilligen Verfügung der wirkliche Wille des Erblassers mit dem erklärten Willen nicht überein, so ist die Verfügung ungültig.

§ 1607 (1780).

Eine letztwillige Verfügung kann angefochten werden, wenn der Erblasser zu ihr widerrechtlich durch Zwang bestimmt worden ist.

§ 1608 (1781).

Eine letztwillige Verfügung kann angefochten werden, wenn klar vorliegt, daß der Erblasser durch Irrthum oder durch eine nicht in Erfüllung gegangene Voraussetzung zu ihr bestimmt worden ist.

§ 1609 (1783).

Eine letztwillige Verfügung, durch die ein Ehegatte den anderen Ehegatten bedacht hat, kann angefochten werden, wenn vor dem Tode des Erblassers die Ehe für nichtig oder ungültig erklärt oder geschieden wird.

Das ist doch sicherlich nicht die Absicht des Erblassers gewesen. Vielmehr hat dieser wirklich den Armen eine Wohlthat erweisen wollen. Dieser Zweck kann aber nur durch eine Vorschrift nach Art der von mir vorgeschlagenen erreicht werden.

§ 1607. Der Entwurf (§ 1780) stellt neben die „Drohung" auch den „Betrug" als Anfechtungsgrund. Es verhält sich damit ähnlich wie oben bei § 1297. Der Betrug fällt mit dem „Irrthum" (§ 1607) zusammen und bedarf daher keiner besonderen Anführung. Wollte man dem Betrug noch eine besondere (erweiterte) Wirksamkeit beimessen, so müßte man ihn wenigstens auf einen von dem Bedachten verübten Betrug beschränken. Auch dies thut der Entwurf nicht.

§ 1608. Der Entwurf will den Irrthum und die falsche Voraussetzung nur dann als Anfechtungsgrund gelten lassen, wenn sie aus der Verfügung selbst zu entnehmen sind. Ich glaube, daß es richtiger ist, diesen Gedanken auf den allgemeineren Satz zurückzuführen, „wenn der Irrthum ꝛc. klar vorliegt". Eine solche Beschränkung halte auch ich für nöthig. Auf diese Weise wird auch ein verübter Betrug in der Regel zur Geltung kommen.

§ 1782 d. E. wird besser in der Verbindung mit der Pflichttheilslehre gebracht werden.

§ 1609. Der Entwurf § 1783 gründet seine Vorschrift (wie Abf. 3 zeigt) auf den muthmaßlichen Willen des Erblassers. Dann kann man aber nicht schon in der „Nichtigkeit der Ehe" oder in der „Erhebung der Anfechtungsklage" einen Grund finden, die Verfügung als anfechtbar zu betrachten; sondern diese Anfechtbarkeit kann nur an die bereits geschehene Nichtig- oder Ungültigerklärung — den muthmaßlichen Zeitpunkt der Trennung der Ehegatten — geknüpft werden. Praktisch wird freilich die Frage kaum vorkommen.

Eine letztwillige Verfügung, durch die ein Verlobter den anderen Verlobten bedacht hat, kann angefochten werden, wenn das Verlöbniß vor dem Tode des Erblassers aufgelöst worden ist.

Die Anfechtung ist ausgeschlossen, wenn der Wille des Erblassers erhellt, daß die letztwillige Verfügung auch in dem eingetretenen Falle Geltung haben solle.

§ 1610 (1784, 1787).

Durch die Anfechtung wird die letztwillige Verfügung nur insoweit hinfällig, als sie durch den geübten Zwang, den Irrthum oder die irrige Voraussetzung bestimmt worden ist. Zur Anfechtung berechtigt ist derjenige, der an der Beseitigung der Verfügung ein rechtliches Interesse hat.

§ 1611.

(— Verjährung der Anfechtung — wie § 1783 b. E.)

Titel 2. Erbeinsetzung.

§§ 1612, 1613.

(— Erbeinsetzung unabhängig von dem Namen Erbe. — Ausschließung der gesetzlichen Erbschaft — wie §§ 1788, 1789 b. E.)

§ 1614 (1790).

Hat der Erblasser nur über Bruchtheile der Erbschaft verfügt, welche die Erbschaft nicht erschöpfen, so tritt — insofern nicht § 1619 Anwendung findet — für den Rest der Erbschaft gesetzliche Erbfolge ein.

§ 1615.

(— Vermächtniß an die gesetzlichen Erben — wie § 1791 b. E.)

§ 1616 (1792).

Sind sämmtliche benannte Erben ohne Bezeichnung von Bruchtheilen eingesetzt, so gelten sie als zu gleichen Theilen eingesetzt.

§ 1617 (1769).

Sind mehrere Personen in der Weise eingesetzt, daß nur die eine oder die andere Person Erbe sein soll, so gelten sie als zu Miterben eingesetzt.

§ 1618.

(Minderung der Bruchtheile, wenn sie das Ganze übersteigen — wie § 1793 b. E.)

---

§ 1786 b. E. aufzunehmen, trage ich Bedenken. Es können mannigfache Gründe sein, die den Testator abgehalten haben, ein erzwungenes oder irrthümliches Testament zu ändern. Fragen ließe sich dagegen, ob nicht die Anfechtung allgemein auszuschließen sei, wenn der Testator nachträglich zu erkennen gegeben habe, daß er die getroffene Verfügung gelten lassen wolle. Indessen werden solche Handlungen schon dadurch die nämliche Wirkung üben, daß sie als Gegenbeweis dafür in Betracht kommen, daß der Testator nicht durch Zwang oder Irrthum bestimmt worden sei.

§ 1619 (1794).

Hat der Erblasser nur über Bruchtheile der Erbschaft verfügt, welche die Erbschaft nicht erschöpfen, dabei aber zu erkennen gegeben, daß die eingesetzten die alleinigen Erben sein sollen, so sind die ihnen zuge= wiesenen Bruchtheile bis zur Erschöpfung der Erbschaft verhältnißmäßig zu ergänzen.

§ 1620 (1795).

Sind bei Einsetzung mehrerer Erben die einen auf Bruchtheile, die anderen ohne Bruchtheile eingesetzt, so erhalten die nicht auf Bruchtheile eingesetzten Erben den von den Bruchtheilen freigelassenen Rest der Erbschaft.

Erschöpfen schon die bezeichneten Bruchtheile die Erbschaft, so müssen sich die auf Bruchtheile eingesetzten Erben eine verhältnißmäßige Minderung ihrer Antheile in dem Maße gefallen lassen, daß jeder der nicht auf einen Bruchtheil eingesetzten Erben so viel erhält, wie der mindest Bedachte der auf Bruchtheile eingesetzten.

§ 1621 (1796).

Sind mehrere Erben zusammen auf ein und denselben Bruchtheil der Erbschaft eingesetzt, so kommen die Vorschriften der §§ 1616 bis 1620 zunächst für diesen gemeinschaftlichen Erbtheil zur Anwendung.

§ 1622 (1797).

Sind mehrere Erben in einer Weise eingesetzt, welche die gesetzliche Erbfolge ausschließt, so wächst beim Wegfall eines der eingesetzten Erben dessen Antheil an der Erbschaft den übrigen Erben nach Verhältniß ihrer Antheile zu (Anwachsung).

Im Falle des § 1614 wächst beim Wegfall eines eingesetzten Erben dessen Bruchtheil den gesetzlichen Erben zu.

Sind unter den mehreren eingesetzten Erben solche, die auf einen gemeinschaftlichen Erbtheil (§ 1621) eingesetzt sind, so tritt in allen Fällen die Anwachsung zunächst zwischen ihnen ein.

§ 1623 (1799).

Der einem Erben durch Anwachsung angefallene Erbtheil rc. (wie § 1799 d. E.)

§ 1624 (1798).

Die Anwachsung kann von dem Erblasser ausgeschlossen werden. Sie gilt als ausgeschlossen, wenn ein Ersatzerbe ernannt ist und dieser Erbe wird.

§ 1625 (1800 Abs. 2).

Es können mehrere Ersatzerben in der Weise ernannt werden, daß, wenn der eine nicht Erbe wird, an seine Stelle ein anderer tritt.

§ 1626 (1801).

Ist ein Ersatzerbe nur für den Fall eingesetzt, daß der zunächst Be= rufene nicht Erbe werden will oder daß er nicht Erbe werden kann, so gilt der Ersatzerbe gleichwohl im Zweifel für beide Fälle als eingesetzt.

§ 1627 (1802).

Wer als Nacherbe eingesetzt ist, gilt im Zweifel auch zum Ersatzerben für berufen.

§ 1628 (1803).

Sind Erben untereinander als Ersatzerben eingesetzt, so gelten sie im Zweifel auch als Ersatzerben nach Verhältniß ihrer Erbtheile für berufen. Erben, die auf einen gemeinschaftlichen Erbtheil eingesetzt sind, gelten für diesen Erbtheil auch als die zunächst berufenen Ersatzerben.

Titel 3. Einsetzung eines Nacherben.

§ 1629 (1804, 1809).

Der Erblasser, der einen Nacherben einsetzt, kann den Zeitpunkt oder das Ereigniß bestimmen, mit welchem der Nacherbe an die Stelle des zuerst berufenen Erben (Vorerben) in das Recht auf die Erbschaft eintreten soll (Anfall der Nacherbfolge).

Hat der Erblasser den Fall der Nacherbfolge nicht anders bestimmt, so tritt die Nacherbfolge mit dem Tode des Vorerben ein.

§ 1630.

In den Fällen, in welchen ein erst später erzeugtes Kind kraft Gesetzes zur Nacherbfolge berufen ist (§§ 1581, 1601), tritt das Kind in die Nacherbfolge ein, sobald es lebend geboren wird.

Titel 3. Einsetzung eines Nacherben. Das Institut ist lebhaft angefochten worden: vgl. ZSt. S. 20. Es läßt sich nicht leugnen, daß damit manche Mißstände verbunden sind. Indessen möchte ich es doch nicht aufgeben. Dem Erblasser wird dadurch die Möglichkeit gegeben, auch noch über seinen Tod hinaus in gewissem Maße über sein Vermögen zu verfügen. Ich glaube, daß die Gewährung eines solchen Rechtes mit unserem menschlichen Fühlen übereinstimmt. Namentlich halte ich es für einen Fortschritt, daß der Erblasser dadurch in die Lage kommt, auch für noch nicht erzeugte Kinder eine Fürsorge treffen zu können. In dieser Richtung ist oben in den §§ 1581, 1591 von der Möglichkeit, Jemandem als Nacherben einen Antheil an der Erbschaft zuzuwenden, ein Gebrauch gemacht, den ich vom Standpunkt der Gerechtigkeit für geradezu geboten erachte.

Freilich würde ich lieber das ganze Institut aufgeben, wenn das Verhältniß zwischen Vorerben und Nacherben so geordnet werden sollte, wie der Entwurf es in den §§ 1815—1831 geordnet hat. Das ist eine überaus künstliche und verwickelte Ordnung. Ich kann dafür kein Bedürfniß erkennen, würde vielmehr dem Vorerben eine weit freiere Stellung einräumen. Die Römer nannten die Nacherbschaft ein fidei commissum. Damit ist schon bezeichnet, daß der Erblasser den Vorerben als eine Vertrauensperson betrachtet, die er nicht bei Schritt und Tritt an die Zustimmung des zweiten Erben gebunden wissen will. Diese Stellung nimmt meiner Ansicht nach die Vorerbe auch heute noch ein. Will der Erblasser den von ihm zunächst Bedachten in strengere Abhängigkeit von dem zweiten Bedachten stellen, so steht ihm ja dafür die Form ja Gebote, daß er den Zweitbedachten zum wirklichen Erben, den Erstbedachten nur zum Nießbraucher macht. Hat er aber die Form des Vorerben und Nacherben erwählt, so muß dem Vorerben auch die Stellung des Erben gewahrt bleiben. Hiernach sind an die Stelle der schwerfälligen §§ 1817—1823 d. E. die weit einfacheren Bestimmungen der §§ 1639—1642 gesetzt.

Dasselbe gilt, insofern nicht ein Anderes bestimmt ist, in dem Falle, wenn ein erst nach dem Tode des Erblassers erzeugtes Kind kraft Erbeinsetzung zur Nacherbfolge berufen ist (§ 1591).

§ 1631.

(— Anordnung, die Erbschaft herauszugeben, als Nacherbschaft — wie § 1805 b. E.)

§ 1632 (1807).

Hat der Erblasser angeordnet, daß der eingesetzte Erbe nur bis zu einem bestimmten Zeitpunkt oder bis zum Eintritt eines bestimmten Ereignisses Erbe sein solle, ohne zu sagen, an wen alsdann die Erbschaft gelangen solle, so sind die gesetzlichen Erben des Erblassers als zu Nacherben eingesetzt anzusehen. Die Frage, wer die gesetzlichen Erben seien, bestimmt sich nach dem Zeitpunkte, wo die Nacherbfolge eintritt.

§ 1633 (1808).

Hat der Erblasser angeordnet, daß der eingesetzte Erbe erst von einem bestimmten Zeitpunkt oder von Eintritt eines bestimmten Ereignisses an Erbe sein solle, so sind die gesetzlichen Erben als Vorerben berufen.

Dies gilt auch in dem Fall, wenn ohne Benennung anderer Erben ein noch nicht erzeugtes Kind zum Erben eingesetzt ist.

§ 1634 (1811).

Hat der Erblasser seinem Kinde, das zur Zeit der letztwilligen Verfügung keine Nachkommen hatte, für die Zeit nach dessen Tode einen Nacherben bestimmt, so ist anzunehmen, daß die Einsetzung des Nacherben nur für den Fall geschehen sei, daß das Kind ohne Nachkommen versterbe.

§ 1635 (1810).

Der Erwerb der Nacherbschaft fällt unter die Vorschrift des § 1593

Sind jedoch diejenigen zu Nacherben eingesetzt, welche die gesetzlichen Erben des Erblassers sein würden, so geht, wenn sie den Fall der Nacherbfolge nicht erleben, ihr Recht auf ihre Erben über.

---

§ 1635. Der Entwurf, § 1810, will nach Vorgang des preuß. Landrechts das Recht des Nacherben allgemein auf dessen Erben übergehen lassen. Es lassen sich ja Fälle denken, wo dies wirklich der Absicht des Erblassers entspricht. Im Allgemeinen wird man aber an dem Grundsatz festhalten müssen, daß die Einsetzung eines Erben und auch eines Nacherben auf Wohlwollen gegen die Person des Bedachten beruht. Wenn daher der Nacherbe den Eintritt der Nacherbschaft nicht erlebt, so liegt kein Grund vor, seinen Erben vor den Erben des Vorerben den Vorzug zu geben. Eine Ausnahme hiervon kann man nur zu Gunsten derjenigen machen, die zugleich die gesetzlichen Erben des Erblassers sind. In diesem Falle kann man annehmen, daß der Erblasser auf sie und ihre Erben sein Vermögen dauernd habe übergehen lassen wollen. Durch diese Ausnahme wird namentlich der nicht seltene Fall getroffen, daß Jemand seinen Ehegatten als Erben und seine Kinder als Nacherben einsetzt.

§ 1636.

(— Nacherbfolge tritt nur einmal ein — wie § 1812 b. E.)

Auf die Fälle, in denen kraft Gesetzes eine Nacherbfolge eintritt, findet diese Beschränkung keine Anwendung.

§ 1637 (1813).

Die Einsetzung eines Nacherben, der nicht durch ein an die Person des Vorerben sich knüpfendes Ereigniß bedingt ist, wird unwirksam, wenn seit dem Erbfall dreißig Jahre verstrichen sind, ohne daß der Fall der Nacherbfolge eingetreten ist.

§ 1638.

(— die Nacherbfolge erstreckt sich auf den Erwerb durch Anwachsung — wie § 1814 b. E.)

§ 1639.

Der Vorerbe ist verpflichtet, über die ihm zugefallene Erbschaft auf Verlangen des Nacherben ein Verzeichniß aufzustellen und es diesem auszuhändigen. Der Nacherbe kann auch verlangen, daß auf seine Kosten die Unterschrift des Vorerben unter dem Verzeichniß öffentlich beglaubigt werde.

§ 1640.

Der Vorerbe hat freie Verfügung über die Gegenstände der Erbschaft, ist jedoch verpflichtet, die Erbschaft ordnungsmäßig zu verwalten.

Wegen ordnungswidriger Verwaltung ist er dem Nacherben, wenn dieser in die Erbschaft eintritt, zur Schadloshaltung verpflichtet.

§ 1641.

Sind Grundstücke in der Erbschaft begriffen, so kann der Nacherbe sein Recht an diesen Grundstücken im Grundbuche eintragen lassen.

Nach erfolgter Eintragung kann der Vorerbe die Grundstücke nur mit Zustimmung des Nacherben veräußern oder belasten.

---

§ 1637. Der rechtfertigende Grund für die Erlöschung der Nacherbfolge durch Zeitablauf kann nur darin gefunden werden, daß, wenn in geraumer Zeit die Bedingung der Nacherbfolge in der Person des damit Bedachten nicht eingetreten ist, es zweifelhaft wird, ob die Nacherbfolge überhaupt noch dem Willen des Erblassers entspricht. Dafür aber ist das noch fortdauernde Leben oder der Tod des Belasteten an sich gleichgültig. Nur insofern kommt die Person des Belasteten in Betracht, als in dem Falle, wo die Nacherbschaft an ein in seiner Person eintretendes Ereigniß geknüpft ist, es dem Rechtsgefühl nicht entsprechen würde, das Recht der Nacherbfolge durch Zeitablauf erlöschen zu lassen. Der Hauptfall dieser Art ist der auch im Entwurf als Ausnahme hervorgehobene Fall, daß die Nacherbfolge an den Tod des Belasteten geknüpft ist. Ein ähnlicher Fall ist aber auch der, wenn z. B. die Nacherbfolge angeordnet ist für den Fall, daß der Belastete sich verheirathe. Auch in solchen Fällen darf kein Zeitablauf die Nacherbfolge ausschließen.

Die §§ 1842, 1843, 1845 b. E. sind hier, vorbehaltlich des bei § 1589 Bemerkten, unverändert aufgenommen.

§ 1844 b. E. ist nach dem von Bingner (ZSt. S. 29) Bemerkten weggeblieben. § 1846 Abs. 2 scheint mir überflüssig.

§ 1642.

Mißbraucht der Vorerbe sein Verwaltungsrecht an der Erbschaft in einer den Nacherben gefährdenden Weise oder geräth er in Vermögensverfall, so kann der Nacherbe Sicherheitsleistung verlangen.

§ 1643.

Nach Eintritt der Nacherbfolge hat der Vorerbe die Erbschaft an den Nacherben herauszugeben. Sind Gegenstände, die ursprünglich in der Erb=schaft enthalten waren, nicht mehr vorhanden, so hat der Vorerbe über deren Verbleiben Rechenschaft abzulegen. Soweit der Werth solcher Gegen=stände in das Vermögen des Vorerben übergegangen ist, hat er diesen Werth zu erstatten. Für die natürliche Abnutzung von Sachen hat er keinen Ersatz zu leisten. Nutzungen der Erbschaft hat er nur nach Maßgabe des § 819 herauszugeben.

§ 1644 (1832).

Der Nacherbe kann, so lange er noch nicht die Erbschaft von dem Vorerben angenommen hat, dieselbe jederzeit ausschlagen, selbst dann, wenn er während der Verwaltung des Vorerben von den ihm nach den §§ 1639, 1641, 1642 zustehenden Rechten Gebrauch gemacht hat. Schlägt er die Erbschaft aus, so verbleibt sie dem Vorerben.

§ 1645 (1836).

Die auf der Erbschaft lastenden Schulden gehen mit Eintritt der Nacherbschaft auf den Nacherben über. Dieser kann jedoch bei Uebernahme der Erbschaft das Inventarrecht für sich erwirken.

Reicht die auf den Nacherben übergegangene Erbschaft nicht aus, um die Schulden zu decken, so bleibt der Vorerbe, wenn er nicht das Inventar=recht erwirkt hat, für die ungedeckten Schulden haftbar.

§ 1646 (1839, 1840, 1841).

Ist von dem Erblasser das Recht des Nacherben auf dasjenige be=schränkt worden, was von der Erbschaft übrig sein werde, so kommen die §§ 1639, 1641, 1642 nicht zur Anwendung. Der Vorerbe kann wegen der von ihm geübten Verwaltung von dem Nacherben nur in Anspruch ge=nommen werden, wenn er Gegenstände der Erbschaft verschenkt oder in verschwenderischer Weise verschleudert hat.

Dasselbe gilt, wenn der Erblasser den Vorerben ausdrücklich zur freien Verfügung über die Erbschaft ermächtigt hat.

Titel 4. Vermächtniß.

§§ 1647—1649.

(— allgemeine Grundsätze über das Vermächtniß — wie §§ 1842, 1843, 1845 d. E.)

§ 1650.

(— gemeinschaftliches Vermächtniß — wie § 1846 Abſ. 1 b. E.)

§ 1651 (1769 Abſ. 2).

Sind in einer letztwilligen Verfügung mehrere Perſonen in der Weiſe mit einem Vermächtniß bedacht, daß nur die eine oder die andere das Vermächtniß erhalten ſoll, ſo hat im Zweifel der Belaſtete die Wahl, welchem der mehreren Bedachten er das Vermächtniß auszahlen will.

§ 1652 (1847).

Ein Vermächtniß, deſſen Gegenſtand weder beſtimmt bezeichnet, noch nach den Anordnungen des Erblaſſers erkennbar iſt, iſt ungültig.

§ 1653 (1853).

Ein Vermächtniß, das auf eine unmögliche, rechtswidrige oder unſittliche Leiſtung gerichtet iſt, iſt ungültig.

§ 1654 (1865, 1866).

Durch das Vermächtniß geht deſſen Gegenſtand, wenn er dem Erblaſſer bei ſeinem Tode gehört, in das Eigenthum des Vermächtnißnehmers über. Der Vermächtnißnehmer darf gleichwohl nicht unmittelbar Beſitz davon ergreifen, hat vielmehr den Beſitz vom Erben zu empfangen. Sind Grundſtücke Gegenſtand des Vermächtniſſes, ſo bedarf es zur Eintragung auf den Namen des Vermächtnißnehmers der Bewilligung des Erben. Iſt eine Forderung Gegenſtand des Vermächtniſſes, ſo hat der Erbe dem Vermächtnißnehmer eine Urkunde auszuſtellen, worin er den Uebergang der Forderung auf ihn anerkennt oder ihm dieſelbe zu übertragen erklärt.

So lange der Erbe berechtigt iſt, das Inventarrecht zu erwirken, iſt er zur Uebertragung des Gegenſtandes eines Vermächtniſſes an den Vermächtnißnehmer nicht verpflichtet.

---

§ 1654. Hier ſoll die wichtige Frage entſchieden werden, ob der Vermächtnißnehmer an der vermachten Sache unmittelbar Eigenthum erwerben ſoll (Vindicationslegat). Schon in der „Beurtheilung“ habe ich mich für die Bejahung dieſer Frage entſchieden und kann auch nur dabei bleiben. Daß, wenn man dem Legatar nur einen obligatoriſchen Anſpruch giebt, für ihn das Vermächtniß in der Hand gefährdet iſt, liegt auf der Hand. Der einzige Grund, der ſich für das blos obligatoriſche Recht mit einer gewiſſen Berechtigung aufführen läßt, beſteht darin, daß die Erbſchaftsgläubiger, die doch Anſpruch auf Befriedigung auch aus dem Legat haben, durch das Eigenthum des Legatars gefährdet werden könnten. Dieſer Geſichtspunkt ſcheint mir nun aus einem doppelten Grunde nicht durchzuſchlagen. Zunächſt wird es doch gewiß nur ſehr ſelten vorkommen, daß eine Erbſchaft, bei der die Gläubiger gefährdet ſind, auch noch mit Vermächtniſſen belaſtet iſt. Sodann aber laſſen ſich gegen jene Gefährdung der Gläubiger zureichende Schutzmittel aufſtellen. Das erſte Schutzmittel liegt ſchon darin, daß der Legatar die Sache nicht unmittelbar in Beſitz nehmen darf, ſondern ſie vom Erben zu empfangen hat. Ein weiteres Schutzmittel liegt in dem dem § 1654 zugefügten Abſ. 2. Im Uebrigen werden wir auf die Frage beim Inventarrecht zurückkommen.

§ 1655 (1848, 1850).

Ist eine Sache, die dem Erblasser bei seinem Tode nicht gehört, Gegenstand eines Vermächtnisses, so ist das Vermächtniß nur dann gültig, wenn es die Absicht des Erblassers war, die Sache, trotzdem, daß sie ihm nicht gehörte, dem Bedachten zuzuwenden. Diese Absicht ist insbesondere dann anzunehmen, wenn der Erblasser bei der Anordnung wußte, daß die Sache ihm nicht gehöre.

Hat der Erblasser eine ihm gehörende Sache Jemandem vermacht, dann aber die Sache veräußert, so gilt im Zweifel das Vermächtniß als aufgehoben.

§ 1656.

Wenn die vermachte Sache zur Zeit des Erbfalls zwar nicht im Besitze des Erblassers ist, dieser aber einen Anspruch auf dieselbe hat, so ist dieser Anspruch als Gegenstand des Vermächtnisses anzusehen.

Wenn die vermachte Sache zur Zeit des Erbfalls im Besitze des Erblassers ist, aber von einem Dritten in Anspruch genommen wird, so kann der Bedachte zwar die Sache in Anspruch nehmen, hat jedoch den Erben dem Anspruche des Dritten gegenüber zu vertreten.

§ 1657 (1849).

In dem Falle, wo eine dem Erblasser fremde Sache Gegenstand eines gültigen Vermächtnisses ist, ist der Belastete verpflichtet, die Sache dem Bedachten zu verschaffen, wenn dies aber nicht möglich ist oder mit unverhältnißmäßigen Kosten verbunden sein würde, ihm den Werth der Sache zu zahlen.

§ 1658 (1854).

Ist die vermachte Sache vor Eintritt des Erbfalles untergegangen, so ist das Vermächtniß unwirksam. Als untergegangen gilt die Sache auch dann, wenn sie eine Umwandlung erfahren hat, die das Eigenthum zu entziehen geeignet ist.

§ 1659 (1855).

Ist eine Forderung, deren Gegenstand eine bestimmte Sache ist, vermacht, seitdem aber die Leistung der Sache an den Erblasser erfolgt, so ist im Zweifel die Sache selbst, wenn sie noch im Nachlasse vorhanden ist, als vermacht anzusehen.

Ist eine vermachte Geldforderung abbezahlt, so ist im Zweifel der entsprechende Geldbetrag als vermacht anzusehen, auch wenn ein solcher im Nachlaß nicht vorhanden ist.

§ 1660 (1857).

Die zu erwartende Erbschaft eines zur Zeit des Erbfalles noch Lebenden kann nicht Gegenstand eines Vermächtnisses sein.

---

§§ 1655—1657. Hier ist versucht, der Lehre von dem Vermächtniß einer fremden Sache einen natürlicheren und in manchen Beziehungen, wie ich glaube, richtigeren Ausdruck zu geben Die Bestimmung in § 1850 b E. ist weggeblieben, weil es mir bedenklich schien, eine solche allgemeine Vermuthung aufzustellen.

§ 1661 (1859).

Die vermachte Sache ist nach dem Bestande und in dem Zustande, in welchem sie sich zur Zeit des Erbfalles befindet, als dem Vermächtniß= nehmer hinterlassen anzusehen.

Standen dem Erblasser wegen Schädigung der Sache Ansprüche gegen Dritte zu, so sind auch diese in dem Vermächtniß mitbegriffen.

§ 1662 (1860).

Ist die vermachte Sache zur Zeit des Erbfalles vermiethet oder ver= pachtet, so ist anzunehmen, daß mit Uebernahme der Sache auch die Rechte und Pflichten aus dem Mieth= oder Pachtvertrag auf den Vermächtniß= nehmer übergehen sollen.

§ 1663 (1861).

Ist die vermachte Sache mit Rechten Dritter belastet, so hat der Vermächtnißnehmer diese Belastungen mit zu übernehmen, ohne daß im Zweifel ihm ein Anspruch auf Befreiung oder Entschädigung wider den Erben zusteht.

Ist das vermachte Grundstück mit einer Hypothek belastet, für die zugleich der Erbe persönlich haftet, so hat im Zweifel der Vermächtniß= nehmer die Schuld, soweit sie aus dem Erlös des Grundstückes zu be= friedigen steht, zu tragen. In diesem Umfang kann der Erbe, wenn er als persönlicher Schuldner wegen der Schuld haftbar gemacht wird, Ersatz von dem Vermächtnißnehmer fordern. Haftet die Hypothek noch auf anderen Grundstücken, die nicht auf den Vermächtnißnehmer übergehen, so kann dieser, wenn er für die Schuld haftbar gemacht ist, Ausgleichung nach Maßgabe des § 1133 in Anspruch nehmen.

---

§ 1663. Der § 1861 d. E. ist jedenfalls unzureichend. Er spricht aus, daß ein die vermachte Sache belastendes Pfandrecht ohne Anspruch auf Befreiung auf den Vermächtnißnehmer übergehen soll. Was wird denn nun aber hieraus? Wer von beiden soll nun eigentlich die Schuld tragen, der Vermächtnißnehmer oder der Erbe? Darüber muß man sich doch entscheiden. Denn daß dies ledig= lich von dem Zufalle abhängen soll, ob der Gläubiger den einen oder den andern angreift, das kann doch unmöglich angenommen werden.

Man muß also die Frage entscheiden: hat der Legatar, wenn er als Hypo= thekschuldner haftbar gemacht wird, einen Rückgriff gegen den Erben als persön= lichen Schuldner; oder hat der Erbe, wenn er als persönlicher Schuldner haftbar gemacht wird, einen Rückgriff gegen den Legatar als Hypothekschuldner? Es läßt sich ja für beides etwas sagen. Auch würde die Sache am einfachsten sich ordnen lassen, wenn man sich dafür entschiede, daß der Erbe als persönlicher Schuldner die Schuld zu tragen habe. Denn die entgegengesetzte Entscheidung, daß der Ver= mächtnißnehmer die Schuld zu tragen habe, macht namentlich dadurch Schwierig= keiten, daß dieser doch keinenfalls über den Werth der Hypothek hinaus für die Schuld haftbar gemacht werden kann. Und besondere Schwierigkeiten entstehen noch für den Fall, daß die Hypothek zugleich auf anderen Grundstücken haftet, die im Besitz des Erben bleiben oder einem anderen Legatar zufallen. Nur mit großen Zweifeln habe ich mich daher für die letztere Annahme entschieden und danach die Sache zu ordnen versucht. Jedenfalls aber kann die Frage, wer eigentlich haften soll, nicht dem Zufall überlassen bleiben; sie muß nach irgend einer Seite hin entschieden werden. Die Motive (S. 167), die eine Entscheidung ablehnen, sind völlig unzureichend.

§ 1664 (1862).

Ist ein Vermächtniß in der Art hinterlassen, daß von mehreren be=
zeichneten Gegenständen nur der eine oder der andere geleistet werden soll
(Wahlvermächtniß), so finden die §§ 202—206 Anwendung. Ist die
Wahl unter den bezeichneten Gegenständen der Bestimmung eines Dritten
überlassen, so geht sie, wenn der Dritte nicht wählen kann oder will oder
wenn er die Wahl verzögert, auf den Belasteten über.

§ 1665 (1863, 1864).

Ist eine nur der Gattung nach bestimmte Sache Gegenstand des
Vermächtnisses, so ist die Auswahl, wem sie auch zustehen mag, so zu
treffen, daß die gewählte Sache den Verhältnissen des Bedachten entspricht.

Dies gilt auch dann, wenn die Auswahl unter einer größeren Zahl
von Sachen, die sich im Nachlaß befinden, erfolgen soll.

§ 1666.

Hat der Erblasser durch letztwillige Verfügung angeordnet, daß eine
als ihm obliegend bezeichnete Schuld gezahlt oder daß eine ihm zustehende
Forderung nicht eingezogen werden soll, so ist die Zahlung der Schuld
oder die Befreiung von der Forderung als durch Vermächtniß angeordnet
anzusehen.

Ein Vermächtniß der einen oder der anderen Art ist auch darin zu
finden, daß der Erblasser in dem Testament die eigene Schuld als be=
stehend, die fremde Schuld als erledigt ausdrücklich anerkennt.

§ 1667 (1869).

Ein Vermächtniß, das einer noch unbestimmten Person hinterlassen
ist, wird unwirksam, wenn seit dem Erbfalle dreißig Jahre verstrichen sind,
ohne daß die Bestimmung der bedachten Person eingetreten ist.

Dasselbe gilt bei einem unter aufschiebender Bedingung hinterlassenen
Vermächtniß, wenn dreißig Jahre ohne Eintritt der Bedingung verstrichen
sind; es sei denn, daß die Bedingung in einem an die Person des Be=
lasteten sich knüpfenden Ereigniß bestände.

§ 1668 (1870, 1872).

Ist der nämliche Gegenstand mehreren Personen vermacht, so wächst,
wenn einer der Bedachten wegfällt, dessen Antheil den übrigen Vermächtniß=
nehmern nach Verhältniß ihrer Antheile zu.

Hinsichtlich der auf dem Vermächtniß ruhenden weiteren Belastungen
gilt der anwachsende Theil als ein besonderes Vermächtniß.

---

§ 1666. Der Entwurf hat keine Bestimmung über das Debitum legatum
und die liberatio legata aufgenommen. Ich halte eine solche Bestimmung für
mehr geboten, wie viele andere des Entwurfs, und halte es auch für rathsam, dabei
die freiere Form, in welcher eine solche Bestimmung getroffen werden kann, in
Abs. 2 hervorzuheben.

§ 1667. Hier gilt dasselbe, was zu § 1637 bemerkt ist.

§ 1669 (1871, 1870 Abſ. 2).

Die Anwachſung kann von dem Erblaſſer ausgeſchloſſen werden. Sie gilt nicht dadurch als ausgeſchloſſen, daß der Erblaſſer die Antheile an dem Vermächtniß ausdrücklich beſtimmt hat. Sind mehrere Bedachte zu demſelben Antheile berufen, ſo tritt die Anwachſung zunächſt nur zwiſchen ihnen ein.

§ 1670 (1883).

Der Erblaſſer kann für den Fall, daß der zunächſt Bedachte das Vermächtniß nicht erwirbt, für ihn einen Erſatzmann berufen. Die Vorſchriften der §§ 1625—1628 finden entſprechende Anwendung.

Nimmt der Erſatzmann das Vermächtniß an, ſo gilt dadurch die Anwachſung als ausgeſchloſſen.

§ 1671 (1875).

Soweit nicht Anwachſung oder Erſatzberufung eintritt, kommt die Unwirkſamkeit eines Vermächtniſſes dem Belaſteten zu ſtatten.

§ 1672 (1884, 1885).

Der Erblaſſer kann anordnen, daß der Vermächtnißnehmer nach Eintritt eines beſtimmten Zeitpunktes oder eines beſtimmten Ereigniſſes den Gegenſtand des Vermächtniſſes einem Anderen herauszugeben habe (Nachvermächtniß).

Mit Eintritt des beſtimmten Zeitpunktes oder des Ereigniſſes geht das Eigenthum an der vermachten Sache oder des vermachten Rechts auf den Nachvermächtnißnehmer über.

Bezüglich der Verpflichtung des erſten Vermächtnißnehmers zu ordnungsmäßiger Verwaltung kommen die §§ 1640, 1642, 1643 ſinnentſprechend zur Anwendung. Der Nachvermächtnißnehmer kann, wenn der Gegenſtand des Vermächtniſſes ein Grundſtück iſt, ſein Recht in Gemäßheit des § 1641 im Grundbuche eintragen laſſen.

§ 1673 (1876).

Ein Vermächtniß wird, ſofern nicht ein anderer Wille des Erblaſſers erhellt, nicht dadurch unwirkſam, daß der Belaſtete nicht Erbe oder Vermächtnißnehmer wird. Vielmehr geht in dieſem Fall die Belaſtung auf denjenigen über, dem der Wegfall des zunächſt Belaſteten zu ſtatten kommt.

§ 1674 (1881, 1882).

Iſt ein Vermächtniß mit einem weiteren Vermächtniß belaſtet, ſo kann der zweite Vermächtnißnehmer nicht mehr in Anſpruch nehmen, als der erſte Vermächtnißnehmer erhalten hat.

Hat der erſte Vermächtnißnehmer ſich an dem Vermächtniß einen Abzug gefallen laſſen müſſen, ſo darf er, inſofern nicht ein anderer Wille des Erblaſſers erhellt, einen verhältnißmäßig gleichen Abzug auch an den darauf haftenden Belaſtungen machen.

§ 1675.

Der Vermächtnißnehmer kann verlangen, daß ihm nach Befriedigung der darauf haftenden Belastungen mindestens 10 Procent von dem Werthe des ihm zugewendeten Vermächtnisses verbleiben oder gegen volle Entrichtung der ihm auferlegten Belastungen vergütet werden. Mehrere zweite Ver= mächtnißnehmer haben den Abzug nach Verhältniß des Werthes des ihnen Zugewendeten zu tragen.

Hat der erste Vermächtnißnehmer von dem Vermächtniß bereits Nutzungen gezogen, so hat er diese auf die ihm gebührenden 10 Pro= cent anzurechnen.

§ 1676 (1877).

Der zweite Vermächtnißnehmer kann das ihm Zugewendete von dem ersten Vermächtnißnehmer nicht eher in Anspruch nehmen, als bis dieser das Vermächtniß erhalten hat. Ist der erste Vermächtnißnehmer in Er= hebung des Vermächtnisses säumig, so kann der zweite Vermächtnißnehmer dem ersten eine angemessene Frist stellen und nach deren fruchtlosem Ablauf das ihm Zugewendete von demjenigen in Anspruch nehmen, der mit dem ersten Vermächtniß belastet ist. Dieser hat das zweite Vermächtniß unter Anrechnung auf das dem ersten Vermächtnißnehmer zu Gewährende zu ent= richten, und zwar ohne Abzug der in § 1675 gedachten 10 Procent des Werthes, auf die in diesem Falle der erste Vermächtnißnehmer keinen An= spruch hat.

§ 1677 (1878).

Das Vermächtniß, durch das eine zum Nachlaß gehörige Sache zu= gewendet ist, umfaßt auch den Zuwachs der Sache. Gezogene Früchte der Sache braucht der Belastete nur zu erstatten von der Zeit an, wo er in Verzug gesetzt ist.

---

§ 1675. Ich kann es nicht gerechtfertigt finden, daß demjenigen, dem ein Vermächtniß zugewendet wird, soll aufgelegt werden können, das ganze Vermächt= niß wieder herauszugeben. Das hieße nur Scherz mit ihm treiben. (Vgl. meine Ausführung im Arch. f. bürg. R. Bd. 3. S. 172.) Wenn ich vorschlage, daß ihm 10 Procent des Vermächtnisses verbleiben sollen, so folge ich darin dem Vor= gange von Mommsen. — Von der Bestimmung eines gleichen dem Erben zu belassenden Betrages wird unten bei dem Inventarrecht zu reden sein.

§ 1676. Nach § 1877 d. E. soll der zweite Vermächtnißnehmer das Ver= mächtniß von dem ersten zu fordern berechtigt sein, wenn dieser das Vermächtniß zu fordern „befugt ist“. Ueber diese Frage der „Befugniß“ könnten sehr häßliche Streitigkeiten entstehen. Stellt man mit dem Entwurf § 1876 den Grundsatz auf, daß ein Vermächtniß nicht durch Wegfall des damit Belasteten unwirksam werde, so giebt es ein viel einfacheres Mittel, dem zweiten Vermächtnißnehmer zu seinem Rechte zu verhelfen. Man giebt ihm die Befugniß, bei Säumigkeit des zweiten Belasteten das Vermächtniß von dem zuerst Belasteten sich zu holen. Denn dieser muß es ja doch, mittelbar oder unmittelbar, bezahlen.

§ 1678 (1879).

Ist eine nur der Gattung nach bestimmte Sache Gegenstand des Vermächtnisses, so hat der Belastete bezüglich des Rechtes an der gelieferten Sache, sowie wegen Mängel derselben in gleicher Weise Gewähr zu leisten, wie wenn er infolge entgeltlichen Vertrages veräußert hätte.

§ 1679 (1867).

Der Vermächtnißnehmer erwirbt das Vermächtniß, vorbehaltlich seines Rechtes zur Ausschlagung, mit dem Erbfalle. Die Bestimmungen der §§ 1593 u. 1594 bleiben dabei vorbehalten.

§ 1680 (1873).

Die Ausschlagung eines Vermächtnisses erfolgt durch eine gegenüber dem Belasteten abzugebende Erklärung. Die Erklärung kann nicht vor dem Erbfalle abgegeben werden. Die abgegebene Erklärung ist unwiderruflich.

Der Vermächtnißnehmer kann von mehreren Vermächtnissen das eine annehmen, das andere ausschlagen.

§ 1681 (1874).

Ist der Vermächtnißnehmer erbunwürdig im Sinne des § 1814, so ist das Vermächtniß unwirksam. Für den Fall der Verzeihung kommt § 1820 zur Anwendung.

---

§ 1678. Den Satz des Entwurfs, daß der Belastete dem Vermächtnißnehmer die seit dem Anfall gezogenen Früchte zu erstatten habe, halte ich nicht für richtig. Der Belastete braucht dem Bedachten die vermachte Sache nicht anzubieten und zu bringen. Er kann abwarten, daß dieser sie fordert und abholt. Deshalb aber genießt er bis zu diesem Augenblicke die Früchte mit Recht.

§ 1880 d. E. handelt von der Frage, inwieweit der Belastete Ersatz für gemachte Verwendungen finden kann. Ich glaube, daß Vorschriften hierüber erspart werden können, da die Frage sich nach allgemeinen Grundsätzen beantwortet. Jedenfalls sind die Vorschriften des Entwurfs Abs. 1 unvollständig. Denn wenn z. B. der Erbe von dem Vermächtniß (wegen späterer Auffindung des Testaments) nichts gewußt hat, so kann er als bonae fidei possessor doch sicherlich auch nützliche Verwendungen ersetzt verlangen.

§ 1679 flg. Die Vorschriften über Erwerb und Ausschlagung des Vermächtnisses würden bei völlig folgerichtiger Ordnung des Stoffes ebenso an spätere Stelle gehören, wie die entsprechenden Vorschriften über Erwerb und Ausschlagung der Erbschaft erst später gebracht werden. Ich verkenne aber nicht, daß das praktisch nicht zweckmäßig wäre. Um gleichwohl der Konsequenz einige Rechnung zu tragen, sind die Bestimmungen über diesen Gegenstand, die der Entwurf in die Lehre eingestreut hat, hier am Schlusse zusammengestellt.

§ 1680. Im Entwurf wird der Ausschlagung des Vermächtnisses die Erklärung der „Annahme" gegenübergestellt. M. E. ist, wenn man von dem Grundsatze ausgeht, daß das Vermächtniß ipso jure erworben wird, die Erklärung der Annahme ein bedeutungsloser Akt. Denn auch nach dieser Erklärung würde der Bedachte doch nicht gezwungen werden können, die Sache wirklich zu nehmen. Ich sehe keine rechtliche Folgen, die sich an die Annahmeerklärung knüpften. Nur die Annahme der Sache selbst kommt in Betracht.

Titel 5. Auflage.

§ 1682 (1886).

Auf eine letztwillige Auflage finden die in den §§ 1647, 1648, 1652, 1653, 1664, 1678, 1676 für das Vermächtniß gegebenen Vorschriften entsprechende Anwendung.

§ 1683.

(— unwirksame Auflagen — wie § 1887 b. E.)

§ 1684 (1888).

Die Vollziehung einer Auflage zu fordern ist berechtigt der Testamentsvollstrecker, der Erbe oder Miterbe, sowie derjenige, in dessen Interesse die Auflage gemacht ist.

Die Vollziehung einer Auflage, die den Angehörigen einer juristischen Person zu statten kommen soll, kann von den Organen der juristischen Person gefordert werden.

Ist eine Auflage im öffentlichen Interesse gemacht worden, so ist sie als eine Stiftung anzusehen, auf die § 70 Anwendung findet.

§ 1685.

Ist von dem Erblasser angeordnet worden, daß der mit einer Auflage Belastete, wenn er deren Befolgung unterlasse, das ihm Zugewendete verlieren solle, so kann der, welchem in diesem Falle das Zugewendete zufällt, bei Gericht beantragen, daß dem Belasteten für die Befolgung der Auflage eine Frist gesetzt werde, nach deren fruchtlosem Ablauf er das ihm Zugewendete dem Antragsteller herauszugeben habe.

Titel 6. Testamentsvollstrecker.

§ 1686 (1889).

Der Erblasser kann durch letztwillige Verfügung einen oder mehrere Testamentsvollstrecker ernennen.

§ 1687 (1890).

Der Erblasser kann die Bestimmung der Person des Testamentsvollstreckers einem Dritten überlassen. Er kann den Testamentsvollstrecker ermächtigen, sich einen Nachfolger zu bestellen. Die Bestimmung oder Bestellung erfolgt durch eine bei dem Nachlaßgericht in beglaubigter Form abzugebende Erklärung.

§ 1688 (1891, 1894).

Eine handlungsunfähige oder in der Handlungsfähigkeit beschränkte Person kann nicht Testamentsvollstrecker sein.

§ 1689 (1892).

Der zum Testamentsvollstrecker Ernannte hat die Annahme, desgleichen eine etwaige Ablehnung des Amtes bei dem Nachlaßgericht anzuzeigen. Die erfolgte Ablehnung ist unwiderruflich.

Auf Antrag eines Betheiligten hat der Ernannte rc. (wie Abs. 3 des § 1892).

§ 1690 (1893).

Sind mehrere Testamentsvollstrecker ernannt, so haben sie, wenn der Erblasser nicht ein Anderes angeordnet hat, gemeinschaftlich zu handeln.

Fällt einer der mehreren Ernannten weg, so ist im Zweifel der andere für ermächtigt zu halten, das Amt allein zu übernehmen oder fortzuführen.

§ 1691.

(— Recht zur Kündigung des Amtes — wie § 1895 b. E.)

§ 1692.

(— Enthebung des Testamentsvollstreckers von seinem Amte — wie § 1896 b. E. mit Aenderung der Schlußworte: „als untauglich sich erweist.")

§ 1693 (1897, 1899, 1903).

Der Testamentsvollstrecker ist kraft seines Amtes berufen, den in dem Testamente niedergelegten Willen des Erblassers zur Ausführung zu bringen. Er ist für diesen Zweck, soweit nicht ein Anderes in dem Testamente angeordnet ist, befugt, an der Stelle der Erben den Nachlaß in Besitz zu nehmen, ihn festzustellen und für die Dauer seiner Thätigkeit zu verwalten. Er ist befugt, alle für diesen Zweck gegebenen Klagen, nöthigenfalls auch gegen die Erben selbst, zu erheben. Er ist befugt, den Nachlaß den vom Erblasser getroffenen Anordnungen entsprechend zu verwenden und zu vertheilen.

§ 1694 (1898 Abs. 3).

Der Testamentsvollstrecker hat über die von ihm beabsichtigte Verwendung und Vertheilung des Nachlasses den Erben und den sonst dabei Betheiligten Mittheilung zu machen und ihnen eine angemessene Frist zur Erklärung darüber zu setzen.

---

§ 1689. Es liegt kein Grund vor, das Amt des Testamentsvollstreckers erst beginnen zu lassen mit dem Augenblick, wo er die Annahme bei Gericht anzeigt. Es können Eilfälle vorkommen, wo er handeln muß, ehe er die Anzeige gemacht hat. Es muß genügen, daß er ernannt ist und daß er das Amt thatsächlich annimmt.

§ 1693. Es ist schon von verschiedenen Seiten (namentlich von Hartmann und v. Cuny in ihren für den 21. Juristentag erstatteten Gutachten ausgeführt worden, daß die Auffassung des Entwurfs, der den Testamentsvollstrecker als „Vertreter der Erben" ansieht, unhaltbar ist. Er ist vielmehr Vertreter des Erblassers, der in seiner Person gewissermaßen noch fortlebt. Er hat sich deshalb unter Umständen den Erben selbst gegenüberzustellen. Von diesem Gesichtspunkte ist hier seine Thätigkeit geordnet worden. Dabei sind manche Einzelnheiten, die der Entwurf berührt, als überflüssig bei Seite gelassen.

§ 1695.

Erhebt ein Betheiligter gegen eine von dem Vollstrecker beabsichtigte Verwendungs- oder Vertheilungshandlung Widerspruch, so hat der Voll=strecker diesem Widerspruch Folge zu geben, wenn derjenige, in dessen In=teresse die Handlung liegt, mit dem erhobenen Widerspruch sich einverstanden erklärt.

Soweit der Widerspruch nicht in dieser Weise sich erledigt, hat der Widersprechende innerhalb einer ihm vom Vollstrecker zu setzenden ange=messenen Frist auf Feststellung, daß die fragliche Handlung seine Rechte verletze, wider den Vollstrecker Klage zu erheben. Dem Vollstrecker können diejenigen Betheiligten, in deren Interesse die Handlung liegt, im Rechts=streite beistehen.

Bis zur Erledigung des Rechtsstreites hat der Vollstrecker die Handlung auszusetzen.

§ 1696.

Erhebt ein Erbe Widerspruch gegen den Bestand einer Nachlaß=forderung, die der Testamentsvollstrecker befriedigen will, so darf der Voll=strecker sie erst befriedigen, nachdem deren Bestand auf Klage des Gläubigers dem widersprechenden Erben gegenüber festgestellt ist.

Der Vollstrecker kann dem Gläubiger eine Frist bestimmen, binnen welcher er die Klage anzustellen hat. Unterläßt der Gläubiger die Klag=anstellung, so hat der Vollstrecker bei Vertheilung des Nachlasses die Forderung unberücksichtigt zu lassen.

§ 1697.

Eine Handlung, welche der Testamentsvollstrecker unter Wahrung der Formen der §§ 1694 u. 1695 vorgenommen hat und welche die Be=theiligten ohne Widerspruch und ohne Klagerhebung haben geschehen lassen, kann von diesen später nicht mehr als unberechtigt angefochten werden.

Hat dagegen der Testamentsvollstrecker ohne Wahrung der nach den §§ 1694 u. 1695 gebotenen Formen über Gegenstände des Nachlasses verfügt, so können die dadurch in ihren Rechten Verletzten von denen, zu deren Gunsten verfügt worden ist, das Empfangene zurückfordern.

Die Klage kann nur innerhalb von zwei Jahren, nachdem der an=geblich Verletzte von der Verfügung des Vollstreckers Kenntniß erhalten hat, erhoben werden.

---

§ 1695, 1696. Soweit der Vollstrecker Handlungen, die er durch die An=ordnung des Erblassers für geboten hält, vollziehen will — und dahin gehört auch die Auszahlung von Vermächtnissen — muß derjenige, der hiergegen Ein=spruch erhebt, klagend wider ihn vorgehen. Denn der Vollstrecker hat kraft des Vertrauens, das der Erblasser in ihn gesetzt hat, fundatam intentionem.

Anders bei Forderungen, die von Gläubigern des Erblassers erhoben werden. Durch deren Befriedigung erfüllt der Vollstrecker nicht eine unmittelbare Anordnung des Erblassers. Hier muß beim Bestreiten des Erben zunächst der Gläubiger gegen den Erben Klage erheben.

Daneben bleibt den Verletzten ihr Anspruch gegen den Testaments=
vollstrecker vorbehalten.

§ 1698 (1898 Abs. 3).

Soweit für die Verwendung oder Vertheilung des Nachlasses billiges
Ermessen in Betracht kommt, entscheidet das Ermessen des Testamentsvoll=
streckers. Eine Anfechtung seiner Entscheidung im Rechtswege findet nur
statt, wenn durch diese offenbar die Grenzen der Billigkeit überschritten sind.

§ 1699.

So lange die Verwaltung des Testamentsvollstreckers dauert, sind
Forderungen der Nachlaßgläubiger gegen ihn zu richten. Werden Forderungen
erhoben, so hat der Vollstrecker nach den § 1696 Abs. 1 zu verfahren.
Er kann den Streit über eine Forderung den Erben oder einzelnen der=
selben, die die Forderung bestreiten wollen, allein überlassen.

§ 1700.

Ergiebt sich die Ueberschuldung des Nachlasses, so hat der Testa=
mentsvollstrecker die Einleitung des Konkurses über den Nachlaß zu be=
antragen.

Ist die Zahlfähigkeit des Nachlasses zweifelhaft, so hat der Testa=
mentsvollstrecker die Einleitung des erbschaftlichen Aufgebotsverfahrens zu
veranlassen. Die in § 1891 gedachte bejahende Erklärung kann der Voll=
strecker nur in Uebereinstimmung mit den Erben abgeben.

§ 1701 (1901).

So lange die Verwaltung des Testamentsvollstreckers dauert, sind
die Erben nicht befugt, über Nachlaßgegenstände, die der Verwaltung des
Vollstreckers unterliegen, ohne dessen Einwilligung zu verfügen. Auch eine
Zwangsvollstreckung in den Nachlaß wegen Schulden der Erben findet
nicht statt.

§ 1702 (1907).

Der Testamentsvollstrecker hat Gegenstände, deren er zur Ausführung
der Anordnungen des Erblassers nicht bedarf, schon vor dieser Ausführung
den Erben zur freien Verfügung auszuhändigen. Er hat zu Verfügungen
der Erben über Nachlaßgegenstände, wenn dadurch die Ausführung der
letztwilligen Anordnungen nicht. beeinträchtigt wird. seine Einwilligung zu
ertheilen.

Wegen bedingter oder betagter Vermächtnisse 2c. (wie der Schlußsatz
des § 1907).

---

§ 1698. Ich kann nicht mit dem Entwurfe, § 1898 Abs. 3, annehmen,
daß in Fragen, bei denen billiges Ermessen in Betracht kommt, das Gericht eine
höhere „Billigkeit" zu üben bernfen sei, als der Vollstrecker. Gerade in dieser
Richtung ist der Vollstrecker Vertrauensmann des Erblassers, und diese Stellung
kann ihm nicht entzogen werden. Nur dann, wenn der Testamentsvollstrecker
offenbar fehlgegriffen hat, kann man eine Berichtigung durch den Richter zulassen.

§ 1703 (1906, 1908).

Der Testamentsvollstrecker ist verpflichtet, sobald er den Nachlaß in Besitz genommen hat, von diesem ein Verzeichniß aufzustellen und den Erben einzuhändigen.

Nach Beendung seines Amtes hat er den Erben über seine Verwaltung Rechnung zu stellen. Bei einer länger dauernden Verwaltung können die Erben alljährlich Rechnungsablage verlangen.

Diese Verpflichtungen können dem Testamentsvollstrecker nicht vom Erblasser erlassen werden.

Eine eidliche Erhärtung der gestellten Rechnung können die Erben vom Testamentsvollstrecker nur verlangen, wenn besondere Verdachtsgründe gegen ihn vorliegen.

§ 1704 (1909).

Der Testamentsvollstrecker darf die für seine Verwaltung nöthigen Kosten, einschließlich der ihm auferlegten Kosten für die von ihm kraft seines Amtes geführten Prozesse, der Erbmasse entnehmen.

Er kann außerdem für seine Geschäftsbesorgung, insofern nicht schon der Erblasser ihn dafür letztwillig bedacht hat, ein angemessenes Honorar in Anspruch nehmen. Im Streitfalle entscheidet über diesen Anspruch das Nachlaßgericht nach billigem Ermessen.

§ 1705.

Persönlich kann der Testamentsvollstrecker wegen seiner Verwaltung in gleichem Maße, wie ein Beamter (§ 810), verantwortlich gemacht werden.

Titel 7. Testamentserrichtung.

§ 1706 (1911).

Die Errichtung eines Testaments kann nur durch persönliche Erklärung des Erblassers erfolgen; vorbehaltlich der Bestimmung in § 1712 Abs. 2.

§ 1707 (1912).

Ein Testament errichten kann, wer über sechszehn Jahre alt ist. Er bedarf dazu keiner Mitwirkung eines gesetzlichen Vertreters.

§ 1708 (1913).

Mehrere Personen können ein Testament nicht gemeinschaftlich errichten. Ausgenommen hiervon bleiben Ehegatten (§ 1735).

Titel 7. In diesem Titel wird durchweg von der Errichtung eines „Testaments" geredet. Das Wort Testament ist völlig bei uns eingebürgert. Es bezeichnet auch die Sache, um die es sich hier handelt, nämlich die hergestellte Urkunde, die den letzten Willen enthält, genauer und richtiger als „letztwillige Verfügung", worunter man auch die einzelne Anordnung in einem Testament verstehen kann. Ueberdies wird die Sprache durch die stete Wiederholung des Wortes „letztwillige Verfügung" schleppend.

§ 1709 (1984).

Ein Testament kann ordentlicher Weise nur in gerichtlicher oder notarieller Form errichtet werden.

§ 1710 (1915).

Die Errichtung eines Testaments in gerichtlicher Form erfolgt vor einem Amtsgerichte. Der Richter muß dabei einen Gerichtsschreiber zuziehen. Bei Verhinderung des Gerichtsschreibers können statt desselben zwei Zeugen zugezogen werden. Die in das Protokoll aufgenommene Erklärung des Richters, daß der Gerichtsschreiber verhindert sei, genügt für die Annahme dieser Verhinderung.

Bei der Errichtung eines Testaments in notarieller Form muß der verhandelnde Notar zwei Zeugen zuziehen.

Den Landesgesetzen bleibt vorbehalten, zu bestimmen, daß an der Stelle der zwei Zeugen eine besonders dazu bestellte Urkundsperson zuge= zogen werden kann.

§ 1711 (1913 Abs. 3).

Sämmtliche mitwirkende Personen müssen während der ganzen Ver= handlung anwesend sein. Andere als die zur Mitwirkung berufenen Per= sonen sollen bei der Testamentserrichtung nicht zugegen sein.

§ 1712 (1918).

Die Errichtung des Testaments erfolgt in der Weise, daß der Erb= lasser entweder seinen letzten Willen vor den mitwirkenden Personen mündlich erklärt, oder eine Schrift dem verhandelnden Richter oder Notar mit der mündlichen Erklärung übergiebt, daß diese Schrift seinen letzten Willen enthalte. Die Schrift kann offen oder verschlossen übergeben werden. Sie kann von dem Erblasser oder auch von einer anderen Person ge= schrieben sein.

Ein verschlossenes Testament kann auch durch einen besonders dazu bevollmächtigten Vertreter dem Richter oder Notar übergeben werden. Die Vollmacht muß auf den Umschlag des Testamentes geschrieben und gericht= lich oder notariell beglaubigt sein.

---

§ 1712 Abs. 2. Ich schlage vor, die Ueberreichung eines Testaments durch einen Spezialbevollmächtigten zu gestatten. In Kurhessen ist dies seit der Testa= mentsordnung vom Jahre 1801 zulässig, wird in unzähligen Fällen geübt, und es ist, soviel mir bekannt, niemals der geringste Nachtheil daraus erwachsen. Daß durch diese Einrichtung für Viele, namentlich für Frauen und Kranke, die Testamentserrichtung wesentlich erleichtert wird, liegt auf der Hand. Bemerken will ich übrigens noch, daß man in Kurhessen nur gerichtliche, nicht auch notarielle Testamente kennt.

§ 1713 (1916).

Als Richter, Gerichtsschreiber, Notar, Zeuge oder Urkundsperson kann bei einer Testamentserrichtung nicht mitwirken:

1. der Ehegatte des Erblassers ꝛc. (wie die Sätze 1 und 2 in § 1916).

§ 1714 (1917).

Als Gerichtsschreiber, Zeuge oder Urkundsperson kann ferner bei einer Testamentserrichtung nicht mitwirken, wer zu dem verhandelnden Richter ꝛc. (wie § 1917 bis zum Schluß).

§ 1715 (§ 1916 Abf. 2).

Wird der letzte Wille mündlich erklärt, so ist auch derjenige von der Mitwirkung ausgeschlossen, der in dem Testamente bedacht oder zum Testamentsvollstrecker ernannt wird oder zu einem Bedachten oder dem ernannten Testamentsvollstrecker in einem der in § 1713 bezeichneten Verhältnisse steht. Die Mitwirkung einer hiernach unzulässigen Person hat jedoch nur zur Folge, daß die Zuwendung an den Bedachten oder die Ernennung des Testamentsvollstreckers unwirksam wird.

§ 1716.

(— Aufnahme des Protokolls — wie §§ 1919 d. E., dem § 1920 anzuschließen ist.

§§ 1717—1726.

(— Testamente von Stummen, des Lesens oder der deutschen Sprache Unkundigen, Testamente in Nothfällen, bei Absperrungen, bei Seereisen, Testamente der Gesandten — wie die §§ 1921—1923, 1925—1931 d. E.)

§ 1727.

(— Verschluß und Hinterlegung des Testamentes — wie § 1932 d. E., der Abs. 2 mit dem Zusatz: Dem Erblasser ist über das in amtliche Verwahrung genommene Testament ein Hinterlegungsschein auszustellen).

Erfolgt die amtliche Verwahrung nicht bei dem Gerichte des Wohnortes des Erblassers, so soll diesem Gericht von dem Beamten, der das Testament angenommen hat, unverzüglich Nachricht von der Testamentserrichtung gegeben werden.

§ 1728.

(— Widerruf eines Testamentes — wie Abs. 1 des § 1933. Dazu als Abs. 2:)

---

§ 1727. Die Benachrichtigung des Gerichts des Wohnorts ist nöthig, damit dieses das Testament in eine von ihm zu führende Liste eintrage. Nur wenn diese Einrichtung getroffen wird, können Erbscheine mit einiger Sicherheit ertheilt werden.

Durch Widerruf des Widerrufs wird das widerrufene Testament nur dann wieder hergestellt, wenn aus dem zweiten Widerruf die Absicht, das noch in amtlicher Verwahrung befindliche Testament wieder gelten zu lassen, sich ergiebt.

§ 1729.

(— Widerruf durch Zerstörung des Testaments — wie § 1934 b. E.)

§ 1730.

Das in amtliche Verwahrung genommene Testament ist dem Erblasser auf dessen Verlangen zurückzugeben. Die Rückgabe kann nur an den Erblasser persönlich oder an einen Vertreter erfolgen, der durch gerichtlich oder notariell beglaubigte Vollmacht zu der Rücknahme besonders ermächtigt ist und der zugleich den Hinterlegungsschein über das Testament einliefert.

Durch die Rücknahme des Testamentes gilt dieses als widerrufen.

§ 1731 (1936).

Durch die Errichtung eines neuen Testamentes wird ein früher errichtetes Testament insoweit aufgehoben, als das spätere Testament mit dem früheren in Widerspruch tritt. Es bleibt auch aufgehoben, wenn der in dem späteren Testament Bedachte vor dem Anfalle der Zuwendung stirbt oder die Zuwendung ausschlägt.

Nimmt der Erblasser das spätere Testament aus der amtlichen Verwahrung zurück, während er das frühere Testament in dieser beläßt, so gilt das frühere Testament als wiederhergestellt.

§ 1732 (1938, 1939 Abs. 1).

Das Gericht, bei dem ein Testament in amtlicher Verwahrung sich befindet, hat, sobald der Tod des Erblassers in zureichende Gewißheit gesetzt ist, in einem öffentlich abzuhaltenden Termine das Testament zu eröffnen, auch dasselbe auf Verlangen eines Betheiligten zu verkünden. Zu dem Termine sollen die gesetzlichen Erben des Erblassers und sonstige Betheiligte, soweit sie bekannt sind, geladen werden. In dem über die Eröffnung aufzunehmenden Protokolle soll, wenn das Testament verschlossen war, der Befund über die Unversehrtheit des Verschlusses festgestellt werden.

— —

§ 1730. Auch hier schlage ich vor, einen Spezialbevollmächtigten zuzulassen. Um noch größere Sicherheit zu gewähren, ist vorgeschlagen, daß er zugleich den Hinterlegungsschein zurückgeben soll.

§§ 1732, 1733. Ich halte es für richtiger, daß das Original des Testaments stets bei dem Gerichte, bei dem es hinterlegt ist, verbleibt und daß nur eine Abschrift an das Nachlaßgericht geschickt wird. Auch hat das erstere Gericht die nach dem Testament nöthige Bekanntgebung vorzunehmen. Es kommt vor, daß der Testator gerade in das Gericht, bei dem er hinterlegt, sein besonderes Vertrauen setzt, und dieses Vertrauen darf nicht getäuscht werden. — Die Fassung des Entwurfs ist eine überaus gekünstelte.

Solchen Betheiligten, die bei der Eröffnung nicht anwesend waren, soll das Gericht von dem auf sie bezüglichen Inhalte des eröffneten Testamentes Kenntniß geben.

Ist das Gericht, das die Eröffnung des Testamentes vorgenommen hat, nicht das Nachlaßgericht, so hat es von Amtswegen eine beglaubigte Abschrift des eröffneten Testamentes, sowie der Verhandlungen über die Eröffnung an das Nachlaßgericht zu übersenden.

§ 1733 (1937).

Ein Testament, das nicht in amtliche Verwahrung gebracht ist, ist von demjenigen, der es besitzt, nach erlangter Kenntniß von dem Tode des Erblassers unverzüglich an das Nachlaßgericht abzuliefern. Dieses hat alsdann die Eröffnung und Bekanntgebung des Testamentes in Gemäßheit des § 1732 Abs. 1 und 2 vorzunehmen.

Das Nachlaßgericht soll, wenn ihm das Vorhandensein eines an anderer Stelle befindlichen Testamentes bekannt ist, nach dem Tode des Erblassers dasselbe von dem Besitzer einfordern oder, wenn es bei einem anderen Gerichte hinterlegt ist, dessen Eröffnung veranlassen.

§ 1734 (1939 Abs. 2).

Ein Jeder, der ein rechtliches Interesse glaubhaft macht, ist berechtigt, von einem eröffneten Testamente oder der bei dem Gerichte befindlichen Abschrift desselben Einsicht zu nehmen, auch eine beglaubigte Abschrift des Testamentes oder einzelner Theile desselben zu verlangen.

§ 1735.

Ehegatten können ein gemeinschaftliches Testament errichten. Jedoch kann ein solches nicht nach Maßgabe des § 1722 Abs. 1 Nr. 2 und des § 1726 Abs. 1 errichtet werden.

§ 1736.

Ein Ehegatte kann das gemeinschaftlich errichtete Testament bezüglich der von ihm getroffenen Bestimmungen widerrufen, so lange der andere Ehegatte lebt, und wenn er diesem zu einer Zeit, wo derselbe füglich noch in der Lage war, auch die von ihm getroffenen Bestimmungen zu ändern, von dem beabsichtigten oder erfolgten Widerrufe Kenntniß gegeben hat.

---

§ 1736 betrifft die schwierige Frage, in wieweit ein Ehegatte befugt ist, ein mit dem andern gemeinschaftlich errichtetes Testament zu ändern. In den von mir entworfenen Sätzen ist die Frage grundsätzlich zu lösen versucht. Besondere Schwierigkeit macht die Frage, ob der überlebende Ehegatte an seine testamentarischen Bestimmungen unbedingt gebunden sein soll, wenn er eine Zuwendung, die der verstorbene Ehegatte ihm gemacht hat, angenommen hat. Ich möchte für die Bejahung dieser Frage keine allgemeine Vermuthung aufstellen. Man denke nur an den so häufigen Fall, daß Ehegatten in einem gemeinschaftlichen Testament ihre Kinder zu Erben einsetzen, daneben aber sich gegenseitig den Nießbrauch des ganzen Vermögens vermachen. Ist nun der überlebende Ehegatte, wenn er sich wieder verheirathet und aus der neuen Ehe Kinder bekommt, vertragsmäßig ge-

Liegen diese Voraussetzungen nicht vor, so ist der einseitige Widerruf des Testamentes von Seiten eines Ehegatten unzulässig bezüglich derjenigen Bestimmungen, von denen nach dem Inhalte des Testamentes oder nach den sonstigen Umständen anzunehmen ist, daß sie den anderen Ehegatten zu seinen letztwilligen Verfügungen bestimmt haben. Jedenfalls ist jedoch der eine Ehegatte nicht an die von ihm getroffenen Verfügungen gebunden, wenn die Verfügungen des anderen Ehegatten, die durch seine Verfügungen bestimmt worden sind, nicht zur Wirksamkeit gelangen.

§ 1737.

Enthält das gemeinschaftliche Testament die gegenseitige Erbeinsetzung der Ehegatten und die Bestimmung, daß nach dem Tode des längstlebenden der Ehegatten ein Dritter Erbe sein solle, so erwirbt dieser Dritte bei dem Tode des zuletzt versterbenden Ehegatten dessen Erbschaft als Erbe, die des vorverstorbenen Ehegatten als Nacherbe. Der überlebende Ehegatte gilt während seines Besitzes der Erbschaft als nach § 1646 zur freien Verfügung über den Nachlaß ermächtigt.

Läßt sich nicht ermitteln, welchen Umfang das Vermögen des einen und des anderen Ehegatten habe, so gilt das gesammte Vermögen von jedem zur Hälfte hinterlassen.

§ 1738.

Die in einem gemeinschaftlichen Testamente angeordneten Zuwendungen an Dritte gelten diesen als von demjenigen der Ehegatten hinterlassen, dem nach den obwaltenden Verhältnissen der Dritte am nächsten stand. Wo ein solches Verhältniß nicht zu ermitteln ist, gilt das Zugewendete als von beiden Ehegatten hinterlassen.

§ 1739.

Ein von Ehegatten gemeinschaftlich errichtetes Testament verliert seine Gültigkeit, wenn die Ehe für nichtig oder ungültig erklärt oder geschieden wird.

§ 1740.

Ein gemeinschaftliches Testament ist schon dann zu eröffnen, wenn einer der beiden Ehegatten gestorben ist. Es sind jedoch die darin gesondert enthaltenen Verfügungen des noch lebenden Ehegatten weder zu ver-

---

bunden, sein Vermögen nur den Kindern erster Ehe zu hinterlassen? Er kann es ja gar nicht, da die Kinder zweiter Ehe schon kraft des Notherbenrechts Miterben werden. Eben deshalb ist es auch höchst zweifelhaft, ob wirklich so etwas Absicht bei der Testamentserrichtung gewesen sei. Daß der überlebende Ehegatte durch Ausschlagung des ihm Zugedachten sich volle Freiheit der Verfügung bewahren kann, ergiebt sich aus Abs. 3.

§ 1737. Der hier besprochene Fall kommt so häufig vor, daß es mir zweckmäßig erscheint, ihn besonders zu regeln, da sich die Sache nicht ganz von selbst ergiebt.

§ 1738. Das hier Ausgesprochene betrifft nicht eine bloße Auslegungsfrage, ist vielmehr positiver Natur.

künden, noch in anderer Weise zur Kenntniß der Betheiligten zu bringen. Das Testament ist nach Entnahme einer beglaubigten Abschrift von den Verfügungen des verstorbenen Ehegatten wieder zu verschließen und in Gewahrsam zu nehmen.

Nach dem Tode des zuletzt versterbenden Ehegatten ist ein neuer Termin zur Veröffentlichung des Testamentes, soweit es sich auf die Verfügungen dieses Ehegatten bezieht, abzuhalten.

§ 1742.

Durch eine unter Angabe des Ortes und Tages der Ausstellung eigenhändig geschriebene und unterschriebene Erklärung, die sich im Nachlaß vorfindet, kann der Erblasser ohne Wahrung einer weiteren Form rechtswirksam folgende Verfügungen treffen:

2) Bestimmungen über die Art der Theilung des Nachlasses zwischen seinen Kindern oder zwischen den Kindern und seinem Ehegatten;

1) Anordnungen über sein Begräbniß;

3) die Ernennung von Testamentsvollstreckern;

4) familienrechtliche Festsetzungen im Sinne der §§ 1380, 1405 Nr. 1, 1472, 1476 Nr. 5, 1483 Abs. 4, 1496, 1526, 1528, 1548, 1564 Abs. 2;

5) die Rücknahme von Vermächtnissen und Auflagen;

6) die Anordnung von Vermächtnissen, welche im Gesammtbetrage den zwanzigsten Theil des Nachlasses nicht übersteigen. Wird diese Grenze überschritten, so werden die einzelnen Vermächtnisse, und zwar bei dem Mangel anderweiter Bestimmung verhältnißmäßig, gekürzt. Der Erbe, der ein Vermächtniß wegen Uebermaßes ansicht, hat zur Begründung seines Anspruchs den Umfang des Nachlasses darzulegen.

---

§ 1742. Für die Zulassung s. g. Nachzettel bin ich schon in der „Beurtheilung eingetreten. Neuerdings ist diese Ansicht auch von anderer gewichtiger Seite vertreten worden. In die Reihe der dieser erleichterten Form unterliegenden Verfügungen habe ich auch die Rücknahme von Vermächtnissen und Auflagen aufgenommen. Ich glaube, daß man hierfür keinen beschränkenden Betrag anzuordnen braucht. Eventuell müßte die Rücknahme von Vermächtnissen wenigstens in gleichem Umfange gestattet werden, wie die Anordnung.

In dem obigen Entwurf habe ich aufgenommen, daß sich der Nachzettel „im Nachlasse vorfinden“ müsse. (Gewöhnlich wird dieser Punkt nicht berührt. Die Frage aber ist nicht ganz einfach. Es fragt sich: soll der Erblasser auch solche Nachzettel aus den Händen geben können, dergestalt, daß der dadurch Bedachte nach dem Tode den Nachzettel vorweisen und darauf sein Recht gründen kann? Die Gefahr, die darin liegt, besteht — abgesehen von der Gefahr einer Fälschung — namentlich darin, daß durch die Weggabe des Zettels dem Erblasser die Möglichkeit entzogen wird, ihn jederzeit wieder zu vernichten; und daß deshalb ein solcher weggegebener Zettel leicht die Rolle eines Erbvertrags spielt. Will man dieser Gefahr begegnen, so muß man anordnen, daß der Nachzettel im Nachlaß sich vorfinden muß. Freilich unterliegt auch ein solcher Nachzettel der Gefahr, daß der Erbe, der ihn vorfindet, ihn unterschlägt und unbefolgt läßt. Das läßt sich aber nicht ändern. Jedenfalls ist die Frage der Erwägung werth.

Vierter Abschnitt. Verfügung von Todeswegen durch Vertrag.

§ 1742 (1940, 1955, 1959).

Eine Erbeinsetzung kann durch Vertrag des Erblassers mit dem einzusetzenden Erben erfolgen (Erbvertrag).

Durch einen Erbvertrag können die Vertragschließenden sich gegenseitig zu Erben einsetzen. Beide Erbeinsetzungen stehen alsdann dergestalt in Wechselbeziehung, daß die Ungültigkeit der einen auch die Ungültigkeit der anderen zur Folge hat.

In einem Erbvertrage können zugleich alle Belastungen, die durch letztwillige Verfügung auferlegt werden können, dem Vertragserben auferlegt werden. Auch können Bestimmungen über die demnächstige Erbfolge in den beiderseitigen Nachlaß oder einzelne Theile desselben vereinbart werden.

§ 1743.

(Persönliche Erklärung beim Erbvertrag — wie § 1941 d. E.)

§ 1744 (1942).

Wer durch Erbvertrag über seinen Nachlaß verfügen will, muß das dreißigste Lebensjahr zurückgelegt haben.

Keine Anwendung findet diese Bestimmung auf den Fall eines zwischen Ehegatten oder Verlobten geschlossenen Erbvertrags. Sind dieselben noch minderjährig, so bedürfen sie der Mitwirkung ihres gesetzlichen Vertreters.

- - - - -

Dritter Abschnitt. Die allgemeine Zulassung von Erbverträgen ist von verschiedenen Seiten (ZSt. S. 54) mit sehr erheblichen Gründen angefochten worden. Wenn ich dieselben hier aufgenommen haben, so ist es geschehen, weil mir zu einer Abweichung von dem Entwurf kein durchschlagender Grund vorzuliegen scheint.

§ 1742. Der Entwurf sagt: durch den Vertrag kann sowohl der andere Vertragschließende als ein Dritter als Erbe eingesetzt werden. Danach müßte man annehmen: A. und B. können einen Vertrag dahin abschließen, daß 3. den A. beerben soll. Das halte ich nicht für zulässig; mindestens besteht dafür legislatorisch kein Bedürfniß. Die Unzulässigkeit des tertio stipulari trifft auch für Erbverträge zu. Nur in dem Umfang des Schlußsatzes des obigen § 1742 halte ich die eventuelle Einsetzung eines Dritten für zulässig.

§ 1744. Ich schließe mich dem Vorschlage von Kühnast an, für einen Erbvertrag, wenn er nicht von Ehegatten oder Verlobten geschlossen wird, das Alter von 30 Jahren zu fordern. Für jüngere Leute ist es doch höchst bedenklich, bis über den Tod hinaus unabänderliche Verfügungen über das Vermögen zu treffen.

§ 1745 (1943).

Ein Erbvertrag kann nur vor Gericht oder Notar geschlossen werden. Der Inhalt des Erbvertrags muß mündlich zu Protokoll erklärt werden. Im Uebrigen finden die Vorschriften der §§ 1710, 1711, 1713—1716, 1719 dabei entsprechende Anwendung.

§ 1746.

(— Erbvertrag eines Stummen — wie § 1944 b. E.)

§ 1747.

(— Aufbewahrung der Urkunde — wie § 1945 b. E.)

§ 1748 (1946—1949, 1956).

Die Gültigkeit eines Erbvertrags bestimmt sich, soweit der Einfluß von Willensmängeln oder beigefügten Bedingungen in Betracht kommt, nach den für Verträge geltenden Vorschriften.

Im Uebrigen ist der Inhalt eines Erbvertrages nach den für letztwillige Verfügungen geltenden Vorschriften zu beurtheilen.

§ 1749.

Ein zwischen Verlobten abgeschlossener Erbvertrag ist durch das Zustandekommen der Ehe bedingt.

Ein zwischen Ehegatten bestehender Erbvertrag wird hinfällig, wenn die Ehe für nichtig oder ungültig erklärt oder geschieden wird.

§ 1750 (1950).

Schließt der, welchem ein gesetzliches Erbrecht zusteht, mit dem Erblasser einen Erbvertrag ab, so ist im Zweifel anzunehmen, daß er gegen das ihm durch den Erbvertrag Zugewendete auf sein gesetzliches Erbrecht verzichtet habe.

Diese Annahme tritt nicht ein, wenn inzwischen der gesetzliche Erbtheil des Vertragserben sich vergrößert hat. Der Erbe muß jedoch das durch Vertrag ihm Zugesicherte auf seinen gesetzlichen Erbtheil sich anrechnen lassen.

§ 1751 (1951, 1952).

Durch den Erbvertrag wird der Erblasser in der freien Verfügung über sein Vermögen unter Lebenden nicht beschränkt.

---

§ 1745. Von dem im Entwurfe aufgestellten Erforderniß, daß der Erbvertrag mündlich erklärt werde, wage ich, im Hinblick auf die geringe Gunst, welche Erbverträge überhaupt verdienen, nicht abzuweichen.

§ 1748. Die ausführlichen Bestimmungen in den §§ 1947—1949 haben, zumal mit den vielen Citaten, wenig Ansprechendes. Ich habe versucht, sie auf wenige durchgreifende Sätze zurückzuführen.

§ 1750. Den umgekehrten Satz des Entwurfs halte ich für minder natürlich.

§ 1751. Die Vorschrift in § 1952 b. E., wonach jede Schenkung durch den Erbvertrag ausgeschlossen werden soll, entspricht meiner Ansicht nach nicht der Bedeutung des Erbvertrags. Die von mir an die Stelle gesetzte Bestimmung ist aus Mommsen § 199 genommen.

Jedoch können Veräußerungen, die in der Absicht, das durch den Erbvertrag begründete Recht zu beeinträchtigen, vorgenommen sind, von dem dadurch Verletzten innerhalb eines Jahres nach erlangter Kenntniß von dem Tode des Erblassers angefochten werden, wenn der Erwerber mit der Absicht des Veräußerers bekannt gewesen ist oder wenn eine Schenkung stattgefunden hat.

An ein nach Schließung des Erbvertrags vom Erblasser ertheiltes Schenkversprechen ist der Vertragserbe nicht gebunden.

§ 1752 (1053).

Durch einen Erbvertrag wird eine frühere letztwillige Verfügung des Erblassers, soweit sie mit dem Erbvertrag in Widerspruch steht, aufgehoben. Sie bleibt auch aufgehoben, wenn der Vertragserbe vor dem Erblasser stirbt oder die Erbschaft ausschlägt.

Eine nach Schließung des Erbvertrags getroffene Verfügung von Todeswegen ist unwirksam, soweit sie die Rechte des Vertragserben beeinträchtigt.

§ 1753.

(— Das Recht des Vertragserben unvererblich — wie § 1954 d. E.

§ 1754 (1957).

Ein Erbvertrag kann durch Vereinbarung zwischen den Vertrag schließenden wieder aufgehoben werden. Es bedarf dazu der persönlichen Erklärung des aus dem Erbvertrag Berechtigten. Die Vereinbarung muß in einer öffentlich beglaubigten Urkunde verlautbart werden.

Zur Aufhebung eines einseitigen Erbvertrags genügt die Aushändigung einer von dem Berechtigten in öffentlich beglaubigter Form ausgestellten Verzichturkunde an den Erblasser.

Ist eine über den Erbvertrag aufgestellte Urkunde in amtliche Verwahrung genommen, so verliert der Erbvertrag seine Gültigkeit, wenn die Urkunde den Vertragschließenden auf deren übereinstimmenden Antrag zurückgegeben wird.

---

§ 1754. Ich kann kein zureichendes Bedürfniß dafür finden, die Aufhebung eines Erbvertrags an die nämlichen Formen, wie die Abschließung eines solchen zu knüpfen. Den Erbvertrag knüpft man deswegen an strenge Formen, weil es sich um ein Rechtsgeschäft handelt, durch das der Wille eines Lebenden, der überdies erst nach dessen Tode zur Wirksamkeit gelangen soll, für immer gefesselt wird. Diese Natur hat aber die Aufhebung eines Erbvertrags (und ebenso auch der Erbverzicht) durchaus nicht. Die Aufhebung soll gegen einen solchen wirken, der zur Zeit, wo die Wirksamkeit eintritt, noch am Leben ist. Sie ist deshalb auch gar keine Verfügung von Todes wegen. Mommsen § 204 will sogar die Aufhebung durch eine formlose Uebereinkunst zulassen. Meiner Ansicht nach empfiehlt es sich, der Wichtigkeit der Sache halber, dafür eine beglaubigte Urkunde zu fordern. Die nämliche Form kann dann auch für den parallel gehenden Erbverzicht Anwendung finden (§ 1793).

§ 1755 (1960).

Mit Aufhebung eines Erbvertrags treten zugleich die in dem Erb-vertrage zu Gunsten Dritter getroffenen Verfügungen außer Kraft.

Auch unter Aufrechthaltung des Erbvertrags im Uebrigen können die Vertragschließenden durch Vereinbarung jederzeit die zu Gunsten Dritter getroffenen Verfügungen ändern. Die Vereinbarung bedarf der in § 1754 vorgeschriebenen Form.

§ 1756 (1958).

Einseitig kann der Erblasser von einem Erbvertrage zurücktreten, wenn er in diesem den Rücktritt sich vorbehalten hat.

Von den zu Gunsten Dritter getroffenen Verfügungen kann der Erblasser einseitig zurücktreten, soweit an deren Aufrechthaltung der andere Vertragschließende kein Interesse hat.

Der Rücktritt gilt als vollzogen, wenn der Erblasser eine in der durch § 1754 Abs. 2 vorgeschriebenen Form abgegebene Erklärung dem anderen Theile zustellt.

Der Rücktritt ist unwiderruflich.

§ 1757.

Auch ohne Vorbehalt ist der Erblasser zum Rücktritt von einem Erbvertrage berechtigt, wenn der andere Theil ihm einen Grund zur Aus-schließung vom Pflichttheile oder — bei einem Erbvertrag zwischen Ehe-gatten — zur Ehescheidung oder Scheidung von Tisch und Bett ge-geben hat.

§ 1758 (1955).

Auch ein Vermächtniß kann demjenigen, den der Erblasser damit bedenken will, durch einen mit ihm abgeschlossenen Vertrag zugewendet werden. Auf den Vermächtnißvertrag finden die für den Erbvertrag ge-gebenen Bestimmungen sinnentsprechend Anwendung.

§ 1759 (1963).

Ein Schenkversprechen, das erst mit dem Tode des Schenkers erfüllt werden soll, ist als ein Vermächtnißvertrag anzusehen.

---

§ 1755 ist bestimmt, an Stelle des ziemlich unklaren § 1960 d. E. die Frage des Fortbestandes der in einem Erbvertrag zu Gunsten Dritter getroffenen Bestimmungen zu regeln. Als Grundsatz muß hierbei gelten, daß mit Aufhebung des Erbvertrags auch die darin zu Gunsten Dritter getroffenen Bestimmungen fallen. Sie daneben aufrecht erhalten wollen, würde zu der schwierigsten Ver-wickelung führen. Auch die Bestimmungen in Abs. 2, sowie in § 1766 Abs. 2 ergeben sich aus der Natur der Sache.

§ 1759. Ich halte es für dienlich, für eine Schenkung der in Abs. 2 be-sprochenen Art den Namen „Schenkung von Todeswegen" beizubehalten (vergl. § 1769). Sodann halte ich es auch für dienlich, den in Abs. 3 berührten Fall hier-herzuziehen. Es kommt nicht selten vor, daß Jemand einem Lebenden eine Sache giebt mit dem Auftrage, nach seinem Tode sie einem Dritten zuzuwenden. Ist

Eine Schenkung, die unter der Voraussetzung vollzogen ist, daß der Schenker vor dem Beschenkten sterbe oder diesen nicht überlebe (Schenkung von Todeswegen), unterliegt den Vorschriften für eine unter auflösender Bedingung vollzogene Schenkung unter Lebenden.

Eine Zuwendung von Todeswegen, die Jemand dadurch macht, daß er sich von seinem Schuldner versprechen läßt, nach seinem Tode das Geschuldete einem Dritten zu entrichten, ist nach den Grundsätzen von den Verträgen, bei denen die Leistung an einen Dritten versprochen ist, zu beurtheilen (§ 395).

Fünfter Abschnitt. Pflichttheil.

§ 1760 (1975).

Der Erblasser hat seinen Kindern und seinen Eltern, wenn sie bei eintretender gesetzlicher Erbfolge ihn beerben würden, mindestens die Hälfte ihres gesetzlichen Erbtheils unbeschwert als Pflichttheil zu hinterlassen.

Unter den Kindern sind deren Nachkommen mitbegriffen.

§ 1761 (1978).

Hat der Erblasser in einer von ihm errichteten Verfügung von Todeswegen den Pflichttheilsberechtigten ganz übergangen oder ohne rechtfertigenden Grund ausgeschlossen, so ist dieser berechtigt, die Hälfte seines gesetzlichen Erbtheils zu fordern.

§ 1762 (1979).

Dasselbe gilt, wenn der Erblasser den Pflichttheilsberechtigten auf einen geringeren Bruchtheil als die Hälfte zum Erben eingesetzt hat.

---

das nur ein gewöhnlicher Auftrag, den die Erben widerrufen könnten? Es ist bereits im römischen Recht anerkannt, daß dieser Auftrag eine Art des Fideikommisses bildet; (l. 77 D. de leg. 1: dazu die Fälle in l. 31 § 4 D. de donat. 39,5, l. 26 pr. D. depositi 16.3, l. 37 § 3 D. de leg. III.) Ich glaube, daß wir allen Grund haben, diese Lehre beizubehalten. Es beruht auf ihr unter anderm das Recht der Lebensversicherung. Mit Rücksicht hierauf ist bereits oben § 395 aufgestellt. Es erscheint aber angemessen, noch eine Bestimmung darüber hier einzureihen.

Fünfter Abschnitt. Das Pflichttheilsrecht ist hier am Schlusse der Lehren über Verfügungen von Todeswegen eingereiht, weil es eine Beschränkung des Erblassers in der freien Verfügung von Todeswegen enthält, also jene Lehren gewissermaßen ergänzt.

Mit dem Intestaterbrecht hängt das Pflichttheilsrecht nur ganz äußerlich dadurch zusammen, daß es gewissen Intestaterben zusteht und daß auch der Pflichttheil nach dem Intestaterbtheil berechnet wird. Sonst hat es nichts damit gemein.

Das Pflichttheilsrecht des Entwurfs ist schon früher von mir (in dem Aufsatze Arch. f. bürgerl. Recht. Bd. 3. S. 202 flg.) bearbeitet worden und ich kann mich daher auf die dortige Begründung beziehen. Nur zu einzelnen Paragraphen, namentlich solchen, die ich neu hinzugefügt habe, werde ich einige Bemerkungen zu machen haben.

§ 1763 (1980).

Ist der Pflichttheilsberechtigte nur mit einzelnen Gegenständen des Nachlasses bedacht, so hat er die Wahl, ob er unter Ausschlagung des Vermächtnisses den Pflichttheil unbeschränkt, oder unter Annahme des Vermächtnisses den Pflichttheil abzüglich des Werthes des ihm Hinterlassenen fordern will.

§ 1764.

Ist der Berechtigte auf den Pflichttheil eingesetzt, jedoch unter Beifügung von Beschränkungen oder Belastungen, so gelten diese als nicht beigefügt.

§ 1765 (1981, 1996 Abs. 2, 2040).

Ist dem Berechtigten mehr als der Pflichttheil, jedoch unter Beifügung von Beschränkungen oder Belastungen hinterlassen, so hat er die Wahl, ob er das Hinterlassene annehmen und der angeordneten Beschwerung sich unterwerfen, oder ob er unter Ausschlagung des Hinterlassenen den Pflichttheil ohne Beschwerung fordern will. Im Umfange der durch die Ausschlagung des Hinterlassenen gewonnenen Bereicherung gehen die darauf haftenden Belastungen auf die anderen Erben über (§ 1673).

Fällt die Beschwerung vor der Ausschlagung weg, so ist es so anzusehen, wie wenn sie nicht vorhanden gewesen wäre.

Hat der Pflichttheilsberechtigte ausgeschlagen, ohne von dem Wegfall der Beschwerung Kenntniß zu haben, so kann er die Ausschlagung innerhalb von 6 Wochen nach erlangter Kenntniß zurücknehmen.

§ 1766 (1988).

Zwecks Ausübung des dem Pflichttheilsberechtigten zustehenden Wahlrechts (§§ 1763 und 1765) ist der Erbe verpflichtet, demselben den Bestand des Nachlasses zu offenbaren.

§ 1767.

Als eine unzulässige Beschwerung des Pflichttheils ist es nicht anzusehen, wenn der Erblasser einen Testamentsvollstrecker ernannt und diesem die Vertheilung des Nachlasses übertragen hat. Der Pflichttheilsberechtigte kann nur, wenn er durch die Vertheilung sich in seinem Pflichttheil verletzt erachtet, Ergänzung des ihm Zugetheilten bis zum Betrage des Pflichttheils verlangen.

----

§ 1767. Es handelt sich um die Frage, ob der Pflichttheilberechtigte auch dadurch sich für beschwert erachten kann, daß der Erblasser einen Testamentsvollstrecker eingesetzt hat. Ich würde im Interesse der Aufrechthaltung der oft so wohlthätigen Einsetzung eines Testamentsvollstreckers die Frage verneinen. Von selbst aber ergiebt sich diese Entscheidung nicht. Es bedarf des gesetzlichen Ausspruchs.

§ 1768.

Der Pflichttheilsanspruch wird auch durch einen Erbvertrag oder ein nach § 1736 unwiderruflich gewordenes Testament nicht ausgeschlossen. Dies gilt selbst in dem Falle, wo der Pflichttheilsberechtigte erst nach Errichtung des Erbvertrags oder, nachdem das Testament unwiderruflich geworden ist, geboren ist.

§ 1769 (1989).

Auf den Pflichttheil hat der Berechtigte sich anzurechnen:

1. jede ihm vom Erblasser gemachte Zuwendung, wenn bei deren Vornahme der Erblasser die Anrechnung auf den Pflichttheil oder Erbtheil angeordnet hat;
2. eine ihm nach § 1759 gemachte Zuwendung von Todeswegen;
3. eine Zuwendung, die der Berechtigte bei einer Erbtheilung zur Ausgleichung zu bringen hätte (§§ 1918, 1819).

Der Werth des zugewendeten Gegenstandes wird nach der Zeit der Zuwendung berechnet.

§ 1770 (1990).

Die nach § 1769 auf den Pflichttheil anzurechnenden Beträge, desgleichen die Beträge der Zuwendungen, die den Miterben in gleicher Weise zu Theil geworden sind, kommen auch bei Feststellung der Größe der Erbschaft in Rechnung.

§ 1771 (1976, 1992).

Der Pflichttheilsberechtigte erhält seinen Antheil an der Erbschaft als Miterbe. Er ist jedoch, falls er nicht zum Miterben eingesetzt ist, kraft seines Anspruchs auf den Pflichttheil nicht berechtigt, von dem ruhenden Nachlaß Besitz zu ergreifen, es sei denn, daß sein Anspruch auf den Pflichttheil bereits durch Anerkennung von Seiten des eingesetzten Erben oder durch rechtskräftiges Urtheil festgestellt wäre.

Nur unter gleicher Voraussetzung ist der erworbene Pflichttheilsanspruch auf Andere übertragbar, der Pfändung unterworfen, und im Fall des Konkurses über das Vermögen des Berechtigten ein Bestandtheil der Konkursmasse.

---

§ 1768. Auch hier handelt es sich um eine Frage, bei der die Verweisung auf allgemeine Grundsätze den Richter nur in Verlegenheit bringen würde. Daß ein vertragsmäßig bestehendes Recht durch neue Umstände aufgehoben werden kann, ist etwas so Ungewöhnliches, daß ein ausdrücklicher Ausspruch darüber gewiß am Platze ist.

§ 1771. Ich kann nur wiederholt davor warnen, den Pflichttheilsanspruch zu einer Geldforderung zu machen. Es ist eine arge Täuschung, wenn man glaubt, daß damit die Sache sich vereinfache. Die Pflichttheilsprozesse würden dadurch, daß man vornherein die Werthfrage des Nachlasses herangezogen werden müßte, zu den widerwärtigsten Erscheinungen des Rechtslebens werden. (Ueber das Unangemessene, da, wo man sich an die Sache selbst halten kann, deren Werth als Gegenstand des Rechtes zu substituiren, vergl. auch die Ausführung im Anhange.)

§ 1772 (1992).

Der Pflichttheilsanspruch geht auf die Erben des Berechtigten über, wenn diese beim Wegfall ihres Erblassers selbst pflichttheilsberechtigt im Verhältniß zu dem ersten Erblasser gewesen wären.

Außer diesem Falle geht der Anspruch nur dann auf die Erben über, wenn der verstorbene Berechtigte bereits seine Absicht, den Anspruch geltend zu machen, deutlich kundgegeben hatte.

Der Pflichttheilsanspruch geht verloren, wenn der Berechtigte Handlungen vornimmt, welche seine Absicht, den Anspruch nicht zu erheben, deutlich kundgeben.

§ 1773 (1984).

Zur Miterbschaft Berufene, welche durch letztwillige Verfügung des Erblassers oder durch Erbverzicht von der Erbschaft ausgeschlossen sind, kommen bei Berechnung der Größe des dem Pflichttheilsberechtigten anfallenden Erbtheils nicht mit in Rechnung.

An den Erbschaftstheilen, welche durch Ausschlagung eines berufenen Miterben oder durch Unwürdigkeitserklärung eines solchen den übrigen zuwachsen, nimmt der Pflichttheilsberechtigte im Umfange seines Miterbrechts Theil.

§ 1774 (1994, 1995).

Der Pflichttheilsanspruch richtet sich im Zweifel gegen alle Erben nach Verhältniß ihrer Erbtheile.

Ist jedoch der dem Pflichttheilsberechtigten entzogene Antheil an der Erbschaft nur auf einzelne Miterben übergegangen, so richtet sich der Pflichttheilsanspruch nur gegen diese.

Erben, welche gleichfalls pflichttheilsberechtigt sind, haften nur nach Verhältniß desjenigen Betrags ihrer Erbtheile, um welchen diese den Pflichttheil übersteigen.

Hat der Erbe durch Auszahlung von Vermächtnissen sich der Erbschaft in einem Maße entäußert, daß der Rest nicht mehr zur Befriedigung des Pflichttheilsberechtigten ausreicht, so kann dieser seinen Anspruch auch wider die Vermächtnißnehmer im Umfange dessen, was sie zu viel empfangen haben, richten.

§ 1775 (1996).

Macht der Pflichttheilsberechtigte seinen Anspruch unter Ausschlagung einer ihm gemachten Zuwendung geltend (§ 1763 und 1765), so hat im Verhältnisse der Erben unter einander zunächst derjenige, welchem die Ausschlagung zu statten kommt, im Umfange des dadurch erlangten Vortheils die Pflichttheilslast zu tragen.

§ 1776 (1993).

Der Erbe, dessen Erbtheil durch einen wider ihn geltend gemachten Pflichttheilsanspruch verringert wird, kann, insofern nicht der gegentheilige Wille des Erblassers erhellt, auch die ihm auferlegten Vermächtnisse und Auflagen in gleichem Verhältnisse kürzen.

§ 1777 (1999).

Der Pflichttheilsanspruch verjährt in drei Jahren, nachdem der Berechtigte von dem Erbfall und seiner Beeinträchtigung im Pflichttheile Kenntniß erlangt hat; jedenfalls aber in dreißig Jahren seit Eintritt des Erbfalls.

§ 1778 (2002).

Wenn ein Kind des Erblassers sich der Verschwendung ergeben oder sich bereits mit einer den Betrag des Pflichttheils übersteigenden Ueberschuldung belastet hat, so kann der Erblasser diesem Kinde den ihm zugewiesenen Erbtheil, einschließlich des darin begriffenen Pflichttheils, mit der Beschränkung hinterlassen, daß er für die Zeit nach dem Tode des Kindes dessen gesetzliche Erben zu Nacherben einsetzt. Er kann dabei Anordnungen treffen, welche den Kapitalbestand des hinterlassenen Vermögens den Nacherben sichern.

§ 1779 (2001, 2003).

Ein Pflichttheilsberechtigter kann von dem Pflichttheil ausgeschlossen werden:

1. wenn er dem Erblasser, dessen Ehegatten oder einem Kinde desselben nach dem Leben gestrebt oder sonst ein schweres Verbrechen gegen sie begangen hat;
2. wenn er wider besseres Wissen den Erblasser oder dessen Ehegatten wegen eines Verbrechens oder Vergehens zur Anzeige gebracht hat;
3. wenn er wissentlich wider den Erblasser oder dessen Ehegatten in einer Rechtssache falsches Zeugniß abgelegt hat;
4. wenn er des Ehebruchs mit dem Ehegatten des Erblassers sich schuldig gemacht hat;
5. wenn er bei einem Nothstande des Erblassers die ihm als nächstem Angehörigen obliegenden Pflichten gröblich hintangesetzt hat.

§ 1780 (2001).

Ein Kind des Erblassers kann weiter von dem Pflichttheile ausgeschlossen werden:

1. wenn es den Erblasser oder dessen Ehegatten, vorausgesetzt, daß dieser zu dem Kinde in leiblichem Verhältnisse steht, gröblich mißhandelt hat;
2. wenn es ohne die gesetzlich erforderliche Einwilligung des Erblassers eine Ehe geschlossen hat; es sei denn, daß nach den Verhältnissen des Falles das Kind einen Anspruch auf richterliche Ergänzung der elterlichen Einwilligung (§ 1195) gehabt hätte.

---

§ 1779. Bei Bestimmung der Fälle, in denen eine Ausschließung vom Pflichttheile statthaft sein soll, ist jedenfalls das zu beachten, daß sie diejenigen Fälle mit umfassen müssen, in denen man eine Erbunwürdigkeit annehmen will (§ 1814).

§ 1781 (2006—2008, 2004).

Die Ausschließung vom Pflichttheile erfolgt durch letztwillige Verfügung des Erblassers. In dieser muß der Grund der Ausschließung angegeben sein.

Im Zweifelfalle ist dieser Grund dem Ausgeschlossenen gegenüber zu erweisen.

Der Ausschließungsgrund wird unwirksam, wenn der Erblasser dem Auszuschließenden verziehen hat.

§ 1782.

Mit der Ausschließung eines Kindes des Erblassers treten dessen Kinder, mit der Ausschließung sämmtlicher Kinder die Eltern in das Recht auf den Pflichttheil ein.

§ 1783 (2005).

Dem überlebenden Ehegatten kann das nach § 1585 ihm Gebührende durch letztwillige Verfügung des Erblassers nur insoweit entzogen werden, daß ihm ein voller standesmäßiger Unterhalt aus dem Ehevermögen verbleibt.

Gänzlich ausgeschlossen kann der Ehegatte werden, wenn er sich einer Handlung schuldig gemacht hat, welche für den Erblasser das Recht auf Scheidung oder Trennung von Tisch und Bett begründet.

Der § 1781 findet auch hier Anwendung.

§ 1784 (2009).

Hat der Erblasser bei seinen Lebzeiten durch Schenkung sein Vermögen vermindert, so hat er seinen pflichttheilsberechtigten Angehörigen den Pflichttheil in dem Umfange zu hinterlassen, als ob der Gegenstand der Schenkung noch zu seinem Vermögen gehörte.

Nur Kinder, die aus einer erst nach der Schenkung vom Erblasser geschlossenen Ehe abstammen, haben hierauf keinen Anspruch.

§ 1785 (2013).

Der Pflichttheilsberechtigte, dem der Pflichttheil nicht in dem Umfange des § 1784 Abs. 1 hinterlassen worden ist, hat einen Anspruch auf Ergänzung seines Pflichttheils, und zwar zunächst wider seine Miterben nach Verhältniß ihrer Erbtheile.

Miterben, welche gleichfalls pflichttheilsberechtigt sind, kommen dabei nur mit demjenigen Betrag in Rechnung, den sie über ihren gesetzlichen Erbtheil hinaus, diesen nach dem Bestande des Nachlasses und der Zahl der berufenen gesetzlichen Erben bemessen, erhalten haben.

§ 1786 (2014).

Soweit die Haftung der Miterben nicht ausreicht, um dem Berechtigten seinen Pflichttheil in dem Umfange des § 1784 Abs. 1 zu gewähren, hat dieser zur Ergänzung seines Pflichttheils einen Anspruch auf einen entsprechenden Geldbetrag wider den Beschenkten.

§ 1787 (2012).

Hat ein Erbe, der eine Ergänzung seines Pflichttheils in Anspruch nimmt, selbst eine Schenkung vom Erblasser erhalten, so hat er diese, auch wenn sie nicht schon nach § 1769 in Rechnung kommt, auf seinen Pflicht=theil sich anzurechnen. Auch bei Bestimmung der Größe der Erbschaft kommt dieselbe in Rechnung.

§ 1788 (2016).

Der Anspruch auf Ergänzung des Pflichttheils hat den Werth des Geschenkes und den Vermögensstand des Erblassers nach der Zeit des Erbfalles zur Grundlage zu nehmen. Nur wenn verbrauchbare Sachen verschenkt sind, bestimmt sich deren Werth nach der Zeit der Schenkung.

Der auf Ergänzung des Pflichttheils Belangte wird jedoch in dem Maße von dem Anspruch frei, als er nachweist, daß der Werth des Ge=schenkes zur Zeit der Schenkung geringer gewesen sei.

Dem Beschenkten steht ferner der schützende Nachweis zu, daß nach dem Vermögensstande des Erblassers zur Zeit der Schenkung diese eine Verletzung des Berechtigten im Pflichttheile nicht enthalten habe.

Der Beschenkte kann verlangen, daß der Werth des noch vorhandenen Geschenkes durch öffentlichen Verkauf festgestellt werde.

§ 1789 (2015).

Haben mehrere Schenkungen stattgefunden, so werden sie als Ver=mögensminderung zusammengerechnet. Der früher Beschenkte haftet nur in=soweit, als nicht schon die Haftung des später Beschenkten zur Ergänzung des Pflichttheils ausreicht.

§ 1790 (2018).

Auf Anstandsgeschenke findet § 1784 Abs. 1 keine Anwendung.

Sechster Abschnitt. Erbverzicht.

§ 1791 (2019).

Ein zur Erbfolge Berufener kann durch Vertrag mit dem Erblasser auf sein Erbrecht verzichten.

Der Erbverzicht eines pflichttheilsberechtigten Verwandten schließt den Verzicht auf das Pflichttheilsrecht in sich.

Der Erbverzicht kann auf das Pflichttheilsrecht beschränkt werden.

---

§ 1791. In der Fassung dieses Paragraphen ist der unnatürliche Ge=danke des Entwurfs (Motive S. 471), „den Verzichtenden nicht als den im Vordergrund stehenden Theil hinzustellen", aufgegeben. Auch in folgendem ist von dem Entwurfe abgewichen. Nach dem Entwurf soll nur die gesetzliche Erbfolge (§ 2019) und die Vertragserbfolge (§ 2024) durch Erbverzicht ausgeschlossen werden können. Warum nicht auch die Testamentserbfolge? Wahrscheinlich des=halb, weil ja der Erblasser sein Testament ändern könne. (Gewiß kann er das. Wie aber, wenn es ihm nun bequemer ist, dadurch, daß er einen eingesetzten Erben verzichten läßt, die Erbfolge zu ändern? Warum soll ihm das nicht gestattet sein? So namentlich, wenn der Vater ein Testament gemacht und darin seine

§ 1792.

Ein Ehegatte kann auf das ihm aus der Erbschaft des anderen Ehegatten Gebührende nur in dem Umfange verzichten, in welchem ihm dieses auch durch letztwillige Verfügung des anderen Ehegatten nach § 1783 entzogen werden kann.

§ 1793 (2020).

Der Erbverzicht bedarf der persönlichen Erklärung des Verzichtenden. Er muß in einer öffentlich beglaubigten Urkunde erklärt werden. Insofern nicht der Fall des § 1794 Abs. 1 vorliegt, genügt eine von dem Verzichtenden einseitig ausgestellte, dem anderen Theile eingehändigte Urkunde.

§ 1794 (2021).

Ein Erbverzicht kann in der Weise abgeschlossen werden, daß der Verzichtende den Anfall der ihm zukommenden Erbschaft an einen bestimmten Dritten ausbedingt. In diesem Falle schließt der Erbverzicht einen zu Gunsten des Dritten abgeschlossenen Erbvertrag in sich, und es sind dabei die für den Erbvertrag vorgeschriebenen Formen zu wahren.

Der einem Erbverzichte beigefügte Vorbehalt, daß die Kinder des Verzichtenden nicht von der Erbfolge ausgeschlossen sein sollen (§ 1582), macht den Verzicht nicht zu einem unter Abs. 1 fallenden Vertrage.

§ 1795 (2022).

In dem Falle des § 1794 Abs. 1 wird der Erbverzicht im Zweifel unwirksam, wenn derjenige, zu dessen Gunsten er abgeschlossen ist, nicht zur Erbfolge gelangt.

Auch ist ein Erbverzicht, den ein Kind beim Vorhandensein von Geschwistern mit seinen Eltern abgeschlossen hat, im Zweifel nur für den Fall als abgeschlossen anzusehen, daß die elterliche Erbschaft an die übrigen Geschwister, nicht aber, daß sie kraft Gesetzes an Verwandte der aufsteigenden oder der Seitenlinie falle.

Kinder eingesetzt hat. Nun findet er einen Sohn, der auswandern will, ab und läßt ihn auf sein Erbtheil verzichten. Nach dem Entwurf ist das ungültig, weil der Sohn im Testament mit eingesetzt ist, auf die testamentarische Erbfolge aber nicht verzichtet werden kann. Liegt dafür wohl ein verständiger Grund vor?

§ 1792. Dem § 1585 liegt der Gedanke zu Grunde, daß dem überlebenden Ehegatten so viel aus dem Nachlaß des verstorbenen zu Theil werden soll, daß er womöglich in gleichen Verhältnissen fortleben kann. Geht man hiervon aus, so wird man dem Ehegatten das ihm Gebührende, eben so wenig wie durch letztwillige Anordnung (§ 1783), auch durch Erbverzicht entziehen lassen dürfen. In manchen ehelichen Verhältnissen würde es auch nicht schwer halten, einen Verzicht dieser Art mehr oder minder zu erzwingen und dadurch das Gesetz zu umgehen.

§ 1793. Die nämlichen Gründe, die dafür sprechen, die Aufhebung eines Erbvertrags nicht an die Form der Schließung eines solchen zu binden (s. d. Bemerkung zu 1754), sprechen auch dafür, den Erbverzicht nicht an diese Form zu knüpfen. Vielmehr wird auch die Form der beglaubigten Urkunde genügen, die auch eine einseitige sein kann, wenn nicht der Verzichtende zu Gunsten einer bestimmten Person verzichtet. Auch Mommsen § 211 fordert zu dem Erbverzicht nur eine schriftliche Erklärung.

§ 1796.

Durch Vereinbarung des Verzichtenden mit dem Erblasser kann der
Verzicht wieder aufgehoben werden. Die Erklärung des Erblassers bedarf
der in § 1793 vorgeschriebenen Form. Die Wiederaufhebung kann auch
dadurch erfolgen, daß der Erblasser die über den Verzicht ausgestellte Ur=
kunde an den Aussteller zurückgiebt.

§ 1797.

Verzichtet Jemand durch Vertrag mit dem Erblasser auf ein ihm
durch Erbvertrag oder letztwillige Verfügung zugedachtes Vermächtniß, so
kommen die Bestimmungen über den Erbverzicht sinnentsprechend zur An=
wendung.

§ 1798.

Ein Vertrag, durch den ein zur Erbschaft Berufener seinen künftigen
Erbtheil auf einen Miterben oder nächst ihm berufenen Erben überträgt
(§ 330), bedarf der in § 1793 vorgeschriebenen Form.

Siebenter Abschnitt. Rechtsstellung des Erben.

Titel 1. Erwerb der Erbschaft.

§ 1799.

Der durch Gesetz oder durch Verfügung des Erblassers als Erbe
Berufene kann nach seiner Wahl die Erbschaft antreten oder ausschlagen.

Er erwirbt die Erbschaft durch die Antretung.

---

§ 1798. Diese Vorschrift wäre vielleicht richtiger dem § 330 angeschlossen
worden. Da dies nicht geschehen ist, soll sie wenigstens hier nachgeholt werden.

Erwerb der Erbschaft. Auch diesen Titel habe ich bereits früher
(Arch. f. bürg. Recht. Bd. 3. S. 144 flg.) bearbeitet. Ich kann mich daher auf
die dort gegebene Begründung beziehen. Insbesondere bleibe ich dabei, daß die
gemeinrechtliche Lehre, wonach es zum Erbschaftserwerb des Erben
bedarf, vor der Lehre von dem ipso jure Erbwerden den Vorzug verdient. Der
Hauptgrund gegen diese Lehre liegt m. E. darin, daß es ungerechtfertigt ist, Je=
mandem ohne jede Bethätigung seines Willens ein Rechtsverhältniß aufzudrängen,
das zugleich Verbindlichkeiten in sich schließt, lediglich kraft einer Fiktion, die
er nur durch eine positive Handlung und zwar eine solche, die an eine recht
lästige Form geknüpft ist, soll abwenden können. Dazu hat das Gesetz kein Recht.
Ferner kann ich es nicht gerecht finden, daß Jemand eine Erbschaft erwerben und
damit sie auch seinen Erben übertragen soll, ohne daß er bis zu seinem Tode nur
eine Ahnung davon gehabt hat, daß ihm die Erbschaft zugefallen sei. Die Zu=
wendung einer Erbschaft ist stets eine Gunst für die Person des Erben, aber nicht
für dessen Erben. Wäre freilich die Erbschaftsantretung ein formeller Akt, so
könnte man von der Gefahr reden, daß der Erbe durch die Nothwendigkeit der
Antretung ausgesetzt sei. Nun genügt aber für die Antretung jede formlose Er=
klärung. Sobald daher der Berufene als Erbe auftritt, (z. B. eine Klage erhebt),
ist er Erbe, und es bedarf weiter keines Beweises der Antretung. Dadurch be=
seitigt sich die angeblich für den Erben in der Antretungspflicht liegende Schwierig=
keit. Daß es für die Erbschaftsgläubiger bequem ist, wenn sie den Erben lediglich

§ 1800 (2026, 2027).

Für ein zur Erbschaft berufenes, noch nicht geborenes Kind (§ 1573 Abf. 2) kann die Erbschaft erst nach dessen Geburt angetreten oder ausgeschlagen werden.

Inzwischen hat die Mutter, welche die Geburt des Kindes zu erwarten hat, wenn sie unterhaltsbedürftig ist, Anspruch auf standesmäßigen Unterhalt aus dem Erbtheil des Kindes.

§ 1801 (2029).

Die Antretung der Erbschaft erfolgt durch die Erklärung, Erbe sein zu wollen.

Die Erklärung ist nicht verbindlich, wenn sie Unbetheiligten gegenüber stattgefunden hat.

Die Antretung durch einen Bevollmächtigten ist nur wirksam, wenn der Nachweis erbracht wird, daß der Vollmachtgeber noch am Leben sei.

§ 1802 (2029).

Die Antretung erfolgt ferner dadurch, daß der Berufene Handlungen vornimmt, die ihm nur als Erben zustehen (Einmischung in die Erbschaft).

§ 1803.

Als Einmischung in die Erbschaft ist nicht anzusehen:

1. die Bestreitung der Leichenkosten für den Erblasser aus Mitteln der Erbschaft;

2. die Fortsetzung des Haushalts des Erblassers von seiten der Hausgenossen nach § 1836;

daran festhalten können, daß er die Ausschlagsfrist versäumt habe, ist richtig. Aber ist es denn auch gegen den, der gar nicht hat Erbe sein wollen, gerecht? Richtig ist es auch, daß mittels jenes Grundsatzes eine Erbschaft beim Ausbruch des Konkurses über den Berufenen ohne Weiteres zum Konkurse gezogen werden kann. Aber die darin vermeintlich liegende Billigkeit ist doch sehr zweifelhafter Natur. Ist es ein Unrecht, wenn der, welcher durch Unglücksfälle in Ueberschuldung gerathen ist, eine Erbschaft ausschlägt, um sie seinen Kindern zufallen zu lassen? Ich kann das nicht finden. Der Entwurf hätte besser gethan, in anderen Beziehungen (namentlich bei Regulirung des Inventarrechts) auf das Interesse der Erbschaftsgläubiger größere Rücksicht zu nehmen, als in dieser sehr fragwürdigen.

Noch sei hier erwähnt, daß die sehr weit gehenden römischen Transmissionsfälle, die dem Systeme des ipso jure Erben nahe führen, namentlich dadurch veranlaßt waren, daß man (vor Einführung des erst von Justinian geschaffenen Inventarrechts) den Erben gegen die Gefahr der Antretung einer überschuldeten Erbschaft durch Gewährung langer Deliberationsfristen zu schützen suchte, diese dann aber wieder dadurch unschädlich machen wollte, daß man die Transmissionsfälle immer mehr ausdehnte. Mit einer angemessenen Regelung des Inventarrechts hört dieses Bedürfniß auf.

§ 1801. Abf. 3 fehlt in meinem früheren Entwurf. Ich halte ihn für nöthig, weil sonst ein Generalbevollmächtigter eine Erbschaft für einen bereits Verstorbenen mit Wirksamkeit antreten könnte.

3. Handlungen, die ein als Erbe Berufener in Nothfällen zu Gunsten der Erbschaft vornimmt;
4. die Einsichtnahme von der Erbschaft, insbesondere von den Erbschaftspapieren.

Diese Einsichtnahme steht dem berufenen Erben in Gegenwart des Nachlaßpflegers oder eines vom Gericht bestellten Aufsichtsbeamten zu.

§ 1804 (2032).

Die Ausschlagung der Erbschaft erfolgt durch die Erklärung, nicht Erbe sein zu wollen. Auch für diese Erklärung gilt Abs. 2 des § 1801.

Wird die Erklärung bei dem Nachlaßgerichte abgegeben, so hat dieses dem anderweit berufenen Erben, soweit er bekannt ist, davon Nachricht zu geben.

§ 1805 (2035).

Die Erklärung, eine Erbschaft unter einer Bedingung oder Zeitbestimmung antreten oder ausschlagen zu wollen, ist, abgesehen von dem zulässigen Vorbehalt des Inventarrechts, unwirksam.

§ 1806 (2036).

Die Erklärung, eine Erbschaft nur zum Theile annehmen oder ausschlagen zu wollen, ist unwirksam.

§ 1807 (2037).

Die Antretung oder Ausschlagung eines Erbtheils gilt auch für alle weiteren auf demselben Berufungsgrunde beruhenden Erbtheile, selbst wenn diese erst später anfallen.

Verschiedene Erbtheile, deren Anfall auf verschiedenen Berufungsgründen beruht, unterliegen einer selbständigen Antretung und Ausschlagung. Verschiedene Berufungsgründe sind: Erbeinsetzungsvertrag, letztwillige Verfügung und Gesetz; nicht aber verschiedene Verträge oder Verfügungen.

Auch Erbtheile, auf welche der Erbe unter verschiedenen Bedingungen oder theils als unmittelbarer Erbe, theils als Ersatzerbe oder Nacherbe eingesetzt ist, können selbständig angetreten und ausgeschlagen werden.

Diese Vorschriften kommen nicht zur Anwendung, wenn der Erblasser anders verfügt hat.

§ 1808 (2038).

Liegen für die Erbschaft oder den nämlichen Erbtheil verschiedene Berufungsgründe (§ 1807 Abs. 2) vor, so kann der Berufene nach seiner Wahl die Erbschaft oder den Erbtheil auf den einen oder den andern Berufungsgrund hin annehmen oder ausschlagen.

§ 1809 (2039).

Die Annahme oder Ausschlagung der Erbschaft ist unwiderruflich.

§ 1810 (2040, 2041).

Die Antretung oder Ausschlagung kann angefochten werden, wenn sie durch Drohung oder Betrug veranlaßt ist; wegen Betrugs jedoch nur dem Betrüger oder einem Theilhaber am Betruge gegenüber.

Der Anfechtende hat eine entsprechende Erklärung innerhalb von drei Monaten, nachdem die Zwangslage aufgehört hat oder der Betrug entdeckt ist, beim Nachlaßgericht abzugeben, widrigenfalls sein Recht auf Anfechtung verloren geht.

Das Nachlaßgericht hat die Erklärung den Betheiligten, soweit sie bekannt sind, mitzutheilen.

§ 1811 (2043).

Steht der Berufene unter elterlicher Gewalt oder Vormundschaft, so ist zur Ausschlagung der Erbschaft die Genehmigung des Vormundschafts= gerichts erforderlich.

§ 1812.

Stirbt der Berufene, ohne die ihm angefallene Erbschaft angetreten oder ausgeschlagen zu haben, so geht das Recht der Antretung auf seine Kinder, soweit sie ihn beerben, über.

Soweit diese Vorschrift nicht eintritt, fällt dann, wenn der Berufene ohne die Erbschaft angetreten oder ausgeschlagen zu haben, stirbt, des= gleichen in dem Falle, wenn er die Erbschaft ausschlägt, die Erbschaft an denjenigen, der zur Zeit des Todes oder der Ausschlagung als der nächst ihm berufene Erbe des Erblassers sich darstellt.

§ 1813.

Hat der Berufene innerhalb von sechs Wochen nach dem Anfalle der Erbschaft diese weder angetreten noch ausgeschlagen, so ist ihm auf Antrag der nach ihm Berufenen, sowie auf Antrag von Erbschaftsgläubigern, Ver= mächtnißnehmern oder anderen bei der Erbschaft Betheiligten vom Nachlaß= gerichte eine angemessene Frist zu setzen, innerhalb welcher er den Antritt bei dem Gerichte zu erklären habe, widrigenfalls er als die Erbschaft aus= schlagend werde angesehen werden.

Stirbt der Berufene während der angesetzten Frist und geht das Recht der Antretung auf seine Erben über (§ 1812 Abs 1), so ist diesen eine neue Frist zu setzen.

Titel 2. Erbunwürdigkeit.
§ 1814 (2045, 2049).

Erbunwürdig ist:

1. wer vorsätzlich den Erblasser getödtet oder ihn zu tödten ver= sucht hat;

Titel 2. Die Erbunwürdigkeit ist freilich insofern von geringer praktischer Wichtigkeit, als Fälle derselben äußerst selten vorkommen. Regelt man sie aber, so muß es doch so geschehen, wie es der Natur der Sache entspricht. Ueberein= stimmend mit Eck (3St. S. 129) halte ich es nicht für angemessen, wenn der Entwurf die Erbunwürdigkeit durchweg nur an die Verkümmerung der Testir=

2. wer sonst ein schweres Verbrechen gegen den Erblasser be=
gangen hat;

3. wer bei einem Nothstand des Erblassers die ihm als nächstem
Angehörigen obliegenden Pflichten gröblich hintangesetzt hat;

4. wer vorsätzlich und widerrechtlich den Erblasser gehindert hat, eine
Verfügung von Todeswegen zu errichten oder wieder aufzuheben;

5. wer durch widerrechtliche Drohung oder arglistige Täuschung den
Erblasser zu einer Verfügung von Todeswegen bestimmt hat;

6. wer in Beziehung auf eine Verfügung des Erblassers von
Todeswegen einer nach den §§ 267 bis 274 des Strafgesetz=
buches strafbaren Handlung sich schuldig gemacht hat.

Der Erbunwürdige hat auch kein Pflichttheilsrecht.

§ 1815.

In den unter Nr. 1 und 6 bezeichneten Fällen des § 1814 tritt
die Ausschließung des Erbunwürdigen von der Erbschaft kraft Gesetzes ein,
sobald derselbe wegen einer der bezeichneten Handlungen durch Strafurtheil
rechtskräftig verurtheilt ist.

§ 1816 (2046, 2047).

In den übrigen Fällen des § 1814 kann das Recht des Erb=
unwürdigen auf die Erbschaft im Wege der Klage angefochten werden.

———————

freiheit knüpfen will'. Man sagt freilich: bei anderen Verfehlungen des Erben
gegen den Erblasser kann dieser ja, wenn er den Erben dafür strafen will, ihn
durch Testament ansschließen. Theoretisch ganz richtig! Wer aber weiß, wie
umständlich und schwierig es für Viele ist, ein Testament zu errichten, dem wird
es einleuchten, daß der gekränkte Erblasser zehnmal darüber wegsterben kann, ehe
er dazu kommt, ein Testament zu machen. Ich möchte glauben, daß im Sinne
unseres natürlichen Rechtsgefühls die Ausschließung wegen Erbunwürdigkeit dem
moralischen Aergerniß entgegentreten soll, das darin liegt, wenn Jemand, der sich
gegen den Lebenden schmählich betragen hat, von dem Todten Wohlthaten in Empfang nehmen will. Von diesem Gesichtspunkt aus sind zunächst die Nr. 1, 2, 3
des § 1814 entworfen; während die folgenden Nummern mit dem Entwurf übereinstimmen.

Dem hier ausgesprochenen Gedanken entsprechend ist auch das Weitere ge=
staltet. Zunächst liegt kein Grund vor, in den ganz bestimmten Fällen der Nr. 1
und 6, sobald sie durch ein Strafurtheil festgestellt sind, noch eine Anfechtung durch
eine besondere Civilklage zuzufordern. Man kann auf dieser Grundlage den Verlust
des Erbrechts ipso jure eintreten lassen. In den übrigen Fällen des § 1814
wird freilich zu ihrer Feststellung es einer Anfechtungsklage bedürfen. Aber es
liegt kein Grund vor, diese Anfechtungsklage auf den Nächstberechtigten zu beschränken, so daß, wenn dieser die Klage nicht erhebt, der Unwürdige frei ausgeht
und die Erbschaft behält. Will der Nächstberechtigte die Klage nicht anstellen, so
muß das Recht dazu auf den folgenden Berechtigten übergehen. Nur dadurch gewinnt
die Erbunwürdigkeit eine durchgreifende Bedeutung. Danach sind die §§ 1815
bis 1818 entworfen.

Diese Anfechtung findet auch in den Fällen des § 1815 statt, wenn aus persönlichen Gründen ein Strafurtheil gegen den Erbunwürdigen nicht ergehen kann.

Die Anfechtung ist erst nach dem Anfalle zulässig. Im Falle der Erbunwürdigkeit eines Nacherben :c. (wie Abs. 2 des § 2046).

§ 1817 (2046 Abs. 3)

Anfechtungsberechtigt ist der nächst dem Erbunwürdigen berufene Erbe.

Unterläßt der Nächstberufene, die Anfechtung auszuüben, so geht das Anfechtungsrecht je auf den folgenden Berufenen über. Dieser kann jenem zur Ausübung der Anfechtung eine Frist setzen lassen, wobei § 1813 sinnentsprechend zur Anwendung kommt.

Von mehreren nebeneinander zur Erbschaft Berufenen kann jeder das Anfechtungsrecht ausüben.

§ 1818.

Mit der Rechtskraft des Urtheils, durch das die Erbunwürdigkeit des zur Erbschaft Berufenen festgestellt wird, wird die Erbschaft zu Gunsten dessen, der das Urtheil erwirkt hat, eröffnet. Sind neben diesem noch Andere zur Erbschaft berufen, so wirkt das Urtheil auch zu ihren Gunsten.

§ 1819.

Ist der mit einem Vermächtniß Bedachte im Sinne des § 1814 erbunwürdig, so kommen bezüglich seiner Berechtigung zum Bezug des Vermächtnisses die Bestimmungen über Erbunwürdigkeit sinnentsprechend zur Anwendung.

§ 1820 (2050).

Die Anfechtung wegen Erbunwürdigkeit ist ausgeschlossen, wenn der Erblasser dem Berufenen verziehen hat.

§ 1821 (2046).

Das Recht der Anfechtung wegen Erbunwürdigkeit erlischt mit Ablauf von fünf Jahren nach dem Tode des Erblassers.

Titel 3. Wirkungen des Erbschaftserwerbes.

§ 1822 (2051, 2053).

Mit dem Erwerbe der Erbschaft gehen sämmtliche Vermögensrechte und Verbindlichkeiten des Erblassers, soweit sie nicht mit dessen Tod erlöschen, auch die Rechte nicht etwa Gegenstand von Vermächtnissen sind, auf den Erben über.

---

§ 1819. Es liegt kein Grund vor, einen unwürdigen Vermächtnißnehmer anders zu behandeln, als einen solchen Erben.

§ 1821. Die in § 2046 Abs. 4 d. E. vorgeschlagene einjährige Frist kann nicht beibehalten werden, wenn man, wie oben in § 1817 vorgeschlagen wird, die Anfechtungsklage mehreren nacheinander Berechtigten gestattet. Andererseits dürfte die in Abs. 5 vorgeschlagene dreißigjährige Frist doch zu lang sein. Als Vermittelung zwischen beiden wird hier eine fünfjährige Frist vorgeschlagen.

Es gehören dazu auch Besitzklagen, die dem Erblasser wider Andere oder Anderen wider ihn zustanden.

§ 1823.

Nur der Erbe ist befugt, von dem ruhenden Nachlaß Besitz zu ergreifen. Die Rechte eines Testamentsvollstreckers und eines Nachlaßpflegers bleiben daneben vorbehalten.

§ 1824.

Sind mehrere Erben vorhanden, so ist zur Besitzergreifung an den Nachlaßsachen jeder von ihnen befugt, vorbehaltlich des Rechtes seiner Miterben auf den Mitbesitz und demnächstige Theilung.

§ 1825.

Wer durch eine äußerlich fehlerlose Verfügung von Todeswegen zum Erben eingesetzt ist, ist zunächst allein befugt, von dem Nachlaß Besitz zu ergreifen. Ein Anderer, der in Widerspruch mit der Verfügung Erbe zu sein behauptet, hat das Recht der Besitzergreifung am Nachlaß erst dann, wenn seine Eigenschaft als Erbe durch Anerkennung von Seiten des eingesetzten Erben oder durch rechtskräftiges Urtheil festgestellt ist.

§ 1826.

Verfügungen über Vermögensgegenstände, die der Erblasser getroffen hat, muß der Erbe gegen sich gelten lassen, auch wenn sie Gegenstände seines eigenen Vermögens betreffen.

§ 1827.

Rechte des Erblassers gegen den Erben oder des Erben gegen den Erblasser erlöschen.

§ 1828 (2055).

Der Erbe ist verpflichtet, die Kosten der standesmäßigen Beerdigung des Erblassers zu tragen.

§ 1829 (2051).

Rechte und Verbindlichkeiten des Erblassers gehen, wenn mehrere Erben vorhanden sind, auf sie nach Verhältniß ihrer Antheile an der Erbschaft über.

Titel 3. Auch dieser Titel ist von mir schon früher (Arch. f. bürg. Recht, Bd. 3, S. 155 flg.) bearbeitet worden und ich darf wohl auf die dortige Begründung Bezug nehmen.

§ 1823. Ich kann es nur als einen entschiedenen Mangel bezeichnen, daß der Entwurf — freilich übereinstimmend mit fast allen Lehrbüchern — das ausschließliche Recht des Erben zur Besitzergreifung am Nachlasse nicht klar ausspricht. Gerade dieses ist das spezifische Recht des Erben. Es vertritt praktisch den nicht auf den Erben übergehenden Besitz des Erblassers.

§ 1829. Schon früher habe ich mich dahin ausgesprochen, daß es als ein praktisches Bedürfniß anzuerkennen sei, die Befriedigung der Erbschaftsgläubiger aus dem ungetheilten Nachlaß möglichst zu sichern; und danach sind hier die §§ 1829—1834 aus meinem früheren Entwurfe unverändert beibehalten. Die

Die Erben sind jedoch verpflichtet, die auf dem Nachlaß haftenden Ansprüche vor Theilung der Erbschaft zu befriedigen oder sicher zu stellen.

Die Sicherstellung muß die Möglichkeit umfassen, den Anspruch gegen alle Erben einheitlich bei dem Gerichtsstand des Erblassers geltend zu machen.

---

erben haben auch neuerdings von hervorragender Seite durch Vorschlag von Bestimmungen, die mit den von mir entworfenen zum Theil wörtlich übereinstimmen, im Wesentlichen Billigung gefunden. Dagegen beharre ich, übereinstimmend mit dem Entwurf, bei den Bedenken, welche ich dagegen hege, auch im Uebrigen das Verhältniß der Erben am Nachlaß nach den Grundsätzen der s. g. „gesammten Hand" zu gestalten.

Die „gesammte Hand" ist ein durchaus unklarer Begriff. Auch wenn man diesen Begriff dadurch erläutern will, daß man sagt: dem Miterben stehen die einzelnen Nachlaßgegenstände nicht nach Bruchtheilen zu, so wird dadurch die Sache nicht klarer. Nach was denn stehen sie ihm zu, wenn nicht nach Bruchtheilen? Ein solcher Satz, auch wenn man ihn im Gesetze ausspricht, bleibt doch stets eine Unwahrheit, welche nur verwirren kann. Das, was man praktisch bei der Sache im Sinne hat, besteht darin, daß die Miterben bezüglich der Ausübung der Rechte, die ihnen an den Bruchtheilen des Nachlasses zustehen, in engere Fesseln gelegt sein sollen, als dies sonst nach den Regeln der Gemeinschaft der Fall ist. Nun ist schon bei der Ordnung der Gemeinschaft versucht worden, die in diesem Verhältniß für die Betheiligten liegenden Schwierigkeiten möglichst zu überwinden. Kann man nun, ohne die Rechte der Individuen zu verletzen, darin noch weiter gehen? Und besteht wirklich dafür ein anderes Bedürfniß bei Miterben als bei allen anderen Verhältnissen der Gemeinschaft? Ich vermag das nicht zu erkennen. Man sagt: die Miterben sollen über Nachlaßgegenstände nicht allein thatsächlich, sondern auch rechtlich nur gemeinsam verfügen können. Soweit es sich um Schutz der Nachlaßgläubiger handelt, halte auch ich eine Beschränkung der Erben in der Verfügung über den Nachlaß für berechtigt und in diesem Sinne ist oben der Bestimmung in § 1831 vorgeschlagen. Was aber schadet es im Uebrigen den Miterben, wenn einer von ihnen über seinen Antheil an einem Nachlaßgegenstande verfügt, zumal, wenn der von mir bei § 696 vorgeschlagene Zusatz gemacht wird? Und wie, wenn nun einer von mehreren Erben eine ausstehende Forderung mit einzuklagen sich weigert, warum sollen die andern gehindert sein, ihre Antheile einzuklagen? Man sagt: es solle dann zur Erzwingung der erforderlichen Mitwirkung des sich Weigernden diesem ein Vertreter bestellt werden. Aber mit welchem Rechte? Weshalb will man den einzelnen Erben (der vielleicht den Anspruch für nicht gerechtfertigt hält oder den Schuldner nicht drängen will) zwingen, die Klage mit anzustellen? Wenn er die Klage unterläßt, so übt er sein gutes Recht aus. Es mag ja für die Schuldner öfters erwünscht sein, wenn sie nicht von den einzelnen Erben, sondern von allen zusammen verklagt werden. In der Regel werden aber die Erben das von selbst thun. Wo es ausnahmsweise nicht in deren Interesse liegt, da ist jeder Zwang dazu unberechtigt. Ebenso wenig kann ich es gerechtfertigt finden, wenn man sagt: eine Zwangsvollstreckung in den Nachlaß finde nur statt, wenn der Gläubiger einen vollstreckbaren Titel gegen alle Erben erlangt habe. Gesetzt nun, ein Gläubiger verklagt drei Erben; gegen zwei siegt er ob, dem dritten gegenüber (der einen von den übrigen verweigerten Eid ausschwört) wird er abgewiesen. Die Erben lassen nun aber das Landgut, aus dem die Erbschaft besteht, ungetheilt. Dann soll der Gläubiger auch gegen die beiden Erben, die verurtheilt sind, keine Execution in das Landgut nachsuchen können? Und weshalb? Läßt sich wohl ein verständiger Grund dafür anführen?

Aus meiner langjährigen Praxis ist mir nicht ein einziger Fall erinnerlich, bei dem mir in den Sinn gekommen wäre, daß eine solche Zwangsgemeinschaft der Erben ein legislatorisches Bedürfniß sei.

§ 1830.

Aus dem ungetheilten Nachlasse sind die auf demselben haftenden Ansprüche in folgender Reihenfolge zu befriedigen:

1. die Verbindlichkeiten, die im Falle eines Konkurses über den Nachlaß als Masseschulden gelten (§ 1896);
2. die dem Erblasser gegenüber entstandenen Verbindlichkeiten;
3. die dem Erben auferlegten Vermächtnisse und die ihm gemachten Auflagen.

Die Ansprüche aus diesen Verbindlichkeiten gehen allen aus der Person eines Erben abgeleiteten Ansprüche an dem ungetheilten Nachlasse vor.

Werden vor Theilung der Erbschaft Ansprüche der in Abs. 1 gedachten Art wider die Erben eingeklagt, so kann jeder Miterbe den Kläger zu seiner Befriedigung zunächst auf den Bestand des ungetheilten Nachlasses verweisen. Der Miterbe, der von diesem Rechte Gebrauch macht, hat dem Kläger den Bestand des Nachlasses nachzuweisen.

§ 1831.

Theilen die Erben die Erbschaft, ohne die auf dem Nachlasse haftenden Ansprüche befriedigt oder sichergestellt zu haben, so haftet für die unberücksichtigt gebliebenen Ansprüche jeder Miterbe auch über seinen Antheil an der Schuld hinaus; jedoch, soweit er für mehr als seinen Antheil in Anspruch genommen wird, nur im Umfange dessen, was er aus der Erbschaft empfangen hat, und vorbehaltlich seines Rückgriffs auf die übrigen Erben. Ueber das, was er aus der Erbschaft empfangen hat, kann der Offenbarungseid von ihm verlangt werden. An die Stelle veräußerter Nachlaßgegenstände tritt deren Werth.

§ 1832.

Die Erben können die in § 1831 angeordnete Gesammthaft dadurch von sich abwenden, daß sie vor vollzogener Theilung die Berechtigten öffentlich auffordern, innerhalb von sechs Wochen ihre auf dem Nachlasse haftenden Ansprüche bei einem am Wohnorte des Erblassers befindlichen Vertreter des Nachlasses anzumelden. Zum Erlaß der Aufforderung ist jeder Miterbe namens aller Erben auf eigene Kosten berechtigt. Bis zu Ablauf der Frist hat die Theilung zu unterbleiben. Für Ansprüche, die nicht innerhalb der Frist angemeldet werden, haftet jeder Erbe nur nach Verhältniß seines Erbtheils.

Die Art und Weise, wie die öffentliche Bekanntmachung zu erfolgen hat, bestimmt im Näheren die Justizverwaltung.

---

§ 1832. Wenn man die Erben nöthigt, bis zum Ablauf der Anmeldungsfrist den Nachlaß ungetheilt zu lassen, so darf man die Anmeldungsfrist nicht zu lang setzen, weil sonst die Interessen der Erben empfindlich geschädigt werden können. Deshalb halte ich eine Frist von 6 Wochen für genügend.

Daß die Aufforderung der Gläubiger durch das Nachlaßgericht bewirkt werden könne, ist später in § 1914 gesagt. Unbedingt möchte ich diese Form nicht vorschreiben, weil dadurch vielleicht unnöthige Kosten entstehen.

§ 1833.

Wird für einen angemeldeten, aber streitig gebliebenen Anspruch von den Erben Sicherheit geleistet, so darf die Sicherheitsleistung zurück= genommen werden, wenn der streitige Anspruch nicht innerhalb weiterer sechs Monate nach Ablauf der Frist klagend geltend gemacht wird.

§ 1834.

Haben vor Befriedigung oder Sicherstellung der auf dem Nachlaß haftenden Ansprüche die Erben Nachlaßgegenstände oder einzelne Miterben ihren Antheil an solchen in dem Umfange veräußert, daß die Befriedigung der gedachten Ansprüche nicht mehr vollständig aus dem Nachlaß erfolgen kann, so werden für die unbefriedigt gebliebenen Ansprüche die Veräußern= den im Umfange des § 1831 haftbar.

Titel 4. Fürsorge des Nachlaßgerichtes.

§ 1835 (2058).

Tritt nach dem Tode des Erblassers nicht sofort ein zur Besitznahme am Nachlaß Berufener in den Besitz des Nachlasses ein, so hat das Nachlaß= gericht von Amtswegen den Nachlaß in seine Obhut zu nehmen. Es kann ins= besondere Aufsichtspersonen bestellen, die Anlegung von Siegeln, die öffent= liche Hinterlegung von Werthsachen, sowie die Anfertigung eines Nachlaß= verzeichnisses anordnen.

Einen Erben auch dann für haftbar zu erklären, wenn er bei der Auf= forderung den Anspruch des Gläubigers gekannt habe, halte ich für unpraktisch. Der Erbe braucht ja nur zu sagen, daß er den Anspruch für unbegründet halte. Wie kann man ihm dann einen Vorwurf daraus machen, daß er nicht den Gläubiger aufgesucht habe, um ihn zu befriedigen?

An dieser Stelle würde auch der bereits oben (Heft II. S. 98) bearbeitete Titel „Erbschaftskauf" am besten eingereiht werden. Es ist schon oben bemerkt worden, daß dieser Titel richtiger im Erbrecht seine Stelle fände. Man könnte ihn hier unter der allgemein lautenden Ueberschrift „Veräußerung der Erbschaft" einstellen. Im Text könnte man gleichwohl — da in der großen Mehrzahl der Fälle, wo eine Ver= äußerung der Erbschaft stattfinden, ein Kauf zu Grunde liegen wird — zunächst nur vom Kaufe der Erbschaft handeln und sich dann mit der Verallgemeinerung der Lehre an späterer Stelle (§ 474) genügen lassen. Der Eingang des § 466 würde dann am besten so zu fassen sein: „Verkauft der Erbe die ihm angefallene Erbschaft, so tritt der Käufer in alle Rechte und Pflichten des Erben ein." (In § 466 Z. 1 ist durch einen Schreibfehler „Erbe" statt „Käufer" gesetzt.) Im Uebrigen könnte der Titel unverändert bleiben. Nur gebe ich (mit Beziehung auf Mommsen § 328) anheim, folgenden § 468a einzuschieben:

„In dem Verlaufe der Erbschaft sind im Zweifel Urkunden nicht begriffen,= die auf Familienangelegenheiten des Erblassers sich beziehen und keinen Werth haben."

Titel 4. Die bei diesem Titel für mich maßgebenden Gesichtspunkte habe ich bereits bei der früheren Bearbeitung (Arch. f. bürg. Recht, Bd. 3, S. 161 u. 147) dargelegt. Ich will jedoch die Hauptpunkte hier nochmals berühren. Der Entwurf will die Fürsorge des Gerichts für einen ruhenden Nachlaß auf das ge= ringste Maß schützender Thätigkeit herabsetzen. Diese Thätigkeit soll namentlich

Welche Organe hierbei dem Gerichte Hülfe zu leisten oder in Eilfällen dasselbe zu vertreten haben, bestimmt die Landesgesetzgebung.

§ 1836.

Personen, die mit dem Erblasser bis zu seinem Tode in häuslicher Gemeinschaft lebten und auf seine Kosten unterhalten wurden, sind befugt, bis zum dreißigsten Tage nach dem Tode des Erblassers in dem Gebrauche der Wohnung und des für sie nothwendigen Hausraths zu bleiben, auch den erforderlichen Unterhalt für Rechnung der Erbschaft zu beziehen.

§ 1837 (2059).

Bedarf die nicht in die Verwaltung eines Berechtigten übergegangene Erbschaft eines handlungsfähigen Vertreters, so hat das Nachlaßgericht einen Nachlaßpfleger zu bestellen.

Insbesondere ist dieser zu bestellen auf Antrag solcher, welche Ansprüche wider den Nachlaß geltend machen wollen.

Auf die Nachlaßpflegschaft finden die Vorschriften über Pflegschaft überhaupt Anwendung, jedoch mit folgenden Bestimmungen.

§ 1838 (2061).

Die Rechte und Pflichten des Vormundschaftsgerichts hat das Nachlaßgericht zu üben.

§ 1839 (2062).

Der Nachlaßpfleger hat zunächst nur für Erhaltung des Nachlasses zu sorgen.

---

ausgeschlossen sein, wenn ein berufener Erbe bekannt ist, dieser aber sich noch nicht entschlossen hat, die Erbschaft anzunehmen (Motive S. 543.) Damit in Verbindung steht ein weiterer Satz, daß der berufene Erbe, auch wenn er die Erbschaft gar nicht haben will, doch berechtigt sein soll, die Erbschaft in Besitz zu nehmen und zu verwalten, dann aber so lange noch keine 6 Wochen verstrichen seien, sie noch auszuschlagen (Motive S. 536.) Die Art und Weise, wie der Entwurf durch diese Bestimmungen einen Nachlaß der Ausplünderung preisgibt, muß auf jedes gesunde Rechtsgefühl geradezu empörend wirken. Wer die Erbschaft nicht haben will, hat auch keinen Beruf, sie einstweilen in Besitz zu nehmen und in ihr herum zu wirthschaften. Denn die Erbschaft ist alsdann für ihn fremdes Gut; und das Gesetz darf nicht beliebige Personen, die der reine Zufall bestimmt, zur Verwaltung fremden Gutes für berechtigt erklären.

Möglicher Weise ist diese Ordnung des Entwurfs nur eine doktrinäre Folgerung aus dem Grundsatz, daß der Berufene ipso jure Erbe werde. Da möchte ich nun mit Entschiedenheit betonen, daß jener Grundsatz eine solche Folgerung durchaus nicht zur Nothwendigkeit macht. Andernfalls wäre jener Grundsatz der haltloseste von der Welt.

Macht man nicht den Berufenen, der noch gar nicht weiß, ob er Erbe sein will oder nicht, zum berechtigten Verwalter des Nachlasses, so ergibt sich von selbst, daß der schützenden Thätigkeit des Gerichts für den Nachlaß eine weitere Ausdehnung gegeben werden muß, als der Entwurf es will. Danach sind die obigen Bestimmungen aufgestellt worden.

Nach Ablauf von drei Monaten seit dem Tode des Erblassers können jedoch wider ihn Ansprüche an den Nachlaß, auch der Anspruch auf Theilung des Nachlasses von Seiten einzelner Miterben, deren Berechtigung am Nachlaß feststeht, geltend gemacht werden.

In dringenden Fällen sind auch schon vorher Arrestanlagen oder einstweilige Verfügungen an dem Nachlaß zulässig.

§ 1840 (2064, 2065).

Ergiebt sich die Ueberschuldung des Nachlasses, so hat der Nachlaß= pfleger die Einleitung des Konkurses über denselben zu beantragen.

Ist die Zahlfähigkeit des Nachlasses zweifelhaft, so hat der Nachlaß= pfleger die Einleitung des erbschaftlichen Aufgebotsverfahrens zu veranlassen. Das in § 1891 gedachte Ausschlußurtheil ist jedoch auf seinen Antrag nur dann zu erlassen, wenn auch das Nachlaßgericht für unzweifelhaft erachtet, daß der Nachlaß zur Befriedigung der angemeldeten Gläubiger ausreicht. Andernfalls hat die Fortsetzung des Verfahrens im Konkurswege zu erfolgen.

§ 1841 (2066).

Meldet sich der berufene Erbe zur Annahme der Erbschaft, so ist die Uebergabe des in gerichtliche Obhut oder in Pflegschaft genommenen Nach= lasses an ihn zu verfügen.

Der sich als Erbe Meldende hat dem Nachlaßgericht sein Erbrecht nachzuweisen.

Melden sich mehrere als Erben, welche über die Erbschaft streiten, so sind dieselben zunächst in den Rechtsweg zu verweisen, dessen Beschreitung jedem gegen den andern zusteht. Die Uebergabe des Nachlasses erfolgt an den durch rechtskräftiges Urtheil festgestellten Erben.

§ 1842 (2066, 2067).

Ist der berufene Erbe seiner Person und seinem Aufenthalte nach bekannt, verzögert er aber, sich über Antretung der Erbschaft zu erklären, so hat der Nachlaßpfleger beim Gericht eine Aufforderung desselben zu erwirken, innerhalb einer nach den Umständen des Falles zu bemessenden Frist die Erbschaft anzutreten und den Nachlaß zu übernehmen, widrigen= falls dessen Besitz den nächst ihm Berufenen, welche die Erbschaft antreten zu wollen erklären, werde überwiesen werden.

Ist der berufene Erbe zwar bekannt, sein Aufenthalt aber unbekannt, so ist die vorgedachte Aufforderung öffentlich gegen ihn zu erlassen.

Eine solche öffentliche Aufforderung kann auch dann erlassen werden, wenn Zweifel bestehen, ob nicht neben einem bekannten berufenen Erben noch andere, bis dahin unbekannte, besser= oder gleichberechtigte Erben vor= handen sind.

§ 1843 (2067).

Ist überhaupt kein berufener Erbe bekannt, auch ein solcher innerhalb angemessener Frist nicht zu ermitteln, so hat der Nachlaßpfleger beim Ge= richt eine öffentliche Aufforderung der unbekannten Erben zu erwirken, innerhalb einer bestimmten Frist behufs Antretung der Erbschaft sich zu melden, widrigenfalls die Erbschaft den auf einen erblosen Nachlaß Berechtigten werde überwiesen werden. Die Art der Bekanntmachung und die Dauer der Anmeldungsfrist bestimmt sich nach den §§ 823 bis 827 der Civilprozeßordnung.

Auf Grund der Ueberweisung kann den Berechtigten ein Erbschein ausgestellt werden, der sie zur Geltendmachung der in der Erbschaft begriffenen Rechte ermächtigt.

Ein Erbe, der die Meldung unterlassen hat, ist von der späteren Geltendmachung seines Rechtes nicht ausgeschlossen.

§ 1844.

Ist für einen in gerichtliche Obhut genommenen Nachlaß ein Nachlaßpfleger nicht bestellt worden, so kann das Gericht die in den §§ 1842 und 1843 bezeichneten Aufforderungen auch von Amtswegen erlassen.

Titel 5. Erbschein.

§ 1845.

(— Begriff des Erbscheins — wie § 2068 b. E.)

§ 1846 (2069).

Der Antragsteller hat zur Begründung seines Antrages nachzuweisen:

1. den Tod des Erblassers und die Zeit, in welcher dieser verstorben ist;

2. das Verhältniß zum Erblasser, das sein Erbrecht begründet;

3. das Nichtvorhandensein anderer Personen, durch die sein Erbrecht ausgeschlossen oder gemindert sein würde.

§ 1843. Unterließe der Nachlaßpfleger die nöthigen Anträge zu stellen, so würde das Nachlaßgericht auch von Amtswegen ihn dazu nöthigen können. Es folgt dies aber schon aus § 1838 und braucht deshalb nicht hier ausdrücklich gesagt zu werden.

§ 1846. Bei Entscheidungen der freiwilligen Gerichtsbarkeit kann der Richter nicht mit dem prozessualischen Grundsatz operiren, daß positive Thatsachen bis zu erbrachtem Beweise derselben nicht vermuthet werden. Vielmehr müssen auf diesem Gebiet dem Richter zur Begründung seiner Entscheidungen auch die erforderlichen Negativen nachgewiesen werden. Freilich kann der Beweis solcher Negativen nur selten bis zur vollen Gewißheit erbracht werden. Man muß sich öfters mit einem gewissen Maße von Wahrscheinlichkeit genügen lassen. Grundsätzlich muß man aber doch davon ausgehen, daß der Richter, soweit als thunlich, auch die Negativen zum Gegenstand seiner Erforschung zu machen hat.

Der Entwurf scheint nicht diese Anschauung zu haben und stellt sich damit auf einen grundsätzlich falschen Standpunkt. Er scheidet die in § 2069 aufgestellte Nr. 3 von der in § 2070 geforderten Beweisführung aus: als ob es genüge, daß der Antragsteller „angebe", daß keine sein Erbrecht ausschließende Personen je vorhanden gewesen seien. Das ist nicht richtig. Auch diese Negative hat der Antragsteller positiv zu beweisen. Wenn also Jemand als das einzige Kind seiner Eltern die ganze Erbschaft in Anspruch nimmt, so muß er nicht bloß nachweisen, daß er ein Kind seiner Eltern sei, sondern auch, daß seine Eltern weitere Kinder

Er hat ferner anzugeben, ob und welche Verfügungen des Erblassers von Todeswegen vorhanden seien, sowie daß ein Rechtsstreit über das Erbrecht nicht anhängig sei.

§ 1847 (2070).

Der Antragsteller hat, insofern er nicht auf Offenkundigkeit der betreffenden Thatsachen beim Nachlaßgericht sich beziehen kann, die in § 1846 unter 1, 2, 3 bezeichneten Nachweisungen durch öffentliche Urkunden zu erbringen. Wenn solche Urkunden nicht zu beschaffen sind oder deren Beschaffung mit besonderen Schwierigkeiten verbunden ist, so hat er andere Beweismittel anzugeben.

§ 1848 (2071).

Das Gericht hat den Erbschein nur dann zu ertheilen, wenn das Erbrecht des Antragstellers in genügende Gewißheit gesetzt ist.

Soweit die Offenkundigkeit und die vom Antragsteller vorgelegten Urkunden nicht zureichen, hat das Gericht unter Benutzung der bezeichneten Beweismittel von Amtswegen die erforderlichen Ermittelungen vorzunehmen und die geeigneten Beweise zu erheben.

§ 1849.

Zwecks Feststellung, daß nicht eine das Erbrecht des Antragstellers ausschließende Verfügung des Erblassers bestehe, hat das Amtsgericht von Amtswegen zu ermitteln, ob bei ihm eine solche Verfügung hinterlegt oder von der an anderer Stelle erfolgten Hinterlegung einer solchen Nachricht eingegangen sei.

nicht gehabt haben; ein Beweis, der in der Regel auch durch Bescheinigungen aus den Standesregistern und aus den Kirchenbüchern sehr wohl geführt werden kann. Geht man hiervon aus, dann kann man die beiden Nr. 3 u. 4 des § 2069 dahin zusammenfassen, daß der Antragsteller „das Nichtvorhandensein von Personen, die sein Erbrecht ausschlössen", zu beweisen habe: entweder dadurch, daß er beweist, daß solche gar nicht geboren seien, oder daß sie nach ihrer Geburt wieder weggefallen seien.

§ 1848. Ich halte den Ausdruck in § 2071 d. E., „das Gericht müsse von dem Erbrecht des Antragstellers überzeugt sein", nicht für passend. Der Richter hat nicht nach subjektiven Empfindungen, sondern nach der objektiven Lage der Sache seine Entscheidung zu treffen. Die Ueberzeugung eines Menschen ist unkontrolirbar; und wenn wirklich der Richter lediglich nach seiner Ueberzeugung den Erbschein auszustellen hätte, so würde eine Beschwerde gegen ihn niemals möglich sein. Denn wenn er versicherte, nach seiner „Ueberzeugung" entschieden zu haben, so müßte man ihm eben glauben, und dann hätte er recht entschieden.

§ 1849. Die bei § 1846 angedeutete mangelhafte Auffassung des Entwurfs von dem Wesen der freiwilligen Gerichtsbarkeit tritt noch entschiedener auf in dem Mangel jeglicher Bestimmung darüber, was das Gericht zu thun habe, um das Nichtvorhandensein eines Testaments festzustellen, worauf doch alles ankommt. Allerdings läßt sich diese Negative niemals mit voller Gewißheit herstellen, da ja ein Testament bei allen möglichen Gerichten 2c. errichtet sein kann. Umsomehr aber ist es geboten, daß das Gesetz darüber ausspricht, was das Nachlaßgericht mindestens zu thun habe, um das Vorhandensein eines Testaments zu erkunden. In dieser Beziehung kommt es zu statten, daß die große Mehrzahl

Hat der Erblasser während der letzten fünf Jahre noch an anderen Orten seinen Wohnsitz gehabt, so ist über das Vorgedachte auch von den Gerichten dieser Orte Nachricht einzuziehen. Unter Umständen kann diese Nachricht auch von den Gerichten noch früherer Wohnorte des Erblassers eingezogen werden.

§ 1850 (2070 Abs. 2, 2072).

Zwecks der nach § 1848 gebotenen Feststellung kann das Gericht insbesondere:

1. die eidesstattliche Versicherung des Antragstellers über die Richtigkeit und Vollständigkeit seiner Angaben fordern; ·

2. eine öffentliche Aufforderung an andere Personen zur Anmeldung ihrer etwaigen Erbrechte nach Maßgabe des § 1842 erlassen.

§ 1851 (2071 Abs. 2).

So lange ein Rechtsstreit über das Erbrecht anhängig ist, soll ein Erbschein nicht ertheilt werden.

§ 1852 (2075).

Findet sich eine Verfügung des Erblassers von Todeswegen vor, die es bei der gesetzlichen Erbfolge beläßt, daneben aber dem Erben Beschränkungen oder Belastungen auflegt oder einen Testamentsvollstrecker ernennt, so sind diese von dem Erblasser getroffenen Verfügungen in dem Erbschein anzugeben.

§ 1853 (2076).

Der ausgestellte Erbschein begründet die Annahme, daß der darin als Erbe Bezeichnete wirklicher Erbe sei und keinen andern, als den im

---

der Menschen ihr Testament bei dem Gericht ihres Wohnortes zu hinterlegen pflegt. Und danach kann man die Pflicht des Gerichts, nach einem Testament zu forschen, so, wie oben vorgeschlagen wird, beschränken. Aber irgend etwas muß doch geschehen. Denn die bloße Versicherung des Antragstellers, daß kein Testament da sei, ist, selbst wenn sie eidesstattlich abgegeben wird, von sehr geringem Werth, da ja der Antragsteller von der Errichtung eines Testaments gar nichts erfahren zu haben braucht.

§ 1850. Die „eidesstattliche Versicherung" würde ich nur auf besondere Anordnung des Gerichts geschehen lassen. Man muß mit dem Eide nicht so umspringen, daß man ihn auch da fordert, wo er gar keinen Werth hat, weil entweder das zu Versichernde schon anderweit bewiesen ist, oder weil es durch den Eid doch nicht glaubhafter wird.

§ 1852. Hier ist der § 2075 d. E. in allgemeinerer Fassung wiedergegeben. Ich kann es nicht für gerechtfertigt halten, daß der Erbe durch den Erbschein zu Handlungen ermächtigt werde, zu denen er gar keine Berechtigung hat. Das würde nach der Vorschrift des Entwurfs geschehen. Selbst wenn man den Erben zur Leistung von Vermächtnissen nur für obligatorisch verpflichtet erklärt, bleibt es doch ein Unrecht, wenn der Erbe über den Gegenstand des Vermächtnisses anderweit verfügt.

§ 1853. In § 2076 d. E. wird (gerade so wie in § 21) der Begriff der „Vermuthung" in einem wissenschaftlich falschen Sinne verwerthet. Begründet der Erbschein nur eine „Vermuthung", so könnten darauf hin z. B. Grundstücke (wie doch Absicht ist) nicht auf den Namen des bezeichneten Erben überschrieben werden.

Erbschein bezeichneten Beschränkungen unterliege. Insbesondere kann auf Grund des Erbscheins die Ueberschreibung von Rechten des Erblassers auf die Erben in den öffentlichen Büchern bewirkt werden.

§ 1854 (2077).

Den Rechten der wirklichen Erben greift der ausgestellte Erbschein nur insoweit vor, daß der wirkliche Erbe Rechtsgeschäfte, die von dritten Personen in gutem Glauben mit dem im Erbschein bezeichneten Erben über Nachlaßgegenstände geschlossen sind, insbesondere die von Nachlaßschuldnern an den bezeichneten Erben geleisteten Zahlungen, gegen sich gelten lassen muß. § 961 kommt dabei sinnentsprechend zur Anwendung.

Nur bei unentgeltlich vollzogenen Veräußerungen von Nachlaß= gegenständen kann der wirkliche Erbe sein Recht auch den Dritten gegen= über ohne Rücksicht auf guten Glauben geltend machen.

§ 1855 (2073).

Ergiebt sich nach Ausstellung eines Erbscheins, daß dieser unrichtig ist, so hat das Nachlaßgericht von Amtswegen den Erbschein wieder ein= zuziehen und zu vernichten, wenn er aber nicht sofort wieder erlangt werden kann, ihn durch Beschluß für kraftlos zu erklären. Der Beschluß re. (wie die Schlußsätze des § 2073).

Ergeben sich nachträglich Zweifel an der Richtigkeit eines ausge= stellten Erbscheins, so kann das Gericht die zur Feststellung der Unrichtigkeit nöthigen Ermittelungen auch von Amtswegen einleiten.

§ 1856 (2074).

Dem wirklichen Erben soll ein neuer Erbschein erst ertheilt werden, wenn der unrichtige Erbschein zurückgeliefert oder für kraftlos erklärt ist.

§ 1857 (2078).

Ein durch Verfügung von Todeswegen eingesetzter Erbe kann bean= tragen, daß ihm das Nachlaßgericht einen Erbschein dahin ertheile, daß eine andere, als diejenige Verfügung des Erblassers, auf welche der Antrag= steller sein Erbrecht gründet, nach stattgehabten Ermittelungen nicht be= kannt sei.

---

§ 1854. Der Entwurf begeht auch hier wieder den schon bei den §§ 837 und 877 d. E. gerügten Fehler, daß er den unentgeltlichen Erwerb nicht dem mala fide-Erwerb gleichstellen will.

§ 1855. Daß der Entwurf den Fall der unrichtigen Ausstellung eines Erbscheins in Betracht zieht, ist ein entschiedener Vorzug vor dem preußischen Gesetz.

§ 1856. Die Abs. 1 u. 2 des § 2074 d. E. sind weggeblieben. Die dem Erben darin zugewiesenen Ansprüche sind Gegenstand der Erbschaftsklage (§ 1862).

§ 1857. Man kann dem Nachlaßgericht nicht, wie § 2078 d. E. will, zu= muthen, zu bescheinigen, daß eine Verfügung von Todeswegen „nicht vorhanden sei". Das wird es fast niemals mit gutem Gewissen können. Es kann nur be= scheinigen, daß bei den nach § 1849 stattgehabten Ermittelungen ein Testament nicht aufgefunden sei. Diese Bescheinigung muß dann genügen, um dem Erben die Vortheile des § 1854 zu verschaffen. (Gerade hier aber sieht man recht deut= lich, wie nothwendig es ist, daß das Gericht positive Schritte thue, um das Vor= handensein eines Testaments zu ermitteln.

Ist durch eine Verfügung von Todeswegen ein Erbe eingesetzt, dessen Person aus der Verfügung allein nicht erkennbar ist, so hat das Nachlaß= gericht dem eingesetzten Erben auf dessen Antrag einen Erbschein dahin zu ertheilen, daß der Antragsteller die in der Verfügung bezeichnete Person sei und, wenn mehrere Personen in der angegebenen Weise eingesetzt sind, in welchem Umfange er Erbe sei.

Auf die für diese Bescheinigungen erforderlichen Ermittelungen finden die §§ 1847—1851 Anwendung. Der ausgestellte Erbschein übt im Umfange der in ihm enthaltenen Bescheinigung die in den §§ 1853 und 1854 bezeichnete Wirkung.

§ 1858 (2079).

Gehört zu einer Erbschaft, für die kein deutsches Gericht als Nach= laßgericht zuständig ist, Vermögen, über das in Deutschland zu verfügen ist, so kann der Berechtigte bei dem Gericht, unter dem das Vermögen belegen ist, beantragen, daß für den Zweck der Verfügung über dieses Ver= mögen ihm ein Erbschein mit der Wirkung der §§ 1853 und 1854 aus= gestellt werde. Das Gericht hat in diesem Falle die erforderlichen Er= mittelungen nach Maßgabe der obwaltenden Verhältnisse vorzunehmen.

§ 1859 (2090, 2091).

Auch ohne Ausstellung eines Erbscheins kommt § 1854 sinnent= sprechend zur Anwendung:

1. wenn der infolge einer Todeserklärung eingetretene Erbe Rechts= geschäfte vollzogen hat, demnächst aber die Todeserklärung sich als unrichtig ausweist und der für todt Erklärte oder dessen wirklicher Erbe das Ver= mögen in Anspruch nimmt;

2. wenn ein durch eine äußerlich fehlerlose letztwillige Verfügung sich ausweisender Erbe Rechtsgeschäfte vollzogen hat, demnächst aber infolge einer Anfechtung der Verfügung ein anderer Erbe für ihn eintritt.

Titel 6. Erbschaftsanspruch.

§ 1860 (2080, 2081).

Der Erbschaftsanspruch steht dem Erben gegen denjenigen zu, der sein Erbrecht verletzt, indem er entweder selbst unberechtigter Weise das Erb. recht in Anspruch nimmt oder thatsächlich in den Nachlaß eingreift.

§ 1858. Statt der in § 2079 enthaltenen Aufzählung vieler Einzelheiten ist hier der allgemeine Gedanke aufgestellt, daß es sich um Vermögen handele, über das in Deutschland zu verfügen ist. Die Beschränkung des § 2079 auf den Fall, daß es sich um einen „in Verwahrung einer deutschen Behörde befindlichen Gegen= stand" handele, ließe sich nur rechtfertigen, wenn man annähme, daß das Gesetz zwar für die Sicherheit des Fiscus, aber nicht für die der deutschen Unterthanen zu sorgen habe.

§ 1859. Die §§ 2090 u. 2091 d. E. dürften besser hier in Verbindung mit dem Erbscheine ihre Stellung finden, als am Schlusse des folgenden Titels.

Titel 6. Der „Erbschaftsanspruch" des Entwurfs gehört zu den unbe= friedigendsten Aufstellungen desselben. Indem der Entwurf den pro possessore possidens nicht der Erbschaftsklage unterwerfen will, indem er ferner jede Einrede aus

§ 1861.

Der Erbschaftsanspruch kann auch wider denjenigen erhoben werden, der die Erbschaft von einem Unberechtigten gekauft oder sonst erworben hat.

§ 1862.

Der Erbschaftsanspruch ist auch gegen denjenigen begründet, der in bewußtem Widerspruch mit einer äußerlich fehlerlosen letztwilligen Verfügung des Erblassers auf Grund eines behaupteten Erbrechts Besitz am Nachlaß ergriffen hat; vorbehaltlich des Rechtes desselben, mittels Anfechtung der letztwilligen Verfügung im Wege besonderer Klage die Erbschaft zurück= zufordern, auch, wenn bei Auslieferung der Erbschaft Gefahr des Verlustes droht, Sicherheitsmaßregeln zu beantragen.

§ 1863 (2080, 2074).

Der Erbschaftsanspruch geht auf Herausgabe dessen, was der Ver= klagte kraft des von ihm beanspruchten Erbrechts oder infolge seines that= sächlichen Eingreifens in den Nachlaß im Besitz hat.

Hat der Verklagte einen Erbschein ausgestellt erhalten, so kann auch auf Herausgabe dieses Erbscheins an das Nachlaßgericht geklagt werden.

§ 1864 (2082, 2083).

Auf Antrag des Klägers ist der Verklagte nicht bloß zur Herausgabe derjenigen Gegenstände, bezüglich deren sein Eingreifen in den Nachlaß be= sonders erwiesen ist, sondern zur Herausgabe der Erbschaft überhaupt zu verurtheilen. Zufolge dieser Verurtheilung hat der Verklagte ein Verzeichniß alles dessen, was er aus dem Nachlaß in Besitz genommen hat, aufzustellen und auf Verlangen des Klägers dessen Vollständigkeit eidlich zu erhärten, auch im Uebrigen über seine gesammte auf den Nachlaß bezügliche Thätigkeit Rechnung abzulegen.

§ 1865.

Der Nachlaß begreift den gesammten Besitzstand des Erblassers. Der Verklagte hat den Nachlaß, soweit er ihn in Besitz genommen, mit allem Zubehör und Zuwachs herauszugeben. Der Einwand, daß der Verklagte auf einen Nachlaßgegenstand anderweit berechtigt sei, steht nur dem gut= gläubigen Erbschaftsbesitzer (§ 1870) zu.

einem materiellen Recht an einer Nachlaßsache zulassen will, erweist er sich für das eigentliche Recht des Erben, das Recht, ausschließlich an dem Nachlaß Besitz zu ergreifen, ganz unbrauchbar. Würden diese Dinge beibehalten, so würde die Erbschaftsklage ein trauriges Rechtsinstitut bilden. Ich beziehe mich auf meine schon in der „Beurtheilung" gelieferte Ausführung (ZSt. S. 163).

§ 1861. Es ist ein Irrthum, wenn man glaubt, die Erbschaftsklage gegen den Erbschaftskäufer ausschließen zu müssen, weil dieser titulo singulari besitze. Wer eine Erbschaft kauft, erwirbt sie als solche und ist deshalb auch allen An= sprüchen unterworfen, die die Erbschaft als solche zum Gegenstand haben. Den Handel mit Erbschaften in gleicher Weise zu schützen, wie den bona fide-Erwerb von einzelnen Sachen, dafür besteht kein Bedürfniß.

§ 1866.

Auch der mit einem Vermächtniß Bedachte, der den Vermächtniß=
gegenstand ohne Zustimmung des Erben aus dem Nachlaß in Besitz ge=
nommen hat, ist dem Erbschaftsanspruch auf Rücklieferung unterworfen:
vorbehaltlich seines Rechtes, das Vermächtniß vom Erben zu fordern.

§ 1867.

Einem Miterben gegenüber hat der Miterbe nur einen Anspruch auf
Herausgabe der Erbschaft nach Verhältniß des beiderseitigen Antheils an
derselben. Einem solchen gegenüber, der nicht Erbe ist, hat jeder Miterbe
einen Anspruch auf Herausgabe der ganzen Erbschaft, soweit sie der Ver=
klagte besitzt.

§ 1868 (2083—2087).

Bei einer Verurtheilung zur Herausgabe der Erbschaft kommen für
den gutgläubigen Besitzer folgende Regeln in Anwendung.

Für veräußerte oder verbrauchte Nachlaßsachen hat er den Werth im
Umfange seiner durch die Veräußerung oder den Verbrauch gewonnenen
Bereicherung zu ersetzen.

Von ihm gezogene Nutzungen hat er zu erstatten, soweit er zur Zeit
der Klagerhebung noch bereichert ist.

Er ist zur Herausgabe der Erbschaft nur gegen Ersatz aller Ver=
wendungen verpflichtet. Als Verwendung gilt auch die Tilgung einer
Nachlaßverbindlichkeit.

§ 1869 (2085).

Wider den nicht in gutem Glauben befindlichen Besitzer, sowie auch
wider den gutgläubigen Besitzer, von der Zeit der Klagerhebung an, kommen
bezüglich der Haftung für Erhaltung des Nachlasses, der Vergütung von
Nutzungen, sowie des Ersatzes von Verwendungen die nämlichen Grundsätze
zur Anwendung, welche bei dem Eigenthumsanspruch gelten.

§ 1870.

Der Erbschaftsbesitzer kann seinen guten Glauben nur darauf gründen,
daß er bei Besitznahme des Nachlasses geglaubt habe, das Recht des Erben
zu haben.

§ 1871 (2088).

Wenn wider denjenigen, gegen welchen der Erbschaftsanspruch be=
gründet ist, der Erbe aus dem ihm an einem Nachlaßgegenstande zu=
stehenden besonderen Rechte Klage erhebt, so sind auch in diesem Falle
die Verpflichtungen des Verklagten nach den Vorschriften für den Erbschafts=
anspruch zu bemessen.

---

§ 1870 ist hinzugefügt, um die Annahme auszuschließen, man könne da=
durch, daß man glaube, auf eine Nachlaßsache materiell berechtigt zu sein, die Vor=
theile des guten Glaubens erwerben. Wer in einen Nachlaß eingreift, handelt,
wenn er nicht Erbe ist, formell widerrechtlich und deshalb kann er nicht guten
Glauben für sich in Anspruch nehmen. (Vergl. den Schlußsatz des § 1865.)

§ 1872.

Der Anspruch auf Leistung des in § 1864 gedachten Offenbarungseides und auf Herausgabe der als in Besitz genommen offenbarten Nachlaßgegenstände kann auch wider solche erhoben werden, gegen welche nach
der nahen Beziehung, in der sie zum Erblasser bei dessen Tode gestanden
haben, oder nach den sonstigen Umständen des Falles der Verdacht vorliegt,
in den Nachlaß eingegriffen zu haben.

§ 1873 (2089).

Wenn eine für todt erklärte Person, die sich nachträglich als lebend
ausweist, ihr Vermögen von demjenigen, der es in Besitz genommen hat,
zurückfordert, so kommen die für den Erbschaftsanspruch gegebenen Vorschriften sinnentsprechend zur Anwendung.

Titel 7. Inventarrecht.

§ 1874 (2092).

Der Erbe, der die Erbschaft angetreten hat, haftet für alle Nachlaßverbindlichkeiten mit seinem ganzen Vermögen.

Er kann sich jedoch das Recht erwirken, für diese Verbindlichkeiten nur
mit dem Bestande des Nachlasses zu haften (Inventarrecht).

Nachlaßverbindlichkeiten sind:

1. die aus der Sicherung und vorläufigen Verwaltung des Nachlasses hervorgegangenen Verbindlichkeiten;

2. die aus der Person des Erblassers auf den Erben übergegangenen
Schulden;

3. die Verbindlichkeiten aus Vermächtnissen und dem Erben gemachten
Auflagen.

§ 1875.

Der Erbe, der das Inventarrecht in Anspruch nimmt, hat dies
innerhalb von sechs Wochen, nachdem er von dem Anfalle der Erbschaft
Kenntniß erlangt hat, bei dem Nachlaßgerichte zu erklären.

---

§ 1872. Ueber die Zweckmäßigkeit dieser, der gemeinrechtlichen Praxis
entsprechenden Bestimmung läßt sich ja streiten. Ich gebe deren Aufnahme anheim.

Titel 7. Das Inventarrecht ist von mir schon im Arch f. bürg. Recht,
Bd. 3, S. 173 bearbeitet worden, und mein dortiger Entwurf, der hier mit geringen Aenderungen wiederholt ist, hat schon eine ausführliche Begründung erhalten. Es sind jedoch auf diesem Rechtsgebiete so abweichende Ansichten aufgetreten,
daß ich mich gedrungen fühle, meiner früheren Begründung noch eine weitere
Ausführung zuzufügen, die ich, da sie in den Bemerkungen keinen genügenden
Raum fand, in einem Anhang dieses Heftes verwertet habe.

§ 1875. Es ist dringend zu wünschen, daß der Schwebezustand, in dem
die Erbschaft während laufender Inventarfrist sich befindet, möglichst kurz dauere.
Belastet man den Erben selbst mit Aufnahme des Inventars, dann muß man
freilich dafür die Frist länger greifen. Sagt man aber: die Aufnahme des Inventars ist Sache des Gerichts, dann bedarf der Erbe, blos um den Entschluß zu
fassen daß er das Inventarrecht in Anspruch nehmen will, keiner so langen Frist.

§ 1876.

Das Inventarrecht kann nicht mehr in Anspruch genommen werden, wenn der Erbe sich in die Erbschaft in einer Weise eingemischt hat, welche die Unversehrtheit des Nachlasses in Zweifel stellt; insbesondere wenn er vom beweglichen Nachlasse Besitz ergriffen hat.

§ 1877.

Der Erbe, der die Erwirkung des Inventarrechtes sich erhalten will, darf — von den in § 1803 No. 1, 2, 3 erwähnten Fällen abgesehen — über Gegenstände des Nachlasses nicht verfügen. Er darf über solche auch nicht Proceß führen. Wird eine Proceßführung nothwendig, so hat er die Bestellung eines Nachlaßpflegers für diesen Zweck zu veranlassen. Bis dahin, daß diese erfolgt ist, kann er die Aussetzung eines wider ihn gerichteten Verfahrens verlangen.

Auch der Vermächtnißnehmer kann über den Gegenstand des Vermächtnisses nicht verfügen oder Proceß führen, so lange der Erbe ihm den Gegenstand des Vermächtnisses nicht übertragen hat (§ 1639 Abs. 2).

§ 1878.

Auf die nach § 1875 abgegebene Erklärung des Erben hat das Gericht, insofern es noch nicht geschehen sein sollte, den Nachlaß sofort unter gerichtliche Obhut zu nehmen, auch die Aufnahme eines Inventars über denselben durch einen zuständigen Beamten anzuordnen.

Welche Beamten für die Inventaraufnahme zuständig sind, bestimmt die Landesgesetzgebung.

§ 1879.

Der das Inventar aufnehmende Beamte hat von Amtswegen dafür zu sorgen, daß das Inventar den ganzen Nachlaß umfasse.

Der Erbe kann bei der Inventaraufnahme gegenwärtig sein. Er hat auf Erfordern jede dienliche Auskunft zu geben. Auf Anordnung des Gerichts ist er zur Leistung des Offenbarungseids verpflichtet.

Auf Anordnung des Gerichts können auch andere Auskunftspersonen zwecks vollständiger Ermittelung des Vermögens vernommen und nach Befinden beeidigt werden.

In das Inventar soll, soweit als thunlich, zugleich eine Schätzung des Werthes der verzeichneten Gegenstände aufgenommen werden.

Deshalb ist hier die Frist auf 6 Wochen gesetzt. Der Erbe kann ja auch, nachdem er die Erklärung nach § 1875 abgegeben hat, jeden Augenblick wieder auf das Inventarrecht verzichten; und dann ist kein weiterer Schaden geschehen, als daß vielleicht ohne Noth das Inventar aufgenommen und eine Ladung der Gläubiger ergangen ist.

§ 1877. Es ist nur eine Folge des ganzen Gedankens, daß bei erwirktem Inventarrecht der Nachlaß den Gläubigern unversehrt erhalten bleiben muß, wenn hier ausgesprochen wird, daß der Erbe während schwebender Inventarfrist über Gegenstände des Nachlasses keine Verfügung treffen darf. In meinem früheren Entwurf hatte ich diese Folge auszusprechen versäumt. Hier ist es nachgeholt.

§ 1880.

Durch das ordnungsmäßig aufgenommene Inventar gilt bis zum Beweise, daß noch anderweite Nachlaßgegenstände vorhanden sind, der Bestand des Nachlasses als festgestellt.

§ 1881.

Ist schon vorher ein Inventar über den Nachlaß amtlich aufgenommen worden, so kann dieses dem Verfahren zu Grunde gelegt werden.

§ 1882.

Wird die Bestellung eines Nachlaßpflegers nothwendig, so kann als solcher auch der Erbe, wenn er nach seiner Persönlichkeit dazu sich eignet, bestellt werden.

§ 1883 (2120).

Auf die nach § 1875 abgegebene Erklärung des Erben hat das Gericht ferner ein Aufgebot sämmtlicher Nachlaßgläubiger zur Anmeldung ihrer Forderung zu erlassen.

Das Verfahren erfolgt nach den Vorschriften im 9. Buche der Civilproceßordnung, jedoch unter folgenden näheren Bestimmungen.

§ 1884 (2124).

Der Aufgebotstermin ist auf drei Wochen bis sechs Monate hinauszusetzen.

In minder wichtigen Fällen bedarf es keiner Bekanntmachung durch den Reichsanzeiger.

§ 1885 (2124).

Neben der öffentlichen Bekanntmachung des Aufgebots soll von Amtswegen eine Zustellung desselben an die von den Erben benannten oder sonst bekannt gewordenen Gläubiger erfolgen. Die Zustellung kann durch Aufgabe zur Post bewirkt werden.

§ 1886.

Das Aufgebot erfolgt unter dem Rechtsnachtheile, daß nach Erlaß eines Ausschlußurtheils nicht angemeldete Gläubiger ihre Befriedigung nur aus demjenigen Theile des Nachlaßvermögens fordern können, der nach Befriedigung der angemeldeten Gläubiger übrig bleibt.

§ 1887.

Die Einleitung des Aufgebotsverfahrens hat die sachlichen Wirkungen der Konkurseröffnung. Sie gelten als bereits mit dem Tode des Erblassers eingetreten.

§ 1888 (2125).

Gläubiger, welche im Konkurs ein Recht auf abgesonderte Befriedigung aus gewissen Gegenständen des Vermögens haben, werden in diesem ihrem Rechte von dem Aufgebotsverfahren nicht betroffen.

27*

Die in § 1874 Abf. 3 unter Nr. 1 aufgeführten Nachlaßverbindlich=
keiten gelten, auch wenn sie nicht angemeldet werden, als stillschweigend
vorbehalten.

§ 1889 (2126).

Die Anmeldung der Forderungen hat in gleicher Weise wie im
Konkurse (§ 127 der K.=O.) stattzufinden.

§ 1890.

In dem Termin hat der Erbe zu erklären, ob er die angemeldeten
Forderungen, die Frage ihrer Richtigkeit vorbehalten, voll befriedigen will.
Nur wenn er diese Erklärung bejahend abgiebt, kann er ein Ausschlußurtheil
wider die nichtangemeldeten Gläubiger beantragen.

Zur Abgabe der vorgedachten Erklärung kann dem Erben eine weitere
Frist gestattet werden.

§ 1891.

Giebt der Erbe die in § 1890 gedachte Erklärung bejahend ab, so
wird neben Erlaß eines Ausschlußurtheils wider die nicht angemeldeten
Gläubiger die Uebergabe des Nachlasses an den Erben gegen die Verpflich=
tung zur vollen Befriedigung der angemeldeten Gläubiger, soweit deren
Forderungen richtig sind, verfügt.

Forderungen, die der Erbe bestreitet, haben die Gläubiger binnen
Jahresfrist seit Erlaß des Ausschlußurtheils gerichtlich geltend zu machen,
widrigenfalls sie nur noch ein Recht auf Befriedigung in der Reihe der
ausgeschlossenen Gläubiger haben.

§ 1892 (2127).

Ausgeschlossene Gläubiger können ihre Forderungen gegen den Erben
nur noch insoweit geltend machen, als der Nachlaß nicht durch Befriedigung
der angemeldeten Gläubiger erschöpft wird.

Sie können nicht verlangen, daß der Erbe sie in einer bestimmten
Reihenfolge befriedige. Die rechtskräftige Verurtheilung des Erben zur Be=
friedigung eines Gläubigers wirkt den übrigen Gläubigern gegenüber ebenso,
wie die wirkliche Befriedigung.

Sind aus dem Nachlasse Vermächtnißnehmer oder Pflichttheils=
berechtigte befriedigt worden, so können unbefriedigt gebliebene Gläubiger
ihnen dasjenige wieder abfordern, was dieselben nicht erhalten haben
würden, wenn diese Gläubiger vor ihnen befriedigt worden wären.

§ 1893.

Giebt der Erbe die in § 1890 gedachte Erklärung nicht bejahend
ab, so ist von Amtswegen die Ueberleitung des Verfahrens in den Konkurs
zu verfügen.

§ 1894.

Die Akten des Aufgebotsverfahrens bilden einen Theil der Konkurs=
akten. Das aufgenommene Inventar dient auch für den Konkurs zur

— 413 —

Grundlage (§ 114 der K.-O.). Die im Aufgebotsverfahren angemeldeten
Forderungen gelten als im Konkurse angemeldet.

Weiter kommen für den Konkurs über den Nachlaß folgende Bestim=
mungen zur Anwendung.

§ 1895.

Der Erbe, der unter Erwirkung des Inventarrechts die Erbschaft an=
getreten hat, hat im Konkurse die Stellung des Gemeinschuldners. Er kann
jedoch, wenn er nach seiner Persönlichkeit sich dazu eignet, auch Rechtsver=
wickelungen nicht zu befürchten sind, zum Konkursverwalter bestellt werden.

§ 1896 (2113).

Neben den in § 52 der K.-O. bezeichneten Verbindlichkeiten gelten
als Masseschulden:

1. die Kosten, welche durch die Testamentseröffnung, die Sicherung
des Nachlasses, die Inventaraufnahme und das Aufgebotsverfahren
entstanden sind;

2. die Verbindlichkeiten aus den von einem Testamentsvollstrecker oder
Nachlaßpfleger vorgenommenen oder sonst den Nachlaß ver=
pflichtenden Rechtsgeschäften;

3. die Kosten der standesmäßigen Beerdigung des Erblassers.

§ 1897.

Hat der Erbe selbst Forderungen an den Nachlaß, so kann er diese
im Konkurse geltend machen.

§ 1898 (2117 Nr. 1 u. 2).

Auch die in § 56 der K.-O. aufgeführten Forderungen sind im
Konkurse geltend zu machen. Sie kommen jedoch erst nach Befriedigung
aller übrigen dem Erblasser gegenüber entstandenen Forderungen zur He=
bung, und zwar in der Reihenfolge, in welcher § 56 der K.-O. sie
aufführt.

§ 1899 (2117 Nr. 4).

Vermächtnißnehmer erhalten ihre Befriedigung nur aus demjenigen
Vermögen, das nach Befriedigung aller Gläubiger des Erblassers
übrig bleibt.

Der Erbe kann verlangen, daß von dem zur Auszahlung der Ver=
mächtnisse verfügbaren Vermögen mindestens 10 Procent des Werthes ihm
verbleiben.

§ 1900 (2117 Nr. 3).

Pflichttheilsberechtigte, die in ihrem Rechte verletzt sind, können gleich=
falls ihren Anspruch in dem Verfahren geltend machen. Sie erhalten ihren
Antheil an der Erbschaft, unbeschwert von Vermächtnissen, aus dem für
den Erben übrigbleibenden Vermögen (§ 1903).

§ 1899. Der Abs. 2 ist in Uebereinstimmung mit dem bei § 1675 Be=
merkten hinzugefügt.

§ 1900. Es muß hier nochmals betont werden, daß der Pflichttheils=
berechtigte auch wenn man sein Recht auf einen aliquoten Theil der Erbschaft in

§ 1901 (2117 Abf. 3).

Im Interesse ihrer Ansprüche können Pflichttheilsberechtigte und Vermächtnißnehmer für Erhaltung der Masse die nämlichen Rechte ausüben, die dem Erben zustehen. Ein Nachlaßvertrag kann nur mit ihrer Zustimmung geschlossen werden.

Ein Vermächtnißnehmer, dem ein einzelner Nachlaßgegenstand vermacht ist, kann verlangen, daß dieser Gegenstand von der Versilberung der Masse so lange ausgeschlossen bleibe, als dessen Verwerthung nicht zur Befriedigung ihm vorgehender oder gleichstehender Berechtigten nothwendig ist.

§ 1902.

Auch noch im Laufe des Konkursverfahrens kann der Erbe die in § 1891 gedachte Erklärung abgeben. Das Gericht hat dann nach § 1891 zu verfahren. Das Ausschlußurtheil ist gegen alle bis dahin nicht angemeldeten Gläubiger zu richten.

§ 1903 (2118).

Verbleibt im Konkurse nach Befriedigung aller angemeldeten Berechtigten ein Ueberschuß, so ist dieser dem Erben zu übergeben. Für die Geltendmachung der Rechte noch unbefriedigter Berechtigten kommen die Bestimmungen des § 1892 zur Anwendung.

§ 1904 (2119).

Sind mehrere Erben vorhanden, so erfolgt die Einleitung des Aufgebotverfahrens, auch wenn nur einer der Erben das Inventarrecht in Anspruch nimmt, und die Fortführung des Verfahrens als Konkurs, wenn nur einer der Erben die in § 1891 gedachte Erklärung nicht abgiebt. Das Ergebniß des Verfahrens kommt allen Erben zu statten. Die Kosten des Verfahrens hat, wenn sich nicht eine Ueberschuldung des Nachlasses herausstellt, derjenige Erbe zu tragen, der das Verfahren veranlaßt hat.

§ 1905.

Hat ein Erbe, der den Anspruch auf das Inventarrecht nach § 1876 verloren hatte, gleichwohl zum Inventarrechte sich gemeldet und eine beschränkte Befriedigung der Nachlaßgläubiger erwirkt, so können diese, soweit sie aus dem Nachlaß keine Befriedigung erhalten haben, ihre Forderungen wider den Erben persönlich verfolgen, und zwar, wenn er ein Miterbe ist, nach Verhältniß seines Antheils an der Erbschaft.

---

einen Geldanspruch umsetzen will) kein Nachlaßgläubiger ist. Sein Anspruch ist und bleibt ein erbrechtlicher. Dies hat u. A. zur Folge, daß der Pflichttheilsberechtigte, auch wenn er sich im Nachlaßkonkurse nicht meldet, seinen Anspruch nicht verliert, sondern noch an dem, was der Erbe aus dem Konkurse zurückerhält, geltend machen kann. Seine Stellung in dieser Beziehung ist ganz gleich der Stellung des wahren Erben, wenn ein falscher Erbe die Erbschaft im Konkurse vertreten hätte. Auch dieser könnte dem falschen Erben das, was er aus dem Konkurse erhalten hat, wieder abholen.

§ 1906.

Der Erbe, der ohne Inventarrecht die Erbschaft übernommen hat, braucht gleichwohl Vermächtnisse, die erst später zu Tage treten, nur insoweit zu befriedigen, als der Nachlaß ausreicht. Für die Feststellung des Nachlaßbestandes genügt in diesem Falle bis zu geführtem Beweise eines Andern ein von dem Erben nachträglich aufgestelltes Inventar, dessen Vollständigkeit der Erbe auf Verlangen des Vermächtnißnehmers eidlich zu erhärten hat. Die Bestimmung in Absatz 2 des § 1899 kommt auch in diesem Falle zur Anwendung.

§ 1907 (2150).

Wird über das Vermögen des Erben, der den Nachlaß zur eigenen Befriedigung der Gläubiger übernommen hat, innerhalb zweier Jahre seit Antretung der Erbschaft der Konkurs eröffnet, so können die Nachlaßgläubiger abgesonderte Befriedigung aus dem Nachlaß verlangen. Zu diesem Zweck ist der Nachlaß aus dem Vermögen des Erben auszuscheiden, wobei der Erbe zum Offenbarungseid verpflichtet ist. Die Befriedigung der Gläubiger erfolgt konkursmäßig, auch wenn der Nachlaß nicht überschuldet ist. Der verbleibende Rest des Nachlasses wird dem Konkurs über das Vermögen des Erben zugewiesen. In diesem können die Nachlaßgläubiger ihre Forderungen insoweit geltend machen, als sie aus dem Nachlaß keine Befriedigung erhalten oder auf die Befriedigung im Nachlaßkonkurse verzichten.

Titel 8. Auseinandersetzung der Miterben.

§ 1908.

(— Für die Auseinandersetzung sind im Zweifel die Grundsätze der Gemeinschaft anwendbar — wie § 2151 d. E.)

§ 1909 (2152).

Der Erblasser kann durch letztwillige Verfügung Anordnungen für die Auseinandersetzung der Erben und die Theilung der Erbschaft treffen.

---

§ 1906. Wenn man auch im Allgemeinen Vermächtnißnehmer mit den Gläubigern des Erblassers gleichstellen und deshalb vom Erben verlangen kann, daß er, wenn er die Vermächtnisse nicht voll auszahlen will die Unzulänglichkeit des Nachlasses in den Formen des Inventarrechts feststelle, so läßt sich doch der Fall denken, daß, während der Erbe in gutem Glauben an die Zahlfähigkeit der Erbschaft ohne Inventarrecht angetreten hat, nachträglich Vermächtnißnehmer auftreten, die ihn übermäßig in Anspruch nehmen. In diesem Falle kommt in Betracht, daß die Vermächtnißnehmer nicht gleiche Gunst mit den eigentlichen Nachlaßgläubigern verdienen, und daß es für den Erben sehr hart sein würde, wenn er nun den Vermächtnißnehmer, der doch nur einen Gewinn machen will, voll ausbezahlen müßte. Ich halte es daher für billig, daß in diesem Falle auch noch nachträglich dem Erben gestattet werde, auf die Unzulänglichkeit des Nachlasses sich zu berufen und diese in der erleichterten Form des oben aufgestellten Abs. 2 nachzuweisen. Für die Vermächtnißnehmer liegt darin kein Unrecht. Sie hätten sich früher melden sollen.

Titel 8. Für die Begründung dieses Titels nehme ich Bezug auf meine Ausführungen im Arch. f. bürg. Recht. Bd. 3 S. 218.

Er kann insbesondere anordnen, daß die zwecks Theilung vorzunehmende Versteigerung von Nachlaßgegenständen nur unter den Miterben vorgenommen werden solle.

§ 1910.

Hat der Erblasser die Theilung des Nachlasses oder einzelner Nachlaßgegenstände letztwillig untersagt, so ist keiner der Miterben über fünf Jahre nach dem Tode des Erblassers hinaus daran gebunden.

§ 1911 (2151).

Steht die Geburt eines zur Miterbschaft berufenen Kindes in Erwartung, so ist bis dahin, daß die dadurch herbeigeführte Unbestimmtheit der Erbfolge gehoben ist, die Theilung der Erbschaft auszusetzen.

Gleiches gilt, wenn eine der staatlichen Genehmigung bedürfende Stiftung an der Erbschaft betheiligt ist, bis zur Entscheidung über das Zustandekommen der Stiftung.

§ 1912.

(— ausgenommen von der Theilung sind Familienurkunden — wie § 2155 d. E.)

§ 1913.

Jeder Miterbe kann verlangen, daß bei der Erbtheilung die Vorschrift des § 1829 Abs. 2 gewahrt werde, auch daß die nach § 1832 zulässige Aufforderung der Gläubiger erfolge. Geschieht diese allein auf Verlangen eines einzelnen Erben, so hat dieser allein deren Kosten zu tragen.

§ 1914 (2156).

Insofern nicht ein Testamentsvollstrecker die Auseinandersetzung der Miterben übernimmt, hat auf Antrag eines Betheiligten das Nachlaßgericht durch Verhandlung mit den Erben und den sonst letztwillig Bedachten die Auseinandersetzung derselben zu vermitteln. Es hat dabei insbesondere auf die Befolgung der Vorschrift in § 1829 Abs. 2 hinzuwirken, auf Antrag die nach § 1832 zulässige öffentliche Aufforderung der Gläubiger zu erlassen und deren Anmeldungen entgegen zu nehmen, auch, soweit als nöthig, nach den Angaben und Vereinbarungen der Betheiligten einen Erbtheilungsplan aufzustellen.

§ 1915.

Zwecks Feststellung des zu theilenden Nachlasses kann jeder Miterbe von dem andern verlangen, daß dieser über die von ihm in Besitz genommenen Nachlaßgegenstände den Offenbarungseid leiste.

§ 1916.

Für Gegenstände, welche bei der Erbtheilung die Erben einander übertragen, haften diese sich gegenseitig nach den Grundsätzen des Kaufs und des Tausches, der Forderungübertragung und der Schuldübernahme.

Werden dabei von einem Erben Forderungen zum vollen Nennwerthe übernommen, so bleiben die übrigen Erben auch für die Zahlfähigkeit der Schuldner fünf Jahre lang haftbar. Auf Forderungen, die einen Kurswerth haben, bezieht sich diese Vorschrift nicht.

§ 1917 (2157).

Kinder des Erblassers, welche kraft Gesetzes oder letztwilliger Verfügung nach den Regeln der gesetzlichen Erbfolge erben, haben dasjenige, was sie durch Zuwendung unter Lebenden nach den Bestimmungen der §§ 1918 und 1919 vom Erblasser empfangen haben, unter einander zur Ausgleichung zu bringen (Ausgleichungspflicht).

§ 1918, 1919.

(— was zur Ausgleichung zu bringen ist — wie §§ 2158 u. 2159 d. E.)

§ 1920 (2163).

Die Ausgleichung findet in der Art statt, daß jedem Miterben der Werth der ihm gemachten Zuwendung auf seinen Erbtheil angerechnet wird.

Bei Berechnung der Erbtheile wird der Werth sämmtlicher zur Ausgleichung zu bringenden Zuwendungen dem Bestande der Erbschaft zugerechnet.

Der Werth einer Zuwendung bestimmt sich nach der Zeit, in welcher sie erfolgt ist.

Uebersteigt der Werth der einem Miterben gemachten Zuwendung den Betrag seines Erbtheils, so ist er zu einer Herauszahlung des Mehrbetrages nicht verpflichtet. Die Erbtheilung findet alsdann in der Weise statt, daß der Werth der Zuwendung der Masse nicht zugerechnet wird und der Empfänger von der Theilung ausgeschlossen bleibt.

§ 1921.

Wenn ein Miterbe, dem eine Zuwendung auf seinen Erbtheil angerechnet ist, wegen Nachlaßverbindlichkeiten in Anspruch genommen wird und diese über den Betrag des aus dem Nachlaß Empfangenen hinaus bezahlen muß, hat er wegen des gezahlten Mehrbetrags einen Rückgriff auf seine Miterben bis zum Betrage dessen, was diese selbst aus dem Nachlaß empfangen haben.

§ 1922.

Wenn feststeht oder nach den Umständen anzunehmen ist, daß ein Miterbe eine zur Ausgleichung verpflichtende Zuwendung empfangen hat, können seine Miterben verlangen, daß er über den Bestand und den Werth der Zuwendung den Offenbarungseid leiste.

§ 1923 (2160).

Treten statt eines Ausgleichungspflichtigen dessen Kinder in die Erbschaft ein, so unterliegen sie der nämlichen Ausgleichungspflicht, auch wenn sie nicht Erben des ursprünglich Ausgleichungspflichtigen geworden sind.

§ 1924 (2161).

Ein Kindeskind des Erblassers, welches zu einer Zeit, wo es zu diesem noch nicht in unmittelbarem Erbverhältniß stand, von demselben eine Zuwendung erhalten hat, ist, auch wenn es später unmittelbarer Erbe wird, nicht verpflichtet, die Zuwendung zur Ausgleichung zu bringen; es sei denn, daß der Erblasser bei der Zuwendung die Ausgleichung angeordnet hat.

§ 1925 (2162).

Eine Zuwendung, die einem Kinde aus dem Gesammtgute einer ehelichen Gütergemeinschaft gemacht worden ist, gilt im Zweifel, wenn das Kind beiden Ehegatten angehört, als von beiden, wenn es nur einem der Ehegatten angehört, als von diesem gemacht.

§ 1926.

Sind neben den Kindern des Erblassers noch andere Miterben vorhanden, so tritt die Ausgleichung nur zwischen den Kindern ein.

§ 1927.

Ist die Erbtheilung zwischen den Kindern ohne Berücksichtigung eines Ausgleichungsanspruchs vollzogen worden, so kann nachträglich der Anspruch nur auf Grund entschuldbaren Irrthums erhoben werden.

Anhang.

Das Inventarrecht.

Es scheint ein tiefgreifender Unterschied dazwischen zu liegen, ob man den Grundsatz aufstellt, daß der Erbe für sämmtliche Nachlaßschulden persönlich zu haften habe, oder den Grundsatz, daß er nur im Umfange des Nachlasses für die Schulden hafte. Zu den Schriftstellern, welche grundsätzlich für die beschränkte Haftbarkeit des Erben eintreten, gehören namentlich Gierke und Eck. Gierke (S. 558) sagt: „Es muß der Grundsatz gelten, daß der Erbe nur mit dem Nachlaß haftet. Es bedarf aber der Sicherung der Nachlaßgläubiger. Der Erbe, welcher die Erb-schaft behalten will, muß dafür sorgen, daß der Nachlaß zur Befriedigung der auf ihm ruhenden Verbindlichkeiten, und zwar im Falle der Unzuläng-lichkeit verhältnißmäßig verwandt werde. Er muß vor allem das ihm angefallene Sondervermögen bis zur erfolgten Vereinigung von seinem eigenen Vermögen getrennt halten. Versäumt er dies, so ladet er die Nachlaßverbindlichkeiten seinem eigenen Vermögen auf." Eck (S. 12, 26) sagt: „Uns erscheint von vornherein das Vermögen des Schuldners als das Haftungsobjekt; wir vermögen uns sehr wohl die Schulden des Nach-lasses als eine auf ihm ruhende Last zu denken. In Wahrheit haben die Gläubiger kein Recht darauf, aus dem Tode des Schuldners einen Ge-winn zu ziehen; sie können nur verlangen, daß ihnen, wie bisher das Vermögen des Lebenden, so nunmehr der Nachlaß zu ihrer Befriedigung diene. Der Erbe aber hat ein Recht darauf, zur Bezahlung fremder Schulden mit eigenen Mitteln nicht ohne Noth herangezogen zu werden. Der Nachlaß muß als ein besonderes Vermögen, verschieden von dem des Erben, anerkannt werden. Beide Vermögensmassen müssen gegenständlich gesondert werden."

In meinem obigen Entwurfe (§ 1874) steht nun scheinbar gerade der ent-gegengesetzte Grundsatz an der Spitze. Ich weiß nicht, ob es Jemanden überraschen wird, wenn ich trotzdem erkläre, daß ich mit beiden genannten Schriftstellern vollständig einverstanden bin. Auch ich halte es für eine Härte und Unbilligkeit gegen den Erben, daß er für die Schulden des Erblassers persönlich haften soll, vorausgesetzt nur, daß der

Nachlaß unversehrt den Gläubigern zu ihrer Befriedigung erhalten bleibt. Geht man hiervon aus, dann ist es ganz einerlei, ob man sagt: „Der Erbe haftet für alle Schulden; aber er kann sich von der Haftung frei halten, wenn er den Nachlaß unversehrt den Gläubigern zu ihrer Befriedigung überweist"; oder ob man sagt: „Der Erbe haftet für die Schulden nur mit dem Nachlasse; aber er muß, um dies zu erreichen, den Nachlaß unversehrt den Gläubigern überweisen." Ob man das Gesetz nach der einen oder nach der andern Formel aufbaut, halte ich für völlig gleichgültig. Sachlich kommt alles nur darauf an: Wie ist es zu machen, daß der Nachlaß unversehrt den Gläubigern zu ihrer Befriedigung erhalten bleibt? Daß, wenn man die persönliche Haftung des Erben nicht will, dies eine Forderung der Ge= rechtigkeit ist, darüber kann doch kein begründeter Zweifel obwalten.[*]

Justinian glaubte, das geeignete Mittel, den Nachlaß für die Gläubiger sicher zu stellen, darin finden zu können, daß er von dem Erben verlangte, er solle innerhalb von 3 Monaten ein Inventar über den Nach= laß errichten. Daß diese Inventarerrichtung, auch wenn man die dafür vorgeschriebenen Kautelen hinzu nimmt, von vornherein nur ein schwäch= liches Mittel war, den Gläubigern den Nachlaß zu sichern, das ist doch unverkennbar. Nimmt der Erbe den Nachlaß in Besitz und errichtet er dann nach einigen Monaten darüber ein Inventar, so liegt auf der Hand, daß eine solche vom Erben selbst gemachte Aufzeichnung — abgesehen von der Ehrlichkeit des Erben — nicht die geringste Garantie in sich trägt, daß sie vollständig den Nachlaß angebe. Es ist ein alter Satz: Scriptura pro scribente nihil probat. Wie soll denn nun hier auf ein= mal das Gegentheil gelten? Der Erbe, der die Gläubiger übervortheilen will, braucht dabei nicht einmal positiv zu lügen. Er kann die Sachen, die er hinterhalten will, bei Seite bringen und einfach aus dem Inventar weglassen. Dann sind sie aus der Erbschaft verschwunden. Aeußersten Falls kann er ja sagen, er habe sie vergessen. Daß unter solchen Um= ständen auch ein von dem Erben abgelegter Offenbarungseid keinen großen Werth hat, bedarf keiner Ausführung.

Immerhin konnte man sagen, daß zu Justinians Zeit und auch in früheren Zeiten bei uns ein solches Inventar eine gewisse Sicherheit biete, weil unter den früheren Verhältnissen Vermögensbestände von größerem Umfange nicht leicht vorkamen, die sich vollständig hätten verheimlichen lassen. Das ist aber im Laufe der neueren Zeit ganz anders geworden:

---

[*] Wenn die Römer bis auf Justinian an dem Satze, daß der Erbe per= sönlich zu haften habe, festhielten, so hatte dies sicherlich nicht in theoretischen An= schauungen (von der Personeneinheit ꝛc.), sondern darin seinen Grund, daß sie kein Mittel wußten, den Gläubigern die Unversehrtheit des Nachlasses zu sichern; wie denn auch, streng genommen, es ein' solches Mittel nicht giebt. In dieser Nothlage wo nothwendig der eine oder andere Nachtheil leiden mußte hielten sie es für gerechter, daß der Erbe, der, um einen Gewinn zu machen, die Erbschaft antrete, den Nachtheil trage, als daß die Gläubiger Schaden leiden. Meine frühere Aeußerung hierüber ist von Eck, der sie S. 18 anführt, nicht ganz richtig aufgefaßt.

und zwar in Folge der ungeheueren Vermehrung unserer Vermögensbestände durch Inhaberpapiere. Es giebt heute kaum ein großes Vermögen in Deutschland, in dem sich nicht solche Papiere vorfänden. Sie steigen aber auch bis in die kleinsten Vermögen hinab. Während nun bei allen anderen Vermögensgegenständen eine Entfremdung aus der Erbschaft doch immer mit einiger Schwierigkeit verbunden ist und auch leichter der Entdeckung anheimfällt, bedarf es, wo die Erbschaft Inhaberpapiere enthält, nur eines Zugriffs, um diese in beliebigen Maßen und für Niemanden erkennbar der Erbschaft zu entziehen. Der Erbe, der in den Besitz des Nachlasses sich gesetzt hat, ist der Versuchung hierzu um so mehr ausgesetzt, als ja eine solche Handlung, wenn sie auch sachlich einem zum Nachtheil der Gläubiger geübten Diebstahle völlig gleichsteht, doch juristisch nicht als Diebstahl angesehen und bestraft werden würde. Wenn nun der Erbe in dieser Weise die Erbschaft ausgeplündert hat, was kann dann noch ein von ihm aufgestelltes Inventar beweisen? Ist der Erbe unredlich, — und das Recht muß doch auch mit der Möglichkeit unredlicher Menschen rechnen — so ist ein solches Inventar völlig werthlos.

Es paßt daher nicht, wenn man glaubt, sich darauf berufen zu können, daß doch bisher, sowohl nach gemeinem als nach preußischem Rechte, der das Inventarrecht beanspruchende Erbe sich ruhig in den Besitz der Erbschaft habe setzen dürfen. Eine so tief greifende Aenderung, wie die von mir geschilderte, darf der Gesetzgeber jedenfalls dann, wenn er neue Gesetze macht, nicht außer Acht lassen. Sonst erben sich in Wahrheit Gesetz und Rechte wie eine ewige Krankheit fort.

Soll also Ernst damit gemacht werden, daß der Nachlaß den Gläubigern unversehrt erhalten bleibt, — und ich beziehe mich hierfür auf das von Gierke und Eck Gesagte — so muß für den Erben, der sich das Inventarrecht erwirken will, die Regel gelten: Hand ab vom Nachlaß! Durch das Verlangen des Inventarrechts erklärt der Erbe, daß es mindestens zweifelhaft sei, ob ihm irgend etwas vom Nachlasse zukomme. Damit hört er auf, berechtigter Verwalter des Nachlasses zu sein. Der Nachlaß ist, vorläufig wenigstens, für ihn fremdes Gut; ein Gut, von dem man nicht weiß, wem es zukommen wird. Daraus ergiebt sich für den Staat die Pflicht, das Gut unter seine Obhut zu nehmen.

Nun pflegt man freilich zu sagen: die Einmischung des Gerichts in Privatangelegenheiten müsse sich auf die Fälle unumgänglicher Nothwendigkeit beschränken. Gegen diesen Grundsatz, wenn er verständig angewendet wird, ist ja nichts einzuwenden. Man muß sich nur hüten, da-

---

*) Es ist eine merkwürdige Erscheinung, daß das Manchesterthum, das auf den übrigen Gebieten unseres Staatslebens seit etwa anderthalb Jahrzehnten abgewirthschaftet hat, auf dem Gebiete der Justiz, wo es durch die Aera Leonhardt zum Theil in radikalster Weise eingeleitet wurde, bis auf den heutigen Tag fortblüht. Ein sprechender Beweis für diesen Gegensatz liegt unter Anderem darin, daß, als vor Kurzem die Socialgesetzgebung (bei Schaffung der Gewerbegerichte) für ihre Zwecke ein processualisches Verfahren ordnen mußte, sie den Process unserer Civilproceßordnung als unbrauchbar bei Seite warf und durch einen anderen ersetzte.

mit in Uebertreibung zu gerathen.*) Das thut man aber, wenn man aus blinder Angst vor der „gerichtlichen Erbschaftsregulirung" es für geboten hält, daß auch in diesem Falle der Staat still sitze und alles dem Erben überlasse, obwohl dieser selbst erklärt, er wisse nicht, ob ihm aus der Erbschaft ein Pfennig gehöre. Wodurch erscheint denn der Erbe als ein so vertrauenswürdiger Mann, daß man ihm blindlings die Verwaltung fremden Gutes anvertrauen zu können glaubt? Hier gerade ist es Pflicht und Schuldigkeit des Staates, einzugreifen und das Vermögen vor Entfremdung zu bewahren. Damit wird auch den Gerichten keine übermäßige Last aufgewälzt. Denn die Fälle, wo mit dem Inventarrecht angetreten wird, sind doch im Ganzen selten.

Aus dieser Auffassung ergibt sich auch, daß die Aufnahme des Inventars, die im Interesse der Gläubiger erfolgt, nicht Sache des Erben, sondern Sache des Gerichts ist, welches möglichst dafür zu sorgen hat, daß kein Nachlaßgegenstand daraus wegbleibe. Wie kann denn eine von dem Erben selbst aufgenommene Urkunde irgend etwas zu seinen Gunsten beweisen?

Es ergiebt sich ferner, daß als das Sondervermögen, das den Gläubigern zu haften hat, nur der Nachlaß selbst, nicht dessen „Werth" in Betracht kommen kann.*) Tritt der Erbe unbeschränkt an, dann steht ihm allerdings frei, ob er die Schulden mit dem Nachlasse oder mit seinem eigenen Vermögen bezahlen will. Auch wenn der Erbe Nachlaßsachen abhanden gebracht hätte — es muß freilich möglichst verhütet werden, daß er in die Lage kommt, das zu können — so würde er den Werth dieser Sachen, so gut man ihn eben ermitteln kann, der Masse zu ersetzen haben. Was in aller Welt soll aber den Erben berechtigen, den Nachlaß selbst den Gläubigern vorzuenthalten und sie mit dem Werth abzufinden? Was würde man sagen, wenn ein Lebender, der viele Schulden hat, erklärte: „Ich lasse jetzt mein Vermögen abschätzen und zahle meinen Gläubigern den abgeschätzten Werth heraus. Dann bin ich von Schulden frei." Müßten die Gläubiger sich das gefallen lassen? Nein, sie können verlangen, daß das Vermögen ihres Schuldners ordnungsmäßig zum Zwangsverkauf gebracht wird und sie mit dem, was daraus erlöst wird, befriedigt werden. Wie soll nun der Erbe dazu kommen, sagen zu können: „Der Nachlaß gehört mir. Folglich bezahle ich nur den Werth. Damit müssen sich die Nachlaßgläubiger zufrieden geben." Hat etwa der Erbe den Gläubigern gegenüber ein besseres Recht an dem Nachlasse, als der Erblasser selbst an seinem Vermögen hatte?

Die Ersetzung der Sache durch deren Werth bildet im Rechte stets nur einen Nothbehelf, kann aber niemals da eintreten, wo man die Sache selbst haben kann. Und zwar liegt hierfür der sehr natürliche Grund vor, daß jede Werthbestimmung (wenn nicht etwa die Sache einen bestimmten Kurswerth hat) etwas äußerst Unzuverlässiges, namentlich jede Abschätzung ein Würfelspiel ist. Wie soll denn der Werth des Nachlasses, von dem

---

*) Auch Eck erörtert diese Frage (S 26) und erklärt sich mit Entschiedenheit dafür, daß der Nachlaß selbst den Gläubigern hafte.

doch das Maß der Befriedigung der Gläubiger ganz und gar abhängen würde, bestimmt werden? Soll etwa die Werthangabe, die nach § 2105 d. E. das Inventar enthalten soll, entscheidend sein? Wer macht sie? Welche Garantien sind für ihre Richtigkeit gegeben? Oder soll in den einzelnen Processen mit den Gläubigern der Werth durch Schätzung bestimmt werden? Welche Summe bodenloser Streitigkeiten würde daraus entstehen! Wer weiß es nicht, mit welchen Schwierigkeiten die Gerichte überall da zu kämpfen haben, wo (wie z. B. in Enteignungssachen) eine Abschätzung für den Proceß entscheidend ist? In einer Stadt, wo täglich Häuser verkauft werden, wird gleichwohl dasselbe Haus von dem einen Sachverständigen zu 80,000, von dem andern zu 120,000, von einem Dritten zu 150,000 Mark geschätzt; und wie viel Dinge giebt es, die noch weit schwieriger abzuschätzen sind! Wer kann mit nur einiger Sicherheit den Werth bestimmen von einem in Rußland oder Polen gelegenen Landgute, von einer in schwachem Betriebe befindlichen Fabrik, von amerikanischen Eisenbahnaktien, von einem angehenden Bergwerke, von einer Gemälde- sammlung, von einer großen Bibliothek, von ausstehenden zweifelhaften, oder sonst unsicheren Forderungen? Die größte Willkür würde in das Recht hineingetragen werden, wenn die Gläubiger sich gefallen lassen müßten daß der Erbe solche Gegenstände abschätzen ließe und sie danach befriedigte Man braucht sich nur folgenden Fall zu denken. Auf einer Erbschaft, deren Hauptgegenstand ein Landgut ist, haften 200,000 Mark Schulden. Das Gut wird zu 150,000 abgeschätzt, und den Gläubigern werden des- halb nur 75 Procent ihrer Forderung zuerkannt. Weil aber der Erbe doch nicht bezahlen kann, muß das Gut zum Verkauf gebracht werden; und nun wird es für 200,000 Mark zugeschlagen. Dann haben die Gläubiger 25 Procent von ihren Forderungen verloren; der Erbe dagegen steckt 50,000 Mark aus der Erbschaft in die Tasche. Müßte das nicht jedes Rechtsgefühl empören?

Die Lehre, daß der Erbe nur mit dem Werthe des Nachlasses hafte, ist also unbedingt zu verwerfen. So lange der Erbe die persönliche Haftung ablehnt, muß die sachliche Haftung des Nachlasses selbst an die Stelle treten. Das heißt mit andern Worten: die Gläubiger sind auf Befriedigung in der Art berechtigt, daß der Nachlaß zum ordnungsmäßigen Verkauf gebracht und der Erlös zu ihrer Befriedigung verwendet wird.

Wie ist nun hiernach das Verfahren zu gestalten?

Der Erbe, der das Inventarrecht in Anspruch nimmt, erklärt damit, daß es zweifelhaft sei, ob die Erbschaft zahlfähig sei. Darin liegt von selbst der Antrag, in seinem, sowie im der Gläubiger Interesse die Erb- schaft vorläufig als eine nicht zahlfähige zu behandeln. Um den Zweifel über die Zahlfähigkeit zu heben, bedarf es eines Doppelten; einer Fest stellung der Aktiva und einer Feststellung der Passiva. Die Aktiva werden, so gut es eben geht, durch Aufnahme des Inventars festgestellt. Für die Feststellung der Passiva hat das ältere preußische Recht ein sehr geeignetes Mittel geschaffen in dem erbrechtlichen Aufgebotverfahren. Die Nachlaßgläubiger werden aufgefordert, sich zu melden, bei dem Rechtsnachtheile, daß die nicht sich Meldenden, vorläufig wenigstens, als nicht vorhanden angesehen werden. Es ist dasselbe Aufgebot, wie im Konkurs, nur mit dem Unterschiede, daß noch nicht feststeht, ob wirklich eine konkursmäßige Vertheilung des Nachlasses nothwendig werden wird. Es kann aber nicht der Willkür des Erben überlassen bleiben, ob er dieses Aufgebotsverfahren einleiten will. Meldet er sich zum Inventarrecht, so ist darin der Antrag auf das Aufgebotsverfahren von selbst enthalten. Denn wer die Sache will, muß auch die Mittel wollen, und um zu entscheiden, ob eine konkursmäßige Behandlung des Nachlasses nöthig ist, ist das Aufgebot der Gläubiger das unabweisliche Mittel. Ein Versuch, dem Erben die Einleitung des Aufgebotverfahrens freizustellen, dann aber ihn wegen Fahrlässigkeit in Nichtbeantragung desselben verantwortlich zu machen, würde zu den allertraurigsten Processen führen.

Ist nun durch die Aufnahme des Inventars einerseits und durch das Aufgebot der Gläubiger andererseits das Aktiv- und Passivvermögen so gut als möglich festgestellt, dann hat der Erbe einen Ueberblick, der ihn in den Stand setzt, sich zu entscheiden, ob er gegen Ueberlieferung der Aktivmasse die Befriedigung der Gläubiger — natürlich nur der angemeldeten — auf seine Gefahr voll übernehmen will oder nicht. Entscheidet er sich für das erstere, so wird ihm die Masse ausgeliefert und er hat sämmtliche angemeldete Gläubiger voll zu bezahlen. Damit ist die Thätigkeit des Gerichts beendet. Sollten nachträglich sich noch weitere Gläubiger melden, so würden diese allerdings sich gefallen lassen müssen, nur im Umfange der alsdann noch vorhandenen Masse vom Erben befriedigt zu werden. Darin läge aber auch keine Härte. Es wäre die Folge davon, daß sie sich nicht gemeldet haben.

Erklärt dagegen der Erbe, daß er die Aktiva nicht für ausreichend halte, um auf seine Gefahr die volle Auszahlung der Gläubiger zu übernehmen, so muß nun das Verfahren in der Form des Konkurses weiter gehen; d. h. die Aktivmasse muß in Geld umgesetzt und nach Verhältniß des Erlöses unter die Gläubiger vertheilt werden. Daß dies nur unter Leitung des Gerichts geschehen kann, sollte doch füglich nicht bezweifelt werden.

Dieser Auffassung der Sache entsprach auch die ältere preußische Gesetzgebung. Sowohl nach der A.G.O. I. 51, 377, als nach der preußischen Konkursordnung von 1855, § 357, sollte das Verfahren in die Formen des Konkurses geleitet werden, sobald der Erbe es ablehnte, die Schulden voll auszubezahlen, ohne daß es des besonderen Nachweises der Unzulänglichkeit des Nachlasses bedürfe. Nun hat aber die Reichskonkursordnung § 203 den Satz aufgestellt: „die Eröffnung des Konkurses über einen Nachlaß setze die Ueberschuldung des Nachlasses voraus", und an diesem Satze soll nun auch nach neueren Ansichten streng festgehalten werden. Auch hier begegnen wir einer Anschauung, die mit den wirklichen Verhältnissen des Lebens sich völlig in Widerspruch stellt. Sie scheint von der unrichtigen Annahme auszugehen, daß eine überschuldete Erbschaft sich von einer nicht überschuldeten unterscheiden ließe wie Oel und Wasser. So ist es im wirklichen Leben nicht. Freilich, wenn eine Erbschaft aus 50,000 Mark baar bestände und 40,000 Mark Schulden angemeldet würden, so würde es eine Thorheit sein, die 50,000 Mark in den Formen des Konkurses unter die Berechtigten zu vertheilen. Das wird aber auch kein Erbe beantragen. Vielmehr wird der Fall, wo der Erbe die Vertheilung der Masse in der Form des Konkurses verlangt, immer so liegen, daß man über das Verhältniß des Werthes der Aktiva und der Passiva zu einander kein sicheres Urtheil hat, und daß daher der Erbe nicht die Gefahr übernehmen will, mehr, als aus den Aktiven herauszuschlagen ist, an die Gläubiger zu zahlen. Gesetzt, die Erbschaft besteht aus einem Landgute, aus allerhand Eisenbahnaktien und aus einer Anzahl von Ausständen, alle von zweifelhaftem Werthe oder zweifelhafter Realisirbarkeit. Vielleicht findet sich auch unter den angemeldeten Forderungen eine solche, die der Erbe zwar nicht anerkennt, die aber doch möglicherweise von den Gerichten zuerkannt werden könnte, und die daher die Zahlfähigkeit der Erbschaft zweifelhaft macht. Nun erklärt der Erbe: „Ich bin nicht sicher, daß die Masse zur Befriedigung der Gläubiger ausreicht und beantrage Konkurs." Soll nun der Richter sagen dürfen: „Erbe, Du bist zu vorsichtig! Ich, der Richter, schätze die Masse so und so hoch, und damit können die Schulden bezahlt werden. Folglich lehne ich die Konkurseröffnung ab." Auf welcher Grundlage soll denn der Richter eine solche Entscheidung treffen? Soll er selbst die Masse abschätzen? Und wenn er nun in der Abschätzung sich irrt und die Masse doch nicht zur Bezahlung der Schulden ausreicht, wer soll dann den Schaden tragen? Oder soll der Erbe eine Schätzung des Nachlasses beibringen, aus der die Unzulänglichkeit desselben hervorgeht? Kann man denn nach der ganzen Sachlage dem Erben so etwas zumuthen? Der Erbe rechnet doch noch immer darauf, daß für ihn aus der Erbschaft etwas übrig bleibe. Und nun soll er durch Beibringung einer niedrigen Abschätzung selbst die Erbschaft herunter würdigen und den Erlös daraus herabdrücken? Natürlich würde eine solche Abschätzung für die Verwerthung des Nachlasses verhängnißvoll werden. Ein Landgut könnte vielleicht für 200,000 Mark verkauft werden. Hat aber der Erbe vorher eine Schätzung beigebracht, die auf 150,000 Mark lautet, wer wird dann Lust haben, noch mehr zu bieten?

Der Gedanke der preußischen Konkursordnung, daß, wenn der Erbe nach dem Aufgebotsverfahren die Schulden nicht übernehmen wolle, „ohne besondere Nachweisung der Ueberschuldung" der Konkurs eingeleitet werden müsse, ist hiernach allein das Richtige, und zu diesem Grundsatze müssen wir zurückkehren. Ergiebt sich im Laufe des Verfahrens — z. B. nachdem eine Anzahl Nachlaßgegenstände zu guten Preisen verkauft worden sind — daß die Erbschaft solvent ist und kann nun der Erbe erklären, daß er gegen Uebernahme der Aktiva die Schulden voll bezahlen wolle, so hört natürlich der Konkurs auf und die Erbschaft wird dem Erben ausgeliefert. (Vergl. oben § 1902.)

Diese Anschauungen sind es, die dem oben aufgestellten Entwurf zu Grunde liegen. Dabei wird sich ja vielleicht über Einzelnheiten streiten lassen. Ich kann mir aber nicht denken, wie ein in den Grundzügen davon verschiedenes Verfahren aufgestellt werden könnte, das die Interessen der Gerechtigkeit befriedigte. Dagegen würde jedes auf Grundlage des amtlichen Entwurfs, wenn auch vielleicht mit einzelnen Aenderungen, aufgebaute Verfahren zu den größten Unzuträglichkeiten und Rechtsverletzungen führen.

www.ingramcontent.com/pod-product-compliance
Lightning Source LLC
Chambersburg PA
CBHW032302280326
41932CB00009B/672